KB261916

칸의 후예들

라시드 앗 딘의 집사 ❸

칸의 후예들

2005년 11월 7일 1판 1쇄
2022년 9월 16일 1판 2쇄

지은이　　라시드 앗 딘
역주자　　김호동

편집·관리　인문팀
디자인　　BOOKDESIGN SM
제작　　　박흥기
마케팅　　이병규·양현범·이장열
홍보　　　조민희·강효원

출력　　　블루엔
인쇄　　　천일문화사
제책　　　책다움

펴낸이　　강맑실
펴낸곳　　(주)사계절출판사
등록　　　제406-2003-034호
주소　　　(우)10881 경기도 파주시 회동길 252
전화　　　031-955-8588, 8558
전송　　　마케팅부 031-955-8595　편집부 031-955-8596
홈페이지　www.sakyejul.net
전자우편　skj@sakyejul.com
블로그　　blog.naver.com/skjmail
페이스북　facebook.com/sakyejul
트위터　　twitter.com/sakyejul

값은 뒤표지에 적혀 있습니다. 잘못 만든 책은 서점에서 바꾸어 드립니다.
사계절출판사는 성장의 의미를 생각합니다.
사계절출판사는 독자 여러분의 의견에 늘 귀기울이고 있습니다.
이 책은 저작권법에 따라 보호받는 저작물이므로 무단전재와 무단복제를 금합니다.

ISBN 978-89-5828-133-7 93910

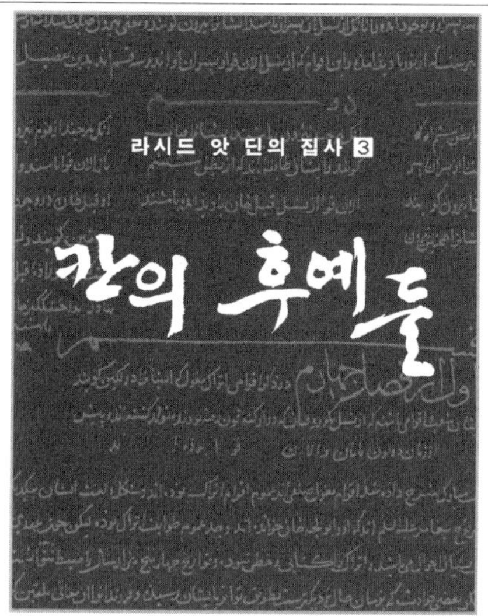

칸의 후예들

라시드 앗 딘 지음 | 김호동 역주

이 책을 내면서

1206년 몽골리아 초원의 유목민들을 통합한 칭기스 칸이 휘하의 기마군단을 이끌고 중국 북부·중앙아시아·서아시아 각지를 공격하며 시작한 전쟁은 몽골 제국의 출현이라는 거대한 역사적 변혁을 알리는 사건이었다. 그러나 그의 전쟁은 어디까지나 초원의 제왕, 유목민의 수령으로서 수행한 것이었을 뿐, 과거 수많은 유목국가의 군주들이 보였던 전쟁의 패턴과 크게 다른 것은 아니었다. 다시 말해 농경 지역을 정복하여 유목민과 정주민을 통합한 거대한 세계제국을 건설하려는 의도를 갖고 전쟁을 일으킨 것이 아니라, 다만 자신이 거느리는 유목민과 유목국가에 필요한 물자를 획득하고 안정된 공급 체제를 마련하기 위해서 그랬던 것뿐이었다.

그러나 그가 사망하고 난 뒤 그의 후계자들의 시대가 되면서 전쟁의 패턴은 급속하게 변하기 시작했다. 종래 약탈과 응징의 성격을 갖던 전쟁은 이제 정복과 지배를 지향하는 것으로 바뀌게 되었고, 북중국·중앙아시아·서아시아·러시아 등이 차례로 몽골 기마군에게 무릎을 꿇고 제국의 영역으로 편입되었다. 칭기스 칸 사후 어떻게 해서 이런 변화가 일어나게 되었는가 하는 문제는 학술적으로 진지하게 논의되어야 할 부분이긴 하지만, 전쟁의 확대 과정에서 일어난 몽골인 자신들의 변화, 즉 주관적인 측면과, 그들에게 저항했던 정주국가들의 혼란과 붕괴라는 객관적인 정황이 모두 작용했던 것으로 추측된다. 그 연유가 무엇이건 칭기스 칸의 아들이자 후계자인 우구데이 카안의 시대부터 몽골 제국은 이미 '유목국가'가 아니라 '세계 제국'으로의 지향이 드러나기 시작했고, 제3대 군주인 구육이 1246년 교황 인노켄티우스 4세에게 무조건 항복을 종용하는 서한에서는 더 이상 의심할 여지 없이 분명하게 드러났다. 이 같은 흐름은 그로부터 30년 뒤 쿠빌라이 치세인 1276년에 남송의 수도가 함락되면서 그 정점에 이르게 되었다.

이렇게 해서 13세기 중반부터 14세기 중후반까지 1세기 이상 몽골 제국은 태평양에서 지중해에 이르는 광대한 영역을 통치하는 문자 그대로 '세계 제국'이었고, 그 기간 동안 세계의 역사는 '몽골 제국과 그 주변'의 역사라고 해도 과언이 아니었다. 인류의 역사에 일찍이 보지 못했던 대통합의 시대가 열린 것이다. 그래서 많은 학자들은 이 시대를 일컬어 "몽골의 평화"(Pax Mongolica)라고 부르고 있다. 이는 1세기에 걸친 몽골의 세계 지배를 더 적극적으로 평가해야 한다는 의도를 표명한 것인데, 이 같은 표현 속에는 몽골의 정복과 지배가 남긴 파괴의 상처를 간과할 위험성이 도사리고 있다는 점도 인식할 필요가 있다. 이처럼 시대에 대한 평가가 긍정적이건 부정적이건 그것이 '몽골적 세계 질서'(The Mongol World Order) 속에서 움직였던 것은 부인할 수 없는 사실이다.

최근 '몽골의 시대'라고도 불리는 13~14세기, 그 중심부를 점유하고 있는 몽골 제국의 역사는 그 자체가 하나의 '세계사'이다. 따라서 다양한 언어와 관점에서 기록된 자료들에 기반을 둔 총합적 연구를 통해서야 비로소 그 실체에 접근할 수 있다. 이 점에서는 종래 동아시아권의 역사 연구에서 독보적 권위를 누리던 한문 사료들도 제한적인 효용성밖에 발휘하지 못한다. 현재 우리가 접할 수 있는 중국측 기록들은 그 고질적인 중화 중심의 역사관과 세계관 때문에 몽골 제국의 '세계성'을 완전히 무시하고 그것을 중국의 전통 왕조의 하나로 '개조'시켜버렸기 때문이다. 그런 의미에서 라시드 앗 딘의 『집사』가 그린 제국의 역사상은 그 실체에 훨씬 더 육박한 모습을 보인다.

이미 번역·출간된 『부족지』와 『칭기스 칸 기』가 각각 몽골 제국의 준비기와 태동기를 다룬 것이라면, 『칸의 후예들』은 세계 제국으로 발돋움하기 시작하여 그 최종적인 완성을 보는 시기까지를 설명하고 있다. 그 내용은 중국·중앙아시아·인도·서아시아 등 제국의 모든 영역을 포괄하기 때문에 몽골 제국의 '세계성'을 여실히 드러내고 있지만, 그렇게 광범위한 지역을 다루면서도 서술의 정확성을 잃지 않고 있다는 점에서 높은 사료적 가치를 지닌다. 따라서 이 책은 비단 몽골 제국뿐만 아니라 13세기 세계사를 이해하고 연구할 때 흘려 보내서는 안 될 필수적인 정보들을 담고 있다고 할 수 있다.

이 책은 모두 8편의 '기'(紀, dâstân)로 구성되어 있다. 즉 칭기스 칸의 후계자인 우구데이에서부터 시작하여 구육, 뭉케, 쿠빌라이, 티무르에 이르는 다섯 명의 대칸들의 기와, 칭기스 칸의 다른 세 아들인 주치, 차가타이, 톨루이 등 세 명의 제왕(諸王)들의 기로 이루어져 있다. 각각의 기는 대체로 세 부분으로 나뉘어져 있는데, (1) 주인공의 자식과 후비(后妃)들에 대한 간략한 소개와 계보, (2) 그의 통치 기간에 일어난 사건들에 대한 연대기적 기술, (3) 앞 부분에 포함되지 않은 일화들이 그것이다. 이 8편의 본기들 가운데 처음에 나오는 우구데이나 뭉케의 치세에 관한 기록들 중 일부는 13세기 중반에 집필된 주베이니의 『세계정복자사』에서 채록한 부분이 상당히 있지만, 「쿠빌라이 카안 기」의 내용은 오랫동안 중국에서 고관을 지내다가 일 칸의 정치고문으로 파견된 볼라드 칭상(Bolad Chingsang)의 증언에 의거한 것이 많아서, 당시 몽골 지배층이 중국과 중국에 대한 자신들의 통치를 어떻게 바라보았는가를 보여 주는 데 많은 시사점을 던져 주고 있다. 이를 중국측 자료들과 대조하면 매우 흥미로운 결과를 얻을 수도 있을 것이다.

『부족지』와 『칭기스 칸 기』에 이어 『칸의 후예들』의 출간으로 본 역자가 처음에 계획했던 『집사』「몽골사」부분에 대한 번역은 일단 완료된 셈이다. 물론 이것으로 「몽골사」부분이 완역된 것은 아니지만, 적어도 우리가 속한 동아시아와 관련된 중요한 내용들에 대한 갈증은 일단 해소되지 않을까 생각한다. 현재 「몽골사」 가운데 남은 부분은 훌레구의 서아시아 원정부터 시작된 일 칸(il qan)들의 역사인데, 아무래도 우리 역사와는 밀접한 관련이 없기 때문에 본 역자로서는 앞선 세 권의 책들처럼 일정을 재촉하면서 번역할 생각은 없다. 그러나 그 부분 역시 몽골 제국사를 올바로 이해하기 위해서는 필수적이므로, 앞으로 시간이 나는 대로 틈틈이 역주 작업을 계속해서 완역의 성과를 올렸으면 하는 소망을 갖고 있다. 만약 그 부분까지 번역이 끝난다면 『집사』「몽골사」 부분의 우리말 완역본은 지금까지 출간된 세 권을 포함해서 모두 다섯 권이 될 것이다.

역자는 몽골 제국사 연구에서 페르시아어의 중요성을 절감하고, 지난 몇 년 전부터 중앙아시아사를 공부하는 대학원생들에게 그 언어의 기초적 소양을 마련해 주기 위해서 『집사』를 위시하여 페르시아어로 된 고전적인 역사서들을 읽혀 오고 있다. 정규 수업이 아닌 경우가 대부분이기 때문에 진척은 더딜 수밖에 없지만, 그래도 꾸준히 조금씩 같이 읽은 덕분에 학생들도 난해하지 않은 부분들은 혼자서 해석할 정도가 되어서 무척이나 보람을 느끼고 있다. 이번에 출간하게 된 『칸의 후예들』도 지난 학기에 학생들과 함께 페르시아어로 된 원래의 사본들은 물론이고 외국의 다른 번역본들과 대조하고 같이 읽으면서 부주의에 의한 착오들을 적지 않게 바로잡을 수 있었다. 학생들의 참여와 노고에 고마움을 느끼며, 앞으로도 꾸준히 페르시아어를 연마하여 그들도 장차 페르시아어로 된 자료들을 자유롭게 활용할 수 있는 단계에 도달하기를 바라는 마음이다.

이것으로 『집사』의 역주는 일단락된 셈이지만, 그동안 출간된 두 권의 역주서를 지금 읽어 보면 군데군데 부정확한 번역이나 오류, 어색한 표현, 체재의 불철저함 등이 눈에 띄어 아쉬움을 많이 느낀다. 앞으로 시간이 나는 대로 부족함을 보정하기 위한 노력을 아끼지 않을 것이며, 또한 금후 시간이 얼마나 더 걸릴지는 모르겠지만 「몽골사」의 나머지 부분까지 다 번역하여 한글 완역본이 빛을 볼 수 있도록 최선을 다할 예정이다. 독자 여러분의 가차

없는 질정과 따뜻한 성원을 기대한다.

　마지막으로 중앙아시아사에 많은 관심을 갖고 지원을 아끼지 않는 사계절 출판사의 강맑실 사장님께 고개 숙여 감사드리며, 편집과 교정에 애쓴 인문팀의 노고에도 고마움을 전한다. 그리고 이 책에 삽입된 지도·계보도·참고문헌의 작성을 위해 귀중한 시간을 내어 도움을 준 최소영 양과 김찬영 군의 노고에도 감사의 말을 전하고 싶다.

2005년 10월 15일 역자

일러두기

● 본서는 페르시아의 역사가 라시드 앗 딘(Rashîd ad-Dîn, 1319년 경 사망)이 저술한 『집사』 (Jâmi at-tavârîkh)의 제1부 제2권 제2편의 「칭기스 칸과 계승자들」 가운데 "계승자들" 부분을 번역한 것이다.

● 번역의 저본은 이스탄불 톱카프 도서관에 소장된 Revan Köşkü 1518로 하였고, 타슈켄트 사본 (우즈베키스탄 공화국 동방사본부 no. 1620)과 대조하였으며, 전자를 A본으로 후자를 B본으로 칭한다. 이밖에 Blochet가 여러 사본들을 토대로 출간한 인쇄본 (Bl본으로 약칭), 톱카프 도서관에 소장된 또 다른 사본 Bağdat 282), 최근 이란의 M. Rawshan이 출간한 교감본 등을 참고하여 보충하였다.

● 아랍 문자의 영문 표기는 다음과 같이 하였다.
â, a, b, p, t, th, j, ch, ḥ, kh, d, dh, r, z, zh,
s, sh, ṣ, ḍ, ṭ, ẓ, ', ğ, f, q, k, g, l, m, n, w/v, h, i/y

● 사본에 표기된 몽골·투르크식 고유명사나 어휘를 영문으로 표기할 때 채택한 가장 중요한 원칙은 영문 전사(轉寫)만으로도 원문의 철자를 재구성할 수 있어야 한다는 점이었다. 그렇지 않을 경우, 전문적인 독자들이 역자의 자의적인 독음 여부를 판단하기란 불가능하기 때문이다. 따라서 장모음은 ^표시를 통해 모두 나타내되, 단모음은 몽골·투르크어의 원음을 고려해 첨가했다. 다만 자음 j와 ch, g와 k는 점 표시가 불분명한 경우 원음에 가까운 선택을 했다.
예_ ôtögû boğôl(우투구 보골; ötögü boğol) → WTGW BGWL
　　Möngkû (뭉케; Möngke) → MNGKW
　　Môngkâ(뭉케; Möngke) → MWNGKA

● 아랍, 페르시아, 투르크, 몽골 등 다양한 민족과 언어에 속하는 이름과 용어들을 한글로 표기할 때 예외 없는 통일된 원칙에 따라 옮긴다는 것은 실제로 불가능에 가까운 일이다.
그렇지만 기본적인 원칙이 필요하다는 점은 분명하며, 본서에서는 『유라시아 유목제국사』 (사계절출판사, 1998)에 제시된 원칙을 따랐다는 사실을 밝혀둔다.

차례

부록

칭기스 일족의 주요 인물들과 대칸의 계승도

『집사』의 구성표

제1부: 몽골 제국의 흥기 (일명 『가잔 사』)

제1권 부족지   제1편 · 오구즈족
제2편 · 몽골화된 투르크족
제3편 · 투르크족
제4편 · 몽골족

제2권 칭기스 칸 기   제1편 · 열조기
제2편 · 칭기스 칸 기

제3권 칸의 후예들

제2부: 세계 각 민족들의 역사

제1권 울제이투 칸 기

제2권   제1편 · 아담 이후 사도와 칼리프들의 역사 및
지구상 각 종족들의 역사
제2편 · 본서 완성 이후 전개될 역사

제3부: 세계 각 지역의 경역 · 도로 · 하천

_현존하는 부분은 제1부 전체와 제2부의 제2권뿐이다.

_본서의 내용은   로 표시된 부분이다.

【紀 二】

〔133v〕「105r」

우구데이 카안 기

칭기스 칸의 아들 우구데이 카안 기 : 3장으로 구성[1]

통치와 정의와 관용과 관련하여 그가 말하고 행한 것들 가운데 특히 그와 연관된 일화들, 그 중에서도 그의 부친이나 형제 혹은 친족들의 제기(諸紀, dâstânhâ) 속에 삽입되지 않은 것에 대해서 이제부터 설명할 것이다. 그래서 독자들이 여기서 즉시 〔그 내용을〕 알 수 있도록 하고자 한다. 연령상 그보다 더 많은 주치나 차가타이와 같은 형들의 기(紀)에 앞서 그의 기(紀)를 배치했는데, 그 까닭은 그가 칭기스 칸의 후계자이자 당대의 카안[2]이었고, 그의 치세가 제위(帝位)의 순서에 따라서[3] 칭기스 칸 치세의 뒤를 이었기 때문이다.

제1장 : 그의 계보에 대한 설명. 그의 부인들과, 현재까지 분파되어 온 그의 자식들의 지파에 관한 상세한 설명. 그의 초상과 자식들의 지파도.

제2장 : 그의 통치 기간에 일어난 역사와 일화들. 칸위(khânî)에 오를 때 〔그가 앉았던〕 보좌와 부인들과 왕자들과 아미르들의 모습. 그가 치렀던 전투와 그가 거두었던 승리에 관한 설명.

제3장 : 칭송할 만한 그의 성격과 품성. 그가 말하거나 지시했던 훌륭한 성훈(聖訓, bîlighâ)과 예화와 명령(ḥukm)들. 그의 시대에 생겨난 사건과 일화들 가운데 위의 두 장에 들어가지는 않았으나, 여러 책들과 사람들을 통해 알게 된 단편적이고 정돈되지 않은 이야기들.

【 제 1 장 】

〔134r〕「105v」 우구데이 카안은 칭기스 칸의 셋째 아들이었다. 또한 〔칭기스 칸의〕 큰 부인이자 데이 노얀의 딸인 쿵크라트 종족 출신의[4] 부르테 푸진 — 네 명의 큰 아들들과 다섯 명의 중요한 딸들의 어머니 — 에게서 태어났다. 그녀의 형제와 자매들에 관한 이야기는 칭기스 칸 기에서 설명한 대로이다.

우구데이 카안의 이름은 원래 ……[5]이었으나, 그는 〔그 이름을〕 좋아하지 않아서 후일 이름을 '우구데이'로 하였다. 이 〔이름〕은 '꼭대기 위로 오르다'[6]는 뜻을 갖고 있다.[7] 그는 현명함과 유능함, 올바른 판단력과 확고함, 진지함과 너그러움과 정의로움으로 명성이 높았지만, 한편으로는 연회를 즐겼고 호주가(好酒家)이기도 했다. 그래서 칭기스 칸은 종종 그를 질책하기도 하고 충고하기도 했다. 칭기스 칸이 자식들의 자질을 시험해

---

1) "3장으로 구성"이라는 표현은 A본에 없고 B본에 보인다.

2) A: khân; B: qân.

3) A: bar tarbiyat-i khâniyyat; B: bar tartîb-i khâniyyat. B본이 정확하다.

4) A본에는 Qunqrât라는 단어 앞에 "az qawm-i"(종족 출신의)라는 구절이 빠져 있다.

5) 모든 寫本에 빠져 있다.

6) A: 'urûj bâshad wa bar sar-i bâlâ; B: 'urûj bâshad bar sar-i bâlâ.

7) 몽골어에서 ögede/ögöde는 '위〔上〕'라는 뜻을 갖고 있다. Cf. Kowalewsky, *Dictionnaire mongol-russe-francais*, I, p. 558; Mostaert, *Dictionnaire ordos*, p.527. 한편 ögödei라는 말에 대해서 Kowalewsky(p. 567)는 "(풀이나 나무 등의) 키가 서로 다른"이라는 뜻이라고 설명하였다. 『集史』에서 우구데이 카안의 이름은 대부분의 경우 AWKTAY로 표기되었지만, "후일 이름을 '우구데이'로 하였다"라고 한 부분에서는 AWKDAY라고 표기하였다. 즉 이름 중간의 T를 D로 바꾸었는데, 이는 Ögödei/Ögedei라는 몽골식 발음을 충실하게 나타내려고 했기 때문이 아닌가 추측된다. A본에는 AWKDAY가 AWKDAR로 誤寫되어 있다.

보고는 그들 각자 어떤 일에 적합한지를 알게 되었다. 권좌와 카안위(位)에 관한 문제에 대해서 그는 상당히 주저함을 느껴서(taraddudî dâshta), 때로는 우구데이 카안을 생각하기도 했지만 때로는 막내아들인 톨루이 칸을 생각하기도 했다. 왜냐하면 아버지의 목지(yûrt)와 원래의 거처(maqâm-i aṣlî)와 가옥(khâna)을 막내아들이 관할하는 것[8]이 예로부터 몽골인들의 관례(âdat)와 관습(rasm)이었기 때문이다. 〔그러나〕 그 후에 그는 이렇게 말했다. "보좌(寶座)와 제위(帝位)에 관한 사무는 어려운 일이니 우구데이가 관할토록 하라. 내가 모아 놓은 목지와 가옥과 재산과 재화와 군대의 주요 부분(khulâṣa)은 모두 톨루이가 관할토록 하라." 그가 이 문제에 관해 아들들과 상의를 할 때마다 그들은 아버지의 의견이 그러하다는 것을 알고, 그 점에 대해서는 모두 다 동의하고 수긍하였다.[9]

마침내 그가 탕쿠트 지방에서 갑작스럽게 병이 들자, 앞에서 언급했던 것처럼[10] 조용한 자리를 만들어 〔우구데이를〕 후계자로 정하고 보좌와 카안위를 그에게 정해 주었다. 또한 각각의 아들들에게 별도의 직무를 정해 주며, "〔사냥을〕[11] 좋아하는 사람은 주치와 함께 하도록 하라.

---

8) A: dâdand ; B: dânad. 여기서는 B본에 따라 해석했으나, A본에 의거하면 "(막내아들에게) 주었다"로 해석해야 할 것이다. 두 단어는 불과 철자 하나의 차이에 불과하지만, 관점에 따라 '관할권'과 '소유권'의 의미로까지 해석될 수 있으므로 결코 가벼이 보아넘길 부분은 아니다. 필자가 여기서 B본의 표기를 취한 이유는 바로 몇 줄 뒤에 톨루이로 하여금 목지와 가옥과 군대를 "관할하라"고 한 칭기스 칸의 말이 나오기 때문이다.

9) 『集史』가 톨루이의 후예인 가잔 칸의 칙령에 의해 편찬되었다는 사실은 주지하는 바이다. 따라서 『集史』에서 톨루이의 정치적 위상을 가능하면 높이려는 기록들이 보이는 것도 전혀 이상한 일이 아니다. 칭기스 칸의 후계자 선정에 관한 이 부분의 기사에서, 우구데이가 주벽으로 인해 부친의 질책을 받았다든가, 혹은 칭기스 칸이 우구데이와 톨루이 두 사람 가운데 누구를 자신의 후계자로 선정할지 고민했다는 등의 언급 역시, 『集史』가 갖고 있는 親톨루이家의 정치적 편향성을 염두에 두고 이해하지 않으면 안 될 것이다. 이와 관련된 여러 문제에 대해서는 졸고 「칭기스 칸의 子弟分封에 대한 再檢討」, 『중앙아시아연구』 9(2004), pp. 29~63을 참조.

10) 『칭기스 칸 기』, pp. 383~384.

11) A 사본에는 이 부분이 누락되어 있으며, B · Bl 사본에는 공백으로 남겨져 있다. 라시드 앗 딘은 이

야사(yâsâ)[12]와 규범(yôsûn)과 관례(âdâb)와 성훈(bîlig)들에 대해서 잘 알기를 원하는 사람은 차가타이에게로 가라. 관용과 관대, 은사와 재화를 [원하는] 사람은 우구데이를 가까이 하라. 용맹과 명성, 승전과 정복, 그리고 세계 정복(jahân-gûshâî)을 희망하는 사람은 누구나 톨루이 칸을 모시도록 하라!"고 말했다. 또한 아들들을 위하여 아미르들과 군대들을 정해 주었고, [칭기스 칸] 기의 말미에서 설명했던 것처럼[13] 그들 각자에게 일정한 몫(qismî)을 각각 정해 주었다. 完!

[그의] 카툰들(khawâtîn)과 후궁(qûmâyâ)들에 관한 이야기[14]

우구데이 카안에게는 카툰들이 무척 많았고, 후궁도 60명이나 두었다.

부분을 서술할 때 주베이니의 『征服者史』를 참고한 것으로 보이는데, 거기에는 'kâr-i ṣaid wa ṭarad' 즉 "사냥과 수렵"이라는 구절이 삽입되어 있다. Cf. Juvayni/Qazvini, I, p. 29; Juvayni/Boyle, p. 40.

12) yâsâ 혹은 yâsâq는 몽골어의 jasaq을 옮긴 말로, 한자로는 札撒로 표기되었다. 『集史』에서 이 말은 다양한 의미로 사용되었는데, 칭기스 칸이 제정했다는 大자삭(yeke jasaq, yâsâ-i buzurg)을 가리키기도 하지만, 보다 넓게는 '법령' 혹은 군주가 발하는 '명령'의 뜻으로 사용되기도 했고, 때로는 '처형'을 뜻하기도 했다. 현재 학계에서는 칭기스 칸의 '자삭'의 역사적 실체에 대해서 논의가 분분하기 때문에, 본 역서에서는 이 용어를 우리말로 옮기지 않은 채 원어의 형태를 그대로 남겨두었다. 자삭에 관한 논의로는 David Ayalon, "The Great Yâsa of Chingiz Khan. A Re-examination," *Studia Islamica*, 33(1971), pp. 97~140 [A]; 34(1971), pp. 151~180 [B]; 36(1972), pp. 113~158 [C1]; 38(1973), pp. 107~156 [C2]; David Morgan, "The 'Great Yâsâ of Chingiz Khân' and Mongol Law in the Îlkhânate," *Bulletin of the School of Oriental and African Studies* 49(1986), pp. 163~176; David Morgan, "The 'Great Yasa of Chinggis Khan' Revisited," *Mongols, Turks, and Others*(R. Amitai & M. Biran ed., Leidin: Brill, 2004), pp. 291~308; I. de Rachewiltz, "Some Reflections on Cîinggis Qan's Jasaǧ," *East Asian History* 6(1993), pp. 91~103 등을 참조.

13) 『칭기스 칸 기』 말미에 수록된 소위 「千戶一覽」을 가리킨다 (『칭기스 칸 기』, pp. 438~462).

14) khawâtîn은 물론 khâtûn('카툰')의 아랍어식 복수형이다. 『集史』에는 때로 페르시아식 복수형 khâtûnân이라는 표현이 사용되기도 하며, 『秘史』(198절)에는 몽골식 복수형 qadund라는 표기가 사용되기도 했다. '카툰'(qatun)이라는 칭호는 이미 고대 鮮卑 突厥系 유목민들이 '카간'(qaghan) 부인의 호칭으로 사용하였으며, 한문 자료에도 可敦이라고 표기되었다. 杜佑의 『通典』에 따르면 '카간'은 한자의 '황제'에 해당하고, '카툰'은 '황후'에 해당한다고 하였지만, 본 역서에서는 유목 국가에

그러나 중요하고 유명한 카툰은 네 명이었다. 첫째 카툰은 …… 종족 출신이며 ……의 딸인 보락친(Bôrâqchîn)이었고 가장 큰 부인이었다.[15] 둘째 부인은 우하트[16] 메르키트 종족 출신의 투레게네(Tûrâgene)였다.[17] 일부 전해지는 바에 따르면 그녀는 다이르 우순의 부인이었다고

서 사용되던 호칭의 특수성을 그대로 살리기 위해 '카안' 혹은 '칸'이라는 용어를 그대로 사용하였 듯이, '카툰'이라는 호칭도 그대로 사용하였다. 그러나 qûmâyân이라는 말은 페르시아어이기 때문 에 '후궁'이라고 옮겼다. 칭기스 칸 일족의 가계 및 后妃들의 명단을 기록한 『元史』 권107 「宗室世系 表」와 권108 「諸王表」는 프랑스의 Louis Hambis가 상세한 번역·주석을 출판하였다. 그의 *Le chapitre CVII du Yuan Che*(Leiden: Brill, 1945)와 *Le chapitre CVIII du Yuan Che*(Leiden: Brill, 1954)를 참조.

15) 보락친의 출신 종족과 부친 성명은 모든 사본에 공백으로 남아 있다. 그러나 그녀가 『元史』 권106 「后 妃表」(p.2693)에 등재된 우구데이(太宗)의 부인들 가운데 가장 먼저 기록되어 있는 "正宮孛剌合眞皇 后"와 동일인임은 의심의 여지가 없다.

16) A·B·BI본 모두 AWHAT로 표기되어 있다. 그러나 보일은 이것을 AWHAZ로 읽었다. 『秘史』 102 절에 따르면 메르키트에 속하는 세 지파의 명칭은 Uduyid, Uuas, Qa'ad였고, 한편 『集史』 『부족지』 는 '우두유트'(Ûdûyût)가 메르키트의 별칭이고, 우하즈(Ûaz)는 우두유트 메르키트 종족을 구성하 는 네 지파 가운데 하나로 기록하였다(『부족지』, p. 171). 물론 '우하트'가 '우하즈'의 誤寫일 가능성 도 배제할 수는 없으나 복수형으로 이해해도 무방하다고 생각하기 때문에, 여기서는 원문에 보이는 그대로 옮겨 둔다.

17) 『集史』는 우구데이 카안의 부인이자 구육의 생모인 투레게네를 매우 악의적으로 묘사하고 있는데, 그것은 『集史』가 견지하고 있는 反우구데이家 정서와 관련되어 있다. 투레게네의 출신·호칭 등과 관 련해서는 사료상에 차이가 보이고 학계에서도 이를 둘러싼 논란이 벌어진 적이 있다. 즉 『元史』에서 는 그녀의 출신 종족을 나이만(乃馬眞, Naimajin)이라고 했는데, 이는 그녀의 출신이 메르키트라고 한 『集史』와 상치된다. 『秘史』 198절에는 칭기스 칸이 메르키트족을 약탈했을 때 톡토아 베키의 장자 인 쿠두(Qudu)의 카툰들(qadund)인 투게이(Tügei)와 두레게네(Döregene)를 掠取했는데, 이 가운 데 두레게네를 우구데이에게 주었다는 기록이 보인다. 만약 이 기록을 믿는다면 外婚制를 실행하던 당시 몽골계 종족들의 관습으로 볼 때 투레게네 카툰이 같은 메르키트 部民과 혼인했다고 보기는 어 려울 듯하다. 그렇다면 그녀의 출신을 메르키트라고 한 『集史』의 기록과는 양립하기 힘들다. 한편 여 러 한문 사료에는 투레게네의 호칭으로 六皇后라는 표현이 자주 보이는데, 라케빌츠와 같은 학자는 이것이 大皇后라는 글자가 후대에 잘못 읽혀진 것에 불과하며 『貴顯系譜』에 보이는 기록으로 볼 때 투레게네는 제2황후였으며 보락친이 사망한 뒤 사실상 제1황후가 되었다고 주장한 반면, 蔡美彪는 그러한 견해를 비판하면서 투레게네는 실제로 제6황후였다고 주장했다. 아무튼 이와 관련된 의문들 에 대해서는 아직 鐵案이 없는 듯하며 금후 보다 정밀한 考究의 대상이다. 蔡美彪, 「脫列哥那后史事考 辨」, 『蒙古史硏究』 3(1997, 呼和浩特), pp. 12~29; Igor de Rachewiltz, 'Was Töregene Qatun Ögödei's 'Sixth Empress'?', *East Asian History*, 17~18(1999), pp. 71~76 등의 논고 참조.

한다. 〔다이르 우순은〕 우하트 메르키트 종족의 수령이었는데, 〔몽골군이〕 그녀의 남편을 죽였을 때 그녀를 약탈해 데리고 왔고, 우구데이가 그녀를 취했다는 것이다. 다이르 우순은[18] 이에 앞서서 자신의 딸인 쿨란 카툰을 칭기스 칸에게 〔부인으로〕 주었다. 또 다른 전언에 따르면 〔투레게네 카툰이〕 그 종족 출신인 것은 사실이지만 다이르 우순의 부인은 아니었다고 한다. ▶전하는 바에 따르면 쿠두(Qûdû)의 형제들인 치부크(Chîbûq), 카추(Qâchû), 칼 칠라운(Qâl Chilâûn) 등[19]을 붙잡았을 때, 그들의 부인 셋을 모두 약탈하여 데리고 와 앞에 세워 놓았다고 한다. 우구데이 카안이 차가타이에게 "우리 가서 그들을 겁탈합시다!"라고 말했지만, 차가타이는 달갑게 생각하지 않았다. 〔그러나〕 우구데이는 의기양양하게 가서는 투레게네[20]를 강제로 취했다. 칭기스 칸은 〔그의 행동을〕 인정하고, 다른 두 부인을 다른 사람에게 주었다.◀[21] 이 부인은 대단한 미색은 아니었으나, 〔남을〕 완전히 장악하는 성격을 지니고 있었다. 뭉케 카안 기(紀)[22]에서 설명하겠지만 그녀는 한동안 통치권을 장악했다. 그러나 그녀가 칭기스 칸의 유지(遺志)에 주의를 기울이지 않고 형·아우들(âqâ wa înî)[23]의 말을 듣지 않았기 때문에 칭기스 칸 일족들 사이에 분란(bûlğâq)을 일으켰는데, 이에 대해서는 뭉케 카안[24] 기에서

---

18) A본에는 "〔몽골군이〕 그녀의 남편을"부터 여기까지의 문장이 빠져 있다. B본에도 본문에는 빠져 있으나 옆의 공백에 이 부분을 첨가했고, BI본에는 본문 안에 포함되어 있다.

19) 『秘史』 199절에는 메르키트의 수령인 톡토아의 아들로 Qudu, Ğal, Chila'un 등 세 명이 등장하고, 157절에는 "큰아들 Tögüs Beki"라는 인물도 언급되어 있다. 『부족지』(pp. 173~174)에는 Tôgûz, Tûsa, Qûdû, Chîlâûun, Chîbûq, Qûltûqân Mergân 등 여섯 명이 거명되어 있다. 라시드 앗 딘은 뒤에 나오는 지파도에서 쿠두의 세 형제로 치부크, 카추, 칼 칠라운을 꼽았다.

20) B본은 "투레게네 카툰"이라고 했다.

21) ▶ ◀ 사이의 부분은 BI본에는 빠져 있고, Boyle의 영역본(*The Successors of Genghis Khan*)에도 번역되어 있지 않다. 그러나 Thackston 영역본과 노역본에는 포함되었다.

22) BI본에는 "구육 칸 기"로 되어 있다.

23) 몽골어로 aqa de'ü에 해당하며 문자 그대로는 '형과 아우'를 뜻하지만, 사실상 '일족'을 의미한다.

설명될 것이다. 셋째 부인은 ……[25] 종족 출신이며 ……[26]의 딸인 무게 (Môgâ)였다. 넷째 부인은 자친(Jâchîn)이었다.[27]

---

24) B1본에는 '구육 칸'으로 되어 있다.

25) 原缺.

26) 原缺.

27) 『集史』는 여기서 우구데이의 후비들 가운데 네 명만을 언급했고, 그 출신 종족에 대해서도 불충분함이 보인다. 그러나 라시드 앗 딘은 『五分枝』를 집필하면서 더 많은 정보를 입수하여 모두 12명의 후비 명단을 제시했고(122v), 티무르朝에서 작성된 『貴顯系譜』(38v-39r)도 이를 거의 그대로 반복하고 있다. 『五分枝』에 기록된 명단은 다음과 같다.

① Bôrâqchîn: 제1카툰 (buzurgtarîn khâtûn).

② Tôregene Khâtûn: 우하트 메르키트 종족 출신. 제2카툰(khâtûn-i duvum). 우구데이 카안이 사망한 뒤 6년간 통치. 구육 카안의 모친이며 다른 세 아들의 어머니.

③ Mögâî Khâtûn: 베크린 종족 출신. 칭기스 칸의 카툰이었는데, 칭기스 칸이 사망한 뒤 우구데이 카안이 취하였다.

④ Jâchîn Khâtûn: 쿵크라트 종족 출신. 제4카툰.

⑤ Körgine Khâtûn: 칭기스 칸의 카툰이었는데 그가 사망한 뒤 우구데이 카안이 취하였다.

⑥ Îrkîne Khâtûn: 카단(Qadân)의 모친이며 나이만 종족 출신.

⑦ Bôǧûî Khâtûn: (『貴顯系譜』: 쿵크라트 출신, Qâshî의 모친).

⑧ Ûḥâî Khâtûn

⑨ Îmî Khâtûn

⑩ Marqani Khâtûn

⑪ Sarjî Khâtûn

⑫ ?: 나이만 종족 출신, Qûtû Bûqâ Tegîn의 딸.

필사본에 標點이 분명치 않아 일부 이름의 讀音은 확실치 않다. 한편 『元史』 권106 「后妃表」 (pp. 2693~2694)에는 太宗 우구데이의 후비 6명에 관해 다음과 같은 기록이 보인다. Ⓐ 正宮孛剌合眞皇后, Ⓑ 脫列哥那六皇后(乃馬眞氏 歲壬寅 太宗崩 后攝國凡四年 至元二年 追諡昭慈皇后), Ⓒ 昂灰二皇后, Ⓓ 乞里吉忽帖尼三皇后, Ⓔ 禿納吉納六皇后, Ⓕ 業里訖納妃子. 여기서 Ⓑ와 Ⓔ는 『元史』 撰者의 不實로 두 사람으로 기록되었을 뿐 실제로는 모두 투레게네 한 사람을 지칭하는 것이다. 라케빌츠는 이들의 이름을 Ⓐ Boraqchin, Ⓑ & Ⓔ Töregene, Ⓒ Alghui, Ⓓ Kirgisteni, Ⓕ Erkine로 복원하였다('Was Töregene Qatun Ögödei's 'Sixth Empress'?", p. 73). 그러나 Ⓒ 昂灰는 昻灰의 誤寫일 가능성이 큰데, 그녀는 『五分枝』에 나오는 ③Mögâî와 동일 인물로 추정된다. 따라서 우리가 『五分枝』와 『元史』의 기사를 비교해 보면 ① Bôrâqchîn=Ⓐ 正宮孛剌合眞皇后, ② Tôregene Khâtûn=Ⓑ 脫列哥那六皇后 (Ⓔ 禿納吉納六皇后), ③ Mögâî Khâtûn=昻灰二皇后, ⑥ Îrkîne Khâtûn=Ⓕ 業里訖納妃子를 확인할 수 있다.

우구데이 〔카안〕의 자식들과 손자들에 관한 이야기

우구데이 카안은 아들을 일곱 명 두었는데, 큰 아들 다섯의 모친은 투레게네 카툰이고 나머지 둘은 각기 〔134v〕「106r」〔서로 다른〕 후궁의 소생이었다. 이 일곱 명의 아들들과 손자들의 이름 가운데 알려진 것들을 상세히 기록하면 아래와 같다.

첫째 아들 구육 칸(Gîûk Khân)

그의 목지는 코박(Qôbâq)[28] 땅에 있었고, 〔그곳은〕 베리 망락(Berî Mangrâq),[29] 에밀(Îmîl), 누르샤우르(Nûrshâûr)[30]라고 불리는 곳에 위치해 있었다.[31] 우구데이 카안의 후계자는 그의 손자 시레문(Shîrâmûn)이었지만, 〔우구데이가〕 사망한 뒤 투레게네 카툰과 우구데이 카안의 자식들은 그의 명령을 어기고 평생 만성적인 질병들로 고생하던 구육 칸을 카안의 자리(qânî)에 앉혔다. 그의 정황은 별도의 본기에서 상세하게 서술될 것이다. 그에게는 세 명의 아들이 있었는데 다음과 같다.

☆ **호자 오굴**(Khwâja Oğûl).[32] 그의 모친은 ……[33] 종족 출신의 〔오굴〕 카이미시 카툰(Qaymish[34] Khâtûn)이며, 그에게는 다음 세 아들이 있

---

28) A · B본 모두 QWMAQ처럼 표기되어 있으나, QWBAQ의 誤寫로 보아야 할 것이다.

29) A · B · Bl: BRY MNGRAQ.

30) A · B: ?WRŠAWR; Bl: BWRSAWR. 露校本에 따르면 YWRSAWR로 표기된 사본들도 있다. 보일 교수는 이것이 QWM SNKR의 誤寫가 아닐까 추측했다(*Successors*, p. 19, note 23).

31) 코박(Qôbâq)은 현재 신강성 서북부에 있는 和布克賽爾(Qoboqsar)에 해당하며, 에밀(Îmîl)은 타르바가타이(塔城, Tarbaghatai) 동쪽에 위치한 額敏(Emin)에 해당한다. '베리 망락'과 '누르샤우르'는 讀音도 확실치 않고 그 위치를 비정하기도 어렵다.

32) 『元史』 권107 「宗室世系表」(p. 3719)의 忽察. 그에게는 亦兒監藏과 完者也不干(Öljei Ebügen)이라는 두 아들이 있었던 것으로 기록되어 있다. L. Hambis는 亦兒監藏을 *Irgämdzang으로 복원하였다. Cf. *Le chapitre CVII du Yuan Che*, Tableau 36.

33) 原缺. '메르키트'가 들어가야 할 것이다.

34) 그녀의 이름은 오굴카이미시(Oğûlqaymish 혹은 Oğûl Qaymish)이다. A · B본에는 모두 Oğûl이라

었다.[35]

· 투그메(Tôgme)__ 그에게는 요시무트(Yôshmût), 이수겐(Yîsûgân),
  울제우켄(Ôljâûkân),[36] 아바치(Âbâchî) 등 네 아들이 있다.[37]
· 〔투클룩(Tûqlûq)〕[38]
· 부사주 에부겐(Bûsâjû Ebûgân)__ 그에게는 자우투(Jâûtû),[39] 쿠케 티
  무르(Kôkâ Tîmûr)[40] 두 아들이 있다.[41]

☆ **나쿠(Nâqû)**.[42] 그 역시 〔오굴〕 카이미시 카툰에게서 출생했고, 아들
이 하나 있었는데 차바트(Chabât)[43]라는 이름을 가졌다. 바락이 아바카
칸을 공격하러 이란 땅으로 왔을 때, 카이두는 이 차바트를 그의 직속
휘하 1000명과 함께 〔바락을〕 도우라고 파견했는데, 그는 전투가 벌어
지기 전에 화가 나서 돌아왔다. 그가 부하라에 도착했을 때 바락의 아들
인 벡 티무르(Beg Tîmûr)가 그를 추격하여 붙잡기 위해 군대를 보냈다.
그는 아홉 명의 기병과 함께 도망쳐 사막(chôl) 길을 경유하여 카이두에
게로 갔다. 그 두려움으로 인해 병에 걸렸고 그 병으로 사망했다.[44]

는 글자가 빠져 있으나 BI본에는 들어가 있다.

35) 보일의 영역본(p. 20)과 색스턴의 영역본(II, p. 305)에는 자식이 전혀 없는 것으로 되어 있으나, 이
   는 각각 BI본과 Karimi본에 근거했기 때문이다. A · B본에는 보다 상세하고 정확한 정보가 기재되어
   있다. 그러나 A · B본에도 세 명이 아니라 두 명의 아들 이름만 보인다. 『五分枝』에는 호자 오굴의 세
   아들이 모두 등록되어 있는데, 둘째 아들의 이름이 TWQLWQ으로 기록되어 있다.
36) 『五分枝』에는 AWLJWKWKAN.
37) 『五分枝』에는 다섯 번째 아들로 QWRTQ라는 인물이 보인다.
38) A · B본에는 없지만 『五分枝』에서 보충.
39) 『五分枝』에는 JAQWTW.
40) 『五分枝』에는 KWYKH TMWR.
41) 『五分枝』에는 이 두 아들이 Kîchîk Khân의 딸 'Azîza Khâtûn의 아들이라고 되어 있다.
42) 『元史』(권107의 腦忽)와 『五分枝』에는 자식이 없는 것으로 되어 있다.
43) A · B: CBAT. 그러나 이 두 사본은 몇 행 아래에서 JBATh로 표기했다.
44) 차바트의 활동에 대해서는 M. Biran, *Qaidu and the Rise of the Independent Mongol State in
   Central Asia*(Richmond Surrey: Curzon, 1997), pp. 30~32 참조.

☆ **호쿠**(Hôqû).[45] 그에게는 아들이 열 명[46] 있었다.[47]

· 우르게(Ôrge)__ 그에게는 타르마 발라(Tarma[48] Balâ), 에르테네 도르지(Ertene[49] Dôrjî), 쿵게이(Kôngâî)[50] 세 아들이 있다.

· 쿠무(Qûmû)__ 테구데르(Tegûdâr)라는 아들이 하나 있다.

· 쿤첵(Kônchek)

· 도르지(Dôrjî)__ 쿠린(Kûrîn)이라는 아들이 하나 있다.

· 툽신(Tôbshîn)[51]__ 주시켑(Jûshkâb)이라는 아들이 하나[52] 있다.

· 에르케멘(Îrkâmân)__ 에르테네 시리(Ertene Shîrî)〔라는 아들이 하나 있다〕.

· 테구스 부카(Tegûs Bûqa)

· 이키르데이(Îkîrdâî)

---

45) 『元史』 권107의 禾忽. 南平王 禿魯라는 자식이 한 명 기재되어 있다. 또한 쿠빌라이와 아릭 부케 사이에 전쟁이 벌어졌을 때 耶律楚材의 아들 耶律鑄가 1261~1262년 겨울 火孛(Qoboq, Qobaq) 근처에서 만난 '定宗幼子大名王'도 바로 호쿠였다. Cf. 『元史』 권187 「耶律希亮傳」, p. 4160.

46) '열 명'이라는 단어가 B본에는 보이지만 A본에는 누락되어 있다.

47) B1본에는 호쿠의 열 명의 아들에 대한 내용이 모두 빠져 있고 그 대신 다음과 같은 기사가 삽입되어 있다. "그의 모친은 첩이었다. 전하는 바에 따르면 그에게는 현재 투그메(Tôgme)라는 손자가 하나 있는데, 카이두의 아들인 차파르(Chapar)와 분쟁(tamâchâmîshî)을 하고 있다고 한다. 그는 〔차파르의〕 명령을 받기를 거부하면서 '〔수령의〕 지위는 나에게 속한다'고 주장한다. 그의 부친 이름도 투그메(Tôgme)였다." 보일과 색스턴의 영역본도 B1본과 같은 내용을 옮기고 있다. 중앙아시아에서 Tögme의 활동에 대해서는 Biran의 *Qaidu*, p. 70, p. 77 참조. 한편 『五分枝』에도 『集史』와 유사한 열 명의 이름이 기재되어 있는데 표기가 약간씩 다르기 때문에 참고로 적어 보면 다음과 같다. AWYRALSH, QWMBW, KWNJAK, DWRJY, TWBShYN, AYRKMASYN, TAKWZBWQA, TKShY, DARBWNG, AYKYRADY.

48) A: TWMH ; B: TRMH.

49) A: AWTBH ; B: ARTBH. 그러나 A본 137v의 표에서는 ARTNH로 표기되어 있다. 露譯本은 Artaba 로 옮겼다.

50) A: KWNKAY ; B: KWTKAY. 노역본은 Kutukay로 옮겼다. 『五分枝』에는 KWYAKAN.

51) A: TWNŠYN ; B: TWBŠYN.

52) A본은 '하나'라는 단어를 지우고 '넷'(chahâr)으로 고쳐 썼다.

· 테키시(Tekish)

· 다르붕(Dârbûng)

이 세 아들에 관한 이야기와 일화들은 구육 칸 기와 뭉케 카안 기의 적절한 곳에서 자세히 서술될 것이다.

둘째 아들 쿠텐(Kôtân)

뭉케 카안은 그에게 탕쿠트 지방 안에 목지를 주고 군대와 함께 그곳으로 파견했다. 그에게는 다음과 같이 세 아들이 있었다.[53]

☆ **뭉게투**(Môngetû). 그의 모친은 ……[54]이었다.

☆ **쿠텐**(Kôtân). …… [55]카툰에게서 출생했다. 쿠텐(Kôten)이라는 아들이 하나 있었는데, 그의 이름은 이수 부카(Yîsû Bûqâ)의 계보도에 보인다.[56]

☆ **칭 티무르**(Chîng Tîmûr).[57] 그의 모친은 ……[58]이었다. 그에게는 아들들이 있었는데 그들의 이름은 알려지지 않는다.

우구데이 카안과 구육 칸의 자손들이 뭉케 카안에 대해서 반역을 도모했을 때, 쿠텐의 이 자식들은 일찍이 그의 벗이자 지지자였던 관계로 [카안이] 그 무리들을 처벌하고 그들의 군대를 빼앗아 분배할 때에도

---

53) 『元史』 권107에 따르면 闊端(Köten)에게는 다섯 아들이 있었다. ① 滅里吉歹(Merkitai) → 也速不花 (Yisü Buqa), ② 蒙哥都(Mönggetü) → 亦隣眞(Irinchin), ③ 只必帖木兒(Jibig Temür), ④ 帖必烈 (Tebile), ⑤ 曲烈魯(Kürlüg) → 別帖木兒(Beg Temür) → 也速也不干(Yisü Ebügen). 한편 『五分枝』에도 다섯 아들이 등재되어 있으나 그 이름들이 약간 다르다. 즉 Ⓐ Jibig Temûr, Ⓑ Îrînjân, Ⓒ Yisû Bûqâ → Kûlûk과 Nambûlâ, Ⓓ Jibig Temûr, Ⓔ Mângetû. cf. 『貴顯系譜』, 41v.

54) 原缺.

55) 原缺.

56) 보일 영역본(p. 20) 및 색스턴의 영역본(p. 305)과 비교하시오.

57) A · B · BI본에는 Chîng Tîmûr로 표기되어 있다. 그러나 『元史』의 只必帖木兒를 고려하면 Jîbîg Timûr 로 읽는 쪽이 맞을지도 모르겠다. 여기서는 일단 사본에 충실하여 '칭 티무르'로 옮긴다.

58) 原缺.

〔쿠텐의 자식들에 대해서는〕 피해를 주지 않았고, 그들이 소유하던 군대들도 그대로 갖게 해주었다. 그들의 목지가 탕쿠트 지방에 있었기 때문에 쿠빌라이 카안과 그 아들[59]인 티무르 카안은 쿠텐의 후손들에게 그곳에 〔그대로〕 살도록 했고, 그들도 옛날의 관례에 따라 카안의 벗이자 지지자들로서 그의 칙령에 복종하고 있다. 그들의 사무는 카안의 은총의 그늘 아래에서 매우 번창하고 안정되어 있다. 完! 〔135r〕「106v」

셋째 아들 쿠추(Kôchû)

그는 매우 총명하고 행운을 지녔다. 〔우구데이〕 카안은 그를 자신의 후계자로 지정할 마음을 갖고 있었지만 그의 생전에 사망하고 말았다. 그에게는 아들이 셋 있었다.[60]

☆ **시레문**(Shîrâmûn). 그의 모친은 …… 종족 출신의 …… 카툰이었다. 그는 ……를 모셨다.

☆ **불라우치**(Bûlâûchî).[61] 그의 모친은 …… 종족 출신의 …… 카툰이었다. 그는 ……를 모셨다.

☆ **수세**(Sûse). 그의 모친은 …… 종족 출신의 …… 카툰이었다. 그는 ……[62]를 모셨다.

　　쿠추[63]가 사망하자 뭉케 카안은 〔쿠추의〕 큰아들인 시레문 — 매우 총명하고 유능했다 — 을 그 부친과의 우호 관계를 생각하여 매우 아꼈고 그를 자기 오르두들 안에서 키우면서, 그가 〔자기 부친의〕 후계자가 될

---

59) '손자'가 되어야 옳다.

60) 『元史』 권107에 기재된 그의 계보는 다음과 같다. 闊出(Köchü) → 昔列門(Shiremün) → 孛羅赤 (Bolachi) → 哈歹(Qadai) → 也速不干(Yisü Ebügen) → 阿魯灰(Aruqui).

61) A · B : BWLAWJY.

62) 앞의 ……부분은 모두 原缺.

63) A본의 KWKJW는 誤寫.

것이라고 말했다. 〔그러나〕 결국 그가 뭉케 카안에 대해서 음모를 꾸몄기 때문에 그의 죄를 물었던 것이다. 뭉케 카안이 자기 동생인 쿠빌라이를 키타이로 보낼 때, 〔쿠빌라이는〕 이 시레문과 친분이 두터웠기 때문에 형[64]에게 자기가 그를 함께 데리고 갈 수 있게 해달라고 청했다. 〔그런데〕 뭉케 카안이 낭기아스로 출정할 때 쿠빌라이 카안은 그와 합류하게 되었고, 〔뭉케 카안은〕 시레문을 신임하지 못하여 그를 물에 빠뜨려 버리라고 명령했다.

넷째 아들 카라차르(Qarâchâr)

이 카라차르에게는 아들이 하나 있었는데, 이름은 토탁(Tôtâq)[65]이었다. 그들의 목지는 ……[66]이라는 곳에 있다.[67]

다섯째 아들 카시(Qâshî)

그가 태어났을 때 칭기스 칸이 카시(Qâshî)[68] 지방 — 지금은 탕쿠트라고 부른다 — 을 정복했기 때문에 그를 '카시'라고 이름한 것이다. 그는 술을 대단히 좋아하여 폭음을 했기 때문에 지나친 음주로 인해 건강이 악화되어 젊은 나이에, 그의 부친이 살아 있을 때 사망했다. 그가 사망

---

64) A · B본에는 pidar(부친)라고 되어 있으나 Bl본에는 barâdar(형)로 되어 있다. 후자가 문맥상 옳을 것이다.

65) A · B: TWQAQ; Bl: TWTAQ. 『元史』 권107(p. 2718)에 따르면 哈剌察兒의 아들 脫脫이 그에 해당한다.

66) 原缺.

67) 『元史』 권107에 따르면 哈剌察兒(Qarachar)에게 脫脫(Toqto)이라는 아들이 있었고, 脫脫에게는 月別吉(Ö[z]beg)과 沙藍朶兒只(Sharam Dorji)라는 두 아들이 있었다. Cf. Hambis, *Le chapitre CVII*, Tableau 36.

68) '河西'라는 말을 옮긴 것이기 때문에 Qâshî라고 하는 것이 정확하지만, 라시드 앗 딘은 『集史』의 다른 곳에서 Qâshîn이라고 표기하기도 했다. 그래서인지 『부족지』(p. 245)에서는 우구데이의 다섯째 아들 '카시'가 '카신'(Qâshîn)이라고 표기되었다.

하자 '카시'라는 이름은 피휘(避諱, qôrîq)가 되었고, 그 후로는 그 지방을 탕쿠트라고 부르고 있다. 그에게는 아들이 하나 있었는데 이름은 카이두(Qâîdû)였고, …… 종족 출신의 세프게네 카툰(Sepgene Khâtûn)[69]에게서 태어났다. 그녀는 매우 연로했는데 705[/1305~1306]년까지[70]도 생존해 있었다.

〔사람들은〕 이 카이두를 칭기스 칸의 한 오르두에서 키웠고, 우구데이 카안이 사망한 뒤에 그는 뭉케 카안을 모셨다. 그 뒤에는 아릭 부케와 함께 있으면서 그를 칸위에 앉히기 위해 노력했다. 아릭 부케가 쿠빌라이 카안의 어전으로 가서 그의 명령을 받들게 되자, 카이두는 쿠빌라이 카안을 두려워하게 되었다. 왜냐하면 어느 누구라도 카안의 명령과 칙령을 거역할 경우 그것은 적법한 것(yâsâ)이 아니며, 만약 누구라도 그렇게 하면 죄를 짓고 야사를 어기며 반역과 반란을 범하는 것이 되기 때문이다. 그때 이후 오늘날에 이르기까지 그의 반역으로 인해 수많은 몽골과 타직 병사들이 사망했고 번영하던 지방들이 황폐하게 되었다.

처음에 카이두는 많은 군사와 속민을 갖지 못했다. 왜냐하면 우구데이 카안의 후손들이 뭉케 카안에 대해서 음모를 꾸몄을 때 그들의 군대를 빼앗겨 〔다른 사람들에게〕 분배되었기 때문이다. 단, 쿠텐의 자손들에게 속한 것만은 예외였다. 그런데 〔카이두는〕 매우 총명하고 유능했으며 대단히 영악한 인물이었다. 그는 기만과 술책을 통해서 〔자신이 도모하는〕 일들을 이루곤 했고, 책략을 세워 이곳저곳에서 2000~3000명씩의 군사들을 끌어모았다. 쿠빌라이 카안이 마친을 정복하기 위해 키타이에 머물러 거리가 멀었기 때문에 카이두는 반란을 일으켰다. 〔쿠빌라

---

69) 『부족지』(p. 245)에서는 Sîpgîne로 표기되었고, 베크린 종족 출신이라고 되어 있다.
70) A · B본과 달리 BI본에는 "작년까지"라고 되어 있다.

이는〕그와 그의 일족을 쿠릴타이에 〔참석하라고〕 불렀지만, 첫째 해나 둘째 해나 셋째 해에도 그들은 구실을 대면서 〔어전에〕 가지 않았다. 그는 각지에서 조금씩조금씩 군대를 모아서 주치 일족과 우호를 맺기 시작했고, 그들의 도움을 받아 일부 지방들을 손에 넣게 되었다.

쿠빌라이 카안은 그를 처리하기 위해 군대를 〔135v〕「107r」보내야 할 필요를 느껴서, 자기 아들인 노무간(Nômûgân)을 일군의 왕자들과 아미르들과 많은 군대와 함께 출정시켰다. 도중에 노무간의 사촌들이 음모를 꾸미며 그와 군 지휘관인 한툰 노얀(Hantûn[71] Nôyân)을 붙잡고 그를 주치의 후손이었던 뭉케 티무르 — 그는 그 울루스의 군주였다 — 에게 보냈는데,[72] 그들에 관한 사정은 쿠빌라이 카안 기에서 설명할 것이다. 카이두는 그 시점부터, 온 세상이 이슬람 제왕 — 그의 통치가 영원하기를! — 의 영광스러운 통치로 빛나는 지금에 이르기까지, 쿠빌라이 카안과 아바카 칸과 아바카 칸의 후손들에 대해서 반역을 행했다. 아바카 칸은 그를 '잔치의 벗'(shîĝâldâsh)[73]이라고 불렀고, 그들〔=아바카의 후손들〕도 카이두를 그렇게 불렀다. 옛날에는 이러한 호칭으로 서로를 불렀는데, 이는 '서로 함께 잔치(tôi)를 벌이다'는 뜻을 지니고 있다. 그는 여러 차례 쿠빌라이 카안과 아바카 칸과 전투를 했는데, 이에 관해서는 각각의 본기(本紀)에 나올 것이다.

쿠빌라이 카안은 그가 키운 바락 — 차가타이의 아들 무에투켄(Mûâtûkân)의 아들 이순 토아(Yîsûn Tûâ)의 아들 — 을 보내어 차가타이 울루스를 관할하고 카이두와 전쟁을 하도록 했다. 바락은 와서 전쟁

---

71) A · B: HNTWM.

72) B본에는 "그를 주치의 후손이었던 뭉케 티무르 — 그는 그 울루스의 군주였다 — 에게 보내고, 한툰 노얀을 카이두에게 〔보냈다〕"고 되어 있다.

73) Cf. Doerfer, I, p. 245.

을 했으나 카이두가 그에게 승리를 거두었고, 종국에 가서는 서로 연합을 하게 되었다. 두 사람은 카안과 아바카 칸에게 반란을 일으켰는데, 그 정황은 그 본기들에 나올 것이다. 701[74][/1301~1302]년에 카이두는 바락의 아들인 두아(Dûâ)와 연합하여 티무르 카안의 군대와 전투를 벌였는데 패배했고, 그 전투에서 두 사람 모두 부상을 입었다. 카이두는 그 상처로 인해 사망했고, 두아는 지금도 여전히 그 상처로 고통받고 있으며 그것을 치유할 묘약은 없다. 현재 카이두의 자리에 그의 큰아들 차파르가 앉았지만, 그의 형제들 가운데 일부, 즉 우루스(Ûrûs)와 다른 ▶왕자들은 그에 동의하지 않고, 그들의 자매인 쿠툴룬 차가(Qûtûlûn Chağâ)[75]도 그들과 한편이다. 전하는 바에 따르면 그들 사이에 불화가 생겼다고 한다.◀[76] 카이두의 아들들의 숫자가 얼마나 되는지 분명히 알려져 있지 않다. 어떤 사람들은 아들이 40명 있었다고 하지만 과장이다. 그곳에 잠시 있었던 아미르 노루즈(Amîr Nôrûz)는 [카이두에게] 아들이 24명 있다고 말했는데, 이곳에 잘 알려진 사람들로는 다음과 같은 아홉 명의 아들이 있다.

· 차파르(Châpâr)__ …… 종족 출신의 ……에게서 출생했으며, 그가 현재 카이두 자리에 앉아 있다. 그를 본 사람이 전하는 바에 따르면, 그는 마르고 볼품없는 인물이라고 한다. 그의 얼굴과 수염은 마치 러시아인이나 체르케스인과 같고, 몸은 중키이고 조금 마른 편이라고

---

74) A본에는 700과 1이라는 숫자 사이에 10을 첨가하여 711년으로 표기했지만 받아들이기 어려운 연도이다. 카이두는 1301년 벌어진 전투에서 부상을 입고 곧 사망했기 때문이다. B본 역시 601년으로 표기되었으나 701년을 잘못 쓴 것으로 보아야 할 것이다.

75) BI본에는 QWTWLWAN CĞAN으로 되어 있고 영역본과 노역본은 모두 그 표기를 따라 '쿠툴룩 차간'이라고 옮겼다. A · B본은 뒤에서 QWTWLWN JĞA로 표기하고 있어 이를 따랐다. 카이두의 딸은 웬만한 남자들보다 더 용맹했다는 전설적인 이야기의 주인공이고, 『동방견문록』(pp. 519~522)에는 '아이자룩'(Aigiaruc, 투르크어로 '달빛'이라는 의미)이라는 이름으로 불리고 있다.

76) ▶◀ 사이의 부분은 A · B본에는 보이지 않고, BI본에 근거하여 보충했다.

한다. 그에게는 다음과 같은 일곱 명의 아들이 있다. 부리 티무르(Bôrî Tîmûr), 울제이 티무르(Ôljâî Tîmûr), 쿠틀룩 티무르(Qûtluq Tîmûr), 체첵투(Châchâktû), 툭 티무르(Tûq Tîmûr), 체릭투(Cherîktû), 울라다이(Ûlâdâî).

· 양기차르(Yângîchâr)__ …… 종족 출신의 ……[77]에게서 출생했으며, 용모가 수려하고 재간이 뛰어나 그의 부친은 그를 무척 아꼈다. 그는 오르다(Ôrdâ)의 후손인 코니치의 아들 바얀(Bâyân)[78]과 서로 적이 되어 맞서서, 많은 군대를 데리고 (변경의) 요충지(sûbîe)[79]를 관할하고 있다. 바얀은 카안과 이슬람의 제왕 — 그의 통치가 영원하기를! — 과 친밀했던 반면, 그의 사촌인 쿤룩(Kûnluk)[80]은 카이두의 자식들과 두아에게 기울었다. 그들은 바얀이 카안이나 이슬람의 제왕의 군대와 연합하여 그들의 일을 그르치게 하지 않도록 하기 위해 그(= 쿤룩)를 후원(tarbiyat)하고 있다. 바얀은 주치의 후손이기 때문에 주치 (가문)의 권좌에 앉아 있는 톡타이가 그를 지원하고 있다. 현재 그들은 카이두의 아들들 및 두아를 치러 전쟁할 것을 생각하여 사신들을 이곳으로 보냈다.[81] (양기차르에게는 두 아들이 있는데) 그 이름은

---

77) 앞의 ……는 모두 原缺.

78) A: ?AYAN; B: BAYAN.

79) A: SWPBH; B: SWBYH. 이 단어는 몽골어로 '關門, 要衝'을 뜻하는 sübe를 옮긴 것으로 보인다.

80) A: KWNLK; B: KW?LK; Bl: KWBLK. 보일(p. 24)은 Küilük로 옮겼다.

81) 여기서 라시드 앗 딘이 말하는 내용을 간략하게 정리하면 다음과 같다. 주치의 아들인 오르다의 후손들로 구성된 '오르다 울루스'(소위 '白帳칸국')의 수령 코니치가 사망한 뒤 그 아들인 바얀과 바얀의 사촌인 쿤룩 사이에 울루스의 주도권을 둘러싼 분쟁이 시작되었다. 두 사람은 각각 외부의 지원 세력이 필요했는데, 바얀은 쿠빌라이와 일 칸과 연합한 반면 쿤룩은 카이두와 두아와 연맹하였다. 카이두 역시 자신의 영역에 바로 북방으로 인접한 오르다 울루스의 문제에 무관심할 수 없었기 때문에 쿤룩을 지원하게 되었다. 여기에 더하여 주치의 또 다른 아들인 바투의 후손들로 이루어진 '바투 울루스'(소위 '金帳칸국')는 당시 톡타이의 지배 아래 있었는데, 그 역시 오르다 울루스의 내분을 이용하여 자신의 영향력을 확대하기 위해 바얀을 지원하며 일 칸에게 사신들을 보내 공동전선을 모색

아그룩치(Aḡrûqchî)와 울라다이(Ûlâdâî)이다.[82] 完!

· 우루스(Ûrûs)＿ 카이두의 큰부인 두이진(Dûîjîn)[83]에게서 출생했다. 그의 부친이 사망한 뒤 왕국을 두고 분쟁이 일어났는데 이 문제에 관해서 투그메(Tôgme) — 우구데이의 아들인 투그메의 아들[84]— 와 연합하고 있다. 그의 자매인 쿠툴룬은 그를 지지하고 있으나, 두아는 차파르 쪽으로 기울었기 때문에 애를 써서 그를 칸의 자리에 앉혔다. 카이두는 카안[의 영역]의 변경을 우루스에게 맡기고 그에게 많은 군대를 주었다. 현재 그 군대는 그와 함께 있고 〔카안에게〕 굴복하지 않고 있다. 전해지는 소식에 따르면 그들 사이에 반목과 적대가 일어나 전쟁이 계속되고 있다고 한다. 그에게는 알구(Âlğû)와 홀라추(Hûlâchû)라는 두 아들이 있다. 〔136r〕「107v」

· 사르반(Sârbân)＿ 이 사르반은 군대와 함께 아무다리야를 건너 바닥샨과 판잡(Panjâb) 지방 변경에 머물면서 호시탐탐 후라산을 노리고

했다. 당시의 복잡한 상황에 대해서는 Biran, *Qaidu*, pp. 64~65 참조.

82) 본문은 문장상으로 볼 때 톡타이와 바얀측이 보낸 사신들의 이름이 아그룩치와 울라다이인 것으로 해석하는 것이 옳다. 그러나 뒤에 나오는 지파도나 『五分枝』의 계보도에 이 두 사람이 분명히 양기차르의 아들로 나오고 있는 것으로 보아, 그들이 일 칸측에 사신으로 파견되었다고 보기는 어렵다. 따라서 본 역자는 îlchiyân-râ înjâ mî-firistâdand 다음에 û-ra du pisar-and(그에게 두 아들이 있었다)는 구절이 누락된 것이 아닌가 생각한다. Bl본에 mî-firistâdand라는 단어로 끝난 채 두 사람의 이름이 보이지 않는 점도 역자의 추정을 뒷받침해 준다.

83) A·B: DW?JYN; Bl: DRNČYN. 보일은 이를 Dörbejin으로 옮겼다. 노역본은 Derenchin으로 읽었다.

84) 우구데이에게는 투그메라는 이름의 아들이 없었다. 다만 구육의 아들인 호자 오굴의 아들 가운데 투그메라는 인물이 있다. 또한 앞의 주 47)에 언급했듯이 Bl본에는 구육의 아들인 호쿠의 아들들 가운데 투그메라는 인물이 있고 이 투그메의 아들이 다시 투그메라는 동일한 이름이었다는 기사가 있다. 만약 이것이 사실이라면 여기서 언급된 "투그메의 아들 투그메"는 우구데이의 高孫子가 되는 셈이다. 『元史』 권128 「床兀兒傳」(p. 3136)에는 1300년 가을 "叛王禿麥·斡魯思" 즉 우루스가 투그메와 연합하여 카안의 군대를 급습, 闊客이라는 곳에서 床兀兒와 전투를 벌였던 기록이 있다. 또한 1280년 7월 己酉에 火拙畏吾(Qocho Uighur) 城을 겁략한 禿古滅(『元史』 권11 「世祖·八」, p. 225)도 같은 인물로 추정된다.

있다. 이슬람 제왕의 군대는 여러 차례 그를 물리쳤고, 702〔/1302〕년 가을에 하르반다 왕자[85]는 사락스(Sarakhs)[86] 방면으로 갔다가 사르반의 군대가 마루축(Marûchûq)[87] 부근에 있다는 소식을 듣고 그들을 공격하여 많은 사람을 죽이고 노략했다. 사르반은 그해 겨울 대군을 이끌고 후라산을 치려는 계획을 세웠다. 쿠르구즈의 아들인 쿠틀룩 부카(Qutluğ Bûqâ)의 아들 위구르타이(Uîğûrtâî), 노루즈의 형제인 오이라다이(Ôîrâdâî) 등이 그와 함께 있었는데, 그들이 그를 부추겨서 투스 부근으로 왔다. 하르반다 왕자는 사락스에서 바바르드(Bâvard)[88] 길을 거쳐 퇴각하여 엘지기데이(Îljîgidâî) 샘물[89]에서 전열을 가다듬었다. 그러고는 갑자기 투스 부근에 있던 그들을 치러 갔다. 전열을 갖추었을 때는 한밤중이었기 때문에 전투를 벌이지 않았다. 그런데 그들은 밤중에 도주했고, 아군(我軍)은 상바스트(Sangbast) 초소(ribât)[90]까지 추격해 갔다. 그들은 맞서 싸우려고 했으나 여의치 않자 도주했다. 눈보라와 한파가 몰아쳐 수많은 사람들과 동물들이 죽었다. 〔그 참상이 어느 정도였는가 하면〕 사르반의 친위대(kezîk)〔를 지휘하던〕 아미르는 손발이 마비되자 죽지 않기 위해 자기 휘하의 누케르 한 사람을 껴안았지만, 그것도 아무 소용이 없어 혹심한 추위로 두

---

85) 후일의 울제이투 칸(치세, 1304~1316).

86) 이란 동북부 니샤푸르에서 동쪽으로 직선거리 140km 지점.

87) 현재 투르크메니스탄 영내에 있는 마리(Mary, Merv, Maru) 부근에 있던 지명으로 보인다.

88) Avîvard라고도 불리며, 마쉬하드와 투스 사이에 위치(현재 지명은 Qahqaheh).

89) 보일은 이곳이 엘지기데이 장군이 주둔하던 Bâdğis 지방에 있었을 것으로 추정했으나(*Successors*, p. 26, note 70), 양측 군대의 노선을 생각해 보면 그곳은 너무 먼 느낌이 든다. 차라리 마쉬하드 부근 어느 지점이 아닐까 추측된다.

90) 마쉬하드에서 동남쪽으로 하루 거리에 있으며, 그곳에 있는 유명한 ribât는 마흐무드 가즈나비와 동시대 사람인 Arslân Jâdhib에 의해 건설된 것이라고 한다(Barthold, *Turkestan*, p. 448, note 8). ribât는 '변경 초소, 수도원', 宿舍 등을 뜻한다(Steingass, p. 567).

사람 모두 그 자리에서 뻣뻣하게 굳어서 죽어 버렸다. 길을 잃은 사람들 일부는 자기 집으로 돌아갔다. 또한 그들은 바락의 아들인 두아의 아들 쿠틀룩 호자(Qutluǧ Khwâja)와 헤라트 부근에서 서로 합류하기로 약속한 바 있었지만, 구르(Ğûr)와 가르자(Ğarja)[91]의 산지에 눈이 덮여 〔쿠틀룩 호자의 군대가〕[92] 올 수 없었다. 〔그래서〕 이슬람 제왕 ― 그의 통치가 영원하기를! ― 의 행운이 그들을 날려 버리고 파괴시켰던 것이다. 이 사르반에게는 부룽타이(Bûrungtâî)와 부지르(Bûjîr)라는 두 아들이 있었다. 完!

· 쿠다우르(Qûdâûr)

· 쿠릴(Qûrîl)[93]

· 소르카 부카(Sôrqâ Bûqâ)

· 예쿠 부카(Îkû Bûqâ)

· 리 박시(Lî Bakhshî)[94]

---

91) '구르'는 헤라트 남부 및 동남부의 산지를 가리키며, '가르자' 혹은 '가르지스탄'(Ğarjistan)은 구르 산지의 북방에 위치한 무르가브(Murghab) 강 상류역을 가리킨다. Cf. Barthold, *Turkestan*, p. 233·338.

92) 사르반과 하르반다 사이의 전투는 마쉬하드 부근에서 벌어졌기 때문에 헤라트로 갈 때 헤라트 동남 쪽에 위치한 구르와 가르자 산지를 경유할 필요는 없을 것이다. 따라서 헤라트로 오지 못한 쪽은 중 앙아시아에서 아프간 북방을 거쳐 헤라트로 와야 하는 쿠틀룩 호자측이었을 것으로 보인다.

93) A: QWZYL.

94) 본 역서에 제시된 카이두의 아들 아홉 명의 명단은 A·B본에 기초해서 작성한 것이다. 그러나 보일 과 색스턴의 영역본에는 이들 이외에 더 많은 사람들의 이름이 나와 모두 15명의 이름이 제시되어 있다. 이는 BI본에 근거한 것으로 ① 차파르, ② 양기차르, ③ 우루스, ④ 우룩 티무르(Ôrûg Tîmur), ⑤ 노단(Nôdân) 혹은 토단(Tôdân), ⑥ 샤 충타이(Shâh Chûngtâî), ⑦ 일 누바르(Îl Nûbâr) 혹은 일 부얀(Îl Bûyân), ⑧ 우마르 호자('Umar Khwâja), ⑨ 바리키(Bârîqî) 혹은 나리키(Nârîqî), ⑩ 카하우 르(Qahâ'ur), ⑪ 쿠릴(Qûrîl), ⑫ 소르카 부카(Sôrqâ Bûqâ), ⑬ 예쿠 부카(Îkû Bûqâ), ⑭ 리 박시(Lî Bakhshî), ⑮ 사르반 등이다. Cf. Blochet, *Djami el-tévarikh*, pp. 10~11; Boyle tr., *Successors*, p. 25; Thackston tr., *Compendium*, II, p. 308. 한편 『五分枝』에는 ① Châpâr, ② Kônchâk, ③ Yangîchâr → Aûǧrûchî & Ûlâdâî, ④ Ûrûs → Alghû & Hûlâchû, ⑤ Ôrûg Timûr, ⑥ Kerâî, ⑦ Tûdâkân → Chûngtân, ⑧ Shâh, ⑨ Yîtûtâr → 'Umar Khwâja & Ṭârîqchî, ⑩ Sarbân →

또한 카이두에게는 쿠툴룬 차가라는 딸이 있었는데, 자식들 가운데 그녀를 가장 사랑했다. 그녀는 사내들처럼 하고 다니며 여러 차례 전쟁에도 나가서 용맹을 보였다. 아버지에게 신임을 받았고 〔중요한〕 사무도 처리했다. 아버지가 그녀를 시집보내지 않아서 사람들은 그가 자기 딸과 어떤 관계가 있는 것이 아닌가 의심했다. 카이두의 사신들이 여러 번 이슬람의 제왕 — 그의 통치가 영원하기를! — 의 어전에 왔었는데, 이 딸이 안부와 선물(bîleg)[95]을 전하면서 "당신의 부인이 되겠습니다. 다른 사람을 남편으로 맞지 않겠습니다"라고 말했다. 사람들의 비난과 조롱이 심해지자 카이두는 최근에 들어와 그녀에게 남편을 맞아 주었는데, 그는 코룰라스 출신으로 아브타쿨(Abtaqûl)이라는 이름을 가진 사람이었다.[96]

〔금년은〕 카이두가 테겔쿠(Tegelkû)[97]라는 산 — 그 부근에 차프카(Châpqa) 강[98]이 있다 — 에서 캄불라(Kambûla)[99]와 전투를 한 지 네 번째 해가 된다.[100] 처음에는 카르바 탁(Qarba Tâq)[101]이라는 곳에서 전

Bûrûngdâî & Bûjîr, ⑪ Tûdâûr, ⑫ Qûrîl, ⑬ Qûtûlûn Châğân(女), ⑭ Sôrqâ Bûqâ, ⑮ Yîkû Bûqâ, ⑯ Lî Bakhshî, ⑰ Qônichî, ⑱ Bôrchâ Ebûgân, ⑲ Kedâî, ⑳ Qûtûjîn(女), ㉑ Dôrjî 등 모두 19명의 아들과 2명의 딸 이름이 등재되어 있다.

95) A · B본의 원문은 BYLK이다. 보일은 '聖訓'(bilig)으로, 색스턴은 '편지'(belge)로 옮겼지만, 이는 투르크어에서 '선물'을 뜻하는 beleg을 음사한 것으로 보는 것이 옳을 것이다. 만약 belge를 옮긴 말이라면 BYLKH로 표기되었어야 할 것이다.

96) B본에는 '키타이(Khitâî) 사람'에게 시집을 보낸 것으로 되어 있고, 보일도 그대로 옮겼다.

97) 『元史』 권22 「武宗 · 一」(p. 477)의 迭怯里古; 권128 「牀兀兒傳」의 鐵堅古山(p. 3136). 모두 Tegelkü를 옮긴 것으로 보이며, 위치는 알타이 산맥 남쪽의 자브칸 강 서쪽이다.

98) Jabqan 강. 몽골리아 서부 항가이 산맥에서 발원하여 히르기스 호로 흘러드는 강.

99) 한문 사료의 甘麻剌(Kammala). 쿠빌라이의 손자이며 成宗 티무르의 형이기도 하다.

100) A: chahârum; B: chahârum sâl. 『元史』 권22 「武宗 · 一」(p. 477)에 따르면 이 전투는 大德 5년 (1301)에 벌어졌는데, 그 과정이 다음과 같이 묘사되어 있다. 즉 카안의 군대가 1300년 음력 8월 카이두측과 闊別列이라는 곳에서 전투를 벌여 승리를 거두었고, 12월에 알타이〔按台山〕에 도달하자 나이마다이〔乃蠻帶〕 휘하의 부락이 투항해 왔다. 1301년 음력 8월 朔에 카이두측과 다시 迭怯里古

투를 벌였는데, 카랄투(Qarâltû)[102]라는 산에서 〔다시〕 싸우기로 약속했다. 유쿠사라(Yûqûsârâ)[103]가 셋째 달에 그곳에 도착했는데 〔때는〕 가을의 중간 달이었고, 카안의 군대는 〔이미〕 둘째 달에 카이두〔가 있는 곳〕에 도착했다. 두아는 아직 뒤쳐져 있었다. 그들은 카이두와 전쟁을 했고 그를 격파했는데, 〔그로부터〕 두 번째 날 그와 합류하여[104] 카랄투

(테겔쿠)라는 곳에서 전투를 하여 승리를 거두었는데, 그로부터 이틀 뒤(越二日) 카이두가 무리를 모두 이끌고 와서 合剌合塔이라는 곳에서 다시 큰 전투가 벌어졌다. 카안의 군대가 불리하게 되자 카이샨(후일 武宗)이 직접 出陣 · 督軍하여 적을 물리치고 그 치중을 모두 빼앗은 뒤, 諸王 · 駙馬들이 모두 빠져나올 수 있도록 도왔다. 그 다음날 다시 전투가 벌어져 카안의 군대가 약간 퇴각하고 카이두가 乘機하여 공격해 오자, 카이샨은 다시 군대를 지휘하여 적진의 후방을 공격함으로써 全軍이 귀환할 수 있었다. 카이두는 뜻을 이루지 못하고 돌아가서 사망했다. 이상이 『元史』 「武宗紀」에 묘사된 테겔쿠 전투의 전모인데, 라시드 앗 딘이 이 전투가 벌어진 지 지금이 "네 번째 해"라고 한 것으로 보아, 그가 『集史』의 이 부분을 집필한 것이 1304~1305년경이라는 사실을 알 수 있다.

101) A: FRBH TAQ; B: QRBH TAQ. Qarba는 『元史』의 闊別列에 대응되는 지명인가? Taq은 '산'을 뜻한다.

102) 『元史』의 合剌合塔(Qara Qada; '검은 암석'이라는 뜻)이 이에 해당하는 것으로 보인다.

103) 한문 사료의 月赤察兒를 가리키는 것으로 보이는데, 그는 許兀愼(Hü'üsin)部 출신으로 博爾忽(보로굴)의 아들인 失里門(시레문)의 아들이다. 그러나 月赤察兒는 月失察兒, 月赤察而, 月赤徹兒 등으로도 표기되며 *Yöchichar를 옮긴 것으로 보이기 때문에 Yûqûsârâ와는 音價上 차이가 있다. 『元史』 권 119에는 "(大德) 5년(즉 1301), 조정에서 북방의 군사가 태만하고 기율도 엄정하지 못하다는 논의가 있어, 月赤察兒로 하여금 晉王(캄말라)을 보좌하여 군대를 독려하라고 명령했다. 그해에 카이두와 두아가 침입하였다. 大軍을 五隊로 나누고 月赤察兒가 그 하나를 지휘했다. 교전이 벌어졌는데 전황이 상당히 불리하게 되자, 月赤察兒가 분노하여 갑옷을 입고 창을 들고는 몸소 적진을 공격하니 一軍이 그를 따라 적군의 배후로 갔다. 五軍이 합세하여 공격하니 그들을 大敗시켰다. 카이두와 두아가 도주하였고 月赤察兒도 군대를 罷하고 鎭所로 귀환했다"라는 기사가 보여, 대덕 5년 즉 1301년에 月赤察兒가 晉王 캄말라를 보좌하며 전투에 참여하여 불리한 전황 속에서 勝機를 잡는 데 큰 공을 세웠음을 알 수 있다.

104) 원문은 bi-dû payvasta라고만 되어 있어 누가 누구와 합류한 것인지 분명치 않다. 그러나 문맥상으로 볼 때 처음에 카르바 탁에서 카이두 군과 카안 군 사이에 전투(1차)가 벌어졌고, 그 뒤 카랄투에서 다시 만나 싸우기로 약속하고 헤어졌는데, 카이두는 기다렸던 두아의 원군이 아직 오지 않은 상태에서 카랄투에서 전투(2차)가 벌어져 수세에 몰렸지만, 그로부터 이틀 뒤 두아의 군대가 도착 · 합류하여 다시 카랄투에서 전투(3차)를 벌였던 것으로 이해된다. 『元史』 권22 「武宗 · 一」(p. 477)에 따르면 테겔쿠(迭怯里古)의 전투는 대덕 5년(1301) 음력 8월 朔에 벌어져 카이두가 패배했는데, 그로부터 "이틀 뒤(越二日) 카이두가 그 무리를 모두 모아서 (공격해) 오니 合剌合塔이라는 곳에서 큰

부근에서 전투를 벌였다. 갑자기 카이두가 병에 걸려 군대와 함께 철수했고, 그로부터 한 달 뒤 그는 타이칸 나우르(Tâîqân Nâûûr)라는 곳에서 사망했다. 열흘 만에 그[의 시신]을 오르두로 데리고 갔다. 그의 향년은 50세에서 60세 사이였다. 전하는 바에 따르면 그에게는 각기 떨어져 있는 아홉 가락의 수염이 나 있었고 하얗게 세어 가고 있었다고 한다. 키는 중간이고 꼿꼿했으며, 술과 [136v]「108r」쿠미즈와 소금을 먹지 않았다고 한다. 그의 유골은 그보다 먼저 타계한 몇몇 왕자들과 함께 높은 산 속에 안치되었는데, 그[곳의] 이름은 싱쿠를릭(Shinqûrlîq)[105]이고 일라(Îla)와 추이(Chûî)[106]라는 두 강 사이에 있다. 추이는 많은 촌락들이 있는 지방인데, 타르사켄트(Tarsâkînt)와 카르발릭(Qârbâlîq)[107]이라는 두 개의 커다란 촌락이 있다. 거기서부터 사마르칸트까지는 2주일 여정의 거리이다. 카이두의 딸 쿠툴룬은 그곳에 살고 있다. 상술했듯이 아브타쿨이라는 이름을 가진 그녀의 남편은 민첩하고 키가 크며 잘생긴 사람인데, 그녀 자신이 남편을 골랐다. 그녀는 두 아들을 두었고 그곳에 편안하게 살면서 부친의 금구(禁區, ğorûq)를 돌보고 있다.

카이두에게는 다른 딸이 하나 있었는데 [쿠툴룬보다] 어리고 이름은 쿠르투진 차가(Qûrtûjîn Chağâ)이다. 그녀를 올쿠누트 종족 출신의 타라이 쿠레겐(Târâî[108] Kûregân)의 아들인 톱신(Tôbshîn)에게 주었다. 타라이 쿠레겐은 훌레구의 형제인 수유게테이(Sûbâdâî)[109]의 딸을 [부

---

105) shingqur~songqor는 몽골어로 '(송골)매'를, '싱쿠를릭'은 '매가 있는 곳'을 뜻한다.

106) 천산 북방에 있는 일리(Ili) 강과 추(Chu) 강.

107) Tarsâkînt는 tarsa +kent 즉 '기독교도들의 도시'라는 뜻이고, Qârbâlîq은 qar +baliq 즉 '눈[雪]의 도시'라는 뜻이다. 그러나 露校本은 후자를 Qâr Yâlîq로 읽었다.

108) A · B본에서 그의 이름은 TARAY와 TAZAY로 한 번씩 모두 표기되었다. 露校本은 TAZAY로 읽었다.

109) 원문은 SWBADAY. 수유게테이가 되어야 옳으며, 그는 톨루이의 아홉째 아들이다.

인으로] 두었다. 수유게테이는 후궁의 소생이었다. 이 톱신이 여종을 좋아해서 그녀를 데리고 도망쳐서 카안의 어전으로 가려고 생각했다. 그가 이 비밀을 어떤 마부에게 말했는데, 이 마부가 고발(ayqâqî)을 해서 그런 연유로 카이두는 그를 죽였다. [카이두에게는] 다른 딸들도 있었다. 카이두가 사망한 뒤에도 이 쿠툴룬 차가는 남자처럼 하고 다녔는데, 나라를 다스리고 군대를 정비하는 일을 좋아했고, 그녀의 형제인 우루스가 부친의 후계자가 되기를 희망했다. 두아와 차파르가 그녀에게 고함을 지르면서 "너는 가위와 바늘에나 신경을 쓰면 되지 왕국(mulk)과 울루스에 대해서 무슨 방책이 있겠느냐?"고 말했다. 이런 까닭으로 그녀는 상심하여 그들을 멀리했고 우루스 쪽으로 기울면서 분란을 부채질하였다.

우구데이 카안의 손자들 가운데 한 명인 카이두가 최근 강제와 무력과 도주 등의 방법을 통해서 우구데이 카안의 울루스 일부를 장악했던 정황과 일화들에 관해서 현재에 이르기까지 [어떠했는지] 요약적인 방식으로 서술했다. 이제 다시 우구데이 카안의 지파에 관한 이야기로 되돌아가 보도록 하자. 完!

여섯째 아들 카단 오굴(Qadân Oğûl)

그의 모친은 후궁이었고 이름은 에르게네(Ergene)[110]였으며, 그는 차가타이의 오르두에서 양육되었다. 아릭 부케가 [쿠빌라이 카안과] 대립했을 때 그는 쿠빌라이 카안을 모시고 있었다. 카안이 아릭 부케와 전투를 하기 위해 두 번째로 군대를 파견했을 때 그를 군대의 지휘관으로 삼았

---

110) A: AZGNH; B: ARGNH. 『元史』에 우구데이의 여섯째 부인으로 기록된 業里訖納妃子. 『五分枝』에는 Îrkîne로 표기되어 있다.

다. 그는 아릭 부케 군대의 지휘관인 알람다르('Alamdâr)[111]를 죽였는데 그 뒤 다시 쿠빌라이 카안을 모셨다. 그에게는 다음과 같은 일곱 명의 아들이 있었다.

☆ **도르지**(Dôrjî). 그에게는 두 아들이 있다. 수세(Sôsâ), 에스케베(Eskebâ).

☆ **킵착**(Qibchâq). 카이두와 함께 있었으며, 그(=카이두)와 바락 사이에 합의를 맺게 한 것이 바로 그였다. 카이두는 바락을 돕기 위해 그를 파견했는데, 그는 계략에 따라 배신하고 되돌아왔다. 그에게는 쿠릴(Qûrîl)이라는 아들이 하나 있다.

☆ **카단 우북**(Qadân Ûbûk).[112] 그에게는 두 아들이 있었다. 라후리(Lâhûrî), 무바락 샤(Mubârak Shâh).

☆ **예베**(Îbe). 그도 카이두를 모시고 있었으며 두 아들이 있었다. 우룩 티무르(Ôrüg Tîmûr), 이시 티무르(Îshî Timûr).

☆ **이수르**(Yîsûr). 그의 자식들에 대해서는 알려진 바 없다. 完!

☆ **쿠룸시**(Qûrumshî). 그의 자식들에 대해서는 알려진 바 없다.

☆ **아지키**(Âjîqî).[113] 우룩 티무르(Ôrüg Tîmûr)라는 아들이 하나 있다. 完! 〔137r〕「108v」

카이두는 이 우룩 티무르를 후라산 변경으로 파견했다.[114] 아미르 노루즈가 도망쳐 〔아무다리야〕 강 저쪽 편으로 갔을 때 그는 우룩 티무르와 함께 지내며 자신의 딸을 그에게 주었다. 노루즈가 다시 도망쳐 오

---

111) 한문 자료의 阿藍答兒. 'Alamdâr는 '깃발을 갖고 있는 사람'이라는 뜻이다.

112) A: AWTWK. 『五分枝』: ABWK.

113) 『五分枝』에는 Âjîqî라는 이름 대신 Ebûgân이라는 인물이 등재되어 있다.

114) 이 단락은 사실 앞에서 나온 예베의 자식들에 대한 설명이므로 그곳에 삽입되어야 마땅하겠지만, 여기서는 원문에 기재된 순서대로 옮겼다.

자, 우룩 티무르도 이슬람의 제왕 — 그의 통치가 영원하기를! — 을 돕
는다는 혐의를 받아 카이두는 그를 소환하여 죽였다. 그에게는 다음과
같이 열한 명의 아들이 있었다. 쿠레스베(Kôresbe), 투클룩 부카
(Tûqlûq Bûqâ), 쿠틀룩 호자(Qutluǧ Khwâja), 쿠틀룩 티무르(Qutluǧ
Tîmûr), 아바치(Âbâchî), 쿠츠 티무르(Kûch Tîmûr), 친 티무르(Chin
Tîmûr), 친 볼라드(Chîn Bôlâd), 아르군(Arǧûn), 무함마드
(Muḥammad), 알리(ʿAlî).[115] 쿠레스베와 그의 몇몇 형제들은 현재 카이
두의 아들 사르반과 연합하여 후라산 변경에 있다. 그도 앞에서 언급한
이유로 인해서 그들의 의심을 받고 있다. 차파르가 그를 불러서 〔그곳으
로〕 보낸 것으로 보인다. 이시 티무르에게는 아들이 하나 있었는데 이름
은 알리 호자(ʿAlî Khwâja)이다.

일곱째 아들 말릭(Malîk)

그의 모친도 앞서 언급했던 그 후궁이었다. 다니시만드 하집
(Dânishmand Ḥâjib)이 그를 우구데이 카안의 오르두에서 길렀다. 그에
게는 다음과 같은 여섯 명의 아들이 있었다.

☆ **투만**(Tûmân). 알려진 바가 없다.

☆ **토간차르**(Ṭôǧânchâr). 알티 쿠르트카(Âltî Qûrtqa)라는 아들이 하나
있었다.

☆ **투르찬**(Tûrchân). 토카차르(Tôqachar)라는 아들이 하나 있었다.

☆ **토간 부카**(Ṭôǧân Bûqâ). 울룩투(Ôlûgtû)라는 이름의 아들이 하나 있
었다.

---

115) 라시드 앗 딘은 뒤에 나오는 지파도에서 열한 명의 아들을 둔 우룩 티무르가 아지키의 아들이 아니
라 예베의 아들로 기록하였으며, 『五分枝』에서도 마찬가지로 예베의 아들로 기록되어 있다.

☆ **토간**(Ṭôğân). 알려진 바가 없다.

☆ **쿠틀룩 투그미시**(Qutluğ Tûğmîsh). 투글룩(Tûqlûq)이라는 이름의 아들이 하나 있었다. 〔투글룩에게는〕 투준(Tûzûn)이라는 아들이 있었다.

〔이상이〕 우구데이 카안의 자식들에 대한 설명이었다. 그들의 지파도는 다음과 같다. 〔137v〕「109r」

구육 칸

그의 모친은 우하트[116] 메르키트 종족 출신의 투레게네 카툰이었다. 전하는 바에 따르면 칭기스 칸이 메르키트를 모두 살육·약탈했을 때 메르키트의 군주는 쿠두(Qûdû)였다. 이에 앞서 (칭기스 칸은) 톡타 베키와 그의 형제들 일부를 죽였다. 이때 쿠두에게는 세 형제가 있었는데, 한 명은 치부크(Chîbûq), 또 한 명은 카추(Qâchû)이고, 셋째는 칼 칠라운(Qâl Chilâûn)이었다. (칭기스 칸은) 그들을 죽이고 그 세 사람의 부인들을 데리고 왔는데, 우구데이 카안이 카추의 부인이었던 투레게네 카툰을 마음에 들어 해서 즉시 그녀를 취했고, (나머지) 둘은 다른 사람들에게 주었다.

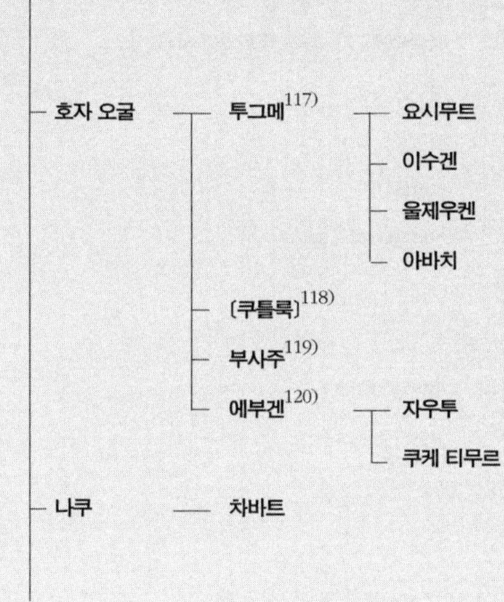

---

116) A · B: AWHAT.

117) A · B: DWGMH. 『五分枝』에 따르면 투그메에게는 여기에 기록된 네 아들 이외에 쿠르트카 (Qûrtqa)라는 이름의 막내아들이 있었다.

118) 본문과 계보도에 모두 그의 이름이 누락되어 있지만, 『五分枝』에는 분명히 그가 호자 오굴의 둘째 아들로 기록되어 있다.

119) A · B: BWSWJW.

120) 앞의 본문에서는 '부사주'와 '에부겐'이 한 사람의 이름으로 기록되어 있는데, 이는 『五分枝』에서도 마찬가지이다. 계보를 그린 사람의 착오로 보인다.

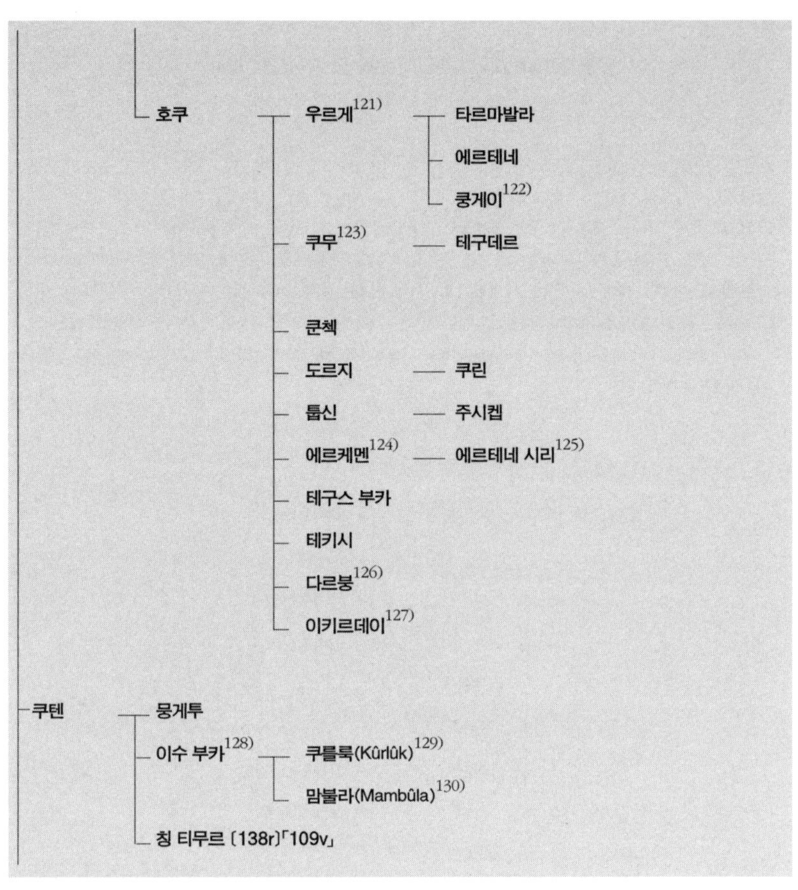

121) 『五分枝』에는 AWYRALH. 혹시 AWYRAGH의 誤寫일지도 모른다. 그렇다면 Örege라는 음을 옮긴 것이 아닐까.

122) A · B: KWNGN.

123) A · B: QWMBW. 『五分枝』도 마찬가지이다.

124) A · B: AYRMKSN. 『五分枝』도 마찬가지이다.

125) A · B: ARTBH ŠYRY.

126) A · B: DAWTWNG. 『五分枝』: DARBWNG.

127) A: ANGYRY; 『五分枝』: AYGYRADAY.

128) 본문에서의 설명과 다르다.

129) 『五分枝』: KWLWK.

130) 『五分枝』: NMBWLA.

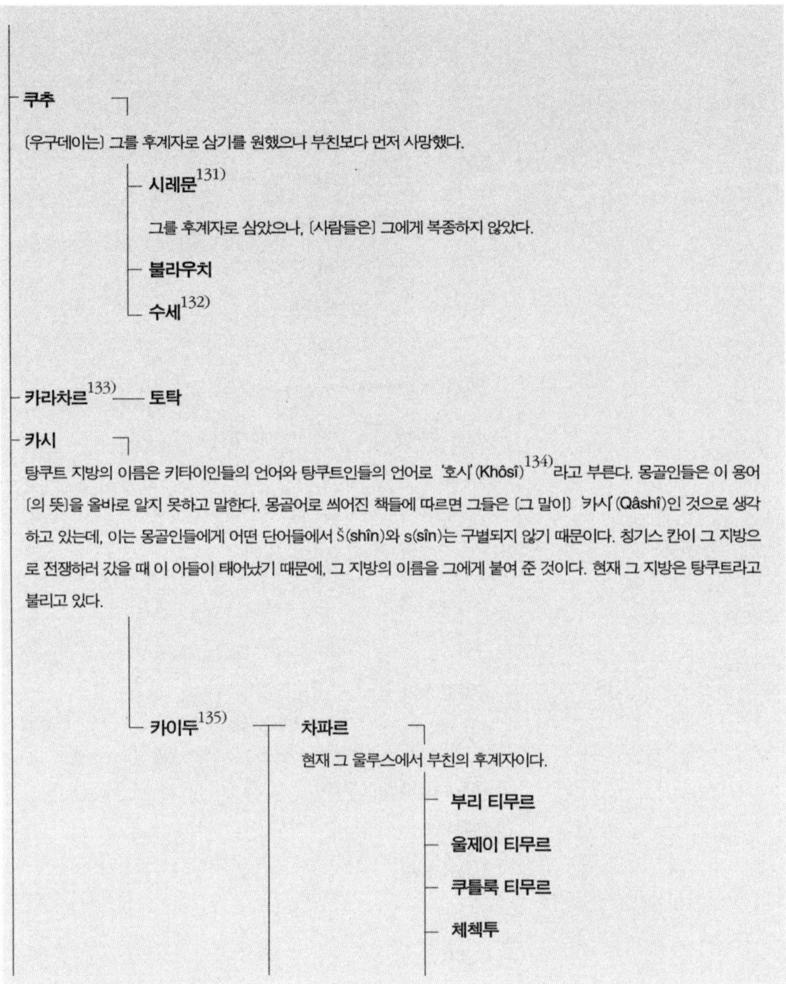

131) 『五分枝』: ŠYRAMW. 『五分枝』에는 그에게 Pûlâdchî라는 아들이 하나 있고, 다시 그 아들에서 Qônichî, Qâdâî, Alǧûî, Mâdûr라는 네 명의 아들이 있었던 것으로 기재되어 있다.

132) A · B: SWPH.

133) 『五分枝』에 따르면 그에게는 토탁이라는 아들 말고도 딸이 다섯 있었고, 토탁에게는 다시 두 명의 딸이 태어난 것으로 기록되어 있다.

134) A: XWŠY; B: XWSY.

135) 『五分枝』에 등재된 그의 후손들에 대해서는 위의 주 94) 참조.

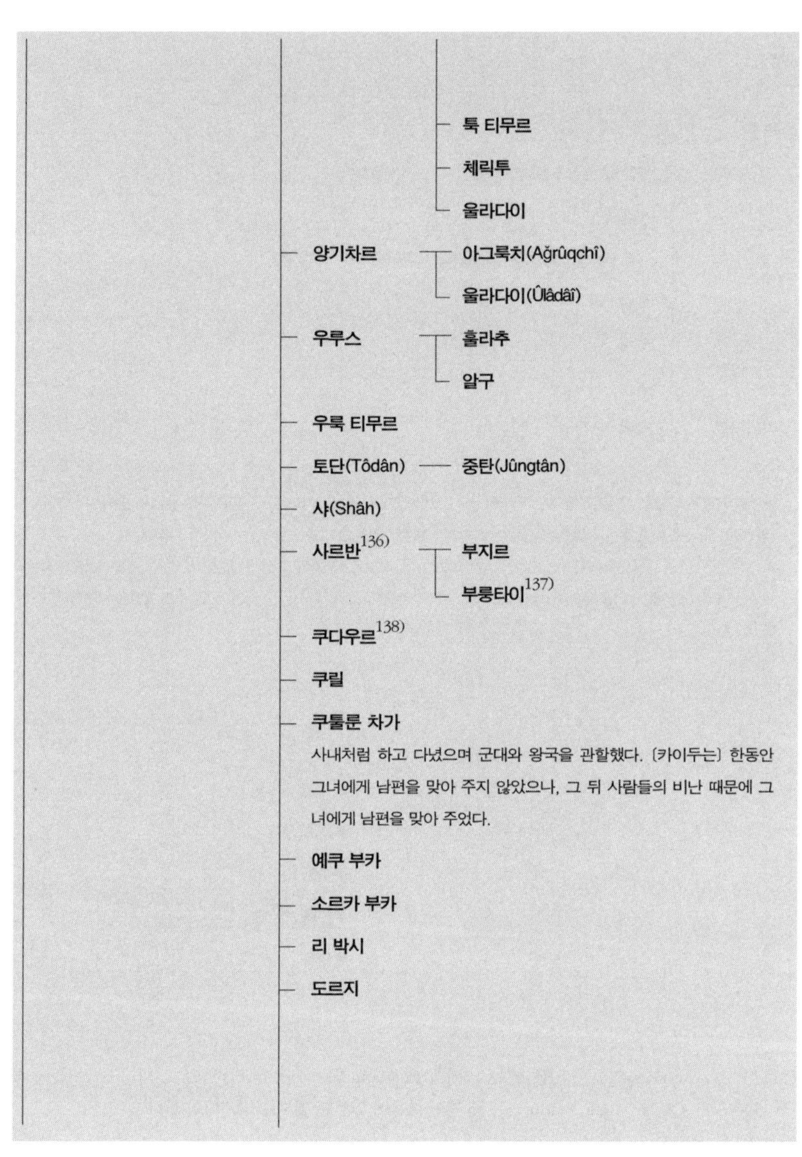

쿠툴룬 차가 사내처럼 하고 다녔으며 군대와 왕국을 관할했다. [카이두는] 한동안 그녀에게 남편을 맞아 주지 않았으나, 그 뒤 사람들의 비난 때문에 그녀에게 남편을 맞아 주었다.

---

136) A · B: SARMAN.

137) A · B: BWRWNGYDY.

138) A · B: TWDAWWR.

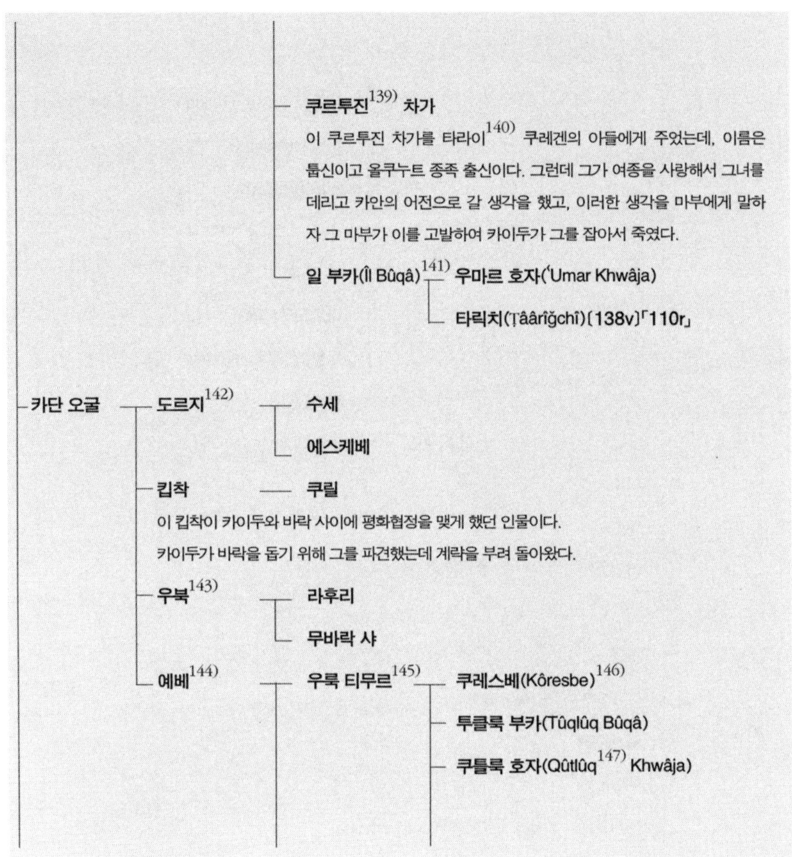

139) A · B: QWTWJYN.

140) A · B: TAYRH.

141) A본에는 보이지 않음.

142) 『五分枝』에 따르면 그에게는 수세와 에스케베 이외에도 Ansara와 Nâyâqâ라는 두 아들이 더 있었다.

143) A · B: ABWK. 『五分枝』에 따르면 그에게는 여기 언급된 두 아들 이외에도 Bûdâshiñ와 Hârûn이라
는 아들이 또 있었다.

144) A · B: YYH.

145) 『五分枝』에 따르면 그에게는 여기에 열거된 11명의 아들 이외에도 Qâzân과 Qûtlûq Timûr라는 두
명의 아들이 더 있다.

146) 『五分枝』에 따르면 그에게는 Maymûn Bekî라는 아들이 있었다.

147) A · B: QWTLWQ.

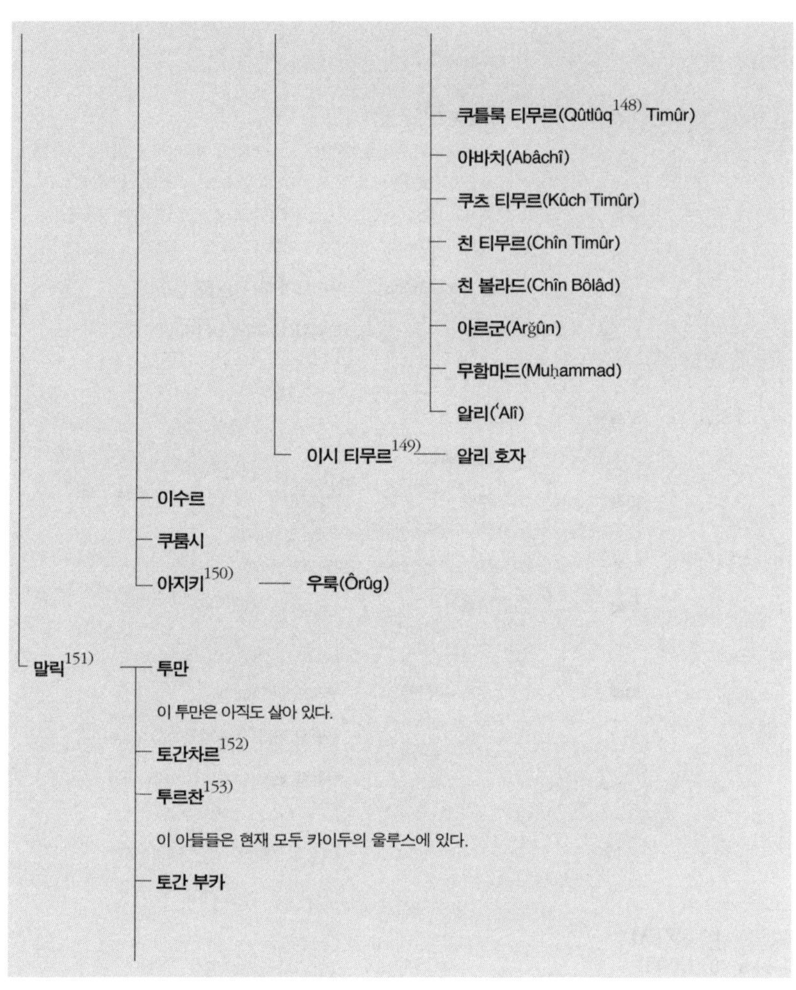

148) A · B: QWTLWQ.

149) 『五分枝』에 따르면 그에게는 알리 호자 이외에 Chîmbâî와 Tûlâk Qutlûq라는 두 아들이 더 있었다.

150) 『五分枝』에는 아지키가 아니라 ABWKAN(에부겐)이라는 이름으로 되어 있다.

151) 『五分枝』에 따르면 말릭의 아들은 모두 10명으로, ① 투만, ② 압둘라(ʿAbd Allâh), ③ 토간차르, ④ 토쿠(Tôqû), ⑤ 투르차칸, ⑥ 토간 부카, ⑦ 칙투(Chîktû), ⑧ 토칸(Tôqân), ⑨ 툭 티무르(Tûq Timûr), ⑩ 쿠틀룩 투그미시 등이다.

152) A · B: TWQANJW.

153) 『五分枝』에는 TWRJAQAN.

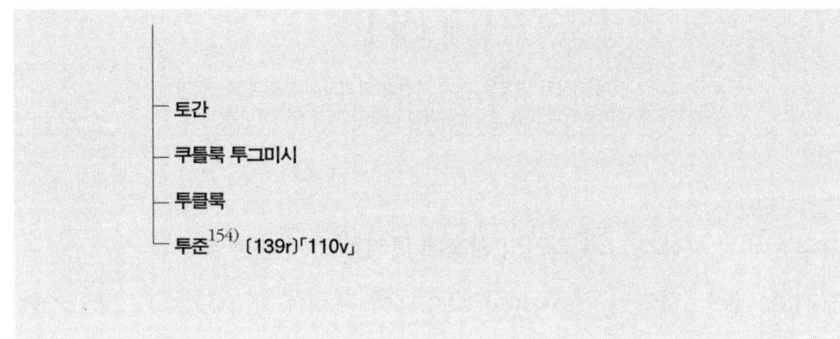

---

154) 마지막의 투클룩과 투준은 앞의 본문에서는 쿠틀룩 투그미시의 아들로 되어 있었다. 한편 『五分枝』
에 따르면 쿠틀룩 투그미시의 아들이 투클룩이고 그의 아들이 투준이라고 한다.

【 제 2장 】

그의 치세의 역사와 일화들. 그가 즉위할 때 보좌의 모습과 카툰들과
왕자들과 아미르들의 모습. 그가 치렀던 전쟁과 그가 승리를 거둔 전투들.

그의 치세의 시작과 그가 카안의 권좌에 즉위한 것에 대한 설명[155]

칭기스 칸이 '카카이 일'(qâqâî yîl)[156] 즉 돼지해 — 624[/1227]년에 해당 — 에 탕쿠트 부근에서, 그곳을 떠나 낭기야스 지방으로 향하여 그 변경에 이르렀을 때, 어느 인간도 피할 수 없는 운명으로 인해 세상을 뜨고 말았다. 그의 본기에서 서술했던 것처럼 원래 그들의 목지가 있던 켈루렌이라는 곳으로 그의 관을 모시고 와서 장례 절차를 치렀다. 왕자들과 아미르들이 왕국에 관해서 논의한 뒤, 각자 자신들의 거처로 가서 결정된 바에 따라 휴식을 취하였다. 약 2년 가까이 보좌와 왕국에는 군주가 없었다. 그들은 만약 어떤 큰일(kârî buzurg)[157]이 벌어졌을 때 지도자나 군주가 정해지지 않는다면 나라의 근본에 동요와 피해가 미치지 않을까 걱정했기 때문에, 카안을 앉히는 문제를 신속하게 처리하는 것이 좋다고 생각했다. 이처럼 예민한 중대사에 관해 〔사람들은〕 사방에서 서로 사신들을 보냈고, 대(大)쿠릴타이(qûrîltâî-yi buzurg)를 준비하는 일에 몰두했다.

　혹심한 추위의 맹위가 꺾이고 초봄이 도래했을 때, 사방에서 모든 왕자들과 아미르들이 옛 목지(yûrt-i qadîm)와 대오르두(ôrdû-yi buzurg)〔가 있는 곳으〕로 향했다. 킵착 방면에서는 주치 칸의 아들들인 오르다(Ôrda), 바투(Bâtû), 시반(Shîbân), 베르케(Berke), 베르케체르

---

155) 라시드 앗 딘의 이 기록이 근거를 두고 있는 『征服者史』의 해당 부분과 비교하기를 원한다면 Juvayni/Boyle, pp. 183~191 참조.

156) A · B: QAQA.

157) buzurg라는 단어는 B본에만 보인다.

(Berkechâr), 투카 티무르(Tûqâ Tîmûr)[158]가, 쿠야스(Quyâs)[159]에서
는 차가타이와 그의 아들들과 손자들이, 에밀(Îmîl)과 코박(Qôbâq)[160]
에서는 우구데이 카안이 자식들과 자신의 일족과 함께 왔고, 동방의 여
러 곳에서는 그들의 숙부들인 옷치긴과 벨구테이 노얀, 그리고 그들의
사촌이자 카치운의 아들인 일치다이 노얀(Îlchîdâî Nôyân), 또한 각지
에서 아미르들과 군대의 지휘관들 및 모든 사람들이 켈루렌이라는 곳에
나타났다. '예케 노얀' 또는 '울룩 노얀'[161]이라는 칭호로 불리던 톨루
이 칸은 천막(khâna)과 원래 자기 목지의 주인으로서 그곳에 있었다.

상술한 무리들은 사흘 낮밤을 오락과 교제와 환락으로 보냈고, 그 뒤
왕국과 제위의 문제에 관해서 대화를 시작했다. 칭기스 칸의 유언에 따
라 카안위는 우구데이 카안[162]으로 정했다. 먼저 모든[163] 아들과 왕자들
이 다같이 우구데이 카안에게 "칭기스 칸의 칙령(yarlîğ)에 따라 그대는
신의 도움을 받아 카안의 직무에 혼신을 다 기울여야 할 것입니다. 그래
서 고집 센 지도자들이 자기 목숨을 걸고 복속의 허리띠를 졸라매고, 원
근 각처의 투르크인·타직인들이 칙령에 복종하도록 만들어야 할 것입
니다"라고 말했다. 〔이에 대해〕 우구데이 카안은 "칭기스 칸의 칙령이

---

158) A · B: ?WQA TYMWR. 露校本은 이를 Bûqâ Tîmûr로 읽었으나, 「주치 칸 기」 (A 162v), 『五分枝』
    (110v) 등에 모두 Tûqâ Tîmûr로 표기되어 있다. 보일 역시 Toqa-Temür로 읽었다.

159) A · B: Q?AS. 露校本은 이를 QNAS로 읽었으나 露譯本에서는 Kayalig로 번역했다. 이는 아마 BI본
    에 QYALY로 표기된 것을 염두에 두었기 때문으로 보인다. 보일은 Qayaliq을 취했다(*Successors*,
    p. 30). 물론 아랍어 필사체에서 단어 마지막에 나오는 S가 LYQ 혹은 LYĞ와 혼동될 가능성은 배
    제할 수 없다. 그러나 라시드 앗 딘의 이 기사는 근거를 두고 있는 주베이니의 『征服者史』의 모든 사
    본에 모두 QYAS 혹은 Q?AS로 표기되어 있어(Juvayni/Qazvini, vol. 1, p. 145), 본 역서에서는 일
    단 Quyâs로 읽기로 한다.

160) A: QWNAQ; B: QW?AQ.

161) yeke noyan과 uluğ noyan은 각각 몽골어와 투르크어로 '大官人'을 뜻한다.

162) A: XAN.

163) A본에는 tamâmat라는 단어가 빠져 있다.

그러했던 것은 거부할 수 없는 사실이다. 그러나 형들과 백숙(伯叔)들이 있고, 특히 막내 동생인 톨루이 칸은 이 같은 일을 처리하고 수행함에 있어 나보다 훨씬 더 합당하다. 왜냐하면 몽골의 규범(âyîn)과 관습(rasm)에 따르면 큰집의 막내아들이 부친의 후계자가 되고 그의 목지와 천막을 관할하는 것이기 때문이다. 울룩 노얀은 대오르두의 막내아들이고, 밤이나 낮이나 좋을 때나 나쁠 때나 아버지를 모시면서 규범(yôsûn)과 야사를 보고 듣고 알고 있다. 그가 있음에도 불구하고, 또 그들이 있음에도 불구하고 어떻게 내가 카안의 자리에 앉겠는가?"라고 말했다. 왕자들은 한 목소리로 "칭기스 칸께서는 이 같은 대사(大事)를 자식들과 형제들 가운데에서 그대에게 위임했고, 그러한 〔사무의 매듭을〕 풀고 매는 것을 〔139v〕「111r」 그대에게 정해 주었습니다. 우리가 어찌 그의 확고한 명령과 지엄한 분부를 어기거나 바꿀 수 있단 말입니까?" 라고 말했다. 수많은 권고와 종용이 있은 뒤 우구데이 카안도 부친의 칙령에 순종하고 숙부들과 형제들의 권유에 응하는 것이 마땅하다고 판단하여 그 뜻을 받아들였다.

모두 다 모자를 벗어 들고 혁대를 〔벗어서〕 어깨에 걸쳤다. '후케르일' (hûkâr yîl) 즉 소해 —626〔/1229〕년에 해당— 에, 차가타이는 우구데이[164] 카안의 오른팔을 잡고, 톨루이 칸은 그의 왼팔을, 숙부 옷치긴은 그의 혁대〔를 잡고, 그〕를 카안의 보좌에 앉혔다. 톨루이 칸은 술잔을 받쳐 들었다. 천막의 안과 밖에 있던 모든 참석자들은 아홉 차례 무릎을 꿇고,[165] "그의 칸위로 말미암아 왕국에 축복이 있으라!"고 말하며, 그에

---

164) A · B: AWGDAY.

165) A · B본에는 'bi-nuh naubat zânû zadand'라고 되어 있다. 그러나 Blochet와 Rawshan은 모두 이를 'bi-naubat zânû zadand'로 읽었고, 보일과 색스턴은 이를 "knelt in turn" 혹은 "one by one ……bent their knees"라고 해석했다. 그러나 노역본에서는 정확하게 해석했다. 한편 『征服者史』에

게 '카안'(qân)[166]이라는 칭호를 부여해 주었다. 카안은 창고의 재물들을 내어 오라고 명령했고, 친족과 이방인, 백성과 군대 등 각 사람들에게 그가 기분 내키는 만큼 분배(qismat)해 주었다. 그가 연회(ṭôy)와 분배의 일을 마친 뒤 그들의 관습과 규범에 따라 칭기스 칸의 영혼을 위하여 사흘 동안 계속해서 음식 제물을 바쳤다. 그리고 〔칭기스 칸을〕 모시던 아미르들의 일족과 후손들 가운데 용모가 수려한 딸들을 40명 선발하여 보석으로 치장된 귀한 옷을 입혀서, 선택된 말들과 함께 그의 영령이 있는 곳으로 보냈다. 完!

카안이 왕국의 보좌에 앉아 즉위한 이야기를 마쳤으니, 이제는 칭기스 칸의 역사를 썼던 것과 같은 방식으로 〔우구데이 카안의〕 역사를 몇

———

서는 사본에 따라 '아홉 번' 혹은 '세 번'으로 표기되었는데(Juvayni/Qazvini, pp. 147~148; Juvayni/Boyle, p. 187), 아랍어 표기상 NH('九')와 SH('三')은 쉽게 혼동될 수 있다. 『集史』「차가타이 칸 기」와 「뭉케 카안 기」에서도 아홉 차례 매頭한 사실이 기록되어 있다.

166) 일찍이 보일 교수는 '카안'이라는 호칭은 우구데이의 "posthumous title"이었을 것이라고 주장한 바 있다("On the Titles Given in Juvainî to Certain Mongolian Princes," *Harvard Journal of Asiatic Studies* 19-3/4, 1956, pp. 152~153). 그러나 라시드 앗 딘의 『集史』와 주베이니의 『征服者史』(Qazvini 텍스트, p. 148; Boyle 번역본, p. 187)는 모두 우구데이가 즉위식에서 '카안'(qâ'ân)이라고 명명되었다고 기록하고 있어 그것이 '諡號'라는 주장은 설득력을 잃는다. 뿐만 아니라 우구데이 치세에 작성된 白話聖旨碑들이 "皇帝聖旨"로 시작하고 있는데, 이것은 몽골어로 'qa'an-u jarliġ'을 직역한 것이 아닐까 추측되며, 이 역시 '카안' 칭호가 우구데이 생전에 그를 가리키는 專稱으로 사용되었음을 방증하고 있다. 다시 말해 테무진이 즉위하면서 '칭기스 칸'이라는 호칭을 부여받았듯이, 우구데이는 즉위 직후부터 '카안'이라는 호칭으로 불리게 된 것이다. 그러나 그 후 우구데이의 專稱으로서의 '카안'은 몽골 제국에서 대칸을 일컫는 일반적 호칭으로 바뀌었다. 문제는 언제부터 이러한 변화가 생기게 되었는가이다. 우구데이의 후계자인 구육의 경우 페르시아측 자료에서는 모두 '칸'(khân)이라고만 불리었을 뿐 '카안'(qa'an)이라고 칭해진 예는 보이지 않으나, 1246년 그루지아에서 주조된 화폐에 'Gûyûg Qâ'ân'이라는 文面이 보인다(Rachewiltz, "Qan, Qa'an and the Seal of Güyüg," *Documenta Barbaroum: Festschrift für Walther Heissig zum 70. Geburstag*, Wiesbaden: Otto Harrassowitz, 1983, pp. 272~281). 만약 이것이 사실이라면 '카안'이라는 칭호가 몽골 제국의 최고 군주를 가리키는 일반 칭호로 사용되기 시작한 것이 뭉케 시대 이후라는 주장(杉山正明, 『モンゴル帝國と大元ウルス』, 京都: 京都大學出版會, 2004, pp. 382~383)이나 쿠빌라이 이후라는 주장(Pelliot, *Notes on Marco Polo*, Paris: Librairie Adrien-Maisonneuve, 1959, vol. 1, p. 302)은 받아들이기 힘들게 된다.

넌씩 〔한 단위로 하여〕 따로따로▶ 기록하도록 하겠다. 그리고 각 부분들의 뒤를 이어 여러 왕국의 군주들의 역사 및 그의 일족 가운데 독립적인 방식으로 각 왕국을 통치했던 사람들의 역사에 대해서 설명한 뒤 다시 그의 역사로 되돌아가서 그의 본기가 끝날 때까지 〔이러한 방식으로 서술할 것이다〕. 알라는 우리가 도움을 청하는 분이시며 신뢰하는 분이시로다!

〔우구데이 카안이〕 즉위한 해이자 칭기스 칸이 사망한 지 3년째 되던 해인 '후케르 일' 즉 소해 — 626년 라비 알 아발〔/1229년 1~2〕월에 시작 — 의 처음부터, '모린 일' 즉 말해 — 631년 주마다 알 아발〔/1234년 2~3〕월에 시작 — 의 마지막까지 6년 동안 우구데이 카안의 역사. 그는 왕국과 군대의 중요사를 처리·정비한 뒤 키타이 왕국으로 출정하여, 그때까지 정복되지 않았던 지방들을 공략하여 알탄 칸(**Altân Khân**)[167]을 없애 버린 뒤, 승승장구하며 그곳에서 자신의 도읍으로 돌아와 자리잡았다. 그러한 정황에 대한 이야기들이 〔다음과 같이〕 상세하게 기록될 것이다.

카안이 칙령을 선포하고 야삭(yâsâq)들을 제정하며 국사를 정비하기 시작한 일에 관한 이야기◀[168]

「111v」〔우구데이〕 카안이 왕국의 권좌에 확고히 앉자,[169] "이전에 칭기스 칸이 지시했던 모든 명령들은 〔여전히〕 유효하며 고치거나 바꾸어서는 안 될 것이며, 내가 즉위하기 전에 누가 어떠한 죄와 잘못을 범했다

---

167) 즉 金國의 황제.

168) ▶◀ 사이의 내용은 A·B 사본에 모두 빠져 있지만, 이스탄불 소장 Bağdat 282사본과 B|본에는 기재되어 있다. 여기서는 露校本에 근거하여 보충 번역하였다. A본은 그 후로도 빠진 부분이 더 계속되다가 p. 55에서 다시 연결된다.

169) B본의 MSTĞRQ는 MSTQR의 誤寫.

고 하더라도 그 모든 것을 용서하겠다. 오늘 이후로 어느 누구라도 제멋대로 행하여 신구(新舊)의 명령들(aḥkâm)과 야삭들에 부합하지 않는 행동을 한다면, 그 죄에 적합한 응징과 징계가 그에게 가해질 것이다"라는 야삭을 가장 먼저 선포했다. 카안이 보좌에 앉기 전에, 즉 칭기스 칸이 사망한 바로 돼지해에 칭기스 칸의 오르두에 남아 있던 왕자들과 아미르들이 협의를 하여 칭기스 칸의 조카였던 일치다이 노얀과 카안의 아들이었던 구육 칸을 퉁칸(Tûnqân, 潼關)[170] 지방으로 보내 그곳을 정복하도록 했다. 그들은 그곳을 약탈하고 정복했고, 탕쿠트 출신으로 바하두르(Bahâdur)라는 이름의 한 아미르로 하여금 그 지방을 수비하기 위해 '탐마'(tamma)라는 명목으로 그곳에 남겨두었다. 그 문제에 대하여 각자 말들이 많았으나, 카안이 보좌에 앉자[171] 〔그런〕 주장을 하는 사람들(mudda 'iyân)을 침묵시켰다. 그 뒤 모든 변경과 왕국의 각지로 군대를 파견하여 〔그곳의〕 요충과 지방을 수비하도록 정해 주었다.

  이란 땅의 방면에서는 아직도 소란과 분쟁이 가라앉지 않았고, 술탄 잘랄 앗 딘은 여전히 〔반격을 위해〕 분주히 돌아다녔다. 〔카안은〕 그를 제어하기 위해 초르마군 노얀(Chôrmâǧûn Nôyân)에게 일군의 아미르들과 3만 명의 기병을 대동시켜 출정시켰다. 쿠케데이(Kökedâî)와 수베데이 바하두르(Sûbedâî Bahâdur)에게도 그와 같은 〔수의〕 군대를 주어 킵착, 삭신(Saqsîn), 불가르 방면으로 보냈다. 키타이, 티베트, 솔랑

---

170) B: QWNQAN. 레닌그라드 사본(D66)에는 QWRYQAN, B본에는 QWRTQAN으로 표기되어 있다. 노역본은 이를 Qûnqân으로 읽었고, 보일 교수도 영역본에서 Qunqan으로 읽고 확인되지 않는 지명이라고 했다. 그러나 이 지명은 TWNQAN의 誤寫이며 '潼關'을 나타낸 것으로 보아야 할 것이다. 라시드 앗 딘은 뒤에서 Tûngqân Qahalqa라고 표기하였다. 『元史』 권2 「定宗紀」(p. 38)에는 "太宗이 일찍이 諸王 알치다이〔按只帶〕로 하여금 金國을 정벌토록 했는데, 황제(즉 구육)께서 皇子(의 신분)으로 따라갔다"는 기록이 보인다. 동관은 陝西·山西·河南의 三省 交界에 있는 요충지이다.
171) B본에는 이 다음에 "전술한 야사에 의거하여"(bi-yâsâ-i madhkûr)라는 구절이 삽입되어 있다.

가(Solanga), 주르체 방면과 그쪽 변경으로는 대노얀들[172]의 무리를 군
대와 함께 선봉으로 출정시키고, 자신은 막내 동생인 예케 노얀과 같이
그 군대의 뒤를 따라 키타이 방면 — 당시까지 여전히 복속하지 않았고
키타이의 군주가 그 지방을 지배하고 있었다 — 으로 향했다.

**카안이 동생인 톨루이 칸과 함께 키타이 방면으로 가서 여전히 반란을 일으키
던 것들을 정복한 이야기[173]**

카안은 '바르스 일'(bars yîl) 즉 호랑이해 — 627년 라비 알 아발[/1230
년 1~2]월에 시작 — 에 자신의 동생인 울룩 노얀과 함께 키타이로 향
했다. 왜냐하면 칭기스 칸 기에서 설명했던 것처럼 그의 치세에 키타이
의 군주인 알탄 칸 — 그의 이름은 '수세'(Sûse)[174]였다 — 이 그의 도읍
들 가운데 하나였던 중두(Jûngdû, 中都)를, 그곳에 소속된 수많은 지방
들과 함께 버리고 남깅(Namgîng, 南京) 시와 그 부근으로 갔기 때문이
다. 그는 [거기서] 많은 군대를 규합하여 그때까지 여전히 통치하고 있
었고, 칭기스 칸과 그의 군대가 정복한 지역들은 몽골의 수중에 있었다.
카안은 그를 몰아내고 그 지방을 모두 정복하고자 했다. 그는 자신의 형
제들 가운데 톨루이 칸과 쿨겐[175]을, 또한 조카들과 자식들을 자기와 함
께 동반시키고 엄청나게 많은 군사를 데리고 갔다. 톨루이 칸에게는 2만
의 군사를 주어 티베트 길로 가라고 하고, 자신은 오른쪽 길로 진군하여
키타이에 속하는 한 지방 — 그곳의 주민들을 훌란 데겔텐(Hûlân
Degeltân)[176]이라 부르는데, 이는 붉은 겉옷(degele)을 입는 종족을 뜻

---

172) B: NWYNAY. NWYNAN의 誤寫일 것이다.
173) B본에는 제목이 기재되어 있지 않다. 露校本(p. 57), Baǧdat 282본(392r), Bl본(p. 19) 등에서 참조.
174) 이 이름에 대해서는 『칭기스 칸 기』, p. 41, 주 20) 참조.
175) 원문은 "Tôlûî Khân Kôlgân"이라고 되어 있으나 중간에 wa가 삽입되어야 마땅할 것이다. Kölgen
    은 칭기스 칸의 庶子이다.

한다 — 으로 갔다. 카안의 길이 멀었기 때문에 톨루이 칸은 그해를 길에서 행군하며 보냈다. 그 다음 해인 토끼해 — 628〔/1231〕년에 해당 — 가 되자 군대에 필요한 보급물과 양식(azûq)이 떨어져 극도의 빈핍과 허기에 시달리게 되었고, 심지어 인육과 모든 동물과 「112r」 건초(乾草)까지 먹을 지경에 이르렀다. 그들은 몰이 사냥(jerge)〔의 대형〕으로 산지와 평원을 거쳐서, 맨 처음에 카라무렌 강가에 위치한 호잔푸(Khôjânfû, 河中府)[177]라는 도시에 도착하여 그곳을 포위했다. 거의 40일이 지나자 주민들은 평화를 희망했고 도시를 내놓았다. 거의 1만 명에 가까운 병사들이 배를 타고 도망쳤다. 〔몽골군은〕 그들의 처자식을 포로로 끌고 가고 그 지방을 약탈했다.

톨루이 칸이 알탄 칸의 군대가 목책(chapar)을 세워 놓은 퉁칸 카할카 (Tûngqân Qahalqa)라는 곳에 도착하여, 마치 협곡과도 같은 그곳을 점령한 이야기[178]

톨루이 칸이 퉁칸 카할카라는 곳에 가까이 다가갔을 때, 그는 그곳이 산

---

176) B: HWLAQ DGLTAN; Bl: HWLAN BGLTAQ. 이는 모두 HWLAN DGLTAN의 誤寫. 라시드 앗 딘도 설명하고 있듯이 몽골어로 hula'an은 '붉은'이고, degelten(de'el + ten)은 '외투를 입은 사람'이라는 뜻인데, 『秘史』 251절에는 Hula'an Degelen으로 표기되어 있다. 이는 당시 몽골군의 공격에 대항하여 潼關에 배치되어 있던 군대를 부르던 몽골식 명칭이다. 그러나 이 집단이 金朝 말기 관리들에 의해 산서 지방에서 반강제적으로 편성된 花帽軍인지, 아니면 산동 방면에서 일어난 반도들을 가리키던 紅襖軍인지에 대해서는 논란의 여지가 있다. Cf. 村上正二, 『モンゴル秘史』, 권3, pp. 160~161.

177) B: XWJASW NSQYN. 중국측 기록에 따르면 몽골군은 1231년 겨울 河中府를 포위 · 공격했고, 금의 장군 完顏訛可 등은 3만 명의 군대로 수비했으나, 결국 12월에 함락되고 일부 군대는 배를 타고 도주했다. 따라서 『集史』의 이 지명은 '하중부'를 가리키는 것으로 추측되며, XWJASW는 XWJANFW을 잘못 쓴 것으로 보인다. 그러나 지명의 뒷부분이 무엇을 가리키는지, 혹은 무엇의 誤寫인지는 분명치 않다. 보일은 이를 Balqasun으로 읽었다.

178) B본에는 이 제목이 표기되어 있지 않아, 露校本(p. 60)과 Bl본(p. 20)에 따랐다. Baǧdat 282본에는 제목이 나와 있지만, '목책'(chapar)이라는 말과 '카할카'(Qahalqa)라는 말이 빠져 있다. '카할카'

중에 있는 험로이고 견고한 협곡이기 때문에 필시 반도들이 그곳을 점거하고 〔적이〕 통과하지 못하도록 수비하고 있을 것이라고 생각했는데 과연 그러했다. 그가 그곳에 도착했을 때 알탄 칸의 군사들 가운데 10만 명의 기병이 카다이 렝구(Qadâî Rengû)와 카마르 테구데르(Qamar Tegûder)[179]를 지휘관으로 하고 몇 명의 다른 아미르들과 함께 〔몽골〕 군 건너편의 평원과 산기슭에 목책을 세우고 전열을 정비한 채 진영(jîrge)을 갖추어 도열해 있었는데, 자기들의 숫자가 많고 몽골이 적은 것을 〔알고는〕 매우 자만하며 의기양양해 있었다. 톨루이 칸은 그들의 수가 많은 것을 보고 자신의 아미르들 가운데 시기 쿠투쿠 노얀을 은밀히 불러서 상의하여 말하기를, "적이 이런 곳을 장악하고 전열을 갖추어 전투를 기다리고 있으니 그들과 싸우는 것은 매우 힘들 것이다. 네가 300명의 기병을 데리고 접근하여 그들을 자극해서 그들이 〔과연〕 그곳에서 움직일지 어떨지를 떠보는 것이 상책이 아니겠는가?"라고 했다. 쿠투쿠 노얀이 명령에 따라 앞으로 달려갔지만 그들은 미동도 하지 않은 채 그 자리에서 움직이지 않았는데, 이는 진영이 무너지지 않도록 하고 또 전열을 유지하기 위해서였다. 그들은 자기 〔군사〕의 숫자가 많고 몽골군이 적은 것을 알고는 자만심이 생겨 몽골 군대를 우습게 보기 시작했다. 그리고 큰소리를 치며 "우리가 이 몽골인들과 그 군주를 포위하여 붙잡고 그들의 부인들을 우리 마음대로 하자!"고 했다. 그들은 〔이렇게〕 수치스러운 생각과 혐오스러운 희망을 품었고, 지고한 신께서는 그

는 '협곡'을 뜻한다.

179) 두 장군의 이름 가운데 전자는 한문 자료에 보이는 (完顔)合達에 해당하는 것이 분명하나, 후자가 누구를 가리키는지는 확실치 않다. 보일은 Cleaves의 견해를 받아들여 전자를 Qada Senggüm으로, 후자를 Höbegedür로 읽었다(Cf. *Successors*, p. 35; Cleaves tr., *The Secret History of the Mongols*, p. 187). 한문 자료에는 동관의 수비를 담당했던 장수로 合達 외에 移剌訛可의 이름이 보인다.

들의 오만함을 달갑게 생각하지 않아 그들에게 파멸의 최후를 가져다 주었다.

어쨌든 그들이 쿠투쿠 노얀과 그의 군대가 자극하는 것에 신경을 쓰지 않고 자기 자리에서 뜨지 않자, 톨루이 칸은 "그들이 자리에서 뜨지 않는 한 그들과 전투하는 것은 불가능하다. 만약 내가 뒤로 물러난다면 우리의 군대는 동요하고 그들은 더욱 대담해질 것이다. [따라서] 방책은 이러하다. 그들의 군주들[180]이 지배하고 있는 지방들과 도시들로 [140r][181] 「112v」 가서, 만약 가능하다면 우구데이 카안과 [그가 지휘하는] 대군(大軍, lashkar-i buzurg)과 합류하자"고 했다. 그는 토콜쿠 체르비 — 아룰라트[182] 종족 출신의 보르치 노얀[183]의 동생 — 를 기병 1000명과 함께, 척후(qarâûlî)로 임명하여 뒤에서 따라오도록 했다. 그들은 우익 방향으로 행군했다. 키타이 군대는 이들이 전쟁터에서 물러나 다른 곳으로 가는 것을 보고, "우리는 여기 있을 테니 와서 싸우자!"고 소리를 쳤다. 그러나 그들은 이에 귀를 기울이지 않고 계속 행군했다. [그러자] 키타이인들도 하는 수 없이 자기가 있는 곳을 떠나 행군하여 [몽골군을] 따라왔다. 몽골군은 사흘 동안 행군했는데 그들도 그 뒤를 계속해서 따라왔다. 키타이 군대는 매우 많았기 때문에 몽골군은 겁먹고 걱정하면서 행군했다.

갑자기 키타이인들이 후방의 척후로 있던 토콜쿠 체르비를 공격했다. 그들 앞에는 강줄기 하나와 소택지가 있었는데 40명[의 몽골군]이 거기에 빠져[184] 살해되었다. 토콜쿠 체르비는 자기의 군대에 합류하여 상황

---

180) B본에는 단수형으로 '군주'.
181) A본은 여기서부터 다시 이어진다.
182) A: ZLA; B: ARLAT.
183) 『부족지』 등에서는 '보코르치'로 표기. 그에 관해서는 『부족지』, p.285 참조.

을 보고했고, 톨루이 칸은 자다술(術)[185]을 행하라고 명령했다. 그것은 몇 가지 종류의 돌들을 갖고 행하는 일종의 마술인데, 〔그 돌들이 지닌〕 특성으로 인해 그것을 꺼내어 물에 담가서 씻으면 한여름에도 즉시 바람과 추위와 폭우와 눈보라가 몰아치게 된다. 캉클리 사람 한 명이 그들 중에 있었는데 그런 것에 능했다. 그는 명령에 따라 〔자다술을〕 시작했다. 톨루이 칸은 모두 우의(雨衣)를 뒤집어쓰라고 명령(yâsâ)했다. 그들은 사흘 밤낮을 말에서 내려오지 않았다. 몽골군은 키타이 지방에 있는 마을들에 도착했는데, 농민들은 재산과 가축들을 버려 두고 〔이미〕 그곳에서 도망친 상태였기 때문에 그런 것으로 배불리 먹고 옷을 입었다. 〔한편〕 그 캉클리 사람은 자다술을 계속해서 몽골군 뒤쪽에서 비가 내리게 되었는데, 마지막 날에는 눈보라로 바뀌었고 매서운 바람까지 더해졌다. 키타이 병사들은 한겨울에도 볼 수 없었던 여름의 추위를 목격하고는 경악했다.

톨루이 칸은 각 천호의 군사들로 하여금 마을로 들어가서 말들을 집 안에 들여놓고 엄폐하라고 지시했다. 왜냐하면 극도의 추위와 바람으로 인해 행진이 불가능해졌기 때문이었다. 키타이 병사들은 별다른 방도가 없어 벌판 한가운데에서 눈보라를 맞으며 주둔했다. 그들은 사흘 동안 꼼짝할 수도 없었다. 나흘째 되는 날에도 여전히 눈보라가 몰아쳤지만, 톨루이 칸은 그의 군대가 배불리 잘 쉬었을 뿐 아니라 추위가 그들이나 가축들에게도 해를 미치지 않은 것을 보았다. 〔반면〕 키타이 사람들이 혹독한 추위로 인해 마치 양떼처럼 머리를 상대방의 꼬리에 처박고 그

---

184) A본에는 '빠져'(andâkhta)라는 말이 없다.

185) A · B: JYDAMYŠY. 뒤에서는 JDAMYŠY로 표기되어 있으나, 本田實信이 지적했듯이 jadalamishi 가 보다 정확한 어형이라고 할 수 있다(「モンゴル · トルコ語起源の術語」, pp. 427~429). 이 단어 는 jada라는 단어에서 파생된 말이며 강풍과 폭우와 폭설을 부르는 자다술을 뜻한다.

들의 옷은 뻣뻣해지고 무기도 얼어붙은 것을 보고, 그는 쇠북(kûrgâ)[186]을 치고 모든 병사들은 모포로 된 우의(雨衣, kepeneg)[187]를 걸치고 말에 올라타라고 명령을 내렸다. 그러고는 "전투의 시간이다. 명예(nâm)와 수치(nang)가 〔결정되는〕 순간이다. 담대해야 한다!"고 말했다. 몽골인들은 마치 사슴떼를 덮치는 사자들처럼 키타이인들을 향해 공격을 가했다. 그 군대의 대부분은 살해되었고 일부는 흩어져 산속에서 죽임을 당했다. 상술한 두 명의 장수는 병사 5000명과 함께 도망쳐 강물로 뛰어들었는데 〔그 중에서〕 소수의 사람들만이 살아남았다. 〔키타이 병사들이〕 그들을 조롱하고 못된 생각을 했었기 때문에, 포로가 된 한 무리의 키타이인들에 대해서 "롯 사람들처럼 하라"(livâṭat kardan)[188]는 명령이 내려졌다.[189]〔140v〕「113r」

그 같은 승리를 거두자 톨루이 칸은 소식을 알리기 위해 사신들을 카안에게 파견하고 자신도 승리를 구가하며 그의 어전으로 향했다. 그가 카라무렌 강 ― 카쉬미르와 티베트 산지에서 흘러나와 키타이와 낭기야스 사이를 가로막고 있어 어느 때이건 그 강을 건넌다는 것은 불가능하다 ― 에 이르러 그 강을 건너지 않으면 안 되게 되었다. 그래서 그는 우

---

186) 몽골어의 körge를 옮긴 말. Cf. Doerfer, vol. 1, pp. 473~475.

187) A본의 표기는 불분명하나 B본에는 KBNK로 되어 있다. kepeneg는 투르크어에서 '팔이 없는 雨衣'를 뜻한다. Cf. Doerfer, vol. 3, pp. 581~583.

188) livâṭat는 sodomy를 뜻하는데, 이 말의 기원은 구약 창세기(13:1~12)의 인물 롯(Lot)에서 비롯되었다. 아브라함의 조카인 그는 신의 분노가 소돔(Sodom)에 내리기 직전 그곳에서 탈출했지만, 그의 처는 뒤돌아보았기 때문에 소금 기둥이 되고 말았다. 여기서 "롯 사람들처럼 하라"는 것은 톨루이가 포로가 된 키타이인들을 대상으로 롯이 거주하던 소돔의 주민들처럼 男姦 · 獸姦을 행하도록 했음을 뜻한다.

189) 이것은 소위 '三峰山의 전투'로 알려져 있다. 당시 톨루이의 군대를 추격해서 온 금국의 군대는 步騎兵 합해서 모두 15만 명이었고, 톨루이 휘하에는 4만 명밖에 없었다. 전투가 벌어지기 직전에 親王 口溫不花(Gü'ün Buqa)가 이끄는 기병 1만 명이 합류했다. 그러나 전투의 결과는 몽골측의 대승으로 끝나 "금의 정예병들은 이곳에서 모두 몰살되었다"고 할 정도였다(『元史』 권115 「睿宗傳」, p. 2887).

루우트 종족 출신인 차간 부카(Chağân Bûqâ)[190]를 보내어 건널 곳을 찾아보도록 했다. 마침 그해에는 홍수가 발생해서 많은 돌과 자갈들이 내려와 그 강의 한 지점에 쌓였다. 그런 연유로 강은 평원에 여러 갈래로 나뉘어 1파르상(farsang)[191]의 폭으로 넓고 평평하게 흐르게 되었다. 차간 부카는 그 지점을 발견하고, 톨루이 칸을 위해서 향도(嚮導, qulâûzî)가 되어 안전하게 그 강을 건널 수 있게 되었다. 카안은 톨루이가 자신과 떨어져 있은 지 꽤 되었을 뿐만 아니라, 적이 그를 압도하고 있음에도 불구하고 대군과는 멀리 떨어져 있다는 소식을 듣고 크게 걱정하고 있었는데, 동생이 승리를 거두고 안전하게 오고 있다는 소식을 듣고는 매우 기뻐했다. 톨루이 칸이 도착하자 그를 극진히 대접하며 찬사를 아끼지 않았다. 그같이 예상치 않은 승리를 거두게 되자, 〔카안은〕 토콜쿠 체르비와 몇 명의 다른 아미르들을 군대와 함께 그곳에 배치하여 알탄 칸의 문제를 서서히 처리하며 키타이 지방을 전부 정복하도록 한 뒤, 그들은 상서롭게 개선하였다.

톨루이 칸은 〔다른 사람들보다〕 먼저 출발할 수 있게 해달라고 요청했는데, 도중에 갑자기 사망하고 말았다. 전하는 바에 따르면 카안은 그보다 며칠 전 병에 걸려 생명이 위태로울 정도가 되었는데, 톨루이 칸이 그의 침소에 왔다. 무당(qâm)들은 그들이 늘 그러하듯이 주문을 외우고 나무로 된 잔에 담긴 물에 그의 병〔명이 적힌 글〕을 씻었다. 톨루이 칸은 형에 대한 극진한 사랑 때문에 그 잔을 움켜잡고는 정성을 다해서 이렇게 말했다. "오, 영원한 신이시여! 만약 죄를 지었다면 제가 더 많이 지

<hr>

190) A: JĞTAY BWRQA. 여기서는 B본(CĞAN BWQA)에 의거하여 옮겼다.

191) farsang 혹은 farsakh은 고대 이란의 거리 단위인 parasang에서 기원한 것으로, 이론적으로는 말이 한 시간 동안 걸어가는 거리이다. 시대와 지역마다 차이가 있지만, 대체로 1파르상 = 3.5마일 = 5.6 km 정도였다.

었음을 아소서! 여러 지방을 정복할 때 저는 수많은 사람들을 죽이고, 그들의 처자식들을 포로로 삼아 통곡케 했습니다. 만약 〔용모의〕 준수함과 〔뛰어난〕 재주 때문에 우구데이 카안을 데려가시는 것이라면, 제가 더 준수하고 재주가 더 많습니다. 그를 용서하시고 그 대신 저를 당신에게 데려가소서!" 그는 성심을 다해서 이렇게 말하고는 병을 씻어낸 그 물을 마셔 버렸고, 우구데이는 회복되었다. 그〔=톨루이〕는 허락을 요청한 뒤 출발했으나, 며칠 뒤 병이 들어 사망하고 말았다. 이 일화는 유명하다. 톨루이 칸의 부인 소르칵타니[192) 베키는 항상 이렇게 말했다. "나의 벗이자 소망이던 그 사람은 우구데이 카안의 목숨을 대신해서 떠났고 스스로를 그의 희생물(fidâî)로 바쳤다."[193) 카안은 키타이 지방에 있는 알탄 케레(Altân Kerâ)[194)라는 곳에서 여름을 보내고, 그 뒤 이동을 지시하여 〔'모가이 일'(moğâî yîl) 즉 뱀〕[195)해에 상서롭게 자신의 도읍에 도착했다. 完!

---

192) A · B: SYWRQWQTNY.

193) 이와 거의 동일한 내용이 『元史』 권115 「睿宗傳」(p. 2887)에도 보인다. 즉 1232(壬辰)년 "四月 由半渡入眞定 過中都 出北口 住夏于官山. 五月 太宗不豫 六月 疾甚. 拖雷禱于天地 請以身代之 又取巫覡祓除釁滌之水飮焉. 居數日 太宗疾愈 · 拖雷從之北還 至阿剌合的思之地 遇疾而薨. 壽四十有."

194) 『元史』 권2 「太宗紀」(pp. 31~32)와 권115 「睿宗傳」(p.2887)에 따르면 우구데이는 壬辰年(1232) 夏 4月 官山이라는 곳에서 避暑했고, 9월 톨루이가 사망한 뒤 우구데이는 龍庭으로 돌아갔다고 한다. 관산은 현재 내몽골의 集寧市 부근 察哈爾右翼中旗에 위치한 것으로 알려져 있다(『中國歷史地圖集』, 제7책, p. 56). 『집사』의 Altân Kerâ는 Altan Ke'ere 즉 '황금 목장'을 뜻하는데, 위에서 말한 관산과 위치는 비슷한 곳이겠지만 어휘상의 연관성은 없다.

195) A · B본에 모두 빠져 있다. 壬辰年(1232).

토콜쿠 체르비가 키타이군과 전투를 벌였으나 패배하자 카안이 그에게 원군을 보낸 것, 낭기야스인들이 그를 돕기 위해 도착한 것, 알탄 칸을 없애고 키타이 전역을 정복한 것 등에 관한 이야기

얼마 후 키타이 군대가 집결하여 토콜쿠 체르비와 전투를 벌였는데, 그는 패배하여 많이 후퇴했다. 그는 사신을 카안의 어전으로 보내어 지원을 청하였다. 카안은 "칭기스 칸의 치세 이후 여러 차례 키타이군과 전투를 벌였는데 우리는 항상 그들을 패배시키고 그들의 지방 대부분을 장악했다. 이제 그들의 군대가 우리를 패배시켰으니 이는 그들에게 불길한 징조이다. 이는 마치 등불이 꺼져 가는 순간에 밝게 빛났다가 사그라들면서 죽는 것과 같다"고 말하며, 〔141r〕「113v」 토콜쿠 체르비를 지원하기 위해 군대를 파견했다.

　몽골인들이 낭기야스라고 부르는 마친의 군주들과, 주르체의 후손인 키타이의 군주들 사이에 오랫동안 반목이 있어 왔기 때문에, 카안은 칙서(yarlîg)를 보내어 그들[196]이 원군을 보내 그쪽에서 진격하고 몽골군은 이쪽에서 진격하여 서로 연합해서 남킹을 포위하자고 〔제안〕했다. 칙명에 따라 대군이 낭기야스로부터 도착했고, 이쪽에서는 토콜쿠 체르비가 몽골군과 함께 〔진군하여〕 서로 연합해서 키타이인들과 맞서러 가서 양측은 전열을 정비했다. 키타이인들이 패배하여 남킹 시내로 피신했다. 전하는 바에 따르면 그 도시의 둘레는 40[197]파르상[198]이고, 삼면이 벽으로 둘러싸여 있는데 〔이 가운데〕 양면은 카라무렌 강〔에 접해 있다〕고 한다. 몽골과 낭기야스의 군대는 함께 도시를 포위한 채 투척기(投擲機, manjanîq)와 수많은 운제(雲梯, nardub)들을 성벽에 설치하고, 굴착 장

---

196) 南宋측을 일컫는다.
197) A본에는 '40'(chehel)이라는 단어가 빠져 있다.
198) 40파르상은 약 224km이기 때문에 南京城의 둘레로는 지나치게 과장되어 있다.

비를 갖춘 공병(工兵)들을 성벽 아래에 배치하여 전투에 돌입했다. 키타이의 아미르들과 병사들은 도시가 점령되고 말리라는 것을 알았지만, "우리의 군주는 마음이 나약해서 만약 그에게 〔이 사실을〕 말한다면 그는 극도의 두려움으로 인해 죽고 말 것이다. 그렇게 되면 상황은 완전히 통제할 수 없게 될 것이다"라고 하면서 그에게 숨겼다. 그는 카툰들과 비빈들을 데리고 전각과 궁전 안에서 늘 그러했듯이 연회에 빠져 있었다. 도시가 함락될 것이라는 사실이 카툰들과 비빈들에게 알려지자 그들은 울기 시작했고, 알탄 칸이 "무슨 일이냐?"고 묻자 그들은 도시의 상황을 알려 주었다. 그는 이를 믿지 않고 성벽에 올라가 자신의 두 눈으로 보았다. 그는 〔상황을〕 확실히 알게 되자 도망갈 생각을 하고 한 무리의 귀족과 카툰들과 함께 배에 올라타, 그 도시 안으로 유입되었다가 다른 지방으로 흘러가는 카라무렌의 큰 지류를 따라 다른 도시로 가버렸다.

몽골인과 낭기야스 사람들이 이를 알게 되자 그를 추격하러 군대를 보내서 〔알탄 칸이 도망간〕 그 도시를 포위했다. 그는 다시 배를 타고 거기서 도망쳐 다른 도시로 갔고 〔몽골군은〕 그를 다시 쫓아가 포위했다. 〔알탄 칸의〕 도주로가 차단되었기 때문에 몽골과 낭기야스 군대는 그 도시에 불을 질렀다. 알탄 칸은 도시가 함락될 것을 알고 아미르들과 귀족들에게 이렇게 말했다. "그렇게 〔오랜〕 통치와 수많은 명예를 누렸는데 〔이제 와서〕 몽골의 포로가 되어 오명을 남기고 죽지 않았으면 좋겠다." 그는 자신의 코르치에게 자기 옷을 입히고 그의 머리에 왕관을 씌운 뒤 자기 대신 보좌에 앉혔다. 그러고는 밖으로 나와서 목을 매달아 죽었고, 〔사람들은〕 그를 매장했다. 일부 역사서에는 그가 걸식승(qalandar)으로 변장하여 누더기옷을 입고 숨었다는 기록도 있다. 키타이의 역사[199]에 따르면 도시가 불에 탈 때 그는 타죽었다고 한다. 그러나 둘 다 틀린 것이고, 사실은 그 자신이 목을 매어 숨진 것이다.[200]

  그로부터 이틀 뒤 도시는 점령되었고 그의 자리에 앉혀 놓았던 사람을 죽였다. 낭기야스의 군대는 도시로 진입해 왔다.[201] 몽골인들은 〔시내에 진입하여 붙잡아〕 죽인 사람이 알탄 칸이 아니라는 사실을 깨닫고 그를 요구했다. 〔사람들은〕 그가 불에 타서 죽었다고 말했지만 몽골군은 이를 믿지 않고 그의 머리를 원했다. 이러한 상황을 알게 된 낭기야스 군대는 비록 그들이 알탄 칸의 적이긴 했지만 그〔의 시신〕을 무덤에서 꺼내 그 머리를 넘겨주지 않는 것을 지지하면서 키타이인들과 한편이 되어, 〔알탄 칸을〕 태워 버렸다는 변명을 늘어놓았다. 몽골인들은 진상을 확인하기 위해 계속해서 그의 머리를 요구했다. 그들은 만약 다른 사람의 머리를 넘겨주게 되면 몽골인들이 조사를 해서 그것이 그의 머리가 아니라는 사실을 알게 되리라는 것을 알고 있었다. 결국 그들은 어떤 사람의 팔을 〔몽골인들에게〕 건네 주었고, 이 때문에 몽골인들은 낭기야스인들에 대해 분노했다. 그러나 당시 그들은 낭기야스인들과 다툴 처지가 아니었다.

---

199) 원문은 târîkh-i Khitây인데, 이것이 책 이름인지의 여부는 분명치 않다. 보일 교수는 이것을 책 이름으로 보고, 라시드 앗 딘이 『集史』 제2부에 해당하는 『世界民族史』의 「中國史」 부분을 집필할 때 참고한 책이 아닐까 추측하기도 했다(*Successors*, pp. 40~41).

200) 중국측 자료에 따르면 1233년 夏4월 南京 · 開封이 함락되자 금국의 哀宗은 蔡(현재 河南省 汝南)로 도주했지만, 다음 해인 1234년 정월 5일(양력 2월 4일) 孟珙 지휘하의 남송군과 연합한 몽골군이 蔡를 함락하게 되자 宗室의 承麟에게 양위한 뒤 스스로 목을 매어 자살했고, 승린 역시 성이 함락될 때 살해되었다. 금조의 최후에 관한 가장 상세한 기록은 王鶚의 『汝南遺事』(四庫全書本)이며, Hok-lam Chan의 역주본 *The Fall of the Jurchen Chin: Wang E's Memoir on Ts'ai-chou under the Mongol Siege(1233~1234)* (Stuttgart: Franz Steiner Verlag, 1993)이 참고된다. 그 밖에 『金史』 권18 「哀宗 · 下」, pp. 402~403; 『元史』 권2 「太宗紀」, pp. 32~33도 참조.

201) A: bi-shahr dar nayâmade; B: bi-shahr dar nayâmadand("도시로 진입하지 않았다"). 그러나 이 두 사본을 제외한 다른 필사본에는 모두 bi-shahr dar âmadand("도시로 진입했다")라고 되어 있다. 보일과 색스턴은 모두 남송군이 시내에 진입한 것으로 번역했으나, 露校本과 露譯本은 A · B본을 따랐다. 그런데 중국측 기록에 의해 몽골군과 남송군은 1234년 2월 8일과 2월 9일에 각각 蔡州의 西城과 南城으로 진입했던 사실이 확인된다. 巴特 · 洪堅毅, 『蒙古族古代戰例史』(北京: 金城出版社, 2002), p. 154 참조.

간단히 말해서 토콜쿠 체르비와 〔몽골〕군은 상술한 바와 같이 키타이 왕국 전부를 정복하게 되었다. 이 승리는 말의 해인 '모린 일'(môrîn yîl) — 631년 주마다 알 아발〔/1234년 2~3〕월에 시작 — 에 일어났다. 같은 해에 수많은 투르카들(tûrqâqân)[202]과 케식들(kezîktânân)을 솔랑카 지방에서 선발하여 카안의 어전으로 보냈는데, 그들의 수령(muqaddam)[203]은 옹수(Ông Sû)라는 이름을 갖고 있었다.[204] 完!

---

202) A본의 TWRQAQAQAN은 TWRQAQAN의 誤寫이다.

203) muqaddam이라는 단어가 A본에는 누락되어 있으나 B본에는 삽입되어 있다.

204) G. Ledyard는 1234년에 다수의 투르카〔侍衛〕과 케식〔親衛〕을 차출해서 몽골리아로 보냈다는 기사를 중국과 한국의 어느 사료에서도 찾을 수 없다면서, 『集史』의 이 기사는 실제로 또 다른 말의 해(戊午)인 1258년에 고려 국왕의 族子 王綧이 몽골에 質子로 파견된 사실을 가리키는 것이며, '史料의 錯簡'으로 인해 甲午年(1234)으로 기록된 것이라고 추정했다("The Mongol Campaigns in Korea and the Dating of The Secret History of the Mongols", *Central Asiatic Journal*, vol. 9, no. 1, 1964, pp. 13~16. 보일 교수 역시 Ledyard의 주장을 받아들이고 있다. Cf. *Successors*, p. 41, note 134). 그러나 Ledyard 교수의 주장을 그대로 받아들이기에는 중요한 난관이 하나 있는데, 그것은 그가 주장하는 또 다른 '말의 해'인 1258년에 고려측이 몽골에 질자를 파견했다는 기사가 보이지 않는다는 점이다. 그의 주장은 『元史』권154 「洪福源傳」(p.3628)에 "戊午 福源遣其子茶丘從扎剌台軍 會高麗族子 王綧入質 陰欲併統本國歸順人民 譖福源于帝 遂見殺 年五十三"라는 기사를 염두에 둔 듯한데, 이것은 그 해에 홍복원의 아들 茶丘가 入質할 때 왕순과 만나서 함께 왔다는 사실을 말하는 것일 뿐, 실제로 왕순이 入質한 해는 그보다 훨씬 전인 1241년의 일이었다. 따라서 이 기사만을 근거로 1258년 뭉케 카안 치세에 일어난 사건이 '사료의 착간'으로 말미암아 24년 전 '말의 해'인 1234년, 즉 우구데이 시대의 일로 기재되었다는 그의 추정은 견강부회의 감이 없지 않다.

그렇다면 문제를 원점으로 되돌려 『集史』의 기록을 어떻게 이해해야 하는가? 1234년에 入質과 관련된 기사를 찾을 수 없는 것은 사실이다. 그런데 한문 사료 여러 곳에서는 우구데이 치세에 고려 왕자가 入質한 기사가 特筆되고 있는데, 모두 1241년 고려의 高宗이 族子 왕순을 보낸 사실을 지목한 것이다(『元史』권2 「太宗紀」, p.37; 권120 「吾也而傳」, p.2968; 권149 「王榮祖傳」, p.3536; 권154 「洪福源傳」, p.3628). 사실 『高麗史』 세가23 「高宗 · 二」에는 그해에 永寧公 綧을 국왕의 아들이라고 칭하고 衣冠子弟 10인을 이끌고 몽골로 들어가 투르카〔秃魯花〕으로 봉사토록 했다는 기록이 보인다. 후일 쿠빌라이도 고려에 보낸 국서를 통해서 몽골이 복속한 국가에 대해 요구하던 소위 '六事'(納質, 助軍, 輸糧, 設驛, 供戶數籍, 置達魯花赤) 가운데 納質의 문제는 1241년 왕순의 入質로 해소되었다고 언명하고 있다(『高麗史』 세가26 「元宗 · 二」). 이 같은 자료들은 모두 몽골측이 우구데이 치세인 1241년 왕순과 의관자제 다수가 투르카으로 入質한 사건을 고려측의 복속과 관련된 중요한 사건으로 인식하고 있음을 보여 주며, 『集史』 본문에 기록된 내용도 결국 같은 사건을 가리키는 것으로 보는 것이 타당할 것이다. 따라서 A · B본에 언급된 Ông Sû는 Ông Sûn의 誤寫로, 왕순을 가리키는

〔141v〕「114r」

〔이제까지〕 '후케르[205] 일' 즉 소의 해 ─ 626년 라비 알 아발〔/1229년
1~2〕월에 시작 ─ 의 처음부터 '모린 일' 즉 말의 해 ─ 631년 주마다
알 아발〔/1234년 2~3〕월에 시작 ─ 의 마지막까지, 즉 우구데이 카안의
치세 6년간에 대해서 상세하게 기록했기 때문에, 지금부터는 동방과 서
방의 여러 왕국들의 카간들(khawâqîn), 칼리프들, 술탄들, 말릭들, 아
타벡들, 그리고 카안이 보내어 일부 지방에서 독자적으로 통치했던 사
람들에 대해서 간략하고 요령 있게 서술하도록 하겠다. 〔그러고 난 뒤
에〕 다시 카안의 역사로 돌아가 이 기간 이후에 일어난 일들에 대해서
설명하겠다. 지고한 신께서 뜻하신다면!

'후케르 일' 즉 소의 해 ─ 626년 라비 알 아발〔/1229년 1~2〕월에 시작
─ 의 처음부터 '모린 일' 즉 말의 해 ─ 631년 주마다 알 아발〔/1234년
2~3〕월에 시작 ─ 의 마지막에 이르기까지, 카안과 동시대에 활동했던
키타이와 마친의 카간들, 이란 땅과 시리아와 이집트 등지의 칼리프들과
술탄들과 말릭들과 아타벡들, 그리고 다른 일부 지방들을 통치했던 아미
르들의 역사. 여기에 덧붙여 또 한 해, 즉 칭기스 칸의 사망과 〔우구데이〕
카안의 즉위 사이인 '쿨루카나 일(qûluqana yîl)' 즉 쥐의 해 ─
625〔/1228〕년에 해당 ─ 에 그들에 관한 다른 일화들에 대한 간략한 서술

상술한 기간 동안 키타이 군주들의 역사

〔군주는〕 슈우수(Shûûsû)[206]였다. 이 슈우수는 키타이의 군주들 가운데

───

것으로 추정된다. 다만 1241년의 일이 어떤 연유로 1234년의 일로 기록되었는지에 대해서는 명확
하게 설명할 방법이 없다.
205) A: AWKAR; B: HWKAR.

마지막이었다. '모린 일' 즉 말의 해 — 631년 주마다 알 아발〔/1234년 2~3〕월에 시작 — 에, 그는 〔앞에서〕 그해에 관해 설명했듯이 죽임을 당했고, 키타이 왕국 전부가 카안에게 복속하게 되었다.

상술한 기간 동안 마친 군주들의 역사

리준(Lîzûn):[207] 〔재위〕 41년. 〔겹치는 기간〕 7년.[208]

상술한 기간 동안 일부 지방에서 칼리프들과 술탄들과 말릭들과 아타벡들과 몽골 아미르들의 역사

바그다드의 칼리프들의 역사

압바스조의 칼리프는 안 나시르 리딘 알라였다. 627〔/1229~1230〕년에 사망했고, 그의 아들인 자히르(Ẓâhir)가 그의 자리에 앉았다. 628〔/1230~1231〕년 그가 죽고 그 자리에 알 무스탄시르 빌라(al-Mustanṣir Billâh)가 앉았다. 完!

이라크와 아제르바이잔의 술탄들의 역사

〔142r〕「114v」〔이곳에서는〕 술탄 잘랄 앗 딘이 지배권을 장악했다. 그는 625〔/1227~1228〕년 초[209] 이스파한에서 돌아와 타브리즈로 와서 그루지아(Gurjistân)로 향했다. 룸의 술탄들, 시리아와 아르메니아와 그 부근의 말릭들이 그의 발호와 정복에 경악하여, 그를 막아내기 위해 일어

---

206) 金 哀宗의 본명인 守緖를 옮긴 말이다. 그런데 라시드 앗 딘은 앞에서 Sôse라고 표기하기도 했다.

207) A본에는 ?YZWN으로 되어 있으나 LYZWN으로 읽어야 옳을 것이다.

208) 南宋 理宗의 치세는 1224~1264년이었다. 치세는 41년이었고, 1228~1234년까지 7년이 상술한 기간과 겹친다.

209) 회력 625년은 1227년 12월 12일~1228년 11월 29일이기 때문에, 그해 초라고 하면 1227년 12월 하순이나 1228년 1월경으로 볼 수 있다.

났다.[210] 그들은 그루지아(Gurj)인, 아르메니아(Arman)인, 알란(Alân)인, 사리르(Sarîr)인,[211] 라그지(Lagzî)인,[212] 킵착(Qipchâq)인, 스바니(Svanî)인,[213] 아브하즈(Abkhâz)인,[214] 하니트(Khânît)인[215] [등으로 구성된] 군대를 이끌고 모두 한 지점에 집결했다. 술탄은 민도르(Mindôr)[216][라는 곳]에서 그들과 가까운 지점에 진을 쳤는데, 적의 기병이 많은 것을 보고 당황했다. 그는 이 문제를 놓고 재상인 율두즈치(Yûldûzchî) 및 중신들과 상의했는데, 율두즈치가 이렇게 말했다. "방책은 이러합니다. 즉 우리의 숫자는 그들의 1/100도 되지 않으니, 우리가 민도르를 경유하면서 그들의 식수와 땔감을 빼앗아 버립시다. [그래서] 그들을 더위와 갈증으로 지치게 하고 그들의 말을 쇠약하게 만든 뒤, 좋은 계략을 써서 전투에 들어갑시다." 술탄은 이 말을 듣고 화가 나서 필통을 재상의 머리에 던지며 "그들은 양떼에 불과하다. 양떼가 많다고 해서 사자가 불평하겠는가?"라고 말했다. 율두즈치는 그 같은 죄(jinâyat)를 범했기 때문에 5만 디나르(dînâr)[217]를 [벌금으로] 바쳤다.

---

210) 이하 술탄 잘랄 앗 딘과 토착 제후들의 대결에 관한 서술은 주베이니의 『정복자사』에 근거한 것이다. 보일의 영역본(*The History of the World-Conqueror*), 438ff 참조.

211) 다게스탄 지방에 거주하는 아바르(Avar) 계통의 주민.

212) 오늘날 다게스탄 남부 지방과 아제르바이잔 지방에 거주하는 레즈기(Lezgi)인들. 현재 인구는 모두 45만 명 정도로 추산된다.

213) 모든 사본에 SWSAN으로 표기되어 있으나, 보일 교수처럼 SWNYAN(Svaniyân)으로 읽어야 할 것이다(B본에는 단모음 표점이 첨가되어 있다). Svani는 카프카즈 산맥 북록에 거주하던 민족 이름이다.

214) 그루지아 서부의 흑해 동부 연안에 거주하는 주민. 지금도 Kodori 강과 Bzyb 강 주변에 살고 있으며, 종교는 수니파 이슬람 혹은 기독교의 동방정교를 신봉한다.

215) Chan 혹은 Laz라고도 불리며, 흑해 동남해안의 Trebizond와 Batum 사이에 거주하는 주민(*Successors*, p. 43).

216) 현재 아르메니아의 Lori 부근에 위치한 지점(*Successors*, p. 49).

217) dinar라는 말은 로마 제국 시대의 화폐인 denarion에서 기원하며 일반적으로 금화를 가리킨다. 그러나 몽골 제국 시대에 들어오면서 금화를 주조하는 일은 거의 없어졌고, 디나르는 거래시 계산을

술탄은 "비록 사정이 어렵지만 신에 의지하며 전투를 해야 할 것이다"라고 말했다.

다음날 그들은 전열을 정비했다. 적들의 눈에는 자기 병사들에게 둘러싸인 술탄[의 모습]이 마치 평지 한가운데에 우뚝 선 산처럼 보였다. 술탄은 적들을 관찰하기 위해 한 언덕 위로 올라갔는데, 2만 명의 병사들과 함께 킵착의 깃발들이 보였다. 그는 쿠쉬카르(Qûshqar)에게 빵 한 조각과 소금 한 줌을 들려서 그들에게 보내어 과거의 의무(ḥuqûq)를 상기시켜 주었다.[218] 킵착인들은 즉시 말머리를 돌려 한쪽 구석으로 갔다. 그루지아인 군대가 전진해 왔다. 술탄은 그들에게 사람을 보내 "그대들은 오늘 도착했으니 피곤할 것이다.[219] 양측의 젊은 용사들로 하여금 겨루기 삼아 맞서 싸우게 하고, 우리는 옆에서 지켜보도록 하자"고 말하니, 그루지아 사람들도 동의했다. 그날은 밤이 될 때까지 [양측의 용사들이 상대방을] 일진일퇴(karr-û-farrî)를 거듭했다. 마침내 '기사(騎士, aznâur)'들 가운데 용맹한 자 한 명이 앞으로 나왔다. 술탄은 마치 [천사(天使)] 문카르(Munkar)[220]처럼

병사들 가운데에서 튀어나왔노라, 사자와 같은 모양으로.

위한 단위로 사용되었을 뿐이다. Waṣṣâf에 따르면 금 1발리시는 2000디나르, 은 1발리시는 200디나르로 계산되었다고 한다. Cf. E. A. Davidovich, *Denezhnoe khoziaistvo Srednei Azii posle Mongol'-skogo zavoevaniia i reforma Mas'ud-Beka(XIII v.)*, Moskva: Izd-vo Nauka, 1972, pp. 34~35; 前田直典, 「元朝時代に於ける紙幣の價値變動」, 『元朝史研究』, p. 113.

218) '빵과 소금'은 주군이 신하들에게 나누어 주는 일용 양식을 상징하며, 빵과 소금의 '의무'란 주군의 은사에 대한 신하의 충성 의무를 뜻한다. '소금의 의무'(tûz ḥaqqî)라는 표현은 무슬림측 자료에 자주 보이고 있다. Cf. 濱田正美, 「鹽の義務と聖戰の間て」, 『東洋史研究』, 52-2(1993), pp. 122~148.

219) A본에는 "피곤할 것이다"라는 구절이 빠져 있다.

220) 죽은 사람을 무덤 속에서 심문하는 두 천사 가운데 하나의 이름. 또 다른 천사는 Nakîr. Cf. Steingass, *A Persian-English Dictionary*, p. 1334.

후지르(Hujîr)[221] 앞으로 용맹하게 돌진하노라.

주변 사람들이 바라보는 가운데 술탄은 말을 질주하여

詩
그의 허리띠를 향하여 창을 찌르니
그의 겉옷(khaftân)과 혁대 고리가 풀어졌도다.

그에게는 세 명의 아들이 있었는데 차례로 달려나왔다. 술탄은 한 번씩의 공격으로 그들을 모두 처치해 버렸다. 그런데 엄청나게 무섭게 생긴 기사 한 명이 싸움터로 달려나왔고, 술탄의 말은 [이미] 지친 상태였기 때문에 압도당할 판이었다. 그러나 술탄은 눈깜짝할 사이에 말에서 뛰어내려 창으로 일격을 가함으로써 그를 거꾸러뜨려 죽였다. 술탄의 군대는 그 광경을 보고 단번에 공격을 감행하여 [적군을] 모두 패주시켜 버렸다.

술탄은 아흘라트(Akhlât)로 왔다. 주민들은 성문을 걸어 잠그고 [투항의] 권고를 받아들이기를 거부했다. 술탄이 두 달 동안 그곳을 포위하자, 시민들은 굶주림으로 극한 상황에 이르게 되었다. 술탄은 [병사들에게] 사방에서 한꺼번에 공격하여 시내로 진격하라고 명령을 내렸다. 술탄은 말릭 아쉬라프(Malik Ashraf)의 궁전에 자리잡았다. [말릭 아쉬라프의] 형제인 무지르 앗 딘(Mujîr ad-Dîn)과 그의 노예(ǧulâm) 이즈 앗 딘 아이벡('Izz ad-Dîn Aybeg)이 식량도 없이 성채 안으로 들어갔다. 무

---

221) 피르도시의 『帝王史記』(Shâhnâma)에 나오는 인물. 투란군을 이끌고 공격하던 수흐랍(Suhrab)과 맞서며 '흰색의 성채'(Dizh-i Sapîd)를 지키던 장군의 이름.

지르 앗 딘이 먼저 [투항하러] 밖으로 나오자 술탄은 그를 아주 후하게 맞아 주었다. 뒤이어 [이즈 앗 딘] 아이벡도 밖으로 나왔다. 술탄의 재고(財庫)는 말릭 아쉬라프의 물자들로 다시 풍성하게 채워졌다. 또한 그가 그루지아인들을 격파하고 아흘라트를 정복했기 때문에 그의 위세와 영광에 관한 소문이 널리 퍼지게 되자, 이집트와 시리아의 말릭들은 '평안의 도시' [바그다드]에 있는 칼리프들이 했던 예를 따라서 사신들에게 방물과 선물을 지참시켜 그의 궁정으로 보냈다. [이렇게 해서] 그의 상황은 다시 한 번 호전되었다.

그는 거기서 하르트비르트 방면으로 향했는데 도중에 병이 들었다. 그때 [술탄 잘랄 앗 딘은] 아르잔 알 룸²²²⁾의 술탄에게 많은 격려와 관용을 베풀었는데, 이는 그가 아흘라트 공략전에서 술탄 [잘랄 앗 딘]의 군대에게 양식('ulûfa wa 'alafa)²²³⁾으로 지원을 아끼지 않았기 때문이다. 그는 [술탄에게] "룸의 술탄 알라 앗 딘(Sulṭân 'Ala ad-Dîn)은 알레포 · 시리아 등지의 말릭들과 다시 화평을 맺고 술탄 [잘랄 앗 딘]을 공격하기로 합의하여 군대를 규합하고 있으며, '술탄이 아흘라트 성문 앞에 있을 때 네게서 양식의 도움을 받지 못했다면 그곳에서 버티지 못했을 것이다'라면서 계속 나를 위협하고 있습니다"라고 보고했다. 이 말을 들은 술탄은 비록 몸이 아프긴 했으나 즉시 말을 타고 출정했다. 그가 무시(Mûsh) 평원에 이르렀을 때 [적군의] 그 무리들을 돕기 위해 가고 있던 6000명[의 병사]들이 [142v]「115r」도중에 술탄과 마주치게 되었다. 그

---

222) 현재의 에르주룸.

223) 어의 자체는 '사료'(fodder, forage)를 의미한다. 후일 훌레구 울루스에서 이것은 일정한 지역에 주둔하는 군대에 제공하는 식량과 사료를 총칭했으며, 곡식 · 건초 · 소 · 양 · 가금류 · 술 및 때로는 현금까지도 포함했다고 한다. Cf. I. P. Petrushevsky, "The Fiscal System under the Îl-Khâns," *The Cambridge History of Iran*, vol. 5: The Saljuq and Mongol Periods(Cambridge : Cambridge University Press, 1968), p. 533.

는 한순간에 그들을 모두 죽여 버렸다.

  며칠 뒤 양측 군대는 서로 근접하게 되었다. 룸의 술탄과 말릭 아쉬라프와 여러 지방에서 온 다른 말릭들은 헤아릴 수도 없이 많은 장비와 식량을 갖고 참전하여 언덕 위에 전열을 세웠다. 소껍질 방패로 무장한 화공병(火攻兵, naffâṭân)과 궁수(charkh-andâzân)들이 전면에 서고 기병과 보병은 [그 뒤에 섰다]. 전투가 시작되자 술탄은 가마에서 밖으로 나와 말에 오르려고 했으나, 병세의 위중함으로 인해 고삐를 잡아당길 수 없었기 때문에 그의 말을 돌려보냈다. 근신(近臣)들은 "술탄에게 잠깐의 휴식이 필요하다"고 말했고, 그런 까닭으로 그의 깃발들('alamhâ-i khâṣṣ)은 뒤로 물러났다. [그러자] 우익과 좌익은 [술탄과 근신들이] 도망치는 것이라고 생각하여 도주하기 시작했다. 적들은 술탄이 계략을 써서 그들을 황야로 유인하려는 것이라고 의심하여, 그들 군중(軍中)에 있던 전령(傳令)은 "아무도 자기 자리에서 움직이지 말라!"고 고함을 질렀다. 룸의 술탄 알라 앗 딘이 얼마나 겁을 먹었던지 그 자리에 가만히 있지도 못할 정도여서, 말릭 아쉬라프는 [술탄의] 노새224) 앞뒤 다리에 자물쇠를 채우라고 지시했다.

  술탄의 군대가 도망쳐서 사방으로 흩어져 버리자 술탄 [잘랄 앗 딘]은 하는 수 없이 아흘라트로 향했다. 그는 그곳을 지키라고 지정해 두었던 한 무리[의 병사들]을 소집한 뒤 호이(Khôî)로 갔다. 말릭 아쉬라프의 형제들 가운데 무지르 앗 딘(Mujîr ad-Dîn)을 후하게 대접한 뒤에 돌려보내고, 타키 앗 딘(Taqî ad-Dîn)에게는 칼리프의 중재를 [요청하기 위해 바그다드로] 돌아가라고 허락했다. 후삼 앗 딘 카이마리(Ḥusâm ad-

---

224) 원문에는 astar 즉 '노새'라고 되어 있다. 술탄 알라 앗 딘이 전쟁터에서 노새를 타고 있었다는 것은 상식적으로 납득하기 어렵지만, 일단 원문 그대로 옮겼다. 주베이니의 『征服者史』(영역본, p. 451)에는 그러한 내용이 보이지 않는다.

Dîn Qaymarî)는 도망쳤는데, 그의 부인 즉 말릭 아쉬라프의 딸에 대해서는 그녀의 순결을 더럽히지 않은 채 격식을 갖추어 돌려보냈다. 이즈 앗 딘 아이벡은 디즈마르(Dizmâr)[225] 성채 안에 갇혀 있다가 거기서 그대로 사망했다.

그러는 사이에 "초르마군 노얀이 대군을 이끌고 아무다리야를 건넜고, 술탄을 공격하려고 한다"는 소식이 전해졌다. 술탄은 재상인 샴스 앗 딘 율두즈치(Shams ad-Dîn Yûldûzchî)에게 기란(Gîrân)[226] 성채의 방어를 담당케 하고 [자신의] 후비들을 그곳에 있는 그에게 맡긴 뒤 자신은 타브리즈로 왔다. 비록 그와 칼리프, 또한 룸과 시리아의 술탄들과 말릭들 사이에 반목이 있었지만, [술탄은] 그들 모두에게 사신들을 파견하여 몽골이 도착했다는 소식을 전해 주었다. 그 전갈의 내용은 이러했다. "타타르의 군대는 대단히 많다. 이번에는 어느 때보다도 더 많다. 이 지방의 병사들은 그들에게 겁을 먹고 있다. 만약 그대들이 병사와 무기로써 도움을 주지 않는다면, 마치 [그들을 막는] 장벽과 같은 나는 무너질 것이고 그대들은 그들과 상대할 수[227] 없게 될 것이다. [그대들은] 모두 자기 자신과 자식들과 무슬림들의 처지를 안타깝게 생각하여 각자 한 무리의 군대와 깃발을 보내어 도움을 주도록 하라. 그래서 우리들이 합심했다는 소문이 그들의 귀에 들어가, 그들이 위축되고 우리의 병사들이 용기백배할 수 있도록 하자. 그러나 만약 이 문제를 우습게 여긴다면, 어떤 일이 벌어질지 자신들의 눈으로 보게 될 것이다."

---

225) 현재 이란의 동아제르바이잔 성의 디즈마르 구.

226) 아락세스 강 북쪽에 위치한 현재의 Kîlân(*Successors*, p. 46).

227) A본에는 여기서부터 한 행이 누락되어 있으나, B본에는 올바르게 필사되어 있다.

詩

그대 각자 살 방도를 내보시오.

이런 상황에 지혜를 짜보시오.

〔그러나〕칭기스 칸과 그의 후손들이 지닌 강력한 행운은 그들 사이에 말이 꼬이게 만들었고, 술탄의 희망은 절망으로 바뀌었다. 몽골군이 사라우(Sarâû)[228]에 도착했다는 소식이 갑자기 전해졌다. 술탄은 다시 비쉬킨(Bîshkîn)[229]으로 향했는데, 그가 머물던 궁전의 지붕이 밤중에 무너져 내렸다. 그는 이것을 흉조라고 생각하지는 않았지만, 묵묵히 버티고 있다가 다음날 아침 무간(Mûĝân)[230]으로 향했다. 닷새 뒤에 몽골군이 〔그가 있는 곳〕가까이에 도착하자, 술탄은 막영(幕營)을 버리고 카반(Qabân)[231] 산지로 들어갔다. 몽골인들은 술탄의 막영지가 비어 있는 것을 발견하고 되돌아갔다.

술탄은 628〔/1230〕년 겨울을 우르미야(Ûrmiya)와 우쉬누야(Ûshnûya)[232]에서 머물렀다. 사람들은 재상인 샤라프 알 물크 율두즈치(Sharaf al-Mulk Yûldûzchî)에 대해서 그가 술탄이 없는 동안 또 그에 관한 소식이 끊어진 사이에 그의 후비들과 재물을 탐냈다고 험담을 했는데, 술탄이 그곳으로 오자 재상은 두려워하며 성채 밖으로 나오지 않은 채 〔자신의 신변 보장에 관한〕약조를 해줄 것을 희망했다. 〔술탄은〕쿠부 칸(Qûbû Khân)[233]을 보내 그가 밖으로 나오도록 권유했다. 〔율두즈

---

228) 타브리즈와 아르다빌 중간 지점에 위치한 사랍(Sarâb).

229) 현재의 Mîshkîn. 이란의 Ahar(Arasbaran) 부근의 지명.

230) 카스피 해 서안, 아락세스 강 남쪽에 위치한 평원. Arran 초원이라고도 불린다.

231) Kapan 혹은 Kafan이라고 불리며, 아르메니아 공화국 동남부에 위치(*Successors*, p. 47).

232) 이란 서북부 우르미야 호수 부근의 도시들. Cf. 『칭기스 칸 기』, p. 400.

233) A · B본은 여기서 QWBR XAN이라고 표기했지만 뒤에는 QWBW XAN이라고 표기하고 있다. 『정

치가 밖으로 나오자] 그는 "내가 그를 가장 비천한 곳에서 가장 영광스런 자리로 올려 주었는데, [이 같은 나의] 은총에 대한 빚을 이런 방식으로 갚는구나"라고 말하면서, 그를 성채의 수비대장(kûtwâl)에게 맡기고 그의 치중(輜重)을 겁략했다. 재상은 그 감옥 안에서 사망하고 말았다.

술탄은 디야르바크르로 향했다. 몽골군이 초르마군에게로 오자, [초르마군은] "무엇 때문에 돌아왔는가? 술탄을 추격하는 데에 왜 전력을 투구하지 않았는가? 적이 이렇게 약해졌는데 어찌해서 그에게 힘을 차릴 여유를 주었느냐?"면서 질책했다. 그리고 아미르 나이마스(Nâîmâs)와 [143r] 「115v」 한 무리의 아미르들을 많은 군대와 함께 그를 추적하러 보냈다. 술탄은 쿠부 칸을 '선봉대'(yazak)로 보내어 몽골군의 정황을 알아보도록 했다. 그가 타브리즈에 도착했을 때, [사람들로부터] "그들[＝몽골군]이 흩어졌다는 소식이 이라크에서 전해져 왔고 이 부근에는 그 종족의 자취도 찾아볼 수 없다"는 말을 들었다. 쿠부 칸은 주의를 기울이지 않은 채 돌아가서, 술탄에게 그들이 귀환했다고 소식을 전해 주었다. 술탄과 모든 아미르와 군인들은 그 기쁜 소식에 고무되어 연회와 잔치에 빠졌고, 2~3일간은 들떠서 즐거워하며 보냈다.

몽골군이 한밤중에 그들을 덮쳤다. 술탄은 완전히 술에 곯아떨어져서 잠이 들었고, 오르칸(Ôrkhân)은 그들이 덮친다는 소식을 듣고는 술탄의 침상으로 달려갔다. 아무리 불러도 깨어나지 않자 찬물을 그의 얼굴에 끼얹어 정신이 들게 하였다. [술탄은] 그 같은 상황을 깨닫자 도주했고 오르칸에게는 깃발을 [있는 그] 자리에서 움직이지 말고 [자신이] 약간 먼저 갈 정도[의 시간을 벌 수 있도록] 저항을 하라고 명령하고는 출

복자사』(Juvayni/Qazvini, II, 185)의 사본들 역시 이 인명의 표기는 일치하고 있지 않으나, Qazvînî는 Bûqû Khân(BWQW XAN)의 형태를 취했다. 여기서는 일단 Qûbû Khân으로 읽는다.

발했다. 오르칸은 [어느 정도] 막아내다가 그 후에 도망쳤다. 몽골인들은 그가 술탄이라고 생각하고 그를 추격했는데, 사태[의 진상]을 깨닫게 되자 다시 천막[이 있던 곳]으로 돌아와 눈에 띄는 사람은 모두 죽여 버렸다.

술탄은 혈혈단신으로 출발하여 온 속력을 다하여 달렸다. 그의 최후에 대해서는 이견이 있다. 어떤 사람들은 이렇게 말한다. 즉 그가 학카르(Hakkâr)[234] 산지에서 밤중에 나무 아래에서 잠이 들었는데, 쿠르드족 한 무리가 그가 있는 곳에 왔다가 그의 말과 옷이 탐나자, [칼로] 그의 배를 갈라 [살해한 뒤] 그의 옷과 무기를 취해서 아무드(Âmud)[235] 시로 왔다는 것이다. 일부 근신들이 술탄의 의복과 무기를 알아보고는 그들을 붙잡았는데, 아무드의 영주가 그 같은 사실을 알고 그들을 죽인 뒤 술탄[의 시신]을 아무드로 운반해 와서 매장하고 그의 머리[가 안치된 지점] 위에 묘우(廟宇, qubba)를 세웠다고 한다. 또 일부 [다른 사람들]은 그가 자신의 선택에 따라 무기와 의복을 주고 [대신] 그들의 허름한 옷을 취한 뒤, 수피(ahl-i taṣawwuf)의 행색을 하며 여러 지방을 전전했다고 말하기도 한다. 아무튼 사실이 어찌 되었든 간에 그의 왕국은 종말을 고하고 말았다. 알라께서 사태의 진실을 아신다!

술탄 기야쓰 앗 딘(Sulṭân Ǧiyâth ad-Dîn)[236]의 상황
624[/1227]년 이스파한의 성문 앞에서 몽골군과 전투가 벌어졌을 때, 그는 형이 자신에게 맡겼던 좌익을 고의로 방기한 채, 루리스탄

---

234) Hakkâr 혹은 Hakkâri는 터키 동부, 우르미야 호와 반 호 사이에 위치한 산간 지대이다.
235) A · B본 모두 두 번째 모음을 u로 읽으라는 표점이 있다. 보일에 따르면 이곳은 현재 터키 동부의 디야르바크르 시, 즉 Âmid에 해당한다고 한다(*Successors*, p. 48).
236) 칭기스 칸에게 패망한 호라즘 샤 무함마드의 아들. 술탄 잘랄 앗 딘과는 형제간.

(Luristân) 길을 따라 후지스탄(Khûzistân)으로 향했다. 칼리프 나시르가 그에게 술탄[으로 인정하는] 책서(冊書, tashrîf wa 'ahd-i salṭanat)를 보내자 그곳에서 귀환하였다. 술탄 잘랄 앗 딘이 아르메니아와 그루지아로 갔을 때 그는 알라무트로 향했다. 알라 앗 딘('Alâ ad-Dîn)[237]은 그를 성대하게 영접했고, 필요한 봉사를 갖추어 받도록 했다.

얼마간 지난 뒤 그는 다시 후지스탄으로 향했으며 자신의 정황을 알리는 사신을 키르만의 바락 하집(Barâq Ḥâjib)[238]에게로 보냈다. 다시 한 번 그들 사이에 약조가 맺어져, 바락은 아바르 쿠흐(Abar Kûh) 벌판까지 영접을 나오기로 정해졌다. 술탄은 모친과 함께 키르만으로 갔고 바락은 상술한 지점까지 4000명에 가까운 기병들과 함께 마중하러 왔다. 그는 2~3일간 약조한 대로 깍듯하게 모셨다. 그런데 술탄에게는 500명도 안 되는 기병밖에 없었기 때문에 바락은 그의 모친을 차지하려는 욕심을 갖게 되었다. 하루는 그가 와서 술탄과 작은 카펫에 함께 앉게 되었는데, 그를 '아들'이라는 호칭으로 부르기 시작했고, 자신의 아미르들에게는 각자 영주(領主)의 지위에 걸맞은 좌석을 지정해 주었다. 그리고 [술탄의] 모친과 혼인을 [청하는] 전갈을 보냈다. 술탄으로서는 별 대책이 없었기 때문에 그 같은 제안을 받아들일 수밖에 없었고, 그 같은 결합[에 대한 결정]을 모친의 뜻에 맡겼다. 그의 모친은 [처음에

---

237) '이스마일리' 혹은 '암살자단'이라는 이름으로 널리 알려진 시아파의 수령. 테헤란 서북부 카즈빈 부근 엘부르즈 산중에 위치한 알라무트 성채는 이들의 거점 가운데 하나였다. 알라 앗 딘 무함마드는 1212년에 태어나 1221년에 제7대 교주가 되었으나 1255년 몽골군에게 포위된 상태에서 부하에게 피살되었다. 『동방견문록』(pp. 142~148)에서 그는 "山上의 노인 알라오딘(Alaodin)"이라고 언급되어 있다.

238) 그는 원래 카라 키타이 출신의 인물이었는데, 호라즘 샤 무함마드 아래에서 ḥâjib(시종장)의 지위로까지 승진했다. 후에 샤 무함마드의 아들인 기야쓰 앗 딘에게 배속되어 이스파한의 성주가 되었지만, 기야쓰 앗 딘의 재상과 알력이 생겨 인도를 향해 도주했다. 그는 인도로 가던 도중 키르만 지방의 중심 도시인 구바시르(Guvâshîr)를 수중에 넣고 영주로 행세하였다.

는〕 거부했으나 〔결국〕 혼인을 맺기로 동의했다. 그녀는 강하게 종용을 받은 후에야 비로소 한 무리의 궁내 시종들을 데리고, 셔츠 속에는 사슬 갑옷을 입은 채 〔하집에게로〕 가서 화촉을 밝혔다.

그들이 키르만 왕국의 도읍인 구바시르(Guvâshîr)에 도착하여 며칠이 지났을 때, 바락의 근신들 가운데 두 사람이 술탄에게로 와서 "바락은 배신과 거짓에 능하기 때문에 그를 믿어서는 안 됩니다. 우리는 좋은 기회를 찾아냈습니다. 만약 그를 제거하여 당신을 술탄으로 추대하고 우리가 〔당신의〕 종이 된다면, 그것이 좋은 방책일 것입니다"라고 말했다. 그의 순수한 뿌리는 그에게 약조의 파기를 허락하지 않았고 그것을 거부하게 했지만, 그 가문의 행운의 태양은 〔이미〕 기울어졌다. 그의 근시(近侍) 가운데 한 명이 그 같은 〔음모의〕 정황을 은밀히 바락에게 말했고, 〔바락이〕 즉시 그의 친속들에게[239] 그러한 상황을 심문하자 그들은 그 일을 인정했다. 그는 술탄의 면전에서 그들의 사지를 잘라 버리라고 명령하고, 술탄은 성채 안에 〔143v〕「116r」 가두어 버렸다. 두 주일 뒤 그는 사람을 보내어 술탄의 목을 활시위로 졸라 죽였는데, 기야쓰 앗 딘은 "우리는 서로를 해치지 않기로 약조하지 않았던가? 어찌해서 아무 이유도 없이 그것을 파기해도 무방하다고 생각하는가?"라고 소리쳤다. 그의 모친은 아들이 외치는 소리를 듣고 통곡을 했다. 〔바락은〕 두 사람을 모두 목졸라 죽이고, 이런 방식으로 그의 군대도 모두 파멸시켜 버렸다. 그는 술탄 기야쓰 앗 딘의 수급을 카안의 어전으로 보내면서, "당신에게는 잘랄 앗 딘과 기야쓰 앗 딘이라는 두 명의 적이 있었습니다. 내가 그 한 명의 목을 당신에게 보내 드립니다"라는 전갈을 보냈다. 이것이 호라즘 샤 왕조 술탄들의 정황이고 그들의 종말이었다.

———
239) B1본에는 "친속들과 기야쓰 앗 딘에게"로 되어 있다.

룸__ 술탄 알라 앗 딘이 있었는데, 이 시기 그에 관한 이야기들은 술탄 잘랄 앗 딘의 역사에서 기술했다. 모술에는 술탄 바드르 앗 딘 룰루(Sulṭân Badr ad-Dîn Lûlû)가 있었다. 完!

아타벡들과 말릭들의 역사

마잔다란__ ……[240]

디야르바크르__ 말릭 무자파르 앗 딘(Malik Muẓaffar ad-Dîn)이 아르빌의 영주로 있었다. 그는 모술과 그곳에 소속된 지역을 제외한 나머지 모든 도시들〔을 지배했다〕.

시리아__ 말릭 아딜 이븐 아유브(Malik ʿÂdil b. Ayyûb)의 아들들인 말릭 무아잠(Malik Muʾaẓẓam)과 말릭 아쉬라프(Malik Ashraf)가 있었다. 말릭 아쉬라프의 정황에 관한 일부 〔설명〕은 술탄 잘랄 앗 딘의 역사에서 기술한 대로다.

이집트__ 말릭 아딜 이븐 아유브의 아들인 말릭 카밀(Malik Kâmil)이 있었다.

마그리브__ ……[241]

파르스__ 아타벡 사아드 앗 딘 젱기(Atâbeg Saʿd ad-Dîn Zengî)가 있었는데, ……[242]년 베이자(Baydâ)[243]에서 사망했다. 왕국의 재상이자 운영자(mudabbir)였던 호자 기야쓰 앗 딘 야즈디(Khwâja Ghiyâth ad-Dîn Yazdî)는 그의 죽음을 은폐하고 그의 인장을 '백성(白城, Qalʿa-i Sapid)'으로 보내, 그의 아들 아타벡 아부 바크르(Atâbeg Abû

---

240) 原缺.

241) 原缺.

242) 原缺.

243) 파르스 지방의 지명. 고대에는 Nesayak라는 이름으로 불렸다.

Bakr)를 감옥에서 빼내어 〔자기에게〕 오게 하였다. 〔그러고 나서〕 그는 〔시신이 안치되어 있던〕 천막을 열어젖히고 군대의 아미르들에게 "아타벡께서는 아부 바크르를 후계자로 임명하셨다"고 말했다. 그들은 살구르 샤(Salǧur Shâh)[244]를 향해 혁대를 〔풀어 자신들의〕 목에 걸쳤고, 그는 아타벡이 되었다.

키르만__ 바락 하집이 지배하고 있었으며, 이 시기 동안 그의 정황은 술탄 기야쓰 앗 딘의 역사에서 기술한 대로다.

시스탄__ ……[245]의 아들인 말릭 샴스 앗 딘(Malik Shams ad-Dîn)이 있었다.

후라산에 있던 몽골 아미르들의 역사

카라 키타이 종족 출신인 친 티무르(Chin Timûr)는 그 왕국과 마잔다란 왕국의 아미르직(imârat)에 임명되었는데 그렇게 된 정황은 다음과 같다. 주치가 호라즘을 공략할 때 그를 자신을 대리하여(az qabl-i khûd) 감관(監官)으로(bi-râh-i shahnagî) 호라즘에 남겨두었다. 카안의 치세에 초르마군을 이란 땅으로 파견할 때, 〔각〕 지방의 지도자들과 바스칵(basqâq)들로 하여금 직접 군영으로 가서 초르마군을 지원하라고 명령했다. 친 티무르는 칙령에 따라 즉시 호라즘을 출발하여 샤흐리스타나(Shahristâna)[246] 길을 경유하여 갔다. 다른 지방들에서도 각각의 왕자들을 대신하여 아미르들이 한 명씩 도착했다. 초르마군도 각각의 왕자들의 대리로 한 명의 아미르를 친 티무르와 함께 임명하였다. 즉 카안을 대리해서 쿨 볼라트(Köl Bolât)[247]를, 바투를 대리하여 노살(Nôsâl)[248]

---

244) 아타벡 아부 바크르의 별명.

245) 原缺.

246) 현재 투르크메니스탄의 아쉬하바드(Ashkhabad) 부근.

을, 차가타이를 대리하여 키질 부카(Qizîl Bûqâ)를, 소르칵타니 베키와 〔다른〕 왕자들을 대리하여 엥케(Înke)[249] 〔를 임명하였다〕.

초르마군이 후라산의 사무를 소홀히 했기 때문에, 반도(叛徒)들과 무뢰배들이 계속해서 각지에서 분란과 혼란을 일으켰다. 또한 술탄 잘랄 앗 딘 휘하의 두 아미르였던 카라차(Qarâcha)와 토간 송코르(Toğân Sonqôr)가 니샤푸르와 그 부근을 공격하여 초르마군이 그 지방들에 임명해 두었던 감관들을 살해하고, 몽골에 복속하려는 생각을 품고 있던 사람들을 붙잡았다. 초르마군은 카라차〔의 공격〕을 막기 위해 친 티무르와 쿨 볼라트를 니샤푸르와 투스 부근으로 파견했다. 쿨 볼라트는 카라차가 패주한 뒤에 돌아왔다. 후라산의 혼란상에 관한 소식이 카안에게 전해지자, 그는 다이르 바하두르(Ṭâîr Bahâdur)에게 바드기스(Badğîs)에서 군대를 이끌고 카라차를 막고 그들이 머무는 〔144r〕 「116v」 곳들을 수몰시키라고 명령했다. 그는 명령에 따라 진군했는데 도중에 "카라차가 쿨 볼라트에게 패배하여 시스탄의 성채에 피신했다"는 소식을 듣고 그곳을 포위하러 갔다. 그는 2년 동안 땅굴을 파서 그곳을 함락시켰다.

그는 시스탄에서 친 티무르에게 사신을 보내 "후라산에 관한 사무의 처리는 카안의 명령에 따라 내게 맡겨졌으니, 〔너는〕 거기에서 손을 떼라!"고 했다. 〔이에 대해 친 티무르는〕 "후라산 사람들이 반란을 일으켰다는 말은 잘못된 것이다. 또한 카라차의 잘못에 대해 이렇게 〔많은〕 지방과 백성을 없앨 수 있단 말인가? 이러한 상황에 대해서 나는 카안의

---

247) A: KLBLAT; B: KLBAT.

248) A · B: NWYSAL.

249) A: YYKH; B: YNKH. 본 역자는 이것이 몽골어로 '평강'을 뜻하는 Engke를 옮긴 것이 아닐까 추측한다. 그러나 보일 교수처럼 Yeke로 읽을 가능성도 충분하다.

어전으로 사신을 보내겠다. 칙령이 도착하면 그에 따라서 조치를 취하겠다"고 대답했다. 이에 다이르 바하두르의 사신들[250]은 분노하며 돌아갔다. 초르마군은 사신을 보내서 그[=친 티무르]와 아미르들은 군대와 함께 돌아와서 그와 합류하고 후라산과 마잔다란의 사무는 다이르 바하두르에게 맡겨 두라고 했다. 친 티무르는 카안의 근신이었던 쿨 볼라트를 후라산과 마잔다란의 아미르들과 함께 지명하여 카안의 어전으로 보냈다.

그러는 사이에 술룩(Ṣuʻlûk)[251] 출신의 말릭 바하 앗 딘은 자신을 카안의 어전으로 파견한다는 것을 전제조건으로 성채에서 내려왔다. 친 티무르는 마잔다란에서 돌아왔고, 후라산의 [여러] 성채에 있던 사람들은 말릭 바하 앗 딘에 관한 소문을 듣고 복속하게 되었다. 그는 친 티무르에게로 와서 극진한 후대를 받았다. [한편] 마잔다란에서는 '이스파흐바드'(iṣfahbad)[252]였던 카부드 자마(Kabûd Jâma)[253] 출신의 누스라트 앗 딘(Nuṣrat ad-Dîn)이 지명을 받았다. 이 두 사람은 630[/1232~1233]년 쿨 볼라트를 대동하고 [카안의] 어전으로 향했다. 그전에는 이 지방의 아미르들 가운데 어느 누구도 그곳으로 간 적이 없었다.

카안은 그들의 내방(來訪)에 기뻐하며 잔치를 베풀라고 명령하고 그들을 크게 후대해 주었다. 그런 까닭으로 그는 친 티무르와 쿨 볼라트에게 여러 가지 은사(sîûrğâmîshî)를 내려주면서 "초르마군이 출정하여 이렇게 [많은] 커다란 지방을 정복한 기간 동안 한 사람의 영주(malik)도 내게 보내지 않았다. 친 티무르는 적은 숫자와 여력으로도 이렇게 어전

---

250) BI본에는 '사신들'이라는 단어가 빠져 있다.

251) 이스파라인 북방의 성채(*Successors*, p. 52).

252) 카스피 해 지역에서 지방의 토착 영주를 가리키는 칭호(*Successors*, p. 339).

253) Astarâbâd(Gurgân) 지방의 東端에 위치한 곳으로 현재의 Hajjilar에 해당(*Successors*, p. 52).

에 바쳤노라. 짐은 그것을 기쁘게 받아들이노라!"고 말했다. 그리고 후라산과 마잔다란의 아미르직을 그에게 확고히 정해 주고, 초르마군과 다른 아미르들은 그것에 대해서 간섭하지 못하도록 했다. 또한 그가 명령을 집행할 때 그의 부관(sharîk)으로 쿨 볼라트를 임명하고, 이스파흐바드에게는 카부드 자마의 경계에서부터 아스타라바드까지의 말릭직(malikî)을 허락했으며, 말릭 바하 앗 딘에게는 이스파라인(Isfarâin), 주베인(Juvayn), 바이하크(Bayhaq), 자자름(Jâjarm), 주르바드(Jûrbad), 아르기얀(Arğîyân) 등지의 말릭직에 임명해 주었다. 그들 각자에게 금패(金牌, pâîza-i zar)와 칙서(yarlîğ)를 주었다.

친 티무르는 카안의 칙령에 따라 [아미르직에] 임명되자 바투를 대리하는 샤라프 앗 딘 호레즈미(Sharaf ad-Dîn Khwârazmî)를 '재상'이라는 직책에 임명했다. 또한 샴스 앗 딘 '사히비 디반'(Shams ad-Dîn ṣâhib-i dîvân)의 부친인 바하 앗 딘 무함마드 주베이니(Bahâ'ad-Dîn Muḥammad Juvaynî)를 '사히비 디반'254)으로 임명했다. 다른 아미르들은 각자 왕자들을 대리하여 '비틱치'(bitîkchî) 한 명을 디반으로 보냈다. 디반의 사무는 발전하고 자리잡히게 되었으며, 친 티무르는 다시 쿠르구즈(Kôrgûz)를 어전에 사신으로 보냈다. 쿨 볼라트는 이를 말리면서 "그는 위구르인이고 자신의 이익을 위해 무슨 일이든 할 사람이니255) [그를 보내는 것이] 좋은 방책이 아닙니다"라고 말했지만 [친 티무르는] 듣지 않았다. 그가 그곳에 도착하자 카안은 그 지방들의 상황에 대해서 물어 보았고 그는 기분에 맞추어 설명을 했다. 카안은 그가 말하는 방식을 흡족하게 생각하여 그가 원하는 대로 허락을 해주어 돌려보냈다. 친

---

254) 이슬람권에서 dîvân은 중앙의 衙門 · 관청을 가리키며, ṣâhib은 그 책임자를 가리키는 칭호이다.
255) MTḤRMZ.

티무르는 그 후 얼마 되지 않아 사망했다. 完!

　상술한 6년 동안 카안과 동시대에 활동했던 카간, 칼리프, 술탄, 말릭, 아타벡, 몽골의 아미르들의 역사에 대해서 서술했으니, 〔이제〕 다시 이 기간 이후의 카안의 역사에 대해서 시작해 보도록 하자. 〔그에 관해〕 지고한 신께서 허락하신다면 상세하게 기록할 것이다.

'코닌 일'(qônîn[256] yîl) 즉 양해의 시작 ― 632년 주마다 알 아발〔/1235년 1~2〕월에 해당 ― 부터 '후케르 일' 즉 소해의 마지막 ― 638년 샤반〔/1241년 2~3〕월에 해당 ― 까지의 7년 동안 우구데이 카안의 역사. 이 기간에 그는 대쿠릴타이를 열어 왕자들과 아미르들을 킵착과 마친 등의 지방 및 다른 지방들로 파견했고, 여러 곳에 도시나 〔144v〕「117r」 전각 등 높은 건축물들을 지었다. 마지막 해, 즉 그가 즉위한 지 13년째였고 칭기스 칸이 사망한 지 15년째 되던 해에 사망했다

카안이 쿠릴타이를 개최하여 왕자들과 아미르들을 영역의 여러 방면으로 파견한 일에 관한 이야기

카안은 키타이 왕국들을 정복하고 말해〔1234년〕에 귀환한 뒤 달란 다바스(Ṭâlân Dabas)[257]라는 곳에서 집회를 소집하여 쿠릴타이를 개최했다.

---

256) 露校本은 QWYYN으로 읽었으나 QWNYN으로 읽어야 옳다.

257) A · B: ṬALAN DYSR. 두 사본 모두 뒤의 단어 표기는 불분명하다. 露校本은 DBSR로 읽었으나 露譯本에서는 Talan Daba로 옮겼고, 보일 역시 Talan Daba로 옮겼다. 필자는 원본이 아마 ṬALAN DBS가 아니었을까 추측한다. 『元史』 권2 「太宗紀」(pp. 33~34)에는 甲午年(1234) 夏五月 "帝在達蘭達葩之地 大會諸王百僚"라는 기사가 보이고, 그해 가을에는 "帝在八里里答闌答八思之地 議自將伐宋 國王查老溫請行 遂遣之"했다는 기사가 나타난다. 여기서 八里里(*Baliqliq: '도시가 있는')는 일단 차치하더라도, 達蘭達葩와 答闌答八思가 Dalan Daba 혹은 Dalan Dabas('일혼 고개'를 의미)를 옮긴 말이며, 『集史』에서 언급된 Dalan Dabas와 동일 지점이라는 것을 추호도 의심할 수 없다. 『元史』에는 이밖에도 Dalan Dabas에 대한 언급이 두 차례 더 보이는데, 우구데이가 河南을 경략한 뒤 1230년

양해[1235년]에 그는 자식들과 친척들과 아미르들을 다시 소집하여 그들이 새로이 야사(yâsâ)와 명령(aḥkâm)을 듣기를 원했다. 칙명에 따라 그들이 참석하자, 그는 여러 종류의 은사와 후의를 베풀었다. 한 달 동안 계속해서 그는 친척들과 어울려 아침부터 밤까지 잔치하며 보냈고, 익숙한 관행에 따라 [그동안] 쌓인 재물들을 모두 참석자들에게 나누어 주었다.

잔치와 연회가 끝나자 왕국과 군대의 중요한 사안들을 처리하는 문제로 관심을 돌렸다. [제국의] 영역 여러 방면들 가운데 일부는 아직 정복되지 않았고 일부 지방에서는 반도들이 준동하고 있었기 때문에, 그는 그 문제들을 처리하는 데 몰두하였다. 친척들 가운데 각 사람들을 각 방면에 임명하여 파견하고, 자기 자신은 킵착 초원(Dasht-i Qibchâq) 방면으로 가려고 생각했다. 뭉케 카안은 아직 한창 젊은 나이였지만 그가 지닌 완벽한 이지와 노숙한 의견으로 카안의 결정에 대해서 언급하며 [이렇게] 말했다. "우리 모든 아들들과 형제들은 강력한 칙명을 받들며 대기하고 있습니다. 어떠한 지시를 내리시더라도 우리는 목숨을 다 바치려고 하는 것이고, 그래서 카안께서 관람과 연회와 열락을 즐기시되 힘들고 고통스러운 여행을 하지 않도록 하려는 것입니다. 그렇지 않다면 수많은 친족들의 효용이 무엇이겠습니까?" 참석한 사람들은 모두 그 완벽한 발언에 기뻐하며 그것을 전범(典範)과 규범으로 삼았다. [이에] 카안의 축복받은 의견이 정해져서 왕자들 가운데에서는 나쿠(Nâqû), 바투(Bâtû),[258] 구육 칸, 뭉케 카안, 카단 등[259]이 다른 왕자들과 수많은

에 "北還하여 淸水答闌答八思之地로 왔다"(p. 2956)는 기사와 1244년 봄 그곳에서 쿠릴타이가 열려 구육을 신임 대칸으로 추대하는 결의가 이루어졌다는 기사(p. 38)가 그것이다. 따라서 이 지점은 우구데이와 구육의 시대에 대칸의 夏營地에 해당하는 곳으로 카라코룸 부근에 위치했던 것으로 추정할 수 있다. 졸고, 「구육[定宗]과 그의 時代」, 『近世 東아시아의 國家와 社會』(지식산업사, 1998), pp. 107~108 참조.

군대와 함께 킵착, 우루스(Ûrûs), 불라르(Bûlar), 마자르(Mâjâr), 바쉬기르드(Bashğird), 아스(Âs), 수닥(Sûdâq) 지방들과 그 변경으로 가서 그곳을 정복하도록 하자, 그들은 준비에 돌입했다.

그해에 시창(Sîchâng)[260] 초원에서 카안은 자신의 아들 ……[261]와 ……[262]의 아들인 왕자 쿠투쿠(Qûtûqû)를 마친 ― 낭기야스라고 불린다 ― 방면에 임명했다.[263] 그들은 샹양푸(Sanyangpû, 襄陽府)와 켄림푸(Kenrîmpû, 江陵府)라는 도시들을 빼앗았고,[264] 도중에 티베트 지방

---

258) A본에는 NAQW라고 되어 있는데, 이는 BATW의 誤寫로 보아야 할 것이다.

259) 나쿠는 구육의 아들로, 그가 킵착 · 러시아 원정에 참여했다는 것은 믿기 어려운 일이다. B본에는 나쿠와 카단의 이름이 빠져 있는데, 우구데이의 아들인 카단이 이 원정에 참가했던 사실은 러시아 측 기록을 통해서도 확인된다(졸고, 「구육과 그의 시대」, p. 96).

260) A · B본 표기(SY?ANG) 모두 불분명하다. B본은 ASYCANG(Ashîchâng)으로 표기되어 있다. 현재까지 확인되지 않은 지명이다.

261) A · B본에는 없으나 B본에는 '쿠추'라는 이름이 삽입되어 있다.

262) 原缺. 그러나 B본에는 '주치 카사르'라는 이름이 삽입되어 있다.

263) 「이수게이 바하두르 기」에 따르면 칭기스 칸의 동생 주치 카사르에게는 '쿠투쿠'라는 이름의 아들이 있었고, 그는 시레문 노얀(Shîrâmûn Nôyân)의 만호인 탐마(tamma)군에 배속되어 있던 것으로 기록되어 있다. 그러나 여기서 언급된 쿠투쿠가 과연 주치 카사르의 아들이었는지는 속단하기 어렵다. 『元史』 권2 「太宗紀」(p. 34)에는 1235년 봄 "和林城을 쌓고 萬安宮을 지었다. 諸王拔都, 皇子貴由, 皇姪蒙哥을 보내어 서역을 정벌케 하고, 皇子 闊端은 秦 · 鞏을 정벌하러, 또 皇子 曲出과 胡土虎는 남송을 정벌하러, 唐古는 고려를 정벌하러 보냈다"는 기사가 보인다. 물론 여기서 황자 曲出(Köchü)과 함께 언급된 胡土虎는 그 전해인 1234년 秋七月 中州斷事官에 임명된 胡土虎那顔(Qutuqu Noyan)과 동일 인물, 즉 타타르 종족 출신으로 전쟁 고아가 되어 칭기스 칸 일가에 입양된 시기 쿠투쿠(Shigi Qutuqu)일 가능성도 있다. 그러나 『集史』에서 그를 '왕자'(shahzâda)라고 불렀으며, 『元史』 권120 「察罕傳」(p. 2956)의 "皇子闊出 · 忽都禿伐宋 命察罕爲斥候", 권129 「阿剌罕傳」(p. 3147)의 "父也柳干 …… 歲乙未 從皇子闊出 · 忽都禿南征", 권133 「脫歡戰」(p. 3232)의 "父脫端 爲萬戶 從皇子闊出 · 忽都禿 略汴 · 宋 · 睢 · 宿等州" 등의 기사를 볼 때, 胡土虎(Qutuqu) 혹은 忽都禿(Qutuqtu)을 칭기스 칸의 일족으로 보는 것이 더 타당할 듯하다. 문제는 그가 누구의 아들이었느냐는 것인데, 톨루이의 아들 忽覩都(Qutuqtu)일 가능성도 배제할 수는 없으나(『元史』, p. 3017, 주 3), B본에 기재된 바와 같이 이 두 사람의 왕자는 우구데이의 아들 쿠추와 주치 카사르의 아들 쿠투쿠로 보는 것이 타당할 것이다.

264) 이 두 도시의 표기는 불분명하다. 전자는 A: SYDhYMPW; B: SYDYMPW, 후자는 A: KZYMPW; B: KRYMPW로 보인다. B본에는 SNKYMPW와 KRYMPW로 각각 표기되어 있고, 보일 교수는 이를 Sangyambu와 Kerimbu 즉 襄陽府와 江陵府를 옮긴 것으로 이해했다. 본 역자도 당시의 전투 노

을 약탈했다. 그해에 후쿠투르(Hûqûtur)[265]를 군대와 함께 카시미르와
힌두스탄 방면으로 파견하였는데, 그들도 일부 지방을 정복하고 약탈
했다. 같은 해에 가축들에 대한 '쿱추르'(qûbchûr)[266]를 정하여 100마
리에 한 마리씩 바치도록 정했고,[267] 또한 10타가르(tağâr)[268]의 곡식에
1타가르씩 바쳐서 가난한 사람들에게 나누어 줄 수 있도록 하라고 명
령했다. 또한 〔왕국의〕 통치와 중요사의 처리를 위해 왕자들과 카안의
어전 사이에 사신들의 잦은 왕래가 불가피했기 때문에, 왕국들의 전역
에 걸쳐 '얌'(yâm)을 설치하고 그것을 '타얀 얌'(tâyân yâm)이라고 불
렀다.[269] 그 같은 얌들을 설치하기 위해 왕자들을 대리하여 사신들을 다

선을 고려할 때 이러한 독음에 기본적으로는 찬성하나, 원래의 표기는 SNYNKPW(Sanyangpû)와
KNRYMPW(Kenrîmpû)가 아니었을까 추정한다. 당시 伐宋軍 가운데 쿠추가 지휘하던 중군의 진로
에 대해서는 巴特과 洪堅毅의 『蒙古族古代戰例史』, pp. 253~257을 참조.

265) A · B: HRQATW; Bl: HWQATWR. 『秘史』 270절에는 우구데이가 바그다드의 칼리프를 치기 위해
초르마칸(Chormaqan)을 파견했는데, 그 선봉대로 Oqotur와 Münggetü를 보냈다는 기록이 보인
다. 한편 『부족지』에는 타타르 출신으로 Hûqûtû라는 인물이 보이는데, 뭉케 카안이 쿤두즈 · 바글
란 · 바닥샨 지방에 두 개의 만호를 배치하면서 그 지휘관으로 뭉게두(Môngetdû)를 임명했는데,
그가 사망한 뒤 후임자로 임명된 인물이다(p. 163). 志茂碩敏은 『集史』에 언급된 그의 이름이 실제
로는 Huqutur이며 HWQWTW는 HWQWTR의 誤寫일 것이라고 보았는데(『モンゴル帝國史研究序
說』, p. 76 · 95), 『秘史』의 표기를 생각해 보면 그의 추정이 타당해 보인다.

266) qubchur 혹은 qubchir는 유목민들에게 징수하던 비정규적 징발이었다. 몽골인들이 농경 지역을
정복하게 되자 그들은 농경민들이 종래에 부담하던 세금 이외에 qubchur를 추가로 요구하였다. 또
한 국가의 세제가 정비되면서 과거의 비정규적 징수 방식이 정규적인 형태로 바뀌면서 qubchur도
alban qubchur(즉 '공적인 쿱추르')라는 명칭으로 불리게 되었다. 여기서 언급된 우구데이의 조치
는 바로 그러한 변화를 보여 주는 사례이다. J. M. Smith, "Mongol and Nomadic Taxation,"
Harvard Journal of Asiatic Studies, 30(1970), pp. 46~85 참조.

267) 『秘史』 279절에 따르면 "양 100마리당 한 마리씩 내어 그들 가운데 없는, 부족한 자들에게 주게 하
라!"(유원수 역, p. 298)는 명령이 내려졌다.

268) 곡식의 稱量 단위로 1타가르는 83.4kg에 해당한다(*Successors*, p. 55).

269) yâm은 몽골어의 jam을 옮긴 말이며 역참을 뜻한다. 현재 중국어의 '站'이라는 단어도 이 몽골어에
서 유래된 것이다. tâyân이 어떤 말을 옮긴 것인지는 분명치 않은데, 보일은 뒤에(146v) 나오는
narin('비밀의')에 반대되는 의미, 즉 '일반의'(ordinary)라는 뜻이 아닐까 추측하였다(*Successors*,
p. 62).

음과 같이 임명하였다.

카안 방면에서는 비틱치 코리다이(Bitîkchî[270] Qôrîdâî).

차가타이 방면에서는 에메겔친 타이추타이(Îmegelchîn[271] Tâîchûtâî).

바투 방면에서는 수쿠 물치타이(Sûqû Mûlchîtâî).[272]

톨루이 칸 방면에서는 알지카(Aljîqa). 그는 소르칵타니 베키의 명령
에 따라서 〔오고〕 갔다.

상술한 아미르들은 출발하여 모든 지방과 왕국 안에 그 강역들의 길
이와 폭에 따라 타얀 얌(yâm-i tâyân)[273]을 세웠다. 카안은 왕국들의 각
방면에 칙령을 보냈는데, 그 내용은 어떤 피조물일지라도 서로 해를 가
하지 말고 강자는 약자를 억압하거나 무리하게 행하지 말 것이며 겁략
해서도 안 된다는 것이었다. 사람들은 휴식을 갖게 되었고 그의 정의〔로
운 통치〕의 소문이 퍼져 나갔다. 〔145r〕「117v」

**왕자들과 몽골군이 킵착 초원, 불가르, 러시아, 메게스(Meges),[274] 알란, 마
자르, 불라르, 바쉬기르드 〔등지〕에서 전투를 하여 그 지방들을 정복한 일에
관한 이야기**[275]

킵착 초원과 그 변경 지방의 정복을 위하여 임명된 왕자들로는 톨루이
칸의 자식들 중에서 큰아들 뭉케 카안과 그의 형제인 부첵(Bôchek), 우

---

270) A: BNYKJY; B: BYKJY.

271) A: ABKLJYN; B: AYMKLJYN.

272) A: MWLJYBAY; B: MWLJYTAY.

273) A: BAYAN; B: ?AYAN.

274) 『秘史』 270 · 274 · 275 등의 절에 보이는 Meged, 『元史』 권2 「太宗紀」(p. 36)의 蔑怯思, 권122 「昔里
鈐部傳」(p. 3011)의 滅怯思 등과 동일한 지명. Meges, Meget, Magas 등의 이름으로 불린 이 도시는
카프카즈 북부 Kuban 강 유역에 위치한 알란(Alan)인들의 수도였다. 이에 관해서는 P. Pelliot,

구데이 카안의 일족 중에서 큰아들인 구육 칸과 그의 형제 카단, 차가타이의 자식들 중에서 부리(Bôrî)와 바이다르(Bâîdâr), [우구데이] 카안의 형제인 쿨겐(Kôlgân),[276] 주치의 자식들 중에서 바투(Bâtû)와 오르다(Ôrdâ)와 시반(Shîbân)과 탕구트(Tangût) 등이 있었고, 중요한 아미르들 중에서 수베테이 바하두르와 다른 몇몇 아미르들이 그들과 합세하였다. [이들이] 모두 연합하여 '비친 일'(bîchîn yîl) 즉 원숭이해 — 633년 주마다 알 아히르[/1236년 2~3]월 — 봄에 출정하였다. 여름에는 이동을 했고 가을에는 불가르 지방에서, 바투와 오르다와 시반과 탕구트 등 그 지방에 임명되었던 주치의 일족들과 합류하였다.

그곳에서부터 바투는 시반과 보랄다이(Bôrâldâî)와 군대를 데리고 불라르(Bûlar)[277]와 바쉬기르드[278]를 공격하기 위해 출정하여 단기간에 별다른 피해를 입지 않고 그들을 정복했는데, 그 정황은 다음과 같다.[279] 불라르는 숫자가 매우 많은 종족이며 기독교를 믿는 집단이었고,

---

Notes sur l'histoire de la Horde d'Or (Paris, 1949), p. 124; V. Minorsky, "Caucasia III: The Alan Capital of Magas and the Mongol Campaign," *Bulletin of the School of Oriental and African Studies* 14(1952), pp. 221~238; T. T. Allsen, "Mongols and North Caucasia," *Archivum Eurasie Medii Aevi* 7(1991), p. 19 등을 참조.

275) 이 부분에 관해서는 V. Minorsky의 영역과 상세한 주석을 참조("Caucasica III," pp. 221~238).

276) BI본에는 "카안의 형제인 쿨겐"이라는 구절이 보이지 않는다.

277) BI본: PWLW.

278) 펠리오의 설명에 따르면 "Bular와 Bashghird"라는 표현은 주베이니의 글에 보이는 "Keler와 Bashghird"라는 말처럼 헝가리인들을 가리킨다고 한다. Cf. *Horde d'Or*, p. 139. Minorsky는 앞의 단어를 BI본처럼 Pûlû로 읽을 경우 Polo 즉 Poland를 지칭했을 가능성도 배제하지 않았다. 라시드 앗 딘이 『集史』가운데 유럽사 부분을 집필할 때 폴란드 출신의 수도승 Martinus Polonus의 글을 참고한 것으로 알려져 있어, 그가 이미 폴란드의 존재를 알고 있었을 것으로 추정되기 때문이다 ("Caucasica III," p. 228).

279) 바투가 카르파티아 산맥과 헝가리 지역에서 작전한 것은 실제로 1241년의 일이었다. 라시드 앗 딘은 헝가리 원정을 가장 먼저 서술하여 시간적인 혼동을 주고 있다. 이 문단은 사실상 러시아 원정 뒤에 서술되어야 옳을 것이다.

그들의 지방의 변경은 프랑크(Farang)와 인접해 있었다. 바투와 아미르들이 이동한다는 소식을 듣고 준비에 들어가 40투만(tûmân)[280]의 용맹한 병사들을 모아 진격해 왔다. 1만 명[의 병사]를 데리고 전위(manqalâî)에 있던 시반은 그들이 몽골군의 두 배나 되며 모두 다 용사(bahâdur)라는 소식을 전해 왔다. 양측의 군대가 서로 마주하며 전열을 정비했을 때, 바투는 칭기스 칸의 관례에 따라 언덕 위로 올라가 하루 밤낮을 신(神)의 어전에 간구하면서 울었다. 그리고 무슬림들에게는 무리지어 기도를 올리라고 명령했다. [양측] 사이에는 큰 강이 있었는데, 바투와 보랄다이는 밤중에 그 강을 건너 전투에 들어갔다. 바투의 형제인 시반은 직접 전투에 뛰어들었다. 아미르 보랄다이[281]는 전군(全軍)과 함께 일제히 공격을 개시했고, 그들의 군주인 켈레르(Keler)[282]의 천막(sarâ-parda)을 향해서 돌진하여 천막끈(tanâb)들을 칼로 잘랐다. 천막이 무너지자 그들의 군대는 낙심해서 패주하였다. 몽골인들은 마치 사냥감을 덮치는 용맹한 사자처럼 그들을 추격하여 치고 죽여서, 마침내 그 군대 대부분을 절멸시키고 그 지방들을 정복하게 되었다. 그 승리는 [몽골군이 성취한] 대첩들 가운데 하나였다. 불라르와 바쉬기르드는 거대한 왕국이고 험난한 지점들이 있었음에도 불구하고 그때 정복한 것이다. [그러나] 그들은 다시 반기를 들었고 아직까지

---

280) 투르크·몽골어에서 tuman은 '萬'을 의미한다. 따라서 40투만은 40만으로 번역해도 무방하겠지만, 몽골 제국기에는 tuman 즉 '萬戶'가 숫자상으로 반드시 1만 명을 의미하는 것은 아니었기 때문에, 여기서는 혼선을 피하기 위해 '투만'으로 번역하기로 한다. 『元史』 권91 「百官·七」(pp. 2310~2311)에도 上萬戶는 7000명 이상, 中萬戶는 5000명 이상, 下萬戶는 3000명 이상을 뜻하는 것으로 기록되어 있다. 따라서 '40투만'이라고 하면 실제로는 40만 명이 아니라 20만 명 내외로 추산하는 것이 더 옳을 것이다.

281) A: TWRWLDAY는 誤寫.

282) 헝가리 왕을 가리키는 말인 kiral이라는 호칭이 kerel로 되었다가 '자음도치' 현상에 의해 keler로 바뀐 것이다.

완전히 정복되지 않고 있다. 그곳의 군주들은 켈레르라고 불리며 아직도 존재하고 있다.

그 뒤 그해 겨울에[283] 왕자들과 아미르들은 자반(Jâbân)[284] 강가에 모였고, 수베테이를 군대와 함께 아스 지방 및 불가르 지역으로 파견했다. 쿠익(Kûîk)[285] 시와 다른 지방들까지 가서 그곳의 군대를 격파하고 복속시켰다. 그곳의 아미르들인 바얀(Bâyân)[286]과 치쿠(Chîqû)[287]가 와서 왕자들[을] 배알(ôljâmîshî)하고 은사(sîûrğâmîshî)를 받고 돌아갔다. [그러나] 다시 반란을 일으켜서 [그들을 붙잡으러] 또 한 번 수베테이 바하두르를 보냈다.

그 뒤 왕자들은 협의를 하여 각자 자기 군대와 함께 포위대형(jîrge)으로 진군하면서 도중에 위치한 지방들을 공격하여 정복했다. 뭉케 카안은 좌익을 이루면서 강을 따라 포위대형으로 진군하여, 그곳의 오만한 아미르들 가운데 하나였고 킵착 집단의 울비를릭(Ôlbirlik)[288] 종족 출신

---

283) B1본에는 "그 뒤 겨울에"라고 되어 있다. 앞에서도 언급했듯이 뭉케의 바치만 원정은 1236~1237년 겨울, 즉 헝가리 원정보다 먼저 일어난 사건이다. 따라서 앞의 문단을 빼놓고 생각하면 "그해 겨울"이라는 구절이 이해가 된다. 즉 1236년 가을 구육(우구데이家)과 뭉케(툴루이家)가 이끄는 좌익군과 바투(주치家)와 부리(차가타이家)가 이끄는 우익군이 '불가르 지방'에서 합류한 뒤 각각 독자적인 작전에 돌입하게 되는데, 우익군은 西進하여 모르도바 지방('보크시와 부르타스')을 공략했고, 좌익군은 카프카즈 북방과 볼가 강 유역('킵착과 아스')을 공략하기 시작한 것이다. 그리고 난 뒤 1237년 가을 兩翼軍이 다시 회합하여 러시아에 대한 원정을 개시했다.

284) A · B: ?ABAN; B1: CAMAN. 『秘史』에 나오는 Yayik, 즉 우랄 강을 가리키는 것이 아닐까 추정된다.

285) A · B: KWYK. 미확인 지명.

286) A: PAYAN; B: BAYAN.

287) A · B: Ḥ?QW.

288) A · B: AWLBRLYK. 그러나 B1본에는 AWLYRLYK으로 표기되었고 보일 교수는 이를 Ülirlik로 옮겼다. 그러나 쿠빌라이 시대에 활약하던 武將 土土哈 및 그의 손자이자 원나라 말의 權臣인 燕帖木兒 등이 속한 종족으로 한문 사료에 기록된 玉理伯里(혹은 玉耳別里, 玉呂伯里)는 Ölberli(k)를 옮긴 것이 분명하다. 이 종족에 관해서는 P. B. Golden, "Cumanica II : The Ölberli(Ölperli), the Fortunes and Misfortunes of an Inner Asian Nomadic Clan," *Archivum Eurasie Medii Aevi,*

의 바치만(Bachimân)[289]과 아스 종족 출신의 카치르 우게(Qâchîr Ûge) 두 사람을 모두 포획했는데, 〔그 정황은〕 다음과 같다. 이 바치만〔이라는 인물〕은 〔145v〕「118r」 한 무리의 다른 도적들과 함께 〔몽골군의〕 칼날을 피했는데 다른 무리의 도망자들이 그와 합세했다. 그는 이곳저곳을 공격하여 무엇이건 약취(掠取)했고, 그가 일으키는 말썽은 날이 갈수록 커져 갔다. 그는 〔일정한〕 거처가 없었고 그런 까닭에 몽골군은 그를 포획할 수 없었다. 그는 이틸(Itîl)[290] 강가의 숲 속에 있었는데, 뭉케 카안은 배를 200척 만들어 그 각각에 몽골인을 100명씩 완전 무장시켜 태우라고 지시했다. 그러고는 자신의 형제인 부첵과 함께 강의 양쪽을 따라 포위대형(nerge)[291]을 취하며 진군했다. 이틸 강의 숲들 가운데 한 곳에서 그들은 오래되지 않은 똥과 금방 떠난 것으로 보이는 군영의 다른 흔적(athar)[292]과, 그 안에 있던 병든 한 노파를 발견했다. 그녀를 통해서 바치만이 〔강 가운데 있는〕 한 섬으로 이동했다는 사실과 그가 그동안 악행과 분란을 자행해서 획득한 것들이 모두 그 섬 안에 있다는 사실을 알아냈다. 〔마침〕 배가 한 척도 없었기 때문에 이틸 강을 건널 수 없었는데, 갑자기 강한 바람이 불어 강물이 파도를 이루어 오면서 섬에 이르는 통로에서부터 다른 지점까지 〔수면이〕 낮아졌고, 뭉케 카안의 축복에 힘입어 땅이 나타났다. 그는 군대의 진격을 지시했고 바치만을 붙잡았다. 그의 부하들 가운데 일부는 칼로 〔베어 죽이고〕 일부는 물에 빠

---

tomus 6(1986〔1988〕), pp. 5~29; 劉迎勝, 『西北民族史與察合台汗國史研究』(南京: 南京大學出版社, 1994), pp. 59~68 참조.

289) 『元史』 권3 「憲宗紀」(p. 43)에 나오는 八赤蠻과 동일 인물.

290) 볼가 강.

291) A: ?RKH; B: NRKH. 이는 nerge 혹은 yerge를 옮긴 말로 보이며 jerge의 변형이다. 이에 관해서는 Doerfer, vol. 1, pp. 291~293 참조.

292) A · B: AZ. 그러나 露校本과 BI본처럼 AThR로 읽는 쪽이 타당해 보인다.

져 죽게 하였다. 그곳에 있던 많은 재물들을 밖으로 갖고 나왔다.[293] 바치만은 뭉케 카안이 그의 축복받은 손으로 직접 자신을 끝내 달라고 요청했으나, [뭉케 카안은] 그의 형제인 부첵에게 바치만을 [칼로] 쳐서 두 동강을 내라고 지시했다. 또한 아스[족]의 아미르인 카치르 우쿨라[294]도 죽였다. 그해 여름은 그곳에 머물렀다.

그 후 '타키쿠 일'(tâqîqû yîl) 즉 닭해 — 634[/1237]년에 해당 — 에 주치의 아들들인 바투와 오르다와 베르케, 우구데이 카안의 아들인 카단,[295] 차가타이의 손자인 부리, 칭기스 칸의 아들인 쿨겐[296] 등은 보크시(Bôqshî)와 부르타스(Burṭâs)[297]와 에르잔(Erjân)[298]으로 출정하여 짧은 시간 내에 정복했다.

상술한 해의 가을에 그곳에 있던 왕자들은 모두 모여서 쿠릴타이를 열었고, 연합하여 러시아와의 전쟁에 나섰다. 바투, 오르다, 구육 칸, 뭉케 카안, 쿨겐, 카단, 부리 등은 함께 에리잔(Erizhân)[299] 시를 포위하여

---

293) BI본에는 다음과 같은 문장이 추가되어 있다. "그들이 돌아가는데 물이 다시 밀려왔고, 그들이 그곳을 지나자 완전히 본모습으로 돌아왔다. 병사들 가운데에서는 한 사람도 물에 (빠져) 다치지 않았다."

294) 앞에서는 '카치르 우게'라고 표기되었다.

295) BI본에는 "카단과 구육 칸".

296) A · B본 모두 "뭉케 카안의 아들인 쿨겐"이라고 했으나 분명한 오류이다. 여기서는 BI본에 따라 "칭기스 칸의 아들인 쿨겐"으로 고쳤다.

297) Boqshi는 모르도바(Mordova)인들의 한 분파인 Moksha를 지칭하며, Burtas는 이슬람권에서 모르도바인을 가리키는 용어라고 한다("Caucasica III", p. 229). 모르도바는 현재 러시아 공화국의 일부를 이루고 있다.

298) BI본에는 이 단어가 빠져 있다. 일반적으로 모르도바어는 Moksh어와 Erzian어 두 개의 방언으로 이루어져 있다. 여기서 '에르잔'은 Erzian과 상통하는 것으로 보인다.

299) A: ARPAN; B: AZPAN. ARZhAN을 잘못 쓴 것으로 추정된다. BI본에는 RYAZAN(즉 Riazan)으로 되어 있다. 그러나 중국측 자료에 也里贊으로 기록된 것으로 보아 당시 몽골인들 사이에서 리아잔은 Erizan으로 불리었을 것으로 추정된다. 이 도시는 오카 강 중류에 위치했으며 1237년 12월 21일에 함락되었다.

사흘 만에 함락시켰다. 그 뒤 이케(Îke)[300] 시도 함락시켰다. 쿨겐은 그곳에서 부상을 입어 사망했다. 러시아의 아미르들 가운데 오르만(Ormân)[301]이 군대와 함께 앞으로 나와 패배를 당했다. 마카르(Makâr)[302] 시도 역시 합세하여 닷새 만에 공취(攻取)하고, 그 도시의 아미르인 울라이 티무르(Ûlâî Tîmûr)[303]를 죽였다. 그리고 대공(大公) 유르기(Yûrgî-yi buzurg)[304] 시를 포위하여 8일 만에 공략했는데, 그들은 매우 격렬한 전투를 벌였다. 뭉케 카안은 몸소 용맹함을 발휘하여 그들을 격파했다. 또한 브지블라드(Vzîvlâd)[305]의 원래의 고장인 키르칼라(Qîrqalâ)[306] 시를 연합하여 닷새 만에 취하였다. 그 지방의 아미르인 예케 유르구(Îke Yûrgû)[307]는 도주하여 숲 속으로 들어갔지만, 그를 다시 붙잡아 죽였다.[308] 〔왕자들은〕 그 뒤 거기서 돌아와 상의를 했는데, 〔몽

---

300) A · B: AYKH. Minorsky는 이것이 오카(Oka)를 옮긴 것이며, 오카 강변에 있던 Kolomna시를 가리키는 것으로 보았다.

301) A: KRMAN; B: LRMAN. 아마 ARMAN의 誤寫일 것이다. BI본에는 AWRMAN. Kolomna시를 방위하던 Roman.

302) 모스크바. BI본에는 MSKWA로 되어 있다.

303) 즉 대공 유리(Yuri)의 아들인 블라디미르(Vladimir).

304) A · B: ?WRKY. Yûrgî-yi Buzurg를 문자 그대로 번역하면 '大유르기'가 되는데, 이는 대공 유리를 가리키는 것으로 보인다. 뒤에서 그는 Yeke Yûrgû라고도 표기되었다. 따라서 '大유르기의 도시' 는 대공이 주재하던 블라디미르(Vladimir) 시가 되는 셈이다. 러시아측 기록에 따르면 이 도시는 포위된 지 6일 만인 1238년 2월 8일 함락되었고, 대공의 가족을 위시하여 성안의 모든 사람들이 도륙되었다고 한다. Cf. G. Vernadsky, *The Mongols and Russia*(New Haven: Yale University Press, 1953), p. 51.

305) A · B: WZYRLAW. Minorsky는 WZYWLAD 즉 Vsevolod를 나타낸 것으로 보았다. 그는 대공 유리의 아버지인 Vsevolod 3세(1176~1212)를 가리킨다("Caucasica III," p. 229).

306) 미확인 지명. Berezin은 Peryaslavl로, Pelliot는 Torzhok로 이해했다.

307) A · B: NKH YWZKW. 이는 YKH YWRKW의 誤寫이며, Yeke Yurgi 즉 '대공 Yuri'를 옮긴 것으로 추정된다.

308) Vsevolod의 아들 대공 Yuri는 1238년 3월 4일(Julian曆), 볼가 강 북부 Sit 강가의 전투에서 살해되었다("Caucasica III," p. 229).

골군을] 투만(tûmân)씩 한 단위로 하여 포위대형으로 진군하면서 만나
게 되는 모든 도시와 지방과 성채를 공략하고 파괴하기로 했다. 바투는
〔진군〕 도중에 코셀 이스케(Kosel Îske)[309]에 도달하여 두 달 동안 포위
했지만 함락시킬 수 없었다. 그 후에 카단과 부리가 도착하자 사흘 만에
함락시켰다. 그러고 나서 가옥들로 들어가 휴식을 취했다.

그 뒤 '노카이 일'(nôqâi yîl) 즉 개해 — 635〔/1238〕년에 해당 — 가
을에 뭉케 카안과 카단은 체르케스 방면으로 출정하여, 겨울에는 그곳
의 군주인 토카르(Tôqâr)[310]라는 인물을 죽였다. 시반과 부첵과 부리는
크림(Qrîm)[311] 지방으로 출정하여, 킵착(Khipchâqân) 종족 출신의 타
트카라(Tâtqarâ)를 붙잡았다. 베르케는 킵착 방면으로 출정하여 베크루
티(Bekrûtî)의 수령들인 아르지막(Arjimâk), 쿠란바스(Qûrânbâs), 카
프란(Qaprân) 등을 취하였다.[312]

그 뒤 '카카 일'(qâqâ yîl) 즉 돼지해 — 636〔/1239〕년에 해당 — 에
구육 칸, 뭉케 카안, 카단, 부리 등은 메게스(Meges)[313] 시 방면으로 출
정했고, 겨울에 한 달 반 동안 포위를 한 뒤에 함락시켰다. 바로 그 원정
중에 쥐해〔=1240년〕가 도래했다. 봄에는 〔일정수의〕 군대를 지정하여
부카다이(Bûqadâî)에게 주어서, 티무르 카할카[314]로 〔146r〕「118v」 보
내어 그곳과 아비자(Avîzâ)[315] 지방을 공략하도록 했다. 구육 칸과 뭉케
카안은 그 쥐해 가을에 카안의 명령에 따라 귀환하여, 소해 —

---

309) Kozelsk를 가리킨다. 7주 동안 몽골군의 공격에 저항했다.

310) B1본에는 BWQAN.

311) 크리미아.

312) 이 부분에 나오는 세 명의 이름은 다른 자료에 알려져 있지 않아 확인이 불가능하다.

313) A · B: MNKS. 그러나 MKS의 誤寫로 보아야 할 것이다.

314) '鐵門'. 여기서는 카프카즈 산중의 Derbend를 가리킨다.

315) A: AWYZA; B: AWYR. B1본에는 빠져 있다.

638〔/1241〕년에 해당 — 에는 자신의 오르두들에 하영(下營)하였다. 完!

왕자들이 킵착 방면으로 원정갔다가 돌아올 때까지의 기간 동안 카안이 명령하여 지은 높은 건물들에 관한 이야기, 그리고 그의 유숙지(manzil)와 숙박처(marâḥil)와 하영지(yâylâq)와 동영지(qishlâq)에 관한 설명

'코닌 일'[316] 즉 양해 — 632〔/1235〕년에 해당 — 의 시작 즉 왕자들을 킵착 초원 방면으로 파견했을 때부터, 구육 칸과 뭉케 카안이 귀환한 '후케르 일' — 〔6〕38〔/1241〕년에 해당 — 까지 7년 동안 카안은 항상 연회와 열락을 즐겼다. 그는 하영지에서 동영지로, 또 동영지에서 하영지로 즐겁고 행복하게 이동했으며, 항상 어여쁜 카툰들과 매혹적인 미녀들과 함께 즐거움을 만끽하고 있었다. 또한 언제나 그의 축복받은 마음은 정의와 은혜의 충만, 폭정과 불의의 제거, 지역과 지방의 풍요, 각종 건물들의 건설에 쏠려 있었다. 세계 통치를 위한 규범을 세우거나 풍요의 기초를 강화하는 일과 관련된 것이라면 한 점도 소홀히 하는 일이 없었다.

그는 과거에 키타이 방면에서 각종 기예와 직능에 능통한 여러 종류의 장인(匠人)들을 데리고 왔기 때문에, 자신이 대부분의 시간을 머물면서 보내는 카라코룸 목지 안에 그와 같은 군주의 고매한 뜻에 걸맞은 매우 큰 규모와 높은 기둥들로 이루어진 궁전(sarâî)을 지으라고 명령했다. 그 〔궁전〕의 한 면의 길이는 활을 쏘아서 미치는 거리로 하고, 〔궁전의〕 중앙에는 드높은 전각(kûshkî)을 하나 세우도록 했다. 그리고 그 건물들을 가능한 최대로 장식하고 여러 종류의 그림과 장식을 그려 넣도록 했다. 그것을 '카르시'(qarshî)[317]라고 이름짓고 자신의 축복받은 도읍

---

316) 원문은 QWYYN YYL. 앞의 주 256) 참조.

으로 삼았다. 또한 그는 자신을 모시고 있던 모든 형제들과 아들들 및 나머지 다른 왕자들에게 그 주변에 높은 가옥을 지으라고 명령했다. 모두 그의 명령에 복종했고, 그 건물들이 완성되어 서로 맞닿게 되자 정말로 빽빽한 모양이 되었다.[318]

또한 그는 뛰어난 금세공인들에게 주옥(酒屋, sharâb-khâna)을 〔만들게 하기〕 위해 일련의 기물(器物)들을 금과 은으로 코끼리나 사자, 말이나 다른 동물들의 형상을 본떠서 만들라고 지시했다. 그것들을 술통들(munqûrân)[319] 대신에 비치하고 포도주와 쿠미즈로 가득 채웠다. 그 각각의 앞에는 은으로 만든 주반(酒盤, hawz)을 하나씩 놓았는데, 그 동물들의 입에서 포도주와 쿠미즈가 흘러나와 그 주반들로 흘러가도록 했다.[320]

그는 "어느 도시가 지상에서 가장 아름다운가?"라고 물었는데, 〔사람들은〕 "바그다드"라고 말했다. 〔그러자〕 그는 오르콘(Ôrqôn) 강가에 거대한 도시 하나를 건설하라고 명령했고, 〔사람들은 그것을〕 '카라코룸'이라고 이름하였다. 키타이 지방에서부터 그 도시까지 '타얀 얌'[321] 이외에 또 하나의 얌을 설치했는데, 그것을 '나린 얌'(nârîn yâm)[322]이라

---

317) 투르크어에서 '궁전'을 뜻하는 말이다. Doerfer, vol. 3, pp. 442~443.

318) 『元史』 권2 「太宗紀」 (p. 34)에 따르면 우구데이는 1235년 봄 중국의 장인들을 불러와 和林(카라코룸)城을 쌓고 만안궁을 건설했다고 했는데, 여기서 '카르시'가 곧 만안궁임을 알 수 있다.

319) A: MNQWRAN; B: MNQWRA?. 露校本은 B본의 표기를 MNQWRAQ로 읽었다. Doerfer도 그렇게 읽고 MNĜWR의 축약형으로 이해했다. 반면 Rawshan은 MNQWR의 복수형으로 이해했다. 그러나 讀音 여부에 상관없이 대부분 '술통'의 의미로 이해했다.

320) 1254~1255년 카라코룸을 방문했던 프란체스코회 수도사 기욤 루브룩(Guillaume Rubruck)이 남긴 『日程錄』(Itinerarium)에는 황궁의 뜰 안에 서 있던 한 그루의 커다란 銀製 나무에 대해 묘사하고 있는데, 『集史』의 이 부분의 기록과 매우 흡사하다. 프랑스의 장인 Guillaume Buchier가 제작했다는 이 은제 나무의 발치에는 은제 사자가 네 마리 붙어 있고, 그 사자들의 입에서는 포도주·쿠미즈·蜂蜜酒·米酒 등이 흘러나와 그 앞에 비치된 은제 대야로 흘러들어갔다고 한다. 이에 관해서는 P. Jackson tr., *The Mission of Friar William of Rubruck*(London: The Hakluyt Society, 1990), pp. 209~210 참조.

321) A: YABAN NAM; B: BAYAN ?AM.

고 불렀다. 5파르상〔＝약 28km〕마다 얌을 하나씩 세워 〔모두〕 얌이 37 개가 되었다. 그 얌을 보호하기 위해 각 유숙지마다 천호(hazâra)를 하나씩 배치했다. 또한 그는 매일 〔여러〕 지방들로부터 500량의 수레에 식량과 음료를 가득 실어 그곳으로 운반해 와서 창고에 놓아 두었다가 거기서 쓸 수 있도록 하라는 명령(yâsâ)을 내렸다. 곡주(begnî)와 포도주(sorma)[323]를 〔운반해 오기〕 위해서 각각 여덟 마리[324]의 소가 끄는 거대한 수레들을 준비해 두었다.

또한 그는 무슬림 장인들로 하여금 카라코룸에서 하루 거리 떨어진 곳 — 옛날에는 아프라시얍(Afrâsiyâb)의 매잡이들이 있던 곳으로 그곳을 케헨 차간(Kehen Châgân)[325]이라고 부른다 — 에 전각 하나를 짓도록 했다. 봄이면 매를 날리기 위해 그곳에 머물곤 했다. 여름에는 우르메게투(Ôrmegetû)[326]라는 곳에서 〔지내는데〕 그곳에 1000명이 들어갈

---

322) A본의 NAM은 YAM의 誤寫이다.

323) A · B: BKNY W SRMH. begni('beer')와 sorma('wine')라는 단어에 대해서는 Clauson, *Etymological Dictionary*, p. 328 · 852 참조. Cf. Rawshan, vol. 3, p. 2322, p. 2366. 여기서 begni는 '맥주'보다는 '곡주'로 옮기는 것이 더 적절할 듯하다.

324) BI본에는 여섯 마리.

325) A · B: KHZ JAǦAN. 이는 KHN JAǦAN의 誤寫로 보인다. 보일은 이곳이 카라코룸에서 북방으로 25마일 떨어진 지점에 위치한 Gegen-Chagan이라 불리는 湖沼 지대이며, 고대 위구르 제국의 도성인 Qara-Balghasun 부근일 것으로 보았는데, 지극히 타당한 추정이다. 중국측 기록에 따르면 1237년 陰4월 카라코룸에서 북쪽으로 70여 리 되는 지점에 掃隣城을 쌓고 迦堅茶寒殿을 지었다는 기사가 보인다(『元史』 권2 「太宗紀」, p. 35; 권58, 「地理 · 一」, pp. 1382~1383). 掃隣은 '머무는 지점, 住處'를 뜻하는 몽골어 sa'urir이고, 迦堅茶寒은 '맑고 흰'을 의미하는 gegen chaǧan에 다름 아니다. 사실 최근 고고 발굴에 의해 카라코룸 북방 40km 되는 곳에 위치한 차간 호수 부근에 도이틴 톨고이(Doityn Tolǧoi)라는 언덕이 하나 있고 그 언덕의 정상에서 13세기경의 것으로 보이는 유적이 발견되었다. 둘레 60×50m, 높이 1.5m 방형 기단의 중앙에는 한 변이 41m인 정방형 기단도 확인되어, 우구데이 카안의 '春季 離宮'으로 추정되고 있다(白石典之, 『チンギス＝カンの考古學』, 東京: 同成社, 2001, pp. 156~159). 우구데이 카안의 四季遊幸地에 대한 논증으로는 졸고 「몽골 帝國 君主들의 兩都巡幸과 遊牧的 習俗」, 『중앙아시아연구』 7(2002), pp. 1~23을 참조.

326) A · B: AWRMKTW. 중국측 기록의 月兒滅怯土 혹은 欲兒陌哥都와 일치. 아마 몽골어에서

수 있는 커다란 천막을 하나 치고 결코 걷는 일이 없었다. 〔146v〕「119r」 그것의 말뚝(mîkh)들은 금으로 만들었고 〔천막의〕 내부는 금사(金絲) 직물(nasîj)로 덮었는데, 그것을 시라 오르두(Shîra Ôrdû)³²⁷⁾라고 불렀다. 가을에는 카라코룸에서 나흘 거리인 구세 나우르(Gûse Nâûûr)³²⁸⁾에 있었고 40일간 그곳에 머물렀다. 그의 동영지는 옹키(Ôngqî)³²⁹⁾였다. 툴룽구(Tûlûngû)와 잘링구(Jâlîngû)³³⁰⁾와 같은 산속에서 사냥하며 지냈고 그곳에서 겨울을 모두 보냈다.

간단히 말해서 그의 춘영지(春營地, bahâr-gâh)는 카라코룸 주변이고, 하영지(夏營地, yâîlâq)는 우르메게투 초원, 추영지(秋營地, pâîz-gâh)는 구세 나우르에서 우순 볼(Ûsûn Bôl)³³¹⁾ — 카라코룸에서 하루 거리 — 까지, 동영지(冬營地, qishlâq)는 옹키였다. 그가 카라코룸으로 갈 때 도시에서 2파르상 되는 곳에 높은 전각을 하나 세웠는데, 그것을 투즈구 발릭(Tuzğû³³²⁾ Bâlîq)³³³⁾이라고 불렀다. 그는 도시에서 갖고 온 '투즈구'(tûzğû)를 거기서 먹고 하루 동안 즐겼다. 다음날은 모든 사람들이 한 가지 색깔의 옷을 입었다. 그는 거기서 카르시로 왔고, 놀이패

örmege/örmüge('동물의 털로 성글게 짠 직물')에 접미사 -tü가 결합된 형태로 보인다.

327) 한문 자료의 昔剌兀魯朶. 몽골어로 '黃色宮帳'의 뜻이다.

328) 보일은 Köke Naʾur로 읽었으나, 어느 사본도 KWKH NAWWR로 표기된 것은 없기 때문에 그의 讀法을 선뜻 받아들이기는 힘들다. Naʾur는 '호수'이지만 Gûse의 의미가 불분명하다. 칭기스 칸의 숙적 옹 칸의 하영지가 있었던 구세우르 나우르(Gûsâûûr Nâûûr)와 동일 지명이 아닌가 추측된다.

329) Bl본에는 Ôngqîn. 항가이 산맥 남록의 옹긴(Onggin) 河를 가리킨다.

330) 『聖武親征錄』의 禿零古(Tulingghu)와 〔盞〕零古(Jalingghu). Cf. 『부족지』, p. 197.

331) Bl본에는 AWSN QWL(Ûsun Qôl).

332) A · B: TRĞW.

333) tuzğu는 투르크어로 '여행자에게 제공하는 음식'을 뜻한다. 『元史』 권2 「太宗紀」(p. 36)에는 1238년 "圖蘇湖城을 건축하고 迎駕殿을 지었다"는 기사가 보인다. 『元史』 권58 「地理 · 一」(p. 1383)에는 그곳이 카라코룸에서 30리(=11.4km) 떨어져 있다고 되어 있다. 2파르상 역시 약 11km이므로 중국측 기록과 일치하는 셈이다. Cf. 졸고, 「몽골 帝國 君主들의 兩都巡幸과 遊牧的 習俗」, pp. 5~6.

젊은이들(javânân-i bâzî-gar)³³⁴⁾이 앞에 〔기다리며〕 서 있었다. 한 달 동안 카르시에서 즐기는 데에 몰두했고, 창고를 열어 귀족과 평민에게 자신의 폭넓은 은사의 혜택을 입을 수 있도록 하였다. 매일 밤 궁수(弓手), 노수(弩手), 씨름꾼들을 맞붙게 하고는 승리한 사람에게 은사와 선물을 주곤 했다.

그는 옹키 동영지에 이틀 거리의 길이에 걸쳐 나무와 진흙으로 만든 벽(dîvârî)을 쌓으라고 명령했다. 그리고 거기에 출입구들을 만들었다. 그것을 '지히크'(jîhik)³³⁵⁾라고 불렀다. 사냥을 할 때 연속적으로(ûlâm ûlâm) 사방의 군인들에게 소식을 보내, 모두 포위대형을 만들고 벽 쪽을 향해서 사냥감들을 몰라고 지시했다. 한 달 거리〔의 지점〕부터 극도로 신중하게 조금씩조금씩 소식을 전달하면서³³⁶⁾ 사냥감들을 모두 지히크로 몰아넣었다. 군인들은 〔거대한〕 원을 이루었고 어깨와 어깨를 맞대면서 도열했다. 처음에는 카안이 측근들 한 무리와 함께 〔지히크 안으로〕 들어가 한동안 즐기면서 사냥을 했다. 그가 싫증이 나면 포위망(jerge) 가운데에 있는 한 언덕 위로 올라가고, 〔147r〕「119v」 〔다음에는〕 왕자들과 아미르들이 순서대로 들어왔다. 그리고 나서야 비로소 일반

---

334) BI본에는 javânân-i nâzuk("날씬한 젊은이들")라고 되어 있다. bâzî-gar는 '배우, 광대, 놀이꾼' 등을 뜻한다.

335) 이 말의 어원은 불분명하다. Doerfer는 투르크어에서 'thing'을 의미하는 chiz와 연관시키려고 했으나 지나친 견강부회이다. 반면 '묶다, 매다'는 뜻을 지닌 투르크어 동사 chiğ-와 연관시킨 Rawshan의 추정은 생각해 볼 만하다(vol. 3, p. 2257). 어원의 문제는 그렇다고 하더라도, 이 단어가 동물들이 도망가지 못하도록 막아 두는 넓은 울타리를 의미한다는 점은 문맥을 통해 충분히 알수 있다. 이와 유사한 기사가 『秘史』 281절에도 보인다. "나는 또한 천지신명이 점지하여 태어난 짐승이 형제 쪽으로 갈까 봐 탐심을 내어 장벽을 쌓고 울을 둘렀다가 형제들로부터 책망하는 얘기를들었다"(유원수 역, 『몽골 비사』, p. 302). 이 구절은 우구데이가 자신의 네 가지 잘못을 인정하면서 그 중 하나로 언급한 것이다. 원문에는 quru'a yo'urğa이라는 표현이 보이고 寨墻이라는 對譯이 붙어 있는데, 『集史』에서 "나무와 진흙으로 만든 벽"과 동일한 것으로 추정된다.

336) A · B본에는 khabar karda로 되어 있지만 BI본에는 nerge karda("포위대형을 만들어")로 되어 있다.

군인들이 사냥을 했다. 그 뒤 투마간(套馬杆)으로 포획(ûrûğlâmîshî)[337]
하기 위해 몇몇 〔사냥감들은 자유롭게〕 놓아 주었다. 부케울(bôkâûl)[338]
들이 모든 포획물들을 각급의 왕자들과 아미르들과 군인들 모두에게 공
평하게 분배해 주어서, 자기 몫이 없는 사람이 아무도 없도록 하였다. 그
무리들은 모두 고두(叩頭, tikishmîshî)의 예의를 올렸고, 9일간의 연회
(tôî)가 끝난 뒤 각 종족들은 자신들의 목지와 집으로 돌아가곤 했다. 完!

우구데이 카안이 병에 걸려 사망하게 된 일에 관한 이야기

카안은 술을 대단히 좋아하여 계속해서 마셔 댔으며 그 점에서는 도가
지나쳤다. 그로 인해 그는 날이 갈수록 병약해졌다. 측근들을 비롯해서
그가 잘 되기를 바라는 사람들이 〔술을〕 끊게 해보려고 아무리 노력했으
나 소용이 없었다. 그들의 노력에도 불구하고 그는 더 많이 마셨다. 차
가타이는 그를 보호하기 위해 한 아미르를 '감관(監官)'이라는 직명을
주어 임명했는데, 이는 〔사전에〕 정해진 몇 잔 이상 마시지 못하도록 하
기 위해서였다. 그는 형의 명령을 거부할 수 없게 되자, 작은 술잔을 큰
것으로 바꾸어 마셔서 〔결국 술잔의〕 숫자는 변함이 없게 되었다. 또한
〔그를〕 보호해야 할 그 아미르도 그에게 술을 주었고, 또 술벗이 되어 그
기회를 이용하여 자신이 그의 측근들 가운데 한 명이 되려고 했기 때문
에 그가 시중 드는 것은 카안에게 아무런 도움도 되지 못했다.

소르칵타니 베키의 자매였던 이바카 베키(Îbaqa[339] Bîkî) — 칭기스
칸은 그녀를 케흐티 노얀에게 주었다 — 의 아들은 카안의 '바우르치'[340]

---

337) ûrûğlâmîshî는 둥그런 끈이 매달린 긴 장대(uğurğa, urğa, u'urqa)로 말이나 그 밖의 동물을 낚아
　　채서 포획하는 것을 의미한다. 本田實信, 「モンゴル・トルコ語起源の術語」, pp. 409~411 참조.
338) böke'ül: 군대에서 식량 조달과 배급을 책임지는 직책.
339) A: ABYQH; B: A?YQH.
340) 즉 요리사.

였다. 그 이바카 베키는 소르칵타니 베키의 권고에 따라 그녀의 목지가 있던 키타이 지방에서 매년 어전으로 와서 [카안을 위하여] 연회를 열고 술잔을 받쳐 들었다. 카안이 즉위한 지 13년째 되던 해에 그녀는 관례를 따라 왔고, 카안의 바우르치였던 그녀의 아들과 함께 카안에게 술잔을 받들어 드렸다. 밤중이 되어 카안은 과도한 음주로 인해 잠자던 도중에 사망하고 말았다. 아침이 되자 카툰들과 아미르들은 이바카와 그의 아들이 술잔을 받쳐 들었기 때문에 필시 카안을 독살한 것이라고 비난했다. 카안의 젖 친구(kûkeldâsh)[341]이자 잘라이르 종족 출신의 중요한 아미르였던 일치다이 노얀은 "이 무슨 황당한 소리냐? 이바카 베키의 아들은 바우르치이고 [이제까지] 줄곧 잔을 받들어 왔다. 또 카안은 항상 지나치게 술을 많이 마셨다. 무엇 때문에 카안께서 다른 사람들에게 살해되었다고 함으로써 그의 명성에 먹칠을 해야 하는가? 그에게는 운명의 시간이 온 것이니, 다른 사람은 이런 이야기를 해서는 안 된다!"고 말했다. 그는 지혜로운 사람이었기 때문에 그의 죽음이 과도한 음주 때문이었다는 사실을 알았고, 또한 지나친 음주가 마침내 그와 같은 해악을 가져오게 했으리라는 사실을 알았다.

몽골인들의 말에 따르면 카안은 '후케르 일' [=1229년, 즉 소해]에 보좌에 올라, 치세 13년째 되던 해인 다른 '후케르 일' — 638 [/1241]년에 해당 — 에 사망했다고 한다. 사히비 디반인 호자 알라 앗 딘(Khwâja 'Alâ' ad-Dîn), 즉 아타 말릭 알 주베이니('Aṭa Malik al-Juvaynî) — 알라의 자비가 그에게 있기를! — 의 역사서에는 '파르스 일' 즉 639년 주마다 알 아히르월 제5일 [/1241년 12월 11일]에 사망했다고 되어 있다.[342]

---

341) kûkeldâsh는 투르크어의 köngül('가슴, 마음, 생각')에서 나온 말로 '젖을 나눈 벗' 혹은 '친구, 동지, 의형제' 등을 의미한다. 이 말의 다양한 용례에 대해서는 Doerfer, vol. 1, pp. 481~482; R. R. Arat, *Vekayi: Babur'un Hâtirati*, vol. 2 (Ankara, 1946), pp. 622~624 참조.

우구데이 카안의 유골과 그의 금구(禁區, ğorûq)는 아주 높은 한 산 속에 있는데, 볼닥 카시르(Bôldâq Qâsir)[343]라고 불리고 항상 눈에 덮여 있으며 그것을 지금은 '예케 운두르'(Îke Ûndûr)[344]라고 부르고 있다. 그 산에서 이순 무렌(Yîsûn Mûrân), 투르켄(Türkân), 우순(Ûsûn) 등이 흘러나와 에르디시(Erdîsh) 강으로 유입되는데, 그 산에서 에르디시까지는 이틀 거리이다. 차파르(Châpâr)가 그 강들 부근에 동영지를 갖고 있다.

카안에게는 ……[345]라는 이름의 의사가 한 사람 있었는데, 그의 사망 연도를 〔말해 주는〕 수수께끼를 시로 지어서 마와라안나흐르에 있는 친구에게 보냈는데 〔그 내용은〕 다음과 같다.

詩

'할라트'(XaLaṬ)의 해에는 어느 다른 해보다 가래(XiLṬ)가 더 많이 끓었다.

밤이건 낮이건 그는 취한 상태에서 망자(亡者)들의 소식을 전했다.

그것이 그의 건강을 완전히 망가뜨리는 데에 도움을 주었다.

이 점을 알아두라, 〔술이〕 어떤 도움을 주는지.[346] 完!

---

342) 『征服者史』, p. 200. 그러나 주베이니는 '파르스 일'이라는 언급은 하지 않고 우구데이가 639년 주마다 알 아히르월 제5일, 즉 1241년 12월 11일에 죽었다는 기록만 했을 뿐이다. 더구나 그날은 '파르스 일'(호랑이해)이 아니라 '소해'에 속한다. 辛丑年은 1241년 2월 13일부터 1242년 2월 2일까지였기 때문이다.

343) A · B: BWLDAQ QASR.

344) A · B: YKH AWNDWR. 몽골어로 yeke ündür, 즉 '아주 높은 곳'을 뜻한다.

345) 原缺.

346) 이 시는 우구데이가 과음으로 사망하게 되었다는 점을 말하고 있지만, 핵심은 사망 연도를 알려 주는 첫 행에 있다. 여기서는 소위 '압자드'(abjad) 방식이 사용되고 있는데, 그것은 특정한 숫자가 부여된 아랍 문자들이 조합된 단어 혹은 구절을 통해서 연도를 표시하는 방법이다. 즉 첫 행의 "할라트의 해"에서 XLT는 숫자 639(X=600 + L=30 +T=9)를 나타낸다. 흥미로운 것은 작자가 아랍어로는 똑같은 XLT이지만, 발음이 khalaṭ가 아니라 khilṭ이고 '가래'를 뜻하는 단어를 사용함으로

'코닌 일' 즉 양해인 632〔/1235〕년의 시작부터 '후케르 일' 즉 소해인 639〔/1241〕년의 마지막까지 7년 동안 — 그해의 마지막에 사망했다 — 카안의 역사에 대해서 모두 서술했다. 이제 〔147v〕「120r」 마친의 카간들, 칼리프들과 아직도 남아 있는 일부 술탄들, 이란 땅의 말릭들과 아타벡들, 나라의 여러 방면의 통치자였던 몽골의 일부 왕자들과 아미르들의 역사에 대해서 간략한 방식으로 이야기를 시작해 보도록 하겠다. 알라께서 도우신다면!

'코닌 일' 즉 양해 — 632〔/1235〕년에 해당 — 의 시작부터 '후케르 일' 즉 소해 — 639〔/1241〕년에 해당 — 의 마지막까지 상술한 7년 동안 카안과 동시대에 살았던 마친의 카간들, 이란과 룸과 시리아와 이집트 및 다른 지방에 있던 칼리프들과 나머지 술탄들과 말릭들과 아타벡들, 킵착 초원에 있던 일부 왕자들, 후라산과 다른 지방들에 있던 몽골의 아미르들의 역사. 이 상술한 7년 동안에 일어난 기이한 사건들에 대한 간략한 방식〔의 설명〕

상술한 기간 동안 마친 군주들의 역사

리준(Lîzûn): 〔재위〕 41년. 〔위의 기간〕 이전이 7년이고 ……[347]〔은 이후이며〕, 7년이 일치.[348]

써 자신의 의도를 전달하는 단어 유희를 하고 있다는 사실이다.

347) 原缺.

348) 南宋 理宗의 치세는 41년(1224~1264).

상술한 기간 동안 칼리프들, 술탄들, 말릭들의 역사

칼리프들의 역사

바그다드__ 알 무스탄시르 빌라가 압바스 가문(âl-i ‘Abbâs)의 칼리프였
다. 이 기간에 그는 축복받은 신학원(madrassa) 무스탄시리야
(Mustanṣiriya)의 초석을 놓고 완공했다.

술탄들의 역사

모술__ 술탄 바드르 앗 딘 룰루(Badr ad-Dîn Lûlû).

룸__ 술탄 알라 앗 딘.

키르만__ 바락 하집의 아들인 루큰 앗 딘 쿠틀룩 술탄(Rukn ad-Dîn
Qutluǧ Sulṭân). 그의 정황은 다음과 같다. 상술한 기간의 63[2]년[349]에
그의 아버지 바락 하집은 그를 카안의 어전으로 보냈는데, [루큰 앗 딘
은] 도중에 부친의 사망 소식을 들었다. 그가 목적지에 도착했을 때 카
안은 자신의 제왕다운 관례에 따라 그에게 여러 가지 후의와 은사를 베
풀어 주었고, 칙명에 따라 어전으로 [누구보다 먼저] 달려왔기 때문에
그에게 ‘쿠틀룩 칸’(Qutluǧ Khân)이라는 호칭을 주었다. 또한 칙서
(yarlîǧ)를 내려 그를 키르만 왕국의 총독(ḥâkim)으로 임명하고 부친이
사망한 뒤 왕국의 사무를 처리했던 그의 형제인 쿠틉 앗 딘(Quṭb ad-
Dîn)에게는 서둘러 어전에 와서 [카안을] 모시도록 하였다. 루큰 앗 딘
이 키르만에 도착하자 쿠틉 앗 딘은 하비스(Khabîṣ)[350] 길을 경유하여
카안의 어전으로 왔다. 그는 그곳에 도착한 뒤 얼마 동안 마흐무드 알라

---

349) 원문에는 600과 30년까지만 적혀 있고 마지막 숫자가 빠져 있으나 ‘2’라는 숫자가 들어가야 합당
할 것이다. 회력 632년은 1234년 9월 26일부터 1235년 9월 15일까지이다.

350) 현재 Shâh-Dâd(키르만 동부, Dasht-i Lût의 변경에 위치). Cf. *Successors*, p.68.

바치(Maḥmûd Yalavâch)를 모셨고, 루큰 앗 딘은 국사에 전념했다. 完!
[148r]「120v」

말릭들과 아타벡들의 역사

　　마잔다란＿……

　　디야르바크르＿……

　　이집트＿……

　　마그리브＿……351)

　　파르스＿아타벡 아부 바크르 이븐 사아드.

**킵착 초원에 있던 일부 왕자들 및 후라산과 다른 지방들에 있던 아미르들의
역사**

왕자들의 역사. '쿨루카나 일' 즉 쥐의 해 ― 637〔/1240〕년에 해당 ― 가
을에352) 킵착 초원에서 귀환했다. 바투와 그의 형제들, 카단, 부리, 부첵
등의 왕자들은 러시아 지방과 흑모인(黑帽人, siyâh kulâhân)353)을 치기
위해 출정했다. 러시아의 큰 도시인 멘케르멘(Menkermân)354)을 9일 만
에 정복했다. 그 뒤 울라디무르(Ûlâdimûr)355)의 도시들이 있는 방면으

___

351) 이상 모두 빠져 있다.

352) BI본에는 여기에 "구육 칸과 뭉케 카안이 카안의 칙명에 따라"라는 구절이 삽입되어 있다.

353) 11~13세기경 킵착 초원에 거주하던 투르크계 유목민들 가운데 '카라 칼팍'(Qara Qalpaq)이라고
　　불리는 집단이 있었는데, 이는 '검은 모자(를 쓴 사람들)'이라는 뜻으로, 러시아인들은 이를 그대로
　　옮겨서 Chernyi Klobuki라고 불렀다. 『集史』의 이 표현도 그 집단명을 뜻으로 옮긴 것으로 보인다.
　　Cf. P. B. Golden, *An Introduction to the History of the Turkic Peoples*(Wiesbaden : Otto
　　Harrassowitz, 1992), pp. 403~404.

354) A · B: MNKRQAN. MNKRMAN의 誤寫로 보아야 할 것이다. 『秘史』 262 · 274 · 275절에
　　Menkermen 혹은 Mankermen 등으로 음사되어 있으며, 키예프(Kiev)를 가리킨다. men의 어의는
　　불분명하나 kermân 혹은 kärmän은 'town, fortress'를 뜻한다. Cf. Minorsky, "Caucasica III," p.
　　230.

로 투만씩 [한 단위로 하여] 포위대형으로 진군하여, 도중에 있는 성채들과 지방들을 함락시켰다. 세 자식의 울라디무르[356]를 포위하여 사흘 만에 장악했다. '후케르 일' 즉 [카안이] 사망한 해의 봄 중간 달에 불라르와 바쉬기르드 방면으로 [원정하여] 마락탄(Marâqtân)[357]산을 넘었다. 오르다와 바이다르는 우익에서 진군하여 일라우트(Îlâûût)[358] 지방을 통과했다.[359] 바르즈(Barz)[360]라는 사람이 군대를 데리고 와 맞섰으나 그를 격파했다. 바투는 아스타릴라우(Astârîlâû)[361] 방면으로 가서 바쉬기르드의 군주와 전투를 했고, 몽골군은 그들을 격파했다. 카단과 부리는 사산(Sâsân)[362] 종족 방면으로 출정하여 세 차례에 걸친 전투를 벌

---

355) A: AWLAMWR; B: AWLADMWR. 러시아의 대공이 머물던 블라디미르(Vladimir)를 가리킨다.

356) 원문은 ûch oğûl Ûlâdimûr. ûch oğûl은 투르크어로 '세 자식, 혹은 세 아들'을 뜻하는데, Minorsky는 1205년 갈라시아 공 Roman이 사망한 뒤 그의 자식들이 1217년경 블라디미르 시의 지배권을 다시 회복하였고, 그 가운데 Daniel과 Vasilkó라는 두 아들과 Salome라는 딸이 지배하는 도시였기 때문에 '세 자식의 블라디미르'라는 이름으로 불리었을 것이라고 추정했다. Cf. "Caucasica III," pp. 230~231.

357) A · B: MRAQ TAN. 펠리오는 이 산의 이름이 『元史』 권121 「速不台傳」(p. 2978)에 나오는 哈咂里山과 동일한 것으로 보고, 『集史』의 표기를 Qazaq-tagh 혹은 Qashqa-tagh('민둥산')을 옮긴 것으로 추정했다(La Horde' d' Or, p. 130). 그러나 여기서는 일단 사본에 충실하게 읽었다.

358) 펠리오는 이 단어가 폴란드인을 가리키는 Lah의 몽골어 복수형으로 보았다(La Horde d' Or, p. 145).

359) A · B 원문에는 gudhashta âyand라고 되어 있는데, gudhashta and를 잘못 쓴 것이 아닐까 추측된다. 그러나 Rawshan은 AYND를 뒤에 나오는 BRZ와 함께 人名의 일부로 보았다(Rawshan, vol. 1, p. 678).

360) A · B본 모두 BRZ로 표기되어 있고, B본에는 B 위에 fatḥa(단모음 a)가 부가되어 있다. 보일은 BZRNDAM으로 읽어 BWLZLAW(Boleslaw)의 誤寫로 추정했으나, 뒷부분의 DAM은 사실상 NAM(nâm: '이름')을 잘못 읽은 것이기 때문에 받아들이기 힘든 견해이다. 여기서는 일단 원문에 충실하게 읽었다. 그러나 당시 Opolye 부근에서 몽골군에 맞서 싸웠던 Sandomir 출신의 Boleslav-the-Pudic이라는 인물이 있었던 것은 사실이다. Cf. "Caucasica III," p. 231.

361) A · B: ASTARYLAW. 이 단어에 대해서는 학자들의 설명이 없으나, 혹시 오늘날 오스트리아를 가리키던 중세어 Ostarrichi(Öst-Reich)와 연관된 말이 아닌가 추측된다. 오스트리아는 헝가리와 바로 접경한 지역이기 때문에 몽골군이 그 부근까지 진출했을 가능성도 배제할 수 없다.

362) Saxon을 가리킨다.

인 끝에 그 종족을 격파했다. 부첵은 카라 울락(Qarâ Ûlâğ)[363] 길을 경유하고 그곳의 산지를 넘어서 그 울락(Ûlâğ)[364] 종족을 격파한 뒤, 거기서 바약 툭(Bâyâq Tûq)[365]의 삼림과 산을 지나 미실라우(Mîshlâû)[366] 지방으로 갔다. 그곳에서 그들을 〔기다리며〕 준비하고 있던 반도들을 공격하였다.

왕자들은 이처럼 상술한 다섯 가지 길로 출정하여 바쉬기르드와 마자르와 사산 지방들을 모두 정복하고, 그들의 군주인 켈레르를 도망치게 만들었다. 그들은 여름을 〔티사(Tîsâ)〕와 티나(Tînâ)[367] 강가에서 〔보냈다〕. 카단은 군대를 이끌고 타쿠트(Tâqût), 아르바락(Arbaraq), 세라프(Serâf)[368] 등의 지방을 정복하고, 그 왕국들의 군주인 켈레르[369]를 해변[370]까지 추격했다. 그는 그 해변에 있는 탈란긴(Talankîn)[371] 시에서 배를 타고 바다로 갔다. 카단은 귀환하였는데, 도중에 울라쿠트(Ûlâqût)〔인들〕의 도시인 키르킨(Qîrqîn), 킬라(Qîla)를 많은 전투 끝

---

363) 몰다비아를 가리킨다(*La Horde d'Or*, p. 153).

364) Valach 즉 루마니아인을 가리키며, 헝가리에서는 이를 Olah(Volah)라고 불렀다(*La Horde d'Or*, p. 153).

365) A: BAYAQ BWQ; B: BAYAQ ?WQ. 보일은 이를 QAZAQ TAQ로 읽고, 카르파티아 산맥으로 이해했다(*Successors*, p. 70).

366) Minorsky는 이것이 SKSWAR의 誤寫, 즉 Saxvár(혹은 Sásvár, 즉 Marosh 강 南曲部의 남쪽) 지방을 가리키는 것이 아닐까 추정했다("Caucasica III," p. 231).

367) A · B: W TY?A. B본에는 TYSH W TNHA로 표기되어 있다. 학자들은 대체로 이를 받아들여 Tîsa와 Tunhâ, 즉 Tisza 강과 Donau 강을 가리키는 것으로 이해한다.

368) 여기에 열거된 세 고유명사가 무엇을 가리키는지 아직 제대로 해명되지 않았다.

369) A · B: KRL. 앞에서는 KLR로 표기되었다.

370) 여기서는 아드리아 해안을 가리킨다.

371) A · B: TLNKYN. 확인되지 않은 지명이다. Minorsky는 헝가리 왕이 Spalato 서쪽의 한 半島에 위치한 Trau(세르비아어로는 Trogir)에서 가족들과 함께 배를 타고 나갔기 때문에, 위 단어가 SPLYT(Split: Spalato의 세르비아 방언)를 옮기려 한 것이 아닐까 추측한 바 있다("Caucasica III," p. 231).

에 정복했다.[372]

카안의 사망 소식은 〔아직〕 그들에게 도달하지 않았다. 그 뒤 '바르스 일'〔1242년〕에 많은 수의 킵착인들이 쿠텐[373]과 주치의 아들 싱코르 (Singqôr)와 전쟁하기 위해 왔는데, 〔양측은〕 전투를 벌여 킵착인들을 격파했다. 가을에 〔왕자들은〕 다시 한 번 귀환하여 티무르 카할카 지방[374]을 거쳐 그곳의 산지를 넘었다. 그들은 일라우두르(Îlâûdûr)에게 군대를 주어 파견해서, 〔티무르 카할카〕 너머로 도주한 킵착인들을 붙잡으라고 보냈다. 우룽쿠트(Ûrûnqût) 지방과 바다지(Bâdâj) 지방을 복속시키고 그들의 사신들을 오게 했다. 그리고 그해는 그 지방에서 모두 보냈다.

'타울라이 일'(taulay yîl) 즉 토끼해 — 640〔/1243〕년에 해당 — 초에 그 지방을 정복하는 일을 완수하고 귀환했다. 도중에 여름과 겨울을 보내고 '모가이 일'(môğâî yîl) 즉 뱀해 — 642〔/1245〕년에 해당 — 에 자신들의 울루스에 도착하여 각자의 오르두들에 하영했다. 完! 〔148v〕 「121r」

후라산 〔지방의〕 아미르들의 역사

친 티무르가 사망했을 때 그 사실을 알리기 위해 카안의 어전으로 사신

---

372) A · B본에는 dar râh shahr-i Ûlâqût Qîrqîn wa Qîla-râ bad az jang-i bisiyâr bastad라고 되어 있다. Bl본에는 râh라는 단어가 빠져 있어, Minorsky는 "울라쿠트 시 안에 있는 키르킨과 킬라를 격렬한 전투 끝에 붙잡았다"고 번역하고, 키르킨과 킬라를 울라쿠트 시내에 있던 투르크인 수령들의 이름으로 이해했다. 그러나 본 역자는 A · B본에 근거하여 키르킨과 킬라를 Ûlâqût(앞에서 나온 Ûlâğ의 몽골어 복수형, 즉 'Ûlâq인들')의 도시명으로 이해한다.

373) 쿠텐은 우구데이 카안의 둘째 아들인데, 그가 이 원정에 참가했다는 기록을 다른 데에서는 찾아볼 수 없다. 따라서 Minorsky는 여기서 언급된 '쿠텐'이 실은 헝가리로 도주했던 同名의 킵착 수령을 가리키는 것으로 보고, 원문은 아마 "쿠텐 〔휘하에 있던〕 많은 수의 킵착인들이 주치의 아들 싱코르와 전쟁하기 위해 왔고"였을 것으로 추정했다. *Successors*, p. 71 참조.

374) 미확인 명칭.

을 파견했다. 그의 후임으로 노살(Nôsâl)[375]을 후라산과 이라크의 아미르로 임명하라는 칙명이 있었다. 그는 늙은 몽골인으로 나이는 100세가 넘었다. 칙명을 따라 디반에 속하는 아미르들과 비틱치들은 친 티무르의 집에서 그의 집으로 〔거처를〕 옮겼고, 디반의 사무를 처리하는 데에 몰두했다. 샤라프 앗 딘 호라즈미(Sharaf ad-Dîn Khwârazmî)는 바투의 어전으로 향했고, 쿠르구즈는 〔과거에도〕 그러했던 것처럼 〔카안의 조정과 후라산 사이를〕 왕래하곤 했다.

그런데 갑자기 말릭 바하 앗 딘은 마흐무드 샤 사브자바리(Maḥmûd Shâh Sabzavârî)와 분쟁을 벌여 카안의 어전으로 가서 사태를 아뢰었다. 〔그러나 카안은〕 경쟁자가 부재중인 상태에서 판결을 내릴 수 없다면서 심문을 위해 모두 출두하라는 칙명을 내렸다. 말릭 바하 앗 딘이 돌아와 칙명을 전달했는데, 노살과 쿨 볼라트는 쿠르구즈의 요청을 못마땅하게 여겼다. 〔그러자〕 쿠르구즈는 〔다시 카안의 어전으로〕 가서 총독직(ḥukûmat)을 획득하고 돌아왔다. 노살은 군대〔를 지휘하는〕 아미르직(imârat-i lashkar)에 만족하였고 637〔/1239~1240〕년에 사망했다.

쿠르구즈는 비틱치들과 징세리(ʿâmil)들을 불러서 정사(政事)에 전념했고, 후라산과 마잔다란의 사무를 장악했다. 호구 조사(shumâra)를 실시하고 세금(mâl)들을 확정했으며 공방(工房, kâr-khâna)들을 건설하여, 정의와 공평함이 최대한 실현되었다. 샤라프 앗 딘은 바투의 어전에서 돌아왔다. 그와 다른 사람들은 쿠르구즈의 존재로 인해 권력을 잃게 되자, 친 티무르의 큰아들 에드구 티무르(Edgû[376] Tîmûr)에게 부친의 직위를 청하라고 설득했다. 〔그래서〕 통쿠즈(Tonqûz)[377]를 카안의 어전

---

375) A · B: NWYSAL. 그러나 NWSAL의 誤寫로 보인다.

376) A · B: AWDKW. 그러나 뒤에서는 ADKW로 표기되어 있고, 『征服者史』에도 ADKW로 표기되어 있어 Edgû로 옮겼다. 몽골어로 edgü는 '좋은'이라는 뜻이다.

으로 보내어 후라산에 혼란(ikhtizâlât)이 일고 있다고 아뢰었다. 카안의
재상(vazîr-i qâ‘ân)인 친카이를 반대하던 일군의 사람들은 에드구 티무
르가 진청(奏請)한 것을 좋은 기회라고 생각하여 〔카안에게〕 상주했고,
〔그래서〕 아미르 아르군 아카(Amîr Arğûn Âqâ), 쿠르 부카(Qûr
Bûqâ), 샴스 앗 딘 카마르카르(Shams ad-Dîn Kamarkar) 등이 가서 사
태를 조사하라는 칙명이 내려왔다.

쿠르구즈가 이 소식을 듣고 카안의 어전으로 향했고, 파나카트
(Fanâkat)에서 그들과 만났지만 사신들이 말해도 되돌아가지 않았다.
통쿠즈[378]는 그와 싸움을 벌여 그의 이빨들을 부러뜨렸다. 쿠르구즈는
밤중에 피에 물든 〔자신의〕 옷을 티무르(Tîmûr)의 손에 들려 카안의 어
전으로 보내고, 〔자신은〕 하는 수 없이 돌아왔다. 그가 후라산에 돌아오
자, 쿨 볼라트와 에드구 티무르는 무리를 모아 비틱치들을 몽둥이로 위
협하며 쿠르구즈의 집에서 몰아내 자기들〔이 있는 곳〕으로 데리고 갔다.
사건에 대한 조사가 시작되었을 때 쿠르구즈는 변명을 계속했는데, 그
로부터 45일 뒤 티무르가 다시 돌아와서 모든 아미르들과 말릭들은 어
전으로 출두하고 그곳에서는 어떤 심문도 하지 말라는 칙명을 전했다.
피묻은 옷을 보게 된 카안이 크게 분노하여, 칙명에 따라 그곳〔=카안의
어전〕에 출두하라는 전갈을 쿠르구즈에게 보냈던 것이다. 〔쿠르구즈는〕
믿을 만한 사람들과 당대의 유력자들과 함께 즉시 출발하였고, 쿨 볼라
트와 에드구 티무르 역시 고발인들의 무리와 함께 길을 나섰다. 부하라
에서 사인 말릭 샤(Ṣâîn Malik Shâh)가 그들을 위해 연회를 베풀었다.
쿨 볼라트가 방뇨하러 밖으로 나갔을 때 뒤따르던 암살자들(fidâiyân)이

---

377) A · B: TBQWR. TNQWZ의 誤寫이다.

378) A · B: TBQWR.

그를 칼로 찔러 죽였다.

그들은 어전에 도착하여 먼저 친 티무르가 준비한 천막을 쳤고 카안은 그곳에서 연회를 즐겼다. 그가 방뇨하러 밖으로 나왔을 때, 〔갑자기〕 바람이 불어 그 천막을 넘어뜨리는 바람에 후궁 한 사람이 다쳤다. 카안은 그 천막을 조각내어 약탈해 가라고 명령했다. 그로 인해 에드구 티무르의 일은 엉망이 되고 말았다. 일주일 뒤에 쿠르구즈가 갖고 온 천막을 쳤고, 카안은 그곳에서 잔치를 즐겼다. 선물들 가운데 야라칸석(sang-i yaraqân)[379]으로 〔장식〕된 혁대가 하나 있어 〔카안은〕 그것을 신기하게 여겨 허리에 차보았는데, 과식으로 인하여 그가 느끼던 복부의 불편함이 약간 해소되었다. 그는 그것을 좋은 징조라고 여겼고 쿠르구즈의 처지는 나아졌다.

칙명에 따라 석 달 동안 그들의 주장에 대해서 심문했지만 결정이 내려지지 않았다. 마침내 카안이 직접 심문했고, 에드구 티무르와 그의 속료들에게 유죄가 내려졌다. 〔카안은〕 "너는 바투에게 속하기 때문에 너의 주장을 바투에게 전달하겠노라. 너를 어떻게 할지는 바투가 〔알아서〕 처리하도록 하라"고 말했다. 재상(vazîr)인 친카이(Chînqâî)가 말하기를 "바투의 지휘관(ḥâkim)은 카안이십니다. 이 개〔犬〕가 무엇이기에 그에 관한 문제를 군주들[380]과 상의할 필요가 있습니까? 그것은 카안께서 결정하십시오!"라고 했다. 카안은 그를 용서해 주었고 〔149r〕「121v」 그들로 하여금 화해토록 했다. 그러고는 그들을 모두 쿠르구즈에게 대동시켜 돌아가도록 하면서 "그들에게 말하라! 거짓을 고발하는 사람을 처형하는 것이 칭기스 칸의 대(大)야사(yâsâ-i buzurg)이니, 너희들을 모

---

379) jaundice stone.

380) 원문은 pâdishâhân. 여기서는 카안의 휘하에 있는 각지의 諸王을 가리킨다.

두 처형해야 마땅할 것이다. 그러나 너희는 먼 길을 왔고 너희들의 처자식들이 기다리고 있을 테니 목숨을 살려 주겠노라. 이후로는 이러한 일을 하지 않도록 하라!"고 말하였다. 그리고 쿠르구즈에게도 "만약 네가 지난 일에 앙심을 품고 산다면 너 역시 죄를 받게 될 것이다"라고 말하도록 하였다.

쿠르구즈에게 아무다리야 너머에서 초르마군의 군대가 복속시킨 지방들을 모두 관할토록 하라는 칙명이 내려왔다. 〔쿠르구즈는〕 그 〔소식〕을 알리는 전령을 먼저 후라산으로 보내고, 자신은 바투의 형제인 탕구트에게로 갔다. 거기서 호라즘 길을 경유하여 후라산으로 향했고, 637년 주마다 알 아히르〔1239년 12월 29일 ~ 1240년 1월 26일〕에 자기 집에 도착했다. 그는 아미르들과 대인들을 불러서 명령들(aḥkâm)을 읽게 하였다. 또한 〔자기〕 아들을 이라크와 아제르바이잔으로 보내어 초르마군과 많은 언쟁을 주고받은 뒤 그 지방들을 칙명에 따라 장악하고, 정액의 세금(mâl-i qarârî)을 확정시켰다. 쿠르구즈는 투스 시를 자신의 거처로 선택하고 그곳에 건물을 짓기 시작했다. 샤라프 앗 딘 호라즈미를 붙잡아 구금하고 재상직을 아실 앗 딘 루가디(Aṣîl ad-Dîn Rûǧadî)에게 주었다. 샤라프 앗 딘의 상황을 〔보고하기〕 위하여 티무르를 어전으로 보냈고 뒤이어 자신도 출발했다.

그가 돌아올 때 마와라안나흐르 지방에서 차가타이의 아미르들 가운데 한 명인 키체우[381]라는 사람과 어느 다리 위에서 〔만나〕 언쟁이 벌어졌는데, 그 아미르가 "내가 너를 고발하지 못하겠는가?"라고 말하자, 쿠르구즈는 "네가 나를 누구에게 고발하겠느냐?"라고 대답했다. 차가타이는 그로부터 불과 얼마 전에 사망했기 때문에, 그 아미르는 그〔=차가타

---

381) 원문은 KWCAWW. 『부족지』 (p. 232)의 사르탁 키체우(Sartâq Kichâûû)와 동일 인물.

이]의 카툰에게 〔가서〕 울면서 "쿠르구즈가 이렇게 말했습니다"라고 말하자, 그 카툰이 카안의 어전으로 〔사람을〕 보내어 "차가타이가 죽었다고 어떻게 쿠르구즈와 같은 평민(qarâchûî)이 이렇게 큰 소리로 말할 수 있습니까?"라고 아뢰었다. 카안은 그를 붙잡아 입에 흙을 채워서 죽이라고 명령했다. 〔한편〕 그〔=쿠르구즈〕는 후라산에 왔는데, 사신들이 차가타이의 카툰의 명령을 쿨 볼라트의 아들에게 갖고 와서 쿠르구즈를 붙잡아 그들에게 넘기라고 했다. 쿠르구즈는 도망쳐 투스 성채로 갔는데, 사흘간의 전투 끝에 밖으로 끌려 나왔다. 그를 사슬에 묶어 그들에게 넘겼고, 그들은 그를 끌고 가서 입에 흙을 채워 넣어 죽였다. 完!

상술한 기간에 일어난 기이한 사건들의 역사

......382)

---

382) 原缺.

【제3장】

칭송할 만한 그의 성격과 품성. 그가 말하거나 지시했던
훌륭한 성훈과 예화와 명령들. 그의 시대에 생겨난 사건과 일화들 가운데 위의 두 장에 들어가지는
않았으나 여러 책들과 사람들을 통해 알게 된 단편적이고 정돈되지 않은 이야기들.

카안은 훌륭한 성품과 탁월한 자질 및 습성을 갖추었고, 각종 사람들에 대하여 은사와 관용을 최대한 베풀며 애정을 보여 주었다. 그의 성격이 얼마나 관대한지 눈깜짝할 만큼의 한 순간도 정의의 확산과 관용의 정착을 소홀히 하지 않았다. 때로는 대신과 귀족들이 그의 지나친 관대함에 반대하기도 했지만, 그는 "세상은 어떤 피조물에게도 덧없는 것이며, 지혜는 〔우리에게〕 한 인간이 생명을 갖게 되는 것이 〔오로지〕 불후의 좋은 이름을 통해서라는 사실을 말해 준다"고 말하곤 했다.

詩

현자들은 영원한 기억이야말로 제2의 인생이라고 말한다.
이 보물이면 그대에게 족하니, 영속하는 것은 선행(善行)이기 때문이다.[383]
〔149v〕「122r」

지난날의 술탄들과 국왕들의 관행과 습관에 대해 말이 나올 때마다, 재물에 관한 이야기가 나오면 그는 "그런 것을 〔모으기 위해〕 애쓰는 사람들은 중요한 지혜를 결여한 셈인데, 왜냐하면 묻혀진 재물과 흙 사이에는 〔아무런〕 차이도 생각할 수 없고, 효용이 없다는 점에서는 둘 다 마찬가지이기 때문이다. 〔그것들은〕 죽음이라는 운명의 순간에 아무런 효

---

383) 『코란』 18장 46절과 19장 769절에 나오는 비슷한 구절 참조.

용도 주지 못하고, 저 세상에서 다시 [이 세상으로] 온다는 것은 불가능하기 때문이다. 짐은 재물을 [사람들의] 마음의 구석에 두고자 한다. 현재 [수중에] 있어서 준비된 것 혹은 [장차] 생길 것은 무엇이건 모두 비천한 사람이나 궁핍한 사람들에게 주어 [짐의] 좋은 이름을 쌓을 것이다." 그의 말이나 행동에 대해 요약적으로 이렇게 보고된 내용을 입증하기 위해서 [이제부터] 몇 가지 일화를 상세하게 제시할 것이다. [그러나 그것은] 수많은 것들 가운데 일부 아니 1000분의 1에 불과한 것이다.

첫 번째 [일화]

몽골의 야사와 관례(yôsûn)에 따르면 봄과 여름에는 낮 동안 어느 누구도 물 속에 들어가 그 흐르는 물에 손을 담가서는 안 되며, 금과 은으로 만든 그릇으로 물을 떠서도 안 되고, 씻은 옷을 벌판에 널어 두어도 안 된다. 왜냐하면 그들의 생각에는 이러한 행동이 많은 천둥과 번개를 불러온다고 보기 때문이다. 그들은 [그것을] 대단히 두려워해 피하려고 한다. 하루는 카안이 차가타이와 함께 사냥에서 돌아오고 있었는데, 한 무슬림이 물에 앉아 세정(洗淨)하고 있는 것을 보았다. 야사(yâsâ)에 관한 한 매우 꼼꼼했던 차가타이는 그 무슬림을 처형하려고 했지만, 카안은 "[오늘은 시간이 너무] 늦었고 우리도 피곤하니 오늘 밤은 그를 구금해 두고 내일 심문해서 야사에 처하도록 합시다"라고 말했다. 그를 다니시만드 하집(Dânishmand Ḥâjib)[384]에게 맡기고는 "은(銀) 발리시(bâlish)[385] 하나를 그가 세정하던 곳의 물 속에 넣어 두라!"고 은밀히

---

384) dânishmand는 페르시아어로 '識者'를 뜻하며, ḥâjib은 '시종장'을 뜻한다. 따라서 '다니시만드 하집'은 그의 본명이 아니라 일종의 별칭이었을 가능성도 있다. dânishmand는 중국측 기록에 흔히 쏨失蠻으로 표기되며, 무슬림 宗務人들을 나타내는 일반적인 호칭으로 사용되었다. 여기서 '다니시만드 하집'은 쿠빌라이 시대에 고위관리를 지낸 '답실만'과는 다른 인물로 보인다.

지시하고, 그에게는 "심문(yârǧû)386)을 할 때 '저는 가난한 사람이었습
니다. 제가 갖고 있던 얼마 안 되는 자산이 물에 빠져 그것을 건지려고
〔물 속에〕 들어갔습니다'라고 말하라!"고 전하도록 했다. 다음날 심문을
할 때 그는 그 같은 변명을 둘러댔고, 그곳으로 〔사람을〕 보냈더니 〔과
연〕 물 속에서 발리시를 찾아냈다. 카안은 "대야사를 감히 어길 수 있는
사람이 과연 누가 있겠는가? 그러나 이 불쌍한 사람은 극도의 절망과 곤
경에 빠져 이 보잘것없는 것 때문에 자신을 희생한 것이다"라고 말하면
서 그를 용서해 주었다. 그러고는 재고에서 발리시 10개를 다시 꺼내어
주라고 지시했다. 그리고 "이후로 나는 그 같은 일을 범하지 않겠습니
다"라는 서약서(ḥujjat)를 그에게서 받았다. 이런 까닭에 세상의 자유인
들은 그의 품성에 노예가 되었다. 왜냐하면 〔관대한〕 심성은 풍부한 재
물보다 더 낫기 때문이다. 完!

또 다른 〔일화 2〕

〔몽골이〕 처음 등장했을 때, 어느 누구도 양이나 다른 식용류의 짐승들
을 〔도살할 때〕 목을 따지 말고 그들의 관습을 따라 가슴과 어깨에 칼을
대라는 야사를 시행했다. 〔하루는〕 한 무슬림이 시장에서 양 한 마리를
사서 집으로 데리고 간 뒤, 문을 잠그고 안에서 신의 이름을 부른

---

385) 발리시(balish)는 몽골 제국기 이슬람권에서 사용되던 銀塊의 명칭으로 발리시 한 개의 중량은 2kg
이었다. 이와 동일한 것이 중국에서는 錠, 중앙아시아에서는 yastuq('베개'), 몽골리아에서는 süke
('도끼')라고 불리었는데, 이 같은 이름이 붙은 것은 2kg짜리 은체의 모양이 '베개'나 '도끼'처럼
생겼기 때문이다. Cf. 前田直典,「元代の貨幣單位」,『元朝史の研究』(東京: 東京大學出版會, 1973), pp.
19~39; 森安孝夫,「〈シルクロード〉のウイグル商人」,『(新)岩波講座世界歷史』권11(中央ユーラシア
の統合)(東京: 岩波書店, 1997), pp. 93~119.
386) yârǧu는 몽골어 jarǧu를 옮긴 것으로 일종의 '법정'과 같으며, 판결을 주재하는 직분을 맡은 사람을
'자르구치'(jarǧuchi)라고 불렀다. 이에 관해서는 札奇斯欽의「說元史中的〈扎魯忽赤〉並兼論元初的尙書
省」,『蒙古史論叢』上(臺北: 學海出版社, 1980), pp. 233~364을 참조.

(tasmiyah)[387] 후에 그것을 도살했다. 한 킵착인이 시장에서 그를 보고
는 유심히 관찰하면서 그의 뒤를 따라왔다. 킵착인은 지붕 위로 올라가
서 그가 양의 목을 따려 하는 순간 〔위에서〕 뛰어 내려와, 그 무슬림을
묶어서 카안의 어전으로 끌고 갔다. 〔카안은〕 사건을 조사하기 위해 대
리인들을 밖으로 보냈는데, 그들이 〔돌아와〕 사건의 정황을 보고했다.
그러자 그는 "이 불쌍한 사람(darvîsh)은 야사를 지켰지만, 이 투르크인
은 그의 지붕에 올라갔기 때문에 〔야사를〕 어겼다"고 말했다. 〔그래서〕
그 무슬림은 무사했고 킵착인은 야사에 처해졌다.

또 다른 〔일화 3〕

키타이에서 놀이꾼들이 와서 장막 뒤에서 놀라운 놀이들을 보여 주었
다. 그것들 가운데에는 각 종족의 모습을 하나씩 〔본뜬 것이〕 있었는데,
그 중에는 흰 수염을 기르고 머리에는 터번을 두른 한 노인을 말꼬리에
묶어서 끌고 밖으로 나오는 〔장면이〕 있었다. 〔카안이〕 "이것이 누구를
묘사한 것인가?"라고 묻자, "반란을 일으킨 한 무슬림입니다. 왜냐하면
군인들이 〔그런〕 사람들을 이러한 모습으로 도시 밖으로 끌고 나오기 때
문입니다"라고 말했다. 그는 놀이를 중지하라고 지시하고 바그다드와
부하라에서 갖고 온 고급스러운 옷들과 보석으로 장식한 물건들, 그리
고 아라비아 말들과 보석으로 만들어진 값비싼 물품들과 그 밖에 이 지
방에서 나오는 다른 것들을 재고에서 내오라고 명령했다. 또한 키타이
〔지방〕의 물건들 가운데에서도 〔일부를〕 내어오라고 했다. 그들이 〔그것
들을〕 갖고 와서 마주하여 놓으니 그것들 사이의 차이는 〔150r〕「122v」

---

387) tasmiyah는 무슬림들이 동물을 도살하기 전에 알라의 이름을 부르는 행위, 즉 "위대한 알라의 이름
으로"(Bismillâh Allâhu Akbar)라는 구절을 언표하는 것을 뜻한다. 이러한 절차에 따라 도살된 짐
승의 고기만 '유효한 것'(ḥalâl)으로 간주되어 먹을 수 있다.

비교할 수도 없었다. [카안은] "아주 가난한 타직인 무슬림에게도 머리를 조아리고 있는 키타이 노예들이 몇 명 있는데, 키타이의 대아미르들 가운데 어느 누구도 무슬림 포로를 한 명 갖고 있는 사람은 없다. 이렇게 된 것은 바로 신의 지혜에 의한 것이니, 세상의 여러 종족들 가운데 각각의 종족들의 등급(martaba)과 지위(manzilat)에 대해 [신이] 인식하고 있기 때문이다. 또한 칭기스 칸의 대야사 역시 이러한 정황과 [잘] 부합하니, 무슬림 한 사람의 [목숨에 대한] 대속(代贖, diyat-i khûn)은 금 40발리시이지만 키타이인 한 사람의 그것은 나귀 한 마리로 정해 놓았기 때문이다. 이렇게 분명한 증거와 근거들이 있음에도 불구하고 [너희들은] 어떻게 이슬람을 믿는 사람들을 웃음거리로 만들 수 있단 말인가? 너희들의 나쁜 행동에 대해서 처벌해야 마땅하겠지만, 이번에는 너희의 목숨을 살려 줄 테니 내 면전에서 꺼지거라. 그리고 앞으로는 이러한 행동을 하지 말도록 하라!"고 말했다.

또 다른 [일화 4]

이란 땅의 어떤 말릭이 카안의 어전으로 사신을 보내어 복속(îlî)을 해왔는데, 그가 보내온 귀중한 헌물들 가운데에는 조상으로부터 물려받은 광택이 나는 루비가 있었다. 그 [표면]의 윗부분에는 예언자 — 그에게 알라의 축복과 평안이 함께 하기를! — 의 축복받은 이름이 새겨져 있었고, 그 아래에는 그것을 보내온 사람의 조상들의 이름이 있었다. [카안은] 보석 세공인에게 예언자 — 그에게 평안이 있기를! — 의 이름은 행운과 축복을 위하여 남겨두되 다른 이름들은 지워 버리라고 명령하였다. 그리고 예언자 — 그에게 축복과 평안이 있기를! — 의 이름 아래에 카안의 이름을 새기고, 그 다음에 [보석을] 보낸 사람의 이름을 [새기도록 했다]. 完!

또 다른 〔일화 5〕

정결한 종교 이슬람을 거부하는 사람들 가운데 아랍어를 말하는 한 사람이 카안의 어전에 와서 무릎을 끓고 "칭기스 칸을 꿈에서 뵈었습니다. 그가 말씀하시기를 '무슬림들은 대단히 나쁜 사람들이니, 내 아들에게 그들을 많이 죽이라고 말하라!'고 하였습니다"라고 말했다. 카안은 잠시 생각하더니 "〔그분이〕 너에게 통역(kelemechî)을 통해서 말씀하셨느냐, 아니면 직접 말씀하셨느냐?"라고 물었다. 그는 "자신의 입으로 〔말씀하셨습니다〕"라고 말했다. 카안이 "너는 몽골어를 아느냐?"라고 물으니, 그는 "모릅니다"라고 대답했다. 〔카안은〕 "네가 거짓말을 하고 있는 것이 분명하다. 왜냐하면 나의 부친께서 몽골어 이외에 다른 언어를 알지 못했다는 것을 나는 분명히 알고 있기 때문이다"라고 말하고는 그를 처형시키라고 지시했다.

또 다른 〔일화 6〕

살아갈 방도도 없고 아무런 기능도 갖고 있지 못한 가난뱅이가 한 명 있었다. 그는 쇳조각을 몇 개 송곳 모양으로 갈아서 나무에 끼워 놓고 카안이 지나가는 곳에 앉아서 기다리고 있었다. 멀리서 〔카안의〕 축복받은 눈길이 그를 발견하고는 그의 처지를 물으러 한 사람을 보냈다. 그는 "저는 비참한 처지에 가진 것도 적은데 식솔들은 많습니다. 이 송곳들을 어전에 〔바치러〕 가지고 왔습니다"라고 말하며 〔그것들을〕 주었다. 그 아미르는 그의 처지를 아뢰었으나 송곳들은 너무 초라하고 못 만들어졌기 때문에 건네지 않았다. 〔카안은〕 "그가 갖고 온 것을 내어 보아라!"고 지시했다. 그는 그 송곳들을 축복받은 손에 잡고서 "이런 것도 쓸모가 있다. 왜냐하면 목동들은 그것으로 쿠미즈 푸대(kûkâûûr)388)들의 봉합 부분을 꿰매기 때문이다"라고 말했다. 그러고는 보리 한 톨의 가치도 없는 송곳 한 개마다 은 1발리시씩 〔값을 쳐주라고〕 지시했다.

또 다른 〔일화 7〕

아주 늙고 병든 어떤 사람이 카안의 어전에 찾아와서, 자기에게 금 200
발리시를 오르탁[389]의 형식으로(bi-sabîl-i ortâqî) 달라고 청원했다. 〔카
안이〕 주라고 명령하자 신하들은 "이 사람의 일생은 하루의 저녁에 다다
른 셈입니다. 그는 거처도 자식도 친척도 없고, 아무도 그의 처지를 아
는 사람이 없습니다"라고 아뢰었다. 카안은 "그는 일생 동안 이러한 희
망 속에서 살았고 〔이러한〕 기회를 잡으려 했는데, 그를 나의 궁전에서
낙담케 한 뒤에 돌려보낸다는 것은 고귀한 뜻과는 거리가 멀 뿐만 아니
라, 지고한 신께서 내게 허락해 주신 이 같은 제왕의 지위에도 어울리지
않는 일이다. 그가 청원한 것을 신속하게 그에게 주도록 하라. 그가 최
후의 순간에 이를 때까지 자신의 희망을 성취하지 못할 수도[390] 있지 않
은가?"[391]라고 말했다. 칙명에 따라 〔그가 청한 것보다〕 더 많은 발리시
들을 그에게 주었지만, 그것들을 다 받기도 전에 그는 〔자신의〕 영혼을
신께 맡겼다.

---

388) Steingass(p. 1063)는 KWKWAR(kûkvâr)라는 단어에 대해서 "A knapsack (doubtful word)"라는
    설명을 달았다. 여기에 나오는 KWKAWWR과 동일한 단어로 추정된다.
389) '오르탁' 혹은 '오르톡'은 원래 투르크어에서 '동업'을 뜻하는 ortaq에서 나왔으며, 한문 자료에는
    흔히 斡脫이라고 표기되었다. 『吏學指南』에는 이 말에 대해서 "官錢의 운영, 즉 자본을 돌려서 이익을
    추구하는 것을 가리키는 명칭〔謂轉運官錢, 散本求利之名也〕"이라고 설명하고 있다(元代史料叢刊本,
    揚訥 點校, 浙江古籍出版社, 1988, p. 118). 오르탁에 관한 자세한 내용은 다음 논문을 참조. Thomas
    Allsen, "Mongolian Princess and Their Merchant Partners, 1200~1260," *Asia Major* (3rd series ;
    vol. 2, pt. 2, 1989), pp. 83~126 ; E. Endicott-West, "Merchant Associations in Yüan China : The
    Ortov", *Asia Major* (3rd series ; vol. 2, pt. 2, 1989), pp. 127~154.
390) A : bi-ârzû-yi khûd na-rasad ; B : bi-ârzû-yi khûd bi-rasad. 여기서는 A본을 취했다.
391) B본에는 "그가 최후의 순간에 이를 때까지 자신의 희망을 이루지 못해서는 안 된다"고 되어 있다.

또 다른 [일화 8]

어떤 사람이 [왕실] 재고에서 500발리시를 자본금의 명목으로(bar sabîl-i biżâ'at) 자신에게 주어 그것으로 교역을 할 수 있게 해달라고 청원했다. [카안은] 주라고 명령했는데, 신하들이 [150v]「123r」 "이 사람은 근본(aṣâlat)이 없고 돈도 없으며, 그만큼의 액수를 부채(qarż)로 갖고 있습니다"라고 아뢰었다. [카안은] 그에게 1000발리시를 주어 반은 채권자들에게 주고 [나머지] 반은 자본금(sar-mâya)으로 쓰라고 지시했다.

또 다른 [일화 9]

묻힌 보물에 관한 책자(ganj-nâma)가 발견되었는데, [거기에는] 그들의 목지가 있는 지역 부근에 위치한 어떤 지점에 아프라시압이 묻어 둔 보물이 있다[고 적혀져 있었다]. 상술한 이 보물 책자에는 그 부근에 있는 짐승들조차 그것을 들어올릴 수 없을 정도[로 많은 양의 보물이]라고 적혀 있었다. [그러나 카안은] "나는 다른 사람들의 보물이 필요없다. 내가 갖고 있는 것들도 모두 주님의 종들에게, 또 나 자신의 속민들에게 나누어 주고 있다"고 말했다.

또 다른 [일화 10]

한 오르탁(ortâq)이 재고(財庫, khazâna)에서 500발리시를 자본금 명목으로 가져갔다. 얼마 후 그가 돌아와 그 발리시가 [하나도] 남지 않게 된데 대하여 말도 안 되는 변명을 늘어놓았다. 카안은 다시 한 번 500발리시를 주라고 명령했고 그는 그것을 취했다. 다음 해에 전보다 더 궁핍해져서 돌아와 또 다른 변명을 했다. [카안은] 그만큼 더 주라고 했고, 그는 [돈을 잃고] 다시 돌아와서 변명을 늘어놓았다. 비틱치들은 그의 말에 대해서 심문했고 〔카안에게 그 결과를 이렇게〕 전달하였다. "모모(某某)라는 인물이 도시들에서 재산을 탕진하고 먹어치웠습니다." 〔카안이〕 "발리시를 어떻게 먹을 수 있단 말인가?"라고 묻자, 그들은 "무뢰배들(ûbâsh)에게 주고, 또 먹고 마시는 데에 써버렸습니다"라고 말했다. 그러자 그는 "발리시의 본질은 그대로 있는 셈이다. 그에게서 그것을 빼앗은 사람들도 나의 백성이니, 재화는 역시 우리의 수중에 있는 셈이다. 지난 번에 그에게 주었던 액수만큼 다시 주고, 〔앞으로는〕 낭비하지 말라고 말하도록 하라"고 지시하였다.

또 다른 〔일화 11〕

키타이의 도시들 중에서 다이밍푸(Ṭâîminfû, 大名府)392) 사람들이 청원하기를 "우리에게는 빚이 8000발리시 있는데, 그것이 장차 우리를 망쳐 놓을 것입니다. 왜냐하면 채권자들(ğurmâ)이 갚으라고 독촉하고 있기 때문입니다. 만약 〔우리에게〕 여유를 주라는 칙명을 내리신다면 저희는 〔그 빚을〕 천천히 갚을 것이고 완전히 파탄에 이르게 되지는 않을 것입니다"라고 하였다. 카안은 "채권자들에게 여유를 주라고 강요한다면 그들에게 피해를 주게 될 것이고, 〔그렇다고〕 방치한다면 백성들이 곤란에 처하게 될 것이다. 〔왕실〕 재고에서 갚아 주는 것이 더 낫다"고 말했다. 그리고 부채를 받기를 원하는 사람은 증서를 갖고 오거나 아니면 채권자가 〔직접〕 출두해서 재고에서 금액을 수령하라는 포고문을 주었다. 한 사람은 채권자가 되고 다른 사람은 상대방 〔즉 채무자〕가 되어 거짓으로 발리시를 취해 가는 경우가 많았고, 그래서 청원했던 것의 두 배를 받아

---

392) A · B: ṬALMĞW. 혹시 ṬAYMNFW의 誤寫가 아닐까 생각한다. 露譯本도 Tai-min-fu로 읽었다. 다만 보일은 Tayanfu(太原府, 山西省 소재)로 읽었다. Cf. 『征服者史』, p. 210. Ṭâîminfû, 즉 大名府는 산동 지역에 있었다.

가기까지 하였다.

또 다른 [일화 12]

누군가가 사냥터에서 그에게 멜론 하나[393]를 가져왔다. 거기에는 금도 옷도 아무 것도 없었기 때문에 [카안은] 무게 카툰에게 귀에 달고 있는 두 알의 고귀한 진주를 그 사람에게 주라고 말했다. [그러자 사람들이] 말하기를 "이 가난뱅이는 진주들의 값어치를 알지 못하니 내일 오라고 해서, 칙명대로 재고에서 금과 옷을 가져가도록 하십시오!"라고 하였다. 그는 "[이] 가난뱅이는 기다릴 수 없을 것이다. 그리고 이 진주들은 다시 내게 돌아올 것이다"라고 하며 즉시 그 진주들을 그에게 주라고 지시했다. 가난뱅이는 기뻐하며 돌아갔는데, 그것을 적은 돈에 팔아 버렸다. 구매자는 스스로에게 "이같이 훌륭한 보석은 군주들에게나 적합한 것이다"라고 말하며, 다음날 카안의 어전에 헌물로 가져왔다. [그러자 카안은] "즉시 내게로 올 것이라고 말하지 않았더냐? 가난뱅이도 실망하지 않은 셈이다"라고 말했다. 그리고는 그 [진주들]을 무게 카툰에게 주고, [헌물로] 갖고 온 사람에게 은사를 베풀었다.

또 다른 [일화 13]

낯선 사람이 화살을 두 개 갖고 와 무릎을 꿇었다. 연유를 물으니 "제 직업은 화살을 깎는 것인데, 70발리시의 빚을 지고 있습니다. 만약 칙명을 내려 재고에서 이 액수를 주신다면, 저는 매년 1만 개의 화살을 헌상하겠습니다"라고 아뢰었다. [카안은] "이 불쌍한 사람은 [151r]「123v」 상황이 극도로 나빠지지 않았다면 이렇게 적은 발리시에 그렇게 [많은 수

---

393) "멜론 세 개"라고 된 사본들이 많으나, 여기서는 A · B본을 따랐다.

의〕 화살을 〔만들겠다고〕 하지는 않았을 것이다. 그에게 현금(naqd) 100발리시를 주어 자기 처지를 개선하게 하라!"고 말했다. 즉시 〔그 액수가〕 지급되었으나, 그는 그것을 운반할 수가 없었다. 카안은 웃음을 터뜨리면서, 소 한 쌍과 수레 한 대도 그에게 주어 갈 수 있게 하라고 지시했다.

또 다른 〔일화 14〕

카라코룸 시를 건설하라고 지시했을 때였다. 〔카안이〕 하루는 재고에 왔다가 거의 2만 개의 발리시〔가 있는 것〕을 보고는, "이것들을 쌓아 두는 것이 우리에게 무슨 소용이 있기에 항상 그것을 지키고 있어야만 하는가. 포고문을 내어 어느 누구건 발리시를 원하는 사람이 있으면 와서 갖고 가라고 하라"고 말했다. 귀족과 평민, 부자와 빈자를 가릴 것 없이 도시 주민들은 재고로 향했고, 누구건 자기 몫을 넘치도록 받았다. 完!

또 다른 〔일화 15〕

카라코룸 지방에서는 혹심한 추위로 인해 농사를 지을 수 없었으나, 카안의 치세에 그것을 시작하였다. 어떤 사람이 무를 심어 몇 개를 수확해서 그것을 카안의 어전으로 갖고 왔다. 〔카안은〕 그것을 잎과 함께 숫자를 세라고 지시했는데 〔모두〕 100개로 계산되었다. 그는 그에게 발리시 100개를 주라고 명령했다.

> 만약 마음과 손이 바다와 광산〔처럼 무궁무진한 것〕이라면
> 그것은 왕의 마음과 손이로다.[394]

---

394) 시인 Anvarī가 셀주크조 술탄인 Sanjar(재위 1131~1157)에게 바친 유명한 헌시(qasida)의 첫 구

또 다른 [일화 16]

그는 카라코룸에서 2파르상[즉 약 11km] 떨어진 곳에 전각을 지으라고 명령했고 그것을 투즈구 발릭이라고 이름하였는데, 어떤 사람이 그 부근에 버드나무와 아몬드나무를 몇 그루 심었다. 그 지방에는 추위가 혹심하여 나무가 자랄 수 없었는데, 우연히 그것들이 푸르게 되었다. [카안은] 나무 한 그루에 금 발리시 한 개씩을 그에게 주라고 지시했다.

또 다른 [일화 17]

그의 관용과 은혜에 관한 소문이 주변으로 퍼져 나가자 각지에서 상인들이 그 궁전으로 몰려들었다. 그는 그들의 물품들을 좋건 나쁘건 사서 그 값을 모두 치러 주라고 지시했다. 그런데 보지도 않고 [값을] 주는 경우가 더 많았기 때문에, 그들은 한 개를 열 개의 값으로 쳐서 청구서(tafṣîl)를 가져오곤 했다. 모든 상인들이 이러한 상황을 눈치채고, 물품을 [팔고 나서도] 열지 않은 채 두었다가 2~3일 뒤 [카안이] 그것들을 처분할 때 다시 돌아와서 마음 내키는 대로 가격을 매겨서 [다시 구입하곤] 하였다. 그리고 어떤 것을 사들이건 간에 열에 열하나(dah yâz-dah)[395]를 쳐주라고 지시했다. 하루는 어전에 있는 유능한 관리들(kufât)이 "열을 넘어서 열하나를 줄 필요는 없습니다. 왜냐하면 [이미] 그들이 가지고 온 물품들의 가격이 적정값보다 더 높기 때문입니다"라고 아뢰었다. 그는 이렇게 말했다. "상인들이 국고[를 상대로] 거래하는 것은 이익을 늘리기 위해서이다. 또한 그들은 반드시 너희 비틱치들[에게 돈을 주기] 위하여 지출해야만 한다. 내가 주는 것은 [그들이] 너희

절(*Successors*, p. 82).

395) 가격을 10으로 할 때 11의 값으로 쳐준다는 것은 결국 원래의 가격보다 10%를 더 책정해 준다는 뜻이다.

에게 진 빚이니, 나의 어전에서 손해를 보고 돌아가지 않도록 하기 위함
이다."

또 다른 〔일화 18〕

힌두스탄에서 어떤 사람들이 상아 두 개를 갖고 왔다. 〔카안이〕 "그들이
원하는 것이 무엇이냐?"고 묻자, 그들은 "5000발리시!"라고 대답했다.
그는 조금도 주저없이 주라고 명령했다. 이에 어전에 있던 대신들은 크
게 반대하면서, "이처럼 보잘것없는 물건에 어떻게 〔그런 거액을〕 줄 수
있습니까? 특히 그들은 적국(敵國)에서 왔습니다"라고 아뢰었다. 그는
"누구도 내게는 적이 아니다. 빨리 〔돈을〕 주어서 갈 수 있도록 하라!"고
명령했다. 完!

또 다른 〔일화 19〕

어떤 사람이 그에게 이란 땅에서 사용되는 모양의 모자를 하나 갖고 왔
다. 〔카안은〕 취한 상태에서 그에게 200발리시를 지불명령서(barât)로
써주라고 지시했다. 〔그러나 관리들은〕 탐가인(al-tamğâ)을 찍는 것을
지체했는데, 그것은 〔카안이〕 술에 만취한 상태에서 내린 명령이었을 가
능성이 있다고 생각했기 때문이었다. 다음날 그의 눈길이 그 사람에게
갔다. 〔관리들이〕 증서를 그에게 바치니, 그는 300〔발리시〕로 하라고 지
시했다. 그들은 똑같은 이유로 〔인장 찍기를〕 지체했지만, 〔카안은〕 매
일 100씩 증가시켜서 결국 600〔발리시〕에 이르게 되었다. 그 뒤 그는 아
미르들과 비틱치들을 불러서 물었다. "이 세상에서 영원히 남는 것이 있
는가 없는가?" 그들은 모두 "없습니다"라고 대답했다. 그는 사힙 얄라바
치(Ṣâḥib Yalavâch)를 향해 말하기를 「124r」 "이 말은 틀렸소. 〔151v〕
왜냐하면 훌륭한 이름과 좋은 기억은 영원히 남기 때문이오"라고 하였

다. 그리고 비틱치들에게 이렇게 말했다. "나의 진정한 적은 너희들이
다. 왜냐하면 나에 관한 좋은 기억과 훌륭한 이름이 남는 것을 너희는
바라지 않기 때문이다. 너희는 내가 술에 취해서 〔돈을〕 준 것이라고 생
각하면서 그것을 지연시켜 왔고, 그래서 마땅히 받을 사람〔의 몫〕을 가
로막고 지체시켰던 것이다. 다른 사람들에 대한 경고로써 너희들 가운
데 한둘을 스스로의 행동에 대해 책임지게 하여 처벌하지 않는다면, 장
차 좋지 않을 듯하다."

또 다른 〔일화 20〕

시라즈가 아직 복속하지 않았을 때 어떤 사람이 와서 무릎을 꿇고 "저는
가족이 있는 사람인데 부채가 500발리시 있습니다. 시라즈에서 임금님
당신의[396] 관대함에 대한 소문을 듣고 왔습니다"라고 말했다. 〔카안이〕
그에게 은 1000발리시를 주라고 명령하자, 신하들은 만류하며 아뢰기를
"그가 요청한 것보다 더 많이 주는 것은 낭비입니다"라고 하였다. 〔그러
자〕 그는 이렇게 말했다. "곤경에 처한 사람이 내 소문을 듣고 산과 들을
지나고 더위와 추위를 견디며 이렇게 〔먼〕 길을 왔으니, 그가 요청한 액
수는 〔그동안〕 지출된 비용을 충당하기에 충분하지 않다. 만약 거기에
더 보태어 주지 않는다면 그는 필시 낙담해서 돌아갈 것이다. 그것은 결
코 용납될 수 없다. 지시했던 대로 모두 그에게 주어서 즐거운 마음으로
갈 수 있도록 하라!"

또 다른 〔일화 21〕

한 가난뱅이가 그의 어전에 왔는데, 가죽끈을 열 개 막대기에 묶고는 입

---

396) A본에는 이 말이 없다.

을 열어 〔카안을 위하여〕 기도하며 이렇게 아뢰었다. "저는 염소 한 마리를 갖고 있었습니다. 가족〔에게 필요한〕 비용을 충당하기 위해 그 고기를 팔고, 병사들을 위하여 그 껍질로 가죽끈을 만들어 갖고 왔습니다." 카안은 그 가죽끈들을 축복받은 손에 받아들고 "이 불쌍한 사람은 염소에서 가장 좋은 부분을 내게 갖고 왔다"고 말하면서, 그에게 100발리시와 양을 1000마리 주라고 지시했다. 그리고 〔그것을〕 다 쓰고 나면 다시 와서 또 받아 가라고 명령했다.

또 다른 〔일화 22〕

카안의 습관은 다음과 같았다. 매년 겨울 석 달은 사냥에 몰두했고, 나머지 아홉 달은 매일 식사를 마친 뒤 천막 밖으로 나가 의자에 앉아 재고에 있는 온갖 물품들을 무더기무더기로 쌓아 놓고 각종 몽골과 무슬림들에게 나누어 주곤 하였다. 몸집이 큰 사람들에게는 어떤 종류〔의 물품〕을 원하건 간에 그들이 들 수 있는 만큼 다 갖고 가라고 지시할 때도 많았다. 하루는 그런 부류에 속한 어떤 사람이 한 무더기를 들고 갔는데, 도중에 옷 한 벌이 떨어졌기 때문에 그것을 가지러 되돌아왔다. 〔카안은〕 "어떻게 사람이 한 조각 옷 때문에 그 고생을 한단 말인가?"라고 말하며, 한 번 더 그가 그 옷들을 집을 수 있는 만큼 갖고 가라고 지시했다. 完!

만약 하팀(Khâtim)[397]이 살아난다면 그대의 손이 얼마나 관대한지를 보리라.
그대의 손을 그가 믿으리라는 데에는 의심의 여지가 없도다.

---

397) 베두인의 타이(Tayy) 부족에 속했던 것으로 믿어지는 전설적인 인물로, 생전에 수많은 선행을 베푼 것으로 알려져 있다.

또 다른 [일화 23]

어떤 사람이 그에게 붉은 버드나무로 만든 채찍 200개를 갖고 왔는데, 그 나무는 그 지방에서는 땔감으로 태우는 것이다. [카안은] 그에게 200 발리시를 주라고 명령했다.

또 다른 [일화 24]

어떤 사람이 그에게 골촉(骨鏃)을 200개 갖고 왔는데, [카안은] 그에게도 은 200발리시를 주라고 명령했다. 完!

또 다른 [일화 25]

[카안이] 하루는 카라코룸의 바자르 안을 지나가다가 어떤 상점 안에 있는 대추에 눈길이 갔는데, 그것을 [먹고 싶은] 욕구가 생겼다. 그가 말에서 내렸을 때 다니시만드 하집에게 그 상점에서 발리시 한 개를 주고 대추를 사오라고 지시했다. 다니시만드 하집이 가서 대추를 한 접시 갖고 왔는데, 그 가격의 두 배인 1/4발리시를 그에게 지불하였다. 그가 오자 [카안은] "이만큼의 대추가 1발리시라면 값이 싸다"고 말하자, 다니시만드 하집은 남은 발리시를 꺼내면서 말하기를 "제가 지불한 것은 그 [대추의] 10배나 더 많습니다"라고 했다. 카안은 그에게 호통을 치며 "그가 평생에 우리 같은 구매자를 만날 수 있겠는가?"라고 하면서, 10발리시를 모두 그에게 주라고 지시했다. 完! [152r]「124v」

또 다른 [일화 26]

[카안이] 한 가난뱅이에게 100발리시를 주라고 명령하자, 신하들이 "필시 카안이 생각한 것은 100발리시가 아니라 100디르함(diram)[398]일 것이다"라며 그가 지나는 길에 그만큼의 액수를 뿌렸다. [카안이] "이것이

무엇이냐?"고 묻자, "그것은 가난뱅이에게 주려고 한 그 발리시들입니다"라고 말했다. 그러자 그는 "지나치게 적고 인색하다"며 두 배로 주라고 명령했다.

또 다른 〔일화 27〕

어떤 사람이 〔카안의〕 아미르·재무관들과 100발리시의 거래를 했다. 〔카안은〕 그에게 발리시를 현금으로 주라고 지시했다. 다음날 한 가난뱅이가 카르시 성문 앞에 서 있었는데, 〔카안은〕 그 사람이 〔거래했던〕 상인이라고 생각하고 "왜 그의 대금을 아직 치러 주지 않았는가? 즉시 지불하라!"고 말했다. 〔사람들이〕 100발리시를 그의 앞에 가져와 "이것이 네 물건들에 대한 대금이니 갖고 가라!"고 했다. 그 가난뱅이는 "저는 어떤 물건도 판 적이 없습니다"라고 말했다. 〔사람들이〕 다시 돌아와 "이 〔가난뱅이〕는 그 사람이 아닙니다"라고 말하자, "발리시를 〔일단〕 재고 밖으로 꺼내 왔으니까 다시 되돌릴 수는 없다. 이 사람의 행운이니 그에게 다 주도록 하라!"고 명령했다. 完!

또 다른 〔일화 28〕

하루는 힌두 여자 한 사람이 두 아이를 등에 업고 카르시의 성문을 지나고 있었다. 〔카안은〕 "그녀에게 5발리시를 주라!"고 지시했다. 〔돈을〕 주는 사람이 발리시 한 개는 〔자신이〕 챙기고 네 개의 〔발리시〕를 그녀에게 주었는데, 그 부인은 〔무엇인가를〕 따졌다. 카안이 "저 부인이 무슨 말을 하고 있는 것인가?"라고 묻자, "가족이 있는 부인이어서 기도를 하고 있습니다"라고 대답했다. "가족이 있다고?"라고 그가 물어 보자 "그

---

398) dirham이라고도 표기되며 이슬람권에서는 보통 은화를 지칭한다.

렇습니다"라고 대답했다. 그는 재고로 가서 그 부인에게 소리쳐 말하기를 "각종 의복들 가운데에서 네가 원하는 것이 무엇이건 가져가라!"고 하였다. 그녀는 부유한 사람의 자본이 될 정도로 〔여러 벌의〕 금사 직물 (nasîj)[399]로 된 옷을 가져갔다. 完!

또 다른 〔일화 29〕

하루는 어느 매꾼(bâzdârî)이 병든 매 한 마리를 가지고 와서 "이놈의 처방은 닭고기입니다"라고 말했다. 〔카안은〕 그에게 닭을 사라고 발리 시 한 개를 주었다. 재무관이 그 발리시를 전주(錢主, ṣarrâf)에게 주고, 닭을 몇 마리 살 만한 액수를 그 〔매꾼〕의 예치금(ḥavâlat)으로 남겼다. 카안이 재무관에게 매꾼의 상황을 묻자, 그는 자신의 수완〔이 얼마나 뛰어난가〕를 아뢰었다. 그 〔말을 듣고〕 카안은 화를 내며 이렇게 말했다. "헤아릴 수 없을 만큼 많은 온 세상의 재화를 모두 네 손에 맡겼는데, 너는 그것으로도 만족하지 못하는구나. 그 매꾼은 닭을 원했던 것이 아니라 그것을 핑계로 무엇인가를 얻으려고 한 것이다. 내게로 오는 사람은 누구나 〔예를 들어〕 '발리시를 받아 가서 〔그것으로〕 이윤(sûd)을 〔만들어〕 드리겠습니다' 라고 말하는 오르탁들(ôrtâqân), 물품들을 갖고 오는 사람들, 이 궁전으로 오는 온갖 부류의 사람들, 그들 모두 무엇인가를 잡으려고 그물을 치는지 나는 알 수가 없다. 그러나 나는 모든 사람들이 내게서 위로받기를 원하고, 내 축복에서 〔자기〕 몫을 갖기를 바란다."

---

399) nasîj라는 말의 어원은 아랍어에서 '짠다〔織〕'를 뜻하는 동사 nasaja에서 나왔지만, 몽골 제국 시대에는 금실과 비단실을 같이 섞어서 짠 직물이라는 의미로 널리 통용되었다. 당시 한문 자료에는 納石失이라고 音寫되었는데, 金錦이라는 표현으로도 사용되었기 때문에 여기서는 그 용례를 그대로 따랐다. Cf. 『元史』 권28 「輿服 · 一」, p. 1938; T. A. Allsen, *Commodity and Exchange in the Mongol Empire: A Cultural History of Islamic Textiles*(Cambridge: Cambridge University Press, 1997), pp. 2~4.

그러고는 그 매꾼에게 발리시를 몇 개 주라고 지시했다. 完!

또 다른 〔일화 30〕

한 사람의 궁장(弓匠)이 있었다. 그는 아주 형편없는 활을 만들었기 때문에 카라코룸 시에서 유명해져서 어느 누구도 그의 활을 사지 않았다. 하루는 그가 활 20개를 막대기에 묶어서 오르두의 문 앞에 서 있었다. 카안이 밖으로 나오다가 그를 보고 그의 처지가 어떠한지 물어 보라고 지시했다. 그가 아뢰기를 "저는 아무도 제 활을 사주지 않는 바로 그 궁장입니다. 그래서 매우 가난하게 되어, 활 20개를 어전으로 갖고 온 것입니다"라고 하였다. 〔카안은〕 그 활들을 취하고 〔대신〕 금 20발리시를 주라고 명령했다.

또 다른 〔일화 31〕

카안에게는 보물로 장식된 허리띠가 하나 있었는데, 그것은 어느 지방의 진귀한 물품들 중에서 〔그에게〕 헌물로 바쳐진 것이었다. 그는 그것을 〔허리에〕 찼다. 그런데 그 〔허리띠의〕 한쪽이 헐렁거리게 되어서 금세공인에게 맡겨 그 고리를 단단하게 〔고치라고〕 하였다. 〔그런데〕 금세공인은 허리띠를 팔아 버리고는, 아무리 〔그것을〕 달라고 요구해도 〔이런저런〕 핑계들을 댔다. 마침내 그를 구금하니 잃어버렸다고 자백을 했다. 그를 결박하여 〔152v〕「125r」 궁전으로 끌고 와서 〔카안에게〕 상황을 보고했다. 카안은 "비록 〔그가 지은〕 죄는 크지만 이러한 행동은 그가 극도로 궁지에 몰리고 난감했다는 증거이기도 하다. 그에게 150발리시를 주어서 자신의 처지를 개선하고, 이후로는 이런 대담한 짓을 하지 않도록 하라!"고 명령했다. 完!

또 다른 〔일화 32〕

어떤 사람이 그에게 알레포 산(産) 술잔을 갖고 왔는데, 측근들이 그것을 빼앗고는 〔술잔을 가져온〕 그 사람을 빼놓고 보고했다. 〔카안은〕 "이렇게 진귀한 보물을 이곳까지 갖고 왔으니, 이것을 갖고 온 사람은 〔많은〕 고통을 겪었을 것이다"라고 말하며 그에게 200발리시를 주라고 지시했다. 그 〔술잔의〕 주인은 오르두의 문 앞에서 자신의 이야기가 보고되었을까 생각하며 앉아 있었다. 갑자기 그에게 희소식이 전해졌고 즉시 발리시들이 주어졌다. 바로 그날 아비시니아 노비들(khâdimân-i Ḥabshî)[400]에 관한 이야기가 나오자, 〔카안은〕 그 사람에게 〔그런 노비들을〕 구할 수 있는지 없는지 물어 보라고 지시했다. 그는 "그것이 저의 직업입니다"라고 말했다. 〔카안은〕 그에게 발리시 200개와 통행용 칙명(yârlîǧ-i râh)[401]을 주라고 지시했다. 그는 결코 돌아오지 않았고, 아무도 그를 찾아내지 못했다. 完!

또 다른 〔일화 33〕

카라코룸에 매우 빈궁한 사람이 한 명 있었는데, 그는 산 염소의 뿔로 잔을 만들어 〔그것을 팔기 위해〕 도로 위에 앉았다. 카안이 다가오자 그는 일어나 그것을 〔카안에게〕 드렸다. 〔카안은〕 그것을 받고 그에게 발

---

400) 즉, 흑인 노예를 말한다.

401) 보일은 "a yarligh for the journey"로, 색스턴은 "a travel decree"로 번역하였다. 露譯本의 中譯者는 이를 '驛符'라고 옮겼지만, 여기서 언급된 것은 牌符와는 다른 것으로 보인다. 즉 이것은 '鋪馬聖旨' 혹은 '給驛璽書'라고 불리던 것과 동일한 것으로 추정된다. 箭內亘의 연구에 따르면 몽골 지배기 중국에서는 다양한 모양과 재질로 만들어진 패부 이외에 驛券(紙券)과 鋪馬聖旨가 있었는데, 전자는 비교적 하급 관리에게 주어졌고 낮은 특권이 표시된 것인 반면, 후자는 驛傳 사용의 특권이 기록된 聖旨로서 御璽가 찍힌 것이었다고 한다. 아르메니아측 자료에도 牌子와 구별되는 'a sort of patent'(일종의 특허장)가 있었는데, 몽골인들은 그것을 yarliǧ라고 불렀다는 기록이 보인다. 箭內亘, 「元朝牌符考」, 『蒙古史研究』(東京 : 刀江書院, 1930), pp. 888~891 참조.

리시 50개를 주라고 지시했다. 서기들 가운데 한 사람이 그 숫자를 되풀이하여 [물으니], 그는 "나의 은사를 막지 말라고 너희들에게 몇 번이나 말했느냐? 거지들이 나의 재화를 구하려는 것을 막지 말라"고 말했다. 그리고 그들의 뜻과는 달리('ala rağm)[402] 그에게 발리시 100개를 주라고 하였다. 完!

또 다른 [일화 34]

어떤 무슬림이 위구르인 아미르에게 은 발리시 네 개를 꾸었는데 그것을 갚을 수 없게 되었다. 그를 붙잡아 호통을 치고는, 무함마드 ─ 그에게 축복과 평화가 있기를! ─ 의 순결한 종교를 포기하여 준나르(zunnâr) 허리띠[403]를 차고 우상숭배자가 되든가 아니면 벌거벗고 시장에 끌려다니며 곤장 100대를 맞든가 하라고 윽박질렀다. 그는 사흘의 유예 기간을 청했다. 그는 카안의 궁전으로 와서 자신의 처지를 탄원했다. [카안은] 그의 빚쟁이들을 출석케 하고, 그 무슬림에게 고통을 준 것에 대하여 유죄로 처리케 했다. 그리고 [그] 위구르인의 부인과 집은 무슬림에게 주고, 위구르인은 벌거벗은 채 시장에서 곤장 100대를 맞도록 했다. [나아가 그] 무슬림에게는 발리시 100개를 주라고 지시했다.

또 다른 [일화 35]

부하라의 차르그(Chârğ) 출신 알라비('Alavî)[404] 한 사람 ─ 그는 '차르그의 알라비'라고 불렸다 ─ 이 재고에서 오르탁[의 명목]으로(bi-

---

402) A · B본에는 'ala raqm이라고 되어 있으나 의미가 통하지 않는다.
403) 동방기독교도, 유대인, 페르시아의 마니교도 등이 허리에 두르는 끈(Steingass, p. 623). 즉 비무슬림의 징표인 셈이다.
404) 예언자 무함마드의 사위인 알리('Alî)의 후예들을 가리키는 말.

ôrtâqî) 발리시를 받았다. 정해진 상환 날짜가 되자 그는 "이자(âsîğ)를 갚았다"고 주장했다. 영수증(ḥujjat-i qabż)을 내놓으라고 하자 그는 "카안에게 〔이자를〕 직접 드렸다"고 말했다. 그를 〔카안의〕 천막으로 데리고 갔다. 카안은 "나는 너를 알지 못하는데, 어디서 누구 앞에서 언제 〔돈을〕 주었는가?"라고 묻자, "그날은 혼자 계셨습니다"라고 말했다. 〔카안은〕 한동안 생각하다가 "그가 거짓말을 하는 것이 분명하고 확실하다. 그러나 그를 문책한다면 사람들은 '카안이 〔사실을〕 부인하고 그를 문책했다'고 말할 것이다. 그를 놓아 주어라. 단지 그가 재고와 거래하기 위해 갖고 온 물품들은 무엇이건 취하지 말라!"고 말했다. 그날 한 무리의 상인들이 와서 〔관리들은〕 그들의 상품들을 구입하였다. 카안은 그 각각에 높은 가격을 쳐주었다. 갑자기 그는 "그 사이드(sayyid)는 어디에 있는가?"라고 물었다. 〔그가 불려 오니〕 "너의 물품들 가운데 어느 것도 〔관리들이〕 취하지 않았으니 네 마음이 아플 것이다"라고 말했다. 알라비는 울면서 탄원했다. 〔그러자 카안은〕 "너의 물건들 가격은 얼마인가?"라고 물었고 "30발리시입니다"라고 대답하자, 그에게 발리시 100개를 주었다.

또 다른 〔일화 36〕

어느 날 카안의 친족 가운데 한 부인(khâtûnî)이 와서 그의 카툰들의 의상과 진주와 보배를 유심히 살펴보았다. 〔카안은〕 알라바치에게 〔153r〕 「125v」 "지금 있는 진주들을 내오라!"고 지시했다. 그는 8만 디나르[405]를 주고 구입했던, 12개의 접시〔에 담긴 진주〕들을 내왔다. 〔카안은〕 그 모든 것을 그 부인의 치마와 소매에 뿌리라고 지시하고, "진주들에 만족

---

405) 앞의 주 217) 참조. 8만 디나르라면 금 40발리시에 해당하는 가격이라고 할 수 있다.

했느냐? 다른 사람들을 얼마나 더 살펴보려고 하느냐?"라고 말했다.

또 다른 〔일화 37〕

어떤 사람이 그에게 석류를 선물로 갖고 왔다. 그는 그 〔석류 안〕의 알맹이들의 수를 세어 보라고 한 뒤에 참석자들에게 나누어 주었다. 그러고 나서 그 알맹이 하나마다 발리시 한 개씩을 주었다.

또 다른 〔일화 38〕

탕쿠트 지방 카라타시(Qarâtâsh)[406]라고 불리는 곳에서 한 무슬림이 음식 한 수레를 싣고 그에게 왔다. 그가 〔음식을 바친 뒤〕 자기 고장으로의 귀환을 허락해 달라고 청하자 〔카안은〕 허락을 해주면서 발리시를 한 수레 주었다. 完!

또 다른 〔일화 39〕

잔치가 벌어진 날 근위들(turqâqân)이 술에 취해 버린 사이에 어떤 사람이 오르두에서 황금잔을 훔쳤다. 아무리 조사를 했지만 찾아낼 수 없었다. 〔그러자 카안은〕 그것을 갖고 간 사람이 누구건 되돌려주면 그의 목숨을 살려 줄 것이며, 그가 원하는 어떤 것이라도 하사할 것이라는 포고를 내도록 지시했다. 다음날 도둑이 그 잔을 갖고 왔다. "도대체 무슨 이유로 이런 대담한 짓을 했느냐?"고 묻자, "지상의 군주이신 카안께 근

---

406) A · B본 모두 QRABAŠ로 표기했지만, 이 부분의 기록은 『征服者史』에 근거를 둔 것이기 때문에 QRATAŠ가 되어야 옳을 것이다. 함둘라 무스타우피(Ḥamd Allâh Mustawfî)가 쓴 지리서에 따르면 탕쿠트 지방에서 가장 유명한 두 도시가 Yarâqiyâ와 Qarâtâsh였다고 한다(G. Le Strange tr., *The Geographical Part of the Nuzhat-al-Qulub*, Leiden: E. J. Brill, 1919, p. 250). Cf. *Successors*, p. 225. Yarâqiyâ는 寧夏를 가리키는데 이에 대해서는 『부족지』, p. 234의 주 174) 참조. Qarâtâsh에 대해서는 아직 구체적인 지명이 확인되지 않고 있다.

위들을 〔너무〕 믿지 말라는 경고였습니다"라고 말했다. 〔카안은〕 "나는 〔이미〕 그의 목숨을 살려 주기로 하였다. 나아가 이런 사람을 죽일 수도 없다. 만약 그렇지 않았다면 나는 그의 가슴을 〔칼로〕 자르라고 명령하여 그가 과연 어떤 심장과 간을 갖고 있는지 보려고 했을 것이다"라고 말했다. 그리고 그에게 500발리시를 〔주라고〕 명령하고, 수많은 말과 옷 〔을 주었으며〕, 수천 명의 군대의 아미르로 삼아서 키타이 방면으로 파견했다. 堯!

또 다른 〔일화 40〕

어떤 해 곡식이 자라나는 때에 우박이 떨어져 곡식들을 망가뜨렸다. 식량 부족에 대한 두려움 때문에 카라코룸에서는 1만(mân)의 빵(nân)[407]을 1디나르를 주고도 얻을 수 없게 되었다. 〔카안은〕 "곡식을 심은 사람은 아무런 걱정도 하지 말라. 왜냐하면 손해가 생기면 무엇이건 재고에서 보상해 줄 것이기 때문이다. 다시 한 번 파종한 것들에 물을 주라. 만약 수확이 없을 경우에는 모두 창고에서 보상을 받도록 하라"는 포고를 내렸다. 〔사람들은〕 그렇게 시행했고, 그해에는 얼마나 많은 곡식이 거두어졌는지 끝이 없을 정도였다. 알라께서 가장 잘 아신다!

또 다른 〔일화 41〕

카안은 씨름(kushtî) 보는 것을 매우 즐겼다. 처음에는 몽골인·킵착인·키타이인들이 출전했으나, 나중에 〔사람들이〕 후라산과 이라크의 씨름꾼들에 관한 이야기를 하자, 그는 초르마군에게 사신을 보내 씨름

---

407) 1mân은 1batman과 같은 무게로 2.944kg에 해당한다(露譯本, p. 60). 일부 다른 사본에는 nân ('빵')이 아니라 bâr ('푸대')로 표기되어 있다.

꾼들을 보내도록 하였다. 하마단(Hamadân)에서 장사(pahlavân)들인 필라(Fîla)와 무함마드 샤(Muḥammad Shâh)를 위시하여 씨름꾼 30명을 역마(驛馬, ûlâğ)와 양식('ulûfa)을 〔보급해 주면서〕 함께 보내 왔다. 그들이 카안의 어전에 도착했을 때, 그는 필라의 외모와 덩치와 균형 잡힌 몸매를 매우 마음에 들어 했다. 잘라이르 종족 출신의 아미르 일치데이가 그 자리에 있었는데, "이들을 위해 역마와 사료와 경비를 낭비한 것이 아깝다!"고 말했다. 〔그러자〕 카안은 "너는 네가 〔데리고 있는〕 씨름꾼들을 데리고 와서 이들과 씨름을 하게 해보라! 만약 그들이 이긴다면 내가 500발리시를 주겠노라. 만약 진다면 네가 말을 500두 내게 내놓아라"고 말했다. 〔두 사람은〕 그 제안에 대해서 합의했다. 〔카안은〕 밤중에 필라를 불러 술잔을 주면서 그를 격려해 주었다. 그는 땅에 머리를 조아리고 이렇게 말했다. "지상의 군주가 주시는 축복에 기대어, 저의 희망은 이번 일의 결판이 〔폐하의〕 뜻대로 되는 것입니다." 일치데이는 자기 휘하의 만호에서 오르가나 부케(Orğâna Bôkâ)[408]라는 이름을 가진 사람을 불러왔다. 아침에 그들〔=필라와 오르가나 부케〕이 나타났다. 일치데이는 "조건은 서로 상대방의 다리를 잡지 않는 것입니다"[409]라고 말했다.「126r」그들은 씨름에 들어갔고 오르가나 부케는 〔153v〕 필라를 사각의 링으로[410] 밀어붙였다. 필라는 "네게 있는 모든 힘을 다해서 나를 붙잡고 놓지 말라!"고 말하고는, 기술을 부려 오르가나 부케를 마치 바퀴처럼 돌렸다. 어찌나 〔세

---

408) A · B본 모두 AWǦANH BWKA로 표기되어 있으나, 아마 Bl본의 경우처럼 ARǦANH BWKA가 되어야 할 것이다. 『정복자사』에는 그의 이름이 보이지 않는다. böke 혹은 bökö는 몽골어에서 '장사'를 의미한다.

409) Bl본에는 다리를 잡는 것을 조건으로 걸었다고 되어 있다.

410) A: bi-châr-mîkh ; B: chahâr-mîkh. châr-mîkh 혹은 chahâr-mîkh는 '곡예사들이 타는 줄이나 그 것을 붙들어매는 기둥'을 뜻한다(Steingass, p. 385). 여기서는 아마 씨름하기 위해 설치해 놓은 사

게] 그를 땅에 메어꽂았는지 그의 뼛소리가 가까운 곳이나 먼 곳에서도 들릴 정도였다. 카안은 마치 사자처럼 그 자리에서 벌떡 일어나 필라에게 "상대방을 잘 잡았다!"고 말했고, 일치데이에게는 "어떤가? 그에게 말[411]과 역마와 사료를 [쓸 만한] 가치가 있지 않은가?"라고 하며 그에게 말을 500마리 내놓으라고 압박을 가했다. 그는 필라에게 여러 하사품과 선물을 주고 게다가 500발리시를 주었다. 무함마드 샤에게도 500발리시를 주었고, 그들의 누케르들에게도 한 사람에 100발리시씩 주었다. 그가 무함마드 샤에게 "필라[412]와 씨름을 해보겠느냐?"고 말하자, "하겠습니다"라고 대답했다. [그러나] 그는 "너희들은 서로 동향인에다가 친족이니 서로 싸우지 말라!"고 말했다. 얼마 후 그는 필라에게 아리따운 여자를 한 명 주었는데, [필라는] 힘을 아끼기 위해 그녀를 가까이하지 않고 멀리하였다. 하루는 그 여자가 오르두에 왔는데, [카안이] 농담 삼아 "[그] 타직인이 어떠하더냐? 너는 그에게서 충분한 쾌락을 맛보았겠지?"라고 물었다. 몽골인들 사이에서는 타직인들을 큰 성기에 비유하는 농담이 퍼져 있었다. 그 여자는 "항상 떨어져 있었기 때문에 저는 아직 그 맛을 본 적이 없습니다"라고 말했다. [카안은] 필라를 불러서 어떻게 된 일인가 물었다. 그는 "저는 폐하의 어전에서 장사로서 명성을 얻었습니다. [이제까지] 아무도 저를 이기지 못했는데, 만약 제가 그 같은 일에 빠진다면 저의 기력이 떨어지고 말 것입니다. 카안의 어전에서 저의 기반을 잃으면 안 될 것입니다"라고 아뢰었다. [카안은] "[나의] 의도는 네가 많은 자식들을 낳는 것이다. 앞으로는 네가 씨름에서 경기하는 것을 [154r]「126v」 면제해 주도

각의 울타리 혹은 줄을 뜻하는 것으로 보인다.

411) A본의 AB는 ASB의 誤寫이다.

412) A: PYLH ; B: BYLH.

록 하겠다"고 말했다. 完!

또 다른 〔일화 42〕

룸 지방에 어떤 사람이 있었는데, 그는 처지가 어려워 광대짓으로 입에 풀칠을 하고 있었다. 그 당시에는 카안의 관대함과 은사에 관한 소문이 사방에 퍼져 있었기 때문에, 그는 폐하〔의 어전〕으로 가고자 하는 마음을 갖게 되었다. 그러나 그는 여비를 구할 수도 없었고 타고 갈 짐승도 없었다. 동료들이 〔돈을〕 갹출하여 그에게 나귀 한 마리를 사주어서 그는 출발하게 되었다. 그는 3년이 지난 뒤 돌아왔다. 그는 시장에서 친구들 가운데 한 명을 보고 말에서 내려, 그 〔친구〕를 초대하여 함께 집으로 데리고 갔다. 그는 갖가지 성대한 음식을 금은으로 된 접시와 쟁반에 담아 가져오게 했고, 키타이 노예들은 대기하며 시중을 들었으며, 마구간에는 말과 낙타들이 매여 있었다. 그는 그 친구에게 〔이것저것〕 열심히 물었지만, 친구는 그〔가 누구인지〕를 여전히 알지 못했다. 사흘이 지난 뒤 그가 물었더니 "내가 바로 나귀 한 마리를 끌고 여행을 떠났던 광대일세"라고 말했다. 친구가 상황을 캐어 물으니 이렇게 설명했다. "바로 그 나귀를 갖고 구걸을 해가며 카안의 어전으로 갔었네. 나는 마른 과일을 약간 갖고 있었는데, 그가 지나가는 길가 언덕 위에 앉아 있었지. 그의 축복받은 눈길이 멀리서 나를 보고 나의 처지를 알아보기 위해 사람을 보냈길래, 나는 '룸에서 카안의 선물과 은택의 소문을 듣고 왔습니다. 그분의 축복의 눈길이 저에게 미칠까, 그래서 저의 별자리가 행운을 맞지 않을까 하는 생각에 한푼도 없이 천신만고를 겪으며 길을 나선 것입니다'라고 설명했네. 그들은 접시에 과일을 담아 〔나의〕 청원의 말과 함께 〔카안에게〕 드렸는데, 〔그는〕 그 열매들 중에서 몇 개를 쌈지(qabtûrqa)⁴¹³⁾에 집어 넣으셨지. 나라의 대신(大臣)들이 내심 못마땅해

하는 것을 보시고 그들에게 '그는 먼 곳에서 왔다. 여기까지 그는 수많은 축복받은 성묘(聖墓, mazâr)와 은총받은 지점을 거쳐서 왔을 것이고, 또 많은 성자들(buzurgân)을 모셨을 것이다. 이런 사람의 숨결로 축복을 받는 것은 유익한 일이다. 나는 자식들에게도 주고 그대들에게도 나누어 주려고 과일들을 취했던 것이다'라고 말씀하시고는 말을 타고 가셨네. 〔카안이〕 오르두에 내려서 가난뱅이의 거처를 다니시만드 하집에게 물었더니, 그는 '모릅니다'라고 대답했다네. 그러자 그분께서는 '그대는 도대체 어떤 무슬림인가? 가난뱅이 한 사람이 그렇게 먼 곳에서 나의 어전으로 왔는데도 그대는 그의 좋고 나쁨, 거처와 음식에 대해서 모르고 있다니. 그대가 직접 그를 찾으라! 그래서 좋은 숙소에 머물게 하고, 모든 방법을 동원하여 그를 보살피도록 하라!'고 하셨네. 나는 시장에 머무르고 있었는데, 그들은 나의 소재를 알기 위해 사방팔방으로 뛰어다녔고, 한 사람이 나를 찾아내 그의 집으로 데리고 갔네. 다음날 카안께서 말을 타고 나섰는데, 발리시〔들〕을 실은 수레 몇 대가 재고로 들어가는 것을 보았다네. 그 수는 〔모두〕 700발리시였지. 다니시만드 하집에게 '그 사람을 데리고 오라!'고 지시하셔서, 내가 어전으로 갔더니 그 발리시들을 전부 내게 주시고 다른 약속들도 해주셨다네. 그래서 나는 빈곤의 궁지에서 풍요의 넓은 들로 나오게 되었다네."

또 다른 〔일화 43〕

바그다드에서 한 노인이 왔다. 그가 길가에 앉아 있을 때 카안이 〔그곳

---

413) 이 단어는 '어깨에 걸치는 사각 주머니, 쌈지, 지갑' 등을 의미하는 몽골어 qaburǧa를 옮긴 것이다 (Doerfer, vol. 1, pp. 384~385). 그러나 『征服者史』에는 SWLWQ로 표기되어 있고, 보일은 투르크어로 "물을 담는 병"이라고 설명했다. BI본에도 SWLWQ로 표기되어 있으나, 여기서는 A · B본의 표기를 충실하게 옮겼다.

에] 이르러 그의 처지를 물으니, "저는 늙고 병든 사람인데, 가난하고 딸이 열 명 있습니다. 너무 가난해서 그들에게 남편을 맞아 줄 수 없습니다"라고 말했다. 〔카안이〕 "〔네〕 딸들이 남편을 맞을 수 있도록 칼리프는 왜 아무 것도 주지 않고 돕지 않는 것인가?"라고 말하니, "제가 칼리프에게 적선을 부탁할 때마다 금화 10디나르를 주는데, 그것으로는 열흘의 생활비도 충당할 수 없습니다"라고 대답했다. 카안은 그에게 은 1000발리시를 주라고 지시했다. 그 노인이 "이처럼 〔많은〕 발리시들을 제가 어떻게 운반할 수 있겠습니까?"라고 하니, 역마와 물자들과 그에게 필요한 것들을 모두 주라고 지시했다. 노인은 〔또〕 말했다. "길은 멀고 노상에는(bar gudhâr) 많은 복속민(îl)과 반도(yâgî)들이 있습니다. 어떻게 이 발리시들을 갖고 제 고장까지 갈 수 있겠습니까?" 〔그러자 카안은〕 몽골인 두 명을 길안내로 붙여 주어서 그가 그 물건들과 함께 무사히 복속한 지방까지 갈 수 있도록 하라고 지시했다. 〔그러나〕 그 사람이 가던 도중에 사망하여 〔그 소식을〕 폐하게 알리자, "발리시들을 바그다드까지 운반해서 그의 집에 갖다 주고, 군주께서 딸들이 남편을 맞이할 수 있도록 〔이것들을〕 「127r」 선물로 보내셨다는 말을 전하도록 하라!"고 지시했다. 〔154v〕

또 다른 〔일화 44〕

폐하의 측근 가운데 한 사람의 딸이 남편을 맞게 되어서 〔카안은〕 여덟 명이 들 수 있을 정도의 진주 상자 하나를 그녀의 혼수로 〔하라고〕 명령했다. 〔사람들이〕 그것을 대령하였는데 마침 잔치를 한창 즐기고 있을 때였다. 그는 그 뚜껑을 열라고 했는데, 〔그 안에는〕 무엇에도 비할 데가 없이 〔아름다운〕 진주들로 가득 차 있었다. 〔큰 것은〕 1미스칼(mithqâl)[414]에서 〔작은 것은〕 2당(dâng)[415]에 이르기까지 모든 알맹이들을 참석자들에게 나누어 주었다. "이것은 모씨(某氏)의 딸 혼수로 주라고 말씀하셔서 대령시킨 것입니다"라고 아뢰자, 그는 "이 〔여자〕의 짝은 상자이니 그것을 그녀에게 주라!"고 말했다.

또 다른 〔일화 45〕

파르스 〔지방〕의 아타벡이 자기 형제인 타함탄(Tahamtan)에게 선물을 들려서 카안의 어전으로 보냈다. 선물들 중에는 두 개의 병(qarrâba) 속에 담긴 매우 멋진 진주들이 있었다. 그들이 〔그것을 카안께〕 보였는데, 카안은 그 〔진주들〕이 보낸 사람의 눈에 얼마나 귀중한 것인가를 알고 찬란한 진주들로 가득 찬 쇠로 된 긴 상자 하나를 대령하라고 지시했다. 사신과 참석자들은 그것을 보고 경악을 하였다. 그는 그 연회석상에서 〔대령시킨〕 그 진주들을 전부 술통 속에 던져 넣고 술을 끝까지 따라서 모두 참석자들에게 나뉘어 돌아갈 수 있도록 하라고 지시했다.

또 다른 〔일화 46〕

송콜리 부케(Sonqôlî Bôke)⁴¹⁶⁾라는 이름의 몽골인이 있었다. 그는 양떼를 갖고 있었는데, 어느 날 밤 늑대 한 마리가 그들을 덮쳐 많은 수를 해쳤다. 다음날 이 몽골인이 폐하께 와서 양떼와 늑대의 이야기를 아뢰었다. 카안은 "늑대가 어디로 갔는가?"라고 물었다. 마침 그때 무슬림 씨름꾼들이 왔는데, 그 부근에서 붙잡은 늑대 한 마리를 산 채로 입을 묶어서 데리고 왔다. 카안은 그 늑대를 1000발리시에 그들로부터 구입하고는

---

414) 1미스칼은 4.3g에 해당한다.

415) 1당은 1/6mithqâl에 해당하는 무게이다.

416) 이 이름은 몽골어로 Sonqoli Böke 즉 '송골매를 갖고 있는 力士'라는 뜻이다. BI본에는 MYNǦWLY로 표기되어 있다.

그 몽골인에게 "그놈을 죽인다고 네게 도움될 일이 없을 것이다"라고 말하며, 양을 1000마리 그에게 주라고 지시했다. 그리고 이렇게 말했다. "이 늑대를 풀어 주자. 그래서 그가 자기 친구들에게 이러한 사정을 알려 주어 이 지역에서 떠나가게 하자." 늑대를 풀어 주자 개들이 그놈을 덮쳐서 찢어 버렸다. 카안은 이러한 사태에 분노해서 개들에게 늑대〔의 죽음〕에 대한 죄값을 치르도록 하라고 명령했다. 그는 우울하고 착잡한 마음이 되어 오르두 안으로 들어갔다. 대신들과 측근들에게 얼굴을 돌리며 말하기를 "늑대를 놓아 준 까닭은 나의 성품이 약한 것을 알았기 때문이다. 내가 짐승 한 마리를 파멸에서 구해 주면 영원한 주님께서도 나를 너 그렇게 구해 주실 것이라고 생각했다. 〔그러나 결국〕 그 〔개들〕의 손에서 살아남지 못한 것처럼, 나 역시 이 〔위험의〕 협곡에서 빠져나오지 못할 것이다"라고 했다. 군주들은 창조주에게 선택된 사람들이기 때문에 그들에게 계시를 내려서 〔장래의〕 상황을 알게 하시는 것이다.

그러나 알라께서 상황의 진실을 가장 잘 아시는도다!

'필요의 존재'(vâjib al-vujûd) 〔즉 절대자〕께서 특별히 부여해 주신, 카안의 너그럽고 어질며 따뜻하고 용서하는 〔성품에〕 관해 약간을 기록하였는데, 이는 이 세상에 좋은 이름을 얻는 것보다 더 뛰어난 덕목이 아무 것도 없다는 것을 모든 사람들에게 알리고 확신시키기 위해서이다. 왜냐하면 오랜 세월이 흐른 뒤 하팀(Ḥâtim)[117]과 누신라반(Nûshînravân)[118]의 관용과 관대와 정의와 은택에 대한 헤아릴 수 없이 많은 이야기들이 세상 사람들의 입에 회자되고 있기 때문이다.

---

417) 앞의 주 397) 참조.
418) 누시르반(Nûshîrvân), 즉 사산조의 군주였던 호스로우(Khosraw) 1세(531~578)를 가리키며, 페르시아 문학에서 항상 정의로운 군주의 대명사로 거론되는 인물이다.

오, 사디여! 좋은 이름의 숨결은 결코 죽지 않을지니,

이름이 좋게 말해지지 않는 자, 그가 바로 죽은 사람이로다.

또한 〔그의〕 세계 지배의 굳건한 기초를 이루고 있는 두 가지 부분에서 그의 자질의 완벽함을 〔모두〕 잘 인식할 수 있도록 하기 위해 이제부터 그의 엄정함과 무서움과 격렬함에 대해서도 한 가지 이야기를 기록해 보도록 하겠다. 알라께서는 전능하시다! 〔155r〕「127v」

일화 : 그의 엄정함

언젠가 몽골의 여러 부족들 중 한 부족[419] 안에서 소문이 퍼졌는데, 칙명에 따라 그 종족의 규수(dukhtar)들을 어떤 집단에 지정해 줄 것이라는 내용이었다. 그들은 두려워하여 그 규수들 대부분을 자기들 내부에서 서로 남편들을 정해 주었고, 일부는 〔실제로 부인으로〕 주었다. 그 이야기가 카안의 축복받은 귀에 들어가자 그 사태를 조사하라는 지시가 내려왔다. 사실이 그러하다〔는 것이 드러나자〕 그는 그 종족에서 일곱 살이 넘은 규수들을 모두 집합케 해서 그해에 남편을 맞이한 사람들은 모두 다시 돌아오게 하라고 지시했다. 4000명의 규수들이 모이자 〔카안은〕 아미르들의 규수들을 따로 분리시키고, 〔그곳에〕 있던 모든 사람들에게 그들과 잠자리를 같이하라는 야사를 내렸다. 그 무리 중에서 두 여자는 사망했다. 나머지는 두 줄로 세워 놓고 오르두에 적합한 사람들은 후궁(ḥaram)으로 보내고, 〔다른〕 일부는 표범 조련사들이나 매잡이들에게 주었다. 그리고 일부는 궁전의 시종들에게, 또 몇 명은 술집(kharâbât)이나 여사(旅舍, îlchî-khâna)로 보냈다. 그러고도 남은 사람

---

419) BI본에는 '오이라트'라는 부족명이 명시되어 있으나, 다른 사본들에는 보이지 않는다.

들에 대해서는 〔그곳에〕 참석한 몽골이나 무슬림들에게 끌고 가라고 명
령했다. 그들의 아버지 · 형제 · 남편 · 친척들은 바라보기만 할 뿐, 어느
한 사람 숨조차 쉴 용기도 힘도 내지 못했다.

일화 :[420] **보충**

카안은 키타이 왕국들 전부를 마흐무드 얄라바치에게 맡겼다. 또한 위
구리스탄 지방인 비시발릭(Bîshbâlîq)과 카라호초(Qarâ Khôchô), 그
리고 호탄(Khotan) · 카쉬가르(Kâshǧar) · 알말릭(Âlmâlîq) · 카얄릭
(Qayâlîq) · 사마르칸트 · 부하라 및 아무다리야에 이르기까지는 얄라
바치의 아들인 마수드 벡(Masʿûd Beg)에게 〔맡겼다〕. 후라산에서부터
룸과 디야르바크르의 변경까지는 아미르 쿠르구즈에게 〔맡겼다〕. 이 지
방들에서 거두어들이는 세금(amvâl)은 전부 해마다 〔황실〕 재고로 보
내졌다.

　무함마드와 그의 일족에게 평안이 있기를! 〔155v〕「128r」

---

420) A본에는 '일화'(ḥikâyat)라는 단어가 보이지 않는다.

【紀 三】

주치 칸 기
칭기스 칸의 아들
3장으로 구성

【 제1장 】

주치 칸의 계보에 대한 설명. 그의 카툰들 및 현재까지 분파되어 온 그의 자식들과 손자들에 관한 언급.
그의 초상과 자식 · 후손들의 지파도.

주치 칸은 그보다 나이가 더 많았던 코친 베키(Qôchîn Bîkî)라는 이름의 누이를 제외하고는, 칭기스 칸의 모든 자식들 가운데 가장 나이가 많았다. 그는 [칭기스 칸의] 가장 큰 카툰, 즉 쿵크라트 종족의 데이 노얀의 딸인 부르테 푸진에게서 태어났는데, 그녀는 네 명의 아들과 다섯 명의 딸의 모친이었다. 칭기스 칸의 초기 시절, 즉 아직 세계 지배의 징표가 그의 인생의 페이지에 분명히 나타나지 않았을 때, 앞서 말한 그의 카툰 부르테 푸진은 주치 칸을 임신하게 되었다. 바로 그때 메르키트 종족이 기회를 이용하여 칭기스 칸의 집을 약탈하고 임신중이던 그의 카툰을 끌고 갔다. 그 종족은 전에는 대부분 케레이트의 군주인 옹 칸과 적이었지만, [마침] 그때 그들 사이에는 평화가 [맺어져] 있었고, 그런 연유로 부르테 푸진을 옹 칸에게 보냈다. 그는 칭기스 칸의 부친과 '의형제'(ânda)였기 때문에 칭기스 칸에 대해서도 '자식'이라고 불렀고, 그녀를 존경과 경의로써 대하여 며느리의 지위로 정해 주었으며, 낯선 사람들[1]의 눈길에서 보호해 주었다. 그녀는 매우 순결하고 유능했기 때문에 옹 칸의 아미르들은 "옹 칸은 왜 부르테 푸진을 취하지 않는 것인가?"라고 서로들 말하곤 했다. [이에 대해] 그는 "그녀는 나의 며느리[2]와 같고, 나와 함께 있으면[3] 안전하다. 사심을 품고 그녀를 바라보는 것은 남자답지 않은 일이다"라고 하였다. 칭기스 칸이 그 상황을 알게 되

---

1) A본의 AĞYAN은 AĞYANR의 誤寫이다.

2) B본에는 '며느리'(arûs)라는 단어 위에 작은 글씨로 '자식'(farzand)이라는 단어가 첨가되어 있다.

3) A: nazd-i man. 그러나 B본에는 nazd라는 단어만 보이고 man은 누락되어 있다.

자, 잘라이르 종족들 가운데 옹쿠트(ôngqût)[4] 집단에 속하는 사바
(Sabâ)라는 인물 — 그는 사르탁 노얀의 조부였는데, 〔사르탁 노얀은〕
아르군 칸이 어렸을 때 아바카 칸의 칙령에 의해 오르두의 아미르가 되
었으며 후라산과 마잔다란의 총독(ḥâkim)이었다 — 을 부르테 푸진을
찾으러 옹 칸에게 보냈다. 옹 칸은 그녀를 잘 보살펴서 사파와 함께 가
도록 했다. 길을 가던 도중에 갑자기 아들 하나를 낳았고, 그런 까닭으
로 그를 '주치'(jôchî)라고 이름하게 된 것이다. 길은 위험했고 머무를
만한 여유[5]도 없었기 때문에 요람을 만들기란 불가능했다. 그래서 사파
는 약간의 밀가루로 부드러운 반죽을 만들어, 갓난아기를 그 안에 말아
서 자기 품에 감싸 다치지 않게 하였다. 그를 조심스럽게 데리고 와서
칭기스 칸의 어전에 바쳤다.

　그가 장성하게 되자 항상 아버지와 함께 그를 모시고 있었고 좋을 때
나 힘들 때나 도왔다. 그러나 그와 그의 형제들 즉 차가타이와 우구데이
사이에는 항상 〔156r〕「128v」 반목과 다툼과 불화가 벌어졌고, ……[6] 때
문에 그와 톨루이 칸 및 〔톨루이의〕 일족, 이 양측은 서로 일치·단결의
길을 걸었으며, 그들은 결코 비난하는 일이 없었고 그의 〔출생의〕 건전
함(saḥîḥ)을 인정했다. 칭기스 칸은 〔주치가〕 어리고 젊었을 때 옹 칸의

---

4) 露譯本은 블라디미르조프의 책을 인용하며 이 단어를 '大王들'이라는 뜻을 지닌 vangud로 이해하였
　다(wang＋몽골어 복수형 어미 -ud). 그러나 블라디미르조프의 전거는 17세기의 몽골 연대기 『네이
　지 토인전』이었기 때문에(주채혁 역, 『몽골 사회제도사』, p. 294), 그것으로 『集史』에 나오는 이 용어
　를 설명하기는 어렵다고 본다. 문맥으로 볼 때 '옹쿠트'는 잘라이르에 속하는 한 지파가 아닐까 추측
　되나, 『부족지』(pp. 129~130, pp. 140~141)에는 그런 이름의 지파가 언급되어 있지 않다. 만약 이
　용어를 당시 내몽골에 거주하던 투르크계 부족인 '옹쿠트'와 동일시한다면, 잘라이르와의 관계를 설
　명하기 어렵다. 한편 BI본에도 동일한 문장으로 기록되었는데, 보일 교수의 번역에서는 별다른 설명
　없이 이 부분이 빠져 있다.
5) A : MXWF; B : M?AL. MJAL이 되어야 옳다.
6) 原缺.

질녀, 즉 자아 감보의 딸을 (그의 부인으로) 맞아 주었다. 그녀의 이름은 벡투트미시 푸진(Bîktutmîsh Fûjîn)이었는데, 칭기스 칸의 카툰인 이바카 베키와 톨루이 칸의 카툰인 소르칵타니 베키의 자매였다. 주치 칸의 제일 큰 카툰이 바로 그녀였다. 그녀 말고도 많은 카툰들과 후궁들이 있었고, 그들에게서 많은 자식들이 태어났다. 믿을 만한 사람들이 전하는 바에 따르면 그에게는 40명에 가까운 아들이 있었고 그들에게서 헤아릴 수도 없이 많은 손자들이 태어났다고 한다. 그러나 거리가 너무 멀고 (그들의 계보에) 통효한 사람도 찾을 수 없기 때문에, 그들이 속한 지파들이 모두 알려지고 확인되지는 않는다. 그렇지만 그의 아들들과 손자들 가운데 알려지고 유명한 사람들에 대해서는 상세하게 기록하도록 하겠다.

주치 칸의 아들들, 그리고 지금까지 출생한 손자들에 관한 이야기

첫째 아들__오르다(Ôrda)

둘째 아들__바투(Bâtû)

셋째 아들__베르케(Berke)

넷째 아들__베르케체르(Berkechâr)[7]

다섯째 아들__시반(Shîbân)

여섯째 아들__탕쿠트(Tângqût)

일곱째 아들__보알(Bôûâl)[8]

여덟째 아들__칠라우쿤(Chîlâûqûn)

아홉째 아들__싱코르(Shîngqôr)

---

7) 『五分枝』에는 베르케체르와 시반 사이에 후게치(Hûgâchî)라는 아들이 더 있는 것으로 기록되어 있다.

8) 『五分枝』: BWAL.

열 번째 아들__침바이(Chîmbâî)[9]

열한 번째 아들__무함마드(Muḥammad)

열두 번째 아들__우두르(Ûdûr)

열세 번째 아들__토카 티무르(Tôqâ Tîmûr)

열네 번째 아들__셍굼(Shînggûm)

지금부터 이 아들들 각각에 대해서 〔위에서〕 기록한 순서에 따라서 설명을 하고, 그들의 후손들에 대해서도 상세하게 기록해 보도록 하자.

주치 칸의 첫째 아들 오르다

쿵크라트 종족 출신으로 사르탁(Sartâq)[10]이라는 이름을 가진 그의 큰 부인에게서 출생했다. 부친 생전에, 또 그의 사후에 대단히 강력하고 중요한 인물이었다. 비록 주치의 후계자는 둘째 아들인 바투였지만, 뭉케 카안이 명령과 야사를 내리기 위해서 기록한 칙령(yarlîğ)들에는 오르다의 이름이 먼저 나왔다. 오르다는 바투의 통치에 대해서 만족했고 부친의 자리에 그를 앉힌 것도 〔오르다〕였다. 주치 칸의 군대들 중에서 반은 그가 소유했고 나머지 반은 바투가 차지했다. 그는 〔자신의〕 군대와 네 명의 형제들, 즉 〔자신과〕 우두르와 토카 티무르와 셍굼[11]과 함께 좌익군이 되어, 지금까지 좌익의 왕자들이라고 불리고 있다. 지금도 그들의 일족은 오르다[12]의 일족과 함께 있다. 그의 목지와 그 형제들의 목지 및 그들의 군대는 왼쪽에 〔배치되어〕 ……[13] 지방에 있다. 그의 자손들과

---

9) 『五分枝』에도 CYMBAY로 되어 있으나, BI본에는 CYMTAY라고 표기되어 있다.

10) 『五分枝』: SRQAQ; BI본: SRQAN.

11) BI본에는 여기에 싱쿠르의 이름을 추가하였다.

12) A본에는 '오르다'라는 말이 빠져 있다.

13) 原缺.

울루스는 〔지금도〕 그곳에 있다. 처음부터 오르다의 일족 가운데 그의 후계자가 된 사람들이 바투 일족의 칸들에게 간 적은 결코 없었는데, 그 까닭은 서로 멀리 떨어져 있고 또 독자적으로(bi-istiqlâl) 자신들의 울루스의 군주(pâdishâh-i ûlûs)였기 때문이다. 그러나 바투의 후계자가 되는 사람들을 자신들의 군주이자 통치자(ḥâkim)로 여겨서 그들의 이름을 자신들의 칙령 상단에 기재하는 것이 그들의 관습이었다. 코니치(Qônîchî)의 아들인 바얀(Bâyân)이 현재 오르다 울루스의 군주이다. 그는 자기 사촌인 쿠블룩(Kûblûk)14)과 적대하였고 두려움을 느껴 그〔=바투〕의 울루스의 군주인 톡타이 〔치하의〕 지방 변경에 왔다. 그리고 쿠릴타이〔에 참석한다는〕 명분으로 그〔=톡타이〕에게 왔는데, 그 일화는 〔나중에〕 설명할 것이다.

오르다에게는 세 명의 큰 카툰이 있었다. 한 명은 쿵크라트 종족 출신의 주게 카툰(Jûge Khâtûn)이고, 또 한 명은 역시 쿵크라트 출신의 투바카나 카툰(Tûbâqâna Khâtûn)이며, 〔마지막〕 한 명 역시 쿵크라트 출신의 ……15) 카툰이다. 그녀의 부친 이름은 우게 칸(Ûgâ Khân)인데, 그녀의 아버지가 죽은 뒤 〔오르다는〕 그녀를 취했다. 후궁들도 있었다. 이 카툰들에게서 〔다음과 같은〕 일곱 명의 아들이 출생했다. 사르탁타이(Sartâqtâî), 쿨리(Qûlî), 쿠룸시(Qûrumshî), 쿵키란(Qûngqîrân), 초르마카이(Chôrmâqâî), 쿠투쿠이(Qûtûqûy),16) 훌레구(Hûlâgû). 이 〔156v〕「129r」 일곱 명의 아들들 및 거기서 생겨난 자식들과 손자들의 정황에 대해서는 다음과 같이 하나씩 상세히 설명하도록 하겠다.

---

14) A: KW?LK; B: KWBLK. BI본에는 KWYLK로 표기.

15) 原缺.

16) A · B: QWTWQW로 되어 있으나, 뒤에는 모두 QWTWQWY로 표기되어 있다.

☆ **오르다의 첫째 아들 사르탁타이.** 이 아들은 쿵크라트 종족 출신인 주게 카툰에게서 출생했다. 그에게는 큰 카툰 네 명과 후궁들이 여러 명 있었다. 그는 훌레구 칸의 부인인 쿠투이 카툰(Qûtuî Khâtûn)의 자매였던 후지얀(Hûjîân)이라는 이름의 카툰에게서 아들을 하나 얻었는데, 그에게 코니치라는 이름을 주었다. 이 코니치는 오랫동안 오르다 울루스의 통치자(ḥâkim)였고, 〔처음에는〕 아르군 칸과 그 뒤에는 이슬람의 제왕 가잔 칸 — 알라께서 그의 통치를 영원케 하시기를! — 과 화목하고 친근했다. 그는 우의와 성의를 나타내기 위하여 항상 사신들을 보내고 있다. 그는 매우 뚱뚱하고 비대했으며 날이 갈수록 더욱 비대해져 갔다. 급기야 비계가 그의 목 밖으로 나와 〔숨이 막혀〕 죽는 일이 발생하지 않도록 근위병(kezîktân)들이 밤낮으로 그를 살피며 잠들지 않게 할 지경에까지 이르렀다. 너무 비대했기 때문에 어떤 말도 그를 태울 수 없어 수레를 타고 이동하곤 했다. 마침내 그는 갑자기 잠들었다가 비계가 그의 목으로 나와서 죽고 말았다.

코니치에게는 큰 카툰이 네 명 있었다. 첫째는 쿵크라트 종족 출신의 투쿨칸(Tûqûlqân), 둘째는 메르키트 종족 출신의 누쿨룬(Nûqûlûn), 셋째는 쿵크라트 종족 출신의 칭툼(Chîngtûm), 넷째는 자지라트 종족 출신의 나쿠진(Nâqûjîn)[17]이었다. 그녀는 차가타이 휘하 코르치들의 지휘관인 어느 대아미르의 후손이었다. 코니치에게는 아들이 네 명 있었다. 바얀, 바시키르타이(Bâshqîrtâî),[18] 차간 부카(Chagân Bûqâ), 마쿠다이(Mâqûdâî)〔가 그들이다〕. 코니치의 이 네 명의 아들의 정황과 그 자손들과 손자들의 지파에 관한 자세한 설명은 다음과 같다.

---

17) A: ?AQWJYN; B: TARQWJYN.
18) A · B: BACQYRTAY; 『五分枝』: BAŠǦYRTAY. 그러나 A본은 뒤에서 BAŠQYRTAY로 표기.

· 코니치의 첫째 아들 바얀__ 〔쿵크라트 종족 출신의 투쿨칸 카툰에게
서 출생했다. 아버지가 사망한 뒤 자신의 계모 세 명을 카툰으로 취하
였는데, 그들은〕[19] 누쿨룬, 칭튬, 나쿠진[20]이었다. 그리고 또 다른 카
툰을 세 명 두었다. 첫째는 쿵크라트 출신으로 이곳에 왔던 사신 켈레
스(Keles)의 후손인 무게(Mûgâ)[21]의 딸 일겐(Îlgân)이었다. 둘째는
아르군인(人)들(Argûnân)[22] 종족 출신으로 투쿠난 투구타이
(Tûqûnân Tûgûtâî)의 딸 쿠툴룬(Qûtûlûn)이었다. 셋째는 쿵크라트
종족 출신으로 대카툰인 불루간 카툰의 친족인 토다이 바하두르
(Tôdâî Bahâdur)의 딸 알타추(Altachû)였다. 이 바얀에게는 아들이
네 명 있었는데 다음과 같다.

　샤디(Shâdî)__ 무게의 딸 일겐의 소생.

　사티 부카(Sâtî Bûqâ)__ 쿠툴룬 카툰의 소생.

　테크네(Tekne)__ 알타추 카툰[23]의 소생.

　살지쿠타이(Sâljîqûtâî)__ 모친의 이름은 알려지지 않음.

현재는 바얀이 자기 아버지 코니치의 자리를 차지했고 부친의 울루스
를 확실히 관할하고 있다. 이슬람의 제왕 ─ 알라께서 그의 왕국을 영원
케 하시기를! ─ 과 화목하고 친근한 관계를 유지하며, 사신들을 계속해

---

19) 이 부분은 A · B본에 모두 빠져 있으나, Bağdat 282본과 Bl본에는 삽입되어 있다.

20) A · B: NAQWJYN.

21) Bl: TMWGA.

22) A · B 사본에 모두 AWǦWNAN이라고 되어 있으나, 뒤에서는(A: 158r; B: 130v) ARǦWNAN으로
　　표기되어 있기 때문에, 보일이 추정한 것처럼 이는 ARǦWNAN의 誤寫일 가능성이 크다. 즉 Argûn
　　에 복수형 어미 -an이 첨가된 형태인 셈이다(*Successors*, p. 101). 펠리오는 『동방견문록』에 언급된
　　'아르군', 그리고 중국측 자료에 나오는 阿兒渾의 語義에 대해 논의한 바 있는데, 그에 따르면 이 호칭
　　은 중앙아시아 지역에 거주하던 한 집단의 종족명으로도 사용되었다고 한다(*Notes on Marco Polo*,
　　vol. 1, pp. 48~51).

23) A · B본 모두 XAN이라고 했으나 XATWN의 誤記.

서 보내고 있다. 이보다 앞서 쿠투쿠르(Qûtûqûr)[24]의 아들 티무르 부카의 아들인 쿠블룩[25]이 "전에는 나의 아버지가 울루스를 관할했으니 [그] 유산은 내게 넘어온 것이다"라고 주장했다. 그는 무리를 규합하고 카이두와 두아에게서 군대를 받아 갑자기 바얀을 공격하러 왔다. 바얀은 패배하여 톡타이가 있는 지방으로 갔는데, ▶[톡타이는] 바투의 후계자였다. [바얀은] 그곳에 머무르며 겨울을 거기서 지내고, 봄이 되자 쿠릴타이에 참석하러 톡타이에게 와서 지원을 청했다.[26] 톡타이는◀[27] 노카이(Nôqâî)와 전쟁 중이었고 또한 이슬람의 제왕인 가잔 칸 — 알라께서 그의 통치를 영원케 하시기를! — 을 두려워하여 구실을 대면서 군대를 주지 않았다. 그러나 [톡타이는] 사신들을 카이두와 두아에게 보내서 쿠블룩을 그[=톡타이]에게 보내라고 요청했다. 또한 울루스를 확실히 바얀에게 준다는 칙령(yarlîğ)을 내렸다. 지금까지 바얀은 쿠블룩과 카이두·두아의 군대와 열여덟 번이나 전투를 벌였다. 그 중에서 여섯 번은 그 자신이 직접 전투에 나갔다. 비록 톡타이가 카이두의 아들 차파르에게, 또 두아에게 사신들을 파견하여 쿠블룩을 보내라고 요청했지만, 그들은 받아들이지 않고 변명을 둘러댔다. 그들의 생각은 "우리가 쿠블룩을 지원하여 그 울루스의 군주가 되도록 하자. [그러면] 가잔 칸과의 분쟁에서 그가 우리와 연맹할 것이다"라는 것이다.

작년 즉 702[/1302~1303]년에 바얀은 이슬람의 군주 가잔 [157r] 「129v」— 알라께서 그의 통치를 영원케 하시기를! — 에게 사신들을 보냈는데, 그들의 인솔자(muqaddam)는 쿵크라트 종족 출신으로 코니치

---

24) A: QWTWR; B: QW?WQWR. B1본에는 빠져 있다.

25) A: KWPLK; B: KWBLK.

26) A본에는 이 문장이 누락되어 있고, B본에는 옆의 공란에 그 부분이 추가로 기재되어 있다.

27) A본에는 ▶ ◀ 사이의 부분이 빠져 있고, B본에는 옆의 공란에 추가로 기재되어 있다.

의 치세에 아미르였던 켈레스(Keles)와, 베수트 종족 출신의 툭 티무르
(Tûq Timûr)였다. 이 두 사람은 다른 누케르들과 함께 상술한 해의 주
마다 알 아히르 중순에 바그다드 지방에서 이슬람의 제왕 가잔 칸 — 알
라께서 그의 왕국을 영원케 하시기를! — 의 어전에 도착하여 송골매와
선물(bîleg)[28]들을 갖고 와서 이렇게 말했다. "청컨대 항상 〔우리에게〕
사신들을 보내서 좋은 소식을 전해 주십시오. 지시하는 모든 방면으로
〔우리의〕 아미르들이 출정하여 힘을 다 바치기를 앙망하고 있습니다. 이
런 까닭으로 금년에 우리는 차파르 및 두아와 전쟁하러 출정했고, 톡타
이가 우리와 연맹하여 군대를 보냈습니다."〔톡타이는〕 데레수
(Deresü)[29]라는 곳에서 카안의 군대와 합류하도록 2투만〔의 병력〕을 보
냈다. 왜냐하면 그의 변경은 카안의 지방과 가까이 있고, 이전에는 서로
접해 있었기 때문이다. 최근 몇 년간 카이두는 그들이 카안의 군대와 연
합할지도 모른다고 우려하여 자신의 둘째 아들인 양기차르
(Yângichâr)[30]와 샤(Shâh)라는 이름을 가진 또 다른 아들, 그리고 뭉케
카안의 아들 시리기의 아들인 투라 티무르(Tûrâ Timûr)[31]와 아릭 부케
의 아들인 말릭 티무르(Malik Timûr) 등을 군대와 함께 바얀이 있는 지
방의 변경으로 파견했다. 그 변경을 그들에게 맡김으로써 〔그들이〕 카안
의 군대와 바얀의 군대 사이에 장애가 되어 양측이 서로 합세하지 못하
도록 하였다. 쿠블룩은 바얀에게서 취한 군대와 또 카이두·두아 쪽에

---

28) A·B: BYLK. 색스턴은 이를 '서한, 증서' 등의 뜻을 지닌 belge로 읽었으나, 문맥상으로 볼 때 '선
물, 예물, 헌물' 등을 의미하는 beleg으로 읽는 쪽이 타당할 것이다.

29) A: DhRŠ; B: DRŠ; Bl: DRSW. 보일은 이것을 몽골어 deresü(n)로 읽고, 『秘史』의 Tersüt, 『聖武親征
錄』의 塔剌速, 혹은 『元史』의 也可迭烈孫(Yeke Deresün) 등으로 비정될 만한 지명이 아닐까 추정한
바 있다. A·B본도 위에서는 DRSW로 표기하고 있어 여기서는 '데레수'로 읽기로 한다.

30) 원문에는 BAYNJAR로 표기되어 '바얀차르'로 읽어야 옳겠지만, 카이두의 둘째 아들은 양기차르이
므로 YANGYJAR의 誤寫로 보는 쪽이 옳을 듯하다.

31) Bl: TWDA TYMWR.

서 지원하여 온 [병사들]을 데리고 바얀 [지배하]의 일부 지방과 울루스를 탈취했다. 바얀은 여전히 오르다 울루스의 대부분을 관할했지만, ▶이처럼 계속된 전투로 인하여 그의 군대는 빈난(貧難)해져서 일부는 말을 타고 또 일부는 걸었다. 그러나 그는 단호하게 강력한 적과 맞섰고, ◀[32] 이쪽에 경제적인 지원을 청하였다. 이슬람의 제왕 가잔 칸 — 알라께서 그의 통치를 영원케 하시기를! — 은 바그다드에 도착했던 그의 사신들을 타브리즈에서 돌려보냈고, 그와 카툰들을 위해 금과 의복과 선물들을 보냈다.

· 코니치의 둘째 아들 바시키르타이__ 메르키트 종족의 누쿨룬 카툰에게서 출생했다. 그에게는 카툰이 한 명 있었는데 케레이트 종족 출신으로 쿠켈룬(Kôkelûn)이라는 이름을 가졌다. 그녀에게서 아들이 하나 태어났는데 그의 이름은 치라타이(Chîrâtâî)[33]였다.

· 코니치의 셋째 아들 차간 부카__ 이미 설명한 칭툼 카툰에게서 출생했다. 그에게는 카툰이 한 명 있었는데 케레이트 종족 출신으로 수르미시(Sürmîsh)라는 이름을 가졌고, 투시 티무르(Tûsh Tîmûr)[34]의 딸이다. 그녀에게서 아들이 하나 태어났는데 그의 이름은 테게(Tege)였다.

· 코니치의 넷째 아들 마쿠다이__ 자지라트 종족 출신의 바르쿠진 카툰에게서 출생했는데, 그에게는 자식이 없었다.

코니치의 아버지이자 오르다의 큰아들인 사르탁타이의 지파는 이것으로 끝이다.

☆ **오르다의 둘째 아들 쿨리.** 훌레구 칸이 이란 땅에 올 때 여러 방면에 있

---

32) A본에는 ▶ ◀ 사이의 부분이 빠져 있고, B본에는 옆의 공란에 추가로 기재되어 있다.

33) A · B: PYRATAY; Bl: YKH. 그러나 PYRATAY는 CYRATAY의 誤寫이며, A본은 뒤에서 올바로 표기하였다. 몽골어에서 chiratai는 '용모가 수려한 사람'을 뜻한다.

34) Bl: QWŠ TYMWR.

던 왕자들 가운데 한 명의 왕자를 군대와 함께 그를 지원하러 동참하라는 칙명이 내려왔는데, 〔그때〕 오르다 울루스에서 군대와 함께 보낸 사람이 바로 이 쿨리였다. 그는 호라즘 길을 경유하여 데히스탄(Dehistân)[35]과 마잔다란으로 나왔다. 그에게는 대카툰이 몇 명 있었다. 한 명은 쿵크라트 종족 출신으로 이디겐(Yîdîgen)[36]이라는 이름을 가졌고, 또 다른 한 명은 …… [37]〔출신으로〕 카다칸(Qadaqân)이라는 이름을 가졌다. 또 한 명은 쿠케니(Kôkenî)[38]라는 이름을 가졌는데, 이곳에 와서 이 지방에서 사망했다. 그는 아들을 다섯 명 두었는데 다음과 같은 순서이다. 투메겐(Tûmegân), 투만(Tûmân), 밍칸(Mîngqân), 아야치(Ayâchî), 무술만(Musulmân). 이 다섯 명의 아들들의 지파와 그들의 정황은 아래에서 설명하는 바와 같다. 〔157v〕「130r」

· 쿨리의 첫째 아들 투메겐__ 이 투메겐은 대카툰을 세 명 두었는데, 한 명은 타타르 종족 출신이며 사칼 노얀(Saqâl Nôyân)의 딸로서 불루간(Bûluǧân)이라는 이름을 가졌다. 둘째는 ……[39] 종족 출신의 부랄룬(Bûlâlûn) 카툰이고, 셋째는 올제이(Ôljâî)라는 이름을 가진 후궁이었다. 세 아들을 두었는데 다음과 같은 순서대로이다.

자룩(Jârûq)__ 그에게는 카툰이 한 명 있었는데, 이름은 야쿠르 툼착(Yâqûr Tûmchâq)[40]이었다. 그녀에게서 노카이(Nôqâî)와 사탈미시(Sâtâlmîsh)[41]라는 아들이 출생했다.

---

35) 카스피 해 東岸 Atrek 북방 지역이며 현재 투르크메니스탄에 속해 있다(*Successors*, p. 104).

36) A: ??DYKN ; B: ?YDYKN ; Bl: NNDYKN. 보일은 Nendiken으로 읽었다.

37) A본에는 공백이 없으나 B본에는 약간의 공백이 보인다.

38) A · B: KWKNY ; Bl: KWKTYTY. 보일은 Kökteni로 읽었다.

39) 原缺.

40) A본에는 두 번째 부분이 TWNJAQ로 표기되어 있다.

41) A: SA?ABLMYŠ ; B: SATALMYŠ.

무바락(Mubârak)__ 상술한 부랄룬 카툰에게서 출생했다. 그에게는 일 부카(Îl Bûqâ)와 투라 티무르(Tûrâ Tîmûr)라는 두 아들이 있었다.

쿠축(Kûchûk)__ 상술한 후궁 울제이에게서 출생했다.

· [쿨리의] 둘째 아들 투만__ 이디겐[42] 카툰에게서 출생했다. 카툰과 후궁을 몇 명 두었는데, 한 대카툰의 이름은 부랄룬(Bûrâlûn)이었다. 그에게는 아들이 일곱 명[43] 있었는데 다음과 같은 순서대로이다.

악크 쿠펙(Aq Kôpek)__ [그에게는 부랄기(Bûrâlǧî)라는 이름의 아들이 하나 있었다].[44]

다니시만드(Dânishmand)

쿠르타가치(Qûrtâǧâchî)

쿠틀룩 부카(Qutluǧ Bûqâ)

쿠틀룩 티무르(Qutluǧ Tîmûr)

일 티무르(Îl Tîmûr)

야일락(Yâîlâq)[45]

[악크 쿠펙을 제외한] 나머지 여섯 명의 아들들에게는 자식이 없었다. 악크 쿠펙, 다니시만드, 쿠르타가치, 쿠틀룩 티무르의 모친 이름은 알려지지 않는다. 쿠틀룩 부카는 부랄룬에게서 출생했고, 일 티무르는 후궁에게서 나왔다.

· [쿨리의] 셋째 아들 밍칸__ ……[46] 카툰에게서 출생했다. 그에게는 카툰들과 후궁들이 있었겠지만 그들의 이름은 알려지지 않는다. 세 아들을 두었는데 다음과 같은 순서이다.

---

42) A: BYDYKWR ; B: Y?DYKWR.

43) B본에는 여섯 명으로 되어 있고, 막내아들인 야일락의 이름이 빠져 있다.

44) A · B본에는 [ ] 안의 내용이 기재되어 있지 않으나 B본에 보인다.

45) A · B본 모두 BAYLAQ처럼 보이나 『五分枝』의 표기처럼 YAYLAQ로 읽는 것이 정확할 것이다.

46) 原缺.

할릴(Khalîl)__그에게는 자식이 없었다.

바시막(Bâshmâq)__아들이 하나 있었는데 이름은 하산(Hasan)이다.

훌쿠투(Hûlqûtû)__ [47]그에게는 자식이 없었다.

· [쿨리의] 넷째 아들 아야치__그의 카툰들의 이름은 알려지지 않는다. 아들이 하나 있었는데 이름은 가잔(Ğazân)이었고, 쿠르구즈의 아들인 쿠틀룩 부카의 딸에게서 출생했다. 이 아야치는 어렸을 때 이곳에 와서, 아바카 칸의 시대에 후라산의 아르군 칸의 어전에 있었다. [그에게] 은사와 보호를 베푼 뒤, 우호[를 맺고] 방책[을 마련하기] 위하여 그를 아들 [가잔]과 함께 [고향으로] 가게 했다.

· [쿨리의] 다섯째 아들 무술만__카다칸 카툰에게서 출생했다. 많은 카툰들을 두었는데, 그 중 한 명의 이름은 나이만 종족 출신의 오르다 테긴(Ôrda Tîgîn)이었다. 그에게는 아들이 네 명 있었는데 다음과 같다. 자우투(Jâûtû), 야일락(Yâîlâq),[48] 호자(Khwâja), 오르다 테긴의 소생인 일리야스(Ilîâs).

☆ **오르다의 셋째 아들 쿠룸시.** 이 쿠룸시에게는 아들이 없었고, 그의 카툰들[의 이름]도 알려지지 않는다. [158r]「130v」

☆ **오르다의 넷째 아들 쿵키란.** 오르다가 사망한 뒤 그가 그의 울루스를 관할했다. 그에게는 아들이 없었다.

☆ **오르다의 다섯째 아들 초르마카이.** 그 역시 자식이 없었고, 그의 카툰들도 알려지지 않는다.

☆ **오르다의 여섯째 아들 쿠투쿠이.**[49] 그의 자식에 관해서도 알려진 바 없고, 그의 카툰들도 알려지지 않는다.

---

47) A · B본에는 WLQWTWQ로 표기되어 있으나, 뒤의 지파도에 의거하여 HWLQWTW로 수정.

48) A · B본의 표기는 YAPALAT(야팔라트)처럼 보인다.

49) A · B: QWTWQWY.

☆ **오르다의 일곱째 아들 훌레구.** 그에게는 대카툰이 두 명 있었다. 한 명은 이름이 술루칸(Sûlûqân)이고 ……[50] 종족 출신이다. 다른 한 사람의 이름은 투르바르진(Tûrbârjîn)이고 킵착 종족 출신이다. 그들로부터 아들을 두었는데, 한 명은 티무르 부카(Tîmûr Bûqâ)이고 또 한 명은 올쿠투(Ôlqûtû)이다. 알라께서 가장 잘 아신다!

· 훌레구의 첫째 아들 티무르 부카__그는 대카툰을 네 명 두었다. 첫째는 쿠케진(Kôkejîn)이고, 쿵크라트 출신 테수 노얀(Tîsû Nôyân)의 딸이다. 둘째는 아르군인들[51] 종족 출신의 아르군 테긴(Arğûn Tîgîn)이고, 코리 쿠츠카르(Qôrî Qûchqâr)의 딸이다. 셋째는 ……[52] 종족 출신의 쿠투진(Qûtûjîn)이다. 넷째는 쿵크라트 종족 출신의 바얄룬(Bâyâlûn)이고, 훌레구 칸의 부인인 쿠투이(Qûtuy)[53] 카툰의 자매이다. 이들 이외에 후궁들도 두었다. 상술한 이 카툰들에게서 여섯 명의 아들을 다음과 같은 순서로 두었다.

쿠블룩(Kûblük)__쿠케진 카툰 소생.

토카 티무르(Tôqâ Tîmûr)__아르군 테긴 소생.

장쿤(Jângqûn)[54]__쿠투진 카툰 소생.

부카 티무르(Bûqâ Tîmûr)__그의 모친은 바얄룬이었다.

사시(Sâsî)__역시 쿠투진 소생.

우샤난(Ûshânân)__그 역시 쿠케진 소생.

· 훌레구의 둘째 아들 올쿠투__그는 투르바르진 카툰에게서 출생했다. 그는 네 명의 아들을 다음과 같은 순서로 두었다.

---

50) 原缺.

51) A · B: ARĞWNAN.

52) 原缺.

53) A본에는 빠져 있다.

54) A · B: JANKQWT. 『五分枝』의 표기에 근거하여 JANKQWN으로 읽었다.

우츠 부카(Ûch Bûqâ)

비시 쿠르트카(Bîsh Qûrtqâ)

부카 티무르(Bûqâ Tîmûr)

데렉(Derek)

주치 칸의 아들 오르다의 지파는 이것으로 끝이다. 지고한 알라의 도움으로!

주치 칸의 둘째 아들 바투

바투는 오키 푸진 카툰(Ôkî Fûjîn Khâtûn)[55]에게서 출생했다. 그녀는 쿵크라트 종족 출신 알치 노얀의 딸이었다. 그를 '사인 칸'(Ṣâîn Khân)[56]이라 부르곤 했다. 그는 매우 중요하고 유능했으며, 주치 칸을 대신하여 울루스와 군대를 관할했다. 장수를 누렸다. 칭기스 칸의 네 아들이 죽자 〔158v〕「131r」 그의 손자들 집단에서의 '아카'(âqâ)[57]는 그였고, 그들 사이에서 존경과 위엄을 누리는 대인(大人, 'aẓîm)이었다. 쿠릴타이에서는 어떤 사람도 그의 말을 거스르지 않았고, 무릇 모든 왕자들은 그에게 고분고분 복종했다. 우구데이 카안이 권좌에 올랐을 때, 일찍이 칭기스 칸이 칙명을 내려 주치가 군대를 이끌고 가서 이비르 시비르(Ibîr Sibîr),[58] 불라르, 킵착 초원, 바쉬기르드, 러시아, 체르케스 등지에서부터 하자르의 데르벤드(Derbend-i Khazar) — 몽골인들은 그곳을 '티무르 카할카'[59]라고 부른다 — 에 이르기까지 북방의 모든 지역을 공략해서 장악하라고 한 적이 있었다. 그러나 그가 그 〔칙명을〕 소홀히 하

---

55) ôkî는 몽골어에서 '여자'를 뜻하는 ökin을 옮긴 말이고, fûjî는 fûjîn의 誤寫로 보인다.

56) 몽골어로 sayin은 '좋은, 착한, 현명한'을 뜻한다.

57) 원래의 뜻은 '兄'이지만, 여기서는 집안에서 가장 서열이 높은 '어른' 정도의 의미이다.

58) A: ABBR SYR; B: ABYR SYR. 올바른 표기는 ABYR SBYR가 되어야 할 것이다.

59) '鐵門'이라는 뜻으로, 카프카즈 산맥을 남북으로 관통하는 요새이다.

자, [우구데이는] 그것과 동일한 방식(yôsûn)으로 바투에게 [원정을]
명령했다. 또한 자신의 조카인 뭉케 카안과 그 형제인 부첵, 자신의 아
들인 구육 칸 및 대아미르들 — 이들 집단 가운데에는 제베와 함께 이 왕
국에 왔었던, 우량카트 종족 출신으로 군사령관의 지위에 있던 수베테
이 바하두르도 포함 — 을 군대와 함께 임명하였다. 그래서 다른 왕자들
도 모두 바투의 휘하에 집합하여 북방의 왕국들을 정복하는 일에 전념
하도록 했다. '비친 일' 즉 원숭이해 — 633년 주마다 알 아히르[=
1236년 2~3]월에 시작 — 에 출정하여 그 지방들 대부분을 경략하고
정복하였다. '쿨루카나 일' 즉 쥐해 — 637[/1240]년에 해당 — 의 봄에
구육 칸과 뭉케 카안은 [우구데이] 카안의 칙명에 따라 귀환해서 카안의
어전으로 갔다. 그 뒤 얼마간 더 바투와 [그의] 형제들, 아미르들과 군대
는 그 지방을 정복하였고, 그의 일족은 아직도 [그렇게] 하고 있다. 바투
는 많은 수의 대카툰들과 후궁들을 두었다. 그에게는 아들이 네 명 있었
는데 다음과 같은 순서대로이다. 사르탁(Sartâq), 토칸(Tôqân), 에부겐
(Ebûgân), 울락치(Ûlâqchî). 네 아들의 지파와 그들의 정황은 아래에서
하나씩하나씩 설명할 내용과 같다.

☆ **바투의 첫째 아들 사르탁.**[60] 그는 …… 카툰에게서 출생했고, 그에게는
아들이 하나도 없었다.

☆ **바투의 둘째 아들 토칸.** 그에게는 아들이 다섯 명 있었고 다음과 같은 순
서대로이다.

　타르부(Târbû)[61]

---

60) 프란체스코파 수도사 기욤 루브룩이 1253년 7~8월 몽골을 방문하러 가는 길에 볼가 강 하류에서 사
　르탁을 만났다. 이에 대해서는 *Mission to Asia*(Toronto: University of Toronto Press, 1980),
　106ff: 『유라시아 유목제국사』(르네 그루쎄 지음, 김호동 등 역, 사계절출판사, 1998), p. 401 참조.
61) A: TAR?W: B: TARBW. A본은 뒤에서 TARBW로 표기.

뭉케 티무르(Môngkâ Tîmûr)

투데 뭉케(Tôdâ Môngkâ)

톡토 부카(Tôqtô Bûqâ)[62]

우게치(Ûgâchî)

· 토칸의 첫째 아들 타르부__ 그에게는 카툰들과 후궁들이 있었으나 그들의 이름은 알려지지 않았다. 그에게는 두 아들이 있었다.

툴라 부카(Tûlâ Bûqâ)__ 그의 자식들은 알려지지 않았다.

쿤첵(Kônchâk)__ 아들이 하나 있었는데 이름은 유즈 부카(Yûz Bûqâ)이다.

· 토칸의 둘째 아들 뭉케 티무르__ 이 뭉케 티무르에게는 카툰들과 후궁들이 있었는데, 가장 큰 카툰들 세 명의 이름이 알려져 있다. 쿵크라트 종족 출신의 울제이(Ôljâî), 〔159r〕「131v」 우신(Ûshîn) 종족 출신의 술탄 카툰(Sulṭân Khâtûn), ……[63] 종족 출신의 쿠투이 카툰(Qûtûî Khâtûn)이다. 아들을 열 명 두었는데 다음과 같다.

알쿠이(Alqûî)__[64] 울제이 카툰 소생.

아바치(Abâchî)__ 알려진 바 없다.

투데겐(Tôdâgân)__ 술탄 카툰 소생.

부르쿡(Bûrkûk)__ 쿠투이[65] 카툰 소생.

톡타이(Tôqtâî)__ 뭉케 카안의 질녀인 켈미시 아카(Kelmîsh Âǧâ) — 살지타이 쿠레겐(Sâljîdâî Kûrâgân)의 부인 — 의 딸 울제이 카툰 소생. 현재 그가 주치 울루스의 군주이다. 두 명의 카툰을 두었는데 한

---

62) A: TWQTW TQA; B: TWQTW NQA.

63) 原缺.

64) A · B본 모두 ALQW라고 표기되어 있는데, 지파도의 ALQWY가 더 정확할 것으로 보인다.

65) A · B: QWTW.

명은 이름이 불루간(Bûlûĝân)이고, 다른 한 명은 쿵크라트 종족 출신의 투굴제(Tûĝûlje)이다. 그녀에게서 세 아들을 두었는데 다음과 같다. 바부시(Bâbûsh), 엥케세르(Enkîsâr), 투켈 부카(Tûkel Bûqâ).

사라이 부카(Sarâî Bûqâ)

훌라카이(Hûlâqâî)__ 그에게 아들이 하나 있었는데, 이름은 울루스 부카(Ûlûs Bûqâ)이다.

카단(Qadân)

쿠두칸(Qûdûqân)__ 아들이 하나 있었는데, 이름은 쿤게스(Kûnges)이다.

토그릴차(Țoĝrîlcha)__ 아들이 하나 있었는데, 〔이름은〕 우즈벡(Ôzbeg)이다.

· 토칸의 셋째 아들 투데 뭉케__ 그의 모친, 그리고 뭉케 티무르의 모친은 오이라트 종족 출신으로 울제이 카툰과 부카 티무르의 자매인 쿠추 카툰(Kôchû Khâtûn)이었다. 이 투데 뭉케에게는 카툰이 두 명 있었는데, 쿵크라트 종족 출신의 아리카치(Arîqâch)[66]와 알치 타타르 종족 출신의 투라 쿠틀룩(Tûrâ Qutluĝ)이다. 그에게는 세 아들이 있었고 다음과 같은 순서이다.

우르 뭉케(Ûr Möngkû)__ 아리카치에게서 출생.

치첵투(Chîchektû)__ 투라 쿠틀룩 소생.

톱타이(Tôbtâî): 모친〔의 이름〕은 알려지지 않는다.[67]

· 토칸의 넷째 아들 톡투 부카__ 그의 카툰들의 이름은 알려지지 않았다. 두 명의 아들을 두었는데 다음과 같다.

---

66) A: ARTFAḤ; B: ART?AḤ . B본은 뒤에 ARYĜAḤY로 표기.
67) A본에는 우르 뭉케 이하 세 명의 이름과 설명이 빠져 있다.

바부치(Bâbûch)

투켈 부카(Tûkel Bûqâ)

· 토칸의 다섯째 아들 우게치__ 그에게는 자식이 없었다.

☆ **바투의 셋째 아들 에부겐**. 그에게는 카툰들과 후궁들이 있었고, 아들을 일곱 명 두었는데 다음과 같은 순서이다.

· 바락(Bârâq)

· 불라르(Bûlâr)

· 투투치(Tûṭûch)[68]

· 다크두카(Daqduqâ)

· 아흐마드(Aḥmad)

· 사비르(Sabîr)

· 둥구즈(Dûngûz)[69]

☆ **바투의 넷째 아들 울락치**. 자식이 없었고 그의 카툰들의 이름도 알려지지 않는다.

주치 칸의 둘째 아들 바투의 지파는 이것으로 끝이다. 알라의 인자함으로! 〔159v〕「132r」

주치 칸의 셋째 아들 베르케

그에게는 자식이 하나도 없었다. 그에 관한 정황과 일화들은 훌레구 칸 기와 아바카 칸 기 및 다른 본기들에 나올 것이다. 지고한 알라께서 원하신다면!

---

68) A: TWṬWX; B: TWṬWJ.

69) A · B: DWNGWR이나, 지파도의 DWNGWZ가 더 정확한 표기로 보인다.

주치 칸의 넷째 아들 베르케체르

그에게는 카툰과 후궁들이 있었고, 두 명의 아들을 두었는데 다음과 같은 순서이다.

☆ **첫째 아들 쿠케추**(Kôkechû). 이 쿠케추에게는 아들이 네 명 있었는데 다음과 같다. 이질 티무르(Îjîl Tîmûr), 빌릭치(Bîliqchî), 톡타이(Tôqtâî),[70] 툭 티무르(Tûq Tîmûr).

☆ **둘째 아들 이수 부카**(Yîsû Bûqâ). 이 이수 부카에게는 아들이 하나 있었는데, 이름은 사라이 부카(Sarâî Bûqâ)였다.

주치 칸의 넷째 아들 베르케체르의 지파는 이것으로 끝이다.

주치 칸의 다섯째 아들 시반

그에게는 많은 카툰들과 후궁들이 있었다. 또한 아들을 열두 명 두었는데 다음과 같은 순서대로이다. 바이날(Bâînâl), 바하두르(Bahâdur), 카닥(Qâdâq), 발라칸(Bâlâqân), 체릭(Cherîk), 메르겐(Mergân),[71] 쿠르트카(Qûrtqâ), 아야치(Ayâchî), 사일칸(Sâyîlqân), 바얀차르(Bâyânchâr), 코니치(Qônîchî), 마자르(Mâjâr). 이 열두 명의 아들들의 자식들과 그 후손들의 지파에 대한 상세한 설명은 다음에 별도로 서술한 바와 같다.

☆ **시반의 첫째 아들 바이날**. 세 명의 아들이 있었는데 다음과 같다.

· 야일락 티무르(Yâîlâq Tîmûr)

· 벡 티무르(Bîk Tîmûr)

· 비시 부카(Bîsh Bûqâ)

---

70) A · B: DWQDAY. 그러나 지파도와 『五分枝』에 따르면 TWQTAY가 옳은 표기일 것이다.

71) A: MKAN; B: MRKAN.

☆ **시반의 둘째 아들 바하두르.** 그는 두 아들을 두었는데 다음과 같다.

· 바하두르의 첫째 아들 쿠틀룩 부카(Qutluǧ Bûqâ)＿ 그의 자식들에 관해서는 알려진 바가 없다.

· 바하두르의 둘째 아들 주치 부카(Jôchî Bûqâ)＿[72] 그에게는 아들이 네 명 있었는데 다음과 같다. 〔160r〕「132v」바다쿨(Bâdâqûl), 벡 티무르(Beg Tîmûr), 양기차르(Yangîchar),[73] 이수 부카(Yîsû Bûqâ).

☆ **시반의 셋째 아들 카닥.** 그에게는 아들이 하나 있었는데 그의 이름은 툴라 부카(Tûlâ Bûqâ)였다. 이 툴라 부카에게는 아들이 둘 있었는데, 큰〔아들〕은 망쿠타이(Mangqûtâî)이고, 작은〔아들〕은 투만 티무르(Tûmân Tîmûr)이다. 이 투만 티무르에게 아들이 하나 있었는데, 그의 이름은 우추겐(Ûchügân)이다.[74]

☆ **시반의 넷째 아들 발라칸.**[75] 그에게는 세 아들이 있었는데 다음 순서대로이다.

· 투리(Tûrî)

· 투겐(Tûgân)

· 톡다이(Tôqdâî)＿[76] 이 톡타이는 '무르타드(Murtadd)[77] 톡다이' 혹은 '탐마(Tamma) 톡다이'라고 불리기도 한다. 그의 동영지는 데르벤드 방면에 있는 테렉(Terek) 강 근처이다. 한동안 그는 전초병(lashkar-i qarâûl)의 지휘관이었다. 그에게는 세 아들이 있었는데 다

---

72) A본에는 '주치'라고만 되어 있다.

73) A · B: BAYANKJR. 그러나 뒤의 지파도에 의거하여 '양기차르'로 읽는다.

74) A · B본의 원문은 "NAM AWCKAN"이라고 되어 있으며 노역본도 AWCKAN을 인명으로 보았다. Bl본에는 "AWCWKU NAM"이라고 되어 있다.

75) A: BALAQ.

76) A · B: TWQDAY.

77) 아랍어에서 murtadd는 '배교자, 변절자' 등을 뜻한다.

음과 같은 순서대로이다. 바키르차(Bâqîrcha), 쿤첵(Kônchek), 자우 칸(Jâûqân).

☆ **시반의 다섯째 아들 체릭.** 이 체릭에게는 아들이 하나 있었는데, 그의 이름은 툭 티무르(Tûq Tîmûr)이다.

☆ **시반의 여섯째 아들 메르겐.**[78] 그에게는 두 아들이 있었는데, 다음과 같은 순서이다. 부카 티무르(Bûqâ Tîmûr), 일 부카(Îl Bûqâ).

☆ **시반의 일곱째 아들 쿠르트카.** 이 쿠르트카에게는 아들이 하나 있었는데, 이름은 키나스(Kînâs)이다.

☆ **시반의 여덟째 아들 아야치.** 이 아야치에게는 아들이 하나 있었는데, 그의 이름은 우츠 쿠르트카(Ûch Qûrtûqâ)이다.

☆ **시반의 아홉째 아들 사일칸.** 그에게는 아들이 하나 있었는데 이름은 쿠틀룩 티무르(Qutluǧ Tîmûr)이다. 이 쿠틀룩 티무르는 아들을 일곱 명 두었는데, 다음과 같은 순서대로이다. 보랄타이(Bôrâltâî), 벡 티무르(Beg Tîmûr), 부랄기(Bûrâlǧî), 우테만(Ûtemân), 사브탁(Sâbtâq), 이수 부카(Yîsû Bûqâ), 티무르타이(Tîmûrtâî). 〔161v〕「133r」

▶☆ **시반의 열 번째 아들 바얀차르.** 그에게는 아들이 하나 있었는데, 이름은 에부겐 메르겐(Ebûgân Mergân)이다. 이 에부겐 메르겐에게 아들이 하나 있었고, 이름은 토간차르(Ṭôǧânchâr)이다.

☆ **시반의 열한 번째 아들 마자르.** 그에게 아들이 하나 있었는데, 이름은 투르지(Tûrjî)이다.

☆ **시반의 열두 번째 아들 코니치.** 그에게는 자식이 하나도 없었다.

주치 칸의 다섯째 아들 시반의 지파는 이것으로 끝이다. 신의 도우심에 힘입어!

---

78) A본에는 MKAN으로 표기.

주치 칸의 여섯째 아들 탕쿠트

그에게는 아들이 둘 있었는데 다음과 같다. 수베게테이(Sûbegetâî), 토쿠즈(Tôqûz). 앞서 말한 이 두 아들의 자손들의 지파는 아래에서 설명하는 바와 같다.

☆ **탕쿠트의 첫째 아들 수베게테이.** 그에게는 두 아들이 있었다.

· 마자르(Mâjâr)__ 그에게는 아들이 하나 있었는데, 그의 이름은 쿠룩(Kûrûk)이다.

· 쿤첵 코니치(Könchek Qônichî)__ 그에게는 아들이 네 명 있었는데, 다음과 같은 순서이다. 부라차르(Bûrâchâr), 쿠츠 티무르(Kûch Tîmûr), 아시탄(Ashtân), 두라투(Dûrâtû).

☆ **탕쿠트의 둘째 아들 토쿠즈.** 그에게는 세 아들이 있었는데, 다음과 같은 순서이다. 칼리마(Qâlîmâ), 아르슬란(Arslân), 부랄기(Bûrâlǧî).

주치 칸의 여섯째 아들 탕쿠트의 지파는 이것으로 끝이다. 신의 도우심에 힘입어!

주치 칸의 일곱째 아들 보알

☆ **보알의 첫째 아들 타타르**(Tâtâr). 그에게는 아들이 하나 있었는데, 이름은 노카이(Nôqâî)였다. 이 노카이에게는 아들이 세 명 있었는데 다음과 같은 순서대로이다.

　주게(Jôge)

　무게(Môge)

　부리(Bôrî) 〔162r〕「133v」

☆ **보알의 둘째 아들 밍카다르**(Mingqadar). 그에게는 아들이 아홉 명 있었는데, 다음과 같은 순서대로이다.

· 투카르(Tûqâr)__⁷⁹⁾ 그에게 아들이 하나 있었는데, 그의 이름은 케르디 부카(Kerdî Bûqâ)이다.

· 벡두즈(Begdûz)__ 두 아들이 있었는데, 투데켄(Tôdâkân)과 투클루 바이(Tûqlû Bâî)이다.

· 에부겐(Ebûgân)__ 두 아들이 있었는데, 투쿠치(Tûqûch)와 아흐마드 (Aḥmad)이다.

· 우즈벡(Ôzbeg)__ 자식이 없다.

· 사시크(Sâsîq)__ 그에게 아들이 하나 있었는데 바사르(Bâsâr)이다.

· 우루스(Ûrûs)__ 자식이 없다.

· 우즈벡 쿠르트카(Ôzbeg Qûrtqâ)__ 자식이 없다.

· 투클루차(Tûqlûcha)__ 알려진 바 없다.

· 일 바스미시(Îl Bâsmîsh)__ 자식이 없다.

주치 칸의 일곱째 아들 보알의 지파는 이것으로 끝이다. 지고한 알라의 도우심으로!

주치 칸의 여덟째 아들 칠라우쿤

그에게는 자식이 없었다.

주치 칸의 아홉째 아들 싱코르

그에게는 세 아들이 있었는데, 그들의 이름과 자식·손자들의 지파는 아래에서 설명하는 바와 같다.

☆ **첫째 아들 이수 부카**(Yîsû Bûqâ). 그에게는 아들이 다섯 명 있었는데 다음과 같다.

· 부랄기(Bûrâlǧî)

· 쿠블룩(Kûblük)

· 투데겐(Tödâkân)

---

79) A: NWQAR ; B: ?WQAR. 지파도에는 TWQAR로 표기되어 있다.

· 투다치(Tûdâchî)

· 아크타치(Akhtachî)

☆ **둘째 아들 시레문**(Shîrâmûn). 세 아들을 두었고 다음과 같다.

· 호라즈미(Khwârazmî)__ 그의 모친은 타타르 출신의 불진(Bûljîn).

· 자쿠투(Jâqûtû)__ 그의 모친은 술두스 출신의 쿠틀루칸(Qutluqân).

· 바이람(Bayrâm)__[80] 그의 모친은 쿨다(Quldâ)이고 후궁이었다.

☆ **셋째 아들 마자르**(Mâjâr). 세 아들이 있었는데 다음과 같은 순서대로이다.

· 우루삭(Ûrûsâq)

· 바얀(Bâyân)

· 바이쿠(Bâîqû)

주치 칸의 아홉째 아들 싱코르의 지파는 이것으로 끝이다. 지고한 알라의 도우심으로!

주치 칸의 열 번째 아들 침바이

그에게는 많은 수의 카툰들과 후궁들이 있었다. 두 아들을 두었는데, 힌두(Hindû)와 투다우르(Tûdâûûr)였다. 그들 후손들의 지파에 대한 설명은 다음과 같다.

☆ **침바이의 첫째 아들 힌두.** 이 힌두에게는 아들이 하나 있었는데, 이름은 예쿠(Yâkû)였다. 이 예쿠에게는 세 아들이 있었고 다음과 같은 순서대로이다. 잘라이르타이(Jalâîrtâî), 쿤델렌 망쿠타이(Kûndâlân Manqûtâî), 타카추(Ṭâqâchû). 〔162v〕「134r」 이 예쿠는 침바이 사후 2년 동안 줄곧 통치를 했으나, 그 뒤에는 톡타이가 그를 야사에 처했다.

☆ **침바이의 둘째 아들 투다우르.** 그에게는 두 아들이 있었는데 다음과 같은 순서이다.

---

80) Bl: QWLDAQ.

· 마자르(Mâjâr)__ 그에게 아들이 세 명 있었는데 다음과 같은 순서이다. 말릭(Malik), 호자(Khwâja), 쿠르트카추(Qûrtqâchû).

· 타리야치(Târîyâchî)__ 그에게는 자식이 없었다.

주치 칸의 열 번째 아들 침바이의 지파는 이것으로 끝이다. [알라의] 은총에 힘입어!

주치 칸의 열한 번째 아들 무함마드

그를 부라(Bûrâ)라고도 불렀으나, 그에게는 자식이 없었다.

주치 칸의 열두 번째 아들 우두르

그에게 아들이 하나 있었는데, 카라차르(Qarâchâr)라는 이름을 갖고 있었다. 이 카라차르는 아들을 다섯 명 두었는데 아래에서 설명하는 순서대로이다.

· 카라차르의 첫째 아들 쿠르트카(Qûrtqâ)__[81] 그의 모친은 투겔레이(Tûgelâî), 즉 툴라스(Tûlâs) 종족 출신으로 일투트미시(Îltûtmîsh)라는 이름을 갖고 있었다. 이 쿠르트카에게는 아들이 하나 있었는데, 그의 이름은 사시(Sâsî)이다.

· 카라차르의 둘째 아들 도르지(Tôrjî)__ 이 도르지에게는 아들이 하나 있었는데, 이름은 아난다(Anânda)이다.

· 카라차르의 셋째 아들 아비시카(Abîshqâ)__ 그에게는 자식이 없었다.

· 카라차르의 넷째 아들 에메겐(Emegen)__ 그에게도 자식이 없었다.

· 카라차르의 다섯째 아들 투켈(Tûkel)

주치 칸의 열두 번째 아들 우두르의 지파는 이것으로 끝이다.

---

81) A본에는 ABYŠQA로 표기되어 있는데, 필사자의 오류이다. A본에는 QWRTQA의 이름이 카라차르의 셋째 아들로 기재되어 있다.

주치 칸의 열세 번째 아들 토카 티무르

이 토카 티무르에게는 아들이 네 명 있었는데, 그들의 이름과 자식들의 지파는 아래에서 설명하는 바와 같다.

☆ **첫째 아들 바이 티무르**(Bâî Tîmûr)[82]. 그에게는 다음과 같이 세 아들이 있었다.

· 토카차르(Tôqâchâr)

· 빌릭치(Bîliqchî)

· 쿠케추(Kôkâchû)

이들 어느 누구도 자식이 없었다.

☆ **둘째 아들 바얀**(Bâyân). 그에게는 다음과 같이 두 아들이 있었다.

· 카잔(Qazân)

· 다니시만드(Dânishmand)

☆ **셋째 아들 우룽**(Ôrung). 그에게는 네 명의 아들이 있었다.

· 아칙(Achîq)__ 그에게는 아들이 하나 있었는데, 그의 이름은 바흐티야르(Bakhtiyâr)이다.

· 아릭클리(Arîqlî)__그에게는 세 아들이 있었는데, 아딜(ʿÂdil), 사크리치(Saqrîchî), 안바르치(Anbârchî)이다.

· 카라키르(Qarâqîr)__ 세 아들이 있었는데, 네구베이(Nîgübâî), 케렌제(Kerânje), 시바쿠(Shibâqû)이다.

· 사리차(Sârîcha)__ 아들이 하나 있었는데, 그의 이름은 쿤첵(Könchek)이다.

☆ **넷째 아들 킨 티무르**(Kîn Tîmûr). 그에게는 두 아들이 있었다.

· 카라호자(Qarâ Khwâja)

---

82) A: BACWR.

· 아바이(Abâî)__자식이 없었다.

주치 칸의 열네 번째 아들 싱쿰[83]
이 싱쿰에게는 자식이 없었다.

주치 칸의 자식들에 관하여 믿을 만한 분들이 전하는 바는 이 열네 명의
아들들, 즉 〔위에서〕 상세하게 기록한 그들의 이름과 그들의 자식·손자
들이다. 그들의 지파도는 다음과 같다. 兗! 〔163r〕「　」[84]

---

83) A본에는 빠져 있다.
84) B본은 여기서부터 1장이 누락되어 있다.

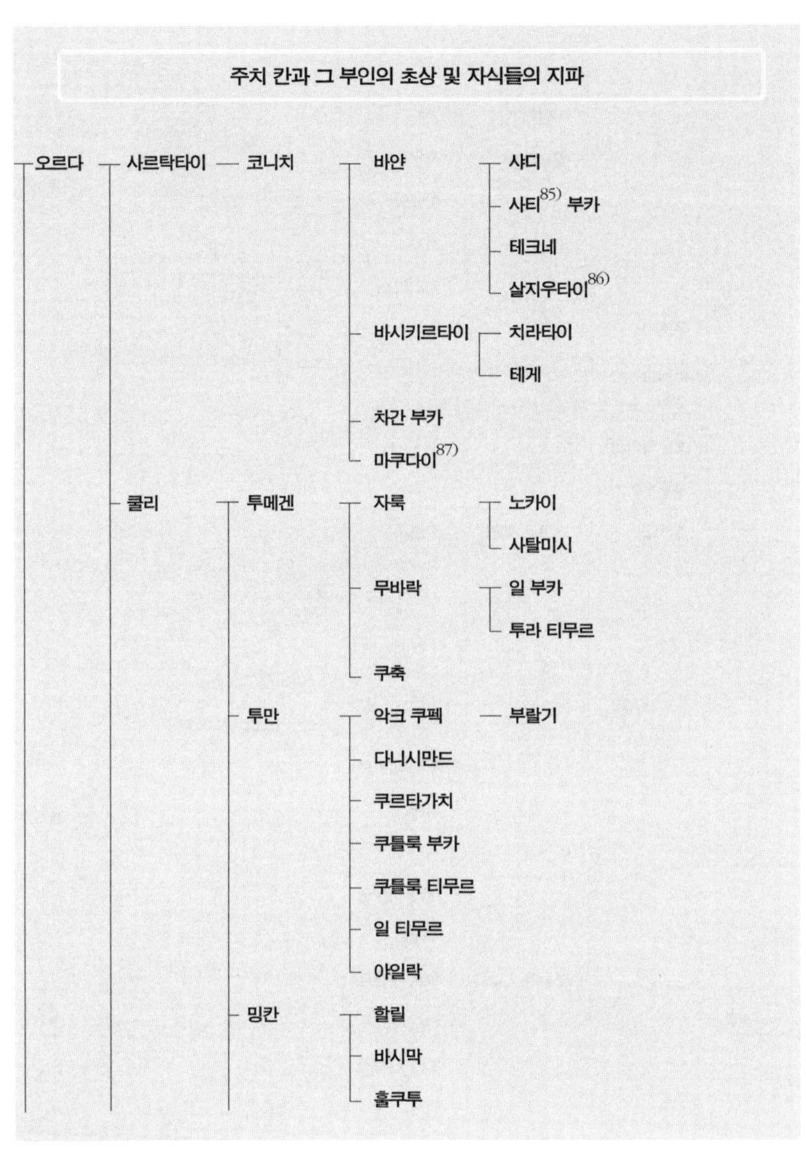

85) A: SASY.

86) A: SALJYWTY. 앞에서는 '살지쿠타이'로 표기되었다.

87) A: MATWTAY.

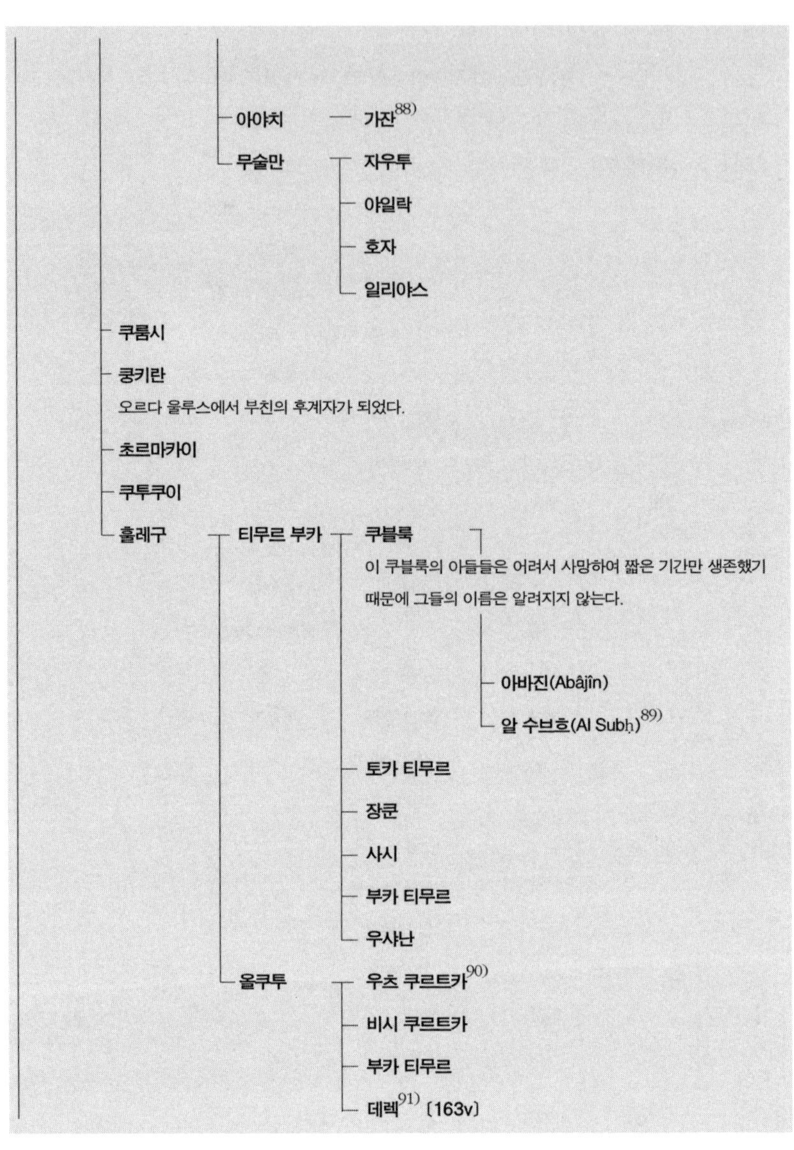

88) A : QAZAN. 앞에서는 ǦAZAN으로 표기되었다.

89) 이 두 사람의 이름은 본문에는 나와 있지 않고 지파도에서만 보인다. 아마 딸들의 이름으로 추정된다.

90) 본문에서는 '우츠 부카'라고 되어 있었다.

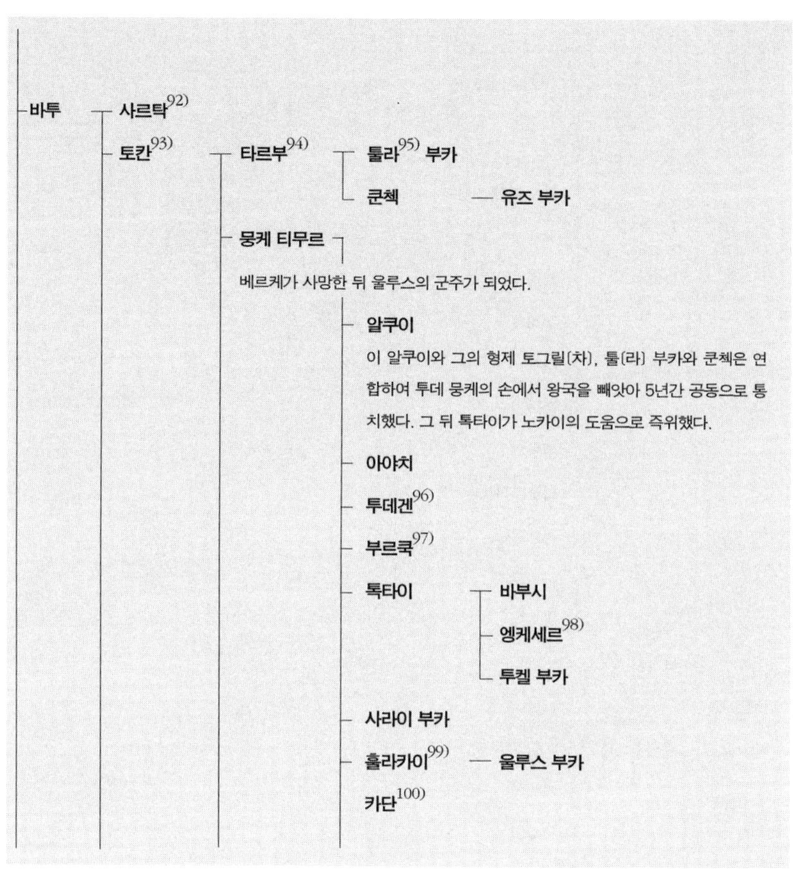

91) A본의 표기는 불분명하여 DNK처럼 보이기도 한다. 『五分枝』에는 DAZAK.

92) 『五分枝』에는 "이 사르탁은 뭉케 카안의 칙명에 의해 부친의 후계자가 되었지만 도중에 사망했다"는 설명이 첨가되어 있다.

93) A: TWQAY.

94) A: DARBW.

95) A: TWLH.

96) A: TWDAN; 『五分枝』: TWTYAKYN.

97) A: BWRLWK; 『五分枝』: PWRLWK.

98) A: AYLABSAR.

99) 『五分枝』: HWLAQAN.

100) 『五分枝』: QADAQAN.

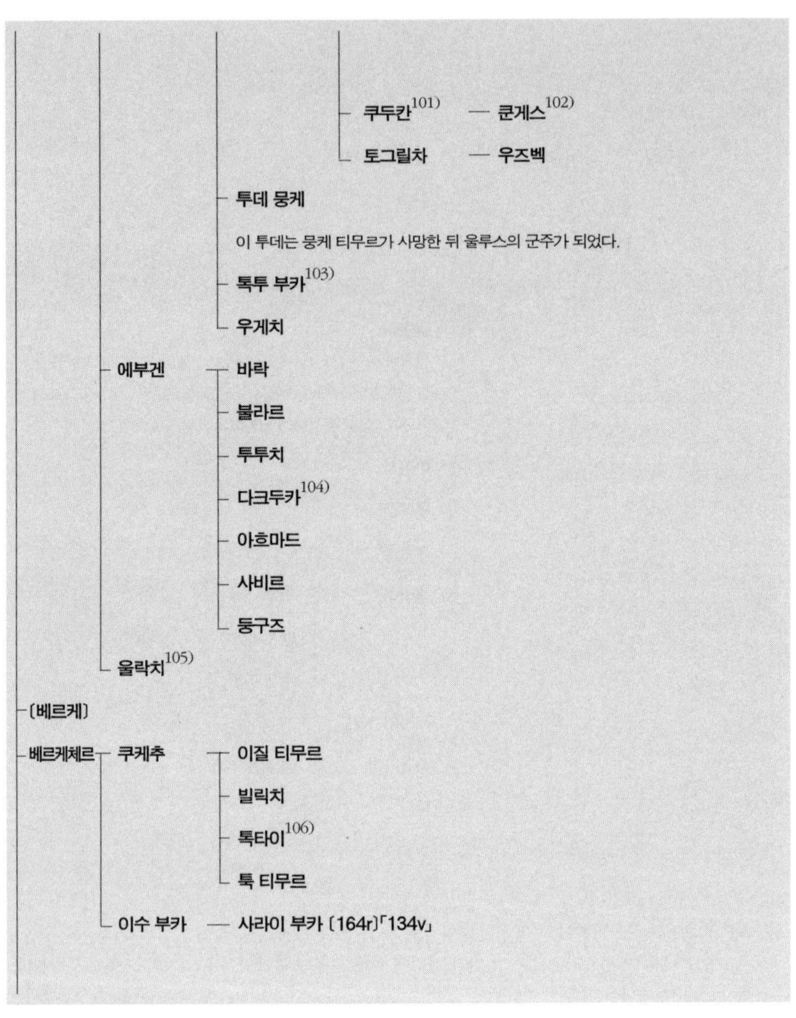

---

101) A: QWTWQAN.

102) A: KWNKYN.

103) A에는 TWQTW라고만 되어 있다.

104) A: WQDQH.

105) 『五分枝』에는 "이 울락치는 사르탁이 〔사망한〕 뒤 뭉케 카안의 칙령에 의해 부친의 후계자가 되었다. 그러나 곧 사망했다"는 설명이 붙어 있다.

106) A: TWQTA; 『五分枝』: TWQTAQA.

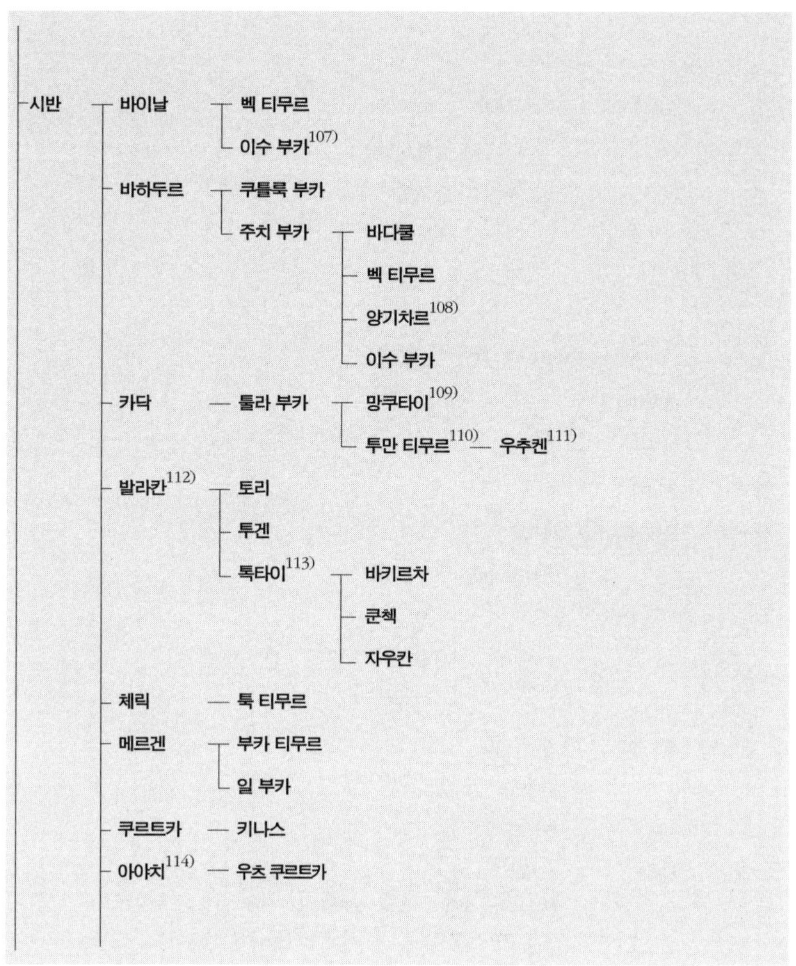

107) YYSW BWQA. 본문에서는 '비시 부카'로 되어 있다.

108) A · B: YNKYJR.

109) A · B: MANQWY.

110) A · B: TWQAN TYMWR.

111) A · B: AWJWKAN. 그의 이름은 본문에 나오지 않는다.

112) A · B: BLQH.

113) 앞에서는 '톡다이'로 표기되었다.

114) A · B: ABACY.

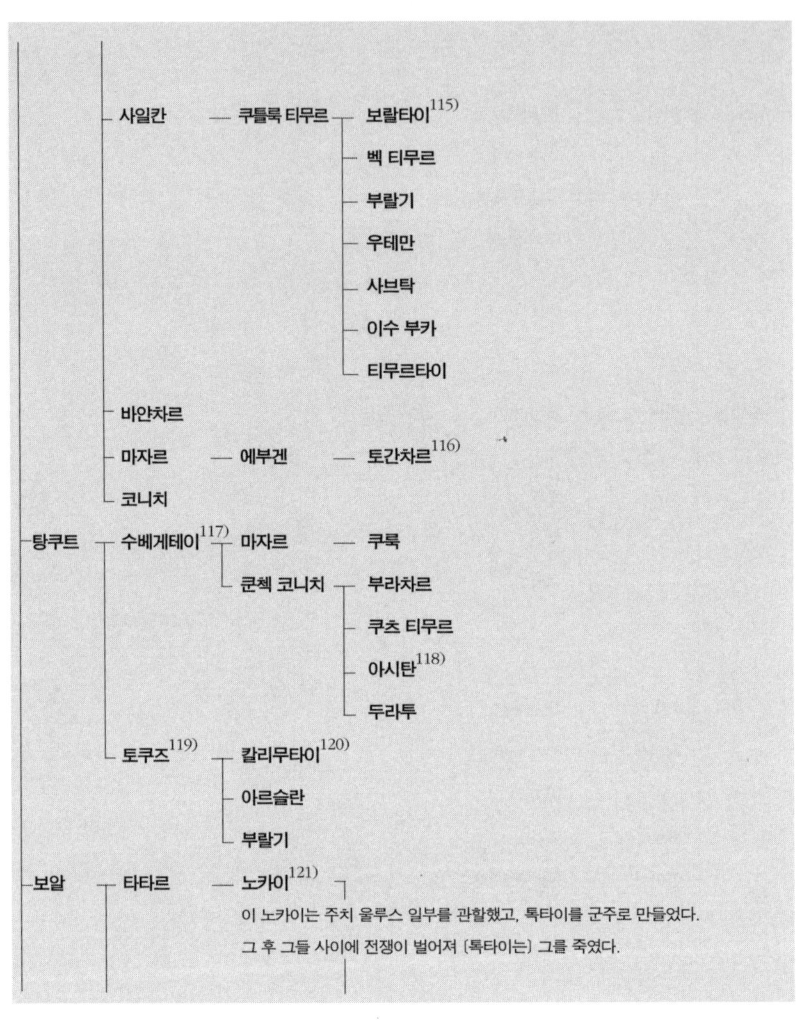

---

115) A · B: BWRALDAY.

116) A · B: BWǦNJW. 본문에서는 에부겐과 토간차르가 바얀차르의 후손들이고, 마자르에게는 투르지라는 아들이 하나 있었던 것으로 기록되어 있다.

117) A · B: SWBATY.

118) A: AYSTANY; B: AYŠTANY.

119) A · B: DWQWZ.

120) A · B: QALYMWTY. 본문에서는 '칼리마' 로표기.

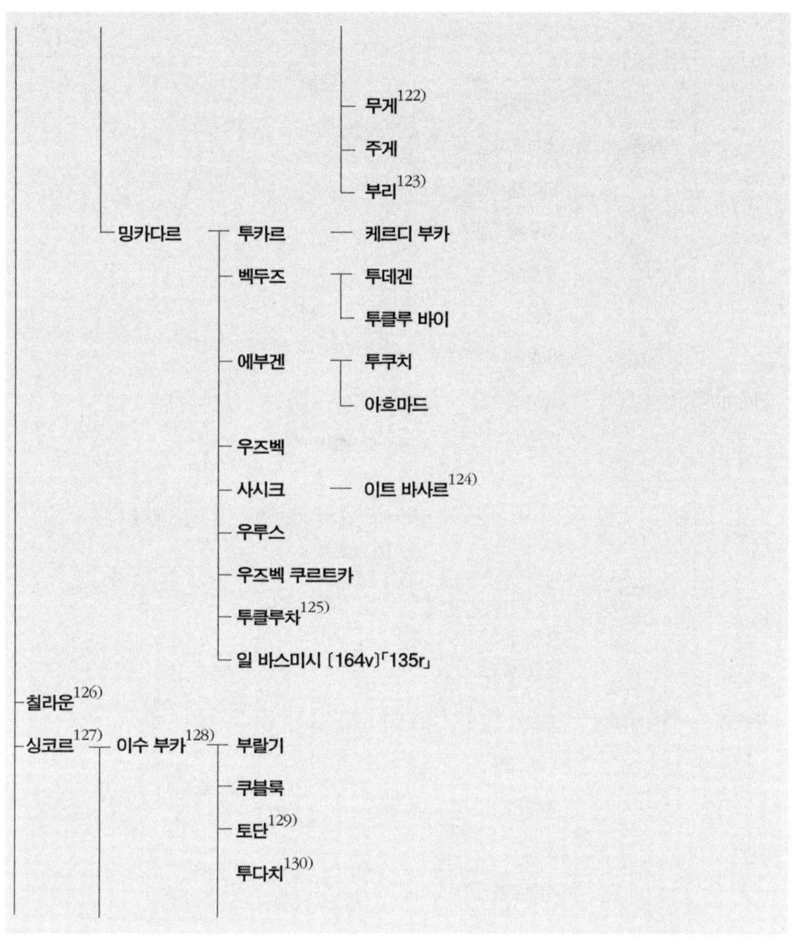

---

121) A · B: TWQAY.

122) A · B: BWKH.

123) 뒤에서는 '투리'로 표기.

124) A · B: AYT BSR. 본문에는 '바사르'라고만 되어 있다.

125) A · B: TWQLWQJH.

126) A · B: JYLAWN. 본문에는 '칠라우쿤'으로 표기.

127) A: ŠYNQWN.

128) A본에는 그림이 잘못 그려져 마치 싱코르의 동생 침바이가 그의 아들인 것처럼 되어 있고, 침바이
의 두 아들이 무함마드의 아들로 그려져 있다. 그러나 B본에는 올바로 되어 있다.

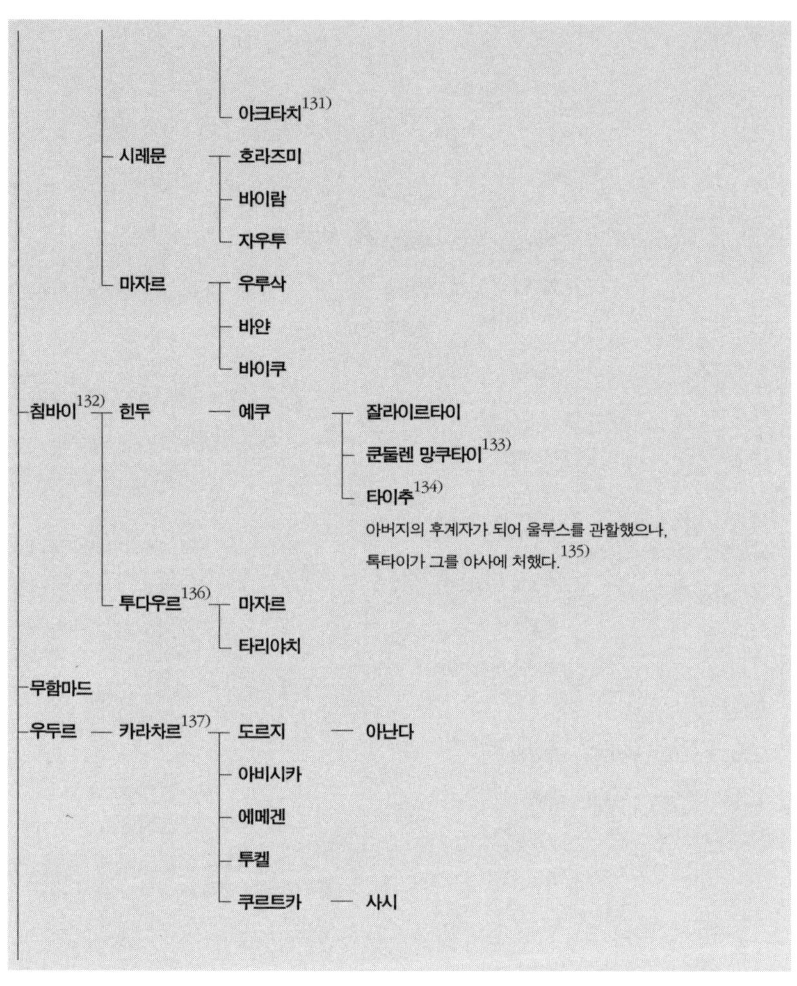

129) A · B: TWDAN. 그러나 본문에는 '투데켄'으로 기록되어 있다.

130) A · B: TWDACW.

131) A · B: AC?CY.

132) A · B: CYMPAY.

133) A · B: KNDLAN MNKQWY.

134) A · B: TAYJW. 그러나 본문에는 '타카추'로 표기되었다.

135) 본문에서는 이것이 예쿠에 관한 이야기로 기록되었다.

136) A · B: TWDAWW.

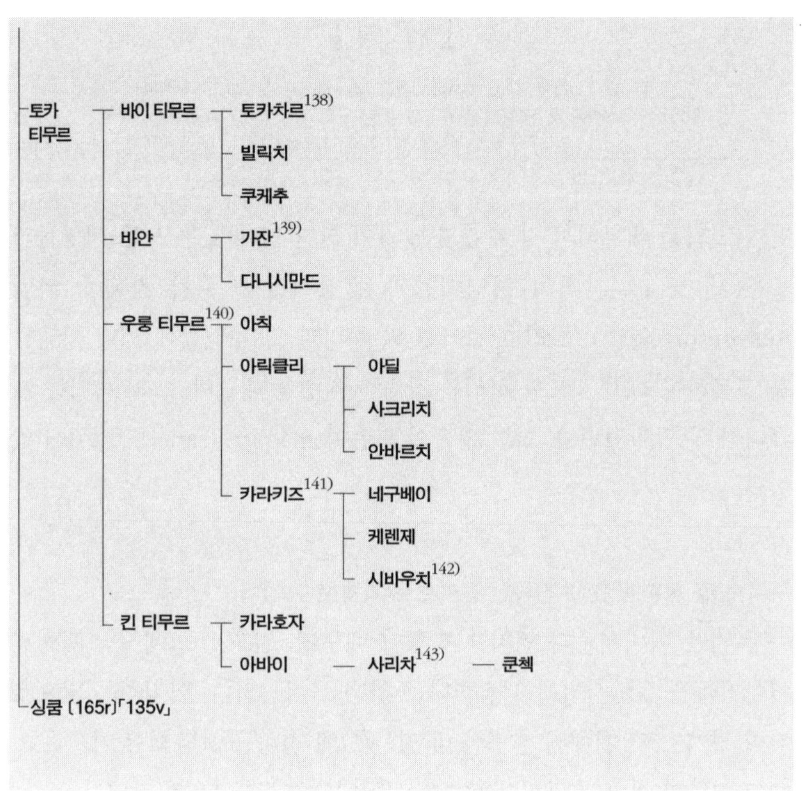

---

137) A본에는 사람들의 이름은 올바로 표기되었으나, 선을 잘못 연결하여 부자 관계에 혼동을 주고 있다. 그러나 B본에는 정확하게 그려져 있다.

138) A · B: TWǦAJR.

139) A · B: ǦZAN. 본문에는 '카잔'.

140) 본문에는 '우룽'이라고만 되어 있다.

141) A · B: QRAQYZ. 본문에는 '카라키르'.

142) A · B: ŠBAWJY. 본문에는 '시바쿠'로 표기.

143) 본문에는 사리차가 아바이의 아들이 아니라 우룽 티무르의 넷째 아들로 나와 있다.

【 제 2장 】

칭기스 칸은 에르디시 강 부근과 알타이 산지 안에 있는 모든 지방들과
울루스, 또 그 지역의 하영지들과 동영지들을 주치 칸에게 위임
(tûsâmîshî)하였다. 그리고 킵착 초원 지방과 그 방면들에 있던 왕국들
을 정복하여 그가 갖도록 하라는 강력한 칙령을 내렸다. 그의 목지는 에
르디시 부근에 있었고, 그의 왕국의 도읍지(maqarr-i sarîr)도 그곳에 있
었다. 完!

주치 칸의 정황에 관해 간략한 형식으로 기록한 이야기

주치 칸은 아버지보다 먼저 사망했기 때문에, 별도로 그에게만 관련된
이야기들을 독립시켜서 서술한다는 것은 불가능하다. 이러한 까닭으로
이미 칭기스 칸 기에서 설명한 바 있는 그의 정황을 요약해서 기술하고,
그의 병환과 사망에 대해서 서술할 것이니, 그것은 다음과 같다.

　주치 칸은 칭기스 칸의 명령에 따라 항상 원정에 나섰고, 〔165v〕
「136r」 많은 지방들을 정복하고 복속시켰다. 칭기스 칸이 타직 지방들로
출정했을 때, 오트라르(Otrâr) 변경에 이르러 오트라르 정복을 위하여
그를 임명하고 그곳에 남도록 했다. 칭기스 칸 기에서 설명했듯이 주치
는 오트라르를 정복하고 그 성채를 빼앗고 파괴한 뒤 귀환했다. 도중에
있는 일부 지방들을 경략하며 〔돌아와〕 사마르칸트 부근에서 부친의 어
전에 도착했다. 칭기스 칸은 다시 거기서 그를 형제들인 차가타이와 우
구데이와 함께 호라즘 정복하는 일에 임명했다. 그곳을 포위했으나 차
가타이와의 불화로 인해 정복하지는 못했다. 칭기스 칸은 그 전투에서

우구데이를 지휘관으로 하라고 명령했다. 그는 능력을 발휘하여 형제들 사이에 화목을 이루었고 힘을 합하여 호라즘을 정복했다. 차가타이와 우구데이는 아버지가 있는 방면으로 향하여 탈리칸(Ṭâliqân) 성채에서 어전에 도착했다. 주치 또한 호라즘 길을 경유하여 그의 유수진들(aǧrûqhâ)이 있는 에르디시 방면으로 향하여 자신의 오르두들과 합류했다.

이에 앞서 칭기스 칸은 주치에게 북방의 지역들, 즉 켈레르, 바쉬기르드, 러시아, 체르케스, 킵착 초원 및 그 방면의 다른 지방들로 출정하여 경략하라고 명령하였다. 그는 그 임무를 소홀히 하고 자기 집(khânahâ)으로 가버렸다. 칭기스 칸은 매우 화가 나서 "나는 (사정을) 고려할 것도 없이[144] 그를 야사에 처하겠노라!"고 말했다. (그런데) 주치가 갑자기 병에 걸렸다. 그로 인해 그는 아버지가 (타직) 지방에서 귀환하여 (자신의) 오르두들에 하영했을 때 어전에 올 수 없었다. 그는 사냥으로 잡은 오리(qûqû-i shikârî)[145] 몇 '하르바르'(kharvâr)[146]를 실어 보내며 변명을 했다. 그 뒤로도 칭기스 칸은 몇 차례 그에게 오라고 지시했으나 병으로 인해 오지 않았고 변명을 보내왔다.

그 뒤 망쿠트 종족 출신의 어떤 사람이 주치의 목지들(이 있는 곳) 부근을 지나갔는데, (그때 마침) 주치는 한 목지에서 다른 목지로 이동하고 있었다. 그는 여전히 병이 들어 있는 상태에서 자신의 사냥터가 있는 어떤 산에 도착했다. 그는 몸에 병이 있었기 때문에 사냥(을 담당하는)

---

144) 원문은 "rûy dil nâ-dîda". Steingass(p. 597)는 rûy dil dîdan을 "to receive kindness, favor, or consideration"이라는 의미로 설명했다.

145) shikârî는 사냥해서 잡은 동물을 뜻한다. qûqû 혹은 qûǧû는 투르크어로 '오리, 백조'를 의미하는데, 이에 대해서는 Doerfer, vol. 4, pp. 533~535를 참조. BI본에는 qûǧû는 단어가 빠져 있다.

146) khar는 '나귀'를 뜻하며, kharvâr는 '나귀에 실을 정도의 분량'을 의미한다. 보일에 따르면 가잔 칸의 시대에 1하르바르는 83.3kg 정도였다고 한다.

아미르들(umarâ-i shikâr)을 보내서 사냥하도록 했다. 그 〔망쿠트〕 사람이 사냥을 하고 있는 그 무리를 보고 〔그 중의 한 명이〕 주치라고 생각했다. 그가 칭기스 칸의 어전에 오자 〔칸은〕 그의 병세를 물었는데, 그는 "〔주치의〕 병에 대해서는 소식을 들은 바 없습니다. 그렇지만 그는 모모(某某) 산에서 사냥에 열중하고 있었습니다"라고 설명했다. 그 말을 들은 칭기스 칸은 분노의 불길에 사로잡혔고, "아버지의 말을 듣지 않는 것을 보니 분명히 반역자가 된 것이다"라고 생각했다. 그는 "주치가 미쳐서 결국 이렇게까지 행동하는구나"라고 말하고는, 그가 있는 방면으로 군대를 출정시키라고 명령했다. 먼저 차가타이와 우구데이가 출발했고, 자신은 그 뒤를 따라서 출정했다.

그런 와중에 ……147)년에 주치의 사망 소식이 도달했다. 그 소식에 칭기스 칸은 크게 슬퍼했고 가슴 아파했다. 조사 결과 망쿠트 출신의 그 사람의 말이 거짓임이 드러났고, 당시 주치가 병들어 있었으며 사냥터에 없었다는 사실이 확인되었다. 그 사람을 야사에 처하기 위해 찾아보았지만 찾을 수 없었다. 주치 울루스에서 매번 〔이곳으로〕 오는 신뢰할 만한 아미르들과 사신들은 그의 사망이 서른 살과 마흔 살 중간이었다고 말했다. 이 말은 〔합리적인〕 유추에 근접해 있다. 어떤 사람들은 그가 스무 살에 죽었다고 하지만 이는 분명한 오류이다. 그가 사망하고 또 칭기스 칸이 사망한 뒤 우구데이 카안이 보좌에 올랐을 때, 과거에 칭기스 칸이 주치 칸에게 칙령을 내렸던 것처럼 북방 지역들의 정복에 관한 문제는 그의 일족에게 위임했고, 그들은 다른 왕자들의 도움을 받아 그 〔임무〕에 몰두했다. 完!

---

147) 原缺.

바투가 부친의 후계자로 즉위한 이야기와 그의 치세와 정황에 관한 설명

주치가 사망하자 그의 둘째 아들인 바투가 부친의 후계자로서 자신의 울루스에서 칸위의 권좌에 앉았고, 그의 형제들은 그에게 복속하고 〔166r〕「136v」 복종했다. 우구데이 카안의 치세에 들어와, 그의 본기에서 설명했던 것처럼 그〔=바투〕를 형제들과 다른 왕자들과 함께, 과거 〔칭기스 칸〕의 명령〔의 선례〕에 따라서 북방 지역들을 정복하라고 지명했다. 모두 다 그의 휘하에 모여서 합세하여 출정했고, 〔이미〕 설명했듯이 그 왕국들의 대부분을 정복했다. 뭉케 카안과 구육 칸 등 왕자들이 귀환한 뒤, 그의 지파들의 추가 설명(dhayl)에서 언급했듯이, 그는 형제들과 함께 그 지방들 가운데 나머지 다른 곳들을 정복하는 데에 몰두했다.

우구데이 카안이 사망한 639년[148] 초, 바투는 노령으로 인해 갑자기 기력이 쇠약해졌다. 쿠릴타이에 〔참석하라고〕 요청받았을 때 그는 그런 이유를 들어 사양했다. 모든 사람들의 '아카'(aqâ)였던 그의 불참으로 인해 거의 3년간 카안위의 문제가 결정되지 못했다. 우구데이 카안의 부인들 가운데 가장 큰(buzurgtar) 〔부인〕이었던 투레게네 카툰(Tûrâgene Khâtûn)이 〔국사를 처리하는〕 명령을 내렸으나, 그 기간에 왕국들의 주변과 중앙에 혼란이 만연하였다. 카안은 자신의 손자인 시레문을 후계자로 정했는데, 투레게네 카툰과 일부 아미르들은 〔그것을〕 받아들이지 않고 "구육이 더 연장자이다"라고 말하며 그를 즉위시키기 위해 다시 바투를 불렀다. 그는 비록 그들에 대해서 분노했고 두려워할 만한[149] 과거의 사건들로 인해 걱정했지만, 움직이기 시작해서 천천히 이동해 갔다.

---

148) 1241년 7월 12일 ~ 1242년 6월 30일.

149) A · B본 모두 vaḥshat lashkar라고 되어 있으나 의미가 통하지 않는다. Bl본처럼 vaḥshat-angîz가 옳을 것이다.

그들은 그가 도착하기 전에, 또 형·아우들이 나타나기도 전에 자기들 마음대로 구육 칸을 카안으로 정했다. 구육 칸은 고질병에 걸려 있었고, "나의 부친이 준 옛날 목지의 물과 공기가 내게 더 잘 맞는다"는 것을 구실로 삼아 대군을 이끌고 이밀 코진(Îmîl Qôjîn)[150] 지방으로 향했다. 바투가 그곳 부근에 도착하자 그는 약간 두려워졌다. 톨루이 칸의 큰 카툰인 소르칵타니 [베키]는 칭기스 칸 시대 이래 주치 칸과 톨루이 칸 및 두 일족 사이에 조성되고 확립된 우애 관계에 따라 은밀히 전갈을 보내어 "구육 칸이 그쪽 방향으로 간 것에는 모종의 위계(khadî'atî)가 없지 않다"고 하였다. 이런 연유로 바투의 두려움은 더 커졌고, 그는 극도로 주의와 경계를 하면서 구육 칸의 도착을 기다리고 있었다. [구육 칸] 자신은 사마르칸트[151] 부근에 도착했다가, 비시발릭까지 일주일 거리 떨어진 어떤 지점에서 640[/1242~1243]년[152] 병으로 죽고 말았다.

한동안 군주의 보좌는 다시 공위 상태가 되어, 투레게네 카툰은 또 다시 [국사를 처리하라는] 명령을 내렸다.[153] 바투의 병환에 관한 소문이 널리 퍼졌기 때문에 소르칵타니 베키는 자신의 아들인 뭉케를 병문안의

---

150) Îmîl 즉 Emil은 현재 신강성 북부에 위치해 있으며, 역시 그 부근에 있던 Qobaq과 함께 우구데이 일가가 분봉을 받은 곳이기도 하다. Qôjîn은 『元史』 권121 「速不台傳」(p. 2976)에서 "也迷里·霍只를 경략하고 말 1만 필을 획득하여 [칭기스 칸에게] 헌납했다"는 기사에 언급된 霍只와 동일한 지명이 아닐까 생각된다. qujir는 '鹽沼'를 뜻하며 에밀·코박과 매우 근접한 곳에 위치해 있다. 일찍이 Bretschneider는 霍只와 忽只兒를 동일한 지명으로 보았으나(*Medieval Researches*, vol. 1, p. 161; vol. 2, p. 43), 보일은 Qojin을 Qobaq과 동일한 곳으로 보았다. 사실 라시드 앗 딘은 뒤에서 동일한 일화를 설명하며 '이밀 코박'이라는 지명을 사용했다(cf. [181v] 「150r」).

151) 『征服者史』에서 이와 관련된 기록에서도 "사마르칸트"(SMRQND)로 되어 있으나, 『元史』 등의 한문 자료에는 橫相兀兒에서 사망한 것으로 되어 있다. 펠리오는 橫相兀兒를 *Qum-Sengir를 옮긴 말이고, 『秘史』 158절의 Qum-Shinggir에 대응하는 것으로 우룽구(Urunggu) 강 상류의 어느 지점으로 보았다. 보일은 SMRQND를 QMSNKR의 誤記로 생각했다(Juvayni/Boyle, p. 261).

152) 그러나 이는 잘못된 연도이다. 『元史』 권2 「定宗紀」(p. 39)에 따르면 그는 즉위 3년, 즉 戊申年(1248) 춘3월에 43세의 나이로 사망했다.

153) 투레게네 카툰은 구육보다 먼저 사망했기 때문에 이 부분의 기사는 오류이다. 구육 사후 섭정을 맡

명분으로 그에게 보냈다. 바투는 그가 온 것을 흡족해했으며, 그에게서 존엄성과 위대함의 징표를 보았고 또 우구데이 카안의 자식들에게 분노하고 있었기 때문에, "뭉케 카안은 칭기스 칸의 막내아들인 톨루이 — 원래의 목지와 가옥은 그의 몫(ḥaqq)이다 — 의 큰아들이다. 이 아들은 스스로도 매우 현명하고 재주가 좋으며 군주감으로 적절하다. 그가 있는데 어찌 다른 사람이 카안이 되겠는가? 특히 우구데이 카안의 자식들은 아버지의 말을 거역하고 시레문에게 권력을 주지 않았다. 또한 오랜 야사와 규범(yôsûn)을 어기고 형·아우들과 상의하지 않고 칭기스 칸의 막내딸 — 그가 자식들 가운데에서도 가장 사랑했기 때문에 '차우르 세첸'(Châûûr Sâchân)이라는 호칭으로 불렀다[154] — 을 아무런 죄도 없이 죽였다. 이러한 이유들 때문에 카안의 자리는 그들에게 갈 수 없다"고 말했다. 그는 뭉케 카안을 카안으로 추대하면서, 자신의 모든 형제들과 일족들과 아미르들로 하여금 그에게 복속하고 복종하도록 했다. 그는 자기 동생인 베르케와, 아들이자 후계자인 사르탁에게 3투만의 병력과 함께 그를 대동하여 보냈다. 그래서 칭기스 칸의 원래 목지인 오난 켈루렌(Ônan Kelûrân)이라는 곳에서 그를 카안의 자리, 즉 세계 군주의 자리에 앉히고, 배반을 꾀하고 있던 우구데이 카안의 자식들의 술수에 대처하고 응수할 수 있도록 하였다.

간단히 말해 카안위가 톨루이 칸의 가문으로 오게 되고 [정당한] 권리가 그 자신의 위치로 돌아올 수 있게 된 까닭은 소르칵타니 베키의 능력

아 본 사람은 그의 부인인 오굴카이미시(Oğul Qaimish)였다.

154) 『칭기스 칸 기』, p. 115·119·444 참조. 몽골어에서 cha'ur는 '공격, 약탈'을 의미하지만, '마음을 움직이는'이라는 뜻도 있다(*Histoire de Campagnes*, p. 59). 따라서 '차우르 세첸'은 '마음을 움직이게 하는 현명한 사람'이라는 의미가 된다. 고려 시대의 洪茶丘의 이름 茶丘는 察忽로 표기되기도 하는데, 이 역시 몽골어의 chaqur~cha'ur를 음사한 것으로, 이 경우에는 '공격자, 약탈자'를 의미하는 것으로 보아야 할 것이다.

과 지혜, 그리고 그들과 우호 관계를 갖고 있던 바투의 도움과 지원 덕분이었다. 그 후로도 그의 생애 마지막까지, 그리고 그가 사망한 뒤 사르탁과 울락치 시대에 또한 베르케 시대의 대부분 기간 동안, 톨루이 칸과 바투 일족은 단합과 우호의 관계를 유지했다. 뭉케 카안이 〔166v〕「137r」 자신의 셋째 형제인 훌레구 칸을 용맹한 군사들과 함께 이란 땅의 왕국들로 임명하여 보낸 것도 바로 바투가 생존해 있을 때의 일이었다. 그래서 각 방면의 왕자는 병사들 중에서 10명에 2명씩 지정하여 훌레구 칸과 함께 가서 도우라고 하였다. 오르다는 자신의 큰아들인 쿨리에게 1투만의 병력을 주어 호라즘과 데히스탄 길을 경유하여 출발시켰다. 바투는 시반의 아들 발라칸,[155] 주치의 여덟째 아들인 보알[156]의 아들 밍카다르의 아들 투타르 등을 킵착의 데르벤드(Derbend-i Qibchâq)[157] 길을 경유하여 파견해서 〔그들이 이곳으로〕 와서 훌레구 칸의 군대를 돕는 데 힘을 다하도록 하였다.

바투는 650〔1252~1253〕년[158] 이틸(Îtîl) 강변의 ……[159]라는 곳에서 사망했다. ▶그의 향년은 48세였다. 뭉케 카안은 그의 아들 사르탁이 도착하자 후하게 영접했고 권좌와 왕국을 그에게 정해 주었다. 그리고 그의 출발을 허락해 주었는데, 도중에 그 역시 사망하고 말았다. 뭉케 카안은 사신들을 파견하여◀[160] 그의 카툰들·아들들·형제들을 위무하고

---

155) A·B본 모두 BALAQ로 표기되어 있다.

156) 앞에서는 보알이 주치의 일곱째 아들로 기록되었다.

157) 앞에서 "하자르의 데르벤드"라고 한 곳과 같다.

158) 수도사 루브룩이 1254년 9~10월에 사라이에서 바투를 만났기 때문에 이는 불가능한 연도이다. 펠리오는 바투의 사망을 1255년 중반으로 추정했다. Cf. *La Horde d'Or*, p. 29.

159) 原缺. B본에는 SRAY 즉 'Sarây'라는 단어가 삽입되어 있다. '사라이'는 원래 '宿舍, 旅館'을 뜻하는 페르시아어지만, 볼가 강 하류역에 바투에 의해 건설된 교역 도시의 명칭이기도 했다. 후에 베르케가 새로운 중심지를 건설하였는데, 학자들은 이들을 'Old Saray'·'New Saray'라는 명칭으로 구별하여 부르고 있다.

회유하였다. 그는 바투의 아들[161]인 울락치에게 부친의 왕국과 권좌를
허락하고, 모든 사람들에게 각종 은사와 선물을 내려 주었다. 얼마 지
나지 않아 울락치도 사망하자, 왕국과 권좌를 다른 사람들에게 넘겨주
었다.

베르케가 주치 칸의 울루스 군주로 즉위한 것과 〔그 밖에〕 그의 정황에 관한 이야기

바투가 타계하고 그의 아들들로서 후계자가 된 사르탁과 울락치가 차례
로[162] 사망하자, 그의 동생인 베르케가 652〔/1254~1255〕년 그의 자리
에 앉았다. 그의 명령은 자신의 울루스에서 강력하게 통용되었고, 전과
같이 톨루이 칸의 일족과 우호·순종·우애·단합의 관계를 유지했다.
654〔/1256~1257〕년 이 나라에 있던 발라칸이 훌레구 칸에 대해서 반역
과 음모를 꾀하고 주술을 부렸다. 〔그 일에 대한〕 고발(aîqâq)이 나와서
그 내용을 심문했더니 그 역시 〔자신의 잘못을〕 고백했다. 훌레구 칸은
오해가 생기지 않도록 그를 아미르 순착(Amîr Sûnchâq)과 대동시켜 베
르케에게 보냈다. 그들이 그곳에 도착하고 그의 죄상이 확정되고 확인
되자, 베르케는 그를 다시 훌레구 칸에게로 보내 "그는 죄인이니 당신이
알아서 하시오!"라고 하였다. 훌레구 칸은 그를 야사에 처하였다.

그 후 얼마 되지 않아서 투타르와 쿨리도 사망했는데, 그들이 독살되
었다는 의구심이 일어났다. 이런 연유로 불화가 생겨, 베르케는 훌레구
의 적이 되었다. 훌레구 칸의 역사에서 나오겠지만 660년 샤발월

---

160) ▶◀ 부분은 A본에 빠져 있고, B본에는 옆의 공란에 추가 기재되어 있다.
161) A: NYZ. 이는 PSR의 誤寫이다. B1본에는 울락치가 바투의 손자로 되어 있으나 잘못된 것이다. 앞
　　의 지파도에도 나와 있듯이 울락치는 바투의 넷째 아들이다.
162) A본에는 "차례로"라는 단어가 빠져 있다.

[=1262년 8월 19일 ~ 9월 16일]에 전투가 벌어졌다. 쿨리와 투타르와 함께 이 나라에 왔던 병사들은 대부분 도주했고, 일부는 후라산 길을 거쳐 밖으로 나가 가즈나(Ğazna)와 비니 가브(Bînî Gâv) 산지에서부터 힌두스탄의 변경인 물탄(Mûltân)과 라호르(Lahâûûr)에 이르는 곳까지 장악했다. 그들의 지휘관이었던 아미르들 가운데 수령은 네구데르(Negûder)였다. 훌레구 칸의 아미르들 가운데 우테구 치나(Ötegû Chîna)[163]가 그들을 추격하였다. 또 다른 일부는 데르벤드 길을 경유하여 자기들 집으로 돌아갔다.

베르케와 훌레구 칸 사이에 벌어진 그 분란은 [베르케의] 생애 말년까지 계속되었다. 베르케의 군지휘관은 노카이 — 쿨리의 아들인 투메겐의 아들 자룩의 아들[164] — 였는데, 그는 매우 용맹한 전사였다. 훌레구 칸이 663[/1264~1265]년 동영지 차가투(Chağâtû)에서 사망하고 그의 아들인 아바카 칸이 그의 뒤를 이어 보좌에 앉았을 때에도 그와 베르케 사이의 반목은 여전히 계속되었다. 665[1266~1267]년 베르케는 시르반(Shirvân) 부근에서 아바카 칸과의 전쟁에서 후퇴하여 데르벤드를 넘었고, 테렉(Terek) 강 근처에서 사망했다. 完!

바투의 둘째 아들 토칸[165]의 아들인 뭉케 티무르가 자기 울루스의 군주로 즉위한 이야기

베르케가 죽자 상술한 뭉케 티무르를 그의 자리에 앉혔다. 그 역시 얼마간 아바카 칸과 반목했고 몇 차례 전투를 벌였지만, 아바카 칸이 그들에

---

163) A: ANKW JNH; B: ATKW JNH.

164) 그러나 B본에는 "보알의 아들인 타타르의 아들"로 되어 있고, 지파도에서 보듯이 이 두 사람은 동명이인이다.

165) A · B: TWQWQAN.

비해 우세했다. 결국 그들은 방도가 없게 되자, 아바카 칸 기에서 설명 되듯이 ……[166]년 화평을 맺었다. 그때 이후로 반목을 중단하여 아르군 칸의 치세, 〔167r〕「137v」 즉 687년 라마단월[167]에 다시 그들은 대군을 이 끌고 왔는데, 그들의 지휘관은 탐마 톡다이(Tammâ Tôqdâî[168])와 부카 (Bûqâ)였다. 아르군 칸은 동영지인 아란(Arrân)과 무간(Mûgân)에서 하 영지로 향하고 있었다. 그들이 도착했다는 소식을 듣고 그는 돌아가서, 대아미르들인 타가차르(Ṭagâchâr)와 쿤착발(Qûnchaqbâl)[169]을 선봉으 로 하여 군대와 함께 보냈다. 이들은 전투를 벌여서 그들 군대의 지휘관 들 가운데 볼로르타이(Bôlôrtâî)를 비롯하여 많은 병사들을 죽였다. 적들 은 패배하여 돌아갔다. 그때 이후 지금, 즉 이슬람 제왕 — 알라께서 그 의 왕국을 영원케 하시기를! — 의 축복받은 치세에 이르기까지 더 이상 충돌은 없었다. 그들은 방도가 없기 때문에 대립 대신 화합을 선택한 것 이다. 겉으로는 우애와 단합을 내세우면서 사신들을 파견하여 소식을 알 리고 선물과 헌물을 이슬람 군주의 어전으로 보내고 있다. 完!

투데 뭉케의 즉위, 뭉케 티무르와 타르부의 자식들에 의해 그가 밀려난 것, 그들의 공동 통치, 톡타이가 그들에게서 도망쳐 노카이의 도움을 받아 그들을 계략으로 죽인 일 등에 관한 이야기

뭉케 티무르가 16년간 통치를 한 뒤 681〔/1282~1283〕년 사망하자, 토칸[170] 의 셋째 아들인 투데 뭉케가 같은 해에 권좌에 앉아 한동안 군주로 있었다.

---

166) 原缺. 보일은 664〔1265~1266〕년경일 것으로 추정했다.

167) 1288년 9월 29일~1289년 10월 28일.

168) A · B: TWQTA.

169) B본에는 이 두 아미르의 이름이 빠져 있다.

170) A · B: TWQWQAN.

그 뒤 뭉케 티무르의 아들들인 알구(Alğû)와 토그릴(Ṭoğrîl),[171] 토칸의 큰아들인 타르부의 아들들 툴라[172] 부카와 쿤첵 등은 투데 뭉케가 미쳤다는 이유로 그를 군주의 자리에서 끌어내리고 자기들이 공동으로 5년간 통치를 했다. 그들은 뭉케 티무르의 아들 톡타이 — 그의 모친은 켈미시 아카 카툰의 손녀인 울제이 카툰[173] — 에게서 용기와 용맹의 표징들을 보자 연합하여 그를 죽이려고 하였다. 그는 그러한 정황을 깨닫고 그들로부터 도망쳐 베르케체르의 아들인 빌릭치[174]에게로 가서 은신했다. 그러고는 바투와 베르케 [휘하에서] 군지휘관이었던 노카이에게 전갈을 보내어 "사촌들이 나를 죽이려 하고 있습니다. 당신은 [저의] '아카'이니 제가 '아카'에게 청컨대, 저를 도와주셔서 일족들의 억압의 손길이 제게 미치지 않도록 해주십시오. 저의 목숨이 붙어 있는 한 '아카'의 명령을 받들고 그의 뜻을 어기지 않겠습니다"라고 하였다.

노카이가 [이러한 사정을] 알게 되자 [응징하고자 하는] 열망이 끓어올랐다. 그는 자신이 정복하여 [자신의] 목지와 거처로 삼았던 러시아와 라후트(Lahût)[175] 지방에서 병에 걸렸다고 위장하고는 출발하여 우지(Ûzî) 강[176]을 건넜다. 그는 마주치는 모든 천호와 아미르들을 위무하고, "[내게도] 늙음이 찾아왔다. 나는 반목과 분쟁과 분란을 버리기로

---

171) 앞에서는 이 두 사람의 이름이 '알쿠이'와 '토그릴차'로 기록되었다.

172) A · B: BWLA.

173) 앞에서는 울제이 카툰이 켈미시 아카의 딸이라고 기록했다(p. 165 참조).

174) A · B본의 표기는 불분명하여 SLYNJY처럼 보이나, BLYĞJY의 誤寫로 보는 것이 타당할 것이다. 그러나 빌릭치는 베르케체르의 아들이 아니라 손자이다.

175) A · B: KHRB. 보일은 이것이 LHWT의 誤寫로 추정했다. Lahût는 폴란드인을 가리키며, 당시 노카이의 영역은 드네프르 강에서 다뉴브 강 하류까지 미쳐 있었다. BI본에는 러시아(Ûrûs) 다음에 ARTAH라는 단어가 삽입되어 있는데, 보일은 이 역시 AWLAX의 誤寫로서 Vlach인을 가리키는 것으로 보았다(*Successors*, p. 125).

176) 드네프르 강.

했다. 나는 어느 누구와도 언쟁하거나 다툴 마음이 없다. 그러나 사인 칸이 내게 내린 칙령(yarlığ)은 〔다음과 같았다. 즉〕 그의 울루스 안에서 누가 무도하게 행하여 울루스를 혼란에 빠뜨리면, 그 문제를 조사해서 그들의 마음을 서로 화합케 하라는 것이었다"라고 말하곤 했다. 천호들 과 군인들은 그 같은 충고를 듣고 또 자신들에게 친절하게 대하는 것을 보고는 모두 다 그에게 복종하고 복속하게 되었다. 그는 앞서 말한 왕자 들의 오르두에 가까이 도착하자 자신이 병든 것처럼 신선한 피를 마셨 다가 목구멍에서 토해 냈다. 그는 우호적인 행동을 취하는 〔것처럼 위장 하면서〕 은밀히 톡타이에게 전갈을 보내 "준비하고 있으라. 연락을 하면 휘하의 병력을 데리고 오라!"고 하였다.

툴라 부카의 어머니는 노카이가 성실하고 욕심이 적으며 각혈을 했다 는 소문을 듣고, 아들들을 꾸중하여 말하기를 "이 세상을 하직하고 저승 으로 여행을 떠나려고 하는 그 병든 노인을 가능한 한 빨리 만나 보라! 만약 그를 홀대하는 것이 적절하다고 너희가 생각한다면, 너희들에게 먹인 어머니들의 젖은 몹쓸 것이 되리라!"고 하였다. 아들들은 어머니의 〔이 같은〕 말에 분별이나 조심성 없이 병문안을 하러 노카이에게 왔다. 그는 그들에게 충고하기를, "오! 자식들이여! 나는 〔그동안〕 자네 부친 들을 모셔 왔기 때문에 과거에나 최근에나 여러 가지 권리들을 갖고 있 네. 이런 까닭에 자네들은 나의 사심 없는 말을 들어야 하네. 그래서 내 가 자네들의 반목을 진정한 화합으로 바꿀 수 있도록 해야 하네. 자네들 이 취해야 할 방책은 평화라네. 내가 자네들에게 평화를 가져다 줄 수 있도록 쿠릴타이를 소집하게"〔167v〕「138r」라고 하였다. 그는 숨을 내쉴 때마다 핏덩어리를 목에서 쏟아냈다. 그는 톡타이에게 소식을 알리는 한편 아들들에게는 부드러운 말로 경계심을 늦추게 하였다. 마침내 톡 타이가 몇몇 천호와 함께 도착하여 그들 왕자들을 붙잡고 즉시 처형시켜 버렸다. 노카이는 곧바로 돌아가 이틸 강을 건너서 자신의 고향 목지로 향하였다. 完!

톡타이가 자기 울루스의 군주로 즉위한 것, 그와 노카이 사이에 반목이 생긴 것, 그들이 서로 전쟁을 벌여서 노카이가 패배하고 죽임을 당한 것에 관한 이야기

톡타이가 노카이의 지원과 도움으로 앞서 말한 왕자들을 죽인 뒤, 주치의 보좌에 독자적[인 군주로] 자리잡았다. 그는 여러 차례 계속해서 노카이에게 사신들을 보내 좋은 약속으로 그를 청하며 오도록 했으나, 노카이는 응하지 않았다. 톡타이의 장인인 쿵크라트 종족 출신 살지타이 쿠레겐—켈미시 아카 카툰의 남편—은 노카이의 딸인 코박(Qobâq)[177]을 상술한 [켈미시 아카] 카툰에게서 출생한 자신의 아들 야일락[의 부인으로] 원했는데, 노카이가 이를 받아들였다. 혼례가 끝나고 얼마 지난 뒤 코박 카툰은 무슬림이 되었다. 야일락은 위구르 [종족 출신]이었기 때문에 [서로] 잘 지내지 못했고, 그들 사이에는 종교(millat)와 신앙 문제로 인하여 항상 불화와 다툼이 있었다. 그들은 코박을 박대했고, 그녀는 부모와 형제들에게 [그 같은 사정을] 알렸다. 노카이는 대단히 화가 나서 사신을 톡타이에게 보내어, "내가 계략을 부려 너를 사인 칸의 보좌에 앉히기 위해서 어떠한 고생과 고통을 겪었는지, 또 내가 어떻게 불신과 배신의 오명을 쓰게 되었는지는 천하가 다 아는 사실이다. 지금 살지다이 '카라추'(qarâchû)[178]가 그 보좌를 좌지우지하고 있다. 만약 [나의] 아들 톡타이가 우리들 사이에 부자지간의 관계가 튼튼해지기를 원

---

177) A · B: QBAQ; Bl: QYAN. 보일은 Qiyaq으로 옮겼다.
178) 몽골어로 qarachu는 '평민'을 뜻한다.

한다면, 살지다이를 호라즘 가까운 곳에 있는 그의 목지로 돌려보내라!"
는 전갈을 보냈다. 톡타이는 이에 응하지 않았다. 노카이는 다시 사신들
을 보내어 살지우타이를 [보내라고] 요청했다. [이에] 톡타이는 "그는
내게 아버지와 같고, 스승이자 연로한 아미르[나 마찬가지]입니다. 그를
어떻게 적의 손에 넘겨줄 수 있겠습니까?"라면서 건네주지 않았다.

　노카이에게는 매우 현명하고 유능한 부인이 하나 있었는데, 차비
(Châbî)라는 이름을 갖고 있었다. 그녀는 톡타이[179]에게 사신으로 오고
갔다. 세 아들이 있었는데, 장남은 주게(Jôge), 차남은 무게(Möge),[180]
막내는 투리(Tûrî)였다. 그들은 톡타이에게 속한 몇몇 천호를 유인하여
자기들에게 복속시킨 뒤 이틸을 건너서, 톡타이의 지방으로 오만과 폭
정의 손길을 뻗치며 절대적인 지배권을 부렸다. 톡타이는 분노하여 그
천호들을 [돌려보내라고] 요구했으나, 노카이 역시 이에 응하지 않으며
"살지우타이와 그의 아들 야일락, 그리고 탐마 톡다이[181]를 내게 보내면
그때 그들을 보내겠다"고 말했다.

　이로 인해 양측에서 분란과 반목의 불길이 타올랐다. 톡타이는 군대
를 집결하여 698[/1298~1299]년에 우지 강가에 거의 30투만의 군대를
사열했다. 그해 겨울은 우지 강이 완전히 결빙되지 않았기 때문에 건너
지 못했다. 노카이는 자기가 있는 곳에서 움직이지 않았다. 봄이 되자
톡타이는 귀환하여 툰(Tun) 강[182]에서 여름을 보냈다. 다음 해에 노카이
는 아들들과 카툰들과 함께 툰 강을 건넜다. 그는 다시 위계를 부리기
시작하며 "그대와 즐기기 위해 쿠릴타이를 열고자 한다"고 말했다. 톡타

---

179) A: TWQAY.

180) A · B: YKH; Bl: BKH.

181) A: TWQBA; B: TWQYA.

182) 즉 돈(Don) 강.

이의 군대가 해산하고 그와 함께 있는 〔군대의〕 숫자가 적다는 사실을 알게 되자, 〔노카이는〕 그를 급습하기 위해 신속하게 진군했다. 그가 왔다는 소식을 들은 톡타이는 군대를 집결시켰다. 양측은 툰 강가의 바흐티야리(Bakhtiyârî)라는 곳에서 마주쳐 전투를 벌였다. 톡타이가 패배하여 사라이 방면으로 떠나갔다.

〔그런데〕 아미르 마지(Amîr Mâjî), 수탄(Sûtân), 산구이(Sângûî) 등이 노카이에게서 도망쳐 톡타이에게로 갔다. 톡타이는 오랫동안 데르벤드를 지키고 방위하던 발라가(Balağa)의 아들 〔탐마 톡다이〕[183]를 불렀다. 그리고 다시 대군을 모아서 〔168r〕「138v」 노카이와의 전투에 나섰다. 노카이는 대항할 힘이 없었다. 그는 방향을 돌려 우지 강을 건너서 크림(Qrim) 시를 약탈하고 수많은 노예들을 끌고 갔다. 그곳의 주민들이 노카이의 어전을 찾아가 포로들을 풀어 달라고 탄원하자, 노카이는 포로들을 풀어 주라고 지시했다. 군인들은 곧바로 노카이를 원망하게 되어 톡타이에게 "우리는 일 칸(îl khân)[184]의 노예(banda)요 속민(îl)입니다. 만일 군주께서 저희를 용서하신다면 저희는 노카이를 붙잡아 오겠습니다"라는 전갈을 보냈다. 노카이의 아들들이 이 전갈을 눈치채고 천호들을 죽이려고 하였다. 〔한편〕 천호의 아미르들은 노카이의 둘째 아들 무게[185]에게 사람을 보내어 "우리 모두 당신을 위해서 논의했는데, 만일 저희에게로 신속히 오신다면 왕위를 당신에게 드리겠습니다"라고 하였다. 무게[186]가 그들에게 가자, 그들은 즉각 그를 잡아 가두었다. 그의 형

---

183) A · B본에는 빠져 있으나 Bl본에 TMH TWQTA로 표기되어 있다.
184) '일 칸'이라는 호칭은 이란 지방에 주둔했던 훌레구와 그의 후계자들이 '대칸에게 복속하고 있는 칸'이라는 뜻에서 칭했던 것으로 널리 알려져 있으나, 여기 주치 울루스에서도 이러한 호칭을 사용한 것으로 보아 '일 칸'이 결코 고유명사가 아님을 확인할 수 있다.
185) A · B: TKH.

이었던 주게가 군대를 모아서 대천호들과 전투를 벌였다. 천호들이 패배하고 천호장 한 사람이 그의 손에 붙잡혔다. 〔주게는〕 무게[187]를 구금하고 있던 다른 천호들에게 그의 머리를 보냈다. 〔그러자〕 그를 감시하고 있던 300명이 그와 한편이 되어 밤중에 도망쳐 노카이와 그 아들들에게로 가버렸다.

톡타이는 그들과 군인들 사이에 대립이 생겼다는 것을 듣고 60투만의 군대를 이끌고 우지 강을 건너서 노카이의 목지가 있었던 타르쿠(Tarkû)[188] 강가에 하영하였다. 저쪽에서는 노카이가 수레를 타고 30투만의 기병을 이끌고 와서 강가에 하영했다. 그는 다시 한 번 병에 걸렸다면서 수레에 누워 톡타이에게 사신들을 보내어, "〔이〕 노예는 군주께서 옥체를 이끌고 몸소 오신 까닭을 모르겠습니다. 왕국과 군대는 일 칸의 노예들에게 속한 것입니다. 〔이〕 노예는 늙고 병들었습니다. 저의 모든 생애를 당신의 부친들을 봉사하는 데에 헌신했습니다. 만약 문제가 생겼다면 그것은 〔제〕 아들들의 죄입니다. 그 죄를 용서해 주시기를 군주의 관대함에 기대어 바랍니다"라는 전갈을 보냈다. 그리고 은밀하게 주게를 대군과 함께 파견하여, 타르쿠[189] 강 더 상류 쪽을 도하해서 톡타이와 그의 군대를 공격하라고 하였다. 톡타이의 초병들이 첩자를 붙잡아 상황을 보고했다. 톡타이는 그의 계략을 눈치채고 군대를 준비시켜 출정하라고 명령했다. 양쪽 군대가 전투에 돌입한 끝에 노카이와 아들들이 패배하고, 수많은 사람들이 그 전투에서 죽임을 당했다. 〔노카이의

---

186) A · B: TKH.

187) A · B: TKH.

188) 보일은 이 단어가 NRKW의 誤寫일 가능성을 제기하면서, 노카이와 톡타이 사이에 전투가 벌어졌던 곳으로 『동방견문록』에 기록된 'Nerghi 평원'을 가리키는 것일지도 모르며, 드니에스터(Dniester) 강이나 부그(Bug) 강을 가리키는 것으로 추정했다.

189) A: BRLW.

아들들은 기병 1000명과 함께 켈레르와 바쉬기르드 방면으로 향했
고.][190) 노카이는 기병 17명과 함께 도망쳤다. 톡타이 휘하의 군인들 가
운데 러시아인 기병 하나가 그에게 부상을 입히자, 그는 "나는 노카이
다. 나를 칸인 톡타이에게 데리고 가라!"고 말했다. 그의 고삐를 잡아서
톡타이에게로 끌고 갔는데 그는 도중에 숨을 거두고 말았다.

톡타이는 승전하여 그들의 도읍이 있는 바투의 사라이(Sarâî-yi Bâtû)
로 돌아갔다. 노카이의 아들들은 대책 없이 유랑했는데 자신들의 운명
에 가망이 없다는 것을 알게 되었다. 무게,[191) 그의 모친인 차비,[192) 그리
고 투리[193)의 모친인 야일락 등은 주게에게 "최상의 방책은 우리가 반목
과 저항을 포기하고 톡타이에게로 가는 것이다"라고 말했다. 주게는 그
같은 제안에 겁을 먹고 〔자기〕 형제와 부친의 부인을 살해한 뒤, 자신은
한 무리의 속민들과 함께 약탈(yâvagî)[194)과 유랑 생활을 하다가 한 성
채에 은신했다. 그곳으로 가는 통로는 마치 시라트(Ṣirât)[195)처럼 좁고
수전노의 마음처럼 좁았으니, 그의 말로가 어찌 되었겠는가.

이에 앞서 노카이는 아바카 칸과 아르군 칸과 우호와 연맹의 관계를
맺기 시작했다. ……[196)년에는 자신의 카툰을 그녀의 아들 투리와 아미
르 한 명과 함께 아바카 칸에게로 보내어 그로부터 두 명의 딸을 〔혼인
으로〕 원했다. 그는 〔자신의〕 딸을 투리에게 주었는데, 그들은 얼마 동
안 그곳에 머물렀다. 그는 그들을 후대하여 돌려보냈다. 그와 톡타이 사

---

190) 〔 〕 안의 부분은 A · B본에는 없고 Bl본에 보인다.

191) A · B: YKH.

192) A · B: CWBY.

193) A · B: TWRY.

194) Steingass(p. 1528)에는 yâwagî라는 단어에 대해서 'plundering, pillage'라고 설명했다.

195) 무슬림들의 전승에 따르면 연옥불을 통과하는 '시라트' 다리〔橋〕는 머리카락이나 칼날보다 더 좁다
    고 한다(*Successors*, p. 129).

196) 原缺.

이에 전투와 분란이 벌어졌을 때, 그는 항상 중요한 사신들을 이슬람의 군주 — 알라께서 그의 왕국을 영원케 하시기를! — 에게 보내어 도움을 청하면서 이 폐하의 속료들 가운데 하나가 되기를 희망했다. 정말로 그 것은 대단히 좋은 기회였지만, 이슬람의 군주 가잔 칸 — 그의 왕국이 영원하기를! — 은 드높은 지혜로써 허락하지 않았고 기회를 악용하지 않았다. 그리고 "이 시점에서 언약의 배신과 파기는 남자다움과는 거리가 먼 일이다. 계략과 위장은 이성과 율법과 야삭에서 〔모두〕 비난받고 금지되어 있다. 비록 우리가 노카이와 대단히 우호적이긴 하지만, 그들 사이에 벌어지고 있는 분쟁에 개입하지는 않을 것이다. 〔168v〕「139r」왜 냐하면 기회를 악용하는 것은 칭찬받을 만한 품성이 아니기 때문이며, 특히 위대한 군주들에게는 더욱 그러하다"고 말했다.

두려움을 느낀 톡타이는 그 같은 사태를 막기 위해서 우호의 뜻을 표 시하는 사신들을 파견했다. 이슬람의 군주 가잔 칸 — 그의 왕국이 영원 하기를! — 은 양측의 사신들을 불러서 면전에 놓고 이렇게 말했다. "나 는 당신들 사이에 끼어들지 않겠소. 기회를 악용하지 않으려고 하오. 만 약 당신네들 역시 서로 평화를 맺는다면 기쁘고 좋은 일이오." 그들이 〔불필요한〕 두려움이나 희망을 갖지 않도록, 그는 아란(Arrân) 방면으 로 옥체를 이끌고 가서 동영(冬營)하지 않고 겨울을 바그다드와 디야르 바크르에서 보냈으며, 〔그렇게 해서〕 그들의 마음을 평안케 하려고 했 다. 그는 지금까지도 톡타이에 대해서건 노카이의 자식들에 대해서건 모두 우의와 성심으로 대하고 있으며, 여러 차례 말했고 또 〔지금도〕 이 렇게 말하고 있다. "〔나의〕 형·아우들 가운데 어느 누구도 그들과 분란 을 일으켜서는 안 되며 반목을 해서도 안 된다. 항상 우리는 대립을 시 작하지 않을 것이며, 적대의 발단이 되는 행동을 하지 않을 것이다. 이 는 〔다른〕 울루스에 미치는 상해(傷害)의 불길이 우리들에게 돌아오지 않게 하기 위해서이다."

　마치 지고하신 신께서 순수한 선함과 절대적인 은총으로 그의 순결한 존재와 빛나는 생명을 창조하신 듯하다. 그는 관대한 덕성으로 찬양받고 정의와 선함으로 세상 만방에 널리 알려진 군주이시다. 그는 종교를 보호하고 정의를 부여하며 군대를 정비하고 백성을 양육하는 왕 중의 왕이시며 상서롭고 진기한 분이시다. 위대하고 지고하신 신께서 그에게 세상 사람들을 만세 영원토록 통치할 수 있게 해주시고, 선택된 예언자와 선별된 그의 가문이 지닌 성스러움에 힘입어 그의 수명과 행복과 왕국과 통치에 번영을 주시기를!

【제3장】

칭송할 만한 그의 성격과 품성.
앞의 두 장에 들어가지는 않았으나 여러 책들과 사람들을 통해 알게 된 단편적인
사건·일화들 및 그가 말하거나 지시했던 훌륭한 성훈과 예화와 명령들.

......197)

〔169r〕「139v」

---

197) 제3장의 내용은 모든 사본에 기록이 없다.

【紀 四】

차가타이 칸 기
칭기스 칸의 아들
3장으로 구성

【제 1 장】

차가타이 칸의 계보에 대한 설명. 그의 카툰들 및 현재까지 분파되어 온 그의 자식들과 손자들에 관한 언급.
그의 초상과 자식·후손들의 지파도.

차가타이는 칭기스 칸의 둘째 아들이었다. 그의 모친은 대카툰이었고, 중요한 네 아들의 어머니로서 이름은 부르테 푸진이고 쿵크라트 종족 출신 데이 노얀의 딸이었다. 차가타이에게는 수많은 카툰들과 후궁들이 있었으나 다음 두 카툰이 가장 중요했다.

첫째, 이술룬 카툰(Yîsûlûn Khâtûn) : 모든 중요한 아들들의 어머니였고, 쿵크라트 〔종족〕의 군주였던 다리타이(Dârîtâî)의 아들인 카타 노얀(Qatâ[1] Nôyân)의 딸이었다. 칭기스 칸의 대카툰인 부르테 푸진과 이술룬 카툰의 아버지는 사촌간이었다.

둘째, 테르캔 카툰(Terkân Khâtûn) : 상술한 이술룬 카툰과 자매이며, 〔차가타이는〕 이술룬 카툰이 사망한 뒤 그녀를 취했다.

지금까지 분파되어 온 그의 아들들과 손자들에 관한 이야기

그에게는 아들이 여섯 명 있었는데 다음과 같은 순서대로이다. 첫째는 무에투켄(Mûâtûkân), 둘째는 모치 예베(Môchî Yebe[2]), 셋째는 벨기시(Belgishî), 넷째는 사르만(Sârmân), 다섯째는 이수 뭉케(Yîsû Môngkâ), 여섯째는 바이다르(Bâîdâr).[3] 상술한 이 여섯 아들들의 지파에 대한 상세한 설명은 하나하나 별도로 아래와 같이 서술할 것이다.

---

1) A: QABA ; B: QA?A.

2) B: YYH.

3) A본에는 아들들의 이름이 모두 기재되어 있지 않은 채 공란으로 남겨져 있다.

차가타이의 첫째 아들 무에투켄

그는 이술룬 카툰에게서 출생했다. 그의 아버지는 다른 자식들보다 그를 더 사랑했다. 칭기스 칸이 그를 〔사랑〕했기 때문에, 그는 대부분의 시간을 〔칭기스칸을〕 모시면서 보냈다. 칭기스 칸이 그의 부친 차가타이를 주치·우구데이와 함께 호라즘을 정복하러 보내고 자기 자신은 바미얀 성채 공략에 몰두하고 있을 때, 이 무에투켄이 성채에서 발사된 화살에 맞아 사망했다. 이로 인해 칭기스 칸은 마음에 큰 상처를 받았다. 〔169v〕「140r」 그가 그 성채를 함락했을 때 완전히 파괴시키고 그곳 주민들을 모두 죽였으며, 그곳에 '마우 쿠르칸' (Mâûû Qûrqân)⁴⁾이라는 이름을 붙였다. 차가타이가 〔호라즘에서〕 귀환할 때 〔몽골군은〕 성채를 파괴하는 중이었는데, 그때 그가 도착했다. 칭기스 칸은 그 누구도 그 사건을 말하지 말라고 명령했다. 〔칭기스 칸은〕 며칠간 그에게 말하기를 무에투켄이 모모 지점으로 갔다고 했다. 그러고 나서 어느 날 일부러 아들들에게 화를 내면서 "너희들이 내 말을 듣지 않고, 너희들에게 말하는 것은 모두 소홀히(ôsâl) 하였다"고 트집을 잡았다. 차가타이는 무릎을 꿇고 "칭기스 칸께서 명령하시는 것이라면 모두 다 그대로 따르겠습니다. 만약 그것을 게을리한다면 죽겠습니다"라고 아뢰었다. 칭기스 칸은 몇 차례나 되풀이해서 "네가 하는 이 말이 진실이냐? 그 〔말을〕 지키겠느냐?"라고 물었다. 그는 "만약 제가 어긴다면 죽겠습니다"라고 대답했다. 〔그러자〕 칭기스 칸은 "무에투켄이 죽었다. 통곡하지도 슬퍼하지도 말라!"고 말했다. 차가타이의 마음속에서는 불길이 일어났다. 그러나 아버지의 명령에 따라 참았고 울지 않았다. 얼마쯤 지난 뒤 그는 용무가

---

4) A·B: MAWW QWRMAN. 뒤의 단어는 QWRQAN의 誤寫임이 분명하다. 『征服者史』에는 MAWW BALYǦ로 표기되었다. Mâûû Qûrqân은 '황폐한 성채', Maûû Bâlîǧ는 '황폐한 도시'를 뜻하는 투르크어이다.

있다는 핑계로 밖에 나가서 한구석에서 잠깐 동안 몰래 울었다. 그는 눈물을 닦고 [다시] 아버지에게로 갔다.

무에투켄에게는 아들이 네 명 있었는데 다음과 같은 순서이다. 바이주(Bâîjû), 부리(Bôrî), 이순 토아(Yîsûn Tôâ), 카라 훌레구(Qarâ Hûlâgû). 이 네 아들의 자식과 손자들의 지파는 아래에 하나씩 별도로 상세하게 설명하는 바와 같다.

☆ **무에투켄의 첫째 아들 바이주.**[5] 그에게 아들이 하나 있었는데 이름은 토단(Tôdân)이었다. 이 토단에게 아들이 하나 있었고 그 이름은 부지(Bûjî)였다. 부지에게 압둘라('Abd Allâh)라는 아들이 하나 있었다.

☆ **무에투켄의 둘째 아들 부리.**[6] 그의 출생에 대해서는 다음과 같이 전해진다. 과거에는 가복(家僕)들의 부인들이 일을 하기 위해 오르두들 안에 모이는 관습이 있었다. 하루는 무에투켄이 오르두에 갔다가 많은 부인들을 보았는데, 그 무리들 가운데 얼굴이 예쁜 여인 하나를 구석으로 데리고 가서 통정했다. 그는 내심 그녀가 회임을 했을지도 모른다는 생각이 들어, 그녀를 남편에게서 떼어놓고 관찰하라고 지시했다. 마침 그녀가 임신하여 부리가 그녀에게서 태어난 것이다. 그는 그녀를 다시 그 남편에게 주었다. 이 부리는 매우 용맹하고 격렬한 사람이었다. 술을 마시면 거친 말을 해댔는데, 뭉케 카안의 시대에는 심지어 술을 마시다가 적개심을 품고 있던 바투에 대해서 욕을 퍼붓기까지 했다. 바투가 그 말을 듣고 그를 소환했다. 멩게세르 노얀(Mengâsâr Nôyân)은 뭉케 카안의 명령에 따라 그를 바투에게 끌고 갔는데, 바투는 그를 처형시켰다. 이 부리는 아들을 다섯 명 두었는데 다음과 같은 순서이다.

---

5)『五分枝』에는 "이 바이주의 모친은 후궁이었고 나이만 종족 출신이다"라는 구절이 첨가되어 있다.
6)『五分枝』에는 "이 부리의 모친은 후궁이었고 나이만 종족 출신이다"라는 구절이 첨가되어 있다.

· 카다카이 세첸(Qadâqay Sechân)__ 그에게는 네 아들이 있었는데 다음과 같다.

탈리쿠(Tâlîqû)[7]__ 티무르(Tîmûr), 우라다이(Ûrâdâî), 투만(Tûmân) 등 세 아들을 두었다.

부쿠(Bûqû)__ 둘 카르나인(Dhû al-Qarnayn), 알리('Alî) 등 두 아들을 두었다.

부카 티무르(Bûqâ Tîmûr)__ 우룩 티무르(Ôrûk Tîmûr), 울제이(Ôljâî) 등 두 아들을 두었다.

부카(Bûqâ)__ 〔자식이〕 없었다.

· 아흐마드(Aḥmad)__ 그에게는 두 아들이 있었는데 다음과 같다.

바바(Bâbâ)__ 세 아들을 두었는데, 하빌 티무르(Hâbîl Tîmûr), 카빌 티무르(Qâbîl Tîmûr), 율두즈 티무르(Yûldûz Tîmûr)이다.

사티(Sâtî)__ 알려진 바 없다.

· 아지키(Ajîqî)__ 그에게는 두 아들이 있었다.

우룩(Ôrûk)__ 욜 부카(Yôl[8] Bûqâ)와 가잔(Ǧazân) 두 아들을 두었다.

아르실 투르겐(Arshîl Tûrgân)__ 우룩 티무르(Ôrûk Tîmûr).[9]

· 에부겐(Ebûgân)__ 자식이 없었다.

· 아비시카(Abîshqa)__ 그에게는 우룩(Ôrûk)이라는 아들이 하나 있었다. 〔170r〕「140v」

이 아지키는 쿠빌라이 카안을 모셨는데, 지금은 티무르 카안의 어전에 있다. 매우 연로했고 그곳으로 온 모든 왕자들 가운데 가장 중요했으며, 매우 존경받고 확고한 지위를 갖고 있다. 또한 아비시카는 아릭 부

---

7) 『五分枝』에는 Nâlîqû.
8) 『五分枝』: YL.
9) A본에는 '우룩 티무르'의 이름이 없다.

케와 쿠빌라이 카안이 대립할 때 카안을 모시고 있었다. 〔카안은〕그를 파견하여 카라 훌레구를 대신하여 차가타이 울루스의 통치자(ḥâkim)가 되고 오르카나 카툰(Ôrqana Khâtûn)과 혼인하도록 하였다. 도중에 아릭 부케의 군대가 그를 붙잡아 그곳으로 끌고 갔고, 마침내 왕자 아수타이(Asûtâî)가 그를 야사에 처하였다. 完!

☆ **무에투켄의 셋째 아들 이순 토아.** 이 이순 토아에게는 세 아들이 있었는데 다음과 같은 순서이다.

· 무민(Mû'mîn)＿그에게는 두 아들이 있었는데 다음과 같다.

　예베(Yebe)＿빌게 티무르(Bîlgä Tîmûr)라는 아들이 하나 있었다.

　우룩(Ôrûk)

· 바락(Barâq)＿그에게는 다섯 아들이 있었는데 다음과 같다.

　톡타(Tôqtâ)

　울라다이(Ûlâdâî)[10]

　부즈마(Bûzma)

　두아(Dûâ)

　벡 티무르(Bîg Tîmûr)

· 바사르(Basâr).[11] 그는 아바카 칸이 카라우나스(Qarâûnâs)를 막기 위해 헤라트로 갔을 때 이곳으로 복속하여 왔다. 아흐마드가 후라산에서 도망쳤을 때 아미르들은 그를 죽였다.

바락에게는 아들들과 손자들이 매우 많은데, 〔이〕책을 서술한 뒤에는 알려질 것이기 때문에 여기서는 그들의 이름을 〔적지〕 않았다. 그런 연유로 기록하지 않고 〔다만〕 그의 지파〔에 관한 설명〕에서 언급한 것이

---

10) A · B: AWLADA.

11) A · B본 그리고 『五分枝』에도 모두 BSAR로 표기되었다. 보일은 이를 Yasa'ur로 읽었다.

니, 그곳을 참고해야 할 것이다. 무민은 대단히 술을 많이 마셨으며, 망나니에 제멋대로였다. 바락은 쿠빌라이 카안을 모시고 있을 때 흡족한 봉사를 하였고, 쿠빌라이는 그와 무바락 샤가 함께 차가타이 울루스를 관할하라고 지시했다. 그들은 그곳에 가서 [서로] 우의를 보여 주었지만, 그 뒤 무바락 샤에게 속하는 비틱치(Bîtikchî)라는 [이름의] 한 아미르[12]가 일부 군인들과 함께 바락과 한편이 되어 무바락 샤를 폐위시켜 바락이 전권을 장악한 통치자가 되었다.

차가타이 울루스의 변경이 [카이두의 지방과 인접해 있었기 때문에 그 일부를 카이두가 장악했다. 바락은 몇 차례 카이두와 전투를 벌였는데, 처음에는][13] 카이두가 우세했다. 다시 전쟁이 벌어졌는데, 우구데이 카안의 일족 가운데 카단 오굴(Qadan[14] Ôgûl)의 손자인 킵착(Qipchâq)이 그들 사이에 화평과 맹약을 맺게 하여, 그들은 서로 '의형제'(anda)가 되었다. 지금도 그들의 후손들은 서로 '의형제'라고 부르고 있다. 그 뒤 [바락은] 카안에게 반기를 들었고 아바카 칸에 대해서도 마찬가지였다. 그 지방들에서 그들[=카안과 아바카 칸]에게 속한 사람들을 구금하고 재산을 빼앗고, 사람들에게 강압과 학정의 손길을 뻗치며 그 지방을 황폐하게 만들었다.

그는 카이두와 상의하여 [아무다리야] 강을 건너 아바카 칸과 전쟁하기로 하였다. 카이두는 그가 분란을 일으킬 것을 걱정했고 또 [그 자신도] 아바카 칸에 대해서 반역했기 때문에, [그를] 그 나라에서 멀리 보내기 위해 그러한 계획을 승인했다. [카이두는] 카단 오굴의 손자인 킵

---

12) A · B본에는 인명이 기재되어야 할 부분이 공란으로 남겨져 있어 라시드 앗 딘이 그의 이름을 모르는 것처럼 되어 있으나, 뒤에서는(A: 174v; B: 144r) 그러한 공란이 없이 쎠어져 있다.
13) [ ] 안의 부분은 A · B본에는 보이지 않고 BI본에만 나온다.
14) A · B: QDĞAN.

착, 구육 칸의 아들인 나쿠의 아들 차바트(Chabât) ― 두 사람 모두 카이두의 사촌이다 ― 두 사람에게 각각 군대를 대동시켜 바락과 함께 파견했다. 그들이 강을 건너자 킵착은 변심하여 돌아갔고 차바트도 마찬가지였다. 바락은 자기 형제들인 바사르, 무민, 네구베이 오굴(Nîgübey Ôgûl)을 보내 그를 추격하였다. 그래서 만약 그가 기쁜 마음으로 돌아온다면〔데리고 오고〕, 그렇지 않으면〔그와 만나〕대화하는 데 정신이 없는 사이에 잘라이르타이(Jalâîrtâî)와 기병 3000명을 그들의 뒤를 이어 파견하여 그를 붙잡으려고 하였다. 그들이 킵착〔이 있는 곳〕에 도착했다. 그가 돌아가지 않으려고 하자, 그들은 그에게 술을 주면서 정신을 팔게 만들었다.〔그러나〕그는 알아차리고 그들에게 이렇게 말했다. "너희들은 이런 목적을 갖고 있다. 만약 좋게 돌아가면〔살려 두겠지만〕그렇지 않으면 너희들을 붙잡아 나와 함께 끌고 가겠다." 그들은 이에 겁을 먹고 돌아갔다. 그들이 잘라이르타이를 보자 "그는 멀리 갔으니 그를 따라잡을 수 없다"고 말했다. 그 역시 그들과 함께 귀환했다.

바락이 패배하여 아무다리야를 건넜을 때 대부분의 측근과 병사들은 그를 버렸다. 그는 바사르를 카이두에게 보내어〔170v〕「141r」"당신이 파견한 형·아우들과 사람들은 신의 없고 견실하지 못하여 각자 핑계를 대고 돌아갔다. 킵착이〔그러한 행동을〕시작했고 군대가 패배한 이유도 그 같은 행동 때문이다"라는 전갈을 보냈다. 카이두가 전갈을 듣자 바사르에게 물었다. "〔바락이〕너를 무민과 네구베이와 함께 킵착을 추격하러 보낼 때〔그가〕너희들의 뒤를 따라 군대를 보낸 적이 있는가, 아니면 없는가?" 바사르는 "없습니다"라고 말했다. 카이두는〔이미〕상황을 알고 있었으므로 "패배는 너희들의 말과 마음이 일치하지 않은 죄악 때문이다. 그 당시 잘라이르타이가 킵착을 붙잡으려고 너희들의 뒤를 따라오지 않았느냐?"고 말했다. 바사르는 크게 두려워했고 카이두는 그를 붙잡아 가두어 버렸다.

그는 아미르들과 상의하여 바락을 돕는다는 명목으로 출정해서 어떤 방도로든 그를 제어하기로 하였다. 그가 가까이 갔을 때, 바락이 모치 예베와 아흐마드와 네구베이 오굴을 추격하기 위하여 보냈던 사람들이 그들을 살해했다는 소문이 들려왔다. 바락은 사신을 보내어 "'의형제' 카이두여! 도움을 줄 필요도 없는데 어찌하여 고생하면서 [이곳까지] 왔다가 돌아가려고 하는가?"라고 말했다. [카이두는] 이를 무시하고 즉시 와서 밤중에 바락의 오르두를 둘러싸고 하영했다. 바로 그날 밤 바락은 사망했다. 아무도 오지 않기에 [카이두는] 사람을 보내어 조사해 보니, 바락은 정말로 사망하고 말았다. 카이두는 그의 오르두 안으로 들어가 장례를 치르고, 그를 어떤 산으로 보내어 매장토록 했다.

바락의 뒤를 이어 그의 사촌인 카다카이[15]의 아들 부카 티무르가 차가타이 울루스의 군주(pâdishâh)가 되었다. 그 다음에는 바락의 아들 두아에게 [그 지위가] 주어졌다. 그는 카이두와 그의 아들들과 연합하고 있다. 이에 앞서 그가 서서히 차가타이 [울루스]의 병사들을 결집하자, 노루즈가 반역을 범하여 그와 카이두에게로 갔다. 그는 후라산의 도로들과 정황에 대해서 잘 알고 있었기 때문에, 그들을 부추겨서 후라산을 침공하고 이스파라인을 약탈했다. 축복받은 이슬람의 제왕 가잔 칸 — 그의 왕국이 영원하기를! — 의 본기에서 설명되듯이, 노루즈가 자행한 이런 행동으로 인해 [이곳] 지방들에 수많은 혼란이 일어났고 무고한 무슬림들이 죽임을 당했다.

그 뒤 쿠틀룩 부카의 아들 위구르타이가 도망쳐 두아에게로 갔다. 그는 마잔다란의 도로들을 잘 알고 있었다. 바이두[16]가 게이하투에게 반란

---

15) A · B: QADAQ.

을 일으키고 게이하투의 아미르들이 배신하여 그를 포위하고 죽였을 때, 이슬람의 제왕 — 그의 왕국이 영원하기를! — 이 즉시 와서 바이두를 붙잡아 죽이고 칸의 보좌에 올랐다. 두아는 〔가잔의〕 군대가 후라산에서 이쪽으로 이동한 것을 기회로 삼아 위구르타이의 길안내를 받아 황야 길을 경유하여 마잔다란으로 왔다. 이슬람의 제왕 가잔 칸 — 그의 왕국이 영원하기를! —의 군대들의 유수영(留守營)이 그 부근에 있었는데, 그는 그 일부를 공격하고 돌아갔다. 이 사건에 대한 설명은 이슬람의 군주 — 그의 왕국이 영원하기를! — 본기에 나올 것이다.

두아는 몇 차례 카이두와 연합하여 카안의 군대와 전쟁을 벌였으나 패배하였다. 마지막 〔전투〕에서 두 사람 모두 상처를 입었는데, 카이두는 그로 인해 사망했고 두아는 불구(mufallaj)가 되었다. 그에게는 아들들이 있고 그 중에는 쿠틀룩[17] 호자가 있는데, 오래전부터 그들에게 속해 있던 가즈닌 지방과 카라우나(Qarâûna) 군대를 그에게 위임했다. 여름에는 구르와 가르지스탄 부근에 머물고 겨울은 가즈닌과 그 방면에서 보낸다. 그들은 항상 델리의 술탄들과 전투를 벌여야 했는데, 델리의 군대가 여러 차례 그들을 격파했다. 그들은 항상 도적질과 강도짓을 하면서 이 나라의 변경을 침범하여 말썽을 일으킨다. 부즈마는 카안의 어전으로 가기를 바랐지만, 카이두가 알아채고 그를 죽여 버렸다. 알라께서 가장 잘 아시고 판단하신다!

☆ **무에투켄의 넷째 아들 카라 훌레구.** 그에게는 무바락 샤라는 아들이 하나 있었고, 이 무바락 샤에게는 아들이 다섯 명 있었는데 다음과 같은 순서대로이다.

---

16) A · B본 모두 "카이두"로 되어 있으나, B1본처럼 "바이두"가 옳을 것이다.
17) A: QWYLWQ.

· 울제이 부카(Ôljey Bûqâ)__ 그에게는 쿠틀룩 샤(Qutuluǧ Shâh)라는 아들이 하나 있다.

· 부랄기(Bûrâlǧî)__ 그에게는 쿠틀룩(Qutluq)이라는 아들이 하나 있다.[18]

· 호르쿠닥(Hôrqûdâq)

· 이셴 풀라드((Îsen Pûlâd)

· 카닥(Qadâq)__〔171r〕

▶차가타이는 이 카라 훌레구를 그의 부친인 무에투켄의 후계자로 임명하였다. 그의 카툰은 오르카나 카툰이었고 무바락 샤는 그녀에게서 출생했다. 카라 훌레구가 사망하자 바이다르의 아들인 알구 ─ 그의 사촌 형제 ─ 가 아릭 부케의 명령에 따라 차가타이 울루스의 군주가 되었다. 그는 오르카나 카툰을 취했으나 얼마 후 사망하고, 이 무바락 샤가 부친의 자리에 앉았다. 바락이 쿠빌라이 카안의 명령에 따라 〔차가타이 울루스로〕 왔다. 무바락 샤가 군주라는 사실을 알았을 때 아무 말도 하지 않고 흩어진 군대를 서서히 자기 주위에 모았다. 그리고 그 울루스의 군주위를 자기 손안에 넣었다. 무바락 샤에게 죄를 뒤집어씌워서 자기의 호랑이 사육사(barschî)들의 책임자로 임명하였다. 바락이 아바카 칸과 전쟁하러 후라산에 왔을 때 무바락 샤는 그와 함께 있었으나 도망쳐서 아바카 칸의 어전으로 왔다. 그들의 정황에 대한 역사는 뒤에 각자 〔관련된〕 부분에서 설명될 것이다. 알라께서 도우신다면!◀[19]

---

18) A본에는 부랄기의 아들에 대한 기사가 없다.

19) ▶ ◀ 사이의 부분은 A본에 일부만 보이고, B본에는 텍스트 네 변의 공란에 후대인의 가필로만 남아 있다. 여기서는 BI본에 의거하여 보충 · 번역하였다.

차가타이의 둘째 아들 모치 예베[20]

이 모치 예베의 모친은 이술룬 카툰의 오르두에 있던 여종이었다. 어느 날 밤 그녀가 이불을 펼 때 〔마침〕 카툰이 밖에 나가 있었다. 차가타이는 그녀를 안았고 그녀를 임신케 하였다. 그런 연유로 그〔=모치 예베〕를 그다지 중요하게 여기지 않았고, 군대와 영토도 그에게는 적게 주었다. 그에게는 열한 명의 아들이 있었는데 다음과 같은 순서이다.

☆ **테케시**(Tekeshî). 그에게는 아들이 하나 있었는데, 그의 이름은 바이두칸(Bâîduqân)[21]이다. 그는 네 아들을 두었다. 토간(Ṭôğân),[22] 울쿠투(Ûlqûtû),[23] 투릭치(Tûrîqchî)[24]이고 다른 한 명〔의 이름〕은 알려지지 않았다.[25]

☆ **테구데르**(Tegûder). ▶차가타이 울루스에서 그에게 군대를 대동케 하여 훌레구 칸과 함께 이란 땅으로 파견한 인물이 바로 이 테구데르였다. 그는 이곳에 머물렀는데, 아바카 칸의 치세에 반란을 일으켜 그루지아 산지로 갔다. 그는 삼림 속에서 유랑했는데, 아바카 칸의 아미르들이 그의 뒤를 추격했다. 초르마군의 아들인 시레문 노얀(Shîrâmûn Nôyân)이 그를 붙잡아 아바카 칸의 어전으로 데리고 왔다. 그의 목숨은 살려주었다. 그는 한동안 이곳에서 혼자 돌아다니다가 그 후에 죽었다.◀[26] 그에게는 세 아들이 있었다.

---

20) A본에는 "모치 예베"라는 부분이 빠져 있다. B본은 여기서부터 1장 마지막 부분까지가 빠져 있다.

21) Bl: TABDĞAR. 보일은 이를 Tabdughar로 옮겼다. A본의 표기는 방점이 불분명하나, 『五分枝』와 『貴顯系譜』에 BAYDWĞAN으로 표기되어 있는 것으로 보아, BAYDWQAN으로 읽을 수 있다.

22) 『五分枝』에는 ṬWQWĞAN.

23) 『五分枝』와 『貴顯系譜』에는 AWLADAY로 표기.

24) A본의 표기는 불분명하다. 『五分枝』에는 TWRYQCY, 『貴顯系譜』에는 TWRQJY로 표기되어 있다. 보일은 Qoriqtai로 읽었다.

25) 『五分枝』에는 Qûtlûq Tîmûr라는 이름이 나온다.

· 우마르('Umar)__ 그에게는 두 아들이 있었다. 쿠틀룩 티무르(Qutluǧ
Tîmûr), 예쿠 티무르(Îkû Tîmûr).[27]

· 무바락 샤(Mubârak Shâh)

· 수카투(Sûqâtû)

☆ **아흐마드(Aḥmad).** ▶이 아흐마드는 바락을 모시고 있었다. 바락이 패
배하여 〔아무다리야〕 강을 건너 〔도망치고〕 그의 군대는 흩어져 각 집단
들이 이 구석 저 구석으로 가버렸을 때, 아흐마드는 비시발릭 방면으로
갔다. 바락은 병에 걸려 가마를 타고 그의 뒤를 쫓아갔다. 그는 천호장
이었던 나울다르(Nâûldâr)를 전초로 보냈다. 〔나울다르가〕 아흐마드가
있는 곳에 도착하여 그를 달래서 돌아오게 하려고 노력했으나, 아흐마
드는 거칠게 행동하였다. 결국 전투를 벌였고 아흐마드는 살해되었다.
그에게는 세 아들이 있었는데, 우마르('Umar), 무바락 샤(Mubârak
Shâh), 무에투(Mô'âtû)였다.◀[28]

☆ **테무데르(Temûder).**

☆ **쿠난(Qûnân).**

☆ **체체(Cheche).**

☆ **치첵투(Chichektû).** 그에게는 두 아들이 있었다. 샤디야(Shâdiyâ),[29]
쿠시만(Qûshmân).

☆ **이살(Îsâl).**[30] 그에게는 두 아들이 있었다. 타이 부카(Tâî Bûqâ), 울라

---

26) ▶◀사이의 부분은 A본에 보이지 않고, BI본에 의거하여 보충했다. 그러나 BI본에는 그에게 아들이
    없다고 기록되어 있다.
27) 『五分枝』에는 Yôî Qûtlûq라는 또 다른 아들이 기록되어 있다.
28) ▶◀사이의 부분은 A본에 보이지 않고, BI본에 의거하여 보충했다. A본에는 우마르, 무바락 샤, 무에
    투 등 3인이 테구데르의 아들로 나와 있다.
29) 『五分枝』와 『貴顯系譜』에는 ŠATRA로 표기.
30) A본에는 AYSAK로 되어 있으나, 『五分枝』와 『貴顯系譜』에는 모두 AYSAL로 표기.

다이(Ûlâdâî).[31]

☆ **토간**(Ṭôǧân).[32]

☆ **북 부카**(Bûk Bûqâ).

☆ **놈 쿨리**(Nôm Qûlî).[33]

차가타이의 셋째 아들 벨기시

▶차가타이의 후계자였던 무에투켄이 사망했을 때, 〔차가타이는〕 이 아들을 후계자로 삼기를 원했으나, 그 역시 열세 살 때 사망했고 자식은 없었다. 그 뒤 무에투켄의 아들인 카라 훌레구를 후계자로 삼았다. 신의 인도에 복종하는 사람에게 평화가 있기를!◀[34]

차가타이의 넷째 아들 사르만

그에게는 두 아들이 있었고, 이름은 쿠시키(Qûshîqî)와 네구베이(Nîgübey)이다.

차가타이의 다섯째 아들 이수 뭉케[35]

▶이 이수 뭉케는 대단한 음주가였다. 전하는 바에 따르면 〔술을 얼마나 마셨는지〕 매를 매잡이(qûshchî)들에게 맡길 만큼 온전히 깨어 있을 때도 없을 정도였다고 한다. 그에게는 카툰이 한 명 있었는데, 그녀의 이름은 나이시(Nâîshî)였다. 매우 중요하고 현명했으며, 그녀의 남편이 항

---

31) 『五分枝』에는 AWLQADAY(Ûlqâdâî)와 TWRYQCY(Tûrîqchî).

32) 『五分枝』에는 그에게 Tûrîqchî라는 아들이 있는 것으로 기록되어 있다.

33) A본에는 마지막 세 아들의 이름이 누락되어 있어, 『五分枝』와 『貴顯系譜』에 근거하여 보충했다.

34) ▶ ◀사이의 부분 역시 BI본에 의거하여 보충했다.

35) A: NKKA. MWNKKA의 誤寫이다.

상 취해 있었기 때문에 모든 일들을 그녀가 처리했다. 그의 정황은 다음과 같다. 그는 구육 칸과 연합해 있었고, 차가타이의 후계자로 카라 훌레구가 있었음에도 불구하고 이 이수 뭉케가 뭉케 카안과 대립하였기 때문에, 〔구육 칸은〕 그를 차가타이 울루스의 군주로 만들었다. 그 뒤 뭉케 카안이 카안이 되자 카라 훌레구로 하여금 차가타이 울루스를 관할토록 하고 이수 뭉케를 죽이라고 명령했다. 카라 훌레구는 〔차가타이 울루스로 가던〕 도중에 사망했는데, 그의 부인인 오르카나 카툰이 그〔=이수 뭉케〕를 살해했다. 그녀는 10년 동안 스스로 통치를 했고, 그 뒤 아릭 부케가 그 울루스를 바이다르의 아들인 알구에게 주었다. 알구는 아릭 부케에게 반기를 들었고 오르카나 카툰은 그의 부인이 되었는데, 이러한 정황에 대해서는 설명한 대로이다. 이수 뭉케에게는 아들이 없었다. ◀36)

차가타이의 여섯째 아들 바이다르

▶키가 작은 사람이었다. 활을 매우 잘 쏘았다. 전하는 바에 따르면 ……37) 하루는 그와 놀다가 "너는 키가 작으니, 이리 와서 우리와 함께 활을 쏘자!"고 말했다고 한다. ◀38) 이 바이다르에게는 아들이 하나 있었는데, 그의 이름은 알구(Alğû)였다. 그에게는 세 아들이 있었는데, 카반(Qâbân), 추베이(Chûbey), 톡 티무르(Tôq Tîmûr)였다.

톡 티무르에게는 두 아들이 있었는데, 이센 부케(Îsân Bökâ)와 아그룩치(Âğrûqchî)였다.

추베이에게는 아들이 열다섯 명 있었다. 톡타(Tôqtâ), 바사르(Basâr),

---

36) ▶ ◀ 사이의 부분 역시 BI본에 의거하여 보충했다.
37) 原缺.
38) ▶ ◀ 사이의 부분 역시 BI본에 의거하여 보충했다.

두쿨레스(Dûkûlâs), 이질 부카(Îjîl Bûqâ), 놈 쿨리(Nôm Qûlî), 부윤타시(Bûyûntâsh), 악크 부카(Aq Bûqâ), 사티(Sâtî), 쿠탈미시(Qûtâlmîsh), 다우드(Dâûd), 감보 도르지(Gambô Dôrjî), 치긴 티무르(Chigîn Tîmûr), 지르구다이(Jîrğûdâî),[39] 밍타시(Mîngtâsh), 쿤첵 도르지(Kônchek Dôrjî).

차가타이 칸의 자손들에 관한 설명은 이것으로 모두 끝났으니, 이제 도표를 통해서 설명할 것이다. 알라께서 도우신다면![40] [171v]「 」[41]

---

39) A: XYRĞWDAY.

40) Bl본에는 차가타이의 또 다른 두 아들에 대해서 다음과 같은 기록이 보인다.

"차가타이의 일곱째 아들 카다카이(Qadâqay). 그의 모친은 투켄 카툰(Tôkân Khâtûn)이었다. 다섯 명의 아들을 두었다. 나야(Nâyâ), 부쿠(Bûqû), 날리쿠(Nâlîqû), 부카 티무르(Bûqâ Tîmûr), 부카(Bûqâ).

차가타이의 여덟째 아들 바이주(Bâîjû). 그에게는 아들이 하나 있었는데 이름은 모치(Môchî)였다. 가즈닌 부근에서 카라우나 군대의 수령(hâkim)이었던 사람이 바로 이 모치였다. 그에게는 아들이 하나 있었는데 이름은 압둘라(‘Abd Allâh)이며 무슬림이다. 〔압둘라의〕 부친은 그 지방에 있었는데, 그를 자기가 있는 곳으로 불렀다. 그는 자신의 아들인 쿠틀룩 호자(Qûtlûq Khwâja)를 대신 〔아버지에게〕 보냈다."

41) B본에는 지파도 첫 장이 누락되어 있다.

차가타이와 그 부인의 초상 및 자식들의 지파

무에투켄

이 무에투켄의 모친은 쿵크라트 종족 출신의 이술룬 카툰이었다. 차가타이의 모든 카툰들 가운데 〔가장 선임이었다〕.[42]

바이주

이 바이주의 모친은 나이만 종족 출신의 후궁이었다.

토단

부지 — **압둘라**

이 부지의 모친은 나이만 종족 출신의 후궁이었다.

에메겐

(Emegen)〔女〕

이 에메겐은 남편을 얻지 못하고 사망했다.

이순진

(Yîsûnjîn)〔女〕

이 이순진을 쿠틀룩 티무르 쿠레겐 — 쿵크라트 종족 출신으로 칭기스 칸의 탈루치(ṭâlûchî)였던 쿠타이(Qûtâî)의 아들 카라 바이주(Qarâ Bâîjû)의 아들— 에게 주었다. 일투르미시 카툰(Îltûrmîsh[43] Khâtûn)이 그녀에게서 태어났다. 이 쿠틀룩 티무르는 다른 자식들을 두었는데, 타라카이(Taraqay),[44] 무함마드 호자(Muḥammad Khwâja), 라그지 티무르(Lagzî Tîmûr)였다. 그러나 〔그들은〕 다른 부인에게서 〔출생했다〕.

---

42) 〔 〕 부분은 A본에 보이지 않아 『五分枝』에서 보충했다.

43) A: AYLDWZMYŠ; 『五分枝』: AYLTWRMYŠ.

44) A: ṬRFY; 『五分枝』: ṬRAǦAY.

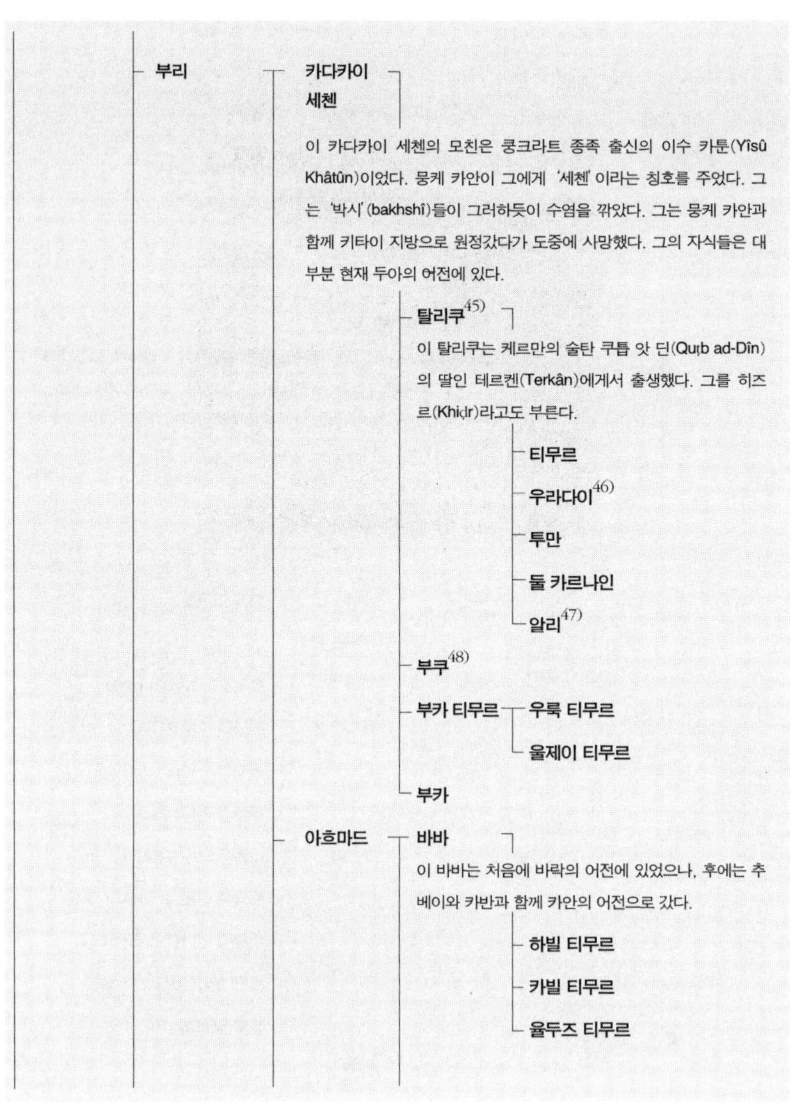

---

45) A본에는 날리쿠(NALYQW)로 표기.

46) A본에는 우루다이(AWRWDAY)로 표기.

47) 본문에서는 둘 카르나인과 알리가 부쿠의 아들로 되어 있다.

48) A본에는 토쿠(TWQW)로 표기.

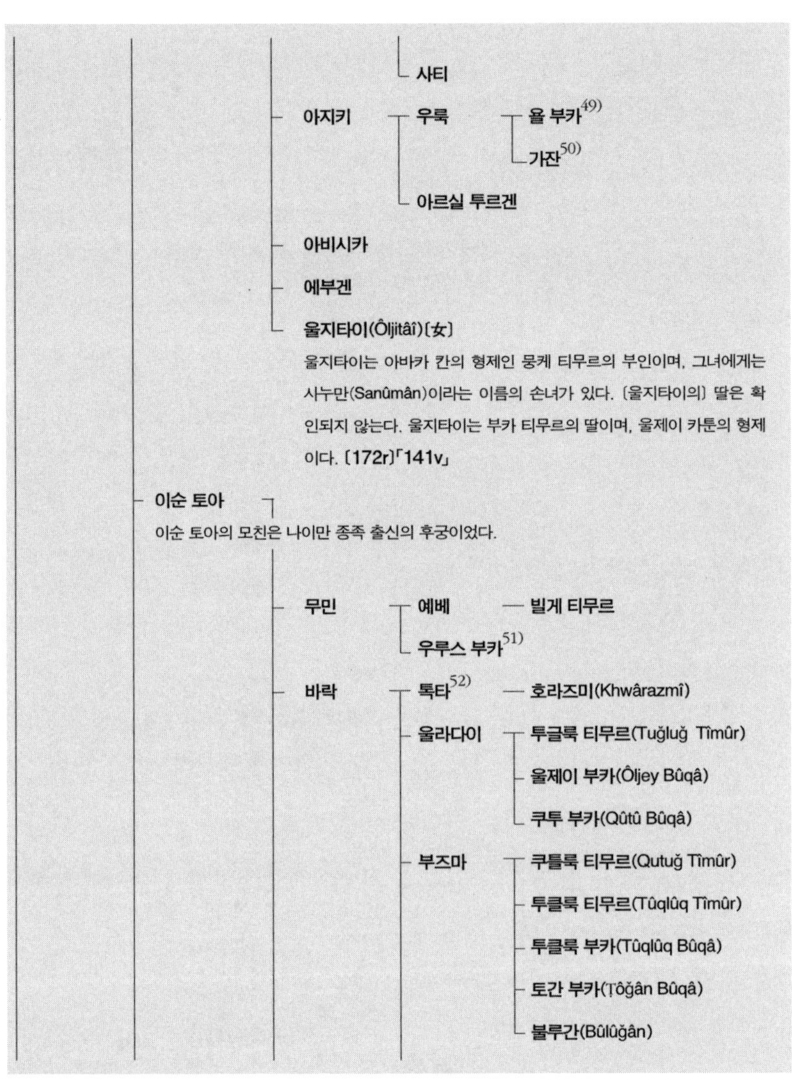

49) A: PWL BWQA.

50) A: QAZAN.

51) A본 계보도에는 무민의 아들들과 손자에 대한 기록이 없으나, 본문에는 무민의 두 아들로 예베와 우
룩을 기록하고 있다.

52) A · B: TWQTAY.

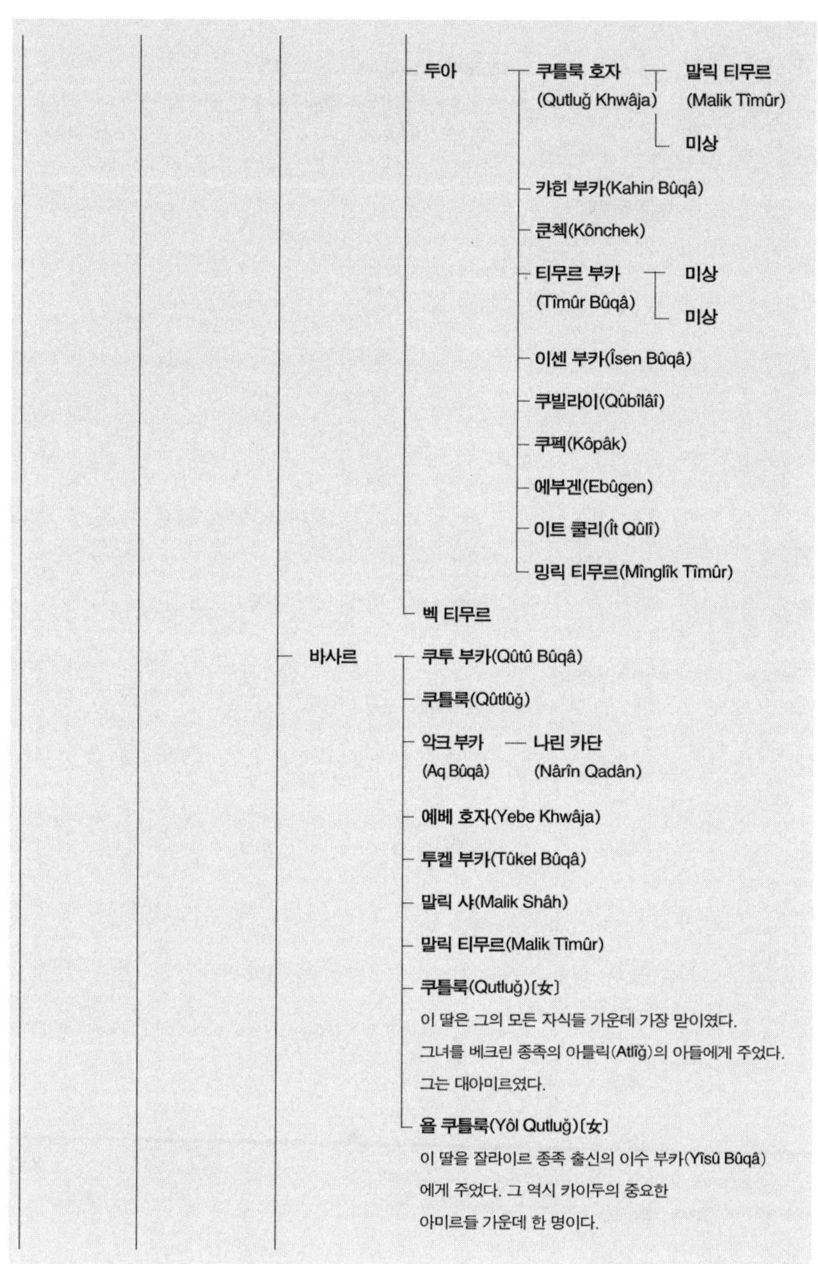

악크 부카(Aq Bûqâ) — 나린 카단(Nârîn Qadân)

쿠틀룩(Qutluǧ)〔女〕
이 딸은 그의 모든 자식들 가운데 가장 맏이였다.
그녀를 베크린 종족의 아틀릭(Atlîǧ)의 아들에게 주었다.
그는 대아미르였다.

율 쿠틀룩(Yôl Qutluǧ)〔女〕
이 딸을 잘라이르 종족 출신의 이수 부카(Yîsû Bûqâ)
에게 주었다. 그 역시 카이두의 중요한
아미르들 가운데 한 명이다.

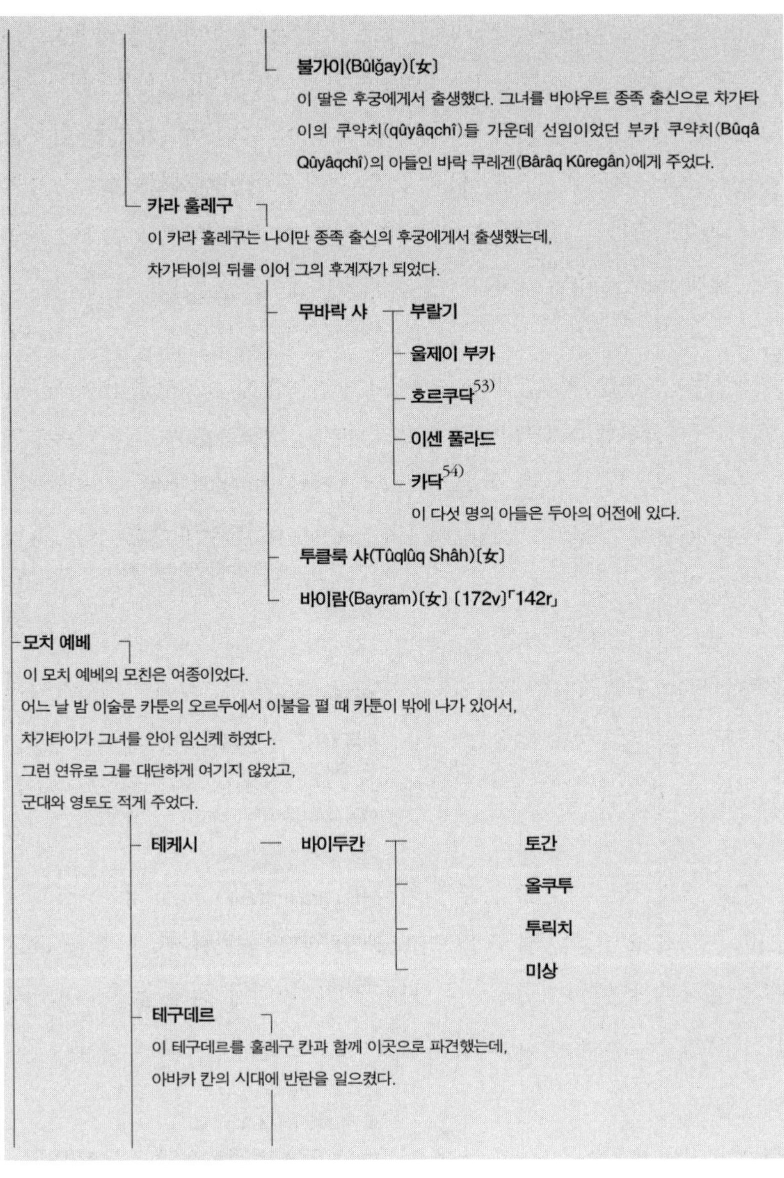

---

53) A · B: AWRQWDAQ.

54) A: QADAN.

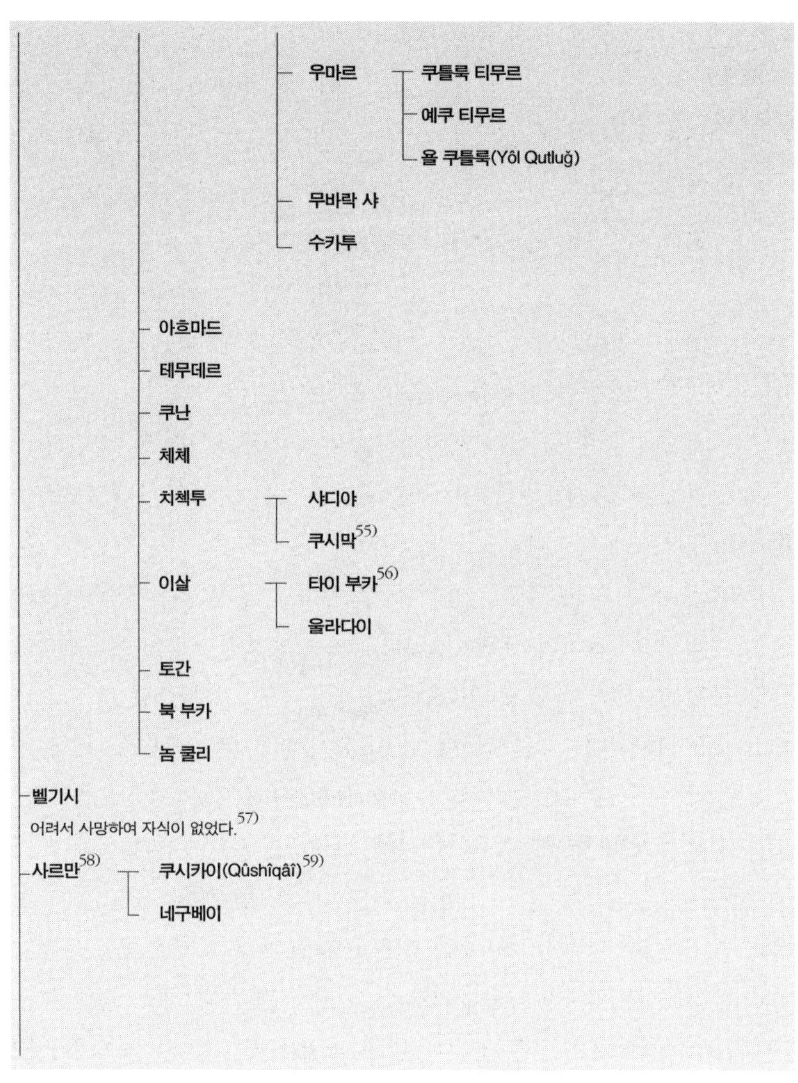

55) A · B: QWŠMAQ. 앞에서는 '쿠시만'으로 표기.

56) A · B: QAY BWQA.

57) 이 설명은 B본에만 보인다.

58) A: SARBAN.

59) 본문에서는 '쿠시키'로 표기되었다.

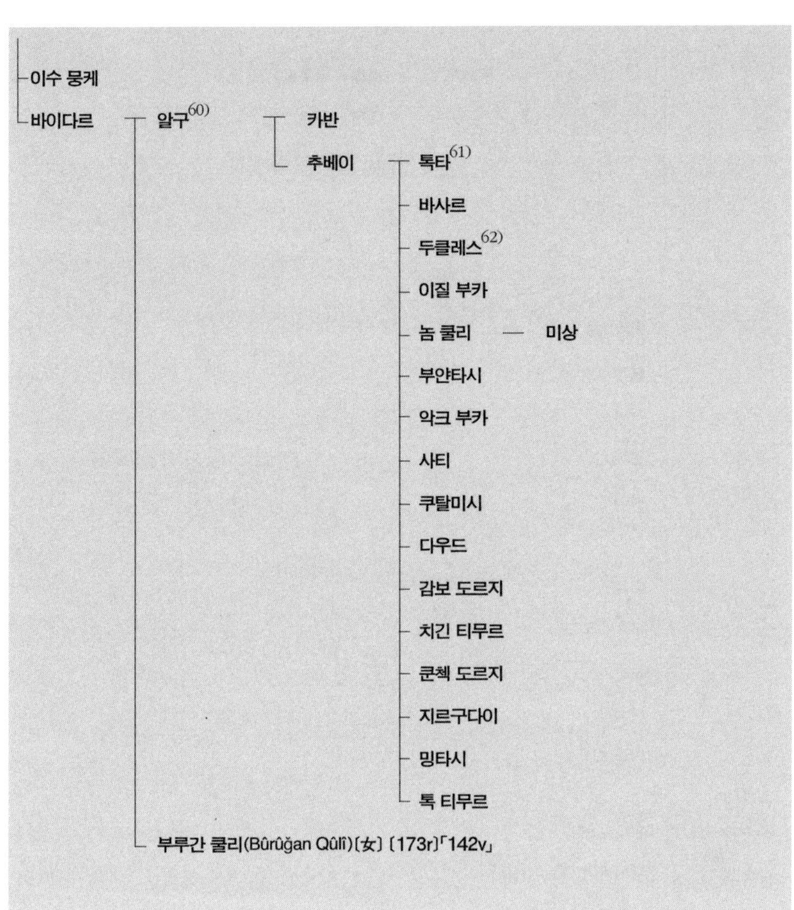

<hr>

60) A · B: ALǦWY.

61) A · B: TWQTAY.

62) A · B: DWKWLAS.

【 제 2 장 】

그의 통치 기간에 일어난 역사와 일화들.
그가 즉위할 때 〔앉았던〕 보좌와 카툰들과 왕자들과 아미르들의 모습.
그의 울루스와 그가 치렀던 몇몇 전투와 그가 거두었던 승리에 관한 설명.
그의 통치 기간과 현재에 이르기까지 그의 일족들의 정황과 역사.

차가타이 칸은 정의롭고 유능하며 엄정한 군주였다. 칭기스 칸은 아미
르들에게 "누구라도 통치자의 야사와 성훈(bîlig)과 규범(yôsûn)에 대
해서 알고자 하는 사람은 차가타이를 따라야 할 것이다. 누구라도 재산
과 풍요와 너그러움과 편안함을 좋아한다면 우구데이에게로 가라. 누구
라도 예절과 교양과 용맹과 무기를 〔알고자〕 원한다면 톨루이를 모시도
록 하라!"고 말하였다. 그가 군대를 나누어줄 때, 〔칭기스 칸〕 기에서 군
대의 분여(qismat-i lashkar)에 관한 부분에서 기록했듯이 그에게 4000
명을 주었다. 그리고 아미르들 중에서는 바룰라스 종족 출신의 카라차
르(Qarâchâr), 잘라이르 종족 출신의 이수르 노얀(Yîsûr[63] Nôyân)의
부친인 무게(Môge),[64] 그리고 지방들 중에서는 나이만 종족의 목지였
던 알타이(Altâî)[65]에서부터 아무다리야 강가까지를 그에게 위임하여 주
었다. 칭기스 칸의 치세에 그의 본기에서도 언급했듯이 그는 항상 부친
을 모셨고, 그의 명령에 따라 전쟁에 출정해서 부과된 임무들을 전심전
력으로 수행했으며, 이미 설명한 바와 같이 〔여러〕 지방들을 정복했다.

　'코닌 일' 즉 양해 — 회력 607년 샤반〔/1211년 1~2〕월에 해당 — 의
가을에 칭기스 칸이 키타이 지방을 정복하러 출정했을 때, 차가타이와
우구데이와 톨루이는 함께 우누이(Ûnûî, 雲內),[66] 퉁칭(Tûngchîng, 東

---

63) A · B: YYSWN.
64) A · B: MRKH.
65) A · B: ALBAN. ALTAY의 誤寫로 보아야 할 것이다.

勝),⁶⁷⁾ 무지우(Mûjîû, 武州),⁶⁸⁾ 순지우(Sûnjîû, 宣州),⁶⁹⁾ 풍지우(Fûngjîû, 豊州)⁷⁰⁾ 등 다섯 개 도시를 정복했고 그 뒤 조주(Jôjû, 涿州) 시를 포위했다. 원숭이해에 그들 세 사람은 모두 산⁷¹⁾ 옆과 그 부근에 왔다. 융주(Yûngjîû) 시에서부터 풍징(Fûngjing) 시⁷²⁾에 이르기까지 모든 도시들과 지방들과 성채들을 점령했다. 그리고 그곳에서 카라무렌 강까지 갔다가 돌아와, 풍양푸(Fûngyangfû, 平陽府) 시와 타이왕푸(Tâîwângfû, 大原府) 시 및 거기에 속한 곳들을 장악하고 약탈했다.⁷³⁾ 타이왕푸⁷⁴⁾에서의 약탈물은 차가타이에게 속하게 되었다.

그 뒤 '루 일' 즉 용해 — 그해의 처음은 616년 둘 히자[/1220년 2~3]⁷⁵⁾월에 해당 — 의 겨울, 칭기스 칸이 타직 지방들을 정복하려고

---

66) AWNAWY. 雲內를 옮긴 것으로 보인다. 현재 내몽골자치구 托克托 東北에 위치. 『元史』 권1 「太祖本紀」(p. 15)에는 1211년 冬10월에 "皇子朮赤·察合台·窩闊台 分徇雲內·東勝·武·朔等州, 下之"했다는 기사가 보인다. 한편 『聖武親征錄』에는 1211년 "秋 上始誓衆南征 克大水濼 又拔烏沙堡及昌·桓·撫等州. 太子朮赤·二太子察合台·三太子窩闊台 破雲內·東勝·武·宣·甯·豊·靖等州"라고 되어 있다.

67) A·B: QWNKJYNK. 그러나 이는 TWNKJYNK의 誤寫임이 분명하고, 東勝을 옮긴 말이다.

68) A·B본에는 모두 NWJYW로 되어 있으나 MWJYW의 誤寫로 추정되며, 武州를 가리키는 것으로 보아야 할 것이다.

69) 보일처럼 SWQJYW(朔州)의 誤寫로 볼 수도 있으나, A·B본의 표기에 충실한다면 『親征錄』에 언급된 宣州를 옮긴 것으로 보는 게 더 타당할 듯하다.

70) A·B: TWNKJYW. 그러나 이는 豊州를 옮긴 것으로 보이기 때문에 FWNKJYW의 誤寫로 추정된다.

71) 『親征錄』에 따르면 癸酉年(1213) 가을 "上自率兵攻涿·易二州 卽日拔之 乃分軍爲三道 大太子·二太子·三太子爲右軍 循太行而南"이라는 기사가 보이는 것으로 보아, 太行山을 가리키는 것으로 보아야 할 것이다.

72) BI본에는 이 두 도시의 이름이 FWCYW와 XWMYNG으로 표기되어 있고, 보일은 이를 Fu-Jiu(撫州)와 Khuming(懷孟)으로 옮겼다. 여기서는 일단 원본의 표기에 충실하게 옮겨 둔다.

73) 이 부분은 『親征錄』에서 "抵黃河 大掠平陽·太原而還"이라고 한 기사와 일치한다.

74) A·B: TAYWANFW.

75) A·B본 모두 617년이라고 되어 있으나 BI본처럼 616년이 되어야 옳을 것이다. 만약 617년 둘 히자월이라면 1221년 1월 27일~2월 24일이 된다. 그러나 『聖武親征錄』에는 칭기스 칸이 庚辰年(1220) 가을 也兒的石(이르티시) 河에서 여름과 가을을 보낸 뒤, 진격하여 도중의 모든 성들을 함락하면서 斡脫羅兒(오트라르) 城에 도달, 우구데이와 차가타이를 그곳에 남겨두었다는 기록이 보인다.

출전하여 오트라르 시에 도착했을 때, 그를 형제들인 주치·우구데이와 함께 그곳을 공략하라고 남겨두었다. 그들은 그곳을 정복했다. 그 뒤 파나카트와 투르키스탄 대부분의 지방을 정복하고, 사마르칸트에서 그곳이 함락된 뒤 부친과 만났다. 그 뒤 〔칭기스 칸은〕 그를 주치·우구데이와 함께 호라즘을 정복하러 보냈다. 그와 주치가 합심하지 못했기 때문에 〔칭기스 칸은〕 우구데이가 비록 어리긴 하지만 장자(長者)와 선임자(先任者)를 맡으라고 명령했다. 그리고 그는 역량을 최대한 발휘하여 형제들이 합심할 수 있도록 해서, 서로 협력하여 호라즘을 정복했다. 주치는 자기 유수영으로 가버렸다.

그들은 '모린 일' 즉 말해 — 619〔/1222〕년에 해당 — 여름에 탈리칸에서 칭기스 칸의 어전에 도착하여 배알하였다. 그해 여름은 탈리칸 부근에서 보내고, 차가타이·우구데이·톨루이 세 명은 모두 함께 부친을 모시고 술탄 잘랄 앗 딘을 추격하여 인더스 강가까지 가서 술탄의 군대를 격파하였다. 술탄은 패배하여 강을 건넜다. 그들은 그 여름을 그 부근에서 보내면서, 그 인근 지방들을 정복하는 데에 몰두했다. 그 뒤 아버지를 모시고 원래의 거처와 목지로 돌아왔다.

그 뒤 '다키쿠 일(dâqîqû yîl)' 즉 닭해 — 622〔/1225〕년에 해당 — 에 칭기스 칸은 〔173v〕「143r」 다시 반란을 일으킨 탕쿠트 지방을 정복하기 위해 출정했다. 〔그는 차가타이에게 명하기를 오르두들 후방에 있는 군대의 일익을 관할하라고 했다. 차가타이는 지시에 따라서 임무를 열심히 이행했고,〕[76] 아버지와 같이 있던 그의 형제들 우구데이와 톨루이가 돌아올 때까지 그렇게 했다. 이어서 그들은 칭기스 칸의 영구(靈柩, ṣandûq)를 오르두들로 이송하여 함께 장례를 치른 뒤, 각자 자신의 목

---

76) 〔 〕 안의 부분은 A·B본에는 빠져 있어 B1본에 의거해서 보충했다.

지와 집으로 갔다.

차가타이는 형제들 가운데에서도 우구데이·톨루이와 매우 친했기 때문에, 우구데이를 카안의 보좌에 앉히기 위해 많은 노력과 애를 써서 부친이 지시한 바를 따라 그를 보좌에 앉혔다. 그는 형제인 톨루이 및 다른 친족들과 함께 아홉 차례 고두의 예를 행했다.[77] 그는 비록 형이었지만 우구데이 카안에게 최대한 경의를 표했고 세세한 예절까지 철저하게 준수했다. 그러한 예절 가운데 한 예는 다음과 같다.

하루는 각자 속보(速步)로 걷는 말을 타고 가는데 〔차가타이가〕 술에 만취해서 그에게 "〔말을〕 속보로 달리게 하여 시합(yârîshmîshî)[78]을 하자!"고 말하여 그들은 말달리기로 시합을 하였다. 차가타이의 말이 조금 빨라서 머리 하나만큼 먼저 달렸다. 밤이 되어 차가타이는 집에서 그 일을 회상하며 "어떻게 내가 카안과 내기를 하여 나의 말이 그의 말을 앞지를 수 있단 말인가? 이는 극히 무례한 행동이다. 다른 사람들도 이런 식으로 그에게 오만하게 대할 수도 있으니, 해악을 가져올지도 모른다"고 생각했다. 그는 동이 트기 전에 아미르들을 불러서 말하기를 "나는 이러이러한 행동을 해서 죄를 지은 사람이다. 카안께서 나의 죄를 묻고 응분의 처벌을 내리시도록 어전으로 가겠다"고 하였다. 그는 한 무리의 아미르들과 함께 평소보다 일찍 마계장(馬繫場, kiriyâs)에 왔다. 근위병들이 차가타이가 많은 무리와 함께 왔다고 어전에 보고했다. 우구데이는 비록 그를 완전히 신임하고 있기는 했으나 이 같은 사태에 대해 도대체 무슨 일일까 하며 약간 우려하여 사람들을 보내어 〔연유를〕 물었다. 〔그러자 차가타이는〕 "우리는 모두 형·아우들이다. 쿠릴타이에서 말을 다

---

77) 원문은 zânû zada wa tikishmîshî kard.

78) '말을 달려서 비교를 하다'는 뜻의 투르크어. 本田實信, 『モンゴル·トルコ語起源の術語』, pp. 449~450 참조.

끝냈으며 '우구데이가 카안이 되고, 우리는 〔그에게〕 복종하고 명령을 받
들 것이다. 어떤 방식으로든 그에게 대항하거나 분쟁(tamâchâmîshî)하
지 않을 것이다' 라는 문서(khaṭṭ)까지 주었다. 어제 나는 그와 속보로 말
달리기 시합을 했는데, 내가 카안과 시합을 한다는 것이 도대체 무슨 법
도인가? 그랬기 때문에 나는 죄를 지었고, 자신의 죄를 자백하고 야사에
처해질 수 있도록 온 것이다. 나를 처형할지 아니면 곤장을 칠지 명령을
내려 주시오"라고 말했다. 우구데이 카안은 이 말에 부끄러움을 느꼈고
그에게 더 많은 애정을 느끼며 공손하게 대하였다. 그래서 그는 사람을
보내어 "이것이 무슨 말인가? 그는 나의 형이다. 이렇게 사소한 일에 어
찌해서 신경을 쓰는가?"라고 하였다. 〔그러나〕 그는 듣지 않았고, 마침
내 카안이 그의 목숨을 살려 주는 〔대신〕 그는 말 아홉 필을 바치고 고두
한다는 데에 동의하였다. 또한 카안이 차가타이의 목숨을 용서해 주고
〔차가타이는〕 면죄의 대가로 고두한다는 사실을 듣고 또 알도록 하기 위
해 비틱치들은 이러한 내용을 선언하였다. 그러고 나서 〔비로소〕 그는
오르두에 들어와 유창한 언변으로 모인 사람들에게 그 일화를 이야기했
다. 이런 연유로 그들은 더욱 합심·단합하게 되었고, 다른 친족들은 〔카
안의〕 명령서(khaṭṭ-i farmân)에 머리를 조아리고 복종의 길을 다졌다.
칭기스 칸 시대에 정복하지 못했던 왕국들은 우구데이 카안의 치세에
모두 정복되었고, 칭기스 칸 일족의 통치권과 그의 군대 정황도 더욱 강
력해지게 되었다.

차가타이가 카안과 이런 식으로 살았기 때문에, 카안은 자기 자식들
가운데 구육 칸을 그의 종사(從士, mulâzim)로 삼았고, 〔구육 칸을〕 그
의 근위병으로 들어서 그를 모시도록 하였다. 차가타이의 고귀함은 필
설로 다 할 수 없을 정도에 이르렀다. 칭기스 칸이 그에게 주었던 울루
스와 군대의 통치자(ḥâkim)로서, 또 비시발릭 부근에서 자기 왕국의 군

주로서 그는 확고한 자리를 잡았다. 카안은 모든 중요한 사안에 대해 사신들을 보내어 차가타이와 상의했고, 그와 상의하지 않거나 그의 동의 없이는 그런 일을 처리하지 않았다. 〔차가타이〕 역시 모든 문제에서 합심과 복종의 방식을 취하여, 그에게 일어나는 어떤 일이라도 모두 말하였다. 그는 중요한 일이 생길 때면 언제나 〔174r〕「143v」 카안의 어전의 쿠릴타이로 왔는데, 모든 왕자들과 아미르들은 그를 영접하였고 카안의 어전으로 오면 그는 고두의 예를 취하고 〔비로소〕 안으로 들어가곤 했다. 카안이 보좌에 앉아 통치하던 13년의 기간 중에서 차가타이는 이런 식으로 그에게 합심과 지원을 해주었다. 그는 카안이 죽은 지 1년이 조금 못 되어, 640년〔/1242년 7월 1일~1243년 6월 20일〕에 사망했다.[79] 完!

차가타이가 사망한 뒤 울루스 통치에 관한 정황,[80] 그의 일족이 지금까지 차례로 즉위한 일에 관한 이야기

카안과 차가타이가 사망한 뒤, 비록 카라 훌레구가 차가타이 칸의 자손들 가운데 가장 선임이었고 또 차가타이 칸의 큰아들인 무에투켄 ─ 그 역시 부친 생전에 칭기스 칸 시대에 바미얀 성채에서 화살에 맞아 부상을 입고 죽었다 ─ 의 아들로서 후계자였지만, 구육 칸은 차가타이의 셋째 아들인 이수 뭉케가 뭉케 카안과 반목하고 있었기 때문에 그를 차가타이 울루스의 군주로 보냈다. 뭉케 카안은 〔자신이〕 카안이 되자 카라

---

79) BI본에는 638〔1240~1241〕년에 차가타이가 사망한 것으로 되어 있다. 그러나 『元史』에 따르면 우구데이의 사망은 辛丑年(1241) 11월 辛卯(양력 12월 11일)여서, BI본의 638년은 받아들이기 힘들다. 따라서 『集史』의 기록을 믿는다면 차가타이의 사망은 1242년 7~12월 사이의 일이라고 할 수 있다.

80) A · B본에는 여기에 "그와"(û wa)라는 구절이 들어가 있는데, 이는 필사자의 잘못으로 첨가된 것이며, BI본에는 보이지 않는다.

훌레구에게 칙령을 주어, 이수 뭉케를 죽이고 후계자로서 그 울루스의 군주가 되도록 하였다. 〔그러나〕 카라 훌레구는 울루스에 도착하기도 전에 죽었고, 그의 부인인 오르카나 카툰 — 오이라트 종족 출신인 투랄치 쿠레겐의 딸 — 이 칙령에 따라서 이수 뭉케를 죽이고, 남편을 대신하여 통치를 하였다.

뭉케 카안이 사망하자 쿠빌라이 카안은 아비시카 — 무에투켄의 셋째 아들인 부리[81]의 큰아들 — 를 보내어 오르카나 카툰과 혼인하고 카라 훌레구를 대신하여 차가타이 울루스의 통치자가 되도록 하였다. 그때 쿠빌라이 카안과 아릭 부케 사이에 분쟁이 있었기 때문에, 아릭 부케의 군대가 도중에 아비시카를 붙잡아 그에게 데리고 갔다. 〔아릭 부케는〕 뭉케 카안의 아들인 아수타이에게 그를 죽이라고 명령했고, 자신과 함께 있던 알구 〔174v〕「144r」— 차가타이의 여섯째 아들인 바이다르의 아들 — 에게 칙령을 주어서, 차가타이 울루스의 군주가 되어 쿠빌라이 카안의 군대와 차가타이 일족의 군대로부터 그쪽의 변경들을 방어하도록 하였다. 〔또한 알구가〕 지방들로부터 군대에 필요한 식량과 곡물과 무기를 거두어 그에게 보내어, 그가 마음놓고 쿠빌라이 카안이 있는 방면으로 원정할 수 있도록 하였다.

알구는 〔차가타이 울루스로〕 와서 칙령을 전달하고 통치권을 장악했다. 오르카나 카툰은 아릭 부케에게로 가서 알구를 비난했고 한동안 그곳에 머물렀다. 얼마 지난 뒤 아릭 부케는 그 지방으로 사신들을 보내어, 가축 열 마리당 두 마리를 공출하고 군대에 필요한 다량의 재화와 무기를 준비하라고 하였다. 그 사신들의 이름은 에르케군(Îrkâgûn)[82]과 부리타이(Bôrîtâî)와 샤디(Shâdî)였다. 그들은 가서 칙령을 알구에게 전

---

81) 앞에서는 둘째 아들로 기록되었다.

달하고, 지방에서 가축과 무기와 재화를 거두었다. 어느 정도 걷었을 때 그들은 그것을 보냈다. 661〔/1262~1263〕[83]년에 알구는 그들을 구금하고는 "다른 누케르들이 일을 다 마치고 도착하면 함께 출발하라!"고 말했다. 얼마 지난 뒤 그들이 도착했다. 그들은 누케르들에게 "왜 지체했는가?"라고 질책하자, "알구가 막았다"고 대답했다. 그들은 알구의 오르두 문 앞으로 가서 "우리는 아릭 부케의 칙명을 받아서 재화를 걷었는데, 당신이 우리에게 무슨 명령권이 있기에 우리의 누케르들을 막았습니까?"라는 전갈을 전했다. 그는 그 재화를 탐냈기 때문에 사신들의 직언에 분노하며 그들을 구금하고 포박했다.

그 뒤 그는 자신의 아미르들과 그 문제를 놓고 "어떻게 하는 것이 상책이겠는가?"라며 상의했다. 그들은 "사신들을 붙잡기 전에 상의했어야 했습니다. 지금 우리는 〔이미〕 아릭 부케에 반기를 들었기 때문에, 방법은 그에게 완전히 등을 돌리고 쿠빌라이 카안에게 힘을 다 바치는 것입니다"라고 말했다. 그러자 그는 사신들을 죽이고 그 재화와 무기를 빼앗았다. 그런 연유로 그는 매우 강력해졌다. 오르카나 카툰이 다시 오자 알구는 그녀와 혼인하고 차가타이 〔울루스〕의 보좌에 전권을 갖고 앉았다. 이 소식이 아릭 부케에게 전해지자 그는 알구를 치기 위해 군대를 마와라안나흐르로 돌려 전투를 벌였다. 아릭 부케는 두 차례나 패배했다. 세 번째에는 알구가 패배하여 부하라와 사마르칸트로 가서 유력자들로부터 수많은 재화와 무기와 가축을 빼앗아 자기 군대에게 주었다. 아릭 부케는 그의 유수영들을 약탈하였고, 일년이 지난 뒤 카안의 군대를 막아내기 위해 그쪽 지방에서 귀환했다.

---

82) 이 이름은 당시 기독교도를 가리키는 '에르케운' (erke'ün)을 옮긴 것으로 보인다.
83) A · B본에는 연도가 빠져 있으나 BI본에는 기록되어 있다.

알구는 다음 해인 662〔/1263~1264〕년[84]에 사망했다. 오르카나 카툰은 모든 아미르들과 군인들이 그녀의 명령에 복종하고 있었기 때문에 자신의 아들인 무바락 샤 — 카라 훌레구의 아들 — 를 군주로 앉혔다. 군대는 과거에 그러했듯이 약탈과 방종을 자행했다. 〔그러나〕 무바락 샤는 무슬림이었기 때문에 백성들에게 억압이 가해지는 것을 용인하지 않았다. 아릭 부케가 극도의 궁지에 빠져서 카안의 어전으로 가니 그 지방에서의 분란이 가라앉았다. 카안은 오랫동안 자신을 모시고 있었던 바락 — 무에투켄의 둘째 아들인 이순 토아의 아들 — 을 차가타이 울루스로 보내고, 무바락 샤와 그가 그 울루스를 관할하라는 칙령을 주었다. 바락은 그곳에 도착하여 무바락 샤와 오르카나 카툰이 확고하고 강력한 것을 보고 칙령을 보여 주지 않았다. 무바락 샤는 "무슨 일로 왔는가?" 라고 물었다. 그는 "내가 울루스와 집에서 떠나 있은 지 꽤 오래되어, 내 밑의 사람들은 흩어져 버렸습니다. 내가 기병(îrâkhtâ)[85]들을 모으고 당신과 함께 돌아다닐 수 있게 해달라고 〔카안에게〕 승인을 요청해서 온 것입니다"라고 말했다. 무바락 샤는 그 말을 흡족하게 받아들였다. 바락은 위장과 재간을 부리며 그와 함께 살면서, 이곳저곳에서 조금씩 군인들을 자기 주위에 끌어모았다. 갑자기 무바락 샤에게 속하는 비틱치라는 한 아미르와 일부 군인들이 그〔=바락〕와 한편이 되어 무바락 샤를 폐위시켜 버렸다. 바락은 전권을 지닌 통치자가 되었고, 무바락 샤를 자기 호랑이 사육사들의 선임자로 삼기에 이르렀다.

카이두가 아릭 부케와 연합하여 카안의 어전에 가는 것을 거부했기 때문에, 카안은 바락을 보내어 카이두를 막아내도록 했다. 그 같은 지시

---

84) 이 연도 역시 A · B본에는 없어 BI본에서 보충했다.

85) 투르크어로 er+akhta(`사람과 말〔人馬〕`), 즉 騎兵(Kavalleriekorps)을 뜻한다. Doerfer, vol. 2, pp. 178~179 참조.

에 부응하여, 그는 세력을 확보하자 카이두를 치기 위해 군대를 그가 있는 방면으로 이끌고 가서 전투를 벌였다. 첫 번째 〔전투에서는〕 바락이 패배했다. 두 번째 전투가 시작되었는데, 우구데이의 아들인 카단의 아들 킵착 오굴이 〔175r〕「144v」 그와 우호 관계에 있었기 때문에 그들 사이에 화평과 약조가 맺어지고 서로 '의형제'가 되었다. 바락은 그에 대해서 마음을 놓고 차가타이 〔울루스〕의 보좌에 확고하게 앉았다. 그 뒤 쿠릴타이를 열어서 카이두에게 "우리 군대가 많아져서 이 지방들은 그들을 부양하기에 충분치 않다. 나는 강을 건너서 후라산 지방들을 공략했으면 한다. '의형제' 카이두는 나를 도와주어야 할 것이다"라고 말했다. 카이두는 그가 그 지방에서 없어지기를 바랐고 또 〔그 자신도〕 아바카 칸과 적대했기 때문에, 그 같은 제안에 대해서 합의했다. 그는 킵착 오굴과 차바트 오굴(Chabât Oğûl) — 구육 칸의 아들인 나쿠(Nâqû)의 아들 — 에게 각자 군대를 이끌고 가서 바락을 도우라고 하였다.

바락이 군대를 이끌고 강을 건너 메르브(Merv)의 변경에 하영했다. 그는 아바카 칸의 형제인 툽신(Tûbshîn)과 전투를 벌였다. 세첵투(Sechektû)라는 이름의 천호장은 바락과 함께 킵착이 왔다는 말을 듣고 그들이 있는 쪽으로 도망쳐서 "나는 원래부터(bi-ûjâûr)[86] 킵착에게 속한 사람이기 때문에, 나 자신의 군주에게로 왔습니다"라고 말했다. 그리고 그에게 바칠 헌물(tikishmîshî)로서 좋은 말들을 끌고 왔다. 그 뒤 킵착은 그에게 "좋은 말을 몇 마리 데리고 와서 바락에게도 헌물을 바치라!"고 지시했다. 세첵투는 그렇게 했다. 다음날 바락의 오르두 안에서 잘라이르타이가 킵착에게 "바락은 이렇게 군대를 수천 명 데리고 당신

---

86) A · B: BAWJAWW. 이는 BAWJAWR의 誤寫이다. 일부 사본에는 HWJAWR로 표기되어 있다. AWJAWR 혹은 HWJAWR는 uja'ur 또는 huja'ur를 옮긴 말로 몽골어에서 '根本, 根脚'을 뜻한다.

을 위해 칼을 휘두르기 위해서 왔습니다"라고 말하였다. 킵착이 "무슨 소리인가?"라고 말하자, 〔잘라이르타이는〕 "무슨 소리냐고? 세첵투는 원래부터[87] 당신에게 소속되었음에도 불구하고 당신에게 어째서 이렇게 오랫동안 오지 않은 것인가? 오늘 그가 이곳에 온 것은 바락의 축복이 있기 때문이다. 〔그럼에도 불구하고 당신은〕 그를 자기에게 데리고 가서 바락에게 〔주어야〕 마땅한 좋은 말들을 당신이 취하고, 당신에게 적합한 것들을 바락에게 헌물로 주라고 지시했다"고 말했다. 킵착은 그에게 "우리 형·아우들 사이를 갈라놓는 너는 도대체 누구인가?"라고 말했다. 잘라이르타이는 "나는 바락의 종이지, '네가 누구냐?'고 말할 정도로 당신의 종은 아니다"라고 대답했다. 킵착은 "어찌 평민(qarâchû)이 칭기스 칸 일족에게 말대꾸를 하고 질문을 하다니! 감히 너 같은 개가 내게 말대꾸를 하느냐?"고 하자, 그는 "만일 내가 개라면 바락의 개이지 당신의 개는 아니다. 자신의 명예를 지키고 자신의 주제를 아시오!"라고 말했다. 킵착은 분노가 치밀어 "네가 나에게 대꾸를 하다니! 너를 두 동강으로 내주겠다. '아카'(aqâ) 바락은 내게 너를 〔감싸는〕 아무런 말도 하지 않을 것이다"라고 말했다. 잘라이르타이는 칼에 손을 올려놓고 "만약 나를 해칠 생각이라면 너의 배를 가르겠다"고 하였다. 〔사태가〕 이렇게까지 되었지만 바락이 아무 말도 하지 않자, 킵착은 그가 잘라이르타이 쪽을 지지하고 있다는 사실을 알게 되었다. 〔킵착은〕 화가 머리끝까지 치밀어 바락의 오르두에서 밖으로 나왔다. 그는 자신의 군대와 상의하여 자기 오르두를 마루축(Marûchûq) 아래 〔지점〕에 놓아 두고 군대와 함께 도망쳐 강을 건너가 버렸다.

바락이 〔이 사실을〕 알아채고 자기 형제인 네구베이 오굴을 보내어 그

---

87) bi-ûjâûr.

를 추격케 했다. 그들의 뒤를 쫓아 다시 잘라이르타이를 3000~4000명
의 기병과 함께 가게 했는데, 이 이야기는 바락의 지파에 관한 보충 설
명에서 서술한 대로이다. 그 뒤 차바트 역시 자기 군대와 함께 도망쳐
카이두에게로 갔다. 결국 바락은 패배했고 그의 군대 대부분은 아바카
칸의 군인들 손에 죽임을 당했다. 살아남은 일부도 흩어져 버렸다. 패배
한 바락은 부하라로 갔고 절망과 비탄으로 병에 걸렸다. 그는 지원해 주
기를 거부했던 아흐마드 오굴 — 차가타이의 아들인 모치 예베의 아들
— 을 치러 갔다. 또한 바사르를 시켜 카이두에게 전갈을 보내어 "왕자
들의 무리가 지원을 해주지 않아서 〔나의〕 군대가 패배했습니다. 나는
비록 약해졌지만 그들의 뒤를 쫓고 있습니다. 만약 의형제 〔카이두〕가
다시 도움을 준다면, 우리는 그들을 붙잡아서 처벌할 수 있을 것입니다"
라고 말했다. 이미 설명한 바와 같이 카이두는 바사르를 붙잡아 구금하
고, 〔바락이〕 약해졌기 때문에 그를 완전히 없애기 위해 그를 돕는다는
명분 아래 군대를 이끌고 왔다. 바락 휘하의 사람들이 아흐마드 오굴을
붙잡아 처형했기 때문에, 카이두를 부른 것을 후회하였다. 그래서 사람
을 보내어 "〔올〕 필요가 없습니다. '의형제' 카이두는 고생할 것 없이
돌아가시오"라고 말했다. 그는 이 말을 듣지 않고 와서, 바락 지파에 관
한 부분에서 설명한 것처럼 바락의 오르두 근처에 둥그렇게 하영했다.
바락은 바로 그날 밤에 죽었다. 다음날 카이두는 장례를 치르고 그를 매
장했다. 그의 오르두에 있던 아미르들과 왕자들은 카이두에게로 와서
머리를 조아리며, "지금까지 우리의 통치자는 바락이었습니다. 이제 카
이두 '아카'가 군주입니다. 명령을 내리시면 힘을 다 바치겠습니다"라
고 말했고, 카이두는 그들을 위무했다. 그는 바락의 재화를 자기 군대에
게 나누어 주고, 〔175v〕「145r」〔수레에〕 실어서 자기 목지로 돌아갔다.

　　그 후 바락의 큰아들인 벡 티무르, 알구의 아들들인 추베이와 카반 등

이 [카이두에게] 반기를 들고 카안의 어전으로 갔다. 우구데이 카안의 조카인 차바트[88] 역시 일군의 아미르들과 함께 카안의 어전으로 갔다. 그 뒤 무바락 샤의 아들들과 카라 훌레구의 아들[89] 역시 아바카 칸의 어전으로 와서 환대와 위무를 받고, 가즈나 지방에 주둔하던 네구데르의 군대 사령관으로 임명되었다. 아바카 칸이 카라우나 [군대]를 막아내기 위해 헤라트 시로 갔던 그해에 무바락 샤의 아들들은 자신들의 모든 오르두들을 이끌고 아바카 칸의 어전으로 왔고, 끝까지 이곳에 있었다. 바락의 형제인 바사르[90]도 그때 복속을 하겠다며 어전에 왔다. 바락이 사망한 뒤 그의 사촌이자 사르만[91]의 아들인 네구베이에게 차가타이 울루스의 군주위가 주어졌다. 그는 3년간 군주로 있었으나, 그 뒤 차가타이의 일곱째 아들인 카다카이의 아들 부카 티무르에게 [군주위가] 주어졌다. 얼마간 군주를 했으나 탈모증에 걸려 그의 머리털과 수염이 모두 빠졌고 그 병으로 죽고 말았다.

그 뒤 카이두는 그 울루스의 군주위를 바락의 아들인 두아에게 주었고, 현재 그가 [통치하고] 있다. 그러나 그는 병들고 약하다. 작년[92]에 그는 카이두와 함께 카안의 군대와 전투를 했다가 부상을 입었다. 카이두는 그 부상으로 인해 죽었고, 두아는 부상을 입고도 살아남았지만 치유(davâ'î)[93]할 방법은 없다.

---

88) 차바트는 우구데이의 아들인 구육의 아들 나쿠의 아들이기 때문에 '조카'가 아니라 '증손자'가 되어야 옳을 것이다.

89) B본에는 아바카 칸에게로 망명온 인물이 "카라 훌레구의 아들 무바락 샤"로 기록되어 있다.

90) A · B: BŠAR.

91) B: SAZBAN.

92) A본에는 "작년 즉 610년에"라고 되어 있는데, 610년은 1213~1214년에 해당하기 때문에 전혀 맞지 않는다. B본에는 "작년에"라고만 되어 있다. 카이두가 카안의 군대와 전투하여 부상을 입은 것은 앞에서도 나왔듯이 1301년의 일이다.

93) 두아의 이름 철자인 DWA는 페르시아어에서 '약, 치료'라는 뜻도 갖고 있기 때문에, 라시드 앗 딘은

차가타이의 대신들인 바지르(Vazîr)와 하바시 아미드(Ḥabash ʿAmîd)에 관한 이야기

차가타이에게는 두 명의 재상이 있었다. 한 사람의 이름은 바지르[94]이고 다른 한 사람의 이름은 하바시 아미드이다. 바지르에 관한 이야기는 다음과 같다. 그는 원래 키타이 출신이었고, 차가타이의 시종들 중에 한 키타이인 의사의 종복이었다. 그 의사가 죽은 뒤에 그는 차가타이의 아미르들 가운데 한 명이었던 쿠슉 노얀(Qûshûq Nôyân)의 목자(牧者)가 되었다. 어느 날 차가타이는 우연히 잘라이르 종족 출신의 그 쿠슉 노얀—그는 세상 경험이 많고 과거사를 잘 알고 있었다—에게 칭기스 칸의 정황, 〔특히〕 그가 매년 어떤 지방을 정복했는지에 대해서 물어 보았다. 그는 생각이 잘 나지 않았기 때문에[95] 집으로 가서 〔자기에게〕 속해 있던 사람들에게 그 정황에 대해서 물어 보았고, 각자 알고 있던 것들을 이야기했다. 그의 목자였던 상술한 이 키타이인이 집 밖에서 듣고 있다가 그러한 진술들의 옳고 그름에 대해서 모든 사람들에게 분명히 〔이해될 수 있는〕 방식으로 말해 주었고, 모두 다 그가 말한 것에 동의했다. 쿠슉은 그를 안으로 불러서 "이 같은 정황들을 어디서 알게 되었느냐?"고 물었다. 그는 책자(daftarî)를 하나 꺼냈는데, 거기에는 〔쿠슉이 알고자 했던〕 과거의 일화와 역사들을 모두 날짜대로 그가 기록해 둔 것이 있었다. 쿠슉 노얀은 기뻐하며 책자와 함께 그를 차가타이에게 데리고 갔다. 차가타이는 성훈과 격언을 대단히 좋아했기 때문에 그 이야기들을 흡족하게 생각하고, 쿠슉에게 그 키타이인을 달라고 요청하여 자신의 속료로 만들었다. 짧은 기간 안에 그는 〔차가타이의〕 어전에서 대담

"두아에게는 두아(치유할 방법)가 없다"는 표현으로 말장난(pun)을 한 것이다.

94) 아랍어에서는 vazîr라는 말 자체가 '재상'을 뜻한다.

95) A본에는 nîkû mustaḥzar bûd라고 되어 있으나, B본처럼 nîkû mustaḥzar nabûd가 되어야 옳다.

해졌고, 신뢰를 받았으며 명성을 누렸다. 카안은 그의 총명함을 알아보고 흡족해했고, 또 그가 차가타이의 친신(親臣)임을 알고 그에게 '바지르'라는 이름을 붙여 주었다.

이 바지르는 키가 작고 외모도 볼품이 없었으나, 매우 용감하고 예리했으며 영리하고 언변도 유창했다. 그는 먹고 마시는 데에도 대단했다. 그의 지위는 대부분의 아미르들보다 높은 자리에 앉을 정도에까지 이르렀다. 차가타이의 어전에서 그는 다른 사람들보다 더 대담하게 말했다. 심지어 하루는 그가 〔차가타이에게〕 아뢰는 도중에 차가타이의 카툰이 끼어들자, 바지르는 그녀에게 소리를 지르며 "당신은 한 사람의 카툰이오! 이 문제에 관해서 당신이 이야기할 자리가 아니오!"라고 할 정도에 이르렀다. 뿐만 아니라 차가타이의 며느리들 가운데 한 사람이 〔다른〕 사람과 〔부정을 행했다는〕 비난을 받았는데, 바지르는 차가타이와 상의도 하지 않고 그녀를 처형시켰다. 차가타이가 〔그 사실을〕 알게 되자, 그는 "어떻게 당신의 며느리가 불미스런 행동을 하여 부인들의 이름에 먹칠을 한단 말입니까?"라고 아뢰었다. 차가타이는 그 말을 만족스럽게 여겼다.

그 당시에는 군주들이 하는 모든 말을 매일매일 기록하는 것이 관례였고 또 〔그들이 하는〕 대부분의 〔176r〕「145v」 말들이 애매한 운문투였기 때문에, 각자 〔자기〕 측근들 가운데 한 사람을 임명하여 그의 말을 기록하도록 했다. 차가타이의 〔측근들〕 중에서는 상술한 바지르가 기록을 담당했다. 카안에게는 친카이(Chînqâî)라는 이름을 지닌 위구르 출신의 대신(nâîbî)이 한 명 있었는데, 하루는 〔카안이〕 차가타이에게 "당신의 바지르가 나의 〔친카이〕보다 더 나은가요?"라고 물었다. 차가타이는 "필시 친카이가 더 나을 것입니다"라고 말했다. 하루는 연회에서 두 형제가 성훈의 내용을 말하고 있었는데, 〔바지르가 그것들을〕 암기하여 밖으로 나가 기록하였다. 카안과 차가타이 두 사람 모두 암기하고 있었기에, 바지르가 똑같이 기록해 낼 수 있는지 아닌지 시험해 보았다. 바지르는 그 [내용]을 글로 기록하기 시작했다. [그때 마침] 뭉케 카안이 지나가다가 그에게 말을 걸었는데, 바지르는 "내가 들은 것을 다 쓸 때까지 나를 방해하지 마시오!"라고 말했다. 그러고 난 뒤 그가 [기록한 것을] 갖고 와서 그들이 그것을 살펴보았더니 똑같이 기록되어 있었다. 그는 단어들의 순서가 약간 바뀐 것을 제외하고는 모두 암기하고 있었던 것이다. 카안은 "차가타이가 옳다. 그의 바지르가 나의 대신보다 더 낫도다"라고 인정했다.[96] 차가타이가 살아 있는 동안 그 바지르는 그를 모시면서 이처럼 신뢰를 받았다.

전하는 바에 따르면 우구데이 카안의 시대에 [차가타이는] 칙령을 한 통 써서, 카안의 명령으로 얄라바치가 장악하고 있던 마와라안나흐르 지방들 가운데 일부를 다른 사람에게 주었다고 한다. 얄라바치가 그 상황을 카안의 어전에 알리자, 카안은 질책하기 위해서 칙령을 차가타이에게 보내어 답변을 써서 [보고하라고] 지시했다. 차가타이는 답변에서 "내가 무지해서 잘못을 범했습니다. 내게는 [무엇을] 쓸 수 있을 정도로 답변할 것이 없습니다. 그러나 카안께서 쓰라고 명하셨으니 용기를 내어 이만큼 쓴 것입니다"라고 하였다. 카안은 흡족해져서 그의 사죄를 받아들였다. 그 지방을 차가타이에게 인주(înjû)[97]로 주었다. 그 뒤 얄라바치가 차가타이의 어전에 도착하니, [차가타이가] 그를 비난하고 욕을 하였다. 얄라바치가 바지르에게 "당신[98]과 조용히 이야기합시다"라고 말했다. 그들이 조용한 곳으로 가서 자리잡자 그는 바지르에게 말했다.

---

96) 여기서는 원문 그대로 옮겼지만, 앞에서 차가타이가 말한 내용과 어그러진다.

97) 王公들의 사유 영지를 가리키는 말로서, 몽골어의 emchü에서 나왔다.

98) A · B본 모두 "당신"(tû)이라고 되어 있는데, BI본에는 "그"(û)라고 되어 있다.

"나는 카안의 대신이오. 차가타이는 당신과 상의도 하지 않고 나를 죽일 수 없을 것이오. 만약 내가 당신을 비방한다면 카안은 당신을 죽일 것이오. 만약 당신이 나[의 문제]를 잘 처리해 준다면 좋소. 그렇지 않다면 나는 카안의 어전에서 당신을 고발하여 처형하도록 할 것이오. 만약 이 말을 차가타이에게 한다면, 그가 아무리 내게 물어도 나는 [그런 사실을] 부인할 것이오. 당신에게는 어떤 증인도 없소." 이런 까닭으로 바지르는 그의 문제를 처리하지 않을 수 없었다. 이 바지르에 관한 이야기는 대단히 많지만 일부만 소개하였다. 바지르는 차가타이에게 "저는 당신을 위해서 어떤 인간도 나 자신의 친구로 남겨두지 않았습니다. 당신이 죽은 뒤에는 어느 누구도 내게 자비를 베풀지 않을 것입니다"라고 여러 차례 말했다. 차가타이가 사망한 뒤, 그는 차가타이를 독살했다는 의심을 받아 처형되었다.

그런데 하바시 아미드에 관한 이야기는 다음과 같다. 그는 무슬림이었고 차가타이의 비틱치였다. 그는 오트라르 출신이었다.[99]

---

99) A본에는 '오트라르'라는 단어가 보이지 않는다. 하바시 아미드에 관해서는 더 이상 설명이 없이 이것으로 끝난다.

【제3장】

칭송할 만한 그의 성격과 품성. 앞의 두 장에 들어가지는 않았으나
여러 책들과 사람들을 통해 알게 된 단편적인 사건·일화들 및
그가 말하거나 지시했던 훌륭한 성훈과 예화와 명령들.

......100)

[176v]「146r」

---

100) 原缺.

【紀　五】

톨루이 칸 기
칭기스 칸의 아들
3장으로 구성

제1장 : 그의 계보에 대한 설명. 그의 카툰들 및 현재까지 분파되어 온 그의 자식들과 손자들에 관한 언급. 그의 초상과 자식 · 후손들의 지파도. 이 가운데에서 〔그의〕 자식들에게서 태어나 군주가 된 사람들은 각자 별도로 본기가 나올 것이기 때문에 제외.

제2장 : 그에 관한 역사와 일화들. 그의 부친과 형제의 본기에서 서술할 수밖에 없었던 것들에 대해서는 요약적으로만 기술. 그가 즉위할 때 〔앉았던〕 보좌와 카툰들과 왕자들과 아미르들의 모습. 그가 치렀던 전투들과 그가 거두었던 승리 및 그의 통치 기간에 대한 설명.

제3장 : 칭송할 만한 그의 성격과 품성. 앞의 두 장에 들어가지는 않았으나 여러 책들과 사람들을 통해 알게 된 단편적인 사건 · 일화들 및 그가 말하거나 지시했던 예화와 성훈과 훌륭한 명령들.

【 제1장 】

그의 계보에 대한 설명. 그의 카툰들 및 현재까지 분파되어 온 그의 자식들과 손자들에 관한 언급.
그의 초상과 자식·후손들의 지파도. 이 가운데에서 〔그의〕 자식들에게서 태어나 군주가 된 사람들은
각자 별도로 본기가 나올 것이기 때문에 제외. 지고한 알라께서 뜻하신다면!

톨루이 칸은 칭기스 칸의 넷째 아들이며, 네 명의 중요한 아들 — 네 마리의 준마(kûlûk)[1]라고 부르는데, 이는 마치 네 개의 기둥과 같은 의미이다 — 가운데 가장 어렸다. 그의 어머니는 칭기스 칸의 대카툰인 부르테 푸진이었고, 세 형들도 모두 그녀에게서 태어났다. 그의 호칭은 '예케 노얀'(Yeke Nôyân)과 '울룩 노얀'(Uluǧ Nôyân)이었는데 '대아미르'라는 뜻이고, 그 〔호칭〕으로 널리 알려졌다. 칭기스 칸은 그를 '누케르'라고 불렀다. 기백과 용기, 〔정확한〕 의견과 판단력에서 그와 견줄 만한 사람이 없었다. 그의 아버지는 그가 아직 어렸을 때 케레이트 종족의 군주인 옹 칸의 형제 자아 감보의 딸을 부인으로 맞아 주었다. 그녀의 이름은 소르칵타니 베키였고, 톨루이 칸의 카툰들 가운데에서 가장 선임이고 가장 사랑받았으며, 칭기스 칸의 네 아들처럼 나라의 네 기둥과도 같은 네 명의 중요한 아들들의 어머니이기도 했다. 그녀 말고도 그는 카툰들과 후비들을 두었고, 아들을 열 명 두었는데 다음과 같은 순서이다.[2] 첫째는 뭉케, 둘째는 주리케(Jôrîke), 셋째는 쿠툭투(Qûtûqtû),[3]

---

1) 몽골어에서 külüg은 '준마'를 뜻한다. 『秘史』 163절에서는 "dörben külü'üd" 즉 네 마리의 준마로 보오르추, 무칼리, 보로굴, 칠라운의 이름을 꼽았다.

2) 『元史』 권107 「宗室世系表」(p. 2720)에 따르면 톨루이(睿宗)에게 모두 11명의 아들이 있었고, 그 이름은 다음과 같다. ① 憲宗(Möngke), ② 忽覩都(Qutuqtu), ③ 失名, ④ 世祖(Qubilai), ⑤ 失名, ⑥ 旭烈兀(Hülegü), ⑦ 阿里不哥(Ariq Böke), ⑧ 撥綽(Böchek), ⑨ 末哥(Möge), ⑩ 歲哥都(Süyigetü), ⑪ 雪別台(Sübetei).

3) A: QWTWQYR.

넷째는 쿠빌라이, 다섯째는 훌레구, 여섯째는 아릭 부케, 일곱째는 부첵
(Bôchek), 여덟째는 무게(Môge), 아홉째는 수유게테이(Süyûgâtâî),[4]
열 번째는 수부게테이(Sübûgetâî).[5] 이 열 명의 자식들의 지파에 관한
정황, 이 본기에서 서술될 몇몇 이야기에 관한 설명은 다음과 같다. 알
라께서 도우신다면! 〔177r〕「146v」

톨루이의 첫째 아들 뭉케

그는 소르칵타니 베키에게서 출생했다. 그는 군주이자 카안이었기 때문
에 그를 위해 별도의 본기가 나올 것이며, 그의 지파에 대한 설명은 거
기서 할 것이다. 지고한 알라께서 뜻하신다면!

톨루이의 둘째 아들 주리케

그는 ……[6] 카툰에게서 출생했다. 어려서 사망하여 자식이 없었다.

톨루이의 셋째 아들 쿠툭투

그는 ……[7] 카툰에게서 출생했다. 그에게도 아들이 없었지만 딸이 하나
있었는데 이름은 켈미시 아카(Kelmîsh Âqâ)였다. 그녀를 쿵크라트 종
족 출신의 아미르인 살지타이[8] 쿠레겐에게 주었다. 그 아미르는 주치 칸
울루스의 군주인 톡타이[9]의 어전에 있었는데, 701〔/1301~1302〕년에

---

4) A · B: SYWKATAY.

5) A · B: SYWKTAY.

6) 原缺. Bl본에는 "사룩"(Sârûq)이라는 이름이 기재되어 있다.

7) 原缺. Bl본에는 "링쿰"(Lînqûm)이라는 이름이 기재되어 있다. A · B본도 뒤에서 쿠쉴룩 칸의 딸인 링
   쿤 카툰(Lingqûn Khâtûn)이 쿠툭투를 낳았다는 기록이 보인다.

8) A · B: SALJYWN.

9) A: TWQYA; B: TWQ?A.

사망했다. 켈미시 아카는 아직 살아 있고 그곳에 있다. 톡타이와 다른 왕자들은 그녀를 매우 극진하게 대하고 있으며 중요하게 여기고 있다. 그녀는 톨루이 칸의 일족이기 때문에 그의 후손들과 항상 우애롭게 지냈고 또 [지금도] 지내고 있다. 그녀는 늘상 사신들을 보내어 저쪽의 왕국에서 일어나는 사건들에 대해서 [우리에게] 소식을 알려 주고 있다. 톡타이와 톨루이 칸의 다른 후손들 사이의 우호 관계도 그녀의 노력에 의해 강화되었고, 분란과 반목이 차단되었다. 쿠빌라이 카안의 아들 노무간을 그의 사촌들이 연합하여 데레수[10]에서 붙잡아 당시 주치 울루스의 군주였던 뭉케 티무르에게 보냈을 때, 켈미시 아카가 많은 노력을 기울여 그를 몇몇 왕자들 및 대아미르들과 함께 극진한 예우를 갖추어 다시 그의 부친에게로 보내도록 했는데, 이는 쿠빌라이 카안 기에서 설명할 것이다. 주치 울루스의 군주인 톡타이와, 그 울루스의 우익군을 관할하던 타타르의 아들 노카이[11] — 톡타이는 그의 도움으로 군주가 되어 흥기할 수 있었다 — 사이에 벌어진 반목과 전쟁은 그의 남편인 살지타이 쿠레겐 때문이었다. 이는 주치 칸 기에서 설명한 바이고, 결국 노카이는 살해되고 그의 자식들은 모두 흩어져 버렸다. 完!

톨루이의 넷째 아들 쿠빌라이 카안

그는 대카툰인 소르칵타니 베키에게서 출생했다. 그는 카안이었기 때문에 별도의 본기가 나올 것이고 그의 자손들의 지파도 거기서 설명할 것이다. 지고한 알라께서 뜻하신다면!

---

10) A · B본 모두 DRSW라고 표기되어 있는데, 이 단어 앞에 전치사 DR(dar)이 빠진 것으로 보인다.
11) A: TWQAY ; B: NWQAY.

툴루이의 다섯째 아들 훌레구 칸

그 역시 상술한 대카툰에게서 태어났다. 그는 대군주였고 축복의 군주(ṣāḥib-i qirân)였다. 그의 정황은 조부인 칭기스 칸의 행적과 매우 흡사했다. 현재까지 그의 후손들은 이란 땅과 다른 왕국들에서 중요하고 위대한 군주들이었으며 〔177v〕「147r」 지금도 그러하다. 그 가문의 정화(精華)이자 〔국가의〕 지주(支柱)들의 선량(善良), 즉 종교를 보호하는 왕이시요 알라의 종교의 조력자는 가잔 칸 ── 알라께서 그의 왕국을 영원케 하시기를! ── 이시니, 좁게는 그의 자손들 가운데에서 또 넓게는 몽골 왕자들의 무리 중에서 이처럼 늠름한 모습과 축복의 영향력을 지닌 제왕은 〔이제까지〕 나오지 않았다. 그의 축복의 태양이 밝게 빛나고 그 그림자가 영원하기를! 그의 지파와 자식들에 관한 언급은 그의 본기에 나올 것이다.

툴루이의 여섯째 아들 아릭 부케

그 역시 상술한 대카툰에게서 출생했다. 보좌와 카안위를 두고 한동안 쿠빌라이 카안과 쟁투(tamâchâmîshî)를 벌였다. 그들 사이에는 몇 차례 전쟁이 터져 전투가 벌어졌다. 그에 관한 역사와 일화들은 쿠빌라이 카안기에 들어갈 것이지만, 그의 자손들의 지파에 대해서는 여기서 언급하도록 하겠다. 그에게는 아들이 다섯 명 있었는데, 다음과 같은 순서이다.[12]

☆ **첫째 아들 유부쿠르(Yûbûqûr).**[13] 그에게는 다섯 아들이 있었다.[14] 훌라

---

12) 『五分枝』에는 다섯 명의 아들 이외에 다음과 같은 네 명의 딸 이름을 적었다. 자알룬(Jâ'âlûn), 노무칸(Nômûqân), 파티마 시린(Fâṭima Shîrîn), 일 쿠틀룩(Îl Qûtlûq).

13) A본에는 기재되어 있지 않으나 B본과 『五分枝』에 이름이 보인다.

14) 『五分枝』에는 여기에 보이는 다섯 명의 아들 이외에 친(Chîn), 불루칸(Bûlûqân), 타마치(Tâmâchî)라는 세 명의 또 다른 아들들의 이름이 기재되어 있고, 이밖에도 세 딸들에 대해서도 다음과 같은 기록이 보인다.

추(Hûlâchû), 알티 부카(Altî[15] Bûqâ),[16] 울제이(Ôljâî),[17] 울제 티무르
(Ôljâ Tîmûr),[18] 우르게(Ôrgâ).[19]

☆ **둘째 아들 말릭 티무르(Malik Tîmûr).**[20] 그에게는 아들이 여섯 명 있었
다.[21] 밍칸(Mîngqân), 아지키(Ajîqî), 이순 토아(Yîsûn Tôâ), 바카리타
이(Baqârîtâî),[22] 오이라다이(Ôîradâî),[23] 마흐무드(Maḥmûd).

☆ **셋째 아들 쿠투카(Qûtûqâ).**[24] 알려진 바 없다.

☆ **넷째 아들 타마치(Tâmâchî).**[25] 그에게는 아들이 하나 있었는데, 이름은

"시르 벡(Shîr Bîg): 바야우트 종족 출신의 투켄 말릭(Tûkân Malik)에게 주었다.

아식타이(Asîqtâî): 후신 종족 출신의 힌두 쿨리(Hindû Qûlî)에게 주었다.

알 차막(Al Chamâk): 아직 아무에게도 주어지지 않았다."

15) A · B: ALY. 『五分枝』에는 ALTY.

16) 『五分枝』에는 홀라추와 알티 부카에 대해서 "이 두 형제는 현재 몽골리아 방면에 있다"는 설명이 추
가되어 있다.

17) A · B: AWLJA; 『五分枝』: AWLJAY.

18) 『五分枝』: AWLJATW. 『五分枝』에는 "몽골리아에 있다"는 설명이 추가되어 있다.

19) A · B: AWRLA; 『五分枝』: AWRKH. 『五分枝』에는 "현재 말릭 티무르(Malik Tîmûr)의 어전에 있다"
는 설명이 추가되어 있다.

20) A본에는 기재되어 있지 않으나 B본과 『五分枝』에 이름이 보인다.

21) 『五分枝』에는 여덟 명의 딸들에 대해서도 다음과 같은 기록이 보인다.

"에부겐(Ebûgân): 그녀의 남편은 오이라트 종족 출신의 바르스 부카(Bars Bûqa)의 아들 툭 티무르
(Tûq Timûr)이다.

키아마트(Qiyâmat): 이 딸을 오이라트 종족 출신의 송코르(Sônqôr)라는 사람에게 주었다.

울제테이(Ôljâtâî): 이 딸을 바야우트 종족 출신의 타이카 부다(Tâîqa Bûda)의 아들인 멩글리
(Menglî)에게 주었다.

오르다(Ôrda): 아직 남편에게 주어지지 않았다.

밍타이(Mingtâî): 아직 남편에게 주어지지 않았다.

야이 쿠틀룩(Yâî Qûtlûq): 바야우트 종족 출신의 토단 말릭(Tôdân Malik)에게 주었다.

일 쿠틀룩(Îl Qûtlûq): 술두스 종족 출신의 하산(Ḥasan)이라는 사람에게 주었다.

일치 쿠틀룩(Ilchî Qûtlûq): 아직 남편에게 주어지지 않았다."

22) A · B: BHRYTA; 『五分枝』: BAQARYTAY.

23) A · B: AWYRDA; 『五分枝』: AWYRADAY.

24) A본에는 기재되어 있지 않으나 B본과 『五分枝』에 이름이 보인다.

25) A본에는 기재되어 있지 않으나 B본과 『五分枝』에 이름이 보인다.

바얀(Bâyân)이다.

☆ **다섯째 아들 나이라우 부카**(Nâîraû Bûqâ).[26] 다섯 아들이 있었는데 그들의 이름은 바친(Bâchîn),[27] 사미시카(Samîshkâh), 바얀 에부겐(Bâyân Ebûgân), 우라 티무르(Ûrâ Tîmûr),[28] 쿠르트카(Qûrtqâ)이다.

톨루이의 일곱째 아들 부첵

그는 ……[29] 카툰에게서 출생했다. 그는 많은 카툰과 후비를 두었으며 그들로부터 아들들이 태어났다. 그의 후계자가 된 한 [아들은] 사블라카르(Sablâkâr)[30]라고 불리었는데, 그가 아들을 100명 가졌기 때문이었다.[31] 그의 자손들은 현재 티무르 카안의 어전에 있으나, 그들의 이름은 아직 알려지지 않고 있다. 현재 알려진 것만 기록하면 다음과 같다.[32]

☆ **사인 부카**(Ṣâîn Bûqâ). 그에게는 다니시만드(Dânishmand)와 일라우다르(Îlâûûdâr)라는 두 아들이 있다.

☆ **자우투**(Jâûtû). 그에게는 투라 티무르(Tûrâ Tîmûr)라는 아들이 하나 있다.

☆ **테키시**(Tekish). 그의 자식들은 알려지지 않았다.

☆ **툽신**(Tûbshîn). 그에게는 네 아들이 있었다. 발타차르(Bâltâchâr), 사

---

26) A본에는 기재되어 있지 않으나 B본과 『五分枝』(NAYRAQW BWQA)에 이름이 보인다.

27) A · B: BAJYN; 『五分枝』: BAYJYN.

28) 『五分枝』: ARA TMWR.

29) 原缺.

30) 여기서는 『五分枝』의 철자(SBLAKAR)를 따랐다. A · B본에는 SBKSAR로 표기되어 있다.

31) 보일 교수가 지적했듯이 이는 라시드 앗 딘이 뒤에 나오는 자우투(Jautu)와 혼동한 것으로 보아야 할 것이다. 몽골어로 Jau'tu는 '100을 가진 사람'이라는 뜻이다.

32) 『五分枝』에는 부첵에게 사블라카르 이외에 다른 아들이 하나 더 있었고 그의 이름은 이키라타이(Îkirâtâî)로 기록되어 있다. 이키라타이에게는 툭 티무르(Tûq Tîmûr)와 토쿠카치(Tôqûqâchî)라는 두 아들이 있었던 것으로 되어 있다.

리트(Sârit),[33] 벡테이(Bektâî),[34] 부랄기(Bûrâlg̈î).

톨루이의 여덟째 아들 무게

그는 ……[35] 카툰에게서 출생했다. 그에게는 세 아들이 있었는데 다음
과 같다.

☆ **첫째 아들.** 칭툼(Chîngtûm)

☆ **둘째 아들.** 에부겐(Ebûgân)

☆ **셋째 아들.** 풀라드(Pûlâd)

톨루이의 아홉째 아들 수유게테이 〔178r〕[36]

그는 ……[37] 카툰에게서 출생했다. 그에게는 아들이 있었는데, 그 이름
은 툭 티무르(Tûq Tîmûr)[38]였다. 매우 용맹했고 활을 대단히 잘 쏘았
다. 전쟁터에서 그는 회색 말 위에 앉아 이렇게 말하곤 했다. "사람들은
검은색이나 다른 색 말들을 선택하여 피가 흐르는 것이 잘 드러나지 않
게 하고 〔그래서〕 적들이 힘내지 않도록 하려 한다. 〔그러나〕 나는 회색
말을 선택한다. 왜냐하면 붉은색이 여자들의 장식인 것과 마찬가지로
기사와 말이 상처를 입어 흘리는 피가 말의 가랑이와 〔기사의〕 옷에 흘
러 멀리서도 보이는 것이야말로 사나이들의 장식이요 치장이기 때문이
다." 그의 용맹함으로 인해 그의 머릿속에는 많은 분란〔의 기미〕가 있었

---

33) A: SAWT.

34) A: BKQAY.

35) 原缺.

36) B본에는 수유게테이에 관한 설명이 148v의 상단과 왼쪽 공란에 추가로 기재되어 있다. 그리고 뒤이
은 수부게테이 및 지파도는 모두 누락되어 있다.

37) 原缺.

38) A본에는 QYTMWR로 되어 있으나 『五分枝』에 의거하여 수정했다.

고, 쿠빌라이 카안이 노무간을 데레수[에 있던][39] 군대와 함께 왕자들을 대동시켜 카이두를 치러 그 방면으로 보냈을 때, 이 툭 티무르는 그들과 함께 있었다. 노무간을 붙잡으라고 다른 왕자들을 부추긴 사람도 바로 그였는데, 이에 관한 이야기는 쿠빌라이 카안 기에 나올 것이다. 지고한 알라께서 뜻하신다면!

톨루이의 열 번째 아들 수부게테이
……[40]

[톨루이 칸의] 자손들의 지파도는 다음에 그린 것과 같다. 선택된 예언자와 그의 성스러운 일족에게 평안이 깃들이기를!

---

39) A: DWSW.
40) 原缺.

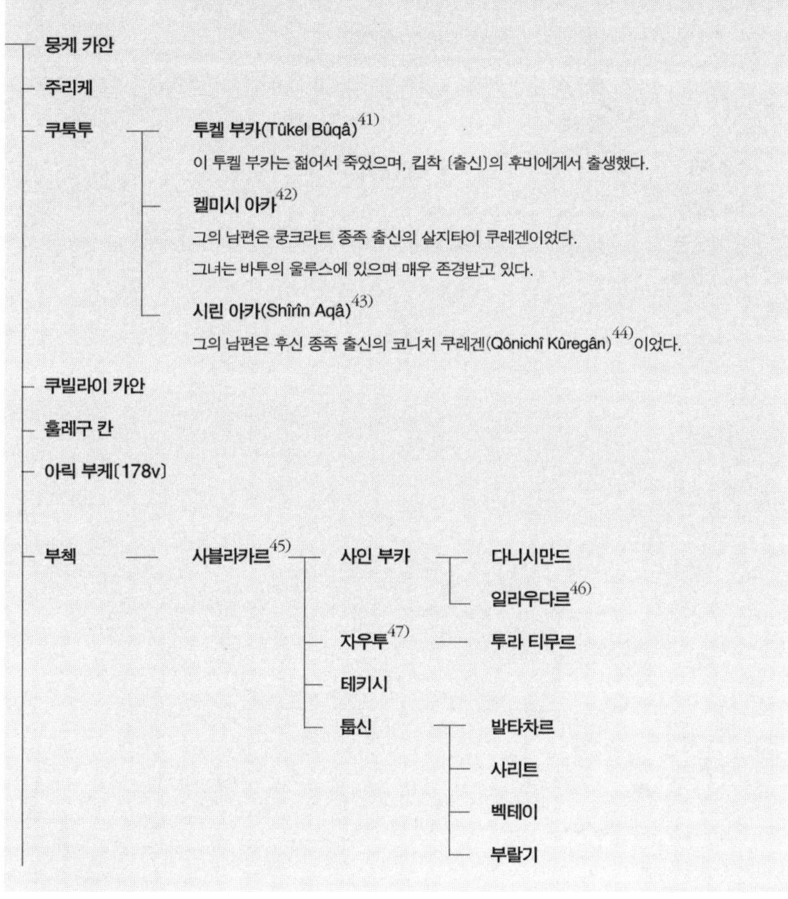

---

41) A본에는 이 이름이 缺落.

42) A본에는 이 이름이 缺落.

43) A본에는 이 이름이 缺落.

44) 뒤에서는 '툭치 쿠레겐' (Tûqchî Kûregân)이라고 되어 있다.

45) A : SBLKR.

46) A : AYLAQWDR.

47) A : JAWRTW.

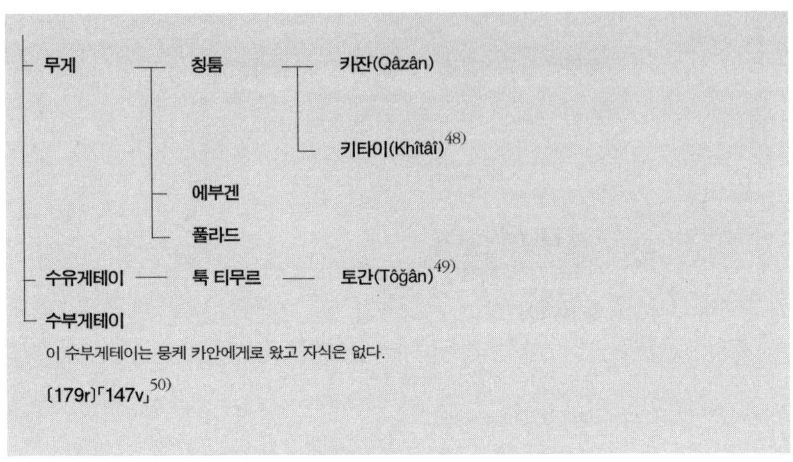

<hr>

48) 『五分枝』에는 칭툼과 키타이 이외에 쿠케데이(Kûkâdâî)라는 아들이 더 보인다. 이외에 세 딸에 대한 기록도 다음과 같이 첨가되어 있다.
　"시린(Shîrîn): 잘라이르타이 쿠레겐(Jalâîrtâî Kûregân)에게 주었다.
　쿠메겐(Kûmâgân)
　시린(Shîrîn)."
49) 『五分枝』에는 토간의 아들로 카르가순(Qârğâsûn)이라는 인물이 기록되어 있다.
50) B본은 여기서부터 다시 시작된다.

【제2장】

그에 관한 역사와 일화들. 그의 부친과 형제의 본기에서 서술할 수밖에 없었던 것들에 대해서는
요약적으로만 기술. 또한 그가 즉위할 때 보좌와 카툰들과 왕자들과 아미르들의 모습. 그가 치렀던 전투들과
그가 정복한 지방들과 그가 거두었던 승리 및 그의 통치 기간에 대한 설명.

부친이 생존하던 기간의 톨루이 칸에 관한 이야기. 그가 〔부친을〕 모신 것, 그가 치렀던 전투 및 정복한 도시들

톨루이 칸은 대부분의 기간 동안 부친을 모시고 있었다. 칭기스 칸은 어떠한 문제가 생기건 크고 작은 것을 막론하고 그와 중대사를 상의하였고, 그를 누케르[51]라고 부르곤 했다. 칭기스 칸에게 직속(khâṣṣa)되어 있던 목지, 오르두, 재화, 재고, 기병(îrâkhta), 아미르, 누케르 및 병사들은 모두 그에게 속했다. 왜냐하면 예로부터 몽골과 투르크의 관습(âdat)에 따르면 자신이 살아 있는 동안 큰 자식들에게 재산과 가축(galla)과 양떼(rama)와 속민(taba‘)을 떼어서 주고, 〔그런 뒤에〕 남은 것은 옷치긴(ôtchigîn) — 즉 '집의 불과 화로를 지키는 자식'—이라 불리는 막내아들에게 귀속되었다. 이는 집의 토대가 그 〔막내아들〕 위에 세워져 있음을 가리킨다. 원래 이 용어는 투르크 단어로 이루어져 있던 것으로, '오트'(ôt)는 불이고 '티긴'(tîgîn)은 아미르이니, 그것은 곧 '불의 주인이자 아미르'를 의미한다. 그런데 티긴이라는 말이 몽골인들의 언어에 제대로 옮겨지지 않아서 '옷치긴'이라고 하거나 혹은 어떤 사람들은 '옷치'(ôtchî)라고 말한다. 그러나 이 용어의 원래의 정확한 뜻은 〔위에서〕 설명한 바와 같다.

---

51) A · B본 모두 ABWKAN이라고 되어 있지만, 「톨루이 칸 기」 제1장에서도 언급했듯이 칭기스 칸은 그를 '누케르'('벗' 혹은 '막료'를 의미)라고 불렀다는 점을 생각하면, 이는 NWKAR의 誤寫로 보는 것이 옳을 것이다.

칭기스 칸은 카안의 지위와 군주의 보좌도 그에게 맡겨서 그를 후계자로 삼으려는 생각도 했었으나, "너에게는 나의 목지와 오르두와 군대와 재고를 관리하는 일이 더 낫고 더 편안하게 지낼 수 있을 것이다. 결국 많은 수의 군대가 너에게 속하게 될 터이니, 너의 자식들은 다른 〔자식들보다 더〕 강력하고 커지게 될 것이다"라고 말했다. 정말로 왕권(dawlat)의 징표와 표시가 그들에게 분명하게 나타났기 때문에, 〔칭기스 칸은〕 카안과 군주의 지위가 종국에 가서는 그들에게 정해질 것이라는 생각을 하게 되었고, 〔실제로 그렇게 되었다는〕 사실은 모두 다 목격한 바이다. 우익과 좌익에 속한 만호와 천호의 모든 군대와 아미르들은 칭기스 칸 기의 말미에 상세하게 기록되어 있기 때문에, 거기에서 누가 다른 아들들과 형제들에게 주어졌는지 알 수 있을 것이다. 분배해 주지 않은 것들은 모두 톨루이 칸에게 귀속되었고, 그 병사들과 아미르들은 지금까지 과거〔의 관례〕에 따라 유산의 방식으로 톨루이 칸의 자식들에게 속해 있다. 이는 반란(bûlğâq)으로 인해 선택의 여지가 없이 왕국의 여러 방면에서 각각의 왕자들에게 가 있는 일부 사람들을 제외하고는 〔모든 사람들이〕 목격하는 바이다. 〔그런 사람들을 제외한〕 나머지 모든 사람들 가운데 일부는 카안의 어전에 있고 또 일부는 이슬람의 제왕인 가잔 칸 — 알라께서 그의 왕국을 영원케 하시기를! — 의 어전에 있다.

톨루이 칸은 전투에서 대단한 승리를 거두었다. 어떤 왕자들도 그가 했던 것처럼 그렇게 〔많은〕 지방과 왕국을 정복한 사람이 없었다. 그가 부친의 생전에 성취했던 것들 중에서 〔일부를〕 간략하게 언급할 것이다. 그리고 난 뒤 그가 사망한 뒤 성취한 것들에 대해서도 약간 첨가하도록 하겠다.

칭기스 칸이 키타이 지방을 향하여 출정했을 때, 매우 큰 도시인 타인푸(Tâînfû, 德興府)⁵²⁾에 도착했다. 그곳에는 강력하고 용맹한 사람들이 많아서 아무도 감히 가까이 갈 수 없었다. 칭기스 칸은 톨루이 칸과 쿵크라트 종족 출신의 알치 노얀의 아들인 아미르 …… 쿠레겐[53]을 군대와 함께 파견해서, 그들은 [가서] 전투를 하고 성벽 위로 올라가 도시를 공략하였다. 그 뒤 그는 조주(Jôjû, 涿州) 시를 포위하여 함락했다.[54] 그리고 좌익과 우익에서 군대들을 큰아들들과 아미르들과 함께 파견하고, 자신은 톨루이와 함께 중간 루트 — 콜(qôl)이라고 부른다 — 를 통해 진군하여 비주(Bîjîû)[55]를 위시하여 도중에 있던 모든 도시와 지방을 함락하고 파괴했다. 키타이에서 큰 도시들 가운데 하나였던 진딘푸(Jindînfû, 眞定府)[56] 시 [179v]「148r」— 몽골인들은 그곳을 차간 발가순(Chaǧân Balǧasûn)이라 부른다 — 에서 약탈한 전리품들은 톨루이 칸에게 귀속되었다. 톨루이 칸이 취해서 그의 일족에게 유산과 분배물로 전해지게 된 지방들의 '아가르 타마르' (aǧâr-tamâr)[57]는 키타이와 킵착 초원과 다른 지방들에서 모두 정해졌다. 키타이에서 [거두는 것들]에

---

52) 발음상으로는 太原府를 옮긴 듯하지만, 실제로는 德興府를 가리킨다.

53) A · B본 모두 "…… Kûregân"이라고만 되어 있으나, 치쿠(Chîkû)라는 이름이 삽입되어야 할 것이다. 이와 동일한 내용이 『칭기스 칸 기』(p. 279)에 기재되어 있다. 『親征錄』에는 赤渠駙馬라고 씌어져 있다.

54) 이는 1212년의 일이었다.

55) 『元史』「太祖本紀」와 『親征錄』에는 1213년 가을 칭기스 칸이 함락한 지방들이 열거되어 있는데, Bîjîû에 비정될 만한 지명을 찾기 어렵다. 보일은 함락되지 않은 11개의 도시들 가운데 언급된 邠州를 이에 비정했지만, 함락된 도시의 이름으로 언급된 『集史』의 기사와 상치되기 때문에 수긍하기 어려운 견해이다.

56) A · B: JNDYNQWLY. 그러나 이는 JNDYNFW의 誤寫로 추정되며 眞定府를 나타낸 것으로 보인다. 『칭기스 칸 기』, p. 281에는 JYNGJYNFW로 표기되었다.

57) 露譯本을 제외하고 다른 번역본들은 이 단어를 모두 '전리품들' (aǧârathâ)로 옮겼으나, 사본들에 AǦARTMAR로 표기되어 있기 때문에 aǧâr-tamâr로 읽는 쪽이 타당해 보인다. 이는 한문 사료에 나오는 阿哈探馬兒와 동일한 몽골어로 귀착되는 것으로 추정된다. 阿哈探馬兒는 몽골의 영주들에게 분봉된 호구(投下戶)들을 5호를 한 단위로 묶어 絲料를 세금으로 징수하여 영주에게 주었는데, 이때 한 단위가 되는 五戶絲戶를 지칭하는 표현으로 사용되었다. 그러나 阿哈探馬兒 혹은 aǧâr-tamâr가 구체적으로 몽골어에서 어떤 의미의 단어들인지는 불분명하다.

관해 카안은 규정에 의거해서(bar qarâr) 재고(khazâin wa amvâl)에 있는 것들 가운데 훌레구 칸과 그의 자손들의 몫은 모두 잘 보관했다가 방도와 기회가 생기면 보내도록 하라고 하였다.[58]

그 뒤 그는 키타이 왕국에서 돌아왔다. 칭기스 칸은 타직 지방 원정에 나섰다. 그가 오트라르에 도착하자 그곳을 포위하고 정복하기 위해 주치와 차가타이와 우구데이를 남겨두고, 톨루이 칸을 대동하고 부하라로 와서 〔그곳을〕 함락시켰다. 거기서 사마르칸트로 가서 그곳과 모든 지방들을 정복했다. 거기서 나흐샤브(Nakhshab)와 티르미드(Tirmidh)로 왔고, 톨루이 칸에게 후라산 지방을 정복하라고 바닥샨 변경에 있는 티무르 카할카를 경유하여 파견했다. 〔톨루이는 그곳으로〕 가서 겨울에 마루축과 사락스와 니샤푸르와 그곳의 모든 지방들을 정복했다. 3개월 만에 그 지방에 관한 임무를 마치고, 봄에는 칭기스 칸의 명령에 따라 니샤푸르에서 귀환하였다. 도중에 쿠히스탄과 헤라트를 장악하고 탈리칸에서 칭기스 칸과 합류했다. 〔당시 칭기스 칸은〕 성채를 정복한 뒤 그곳을 파괴하고 있었다. 그해 여름에 형제들인 차가타이와 우구데이 카안과 동행하여 아버지를 모시고 술탄 잘랄 앗 딘을 추적하러 인더스 강가까지 가서 술탄의 군대를 격파했다. 그는 패배하여 강을 건너서 〔도망〕 갔고, 〔그들은〕 거기서 귀환하여 원래의 목지와 오르두들로 왔다.

그 뒤 칭기스 칸이 탕쿠트 지방을 치러 출정할 때, 오르두들의 후방을 보호하기 위하여 차가타이를 남겨두었다. 우구데이와 톨루이 두 사람은

---

58) 이 부분에 대한 해석은 역자들마다 조금씩 다르다. 본 역자는 이 부분이 몽골 제국 전체를 자신들의 공동 재산으로 여겼던 칭기스 칸 일족의 관념을 잘 반영해 주고 있다고 생각한다. 즉 키타이와 킵착 초원에서 정복된 지역들은 일족들에게 '아가르 타마르'로 분배되었고, 그들로부터 거두는 재화는 그 원래의 被封者(혹은 그 후손)가 누구건 어디에 있건 반드시 그의 소유로 인정되고 처리되었던 사실을 보여 준다.

〔칭기스 칸이〕 병에 걸릴 때까지 그를 모시고 있었다. 그의 본기에서 설명했듯이 그는 두 아들과 조용히 만나서 이야기를 했고, 그들을 〔자신들의〕 집과 왕국으로 가라고 돌려보냈다. 그는 그 원정 도중에 사망했다. 알라께서 가장 잘 아신다!

부친 사망 이후 톨루이 칸의 정황. 그가 원래의 목지와 그의 몫이었던 부친의 도읍지에 자리잡게 된 것, 형제들과 연합을 한 것, 그리고 〔그가 치른〕 전투와 승리 및 그의 최후에 관한 이야기

부친의 집과 도읍에 자리잡게 된 정황

톨루이 칸은 부친의 지시에 따라 자신의 형제인 우구데이 카안 — 칭기스 칸의 유지(遺志)에 따라 후계자가 되었다 — 과 함께 탕쿠트 지방에서 귀환하여 〔자신의〕 집과 오르두들이 있는 곳으로 왔다. 바로 그즈음에 칭기스 칸은 사망했고, 그의 영구가 오르두들에 도착하여 장례를 치른 뒤, 다른 형제들과 왕자들은 각자 자신들이 〔늘상 머물던〕 낯익은 목지들로 갔다. 톨루이 칸은 칭기스 칸의 도읍과 대오르두들이 있던 원래의 목지에 자리잡고 머물렀다. 完! 〔180r〕「148v」

그가 형제들과 연합한 정황과 부친 사망 후 그가 치른 전투들과 거둔 승리들

톨루이 칸은 부친이 사망한 뒤, 자기 형제들과 형·아우들을 위해 어찌나 봉사하고 공손하게 대했는지 모든 사람들이 그에게 고마움을 느낄 정도였다. 그는 대부분의 시간 동안 우구데이를 모시고 있었고, 그를 카안으로 즉위시키는 문제에서 노력을 기울였다. 우구데이 카안이 알탄 칸을 치기 위해 키타이의 도시들 가운데 카라무렌 강가에 있는 남킹〔南京〕⁵⁹⁾으로 갔을 때, 톨루이 칸을 다른 경로로 파견했다. 그는 티베트 길

을 거쳐 나가서 키타이에 속하는 한 지방 — 그곳의 종족을 훌란 테겔텐
(Hûlân Tegeltân)이라고 부르는데 이는 "테겔레(tegele)를 갖고 있다"
는 뜻이다[60] — 을 경유했다. 카안이 〔오는〕 길이 멀었기 때문에 톨루이
칸은 도중에 멈추었다가 그 다음 해까지 천천히 행군했다. 그들의 식량
(âzûq)이 다 떨어져서 심지어 사람이나 죽은 가축의 고기와 마른 풀을
먹을 정도에 이르렀다. 그들은 포위대형을 이루면서 산과 평원을 행군
하여 퉁간 카할칸(Tûnghân Qahalqân, 潼關)[61]이라고 부르는 곳까지
가서 알탄 칸의 대군과 맞서게 되었다. 카안의 본기에서 설명했듯이 톨
루이 칸은 그들보다 몇 배나 더 많고 막강한 군대를 훌륭한 책략으로 격
파하고, 결코 건널 수 없었던 카라무렌 강에서 〔180v〕「149r」 도하할 곳
을 찾아내어 건너서 승승장구하며 형과 합류하였다. 카안은 그의 도착
에 크게 기뻐했고 동생을 높이 칭송했으며, 그 기쁨으로 많은 잔치와 연
회를 즐겼다.

그의 최후에 관한 정황, 그가 병에 걸려 죽게 된 이유, 그의 능력과 견해와 책략
톨루이 칸은 앞서 말한 전투에서 귀환하여 자신의 형인 우구데이 카안
에게로 왔다. 그 원정에 나선 지도 상당한 기간이 지났기 때문에, 카안
은 알탄 칸의 일을 끝내기 위해 토콜쿠 체르비(Tôqôlqû Cherbî)를 많은
군대와 함께 남겨두고 돌아갔고, 〔톨루이〕 역시 형과 동행했다. 그런데
어쩌다가 카안이 병에 걸렸다. 그들의 관습이 그러하듯이 무당(qâm)들

---

59) 즉, 현재의 開封.

60) hulan은 몽골어로 '붉은', degel은 '겉옷, 코트'를 뜻한다. 따라서 hulan degelten은 '붉은 옷을 입
  고 있는 사람'이라는 의미이다. 라시드 앗 딘이 이 말을 설명하며 "테겔레를 갖고 있다"고 한 것은
  degele라는 단어와 -ten이라는 접미사의 뜻을 풀어서 설명한 것이지만, "붉은 테겔레를 갖고 있다"
  고 했어야 보다 정확할 것이다.

61) 퉁간은 潼關을 옮긴 말이고, qahalqân(혹은 qahâlqa)은 關塞를 뜻한다.

이 모여 주술(qâmlâmîshî)을 행하고, 그의 병을 〔치유하는〕 부적 (afsûn)을 쓴 뒤 〔그것을〕 물에 씻었다. 그때 마침 톨루이 칸이 들어와 아주 간곡하게 하늘을 향해 기도하며 "오, 영원한 주여! 만약 죄를 지은 것 때문에 분노하신다면, 저의 죄가 그의 죄보다 더 큽니다. 전투에서 저는 더 많은 사람들을 죽였고, 그들의 부녀자들을 약탈했으며, 포로들 의 부모를 통곡하게 만들었습니다. 만약 외모의 수려함이나 신체의 장 대함이나 기예〔의 출중함〕 때문에 당신의 종을 당신 어전으로 데리고 가 시려는 것이라면, 저를 데리고 가시는 것이 더 마땅할 것입니다. 우구데 이 카안 대신에 저를 취하시고, 그의 병을 치유해 주시고 그의 병을 제 게 주십시오!"라고 하였다. 그는 이 기도를 온 정성을 다해 올리고 나서, 무당들이 카안의 병에 대한 부적을 씻은 물이 담긴 잔을 취하여 들이마 셨다. 신성한 힘에 의해 카안은 나아졌고, 톨루이 칸은 〔하직의〕 허락을 청하여 먼저 자신의 유수영으로 돌아갔다. 그는 도중에 병에 걸려 '모가 이 일' 즉 뱀해 — 회력 630〔/1232~1233〕년에 해당 — 에 사망했다. 지 고한 창조주께서는 그의 후손들의 요체이자 지상의 술탄들의 정화(精 華)인 이슬람의 군주 가잔 칸을 영생(永生)의 상속자로 삼으시고, 영원 토록 광대한 왕국과 풍요한 나라를 주시기를! 예언자와 그의 정결한 일 족의 은총에 힘입어!

톨루이 칸이 사망한 뒤 그의 카툰인 소르칵타니 베키와 그의 자식들의 정황. 그들이 모친의 노력과 헌신으로, 또 그녀의 능력과 의견과 판단에 힘입어 카 안과 군주의 자리에 이르게 될 때까지의 정황에 관한 이야기

톨루이 칸이 사망한 뒤 그의 자식들은 어머니와 함께 여전히 우구데이 카안을 모셨는데, 그는 그들을 극진히 우대하고 존중했으며, 그들의 청 원들을 즉시 허락해 주었다. 하루는 소르칵타니 베키가 카안을 위해 봉사하던 오르탁 가운데 한 사람을 〔자기에게 달라고〕 요청했는데, 카안은 그 같은 청원을 들어주려 하지 않았다. 소르칵타니 베키는 울면서 "나의 희망이자 바람인 그 사람이 희생이 되었는데, 그가 〔도대체〕 누구 때문에 죽었단 말인가?"라고 말했다. 그 말이 카안의 귀에 들어가자, 그는 "소르칵타니 베키의 말이 맞다. 그녀는 〔아직도〕 새댁('arûs)[62]이다." 그는 용서를 빌면서 그 요구를 들어주었다.

소르칵타니 베키는 대단히 현명하고 유능했으며, 세상의 〔모든〕 부인들 가운데에서 단연 출중했다. 그녀는 누구보다도 확고하고 정결했으며 겸손했고 정숙했다. 그녀는 탁월한 능력을 발휘하여 그녀의 자식들이 어려서 아버지를 여의었을 때 그들을 교육시키는 데에 정성을 다했고, 그들에게 기예와 예절을 가르쳤다. 그래서 항상 그들 사이에 불화가 추호도 일어나지 않도록 하였다. 또한 그들의 부인들이 서로 아끼는 마음을 갖도록 하였고, 그들과 자식들과 손자들, 〔181r〕「149v」 또한 칭기스 칸과 톨루이 칸이 남겨주어 그들에게 속하게 된 모든 대아미르들과 군대를 〔그녀의 탁월한〕 의견과 판단으로 양육하고 보호하였다. 그들은 그녀가 누구보다 지혜롭고 대단히 유능한 것을 보고 그녀의 지시를 추호도 어기지 않았다.

칭기스 칸이 어려서 아버지를 여의었을 때, 그의 어머니인 우엘룬 에케가 그와 모든 군대를 거두고 여러 차례 그녀 스스로 원정을 하며 또 그들을 정비(yâsâmîshî)하고 돌보아서 마침내 칭기스 칸이 독립하고 세계

---

62) 'arûs는 아랍어로 '신부, (시집온) 색시'를 뜻한다. 우리말에도 아랫사람의 부인인 경우 결혼한 지 오래 지난 뒤에도 여전히 '새댁'이라고 부르는데, 여기서 우구데이가 자기 막내 동생인 톨루이의 부인을 'arûs라고 부르는 것도 이와 유사한 관념의 발로가 아닐까 생각된다. 즉 우구데이의 발언은 아직도 '새댁'이나 다름없는 弟嫂가 남편을 잃고 홀로 되어 그 같은 요구를 하는 것은 당연한 일이라는 뜻으로 풀이된다.

지배자의 단계에 오르게 되고 또한 어머니의 훌륭한 노력에 힘입어 그가 위대한 일을 성취하게 되었던 것과 마찬가지로, 소르칵타니 베키 역시 자식들을 기르는 데에 있어 동일한 방식으로 했던 것이다.

그러나 사람들이 말하기를 그녀가 한 가지 점에서는 칭기스 칸의 어머니보다 인내심이 더 많았으며, 그 점에서 [우엘룬 에케보다] 확고함에서는 한 걸음 더 앞서 있었다고 한다. 그 내용은 다음과 같다. 칭기스 칸이 [부친 사망 후] 시간이 약간 흐른 뒤 어머니의 수수께끼 같은 말이 남편을 갖고 싶어한다는 뜻임을 깨닫고, 그녀를 뭉릭 에치게에게 주었다. 우구데이 카안도 소르칵타니 베키를 자신의 아들인 구육에게 주기 위해 그녀를 원했다. 그것을 해결하기 위해서 ……63)를 사신으로 보냈다. 카안의 칙령이 도착하자 그녀는 이렇게 대답했다. "칙명을 어떻게 거부할 수 있겠습니까? 그러나 저의 생각은 이러합니다. 이 어린 자식들을 길러서 어른이 되어 독립할 수 있도록 정성을 다하는 것입니다. 그래서 그들이 예절을 갖추게 되고 서로 떨어져 흩어지고 분산되지 않도록 해서, 그들이 서로 합심하여 일을 할 수 있도록 하는 것입니다." 그녀가 구육 칸에 대해서 [아무런] 생각이 없고 또 [시집을] 안 가려고 이렇게 부드러운 말로 변명했기 때문에, 그녀에게 남편을 얻으려는 생각이 없었다는 점은 의심할 여지가 없다. 이 때문에 그녀는 칭기스 칸의 어머니인 우엘룬 에케보다 더 뛰어난 것이다.

우구데이 카안은 [자신이] 통치하고 있는 동안, 톨루이 칸이 사망한 뒤 톨루이 칸과 그의 자식들에게 속했던 모든 군대들 가운데 술두스 2000호를 자기 아들인 쿠텐에게 주었는데, 형·아우와 의논하지 않고 자기 마음대로 [그렇게 했다]. 예케 노얀에게 속해 있었던 만호와 천호의

---

63) 原缺.

아미르들 — 예를 들어 ……⁽⁶⁴⁾와 같은 — 이 이 사실을 알게 되자 모두 소르칵타니 베키와 뭉케 카안과 그들의 형·아우들에게 가서 탄원하기를, "술두스의 이 2000명은 모두 칭기스 칸의 칙명으로 우리에게 속한 것인데, 카안께서 쿠텐에게 주려고 합니다. 우리가 어떻게 그대로 놓아두어서 칭기스 칸의 명령을 거역할 수 있겠습니까? 카안의 어전에 탄원하겠습니다"라고 하였다. 〔그러자〕 소르칵타니 베키는 "그대들의 말이 옳다. 그러나 우리는 상속받은 것이건 획득한 것이건 재화에서 아무런 부족함이 없고 또 무슨 일에서건 〔더〕 필요한 것이 없다. 군대와 우리들도 모두 카안에게 속한 것이다. 그는 〔자신이〕 무엇을 하는지 알고 계신다. 명령은 그가 내리는 것이고, 우리는 복종하고 순종할 따름이다"라고 말했다. 소르칵타니 베키가 이렇게 말하자 아미르들은 조용해졌고, 그것을 들은 모든 사람들은 〔그녀의 말에〕 동의했다.

그녀가 지닌 현명함과 유능함으로 인해 자기 자식들이 〔다른〕 모든 사촌들보다 더 뛰어나게 되어 그들이 카안과 군주의 지위를 차지할 수 있을 정도에 이르게 되었다는 데에는 의심의 여지가 없다. 〔그렇지만〕 그의 자식들이 카안의 지위〔에 이르게 된〕 가장 큰 이유는 다음과 같다. 우구데이 카안이 사망했을 때 투레게네 카툰은 그의 유지(遺志)에 의거하여 후계자였던 시레문이 카안이 되지 못하도록 하고 자기 마음대로 통치를 하였다. 그녀가 자신의 큰아들 구육 칸을 군주의 자리에 앉혔을 때, 모든 사람들의 '아카'였던 바투가 통풍을 구실로 참석하지 않았다. 구육 칸은 그 일로 인해 화가 나서 속으로 바투에 대해서 음모를 생각했다. 그러고는 "나의 병에는 이밀 코박(Îmîl Qôbaq)⁽⁶⁵⁾의 물과 공기가 좋

---

64) 原缺.

65) A · B본에는 AYMYL 다음 단어의 표기가 불분명하나 표기 자체는 FWḤḤ처럼 보인다. BI본에는 TWJH, 즉 tavajjuh('……로 향하다')로 되어 있으나 문법상 적절치 못하다. 본 역자는 이 단어가

다"는 구실로 〔바투가 있는〕 그쪽으로 향했다. 소르칵타니 베키가 그의 생각을 알아차리고 은밀하게 전갈을 보내 바투에게 알려 주었다. 바로 그때 구육 칸이 사망했다. 우구데이 카안의 자식들과 사람들은 시레문을 카안의 자리에 앉히려 했고 처음에 바투를 오라고 하였다. 그는 "내게 통풍이 있으니 그들이 내게로 오면 더 좋겠다"고 말했다. 투레게네 카툰과 우구데이 카안의 일족은 그러한 제안에 동의하지 않고 〔181v〕「150r」"칭기스 칸의 도읍은 이곳이다. 우리가 어떻게 그곳에 가겠는가?"라고 말했다. 바투는 모든 왕자들 가운데에서 〔가장〕 연로하고 존경받았고 또 중요했기 때문에 군주를 추대하는 권한이 그에게 있었다. 소르칵타니 베키는 자신의 큰아들인 뭉케 카안에게 "다른 사람들이 바투에게 가지 않는다. 그는 모든 사람들의 '아카'이고 병들어 있다. 네가 문병을 구실로 그를 서둘러 찾아가 보아라!"고 말하였다. 그는 어머니의 지시를 따라 즉시 그곳으로 갔다. 바투는 〔뭉케의〕 그 같은 공로와 또한 그가 쌓은 다른 공로들로 인하여 그에게 맹서하고 그를 카안의 지위에 앉혔다.

또한 이미 설명한 바와 같이 소르칵타니 베키는 극도의 유능함으로 술두스의 군대〔의 문제〕로 쿠텐에게 어려움을 끼치지 않았기 때문에 쿠텐은 그들과 우애를 유지했다. 우구데이 카안의 일족이 카안위의 문제를 두고 뭉케 카안과 분쟁을 벌이고 그에 대해서 음모와 사술(詐術)을 생각하고 있을 때, 쿠텐은 뭉케와 연합했고 그를 도와주었다. 쿠텐이 사망하자 뭉케 카안은 탕쿠트 지방에 그와 함께 있던 군대들을 그의 자식

QWBQ의 誤記로서 코박이라는 지명을 나타낸 것이 아닐까 추측한다. 그런데 라시드 앗 딘은 앞에서 (〔166r〕「136v」) 이를 "이밀 코진"이라고 기록했었다. 이밀과 코박은 원래 우구데이의 목지가 있었던 곳이나, 후일 구육이 물려받은 곳이기도 하다. 말하자면 구육에게는 자신의 고향과 같은 곳이라고 할 수 있다. Rawshan은 이를 Qocho로 읽었으나 코초 즉 火州(高昌)는 현재의 투르판에 해당하는 곳으로 매우 덥고 건조하기 때문에 유목민에게 좋은 생활 환경은 아니다. 또한 노역본은 AYMYL을 Itil로 읽었으나 이는 명백한 오류이다.

들도 〔부친의 경우와〕 같은 방식으로 소유하게 해주었고, 항상 그들을
우대하고 높여 주었다. 지금도 역시 그들은 동일한 방식으로 우대받고
있으며, 울제이투 카안에게 속해 있다. 이 이야기에 관한 설명은 뭉케
카안 기에 나올 것이다. 지고한 알라께서 뜻하신다면! 完!

【제3장】

칭송할 만한 그의 성격과 품성. 앞의 두 장에 들어가지는 않았으나 여러 책들과 사람들을 통해
알게 된 단편적인 사건 · 일화들 및 그가 말하거나 지시했던 예화와 성훈과 훌륭한 명령들.

......66)

[182r]「150v」

---

66) 原缺.

【紀 六】

구육 칸 기
우구데이 카안의 아들
3장으로 구성

제1장 : 그의 계보에 대한 설명. 그의 카툰들 및 현재까지 분파되어 온 그의 자식들과 손자들에 관한
상세한 설명. 그의 지파도는 그의 부친의 지파도에 그려졌기 때문에 여기서는 생략했다.
제2장 : 그의 통치 기간에 관한 역사와 일화들. 그가 칸위에 오를 때 앉았던 보좌와 카툰들과 왕자들
과 아미르들의 모습. 그가 치렀던 전투들과 그가 거두었던 승리 및 그가 즉위하기 전의 사정
들.
제3장 : 칭송할 만한 그의 성격과 품성. 그의 치세 중에 생긴 일들 가운데 앞의 두 장에 들어가지는
않았으나 여러 책들과 사람들을 통해 알게 된 단편적인 사건 · 일화들 및 그가 말하거나 지시
했던 예화와 성훈과 훌륭한 명령들.

【제1장】

그의 계보에 대한 설명. 그의 카툰들 및 현재까지 분파되어 온 그의 자식들과 손자들에 관한 언급.
그의 지파도는 그의 부친의 지파도에 그려졌기 때문에 여기서는 생략했다.

구육 칸은 우구데이 카안의 큰아들로 대카툰인 투레게네 카툰에게서 출생했다. 그는 많은 카툰들과 후비들을 두었으며, 가장 큰 카툰은 오굴카이미시(Oğûlqaimish)였다. 구육 칸에게는 세 아들이 있었는데, 첫째는 호자 오굴이고 둘째는 나쿠이다. 이 둘은 모두 오굴카이미시에게서 나왔다. 나쿠에게는 아들이 하나 있었는데 그의 이름은 차바트이다. 바락이 〔아무다리야〕 강을 건너 아바카 칸과 전쟁하러 왔을 때, 카이두는 이 차바트를 그에게 직속되어 있던 1000명의 기병을 데리고 〔그를〕 지원한다는 명목으로 바락과 동행하여 파견했다. 그가 바락에게 분노를 느껴서 돌아가다가 부하라에 도달했을 때 바락의 아들인 벡 티무르가 그를 붙잡으려고 하였다. 그는 아홉 명의 기병과 함께 도망쳐서 사막(chôl) 길을 거쳐 카이두에게로 갔다. 그는 공포에 질려서 병에 걸렸고 〔곧〕 사망했다. 그의 셋째[1] 아들 이름은 호쿠였는데, 그는 후비의 소생이다. 그는 아들을 하나 두었는데 이름은 투그메였다.[2] 이 투그메에게 아들이 하나 있었는데, 그 이름 역시 투그메였다. 현재 그는 카이두의 아들 차파르와 왕국〔의 지배권〕을 두고 분쟁하고 있으며, 그의 명령을 받들지 않고 있다. 호자 오굴에게는 확인된 자식이 없다. 그들의 지파도는 우구데이 카안 기에 그려져 있다.

---

1) A · B본에는 '둘째'로 되어 있으나 오류이다.
2) 그러나 앞의 「우구데이 카안 기」에서는 투그메가 구육의 장남인 호자 오굴의 아들로 기록되어 있다.

【제2장】

그의 통치 기간에 관한 역사와 일화들.
그가 칸위에 오를 때 앉았던 보좌와 카툰들과 왕자들과 아미르들의 모습.
그가 치렀던 전투들과 그가 거두었던 승리 및 그가 즉위하기 전의 사정들.

전사(前史)

우구데이 카안이 타계했을 때 그의 큰아들 구육 칸은 킵착 원정에서 〔아직〕 돌아오지 않았다. 무게 카툰 역시 곧 사망했다. 큰아들의 어머니였던 투레게네 카툰은 교묘한 술책을 써서 형·아우와 상의도 하지 않은 채 자기 마음대로 왕국을 손아귀에 〔182v〕「151r」 넣고, 온갖 선심과 선물로 친족과 아미르들의 마음을 빼앗았다. 사방에 있는 모든 사람들이 그녀에게 기울어졌고 그녀의 명령을 따르게 되었다. 친카이와 다른 대신들 및 카안의 재상들은 여전히 직위를 유지했고, 여러 지방들의 총독(vulât)들도 예전과 변함이 없었다. 카안이 통치하던 시기에 그녀는 한 무리의 사람들에게 분노하여 마음속에 원한을 품게 되었기 때문에, 절대적인 통치권을 장악하게 된 그때 그들 모두에게 복수하기를 원했다. 파티마(Fâṭima)라는 이름을 가진 여자 시종이 있었는데, 그녀는 후라산이 정복될 때 마쉬하드-투스[3]에서 포로가 되어 끌려왔었다. 그녀는 매우 영리하고 유능하여 카툰의 신뢰의 대상이자 기밀의 보호인이었다. 각 지방의 대인들은 그녀와 연계를 맺어 중요한 일들을 해결하곤 했다. 그녀는 그 여시종과 상의한 뒤 카안의 치세에 중요한 직무들을 담당했던 나라의 아미르들과 대신들을 파직시키고, 무식한 무리를 그들 자리에 임명하였다. 그래서 카안의 대재상이었던 친카이를 체포하려고 하였

---

3) 마쉬하드와 투스는 모두 후라산 지방에 있는 도시의 이름이다.

는데, 그는 이를 눈치채고 도망쳐 쿠텐에게로 가 그의 보호를 청했다.

파티마는 마흐무드 얄라바치 — 카안은 그를 사히비 디반으로 임명했었다 — 에 대해서 구원(舊怨)을 품고 있었다. 그녀는 기회를 엿보다가 압둘 라흐만('Abd al-Raḥman)이라는 사람을 그의 자리에 임명하고, 그와 함께 칼 코르치(Qâl[4] Qôrchî)라는 사람을 사신의 자격으로 파견하여 얄라바치를 붙잡아 그 누케르들과 함께 데리고 오라고 하였다. 사신들이 도착하자 얄라바치는 유쾌하게 나와서 후대와 접객의 관례를 갖추었다. 그는 이틀 동안 그들을 친절하고 공손하게 대접한 뒤 "오늘은 우리 대취하고 내일 칙명을 듣도록 합시다"라고 말했다. 그러고는 은밀히 도망칠 준비를 하였다. 칼 코르치는 그의 누케르들을 체포하여 구금하라고 지시했다. 얄라바치는 그들에게 이르기를 "나를 욕하며 [이렇게] 소리쳐라. '우리는 얄라바치를 고발한 사람입니다. 우리를 왜 체포하여 구금하려는 것입니까? 우리는 이 같은 날이 오기를 주님께 기도하며 바랐습니다'"라고 했다. 셋째 날 밤 얄라바치는 그들에게 술을 권하여 그들이 완전히 취해 잠에 곯아떨어지도록 만들었다. 그러고 나서 몇 명의 기병들과 함께 쿠텐이 있는 쪽으로 도망쳐서 그들의 해악으로부터 벗어나 안전하게 되었다.

친카이와 얄라바치는 쿠텐의 궁전을 은신처로 삼고 그의 비호를 받았다. 다음날 칼 코르치는 얄라바치가 도주했다는 소식을 듣고 구금되어 있던 그의 누케르들을 풀어 주고 얄라바치의 뒤를 쫓아갔다. 그는 쿠텐이 있는 곳에 이르러 얄라바치를 잡아오라는 [쿠텐의] 어머니의 명령을 아뢰었다. 곧이어 또 다른 사신이 그 문제로 인하여 도착했다. 쿠텐은 "나의 어머니에게 이렇게 말하라! 매의 발톱을 피하여 가시덤불에 숨는

---

4) Bl: AWQAL.

참새는 적의 공격으로부터 안전을 얻는다. 그들이 내게 와서 은신처를 구했는데 그들을 다시 돌려보낸다는 것은 결코 남자다운 일이 아니다. 얼마 안 있어 쿠릴타이가 열릴 것이니, 내가 그들을 데리고 그곳에 가겠다. 친족들과 아미르들이 참석한 자리에서 그들의 죄는 심문을 받을 것이고, 그들은 그에 상응하는 응징과 처벌을 받을 것이다"라고 말했다. [투레게네 카툰은] 몇 차례 사신을 더 보냈지만 쿠텐은 같은 말을 되풀이했다.

투르키스탄과 마와라안나흐르의 총독이었던 아미르 마수드 벡은 그러한 정황을 목격하고 자신이 있는 지방이 안전한 거처가 아니라고 판단하여 바투의 어전으로 서둘러 갔다. 카라 오굴(Qarâ[5] Oǧûl), 오르가나 카툰을 위시한 차가타이의 다른 카툰들은 쿠르트카 일치(Qûrtqa Îlchî)를 아미르 아르군 아카와 동행시켜 후라산으로 파견하여 쿠르구즈를 잡아오도록 하였다. 아미르 아르군이 쿠르구즈를 데리고 와 야사에 처하자, 그는 쿠르구즈의 후임자로 [후라산에] 파견되었다. 그 같은 과도기와 분란 속에서 각자 모두 사신들을 사방으로 보내고, 지불명령서들(baravât va ḥavâlât)[6]을 남발했다. 온 사방에서 사람들은 어디든 한쪽에 연결을 만들어서 그 같은 보호에 매달렸으며 각자 무엇인가 기댈 만한 곳을 구했다. 소르칵타니 베키와 그녀의 아들들만은 예외였으니, 그들은 야삭의 정도(正道)를 굳건히 지켰으며 추호도 대규범(yôsûn-i

---

5) A: QWRTYA; B: QWRTFA.

6) baravât와 ḥavâlât는 각각 barât와 ḥavâlat의 복수형이다. 이 두 용어는 모두 '지불명령서' 혹은 '할부증서'를 뜻한다. 즉 국가의 재정기관이나 고위 왕족들이 발행하는 지불 보증서로서, 이 증서를 소지한 사람은 문서상에 명시된 지역에서 규정된 액수를 독자적으로 징수할 수 있는 권리를 가졌다. 이러한 제도는 몽골 지배 하 서아시아에서 재정상 혼란을 가져오게 되며, 가잔 칸은 이러한 문제를 해결하기 위해 세제 개혁을 단행하였다. 이에 관해서는 本田實信의「ガザン・ハンの税制改革」,『モンゴル時代史研究』, pp. 261~322 참조.

buzurg)을 어기는 일을 하지 않았다.

투레게네 카툰은 세상의 동방과 서방에 사신들을 보내어 왕자들과 차가타이의 자식들, 우익과 좌익 군대의 아미르들, 술탄들과 말럭들, 대인들과 수장(首長, ṣudûr)들을 쿠릴타이로 소집했다. 그 당시 〔경쟁〕터는 아직 비어 있었고 구육 칸은 여전히 도착하지 않았기 때문에, 〔183r〕「151v」 칭기스 칸의 동생인 옷치긴 노얀은 무력과 억압으로 보좌를 차지하려고 했다. 이러한 의도를 갖고 그는 대군을 이끌고 카안의 오르두로 향했다. 이로 인하여 모든 군대와 울루스는 동요했는데, 투레게네 카툰은 사신을 보내어 "우리는 당신의 새댁(kelîn)[7]들이며 당신에게 기대고 있습니다. 군대와 무기와 장비를 갖고 오는 것은 무슨 뜻입니까? 모든 울루스와 군대가 혼란에 빠졌습니다"라고 말했다. 그녀는 옷치긴의 아들이며 카안의 어전에 있었던 오르타이(Ôrtâî)[8]를 ……[9]의 손자인 말럭 오굴(Malik Oğûl)[10]과 동행케 하여, 그가 데리고 있던 종족들과 부하들과 함께 다시 보냈다. 옷치긴은 〔자신의〕 그 같은 생각에 후회를 하고, 갑자기 생긴 장례에 참석하러 온 것이라고 구실을 둘러대면서 변명을 했다. 그러는 사이에 구육 칸이 자신의 오르두가 있는 에밀 강변에 하영했다는 소식이 들어왔다. 옷치긴은 더욱더 후회하며 자신의 거처와 목

---

7) kelin은 투르크어로 '신부, 새댁'을 뜻하며 앞에서 나왔던 아랍어 'arûs와 동일한 의미를 지닌다. Cf. Clauson, *Etymological Dictionary*, p. 719.

8) A · B본 모두 AWTAY라고 되어 있으나, 『元史』 권107 「宗室世系表」(p. 2713)에 기재된 斡魯台에 해당하므로, 아마 AWRTAY의 誤寫가 아닐까 추정된다.

9) 原缺. 보일은 여기에 '칭기스 칸'이 빠진 것으로 보고, Mengli Oğhul을 우구데이의 아들인 Malik으로 추정하였으나, 단언하기는 힘들다.

10) 원문에는 MNGLY AWĞWL로 되어 있다. 일반적으로 '아들'이라는 뜻을 갖고 있는 oğul은 몽골 제국 시대와 그 이후 '왕자'에 대한 칭호로 사용된 예가 많았다. 여기서도 그러한 용례인 것으로 보이며, 보일이 지적했듯이 차가타이의 일곱째 아들, 즉 칭기스 칸의 '손자' 말럭(Malik)을 가리키는 것으로 보인다.

지로 돌아갔다.

　간단히 말해서, 거의 3년 동안 칸의 보좌는 투레게네 카툰의 명령 아래에 있었다. 그녀의 명령은 전국에 통용되었고 모든 대인들은 밀려났는데, 이는 왕자들이 참석·회합하지 않아 쿠릴타이가 열리지 못했기 때문이다. 구육 칸이 모친 가까이 도착했을 때에도 왕국의 사무를 처리하는 데 아무런 개입도 하지 않았고, 카안의 지위가 그녀의 아들에게 확정될 때까지 투레게네 카툰은 여전히 명령을 내렸다. 〔구육이 즉위하고 나서〕 두세 달 후 투레게네 카툰은 사망했다.

　사마르칸트 출신으로 이름은 시레(Shîre)이고 카닥(Qadâq)의 술시종(sharâbî)이었던 알라비[11] 한 사람이 파티마가 쿠텐에게 주술을 걸어 그를 병들게 했다고 비난했다. 쿠텐의 병환이 심해지자 그는 자기 형인 구육 칸에게 사신을 보내, 〔자신이〕 병에 걸린 것은 파티마의 주술 때문이며 만약 〔자신에게〕 어떤 일이 벌어지면 그녀에게 복수를 해달라고 하였다. 곧이어 쿠텐의 사망 소식이 도착했다. 〔이미 본래의〕 직위를 회복한 친카이는 그 이야기와 전언을 상기시켜 주었다. 구육 칸이 보좌에 앉았을 때 맨 처음에 야르구(yârĝû)[12]를 열어서 파티마를 심문했다. 곤장을 맞고 고문을 당한 뒤 그녀는 자백을 했는데, 그녀의 위와 아래의 공혈(孔穴)을 꿰매어 모포로 말아서 싼 뒤에 물 속에 던졌다. 그녀의 가속들도 공개적으로 처형되었다.

　구육 칸이 사망한 뒤 이밀 〔출신〕의 알리 호자('Alî Khwâja)는 앞서 말한 알라비 사람인 시레를 동일한 혐의로 비난하며 "그가 호자 오굴[13]에

---

11) 앞의 133쪽 주 404) 참조.
12) 몽골어로 '자르구'(jarĝu)라고 부르며 '법정'을 의미한다. 자르구를 주재하는 판관을 '자르구치'(jarĝuchi)라고 불렀다.
13) 구육 칸의 첫째 아들.

게 주술을 걸었다"고 말했다. 시레는 결박되어 고문을 받고 각종 견디기 힘든 심문으로 인해 사는 것을 포기했다. 그 역시 저지르지도 않은 죄를 자백하게 되었고 마찬가지로 강물에 던져졌다. 그의 처자식들은 칼로 베어졌다. 상서로운 별의 상승과 축복으로 뭉케 카안이 칸위의 보좌에 앉았을 때, 비시발릭 변경에 배치했던 부리구테이(Börîgûtâî)[14]를 오게 하고, 또한 사신을 파견하여 그의 근신이었던 알리 호자를 불러 오도록 했다. 또 다른 어떤 사람이 그를 동일한 죄목으로 비난했다. 뭉케 카안 은 좌우에서 그를 〔곤장으로〕 치라고 지시하여 결국 그의 사지(四肢)가 모두 곤죽이 되었다. 그는 그 고통으로 인해 죽었고 그의 처자식들은 노 예로 전락했다.

네가 악을 행하면 재앙을 잊고 편히 있지 말라!
왜냐하면 인과응보는 필연적인 것이므로.

이상에서 서술한 것은 투레게네 카툰 및 그녀의 여시종의 정황에 관한 단편적인 일화이다. 그러면 이제 구육 칸의 즉위에 관한 이야기를 시작해 보도록 하자. 고귀한 알라께서 뜻하신다면!

구육 칸이 칸위에 오른 이야기

카안은 생전에 투레게네 카툰에게서 출생한 자신의 셋째 아들 쿠추를 후계자이자 계승자로 선택했는데, 그 역시 카안이 살아 있을 때 사망하고 말았다. 카안이 그를 여럿 가운데에서 가장 사랑했기 때문에 그의 큰

---

14) A: BRYKWTAY; B: BRNKWTAY. 보일은 이 이름이 Bürilgidei를 옮긴 것으로 보고, 『元史』 권3 「憲宗紀」 (p. 44)에 나오는 不憐吉舞와 같은 인물로 비정했다. Juvayni/Boyle, pp. 246~247 참조.

아들이자 매우 축복받고 총명한 시례문을 자기 오르두로 데리고 와서 키웠고, 그를 후계자이자 계승자로 삼도록 명령했다. 그는 인생을 하직하던 바로 그해에 사신들을 보내어 구육 칸을 [183v]「152r」 소환하였다. 구육 칸은 명령에 따라 귀환했지만, 그가 도착하기도 전에 거역할 수 없는 운명은 다가왔다. 아버지와 아들이 서로의 아름다운 모습을 봄으로써 눈을 환하게 밝힐 수 있는 여유조차 없었다. 그 같은 [사망] 소식을 들은 구육 칸은 서둘러 이밀에 도착하여 그곳에서 아버지의 오르두로 향했다.

그의 도착으로 말미암아 [권력을] 노리는 자들의 탐욕은 좌절되고 말았다. 사신들을 나라의 방방곡곡으로 또 지방의 구석구석으로 보내어, 왕자들과 아미르들과 말릭들과 서기(kûttâb)들을 초청하고 소집하였다. 모두 다 명령에 따라서 자신의 거주지와 주둔지를 떠나 이동해서 왔다. 말해의 봄 —643년 라비 알 아히르[/1245년 8〜9]월에 해당[15] — 이 되자 왕자들과 우익과 좌익의 아미르들이 각자 속료와 시종들을 데리고 도착했다. 그들은 쿠케 나우르(Kôkâ Nâûûr)라는 곳에 모였다. 바투만은 예외였는데 그는 어떤 이유론가 그들에게 불만을 느껴서 몸이 약하고 통풍이 있다는 이유로 참석하지 않았다.

누구보다도 먼저 소르칵타니 베키와 그녀의 자식들이 온갖 치장과 장식으로 꾸미고 도착했다. 동방에서는 옷치긴이 아들 80명과 함께 왔고, 일치다이(Îlchîtâî)[16]를 비롯하여 다른 삼촌들 및 사촌들이 왔다. 차가타이의 오르두에서는 카라 [훌레구], 이수 [뭉케], 부리, 바이다르, 이순토아[17] 및 차가타이의 다른 자식·손자들이 왔다. 바투의 오르두에서는

---

15) 643년 라마단월이 말의 해(1246) 정월 2일에 시작하므로, 보일의 지적처럼 '라비 알 아히르'가 아니라 '라마단'이 되어야 옳을 것이다.
16) 그의 이름은 B본에는 보이지만 A본에는 공백으로 남겨져 있다.

그의 형제들인 오르다, 시반, 베르케, 베르케체르, 탕쿠트, 토카 티무르를 보냈다. 각 방면에 속해 있던 중요한 노얀들과 아미르들도 왕자들과 동행하여 왔다. 키타이 방면에서는 아미르들과 관리들이 왔고, 투르키스탄과 마와라안나흐르에서는 아미르 마수드 벡 및 그와 함께 있던 그 지방의 대인들이, 후라산에서는 아미르 아르군을 위시하여 그와 함께 있던, 그곳 [즉 후라산]과 이라크 · 루르 · 시르반 · 아제르바이잔의 대인들 및 중요 인사들이, 룸에서는 술탄 루큰 앗 딘이, 그루지아에서는 두 사람의 다우드(Dâûd)가, 알레포에서는 그곳의 통치자 형제가, 모술에서는 술탄 바드르 앗 딘 룰루의 사신이, 칼리프의 궁정인 바그다드에서는 대법관인 파흐르 앗 딘이, 그리고 프랑크[18]와 파르스와 키르만에서는 사신들이, 알라무트의 알라 앗 딘[의 궁정]에서는 쿠히스탄의 권력자인 시합 앗 딘과 샴스 앗 딘 등이 왔다. 이 무리들이 각자 그 같은 궁정에 걸맞은 짐과 선물을 갖고 왔다. 거의 2000개의 천막이 그들을 위하여 준비되었으나 사람들이 어찌나 많았는지 오르두의 주변에는 머물 곳조차 남아 있지 않았고, 식료품과 음료수의 가격은 치솟았다.

왕자들과 아미르들은 칸위에 대해서 말했다. "칭기스 칸이 [우구데이] 카안 다음 [계승자]로 지명한 쿠텐은 타계했고[19] 카안이 유언[으로 지명]한 시레문은 아직 성년에 이르지 못했으니, 카안의 큰아들인 구육을 지명하는 것이 좋은 방책이다." 구육은 위세와 권위로 유명했다. 투레게네 카툰은 그에게 기울었고, 대부분의 아미르들도 그녀와 같은 견

---

17) A: YYSH BWQH. YYSN TWQH의 誤寫로 보이며, 이는 차가타이의 아들인 무에투켄의 아들 이순 토아를 가리킨다.

18) 프란체스코과 수도사 플라노 카르피니가 교황의 사신으로 바로 그때 구육의 牙庭을 방문했었다.

19) A · B본 모두 "타계했다"(dar gudhashta)라고 되어 있는데, B1본에는 "약간 몸이 약했다"(andak malûl ast)라고 되어 있다.

해였다. 그들은 논의를 한 뒤에 그를 추대하기로 합의했다. 그는 관례가 그러했듯이 거절하며 각각의 왕자들에게 양보했고, 몸이 약하고 병이 있다는 것을 변명으로 내세웠다. 〔마침내〕 아미르들의 권유가 있은 뒤 그는 "내가 죽은 뒤에도 나의 일족에게 〔카안의 자리가〕 계속된다는 것을 전제조건으로 〔요청을〕 받아들이겠다"고 말했다. 모두 함께 "당신의 후손들 가운데 비계와 풀에 말아서 개나 소도 먹지 않는 고기가 한 덩어리가 〔남아〕 있을 때까지 우리는 다른 사람에게 칸위를 주지 않겠습니다"라는 서약서(môchelgâ)[20]를 주었다. 그러고 난 뒤 무의(巫儀)를 행했다.[21] 모든 왕자들이 모자를 벗고 혁대를 풀었다. 그리고 그를 군주의 보좌에 앉혔는데, '모린 일' 즉 말해 — 643년 라비 알 아히르〔/1245년 8~9〕월에 해당 — 의 일이었다. 〔184r〕「152v」[22]

모든 사람들은 관례에 따라 잔을 들고 일주일간 잔치를 벌였다. 그것이 끝난 뒤 많은 재화를 카툰들과 왕자들과 만호·천호·백호·십호의 아미르들에게 나누어 주었다. 그 뒤 나라의 중요한 사무들을 정비하기 시작했다. 첫 번째로 파티마 카툰의 야르구를 〔열어서〕 심문했고, 두 번째로 옷치긴 사건에 착수하여 치밀하게 조사했다. 그 〔사건〕에 대한 조사는 매우 민감한 것이어서 아무에게나 그 사건을 맡길 수 없었다. 뭉케 카안과 오르다가 심문관이 되었는데, 다른 사람은 간섭할 수 없도록 했다. 야르구를 모두 마친 뒤 한 무리의 아미르들이 그를 야사에 처했다. 카라 오굴(Qarâ Oğûl)[23]은 차가타이의 후계자였는데, 그는 〔차가타이

---

20) 몽골어의 möchelge를 옮긴 말이다. 몽골 제국 시대의 서약에 대해서는 本田實信의 「モンゴルの誓詞」, pp. 53~67 참조.
21) 원문의 표현은 'ilm-i qâmlâmîshî인데 문자 그대로 옮기면 '주술의 학문'이라는 뜻이다.
22) 중국측 기록에 따르면 구육은 1246년 秋七月(8.13~9.11)에 즉위하였다.
23) 차가타이의 손자인 카라 훌레구를 가리킨다.

의〕 친자식이었던 이수 뭉케를 〔국사에는〕 간여하지 못하게 하였다. 구육 칸은 그와 우호 관계를 갖고 있었기 때문에 "자식들이 있는데 어떻게 손자가 후계자가 될 수 있는가?"라고 말했다. 그는 차가타이의 자리를 이수 뭉케에게 정해 주고, 그러한 문제에 관한 그의 권한을 강화시켜 주었다.

〔카안이〕 사망한 뒤 왕자들은 각자 멋대로 행동했고 지불명령서들을 발행했으며 아무에게나 패자(牌子, pâîza)를 주었다. 그는 이런 것들을 거두어들이라고 지시했다. 그들은 규범과 야삭에서 벗어나 있었기 때문에 수치를 당했고, 부끄러움으로 인해 머리를 앞으로 떨구었다. 사람들 각자가 〔발행한〕 패자와 칙령(yarlîǧ)이 다시 회수되어 〔발행한〕 사람 앞에 이렇게 놓여졌다. "너희 기록을 읽으라! 자신을 위한 계산자로서 오늘은 충분하도다!"[24] 소르칵타니 베키와 그녀의 자식들은 떳떳하고 당당했으며 자부심으로 가득 찼었는데, 그것은 그들이 추호도 야사를 위배하지 않았기 때문이었다. 구육 칸은 다른 사람들과 이야기하면서 그들의 처신을 예로 들었고, 그들에 대해서는 〔칭찬하여〕 말하고 다른 사람들에 대해서는 폄하하여 말하곤 했다. 〔184v〕「153r」 그는 부친의 야사들은 모두 〔그대로〕 인정하며, 카안의 탐가인(印)(al-tamǧâ)이 찍힌 칙령은 〔자기에게〕 상주할 필요도 없이 서명〔하여 통용〕하라고 지시했다.

그 뒤 그는 군대를 사방 각지로 지정하여 출정케 하였다. 수베테이 바하두르(Sûbâdâî Bahâdur)와 차간 노얀(Chaǧân Nôyân)을 대군과 함께 키타이 지방과 만지 변경으로 파견했다. 일치기테이(Îlchîgitâî)를 지정된 군대와 함께 서쪽 방면으로 보내면서, 이란에 있는 군대 가운데에서 타직인으로부터는 열 명에 두 명씩 첨발(簽發)하여 이단자(mullâḥida)

들을 위시하여 반도들의 지방을 복속시키라고 명령했다. 그리고 자신은 〔그들의〕 뒤를 따라 나설 작정이었다. 비록 그 군대와 복속민(il) 전부를 일치기테이에게 위임하긴 했지만, 특히 룸·그루지아·모술·알레포[25] 의 사무를 그에게 위탁(tûsâmîshî)해서 그곳의 총독들은 공납(amvâl)에 관한 한 그의 지시를 받도록 하였다.[26]

그는 투레게네 카툰이 키타이 총독으로 파견한 바 있는 압둘 라흐만 을 야사에 처하고, 키타이의 왕국들을 사힙 얄라바치(Şâḥib Yalavâch) 에게 주었다. 투르키스탄과 마와라안나흐르를 아미르 마수드 벡에게 위 임했고, 후라산·이라크·아제르바이잔·시르반·루르·키르만·그루 지아 및 인도 방면은 아미르 아르군 아카에게 맡겼다. 〔그들〕 각각에게 소속된 아미르들과 말릭들 모두에게 칙령과 패자를 주고 중요사〔의 처 리〕를 그들에게 위임했다. 룸의 술탄국은 루큰 앗 딘에게 주고, 그의 형 제를 폐위시켰다. 크즈 말릭(Qîz Malik)[27]의 아들인 다우드(Dâûd)를 다른 다우드 밑에 두었다. 또한 사신의 입을 통해 바그다드의 칼리프에 게 협박과 위협〔의 언사〕를 보냈는데, 이는 초르마군의 아들이 그들을 비난했기 때문이었다. 마찬가지로 알라무트의 사신들이 갖고 온 문건 (tadhkira)에 대해서도 극도로 거친 말로 답장을 써서 〔보냈다〕. 그는 친 카이를 총애하여 재상의 직위를 내려주었다. 모든 대인들은 〔자기 고장 으로〕 돌아갔다. 完!

---

25) BI본에는 이 다음에 디야르바크르가 추가되어 있다.
26) BI본에는 이 부분이 다음과 같이 약간 다르게 기재되어 있다. "다른 사람이 그 문제에 간여하지 않고 그 지방의 공납에 관한 한 그곳의 총독들은 그의 지시를 받도록 하였다."
27) 투르크어로 qiz는 '딸, 여자'를 뜻하기 때문에, '크즈 말릭'은 '여왕'을 의미하며, 여기서는 Rusudan 여왕을 가리킨다.

**구육 칸 치세의 종말, 그의 관후(寬厚)함, 이밀 방면으로 향했다가 사마르칸
트[28] 부근에서 타계한 일에 관한 이야기**

기독교를 믿던 카닥(Qadâq)은 구육 칸이 어렸을 때부터 그의 왕부(王
傳, atâbeg)로서 그를 모셔 왔고, 그의 성품은 그 같은 영향을 깊이 받았
다. 그 뒤에 친카이가 그런 면에서 또다시 도움을 주었다. 그런 까닭에
그는 항상 사제(qasîs)들과 기독교도를 보호하려 했고, 그 같은 소문이
퍼지자 시리아 · 룸 · 아스 · 러시아 등지에서 사제들이 그의 어전으로
향했다. 카닥과 친카이가 모시고 있었기 때문에 그는 이슬람 종교를 거
부했고, 그의 치세에 기독교의 처지는 번영을 구가했으며, 어떠한 무슬
림도 그들에 대해 감히 목소리를 높여서 말할 수 없었다.

　구육 칸은 자신의 명성이 부친의 관후함의 명성보다 더 뛰어나기를
바랐기 때문에 〔재화를〕 사여하는 데 있어 과도함을 보였다. 그는 사방
에서 갖고 오는 상인들의 물품에 대해서 카안의 치세에 했던 것과 동일
한 방식으로 가격을 매겨서 지불하라고 지시했다. 〔여러〕 지방에 대해서
지불명령서를 발행한 〔액수가〕 7만 발리시에 이른 적도 있었다. 각지의
물품들이 산처럼 쌓여서 그것을 옮기기도 힘들 정도였다. 어전의 대신
들이 그러한 상황을 보고하니, 그는 "그것을 지키는 것도 힘든 일이고,
또 〔그것은〕 아무런 이익도 내지 않는 것이다. 군대와 이곳에 있는 사람
들에게 나누어 주라!"고 명령했다. 며칠 동안 그것을 나누어 주었고 모
든 복속민들에게 주었지만, 그래도 여전히 많이 남았다. 그는 〔사람들에
게 그것을〕 약탈해 가라고 지시했다.

---

28)『集史』는 물론이고『征服者史』를 위시한 모든 이슬람측 자료에는 구육 칸이 사망한 곳이 '사마르칸
　트'라고 되어 있다. 그러나『元史』에는 그가 戊申年(1248) 춘3월에 橫相乙兒에서 사망했으며, 재위 3
　년, 향년 43세로 기록되어 있다. 펠리오는 橫相乙兒를 Qum Senggir로 비정했고, 이슬람측 자료의 사
　마르칸트는 착오라는 결론을 내렸다.

그해에 그는 그곳에서 겨울을 보냈다. 새해가 도래하자 그는 "날씨가 따뜻해지기 시작했는데, 이밀의 날씨가 나의 몸에 잘 맞고 또 그곳의 물이 나의 병에 좋다"고 말했다. 그는 그곳에서 이동하여 위풍도 당당하게 서쪽 지방(balâd-i ğarbî)으로 향했다. 어디를 가든 어떤 마을에 이르거나 혹은 한 무리의 사람들을 길에서 만나건, 어디에서나 그는 그들이 비참한 빈곤에서 벗어날 수 있을 정도로 여러 개의 발리시와 옷들을 주곤 했다. 소르칵타니 베키는 매우 현명하고 똑똑했기 때문에 그가 그렇게 서둘러 가는 데에는 어떤 생각(fikrî)이 없는 것이 아니라는 것을 알았다. 〔185r〕「153v」 그녀는 은밀히 전령을 바투에게 보내어 "준비하시오! 구육 칸이 대군을 이끌고 그쪽 지방으로 가고 있습니다"라고 하였다. 바투는 고맙게 생각하며 그와 전투할 채비를 갖추었다. 구육 칸이 비시발릭까지 일주일 거리 떨어진 사마르칸트[29] 부근에 도착했을 때 정해진 운명이 다가왔다. 〔그 운명은〕 그에게 거기서 한 걸음 더 나아갈 만큼의 여유도 주지 않아서 그는 사망하고 말았다. 그의 통치 기간은 거의 1년이었다. 이슬람의 군주께서는 오랫동안 장수와 행복을 누리시기를!

구육 칸이 사망한 뒤 도로들을 폐쇄했고, 어느 누구든 그가 도착한 지점에 — 사람이 살 수 있는 곳이건 황폐해진 곳이건 불문하고 — 그대로 머물라는 야삭이 내려졌다. 오굴카이미시의 명령으로 구육 칸의 영구는 그의 오르두가 있던 곳인 이밀 방면으로 옮겨졌다. 소르칵타니 베키는 관례에 따라 그녀에게 충고와 위로의 말을 전하면서 의복과 보그탁

---

29) 앞서 말했듯이 중국측 기록에는 구육의 사망 지점이 橫相兀兒로 되어 있는데, 펠리오는 이곳을 몽골리아 서부 우룽구 하반에 위치한 Qum Senggir로 비정한 바 있다. 그러나 이상하게 라시드 앗 딘을 비롯한 무슬림측 자료들은 모두 '사마르칸트'로 기록하고 있다. 사마르칸트는 비시발릭에서 1주일이 훨씬 더 걸리는 거리에 위치해 있고 구육이 사마르칸트까지 진군했다고 볼 만한 다른 정황도 없기 때문에, 중국측 기록이 더 신빙성을 갖는 것으로 보인다. *Histoire des Campagnes*, pp. 315~316 참조.

(boğtâq)[30]을 보냈다. 바투 역시 이 같은 방식으로 위로와 조문을 보냈고, "오굴카이미시가 과거와 마찬가지로 친카이와 대신들과 상의하여 나라의 중요한 사무를 처리하는 데 소홀함이 없도록 하라. 왜냐하면 나는 병들고 연로하며 통풍이 있어 움직일 수가 없기 때문이다. 너희 아우들은 모두 그곳에 있으니 필요한 사무를 처리하도록 하라"고 말했다. 그렇지만 상인들과의 거래 이외에는 다른 일이 없었고, 오굴카이미시는 대부분의 시간을 은밀하게 무당들과 보내면서 망상과 공상에 몰두했다. 호자와 나쿠는 어머니에게 맞서서 〔각자〕 궁부(宮府)를 두 군데 개설하여, 한 곳에 세 명의 통치자가 들어서게 되었다. 각지에서 다른 왕자들은 자기 마음대로 문서(sawâd)를 발행하고 명령을 발부했다. 어머니와 자식들과 다른 사람들 사이의 대립, 또한 〔그들의〕 상충하는 견해와 판단으로 인해 〔나라의〕 사무는 통제 밖으로 벗어났다. 아미르 친카이는 국사〔를 처리함〕에서 어찌해야 할 바를 몰랐고 아무도 그의 말과 충고를 듣지 않았다. 그들의 친족들 가운데 소르칵타니 베키는 충고와 자문의 말을 보내 주었으나 자식들은 유아와 같은 방식을 고집했다. 그들은 이수 뭉케의 지원에 힙입어 무도한 일들을 저질렀는데, 결국 칸위가 축복의 군주 뭉케 카안에게 정해져 국사가 제대로 정리될 때까지 그러했다. 여기서 기록한 것이 구육 칸의 역사에 관한 이야기이다. 完!

---

30) 혼인한 몽골의 부인들이 쓰던 높은 모자 'boqtaq'을 가리킨다.

【 제3장 】

칭송할 만한 그의 성격과 품성. 그의 치세 중에 생긴 일들 가운데
앞의 두 장에 들어가지는 않았으나 여러 책들과 사람들을 통해 알게 된 단편적인
사건·일화들 및 그가 말하거나 지시했던 예화와 성훈과 훌륭한 명령들.

▶구육 칸은 〔자신의〕 위대함에 대한 자부심과 지고함에 대한 자만심을 지닌, 하늘처럼 웅장하고 바다처럼 장엄한 군주였다. 그가 즉위했다는 소문이 지상에 퍼져 나가자, 그의 지엄함과 무서움과 엄정함은 너무나 유명했기 때문에 그의 명령이 적들에게 도달하기도 전에 그에 대한 두려움과 공포가 거역하는 사람들의 마음을 뒤흔들 정도였다. 각지에 주둔하는 사람들은 모두 그에 대한 소문을 듣고 그의 분노에 대한 공포와 그의 권위에 대한 두려움으로 인해 밤이건 낮이건 안정을 얻지 못했다. 그의 어전에 있던 대신과 근시(近侍)와 귀족들은 한 걸음도 떼지 못했고, 그가 이야기를 시작하기 전에는 감히 그에게 방책을 〔먼저〕 아뢸 수도 없었다. 또한 멀거나 가까운 곳에서 온 방문자들은 〔칸이〕 그를 부르기 전에는 말 매는 곳에서 〔어전으로〕 한 뼘도 더 가까이 발을 내디딜 수 없었다. 그의 치세 동안 동서남북 온 사방에서 아미르들, 총독들, 관리들, 대신들이 그의 오르두로 향하였다. 쿠릴타이가 열리는 시기에는 손님들을 위하여 흰색 천막을 2000개 준비하고 오르두의 주위에 하영할 곳이 없는데도 계속해서 사방에서 대인들과 귀족들이 밀려들 정도였다. 어느 누구도 그렇게 많은 무리를 목격한 적이 없었고, 역사에서도 그와 같은 예를 찾아볼 수 없었다.

詩

수많은 천막과 사람과 전각으로 인해

벌판에는 평탄한 곳이 한 군데도 남아 있지 않도다.

칸위가 그에게 확정되자, 그는 자기 부친인 카안이 조부의 야사를 그대로 받아들이고 그 명령을 변경하거나 교체하지 않았듯이, 그 역시 자기 부친의 야사와 명령을 가감하거나 개정하여 바꾸지 않은 채 온전히 보전하였다. 또한 그는 "우구데이 카안의 축복받은 탐가인이 찍힌 칙령은 나의 의견을 물을 필요도 없이 서명[하여 통용]하라!"고 지시했다.

구육 칸은 원래 몸이 약했고 대부분의 시간 동안 어떤 병에서 자유롭지 않았다. 그런데도 그는 아침부터 저녁까지, 그리고 해질녘부터 동틀 때까지 계속해서 술을 마시고 미희와 즐기는 데에 몰두했다. 이런 생활은 그의 병을 더욱 깊게 만들었으나 그는 그 [버릇]을 버리지 못했다. 또한 그가 어렸을 때부터 그의 왕부였던 카닥이나 그의 대신이었던 친카이와 같은 한 무리의 기독교도들이 그를 모셨고 그 종파에 속하는 의사들도 그를 모셨기 때문에, 그의 본성은 그 영향을 받게 되어 그것이 그의 가슴 페이지에 각인되어 "마치 바위에 새긴 그림"[31]처럼 남았던 것이다. 그는 사제들과 기독교도들을 보호하기 위해 애를 썼는데, 이 같은 소문이 퍼지자 지상의 사방 각지에서 사제들이 그의 어전으로 향했다. 그는 자연히 무함마드 — 알라께서 그에게 축복과 평안을 주시기를! — 의 종교를 거부했던 면이 없지 않았다. 그는 우울한 성품을 갖고 있어 대화하는 데에 별 뜻이 없었다. 국사를 해결하고 결속하는 모든 처리를 카닥과 친카이에게 위임했고, 선악호오(善惡好惡)의 모든 문제를 그들에게 맡겼다. 그의 치세에 기독교의 상황은 좋아져서, 어떠한 무슬림도 그들 무리에 대해 감히 목소리를 높여서 말할 수 없었다. [재화를] 나누

---

31) 원문은 아랍어.

어 주는 데 있어 그는 한도를 넘었고, 그의 명성이 부친의 명성을 넘기를 바랐으나 그럴 만한 시간이 없었다. ◀32) 〔185v〕「154r」

'파르스 일' 즉 호랑이해의 처음 — 639년 샤반〔/1242년 2~3〕월에 해당 — 부터 '모린 일'의 마지막 — 643년 라마단〔/1246년 1~2〕월에 해당 — 에 이르는 기간, 즉 투레게네 카툰과 구육 칸과 동시대의 5년 동안 키타이와 마친의 군주들, 이란 땅과 이집트와 시리아와 마그리브의 아미르 · 칼리프 · 술탄 · 말릭 · 아타벡들의 역사

이 5년의 기간 동안 키타이와 마친의 군주들

이 기간에 키타이 왕국들은 완전히 칭기스 칸 일족의 지배 아래 있었다. 그곳의 군주들 가운데 최후였던 수세33)라는 사람은 우구데이 카안의 치세 초기에 정복되어 그 족속의 나라는 절멸되었다. 그러나 상술한 이 기간 동안 마친의 군주는 리준(Lîzûn)이었는데, 그의 치세는 다음과 같다.

　리준 : 〔재위〕 41년 가운데 7년은 〔이 기간〕 이전이고, 이후는 29년이며, 〔겹치는 기간은〕 5년.

이 기간 동안 아미르 · 칼리프 · 술탄 · 말릭 · 아타벡들의 역사

후라산 아미르들의 역사

후라산 총독이었던 아미르 쿠르구즈가 차가타이에게 속하는 사람들(Chağatâyân) 가운데 어떤 사람과 다리 위에서 싸움을 하며 욕을 했는

---

32) ▶◀ 사이의 부분은 A · B본에 빠져 있어 BI본에 의거하여 보충했다.
33) ŠWWSW.

데, 우구데이 카안의 칙명에 따라 그의 본기에서 서술한 바와 같이 그를 잡아 포박하여 끌고 갔다. 그곳에 도착했을 때 우구데이 카안이 타계했기 때문에 그를 울룩 에프(Uluğ Îf)[34]의 오르두로 데리고 갔다. 야르구의 아미르들이 그를 심문하자 그는 "만약 당신들이 나의 문제를 처결할 수 있으면 내가 말하겠소. 그렇지 않다면 〔내가〕 말하지 않는 편이 낫겠소"라고 말했다. 그런 까닭에 그의 문제는 보류되고 그를 투레게네 카툰에게 데리고 갔다. 친카이는 그보다 먼저 도망쳤는데, 쿠르구즈는 〔자기〕 문제에 관여할 아미르들에 대해서 크게 신경을 쓰지 않았고 또 〔그들에게 뇌물을 주어〕 문제를 해결할 만큼 돈도 갖고 있지 않았다. 그는 차가타이의 오르두로 끌려갔는데, 그의 죄가 확정된 뒤 야사에 처해졌다. 그는 〔생애의〕 마지막에 무슬림이 되었다. 아미르 아르군 아카가 그 대신 후라산 총독으로 파견되었고, 〔샤라프 앗 딘 호라즈미가 그의 부관으로 임명되었다.〕[35]

바그다드 칼리프들의 역사

상술한 이 기간의 처음에 압바스 가문의 칼리프는 ……[36]였다. 몽골군은 바이주 노얀의 명령에 따라 〔여러〕 무리로 나뉘어 바그다드 부근을 공격했다. 아르빌을 포위하고 전투 끝에 함락시켰다. 도시민들은 성채로 피신하여 격렬한 전투를 벌였는데, 성채 안에 물이 떨어져 얼마나 많은 사람들이 죽었는지 매장할 곳도 없어서 〔시신을〕 불에 태울 정도였다. 〔186r〕「154v」 몽골군은 시내를 파괴한 뒤 투척기(manjânîq)를 성채에 올려 세웠다. 칼리프가 소식을 듣고 샴스 앗 딘 아르슬란 테긴(Shams

---

34) 투르크어로 uluğ은 '크다'를, ev는 '집'을 의미하며, 여기서는 차가타이 울루스의 수장을 가리킨다.
35) 〔 〕 안의 부분은 BI본에서 보충했다.
36) 原缺. BI본에는 "알 문타시르 빌라"(al-Muntaṣir Billâh)라고 기재되어 있다.

ad-Dîn Arslân Tigîn)을 기병 3000명과 함께 지원차 파견했다. 몽골인들은 그의 도착을 알고 갑자기 이동하여 떠나갔다. 칼리프는 성지순례(ḥajj)가 성전(聖戰, jihâd)보다 더 좋은지 아닌지를 법학자들에게 물었다.[37] 그들은 모두 다 성전이 더 낫다는 판결(fatva)[38]을 내렸고, 그는 그 해에는 〔성지순례를〕 가지 말라고 명령을 내렸다. 학자들과 법학자들, 귀족과 평민, 이방인과 도시민들은 활을 쏘고 무기를 숙련하는 데 몰두했다. 그는 바그다드의 해자와 성벽을 수축하고 성벽 위에는 투척기를 설치하라고 명령했다. 몽골인들이 다시 한 번 아르빌을 치러 오자 그곳의 주민들은 당황했다. 아미르 아르슬란 테긴은 정비된 군대를 이끌고 도시 밖으로 나가서 그들이 오기를 기다리며 서 있었다. 몽골인들이 이를 알아차리고 거기서 되돌아가 다쿠크(Daqûq)와 바그다드 부속 지역으로 갔다. 그들은 살육과 약탈을 행하고 포로들을 끌고 갔다. 샤라프 앗 딘 이크발 샤라비(Sharaf ad-Dîn Iqbâl Shârâbî)[39]는 밖으로 나갔고 카팁(Khaṭîb)은 사람들에게 성전을 권유하여 밖으로 나가 〔싸우라고〕 하였다. 자말 앗 딘 쿠시 티무르(Jamâl ad-Dîn Qûsh Timûr)가 사령관이었는데 자발 함린(Jabal Ḥamrîn)에서 〔다른〕 군대들과 만났다. 칼리프 문타시르는 바그다드 시에서 밖으로 나와 귀족과 평민들을 불러서 설교하기를 "사방에서 종교의 적들이 우리 고장을 공격하려 하고 있다. 나는 그들을 막기 위해 칼 이외에는 가진 것이 없다. 나의 의도는 그들과 싸우러 직접 나가는 것이다"라고 하였다. 말릭과 아미르들은 "칼리프께서 〔그렇게〕 고생해서는 안 됩니다. 우리 종들이 가겠습니다"라고 하였다.

---

37) A: ASTQTA. Bl: ASTFSAR.

38) A: QWY.

39) 모든 사본에는 Iqbâl Shîrâzî라고 되어 있지만 보일에 따르면 Iqbâl Shârâbî가 정확하다고 한다. 그는 칼리프 문타시르의 노예 용병(mamlûd) 가운데 한 명이었으며 후일 사령관의 지위로 승진되었다.

그들은 모두 나가서 강건한 마음으로 전투를 했다. 몽골인들은 자발 함린에서 패배하여 돌아갔다. 칼리프 휘하의 투르크인들과 노예들이 그 뒤를 추격하여 많은 몽골인들을 죽였으며, 아르빌과 다쿠크의 포로들을 되찾았다. 640년 주마다 알 아히르월 10일 즉 금요일[/1242년 11월 6일]에 신도들의 수장인 알 문타시르 빌라는 별세했고, 그의 아들 알 무스타심 빌라(al-Mustâṣim Billâh)가 그 대신 칼리프의 자리에 앉았다. 훈!

술탄들의 역사

룸＿ 술탄[이즈 앗 딘(‘Izz ad-Dîn)][40]이 국사(國事)의 관리자(mutavallî)였고, 그의 형제인 루큰 앗 딘(Rukn ad-Dîn)은 [카안의] 어전으로 갔다. 뭉케 카안이 즉위한 뒤 왕국을 그에게 주고, 그의 형제를 해임했다.

모술＿ 술탄 바드르 앗 딘 룰루가 있었다. 그의 처지는 절정에 이르렀고, 그는 사신 한 명을 어전으로 보냈다. 뭉케 카안이 보좌에 앉자 그의 사신을 후대하여 돌려보내고, 술탄 바드르 앗 딘에게 은사를 베풀고 칙령과 패자를 보냈다. 그 기간에 술탄 바드르 앗 딘 룰루는 니시빈(Niṣîbîn)을 장악했다.

이집트＿ 알 카밀 알 아딜(al-Kâmil al-‘Âdil)의 아들 말릭 살리흐 니잠 앗 딘 아유브(Malik Ṣâliḥ Niẓâm ad-Dîn Ayyûb)가 술탄이었다. 그는 고질병으로 고생했고 항상 프랑크인들과 전쟁을 했다.

키르만＿ 술탄 루큰 앗 딘이 있었는데, 그는 정의와 평등으로 [통치하기에] 바빴고 아무런 기이한 사건도 일어나지 않았다.

시스탄＿ 말릭 샴스 앗 딘 카르트(Malik Shams ad-Dîn Kart)가 있었다.

---

40) B1본에서 보충.

마잔다란__ 샤(Shâh) ……41)가 있었다.

디야르바크르와 시리아__ 639[/1241~1242]년에 사이드 타즈 앗 딘 무함마드 살라야(Sayyid Tâj ad-Dîn Muḥammad Ṣalâya)가 아르빌 총독으로 임명되었다. 바로 그해에 다울라트 샤(Dawlat Shâh)의 아들인 바라카트 칸(Barakat Khân) — 술탄 자말 앗 딘의 아미르들 가운데 한 사람으로, 호라즘의 군대 가운데 패잔병을 거느리던 인물 — 이 말릭 아딜의 딸이자 알레포 통치자의 모친을 부인으로 삼기를 희망했다. [말릭 아딜이] 사신을 능멸하자 바라카트 칸은 군대를 모아서 그들이 있는 지방으로 갔다. 알레포의 군대가 밖으로 나와서 만비즈(Manbîj)에서 전투를 벌였다. 호라즘인들은 알레포인들을 격파하고는 살육과 약탈을 자행하고 포로를 끌고 갔다. 그 뒤 알레포의 군주와 힘스(Ḥimṣ)의 군주가 연합하여 호라즘인들과 전투를 벌였는데 어느 쪽도 [186v]「155r」 패배하지 않았다. 바로 그 기간에 키르만에 있던 일부 호라즘인들이 아나('Âna)에서 [나머지] 다른 사람들과 연합하였다. 바라카트 칸의 아들이 바그다드로 와서 칼리프를 모시며 무자히드 앗 딘 아이벡 다와트다르(Mujâhid ad-Dîn Aybeg Dawâtdâr)의 속료(屬僚)가 되었다. 640[/1242~1243]년 다시 한 번 호라즘인과 알레포 주민들 사이에 전쟁이 터졌다. 호라즘인들이 패배하여 처자식과 말과 가축들을 남겨두고 [떠났고] 알레포인들은 많은 전리품을 획득했다. 642[/1244~1245]년 몽골군이 다시 디야르바크르로 와서 하란(Ḥarrân)과 루하(Ruhâ)를 함락하고 마르딘(Mârdîn)은 평화적으로 장악했다. 시합 앗 딘 가지(Shihâb ad-Dîn Ğâzî)는 이집트로 도망쳐

---

41) 原缺.

그곳에 머물러 살면서 도움을 받았다.

파르스__ 아타벡 아부 바크르가 총독이었는데, 그는 군대를 장악하고
정비하는 데에 몰두했다.

【紀 七】

뭉케 카안 기
칭기스 칸의 아들인
톨루이 칸의 아들
3장으로 구성

【제1장】

그의 계보에 대한 설명. 그의 카툰들 및 현재까지 분파되어 온 그의 자식들과 손자들에 관한 상세한 설명.
그와 그의 카툰의 초상화 및 그의 자손들의 지파도.

뭉케 카안은 톨루이 칸의 큰아들로 그의 가장 큰 카툰인 소르칵타니 베키 — 케레이트의 군주인 옹 칸의 형제 자아 감보의 딸 — 에게서 출생했다. 그는 많은 수의 카툰과 후비들을 두었다.[1] 가장 큰 카툰은 쿠툭타이 카툰(Qûtûqtâî Khâtûn)이었다. 그녀는 이키레스 뼈 출신인 보투[2] 쿠레겐 — 칭기스 칸의 사위 — 의 아들인 울다이(Ûldâî)[3]의 딸이었다. 이 카툰에게서 아들이 둘 태어났는데, 큰아들은 발투(Bâltû)이고 작은아들은 우룽타시(Ûrungtâsh)였다.[4] 우룽타시에게 아들이 둘 있었는데, 큰아들은 사르반(Sârbân)이고 작은아들은 ……[5]이었다. 이 둘 모두 젊어서 사망했고 그들에게는 자식이 없었다. 사르반은 노무간과 함께 전투하러 데레수[6]로 왔었는데, 시리기와 연합하여 노무간을 붙잡았다. 〔후일 그는〕 카안에게 끌려가 거기서 사망했고, 시리기는 해변가의 더운 지방으로 보내져 거기서 죽었다.[7] 바로 이 카툰에게서 딸이 하나 나왔는데 그

---

1) 『元史』 권106 「后妃表」 (pp. 2693~2694)에 따르면 憲宗 뭉케에게는 5명의 후비가 있었던 것으로 기록되어 있다. 즉 火里差皇后(火魯剌部人), 忽都台皇后(弘吉剌氏 按陳의 종손녀), 也速兒皇后(貞節의 妹), 出卑三皇后, 明里忽都魯皇后이다. 이를 몽골식 이름으로 바꾸면 Qoricha, Qutuqtai, Yisür, Chübei, Mingliq Qutluq이 될 것이다.

2) A · B: BWQW.

3) 『부족지』 (p. 272)에는 "후울다이 쿠레겐"으로 나와 있다.

4) 『元史』에는 班禿, 玉龍答失로 표기됨.

5) 原缺. 『元史』 권107 「宗室世系表」(p. 706)에 따르면 玉龍答失(Yürüngtash)에게는 撒里蠻(Sarman)과 完澤(Öljei)이라는 두 아들이 있었고, 衛王 完澤에게는 鄒王 徹徹禿(Chechektü)이라는 아들이 있었다. Cf. Hambis, *Le chapitre CVII*, pp. 109~110.

6) A · B: DARSW.

7) BI본에는 이 부분의 기록이 조금 달리 되어 있는데, 그것을 옮겨 보면 다음과 같다. "시리기와 연합하

녀의 이름은 바얄룬(Bâyâlûn)이었다. 그녀를 훌루다이(Hûlûdâî)의 형제인 '프랑크인' 자우쿠르친(Jâûqûrchîn Farang)의 아들에게 주었는데, 훌루다이는 이 딸의 외조부였다.

〔뭉케 카안은〕 또 다른 대카툰을 두었는데, 그녀의 이름은 오이라트뼈 출신의 오굴투트미시(Ôğûltûtmîsh)[8]였다. 그녀는 울제이 카툰(Ôljâî Khâtûn)[9]의 형제들인 쿠투카[10] 베키의 일족이었다. 이 카툰은 매우 현명했다. 처음에는 톨루이 칸에 의해 지명되었고, 그런 연유로 자기 남편〔뭉케 카안〕의 형제들인 쿠빌라이 카안과 훌레구 칸을 '자식'이라고 불렀는데, 그들은 그녀를 두려워했다. 이 카툰에게서는 아들이 없었고 딸만 둘 있었는데, 큰딸의 이름은 시린(Shîrîn)이고 작은딸은 비지카(Bîjîqa)였다. 〔작은딸은〕 케우넨(Kûûnân)[11]이라고 불리기도 했다. 시린은 타추[12] 쿠레겐의 아들에게 주었다.[13] 타추는 〔칭기스 칸의〕 막내딸인 ……[14]을 취했고 〔올쿠누트〕 뼈 출신이었다. 〔187r〕「155v」[15] 시린이 죽자 비지카를 그에게 주었다.

〔뭉케 카안은〕 두 명의 중요한 후비를 두었다. 한 명은 이름이 바야우진(Bâyâûjîn)이었고 바야우트 종족 출신이었다. 그녀에게서 아들이 하나 나왔는데 이름은 시리기(Shîrigî)였다.[16] 이 시리기에게는 아들이 둘

여 노무간을 붙잡아 그를 주치 울루스의 군주인 뭉케 티무르에게 보냈다. 시리기는 쿠빌라이 카안에게 끌려갔고, 카안은 그를 해변가 더운 지방으로 보내서 그는 그곳에서 죽었다."

8) A · B: ĞWLTWTMYŠ; 『五分枝』: AWĞWLTWTMYŠ. Bl본에는 AWĞWLQWYMYŠ로 되어 있다.

9) 훌레구의 카툰들 가운데 한 명.

10) A · B 모두 MWBQH로 기록되어 있지만 QWTQH의 誤寫일 것이다.

11) A · B: KWWNAN; Bl: KRWNAN.

12) A · B: TAYJW.

13) 이 아들의 이름은 주진바이(Jûjînbâî)였다.

14) 原缺. 타추 쿠레겐의 부인이 된 칭기스 칸의 막내딸은 '알탈룬' 혹은 '알탈루칸'이었다.

15) B본은 155v-156r 두 페이지에 걸쳐 나스탈릭 서체로 씌어져 있는데, 아마 원래의 페이지가 결락되어 후대의 필사자에 의해 보충된 것으로 보인다.

있었는데 투라 티무르(Tûrâ Timûr)와 토칸 티무르(Tôqân Timûr)였
다. 토칸 티무르는 아들을 하나 두었는데, 이름은 울루스 부카(Ûlûs
Bûqâ)였고 카안의 어전에 있었다. 바야우진을 취하게 된 연유는 다음
과 같다. 그녀의 아버지가 궁시고(弓矢庫, qôrchî-khâna)에서 활시위
를 훔쳐 그의 장화 속에 숨겼다. 그 같은 죄로 인해 그를 야사에 처하려
했는데, 뭉케 카안이 그의 딸을 불러오게 하여 그녀가 마음에 들자 그녀
를 취하였다.

또 다른 후비가 있었는데 이름은 쿠이테니(Kûîtenî)였고, 일치긴 뼈
출신이었다. 그녀에게서 아들이 하나 있었는데, 그의 이름은 아수타이
(Âsûtâî)였다.[17] 그는 아릭 부케와 한편이 되어 쿠빌라이 카안과 적대했
다. 이 아수타이에게는 아들이 넷 있었는데, 첫째가 울제이(Ôljâî), 둘째
가 훌라추(Hûlâchû), 셋째가 한툼(Hantûm), 넷째가 울제이 부카(Ôljâî
Bûqâ)였다. 이 네 아들은 카안의 어전에 있었으며, 그들에 관한 자세한
정황은 알려진 바 없다. 상술한 자손들의 지파도는 다음과 같다.

---

16) 『元史』의 昔里吉.
17) 『元史』의 阿速歹.

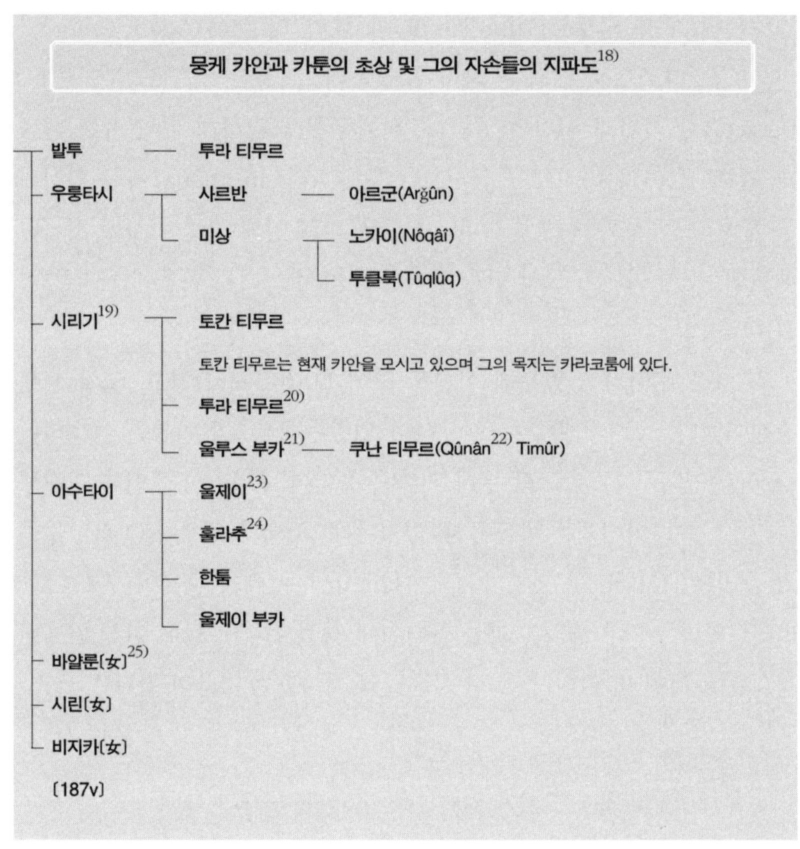

---

18) B본에는 이 지파도가 빠져 있다.

19) 『五分枝』에는 시리기에게 여기에 기재된 세 명의 아들 이외에 부자두(Bûzâdû)라는 또 한 아들이 있는 것으로 기록되어 있다.

20) 『五分枝』에는 투라 티무르에게 투클룩 티무르(Tûqlûq Timûr), 노쿠칸(Nôqûqân), 이라쿨(Îrâqûl) 등 세 아들이 있는 것으로 기록되어 있다.

21) 앞의 본문에서는 울루스 부카가 토칸 티무르의 아들로 되어 있다.

22) A: QWBAN. 그러나 『五分枝』에 의거하여 QWNAN으로 읽었다.

23) 『五分枝』에는 울제이에게 체첵투(Chechektû)와 바하르타이(Bahârtâî)라는 두 아들이 있는 것으로 기록되어 있다.

24) A: ALJW.

25) 『元史』에는 위의 네 아들 이외에 다섯 번째로 辨都라는 인물이 기록되어 있으나 "어려서 죽어 후사가 없었다"고 첨가되어 있다.

【제2장】

그의 즉위에 관한 이야기. 보좌와 카툰들과 왕자들의 모습.
그가 거두었던 승리들에 관한 이야기와 역사.

[카안위가] 뭉케 카안에게 옮겨오게 된 연유에 대한 설명과 그가 군주의 자리에 오르기 전의 사정

탁월한 능력을 지닌 그의 모친 소르칵타니 베키의 노력으로 [카안위가] 옮겨 오게 된 이유

구육 칸이 타계했을 때 다시 한 번 국사에 혼란이 일어났는데, 그의 카툰이었던 오굴카이미시가 대신들과 함께 국사를 처리했다. 그에 앞서 우구데이 카안이 키타이 지방으로 원정 갔을 때 톨루이 칸에게 피할 수 없는 일이 닥쳤다. 카안은 그와의 이별의 아픔으로 항상 애통해했고, 술에 취하면 「156r」 많이 울면서 "동생을 잃어 너무 마음이 아프다. 그러니까 혹시 조금이라도 그 [고통의] 불길을 가라앉힐 수 있을까 해서 [술을] 선택하는 것이다"라고 말하곤 했다. 또한 [톨루이의] 자식들의 처지를 크게 배려했기 때문에 그의 울루스에 관한 사무와 군대의 처리를 그의 대카툰이자 세상에서 가장 현명한 여인인 소르칵타니 베키의 의견에 맡기고, 또 아들들과 군대는 그녀의 명령을 받들라고 지시했다. 소르칵타니 베키는 자식들을 감독하고 관리하며 또 그들에 관한 중요한 문제 및 군대와 울루스의 사무를 처리하는 데에 있어 확고한 기초를 놓았는데, 그것은 어떠한 통치자도 이룰 수 없을 정도였다.

카안은 나라의 모든 사무를 처리할 때 그녀와 상의를 했고 그녀의 권고를 무시하지 않았으며, 그녀의 말을 어기거나 바꾸지도 덧붙이지도 않았다. 그녀에게 속한 사람들은 보호와 배려를 받았다. 어떤 분란(bûl ǧâq)이 일어날 때에도 그들은 고금(古今)의 야사(yâsâ-i qadîm va ḥadîth)에 어긋나는 일을 한 적이 없었다. 군주가 즉위할 때마다 모든 왕자들은 자신의 행동으로 말미암아 수치를 당했는데 〔소르칵타니〕 베키와 그녀의 고귀한 아들들만은 예외였다. 이것은 그녀의 탁월한 능력과 완벽한 지혜, 총명, 그리고 사태의 마지막을 볼 줄 아는 안목 때문에 가능한 것이었다. 예케 노얀[26]이 사망한 이후 그녀는 줄곧 선물을 보내 주어 사방의 동족과 친지들을 보살폈고, 은사를 내려 군대와 이방인들을 복속시키고 친근하게 만들었다. 그래서 구육 칸이 사망하자 대부분의 사람들은 그녀의 큰아들인 뭉케 카안에게 칸위를 위임하는 것에 동의하게 되었다. 그녀는 이런 방식으로 사방〔의 사람들〕을 보호하여, 마침내 지고한 창조주 — 그의 영광이 드높아지기를! — 께서 그녀의 노련함과 유능함을 매개로 왕국이라는 신부를 뭉케 카안의 품안에 넘겨주기에 이르렀다.

비록 그녀는 기독교 종파의 추종자이고 육성자이긴 했지만, 무스타파(Muṣṭafa)[27]의 율법을 현창하는 데 많은 노력을 했고 이슬람의 이맘들과 셰이흐들에게 보시와 헌물을 내려주곤 하였다. 이러한 주장〔이 옳다는〕 증좌는 그녀가 부하라의 마드라사를 짓기 위해 은 1000발리시를 하사하고 '셰이흐 알 이슬람'(Shaykh al-Islâm)[28]인 세이프 앗 딘 바하르지(Sayf ad-Dîn Bâkharzî) — 알라께서 그의 고귀한 영혼을 성스럽게 하시기를! — 를 그 좋은 일의 감독자이자 관리자가 되도록 한 데에서도 찾아볼 수 있다. 그녀는 또한 촌락들을 구입하여 그 〔마드라사〕의 기진

---

26) 톨루이 칸을 지칭한다.

27) 아랍어로 '선택된 자'라는 뜻으로 예언자 무함마드를 지칭한다.

28) 문자 그대로 '이슬람의 장로'라는 뜻이며, 그 지역의 무슬림 공동체를 대표하는 사람에게 주어지는 칭호이다.

지(寄進地, vaqf)로 삼고 교사와 학생들을 두라고 지시했다. 그녀는 항상 사방 각지로 헌물을 보냈고 가난하고 빈궁한 무슬림들에게 재화를 나누어 주곤 하였다. 그녀는 이러한 길을 걸으며 〔살다가〕 649년 둘 히자〔/1252년 2~3〕월에 타계하였다. 完!

그가 칸위에 오를 때까지의 전사(前史)

구육 칸이 사망했을 때 바투는 통풍으로 고생하고 있었다. 그는 '아카'의 자격으로 동족과 친지들을 소집하기 위하여 온 사방으로 사신들을 연이어 파견하여 〔188r〕「156v」 "모든 왕자들은 이곳으로 와서 쿠릴타이를 열어, 우리가 최상이라고 생각하는 적절한 한 사람을 보좌에 앉히자!"고 하였다. 우구데이 카안과 구육 칸과 차가타이의 자손들은 "원래의 목지와 칭기스 칸의 도읍은 오난과 켈루렌이다. 우리가 킵착바시 초원(Dasht-i Qipchâqbâshî)[29]으로 가야 할 이유가 없다"고 하며 거부했다. 호자, 나쿠, 콩쿠르타가이(Qônqûrtaǧâî), 카라코룸의 아미르였던 티무르 노얀(Tîmûr Nôyân)[30]을 자기들의 대리자로 파견하여 왕자들이 합의하는 방식대로 〔그에 동의하는〕 문서(khaṭṭ)를 주라고 하면서, "바투는 모든 왕자들에게 아카이기 때문에, 그의 명령에 모두 복종하는 바이다. 그의 올바른 견해에 대해서 우리는 어떤 방식으로든 어기지 않을 것이다"라고 하였다.

그 뒤 소르칵타니 베키는 뭉케 카안에게 "왕자들이 아카〔의 말〕을 거역하고 그에게 가지 않았다. 네가 형제들과 함께 가서 그를 문병하라!"

---

29) BI본에는 Qipchâq 다음에 bâshî가 아니라 pâ'î로 되어 있어, 보일과 색스턴은 다음 단어인 raftan과 결합하여 "킵착 초원에 발을 들여놓다"로 해석했다.

30) BI본에는 호자와 나쿠가 콩쿠르타가이와 티무르 노얀을 자신들의 대리인으로 파견한 것으로 되어 있다.

고 말했다. 뭉케 카안은 어머니의 지시를 따라 바투의 어전으로 향했다. 그곳에 도착하자 규정된 예절을 수행했다. 바투는 그의 이마에서 신중함과 유능함을 발견하고 이렇게 말했다. "왕자들 가운데에서 뭉케 카안이 칸위에 오르기에 적합하고 가치 있다. 왜냐하면 그는 세상의 좋고 나쁜 것을 경험했고 매사의 달고 쓴 것을 맛보았으며, 여러 차례 각지로 군대를 지휘하고 갔었다. 그는 현명함과 유능함에서 모든 사람 가운데 출중하다. 〔그가 지닌〕 위엄과 존엄은 우구데이 카안과 다른 왕자들과 아미르들 및 병사들의 눈에도 완벽했고 지금도 그러하다. 카안은 그와 그의 형제인 쿨겐과 구육 칸을 나 바투와 함께, 그리고 오르다와 주치의 일족과 함께 킵착 지방 및 그 부근에 있는 왕국들로 보냈다. 그래서 〔그곳들을〕 정복하고 울비를릭 종족들, 킵착인들, 우룩삭(Ûrûqsâq)인들의 종족, 체르케스 등을 복속시키라고 하였다. 킵착인들의 수령인 바치만, 체르케스 종족들의 수령인 토카르,[31] 아스 종족의 수령인 아지스(Ajîs), 그리고 멘케르멘 시[32]를 뭉케 카안이 장악하고 살육과 약탈을 행했으며 복속시켰다. 그 뒤 '……[33] 일' —638〔/1241〕년에 해당 — 에 카안은 왕자들에게 귀환을 명령하는 칙령을 보냈다. 그들이 그곳에 도착하기 전에 카안은 사망했다. 그는 손자인 시레문을 후계자로 삼으라는 칙령을 내렸지만, 투레게네 카툰이 그의 명령을 어긴 채 듣지 않고 구육 칸을 칸위에 앉혔다. 지금 군주의 지위에 걸맞고 적합한 사람은 뭉케 카안이다. 칭기스 칸의 일족 가운데 확고한 생각과 올바른 견해로 나라와 군대를 장악할 수 있는 사람으로 뭉케 카안 — 칭기스 칸의 막내아들이자 그

---

31) A · B: TWQYAŠ. 아마 톡타시(Tôqtâsh)로 읽어야 할 것이다. 그러나 앞에서 그의 이름은 토카르로 표기되었기 때문에 여기서도 그대로 따른다.

32) 즉 키예프.

33) 原缺. B1본에는 ûṭ yîl 즉 "소해"로 되어 있다.

의 대목지를 소유하고 있는 나의 좋은 숙부 톨루이 칸의 아들 ― 을 제외하고 다른 어떤 왕자가 있는가? 야사의 명령과 몽골의 관습에 따르면 부친의 자리는 막내아들에게 귀속되는 것으로 알려져 있다. 선행 조건들을 고려할 때 군주의 자리는 뭉케 카안에게 속한다.”

　바투는 이 같은 〔자기〕 생각을 모두 마치고 사신들을 칭기스 칸의 카툰들, 우구데이 카안의 카툰들과 아들들, 예케 노얀의 카툰인 소르칵타니 베키, 우익과 좌익에 속하는 다른 왕자들과 아미르들에게 보내어, “왕자들 가운데에서 칭기스 칸의 야삭과 칙령을 눈으로 보고 귀로 들은 사람은 뭉케 카안이다. 울루스와 군대와 우리 왕자들의 최선책은 그를 카안의 자리에 앉히는 것이다”라고 말했다. 그리고 그의 형제들인 오르다, 시반, 베르케 및 조치 일족 모두에게, 그리고 우익의 왕자들 가운데 차가타이의 후손에 속하는 카라 훌레구에게 집회를 열라고 지시했다. 그들은 며칠 동안 잔치를 열었고, 그 뒤 뭉케 카안을 즉위시키기로 합의를 보았다. 〔그러나〕 뭉케 카안은 〔이를〕 거부했고 그러한 중책과 대임(大任)을 맡지 않으려고 했다. 그들이 계속해서 종용해도 그는 극력 사양했다. 그의 형제인 무게 오굴(Môgâ Oğûl)이 분연히 일어나 “이 모임에서 모두 다 약속을 했고 또 ‘사인 칸’[34) 바투의 명을 어기지 않기로 하는 문서를 주었다. 어찌해서 뭉케 카안은 그의 올바른 견해에서 벗어나려고 하는가?”라고 말했다. 바투는 무게의 말에 만족해하며 그것에 대해서 칭찬을 했고, 뭉케 카안은 어쩔 수 없게 되었다. 바투는 몽골인들의 관습이 그러했던 것처럼 일어섰고, 모든 왕자들과 노얀들은 함께 혁대를 풀고 모자를 벗고 무릎을 꿇었다. 바투가 술잔을 받들고, 칸위를 그것이 있어야 할 〔마땅한〕 자리에 위치시켰다. 참석한 모든 사람들이

---

34) 몽골어로 Sayin Khan은 ‘좋은 칸’이라는 뜻이며, 원래 바투의 부친 주치에게 붙여진 별명이었다.

서약(bai'at)을 했고, 다음 해에 대쿠릴타이를 열기로 결정했다. 그런 계획을 품고 각자 모두 자기 목지와 영지로 갔다. 이같이 좋은 소식에 대한 소문이 〔188v〕「157r」 사방으로 퍼져 갔다. 그 뒤 바투는 자기 형제들인 베르케와 토카 티무르에게 대군을 이끌고 뭉케 카안과 동행하여 칭기스 칸의 도읍이 있는 켈루렌으로 가서 모든 왕자들의 참석 하에 쿠릴타이를 열어 그를 군주의 보좌에 앉히라고 명령했다. 그들은 바투의 어전에서 출발했다.

반행시(半行詩)
영광과 축복은 오른쪽, 승전과 승리는 왼쪽에.

그들은 몰이 사냥의 대형으로 하영했다. 소르칵타니 베키는 친절과 배려로써 친지와 동족을 위무하며 쿠릴타이에 초대했다. 〔우구데이〕 카안과 구육 칸의 일족에 속하는 한 무리의 왕자들, 그리고 이수 뭉케와 부리 등 차가타이의 자식들은 그 문제를 회피하면서 〔참석하기를〕 지체하였다. 그들은 칸위가 카안이나 구육 칸 일족 안에 있어야 한다는 이유를 들면서 여러 차례 사신을 바투에게 보내어 "우리〔의 입장〕은 이 같은 합의와 거리가 멀고, 그러한 약정에 동의할 수 없습니다. 군주의 지위는 우리에게 전해진 것인데 어떻게 다른 사람에게 줄 수 있습니까?"라고 하였다. 바투는 이렇게 말했다. "우리는 형·아우들의 합의에 따라 이러한 방책을 계획했다. 이 이야기는 〔더 이상〕 그것을 깬다는 것이 불가능할 정도로 완결되었다. 만약 이 문제가 이런 식으로 되지 않는다면[35] 그래서 뭉케 카안 이외에 다른 사람이 지명된다면, 군주위의 문제는 회복

---

35) A본에는 "이런 식으로 된다면"으로 표현되어 있다.

이 불가능할 정도로 타격을 받게 될 것이다. 만약 왕자들이 이 문제에 관해 신중을 기하고 원려(遠慮)로써 생각한다면, [이러한 합의에는] 카안의 아들들과 손자들의 입장에 대한 배려도 있었음을 알 수 있을 것이다. 왜냐하면 동방에서 서방에 이르기까지 뻗어 있는 이렇게 광대한 왕국의 사무를 처리한다는 것은 [카안의 일족과 같은] 어린아이들의 힘으로는 미치지 않는 일이기 때문이다."

이 같은 설왕설래 속에서 약속된 그해는 다 가버렸고 다음 해도 중반에 이르렀다. 세상과 왕국의 사무는 매년 침체되어 갔는데, 이는 그들이 서로 멀리 있어 모두 모여 논의할 수 없었기 때문이다. 뭉케 카안과 소르칵타니 베키는 그들에게 [사신들을] 계속 보내는 배려와 후원의 길을 걸었다. 권고와 격려가 그들 집단에게 아무런 영향을 미치지 못하자, 회유와 협박의 언사를 써서 그들에게 계속해서 전갈을 보냈다. [그러나 그때마다] 그들은 구실을 대었지만, [뭉케 카안과 소르칵타니 베키는] 혹시 친절과 겸양으로 [그들을] 깨우치고 태만과 자만의 잠에서 깨어나게 하지 않을까 하는 희망에서 그들에게 [합당한] 이유를 거듭 제시하였다.

그해도 마지막에 이르게 되자 그들은 각 방면으로 사신들을 보내어 친지와 일족을 켈루렌이라는 곳에 소집하였다. 실레문 비틱치(Shîlâmûn Bîtîkchî)를 오굴카이미시와 그녀의 아들들인 호자와 나쿠에게 파견하고, 알람다르 비틱치('Alamdâr Bîtîkchî)를 이수 뭉케에게 보내어 "칭기스 칸의 일족 대부분이 모였다. 쿠릴타이[를 개최하는] 문제가 지금까지 너희들의 지체로 늦어졌다. 변명이나 연기는 더 이상 안 된다. 만약 합심과 통합의 마음을 갖고 있다면 쿠릴타이에 참석해서 서로 함께 나라의 방책을 세워야 한다"고 말했다. 그들이 [더 이상] 방도가 없음을 깨닫자 나쿠 오굴은 ▶출발했다. 카닥 노얀(Qadâq Nôyân)을 위

시하여 구육 칸의 조정에 있던 한 무리의 아미르들과 이순 토아 오굴
(Yîsûn Tôâ[36] Oğûl) ◀[37] — 차가타이 칸의 손자[38] — 이 자기들의 거처를
떠나 합의한 바에 따라 시레문이 있는 곳 가까이로 왔다. 이 세 명은 한
지점에 모였다. 그 뒤 호자 역시 이동을 시작했다. 그들은 여전히 "우리
가 없이는 쿠릴타이의 문제가 추진될 수 없을 것이다"라고 생각했다.
베르케는 바투에게 전갈을 보내어 "뭉케 카안을 보좌에 앉히려고 한 것
이 2년이 되었습니다. 우구데이 카안과 구육 칸의 자손들, 그리고 차가
타이의 아들인 이수 뭉케가 오지 않고 있습니다"라고 하였다. 바투는
"그를 보좌에 앉히라! 누구든지 야사를 거역하는 자는 목을 베어라!"고
하였다.

　뭉케 카안과 함께 있던 왕자들과 아미르들 — 즉 베르케, 대아미르들
중에서는 하르카순(Harqâsûn), 좌익의 왕자들 중에서는 주치 카사르
의 자식들인 이숭게(Yîsûnge),[39] 카치운의 아들 일치다이(Îlchitâî), 옷
치 노얀의 아들 타차르(Tâchâr), 벨구테이의 아들들〔과 같은〕 칭기스
칸의 조카들의 무리, 우익의 왕자들 가운데 차가타이의 자식들 중에서
카라 훌레구, 카안의 자식들 중에서 카단, 〔그의〕 손자들 중에서 쿠텐의
아들인 뭉게투,[40] 뭉케 카안의 동생들인 쿠빌라이와 훌레구와 무게와
아릭 부케 — 이 모두 모였다.[41] 그의 축복받은 즉위식에서 사람들은 어

---

36) B: TQA; Bl: TWQH.

37) ▶ ◀ 사이의 내용은 A본에는 빠져 있고, B본에는 본문 옆 공란에 보충되어 있다.

38) A · B본에는 "아들"이라고 되어 있으나, Bl본에는 "손자"로 되어 있다. 차가타이에게는 이순 토아라
　　는 이름의 아들도 있고 손자(무에투켄의 아들)도 있으나, 이 부분에 관한 A · B본의 기사는 훼손되어
　　있으므로 일단 Bl본을 따르기로 한다.

39) A: YSWNKLH. Bl본에는 예쿠의 이름도 기재되어 있다.

40) A · B: MWNKDWW.

41) Bl본에는 다음 문단("점성사들은 길일을 택했다. …… 아홉 번 무릎을 꿇었다") 전체가 여기에 삽입
　　되어 있다.

떻게 각 사람들을 순차적으로 착석(sâûrâmîshî)⁴²⁾시킬 것인지를 생각했는데, 베르케는⁴³⁾ 통풍이 있으니 자기 자리에 〔그대로〕 앉고 쿠빌라이도 앉아 있되 모두 쿠빌라이의 말에 주의를 기울이도록 결정되었다. 또한 무게⁴⁴⁾는 〔오르두〕 문 앞에 서서 왕자들과 아미르들〔의 출입〕을 막고, 훌레구는 바우르치·코르치들⁴⁵⁾ 앞에 서서 누구도 엉뚱한 말을 하지도 듣지도 못하게 하라는 지시가 내려졌다. 〔189r〕「157v」 이런 방식으로 절차가 정해지자, 두 사람은 이리저리 오가면서 쿠릴타이의 사무를 정비했다.

점성사들은 길일을 택했다. 날로 커지는 그의 축복에 대한 하나의 증좌는 다음과 같다. 그 며칠 동안 그 지방의 날이 짙은 구름으로 덮여 있었고 비도 계속해서 내려 태양의 모습을 볼 수 없었는데, 마침 점성술사들이 선택한 바로 그 시간이 되어서 〔바깥을〕 보려고 하자 홀연히 빛나는 태양이 구름 속에서 나타나 태양의 원구가 보일 정도로 하늘이 맑게 개였다. 〔그래서〕 점성술사들은 손쉽게 〔태양의〕 고도를 측정할 수 있었다. 참석한 모든 사람들, 즉 상술한 왕자들과 중요한 대아미르들, 각 종족의 수령들, 또 그곳에 있던 무수한 병사들은 모두 모자를 벗고 혁대를 어깨에 걸쳤다. '카카이 일' 즉 돼지해 ― 648년 둘 히자〔/1251년 2~3〕

---

42) sâûrâmîshî는 몽골어의 sa'uri(좌석)에서 기원한 단어로 '官位의 순서에 따른 착석'을 뜻한다. 本田實信, 「モンゴル·トルコ語起源の術語」, pp. 433~434 참조.

43) 이 부분의 해석은 일단 BI본을 따랐다. A·B본에는 "BYKY M'YN KRD KH BW CWK KWN……" 이라고 되어 있다. 노역본은 BW CWK을 톨루이의 아들 부첵으로 읽었는데, 그럴 경우 KWN의 해석이 어려워진다.

44) BI본에는 "뭉케"로 되어 있지만 오류임이 확실하다.

45) A·B: QWNRCYAN; Bl: QMWZCYAN. Rawshan은 이를 QWBZCYAN으로 읽어서 qôbuzchiyân, 즉 '樂士들'로 이해했다(Rawshan, vol. 3, p. 2389; qobuz라는 단어에 대해서는 Doerfer, vol. 3, pp. 535~537 참조). 그러나 즉위식 참석자들의 발언을 감시하는 역할을 악사들에게 맡겼다고 보기는 어렵다. 따라서 이 단어는 QWRCYAN, 즉 qôrchiyân('箭筒士들')의 誤寫로 보는 것이 옳을 듯하다.

월에 시작 — 에 뭉케 카안을 칭기스 칸의 도읍이 있던 카라코룸 부근에서 통치자의 권좌이자 군주의 보좌에 앉혔다. 아미르들과 병사들은 오르두 바깥에서 왕자들과 함께 무릎을 아홉 번 꿇었다.

〔뭉케 카안이〕 상서로움으로 왕국의 보좌에 앉자 지고하고 완벽한 사려로써, 이 같은 상황에서는 각종각양의 무리들이 편안함을 느끼게 되기를 희망했다. 그는 야사를 명하여 이 같은 제왕의 날에 어떤 피조물도 분쟁과 반대의 길을 걷지 말고 오락과 연회를 만끽하라고 하였다. 그래서 인간이 세상에서 즐거움과 열락을 추구하는 것처럼, 각종 동물과 광물들도 그것을 누리는 기회가 박탈되지 않도록 하였다. 기승용이건 예인용이건 가축들에 올라타거나 짐을 싣거나 사슬을 채우거나 밧줄로 매어서 괴롭히지 말고, 공정한 율법에 의거하여 먹을 수 있는 것에 대해서도 그들의 피를 흘리지 말도록 하였다. 땅과 물에 사는 날짐승이나 들짐승을 사냥꾼들의 활과 덫으로부터 안전하게 하고, 평안의 정원에서 마음대로 깃과 날개를 펼 수 있도록 하였다. 또한 땅 표면도 말뚝이 주는 고통과 말발굽이 주는 두통으로 고통받지 않도록 하고, 흐르는 물은 더럽고 불결한 것들로 인해 오염되지 않도록 하였다. 〔189v〕「158r」 알라께 찬미를! 지고한 신께서 그를 자비의 근원이자 정의의 결집으로 만드셔서 온갖 생물과 무생물의 편안함을 희망할 정도에까지 이르게 하셨도다. 약자들을 돕고 귀족과 평민을 불문하고 모든 사람에게 정의와 자비를 펼치려는 그의 제왕다운 생각에는 과연 끝이 있을까? 지고한 창조주의 은총에 힘입어 그의 유명한 일족이 오랜 세월과 장구한 기간 동안 왕국과 축복이 가져다 주는 행복을 누리시기를!

그날은 이런 식으로 밤을 보내고 다음날도 사힙 얄라바치가 준비한 천막 — 나시즈(nasîj) 직물과 금실로 짜고 형형색색으로 치장하여 이제까지 어느 누구도 세운 적이 없는 그런 천막이요, 만든 적이 없는 그런 전각이었다 — 안에서 연회를 즐겼다. 그리고 그림에서 묘사된 모양으로 세계의 군주는 보좌에 앉았고, 왕자들은 마치 플레이아데스 성단(星團)의 목걸이처럼 그의 오른쪽에 모였으며, 그의 고귀한 일곱 명의 형제들[46]은 그를 보좌하며 예절을 갖추어 기립하고, 그의 왼쪽으로는 마치 요정(ḥûr)과 같은 카툰들이 좌정했다. 은[으로 장식된] 다리를 지닌 시종들은 항아리에서 [퍼낸] 포도주와 쿠미즈를 담은 잔들을 돌렸다. 노얀들과 아미르들 [가운데에] 그들의 선임자인 멩게세르 노얀은 코르치들 사이에 마치 노예처럼 서 있었고, 비틱치들과 재상들과 시종들과 대신들 및 그들의 선임자인 불가 아카(Bulǧâ Âqâ)[47]는 자기들의 자리와 행렬에 도열했다. 나머지 다른 아미르들과 수행원들은 천막 밖에서 각자 자기 자리에서 예의 바른 자세로 서 있었다.

일주일 동안 이런 식으로 연회하며 즐겼다. 주고(酒庫)와 주방에 필요한 물자는 매일 2000량의 수레에 포도주와 쿠미즈, 말과 소 300두 및 양 3000두였다. 베르케가 참석하고 있었기 때문에 그 모든 것들을 율법의 방식에 따라 도살했다. 그 연회 가운데 카단 오굴과 그의 조카인 말릭 오굴 및 카라 훌레구가 도착하여 익숙한 관례에 따라 인사를 올리고 함께 쾌락과 열락(jirǧâmîshî)을 즐겼다. 完!

---

46) 『征服者史』에는 쿠빌라이, 훌레구, 아릭 부케, 무게, 부책, 수이게투, 수베테이 등 7명이 거명되어 있다(Juvayni/Boyle, p. 571).
47) 루브룩의 여행기에 불가이(Bulghai)라는 이름으로 등장하며 네스토리우스파 기독교도였다.

우구데이 카안의 일족에 속하는 일부 왕자들이 뭉케 카안에 대해 음모와 반역을 기도했다가 그것이 케세크 쿠슈치(Kesek Qûshchî)에 의해 탄로가 나고, 그 소식을 전해 와 그들을 체포하게 된 이야기

그들은 다른 왕자들의 도착을 기다리면서 지나칠 정도로 쾌락을 즐겼고, 칭기스 칸의 오래된 야사를 어기거나 바꾼다거나 혹은 어떤 방식으로든 〔칭기스 칸〕 일족들 사이에서 반목과 대립이 일어나리라고는 어느 누구도 생각하지 않았기 때문에 경계라는 면에서는 소홀히 하였다. 우구데이 카안의 손자[48] 시레문과 나쿠, 카라차르의 아들 토탁[49] 등이 서로 연합하여 가까이 왔는데, 그들은 무기를 가득 실은 수많은 수레들과 음모와 반역을 꾀하는 마음을 갖고 있었다.

그런데 갑자기 우연히 생긴 좋은 일 — 행운이란 바로 이런 것이다 — 로 인해 캉클리 뼈 출신으로 뭉케 카안의 쿠슈치 집단에 속하는 케세크라는 이름을 가진 한 매꾼이 낙타를 잃어버려 그것을 찾으려고 돌아다니다가 시레문과 나쿠의 군대 무리와 마주치게 되었다. 그는 수많은 군인들을 보았고, 또 축하의 연회에 필요한 식량과 음료라는 명분으로 그것을 실은 수없이 많은 수레들을 목격했다. 그는 그 사정을 알지 못한 채 자신의 잃어버린 〔낙타를〕 찾아다녔다. 그러다가 도중에 그는 부서진 한 수레 앞에 앉아 있는 어린애와 마주쳤다. 그 어린애는 그가 그들 편에 속하는 기병인 것으로 생각하고, 수레 고치는 것을 도와 달라고 그에게 청했다. 케세크는 그를 돕기 위해 말에서 내렸는데, 수레에 쌓여 있던 무기와 전투 장비들을 목격하게 되었다. 그가 그 어린애에게 "이 짐들은 무엇이냐?"고 묻자, 그 애는 "다른 수레들에 있는 것과 같은 무기

---

48) A · B본에는 "아들"(pisar)로 되어 있으나 "손자"(pisar-zâda)가 맞다.
49) A · B본에는 QWTWQ로 되어 있으나, 카라차르 아들의 이름은 '토탁'이 정확하다.

들이다"라고 말했다. 케세크는 수레들에 무기를 잔뜩 싣고 가는 데에는 어떤 음모와 반역이 있다는 사실을 알아차렸지만 짐짓 모른 척했다. 그는 〔수레 고치는 것을〕 다 도와준 뒤 밤에 천막에 당도하여 손님으로 머물렀다. 그는 대담해져서 차츰차츰 상황에 대해 물어 보았고 상황의 진실을 알게 되었다. 〔그래서〕 그는 그 무리들의 생각에 음모와 위선이 있다는 것, 즉 흥겨운 연회 도중에 사람들이 취하게 되면 존엄의 정도(正道)에서 벗어나 폭정의 손길을 뻗어서 〔190r〕「158v」〔자신들이〕 논의한 것들을 완수하려는 것임을 분명히 알게 되었다. "음모를 꾸미는 것은 그 당사자에게 되돌아갈 뿐이다!"[50]

케세크는 선택의 여지가 없이[51] 낙타를 포기하고는 사흘 거리를 하루에 달려서, 허락도 받지 않고 겁도 없이 갑자기 궁전으로 왔다. 그리고 담대한 마음으로 말하기 시작했다. "당신들이 놀이와 오락에 정신이 팔려 있는 사이에 적들은 당신들을 치러 일어났다. 그들은 기회를 기다리며 전투 장비들을 준비했다." 그는 자신이 목격한 것을 직접 면전에서 이야기했고, 그에 대한 대비와 방책을 최대한 신속하게 준비하라고 그들에게 권유했다. 그러나 몽골인들의 관습에는 그 같은 위계(僞計)가 낯선 것이었고 특히 칭기스 칸과 그의 일족들이 통치하던 시기에는 더욱 그러했기 때문에, 그들은 그것을 대단히 믿기 어려운 것이라고 생각해서 여러 차례 그를 심문했다. 그는 똑같은 이야기를 조금도 어긋남이 없이 설명했다. 그의 말은 뭉케 카안의 귀에 들어오지 않았고, 〔카안은〕 그에 대해 신경을 기울이지 않았다. 케세크는 더욱 힘써서 말했고, 〔사람들은〕 그가 흥분하고 당황한 상태임을 알 수 있었다. 뭉케 카안은 계속

---

50) 『코란』 35장 43절.
51) 원문은 "선택의 고삐를 놓아 버리고".

침묵했다. 그곳에 있던 왕자들과 노얀들은 혹시 불행한 사태가 오지 않을까 걱정하여 〔뭉케 카안의〕 그 같은 확고함에 반대 입장을 보였다. 왕자들 각자는 아주 기회를 놓치기 전에 그 문제를 처리할 수 있는 방도를 모색하고 자신들이 직접 가서 그 상황을 조사해 보기를 희망했다.

마침내 어전 아미르들의 수령이었던 아미르 멩게세르 노얀이 먼저 〔그곳에〕 가서 상황을 조사해 보기로 합의했다. 그는 지시에 따라서 2000∼3000명의 기병들과 함께 출발하여 새벽에 그들이 있는 지점 가까이에 도착했다. 그는 먼저 500명의 용맹한 기병들과 함께 그들의 천막들이 있는 곳 근처로 갔고 〔뒤이어〕 사방에서 군대들이 도착했다. 이에 앞서 시레문은 자신의 유수영을 바스키(Bâskî)라는 곳에 놓아 두고 〔자신은〕 500명의 기병대와 함께 오고 있었다. 사리 케헤르라는 곳에서 상술한 아미르 멩게세르, 군지휘관이었던 무게 왕자, 케레이트 뼈 출신의 초크발 쿠레겐(Chôqbâl Kûregân) 등이 휘하의 군대를 이끌고 시레문과 나쿠와 토탁[52] 및 그들과 함께 있던 다른 왕자들의 주위를 둘러쌌다. 그리고 사신을 보내어 "너희들에 관해서 보고가 들어왔다. 너희들이 나쁜 마음으로 온다〔는 이야기가〕 군주의 축복받은 귀에 들려왔다. 만약 이 이야기가 사실이 아니라면 그 증거는 〔너희들이〕 주저하지 않고 즉시[53] 궁정으로 오는 것이며, 그렇지 않을 경우 너희들을 붙잡아 그곳으로 데리고 오라는 칙명이 계셨다. 이 두 가지 중에서 어느 쪽을 선택하겠느냐?"고 말했다.

그들이 이 전갈을 들었을 때, 마치 원 안에 있는 점처럼 〔고립되고〕 부하와 동족들로부터 멀리 떨어져 있었기 때문에 매우 놀라고 당황했다.

---

52) A · B: QWBWQ.

53) 원문은 bî tafakkur wa taraddud인데, A본에는 bî가 누락되어 있다.

막막하게 된 그들은 〔자신들의 처지를〕 운명에 맡긴 채 그러한 주장을 부인하면서 "우리는 모두 함께 뭉케 카안의 어전으로 가자는 결정에 따라서 올바른 마음을 갖고 오는 것이다"라고 말했다. 상술한 아미르들은 시레문과 〔다른〕 왕자들에게 와서 서로 술잔을 들었다. 그리고 소수의 기병과 함께 어전으로 갔다. 그들이 가까이 가자 먼저 그들의 누케르들의 무기를 빼앗고 억류하였다. 왕자들과 동행했던 아미르들 가운데 한 무리는 밖에 서 있으라는 명령이 내려졌고 〔나머지는〕 모두 억류되었다. 그들은 아홉 명씩 고두를 한 뒤 오르두 안으로 들어갔다. 사흘 동안 그들은 연회를 즐겼고 아무런 심문도 받지 않았다. 나흘째에 그들이 궁정에 와서 문으로 들어가려 하자, 뭉케 카안의 사신이 와서 "오늘은 〔여기서〕 멈추시오!"라고 말했다. 즉시 다른 사신이 와서, 그들과 함께 있던 각각의 누케르와 군인들을 모두 각자의 본대(ûjâûr)인 천호와 백호와 십호로 돌아가라고 하고, 만약 밤에 이곳에 남는 사람이 한 명이라도 있다면 그를 야사에 처할 것이라고 하였다. 칙명에 따라 모두 돌아갔고 왕자들만 남았다. 그리고 그들을 감호하기 위하여 군대가 배정되었다.

뭉케 카안이 칭기스 칸의 오르두로 가서, 자신이 직접 왕자들의 야르구에서 세세한 사항까지 심문한 일에 관한 이야기

다음날 뭉케 카안은 칭기스 칸의 오르두로 갔다. 그는 의자에 앉아서 직접 왕자들과 시레문에 대한 야르구를 집행하였다. 〔190v〕「159r」 그는 심문하면서 "너희들에 관해 이런 보고가 있었다. 비록 신빙성이나 설득력이 없고 또 이성적인 귀에는 들리지도 또 받아들이기도 힘든 이야기이긴 하지만, 확신의 얼굴에서 의심과 의혹의 먼지를 털어내기 위해서는 서로 대화를 통해 조사하고 심문할 필요가 있다. 만약 그것이 비방과 거짓이라면 거짓말을 하고 비방을 한 사람은 세상 사람들에게 교훈이 될 수 있도록 응당한 처벌이 내려질 것이다"라고 말했다. 왕자들은 "우리는 이런 정황에 대해 전혀 아는 것이 없습니다"라고 부인했다. 뭉케 카안은 시레문의 왕부인 카타 쿠린(Qâtâ Kûrîn)[54]이라는 사람을 불러서 그에게 물어 보았다. 그도 부인하자 곤장을 치면서 심문하라고 명령했다. 그는 자백하기를 "왕자들은 모르는 일로 우리 아미르들이 상의한 것인데, 뭉케 카안의 행운에 의해 저지된 것입니다"라며, 자기 자신을 칼로 쳐서 죽었다.

멩게세르 노얀이 왕자들과 음모를 획책한 아미르들의 정황을 야르구에서 심문한 일에 관한 이야기

다음날 〔뭉케 카안은〕 노얀들과 아미르들, 예를 들어 일치다이 노얀 (Îlchitâî Nôyân), 대(大)타우날(Taunâl[55]-i Buzurg), 장기(Jangî),[56] 칼 자(Qaljâ), 소르칸(Sorqân), 소(小)타우날(Taunâl[57]-i Khurd), 토간 (Ṭôgân), 이수르(Ysûr) 등과 같이 드높은 하늘도 그들에게 손대지 못할 정도의 지위라고 스스로를 생각하던 사람들과 만호의 아미르들과 수령 들을 — 그들에 관해 언급하려면 길어질 것이다 — 모두 잡아 두라고 명 령했다. 그리고 아미르 멩게세르 야르구치(yârǧûchî)에게 지시하기를, 앉아서 다른 일군의 아미르들과 함께 심문을 시작하라고 하였다. 그 사 안을 두고 며칠 동안 야르구를 열었고 극히 세세한 것까지 심문한 끝에 마침내 그 무리의 말들 속에 모순이 드러나고 그들이 반란을 일으켰다

---

54) A · B: BAKRWYDY; Bl: BABAKRDYDY. 『征服者史』에는 TATAKRYN으로 표기된 인물. 그러나 보일이 지적했듯이 이는 『元史』(p. 45)에 나오는 合答曲憐(Qata Kürin)과 동일인으로 보이므로 QATA KWRYN의 誤寫로 보아야 할 것이다.

55) A · B: BWBAL.

56) A: ḤYKY; B: JYKY.

57) A · B: BWBAL.

는 사실을 의심하지 않을 수 없게 되었다. 모두 입을 모아 자백하고 죄를 인정하며 "우리는 그런 모의를 했고 반역을 기도했습니다"라고 말했다. 뭉케 카안은 그의 칭송할 만한 관례에 따라 그들에게 용서와 사면을 베풀기를 희망했으나, 왕자들과 노얀들과 아미르들은 "적을 차단할 기회가 왔을 때 〔191r〕「159v」 지체하고 방기하는 것은 정도에서 벗어난 것입니다"라고 말했다.

詩
만일 네가 상처를 내려고 하는 곳이 어디건
네가 그곳에 연고를 바른다면, 무슨 소용이 있겠는가.

뭉케 카안은 그들의 말이 진심에서 나온 것이지 악의나 위선에서 나온 것이 아니라는 것을 알게 되자, 모두 포박하여 감금하라고 지시하고 그들의 문제에 대해 한동안 심사숙고했다. 그가 하루는 천막 안에 있는 보좌에 앉아 있을 때, 아미르들과 대신들에게 명령하기를 죄인들에 관하여 각자 자기가 보거나 들은 것들 가운데 덕담(bîlîg)을 하나씩 해보라고 하였다. 각자 자신의 지혜와 지식의 범위 안에서 이야기를 하나씩 했지만 그의 마음에 와닿지는 않았다. 마흐무드 얄라바치는 회중들의 맨 끝에 서 있었는데, 뭉케 카안이 "저 노인(ebûgân)은 왜 아무 것도 말하지 않는가?"라고 말했다.[58] 〔그러자 사람들은〕 얄라바치에게 "앞으로 와서 말해 보시오!"라고 하였다. 그는 "군주의 어전에서는 입보다는 귀가 더 낫습니다만, 저도 아는 이야기가 하나 있는데 만약 명령하신다면 말씀드리겠습니다"라고 하였다. 뭉케 카안은 "말해 보라!"고 하였다.

---

58) 이 문장은 A본에는 빠져 있고, B본에는 옆 공란에 추가로 기재되어 있다.

그는 다음과 같이 말했다. "이스칸다르(Iskandar)[59]가 지상의 왕국 대부분을 정복했을 때 인도 방면으로 가고자 했습니다. 그의 아미르들과 대신들은 복속과 복종의 정도에서 벗어나 각자 독립과 전제(專制)를 얻고자 했습니다. 이스칸다르는 당황하여 룸(Rûm)의 아리스토텔레스(Arisṭâṭâlîs)에게 사신을 보내어 자기 아미르들의 반역과 거역의 상황을 설명하고, '이 문제에 대한 방책은 무엇입니까?'라고 물었습니다. 아리스토텔레스는 사신과 함께 어떤 정원에 들어가서 뿌리가 깊은 큰 나무를 뽑고 그 자리에 작고 약한 묘목들을 심으라고 했습니다. 그리고 사신에게는 아무런 대답도 주지 않았습니다. 사신은 낙심하여 이스칸다르에게로 가서 '그가 아무 대답도 하지 않았습니다' 라고 말했습니다. 이스칸다르가 '네가 그에게서 본 것이 무엇이냐?'고 묻자, 그는 '어떤 정원으로 가서 큰 나무를 뽑고 작은 가지들을 그 자리에 심었습니다' 라고 말했습니다. 이스칸다르는 '그가 대답을 한 것인데 네가 이해를 못한 것이다' 라고 말했습니다. 그리고 그는 전제적이고 강력한 아미르들을 처형시키고 그 대신 그들의 자식들을 임명했습니다."

뭉케 카안은 이 이야기를 듣고 매우 기뻐했고, 그 [반역의] 무리들을 제거하고 다른 사람들을 그들의 자리에 두어야 한다는 것을 깨달았다. 그는 감금된 아미르들, 즉 음모를 기도했을 뿐 아니라 왕자들을 반역으로 유도하여 죄악의 구렁텅이에 빠뜨리게 한 자들을 처벌의 칼로 베어 버리라고 명령했다. 그들은 77명이었는데 모두 야사에 처하였다. 그 무리들 중에서 일치다이의 두 아들은 입을 돌로 채워서 죽였고, 그들의 아버지는 바드기스에서 붙잡혀 바투의 어전으로 끌려가서 [그의] 아들들과 [죽음으로] 합류했다. 完!

---

59) 즉 알렉산더 대왕.

차가타이의 손자[60] 이순 토아[61]와 그의 카툰 토카샤이(Ṭôqâshâî)와 부리의 도착 및 그들에게 벌어진 일들에 관한 이야기

이순 토아와 그의 카툰 토카샤이와 부리 역시 도착하였다. 그들은 모든 병사들을 노상에 놓아 두고 그들만 30명의 기병과 함께 왔다. 부리를 사신들과 동행시켜 바투의 어전으로 보냈는데, 〔바투는〕 그의 죄를 확인한 뒤 처형했다. 토카샤이 카툰에 대해서는 카라 훌레구가 야르구를 담당하여, 이순 토아의 면전에서 그녀가 발에 차여 죽임을 당하게 함으로써 그의 가슴속에 있던 오랜 원한을 달랬다. 카닥 노얀은 시레문과 나쿠가 출발하려고 할 때 그 반란의 선동자가 자신이고 그가 이 가공할 사태의 먼지를 일으켰으며 그것을 무마할 힘이 그에게는 없다는 사실을 알게 되자 얼굴을 숙였다. 그런데 궁정에서 보낸 대리인들이 마치 죽음의 사자처럼 갑자기 도착하였다.

반행시

친구들이 모두 갔으니, 이제는 네 차례로구나.

그가 아픈 척했기 때문에 그를 수레 위에 실어서 데리고 왔다. 그가 어전에 도착하자, 비록 그의 죄가 이블리스(Iblîs)[62]의 배교보다 더 많고 더 잘 알려졌지만, 〔카안은〕 야르구를 열라고 지시했다. 그가 죄를 자백하고 진술한 뒤에 그를 동료들의 뒤를 따라 〔저승으로〕 보냈다. 完! 〔191v〕「160r」

---

60) A · B본 모두 "아들"이라고 했지만, 그는 차가타이의 아들 무에투켄의 아들이기 때문에 "손자"가 되어야 옳다.

61) A · B: YYSWN ʔWQA.

62) 창조주가 아담을 만든 뒤 천사들로 하여금 아담에게 경배하라고 명령했는데, 이블리스는 이를 거부하여 악마가 되었다.

뭉케 카안이 오굴카이미시 카툰과 구육 칸의 아들 호자를 소환하라고 명령한 일, 오굴카이미시를 야사에 처한 일, 또한 이디쿠트를 처벌한 정황 등에 관한 이야기

일부 죄인들이 아직 도착하지 않았고 마음에서도 불결의 오점이 깨끗이 닦여지지 않았을 때, 뭉케 카안은 부린기테이(Büringitâî)[63] 노얀에게 10투만의 용맹한 투르크 병사들을 주어서 울룩 탁(Uluǧ Ṭâq), 퉁카이(Tûnqâî), 비시발릭과 카라코룸 사이에 있는 투릴렝(Tûrîleng)[64] 등지로 파견했다. 그리고 거기서부터 쿵키란 오굴[65]의 사냥대형(nerge) — 그는 [당시] 카얄릭 변경에 머물며 오트라르 강변까지 사냥대형을 펼치고 있었다 — 과 연결하도록 하였다. 또한 무게 노얀(Môgâ Nôyân)[66]을 2투만의 병력과 함께 키르키즈와 켐 켐치우트 변경으로 파견하였다.[67] 그리고 여전히 [어전으로 오지 않던] 오굴카이미시와 호자에게 실레문 비틱치를 사신으로 보내어 다음과 같은 전갈을 주었다. "만약 너희들이 이러한 [음모] 논의에 저 무리들과 함께 하지 않았다면, 서둘러 어전으로 오는 것이 너희들의 행복일 것이다." 실레문이 전갈을 공포하자 호자 오굴은 그에게 끔찍한 짓을 범하려고 했다. 호자의 다른 카툰들보다 지위는 더 낮았지만 지혜와 이지에서는 더 뛰어난 한 카툰이 그 같은 생각

---

63) A·B: BRNKTAY. 이미 보일이 지적했듯이 이는 『元史』 권3 「憲宗紀」 (p. 44)에 나오는 不憐吉觧 (Büringitei)와 동일 인물임이 분명하다. 앞에서는 '부리구테이'라고 표기되었다.

64) 여기에 언급된 '퉁카이'와 '투릴렝'의 讀音은 확신하기 어렵다. 보일은 이를 '캉카이'와 '쿰 셍기르'로 읽었지만 표기상으로나 위치상으로 선뜻 받아들이기 힘든 비정이다.

65) A·B: ǦWNǦWRAN AǦWL. 오르다의 넷째 아들로서 오르다 사후 그의 울루스를 관할했던 쿵키란과 동일 인물로 추정된다.

66) A·B: BWKA NWYAN. 『정복자사』에는 Yeke Nôyân으로 나온다.

67) 여기서 서술된 병력의 배치는 알타이 산지에서부터 시작하여 서북방의 키르기즈 지방을 거쳐 서쪽으로 카얄릭에 이르기까지 서로 연결하여 준가리아 지방에 근거를 두고 있는 우구데이 일족을 포위하는 대형이다.

을 말리며 이렇게 말했다. "사신의 임무는 전갈을 알리는 것입니다. 어느 시대에도 적의 사신들을 괴롭힌 적이 없었습니다. 어떻게 뭉케 카안의 어전에서 파견된 사신을 해칠 수 있단 말입니까? 한 사람을 죽인다고 나라에 무슨 피해를 줄 수 있단 말입니까? 더구나 그로 인해 재난들이 생겨나고, 그것 때문에 분란의 소용돌이가 몰아쳐 오며, 평안한 세상이 혼란에 빠지고, 재난의 불길이 타오르고, 그 뒤에 후회해도 소용이 없다면 말입니다. 뭉케 카안은 '아카'이고 아버지와 같은 지위입니다. 그의 어전으로 가서 그의 명령에 복종해야 합니다." 호자는 그녀의 충심어린 충고를 듣고 동의하여 실레문을 정중하게 대접하고, 카툰과 함께 어전으로 향했다. 그는 충고에 귀를 기울인 행운으로 인해 끝없는 고통의 나락에 떨어지지 않고 평안이 넘치는 정원에 안착했다.

호자의 모친인 오굴카이미시는 사신을 돌려보내며 이렇게 말했다. "너희 왕자들은 군주의 자리가 항상 우구데이 카안의 일족에게 머무르게 할 것이며 그의 자손들과 적대하지 않겠다는 약조를 하고 서약서를 주었다. 그런데 지금 그 말을 지키지 않았다." 이 같은 전갈을 보내오자 뭉케 카안은 극도로 분노하여 다음과 같은 칙령을 썼다. "칭기스 칸의 형제들인 주치 카사르와 옷치긴과 벨구테이 노얀의 카툰들은 쿠릴타이〔참석 여부〕를 논의하는 자리에 왔지만 오굴카이미시는 오지 않았다. 만약 구육 칸의 오르두의 아미르들인 타타르 카닥(Tâtâr[68] Qadâq)과 친카이와 발라가 누군가를 군주로 혹은 카툰으로 추대하거나 〔그렇게〕 부른다고 〔그 누군가가〕 군주가 되고 카툰이 된다면, 그들은 〔자기들이〕 보는 것을 보게 될 것이다."[69] 그는 즉시 사신을 보내어 그녀를 붙잡아서

---

68) A: TATAR; B: QATAR; Bl: QAMAN W. Bl본에 따른다면 "무당과 카닥과 ……"가 된다.
69) 원문은 'bibinand ânche binand.' 그들의 행동이 어떤 결과를 초래할지 곧 알게 될 것이라는 뜻이다.

생가죽에 두 손을 꿰매어 데리고 오라고 명령했다. 그녀가 도착하자 시레문의 모친인 카다카치 카툰(Qatâqâch Qâtûn)과 함께 [소르칵타니] 베키의 오르두로 보냈다. 멩게세르 야르구치는 그녀를 알몸으로 만들어 야르구로 끌고 와서 심문하였다. 그녀는 "군주를 제외하고는 어느 누구도 보지 못했던 몸을 어찌 다른 사람이 보느냐?"고 말했다. 그녀의 죄를 추궁하고 그녀를 펠트에 말아서 물에 던져 버렸다. 친카이도 도착했는데, 그의 처리는 다니시만드 하집에게 맡겼다. 650년 라마단[/1252년 11~12]월의 일이었다.

비시발릭에서는 우상숭배자들의 지도자인 이디쿠트가 한 무리의 사람들과 합의하기를, 무슬림들이 모스크에 모이는 금요일에 봉기하여 모스크 안에 있는 사람들을 모두 죽이기로 하였다. 그들 가운데 있던 한 노예가 그것을 눈치챘다. 그는 이슬람으로 개종하고 그들을 고발하여, 그들이 그런 죄를 지었음을 증명했다. 그 뒤 이디쿠트는 오르두로 소환되었고 야르구가 열려, 그는 죄를 인정하였다. [카안은] 그를 비시발릭으로 끌고 가서 금요일에 기도가 끝난 뒤 사람들이 보는 앞에서 야사에 처하라고 명령했다. 完! [192r]「160v」

뭉케 카안이 나머지 반란자들을 처리하기 위해 몇몇 아미르들을 사방으로 파견하라는 명령을 내린 것, 그가 일족들의 죄를 용서하는 명령을 내린 것에 관한 이야기

일부 반란자들이 이곳저곳에 남아 있고 그들을 소환하는 것이 지연되고 어려웠기 때문에, [뭉케 카안은] 발라 야르구치를 누케르들과 함께 이수[뭉케]의 군대에 보내서 그 무리들의 상황에 대해 물어 보고 그 음모에 가담한 사람을 모두 야사에 처하도록 하였다. 그리고 또 다른 아미르 한 사람을 같은 일을 처리하도록 키타이 지방으로 임명하여 [보냈다]. 악인들에 대한 걱정이 [카안의] 축복받은 마음에서 걷히게 되자, 행운의 군주가 지닌 착한 품성으로 인하여 친지들을 후원하고 동족들과 화합하는 것이 가장 중요한 임무라고 생각하게 되었다. 그는 시레문에게 쿠빌라이 카안과 나쿠와 차간 노얀 등과 동행하여 키타이 방면으로 가라고 명령하고, 호자에 대해서는 훌륭한 말을 한 그의 카툰의 행동 때문에 원정에 참가하는 것을 면제해 주고 그의 목지를 카라코룸에서 가까운 셀렝게 부근으로 지정해 주었다.

결론적으로 말해 그때부터 다시 몽골인들 사이에서 분란이 일어나기 시작했다. 칭기스 칸은 자기 자식들에게 단합과 합심을 강조하며 "너희들이 서로 단합하는 한 행운은 너희들의 벗이 될 것이고 적들은 승리를 거두지 못할 것이다"라고 말했다. 이러한 특징으로 인해 그와 그의 일족은 지상의 왕국 대부분을 정복할 수 있었던 것이다. 전하는 바에 따르면 그가 흥기하던 초기에 아들들에게 충고를 해주었는데, 예시를 보여 주기 위해 활통에서 화살 하나를 꺼내 그들에게 주면서 "부러뜨려라!"고 말했다고 한다. 그들은 힘을 얼마 들이지 않고도 부러뜨렸다. 그는 다른 [화살] 두 개를 주었는데 이 역시 쉽게 부러뜨렸다. 이런 식으로 [화살의 숫자를] 늘려가 열 개에 이르니, 군대 안의 뛰어난 역사나 용사들도 그것을 부러뜨릴 수 없었다. 그는 "너희들의 처지는 이와 같다. 너희가 서로에게 의지하는 한 어느 누구도 너희를 이길 수 없을 것이며, 오랫동안 왕권을 누릴 수 있을 것이다"라고 말했다. 만약 이슬람의 술탄들이 이런 식으로 행동했다면 그들의 왕조가 완전히 멸망하지는 않았을 것이다.

왕자들과 아미르들이 자기 집으로 돌아가게 허락해 달라고 뭉케 카안의 어전에 청원한 것, 그가 그들을 정중하게 대하고 많은 은사를 내린 뒤 귀환하라는 명령을 내린 것에 관한 이야기

뭉케 카안의 성심(聖心)이 필수적인 중요사에서 자유롭게 되고 혼란했던 왕국이 안정을 찾고 또 모든 왕자들의 단합으로 군주의 자리가 그에게 정해지게 되었을 때, 왕자들과 아미르들은 자기 목지로 돌아갈 수 있도록 허락해 달라고 청원하였다. 그는 [그들에게] 여러 가지 후사와 은총을 주어 위무한 뒤 각자 해산(targâmîshî)하여 자기 거처로 가라고 명령하였다. 베르케와 토카 티무르는 거리가 멀고 또 바투의 어전에서 온 지도 오래되었기 때문에 그들을 [먼저] 돌려보냈다. 그들에게 각종 수많은 선물을 하사했고, 바투를 위해서는 그와 같은 군주에게 걸맞은 선물과 헌물을 그들을 통해 보내 주었다. 쿠텐의 자식들, 카단 오굴,[70] 말릭 오굴 각각에게는 카안의 오르두들과 집들 가운데 오르두 하나를 [거기에 속한] 카툰들과 함께 은사해 주었다. 그 뒤 카라 훌레구를 아주 극진하게 후대하여 돌려보내고, 그의 삼촌인 이수[71] [뭉케]가 빼앗았던 조부의 자리를 그에게 하사해 주어 희망에 찬 마음으로 귀환케 했다. [그러나] 그는 알타이라는 곳에 이르렀을 때 자신의 목적을 달성하지 못하고 최후를 맞고 말았다. 다른 왕자들과 노얀들과 아미르들 각각에게는 지위와 서열에 따라서 은사를 내리고 귀환케 하였다. 케세크를 '타르칸'(tarkhân)으로 [192v]「161r」 임명하고, 그에게 얼마나 많은 재화를 내려 주었는지 그는 매우 부유해졌고 지위 또한 대단히 높아졌다. 왕자들과 아미르들이 돌아가고 그들의 사무가 모두 끝나게 되자, [뭉케 카안은]

---

70) A · B: ĞDAQAN.

71) A · B: TYSW.

국사를 장악하고 정비하는 데에 관심을 돌렸다.

뭉케 카안이 국사로 눈을 돌려 그것을 장악하고 정비한 일, 여러 부류의 사람들에게 자비를 베푼 일, 여러 지방의 총독들을 돌려보낸 일에 관한 이야기

뭉케 카안의 성총(聖聰)이 신실한 사람들을 위무하고 대적하는 사람들을 진무하는 쪽으로 돌려지자, 그의 성심의 고삐는 백성들을 편안하게 하고 각종 부담을 덜어 주는 쪽으로 향하였다. 그의 완벽한 지성은 오락이 아니라 진지함을 선택했고 계속적인 음주[의 습관]을 끊었다. 먼저 군대를 동방과 서방의 먼 곳들로, 또 이란인과 아랍인들의 지방으로 파견했다. 동방의 왕국들을 과거에 [뭉케 카안을 위해] 충심으로 봉사했고 또 축복받은 즉위 이전부터 그를 모셔 왔던 사힙 마흐무드 얄라바치에게 은사해 주었다. 또한 폐하를 향한 애정과 신실함으로 인해 많은 공포와 위험을 겪었고 그의 아버지 [마흐무드 얄라바치]처럼 다른 사람들보다 먼저 어전에 머리를 조아렸던 아미르 마수드 벡에게는 투르키스탄·마와라안나흐르 지방과 위구르·페르가나(Fergâna)·호라즘 지방을 맡겼다. [뭉케 카안은] 그 같은 과거의 봉사의 대가로 그들을 [본래의 직책으로] 돌려보내고, 그들과 동행하여 각지에서 온 사람들에게도 각종 은사를 베풀어 주었다. 그러고 난 뒤, 길이 너무 멀어서 쿠릴타이[가 끝나고] 해산한 뒤에야 도착한 아미르 아르군 아카에게는 그전에 폐하를 모시면서 충심으로 봉사하여 주목을 받았기 때문에 그의 소망과 희망을 충족시켜 주고, 후라산·마잔다란·이라크·파르스·키르만·루르·아란·아제르바이잔·그루지아·아르메니아·룸·디야르바크르·모술·알레포 등 이란의 왕국들을 맡겼다. 그리고 그를 위해 일했던 말릭·아미르·비틱치들도 그의 의견에 따라 은사를 받았다. 그는 650년 라마단월 20일[/1252년 11월 24일]에 귀환을 시작했고, 알리 말릭('Alî Malik)을 그의 누케르로 [먼저] 파견했다. [아미르 아르군 아카는] 특히 이스파한과 니샤푸르 왕국을 그에게 하사해 주었다. [모든 울루스와 군대를 대상으로]72) 새로운 호구 조사(shumâra)를 실시하여 정액세(定額稅, mâl-i qarârî)를 확정하고 그 임무를 수행한 뒤 폐하의 어전으로 귀환하라는 명령이 내려졌다.

또한 그들 각자에게 "과거의 상황을 조사하고 심문하라. 왜냐하면 짐의 목표는 백성(ra'âya)들의 처지를 완화시켜 주는 데에 있지 재고 물자를 늘리는 데에 있지 않기 때문이다"라는 칙명을 내렸다. 그리고 백성들[의 부담]을 경감시키는 것에 관한 칙령을 내렸다. 구육 칸 [사망] 이후에 수많은 카툰들과 왕자들이 무수한 칙령과 패자를 사람들에게 발급하고 사신들을 왕국 각지로 파견하고 또 귀족과 천민들을 오르탁(ôrtâqî)이나 다른 명분으로 보호해 주었기 때문에, 상술한 무리들에게 각자 자기가 위임받은 지방 안에서 조사를 실시해 칭기스 칸과 우구데이 카안과 구육 칸 시대 이래로 사람들이 그들과 다른 왕자들로부터 받은 칙령과 패자들을 모두 거두어들이라는 칙령을 내렸다. 이후로 왕자들은 각 지방의 행정과 관련되는 사무에서 폐하의 대신들의 의견을 묻지도 않고 [마음대로] 명령문을 발부하거나 작성하지 못하도록 하였다. 또한 대(大)사신들(îlchiyân-i buzurg)은 역마 14필 이상을 탈 수 없으며, 역참(yâm)에서 역참으로 이동할 때 도중에 사람들의 가축을 취하지 못하도록 하였다. 그리고 [우구데이] 카안 시대에는 상인들이 역마를 이용하여 몽골리아 지방으로 오는 관례가 있었는데, "상인들은 재물을 획득하려고 활동하는 것인데 무엇 때문에 역마를 타는가?"라고 하며 금지시키고 자기 가축을 이용하여 오도록 하였다. 또한 사신들은 어떠한 도시에 들

---

72) [ ] 안의 부분은 A · B본에는 없고 BI본에 보인다.

어가서도 안 되며, 촌락에도 그곳에 사무가 없다면 마찬가지로 가서는 안 되고, 정해진 양식 이상으로 취해서는 안 된다고 명령했다.

폭정과 억압이 만연했고 특히 농민들의 경우는 과도한 징발과 〔193r〕「161v」 액외(額外)의 가세(苛稅, taklîf-i avâriḍ)로 인해 절망적인 상태에 빠져 수확이 징발액의 절반에도 미치지 못할 정도의 상황에 이르게 되었기 때문에, 그는 칙명을 내려서 귀족이나 천민, 또 오르탁이나 징세·행정관들로 하여금 아랫사람들에게 관용과 구원의 손길로 대하게 하였다. 또한 각자 거래세(mu'âmalat)의 명목으로 자신에게 부과된 것을 여유와 능력에 비례하여 지체없이 지불하되, 칭기스 칸과 〔우구데이〕 카안의 칙명으로 징수에서 면제된 사람들 — 이슬람을 믿는 사람들 중에서는 대셰이흐(shaykh)들과 고귀한 사이드(sayyid)들과 훌륭한 이맘(imâm)들, 기독교인들 중에서는 에르케운(erkâûn)들과 사제(qasîs)들과 성자(rahbân)들과 학자(ḥabr)들, 우상숭배자들 중에서는 이름난 도인(道人, tôin)[73]들, 〔그 밖의〕 각종 공동체들에서는 연로하고 일을 할 수 없게 된 사람들 — 은 제외하도록 하였다. 또한 각각의 행정관들이 매일같이 액수를 할당할 수 없기 때문에 〔다음과 같이〕 연액(年額)을 정하였다. 키타이 지방에서 큰 부자는 10디나르를 내고 빈자들은 〔재산의〕 정도에 따라서 1디나르를 내도록 하며, 마와라안나흐르에서도 마찬가지로 하였다. 후라산과 이라크에서는 부자가 7디나르, 빈자가 1디나르를 내도록 했다. 세리(稅吏, 'âmil)들과 서기(書記, kâtib)들은 편파적이거나 기만적인 행동을 해서는 안 되며, 특혜를 주고 뇌물을 받아서도 안 된다. '쿱추르'(qûbchûr)라 불리는 가축세(marâ'î-yi chahârpâî)는 한 사람이 한 종류의 가축 100두를 갖고 있으면 1두를 내도록 하고, 100

---

73) A · B: NWYN. 이는 TWYN의 誤寫이고 '道人'을 옮긴 말이다.

두가 안 되는 경우에는 아무 것도 내지 않도록 했다. 미납된 세금에 관해서는 누구인지 또 어디인지를 불문하고 백성들로부터 징수하지 못하도록 하였다.

그는 모든 족속과 종교 집단들 가운데 이슬람 백성을 대단히 우대했고 많은 선물과 보시를 내렸다. 이를 보여 주는 증거는 다음과 같다. 650년 이드 알 피트르(Îd al-Fitr) 제일(祭日)[/1252년 12월 5일]74)에 오르두의 문 앞에 카디 자말 앗 딘 마흐무드 호젠디(Qâdî Jamâl al-Dîn Maḥmûd Khojendî)와 한 무리의 무슬림들이 나타났다. [카디는]75) 설교를 하고 회중을 이끌었는데, 후트바(khuṭba)76)를 칼리프의 호칭으로 행했다. 또한 뭉케 카안을 위해 기도와 찬미를 하였다. [카안은] 이드 축제를 기리기 위해 수레들에 금은 발리시들과 값비싼 의복들을 실어서 주었고, 대부분의 사람들은 그 일부를 얻을 수 있었다. 결박되고 구금된 모든 사람들을 완전히 풀어 주기 위하여 왕국 전역에 걸쳐 강력한 칙명을 선포하고, [193v]「162r」 이를 시행하기 위해 사신들을 나라 사방으로 보냈다. 만약 그 폐하께서 매일같이 정의로움과 공정함을 어떻게 펼치셨는가를 설명하려 한다면 여러 권[의 분량]으로도 부족할 것이며, 그 이야기는 끝이 나지 않을 것이다. "그 중의 조금이 대부분을 말해 주는 증거로다."77) 그의 정의로움과 공정함에 관한 소문이 사방 각지로 퍼져 나가자 원근 각처의 투르크·타직인들이 신실한 소망을 갖고 그의 비호를 간청하였다. [아직] 복속하지 않았던 지방의 말릭들이 선물과 헌물을

---

74) '이드 알 피트르'는 라마단 금식월이 종료될 때 행하는 축제로서 開齋日이라고 번역되기도 한다.

75) 아랍어로 qâḍî는 율법에 따라 법적 판결을 내리는 '판관'을 의미한다.

76) 모스크에서 금요일 예배시 행해지는 설교를 '후트바'라고 부른다. 일반적으로 이슬람권에서 합법적인 군주가 누구냐를 판단하는 기준은 '후트바'와 '섹케'(sekke ; 鑄錢)에 누구의 이름이 표명되느냐 하는 것이었다.

77) 원문은 아랍어.

보내왔다.

　그의 칭송할 만한 성품과 특징의 일부를 간략한 방식으로 언급했으니 여러 가지 고귀한 품성들을 집합적으로 보여 주는 일화를 소개하여, 이 이야기가 결코 과장이 아니라는 것을 세상 사람들에게 분명히 알리고자 한다. 상인들이 각지에서 구육 칸의 어전으로 와서 그의 대신들과 큰 거래를 하고 여러 지방에 대한 지불명령서들을 받았는데, 〔그의〕 죽음으로 말미암아 그들〔이 받아야 할〕 비용(vujûh)은 연체된 채 지불되지 않았다. 그의 카툰과 아들들과 조카들 역시 그런 방식으로 거래를 했고 각 지방에 대해서 지불명령서를 써주었다. 상인들은 무리지어 계속해서 왔고 거래를 했으며 지불명령서가 발부되었다. 뭉케 카안이 축복으로써 보좌에 앉고 그 〔상인〕 무리들의 사업이 과거와는 달라지게 되자, 그 가운데 일부는 과거에 비해 재화를 1/10도 벌 수 없게 되었고, 일부는 할당(ḥavâla)된 지점에 도달하지 못하기도 했으며, 일부 무리는 지불명령서를 받지 못했고, 일부는 물품을 내놓지 않았으며, 일부는 여전히 가격을 매기지 않았다. 그들 모두 어찌할 바를 모르게 되자 폐하의 어전으로 향했고, 일종의 시험삼아 그리고 그의 정의와 은사에 희망을 걸고 궁정으로 와서 뭉케 카안의 축복받은 귀에 자신들의 처지를 탄원하였다. 폐하의 유능한 관리들과 나라의 대신들이 그 같은 거래 비용을 황실 재고에서 지불할 필요가 없으며 아무도 그에 반대하지 못할 것이라면서 만류했지만, 그는 완벽한 자비로써 그 무리들에게 은총의 팔을 펼쳐서 자신의 왕국들에서 그 비용 전부를 지불하라는 칙령을 내렸다. 〔그 총액은〕 금은 50만 발리시를 상회하였다. 만약 그가 지불하지 않았다 하더라도 아무도 반대하지 못했을 것이지만, 이 같은 관후함으로 하팀(Ḥâtim)과 같은 성품을 지닌 모든 군주들의 영광은 빛을 잃게 되었다. 한 군주가 다른 군주의 빚을 갚아 주었던 예를 어떤 역사서에서 보았으며 어떤 일화를 통해 들은 적이 있는가. 이 예화는 그의 군주다운 찬양할 만한 품성과 만족할 만한 습관들 가운데 하나에 불과하며, 그것을 통해 다른 일들을 [어떻게 했는지] 추론할 수 있을 것이다.

　그는 일반 백성들의 사안을 심리할 때마다 아미르 멩게세르와 유능한 아미르들의 무리에게 그 사안을 처리하게 해서 정의의 기초를 견고히 하도록 지시했다. 전부터 폐하에게 특별한 봉사를 했던 불가이 아카(Bulǧâî Âqâ)에게 칙명을 내려, 그로 하여금 서기들의 수령이 되어 그의 명령문과 칙령들을 서사(書寫)하고 복사하도록 했다. 또한 무슬림 비틱치들 중에서 [우구데이] 카안과 구육 칸의 어전에서 동일한 사무를 수행했던 아미르 이마드 알 물크(Amîr ʻImâd al-Mulk)와 폐하의 훈구(勳舊)들에 속하는 파흐르 알 물크(Fakhr al-Mulk)를 명하여, 상인들에게 패자를 발급하지 말도록 함으로써 그들과 재무관들이 구별될 수 있도록 하였다. [상술한 관리들] 가운데 일부는 재고와의 거래를 위해 운송된 물품들의 가격을 매기고, 일부는 보석들의 가격을 매기고, 일부는 의복들을, 일부는 모피들을, 또 일부는 현금(naqd)들의 가격을 매겼다. 이와 마찬가지로 인장(印章) 발행, 패자 발급, 무기고[의 관리], 나아가 날짐승·들짐승의 사냥을 준비하는 업무, 각종 종교 집단과 족속들의 중요한 사무를 처리하는 일 등을 위하여 기민하고 능통한 사람들을 임명했다. 또한 그 같은 사람들은 위선의 오염과 탐욕의 과도함을 멀리하고, 아무나 구금해서도 안 되며, 각 사람들의 정황에 대해 신속하게 폐하의 귀에 보고하도록 해야 한다는 지엄한 명령을 내렸다. 페르시아·위구르·키타이·티베트·탕쿠트 등 각종 집단으로 구성된 서기들이 봉사하고 있었고, 칙명이 어느 장소에서 작성되든 간에 그 종족의 언어와 문자로 서사되었다. 옛날의 말릭들이나 술탄들의 시대에 과연 이 같은 제도와 관습이 있었겠는가? 만약 그들이 [다시] 살아난다면 이런 방식을 모방하리라는 것은 분명하다. 알라께서 가장 잘 아시고 가장 현명하시다! [194r]「162v」

뭉케 카안이 동생인 쿠빌라이와 훌레구를 동방과 서방으로 군대와 함께 파견한 것, 아직 복속하지 않고 있던 키타이 왕국들의 지방을 정복하기 위해 그가 직접 출정한 것 등에 관한 이야기

뭉케 카안이 축복 속에서 군주의 보좌에 앉아 벗들에게는 승리를 주고 적들에게는 패배를 가져다 주었을 때, 그는 카라코룸 부근에 있는 우구데이 카안의 목지 안에 위치한 옹키(Ongqî)[78]라는 곳에서 동영을 마쳤다. 대쿠릴타이가 끝나고 두 번째 해가 도래하여 군주의 보좌에 확고히 앉아서 친구와 적의 문제를 끝내자, 성심은 지상의 동방과 서방의 먼 지방들을 정복하는 데로 향하였다. 맨 먼저 이단자들의 지방에서 온 정의를 희구하는 한 무리의 사람들이 〔카안의〕 고귀한 눈앞에 나타났다. 〔카안은〕 그들을 처리하기 위해 자기 형제인 훌레구 칸 ― 그의 이마에는 세계 정복과 세계 장악의 징표, 군주다운 위엄, 행운 등이 분명하게 드러났다 ― 을 소해[79]에 타직 지방으로 보냈다. 그리고 가운데 동생인 쿠빌라이 카안을 범해[80]에 동방의 고장들을 방어하고 정복하는 데에 임명하여 보냈는데, 잘라이르 종족 출신의 무칼리 구양을 그와 동행시켜서 파견했다.[81] 그들 모두 군주가 되었기 때문에 이 이야기에 관한 설명은 각자의 본기에서 나올 것이다. 쿠빌라이 카안이 출정을 했는데, 도중에

---

78) A · B: ANKQY; Bl: AWNKQYN.

79) 1253년.

80) 1254년.

81) 그러나 이 같은 주장은 사실과 다르다고 할 수밖에 없는데, 무칼리 구양은 1223년 음력 3월 金國과의 전쟁 도중에 사망했기 때문이다. 『元朝名臣史略』(蘇天爵 撰, 姚景安 點校, 北京: 中華書局, 1996), p. 8 참조.

사신을 보내어 "중간에 식량(tagâr)을 구할 수 없고, 행군은 대단히 힘듭니다. 만약 명령을 내려 주신다면 카라장 지방으로 가겠습니다"라고 〔청원〕했다. 허락이 떨어져서 쿠빌라이 카안은 그 고장 — 여기서는 '칸다하르'(Qandahâr)[82]라는 이름으로 알려져 있다 — 을 공격·약탈하고 뭉케 카안의 어전으로 돌아왔다.

그 뒤 뭉케 카안은 몽골리아 중앙부에 있는 코르코녹 주부르(Qôrqônôq Jubûr)라는 곳에서 쿠릴타이를 개최했다. 그 장소는 〔일찍이〕 쿠툴라 카안(Qûtula Qân)이 승리를 거두었을 때 한 나무 아래서 자신의 누케르들과 함께 어찌나 춤을 추었던지 지면에 도랑이 파일 정도가 되었던 바로 그곳이다. 결론적으로 말해 쿠릴타이가 끝나고 많은 사람들이 해산했을 때, 아미르들과 왕자들은 각자 덕담(bîlîg)을 하나씩 말했다. 그러던 도중에 이키레스 종족 출신으로 칭기스 칸의 사위였던 데레게이 쿠레겐[83]이 "낭기야스 왕국은 이렇게 가깝고 우리에게 적대하고 있는데, 어떻게 우리가 〔그곳을 정복하는 문제를〕 소홀히 하거나 포기할 수 있단 말입니까?"라고 말했다. 뭉케 카안은 그 말을 흡족하게 여기며 "부조(父祖)들과 아카들, 즉 과거의 군주들은 각자 한 가지 업적을 이루고 한 군데 지방을 정복함으로써 자신의 이름을 사람들 사이에 높였다. 나도 스스로 군대를 직접 이끌고 출정하여 낭기야스 방면으로 가겠노라"고 말했다. 왕자들은 일치단결하여 말하기를 "군주는 지상의 얼굴입니다. 일곱 분의 형제들이 있는데 어떻게 몸소 적과의 전쟁에 출정할 수 있단 말입니까?"라고 말했다. 그는 "우리는 논의를 모두 끝냈기 때문에 그것에 반대하는 것은 올바른 견해와는 거리가 먼 것이다"라고 말했다.

---

82) A: FYDHAR; B: QNDHAR.
83) 『부족지』에서는 "다이르가이 쿠레겐"이라고 표기되었다.

'타울라이 일'[84] ─ 653년 무하람[/1255년 2~3]월에 시작 ─, 즉 즉위한 지 여섯 번째 되던 해에 키타이의 군주인 자우간(Jaugân)[85]을 정벌하기로 결정했다. 막내 동생인 아릭 부케에게 그곳[86]에 머무르던 오르두들과 몽골 병사들을 지휘하도록 하고 울루스를 그에게 위임하였다. 그는 자신의 아들인 우룽타시를 그에게 맡겼다. 자신이 직접 데리고 간 군대들은 왕자들과 부마들과 대아미르들이 지휘했는데 그것은 다음과 같다.

우익

  왕자들

  · [우구데이] 카안의 일족 중에서는 카단(Qadân)과 토탁(Tôtâq).

  · 차가타이의 일족 중에서는 쿠시카이(Qûshqâî)[87]와 다른 아들들.[88]

  · 톨루이 칸의 자식들 중에서는 무게와 이수타이.

  · 사촌들 중에서는 자우투(Jâûtû)와 다른 아들들.

  아미르들

  · 코르치[89] 노얀의 일족 중에서는 발칙(Bâlchîq).[90] [194v]「163r」

좌익

  왕자들

  · 옷치 노얀(Ôtchî Nôyân)의 아들 타가차르(Tağâchâr).

───
84) 토끼해를 가리킨다.

85) 한자어 趙官을 나타낸 말로서 趙氏 성을 가진 宋皇室을 가리킨다.

86) 몽골리아.

87) A · B: QWŠQA.

88) BI본에는 여기에 아비시카(Abîshqa), 나린 카단(Nârîn Qadân), 카닥치 세첸(Qadâqchî Sâchân) 등 세 사람의 이름이 추가되어 있다.

89) A · B: QWRJY.

90) BI본에는 "뭉케 카안의 일족 중에서 바이주(Bâîjû), 코르치 노얀(Qôrchî Nôyân)"이라고 되어 있다.

- 주치 카사르의 아들 이숭게.
- 일치다이[91] 노얀의 아들 차쿨라(Châqûla).[92]

아미르들

- 무칼리 구양의 아들 쿠룸시(Qûrumshî).
- 쿵크라트 출신의 알치 노얀(Alchî Nôyân).
- 우루우트 종족 출신의 케흐티(Kehtû)와 부지르(Bûjir).
- 망쿠트 출신의 뭉케 칼자(Môngkâ Qaljâ)와 차간 노얀(Chaǧân Nôyân).[93]

이 모든 종족들의 몽골 군인들이 출정했다. 우익에 속하는 군대는 자우쿠트(Jâûqût) 병사들[94]과 함께 뭉케 카안을 동행하여 출정했는데, 그 두 집단은 모두 60투만이었다. 자우쿠트는 키타이와 탕쿠트와 주르체와 솔랑카로 구성되어 있는데, 〔그 까닭은〕 몽골인들이 그 지방을 자우쿠트라고 부르고 있기 때문이다. 좌익의 군대를 전술한 타가차르와 동행시켜서 다른 길을 통해 파견했는데, 그들의 무리는 30투만이었다. 그들의 지휘관은 전술한 타가차르였다. 〔쿠릴타이에서 한〕 그 논의에서 벨구테이 노얀은 "쿠빌라이는 한 번 원정을 나가서 자신의 임무를 완수했는데, 지금은 통풍이 있으니 귀가하라고 칙명을 내리면 어떨지요?"라고 주청을 올렸다. 뭉케 카안은 흡족하게 여겼다. 벨구테이 노얀은 110살이었는데 그해에 사망했다.

'루 일' ─654년 무하람〔/1256년 1~2〕월에 시작 ─ 에 출정했다. 우

---

91) A · B: AYLJYTAY.

92) A · B: JA?WLH. B본에는 차쿨라가 '왕자들'이 아니라 '아미르들'에 속하는 것으로 기재되어 있다.

93) B본에는 이외에도 "쿵크라트 출신의 나친 쿠레겐, 이키레스 종족 출신의 데레게이 쿠레겐" 두 명이 추가되어 있다.

94) 여기서 '자우쿠트 병사들'은 金國 치하, 즉 키타이 지방에서 징발된 군인들을 말한다.

익 쪽으로는 뭉케 카안[과] 수베테이 바하두르의 아들[95]이 10투만[의 병사들]과 함께 있었다. 여름에 뭉케 카안은 탕쿠트 지방과 낭기야스의 변경에 도착하여 류판샨(Liûpânshân, 六盤山)이라는 이름으로 불리는 지점에서 여름을 보냈다. 그 지점은 칭기스 칸이 키타이를 원정하기 위해 도착했다가 병이 나서 사망한 곳이다. 가을에는 낭기야스 변경에 있는 이순 카할카(Yîsûn Qahalqa)[96]로 향했다. 그 부근에서 성채 20개를 공취했는데, 그 지방을 한시단(Ḥânsidân)[97]이라 부르고 있다. 돌리샹 (Dôlîshâng)[98]이라 불리는 거대한 성채 주위에 하영하고 포위하였다. 타가차르 노얀은 10만 명의 기병과 함께 거대한 강인 카안켕(Qânkeng, 漢江)[99] 루트를 따라 출정하여 큰 도시인 샹양푸(Sângyângfû, 襄陽府) 와 팡칭(Fângchîng, 樊城)을 포위하고 복속시키라는 명령을 받았다. 그 가 그곳에 도착하여 군대와 함께 일주일간 포위했으나 공략할 수 없게 되자 자기 집으로 돌아가 하영했다. 뭉케 카안은 그 일로 인해 분노하면 서 그들을 질책(qâqmîshî)하고 "[내가] 돌아가면 네게 응분의 처벌을 내리겠다"는 전갈을 보냈다. 이숭게의 형제 코릭치(Qôrîqchî)[100]는 타 가차르에게 전갈을 보내서 "쿠빌라이 카안은 많은 도시와 성채들을 장 악했는데, 너는 찢어진 가죽 주머니[101]를 갖고, 즉 먹고 마시는 데에만

---

95) BI본에는 수베테이의 아들 KWNCW(KWKCW의 誤寫)로 되어 있어, 보일은 '쿠케추'(Kökechü)로 읽었다. 그러나 다른 자료에는 수베테이에게 쿠케추라는 이름의 아들이 보이지 않는다. 다만 수베 테이의 아들 가운데 가장 알려진 인물로는 쿠빌라이와 함께 남송 원정에 참여했던 우량카다이(兀良 合台)가 있다.

96) 몽골어로 '9개의 협곡'이란 뜻이다.

97) A: ḤANS?DAN; B: ḤANSNDAN; BI: XANSYNAN.

98) A · B본 원문은 WLYŠANK으로 되어 있으나 BI본에는 DWLYŠANK으로 되어 있고, A · B본도 뒤 에서는 DWLYŠANK으로 표기되어 있다. 노역본은 이를 Dali Shank로 읽고 사천성 合州 부근에 있 는 釣魚山을 옮긴 것으로 이해했다.

99) 양자강으로 흘러드는 漢水를 가리키며, 襄陽과 樊城은 한수 兩岸에 마주해 있던 쌍둥이 도시였다.

100) 『칭기스 칸 기』(p. 96)에서 코릭치는 이숭게의 동생으로 나와 있다.

바쁘다가 돌아왔다"고 하였다. 完!

쿠빌라이 카안이 칙명에 따라 낭기야스 지방으로 출정하여 아우주(Aujû,[102] 鄂州)를 포위하고 귀환하여 켕(Keng)[103] 강을 건넌 이야기

그 뒤 뭉케 카안은 "쿠빌라이 카안은 병이 나 있고 [과거에] 한번 출정한 적이 있기 때문에, 이제 그 군대를 타가차르에게 맡겨 그를 대신해서 출정하도록 하라"고 명령했다. 칙령이 도착하자 쿠빌라이 카안은 "저의 발은 좋아졌습니다. 저의 아카가 출정하고 있는데 제가 어떻게 집에 머물러 있겠습니까?"라는 전갈을 보내고 즉시 출정하였다. 그는 출발하여 낭기야스로 향했는데, 길은 극도로 멀고 험한 데다 그 지방 사람들 전체가 반도들이고 기후도 열악했기 때문에, 자신들의 생존을 위해 하루에도 두세 차례 전투를 하면서 진군하여 마침내 아우주 시에 도착했다. 그곳을 포위했지만 10투만 중에서 2투만도 남지 않을 지경이 되어 버렸다.

그 뒤 쿠빌라이 카안은 원정에서 돌아왔는데, 우량카다이(Ûryang-qadâî)[104]를 바하두르 노얀(Bahâdur Nôyân) ― 무칼리 구양의 아들 칠라운 구양의 아들 ― 과 함께 [195r]「163v」 5투만의 군대를 그곳에 남겨 두었다. 그는 켕 무렌(Keng Mûrân)[105] 강 위에 선교(船橋)를 만들었다. 낭기야스 방면에서 헤아릴 수도 없이 많은 군인들이 도착했다. 몽골군은 다리로 건너려고 했으나 [그렇게 하기는] 어려워서, 그들 가운데 많

---

101) A·B본 원문은 khîkhâ-i darîda. 그러나 Bl본에는 janghâ-i duzdîda("도둑질한 전투")로 되어 있다. 보일은 후자 쪽을 택했으나 의미가 깨끗이 통하지는 않는다. Steingass에 따르면 khîk는 'a leathern bottle, bag'의 의미를 갖고 있는데, 이는 몽골인들이 음료수를 마실 때 사용하는 가죽 주머니에 해당한다. 동사 darîdan은 'to tear, rend, lacerate' 등을 뜻한다.

102) A·B: YAWJW. 그러나 뒤에서는 AWJW로 표기되어 있고 그것이 鄂州(Ezhou)의 발음에 더 가깝다.

103) '강'을 옮긴 말로서 長江 즉 楊子江을 지칭한다.

104) A·B: AWYA.

105) '무렌'은 몽골어로 '강'을 뜻하는 müren이며, '켕 무렌' 역시 장강을 가리킨다.

은 사람들이 강물에 빠지거나 낭기야스 군대의 손에 죽임을 당했다. 일부는 그 지방에 남았는데, 마지막에 가서 낭기야스가 정복된 뒤 〔그때까지〕 살아 있던 사람들은 다시 돌아왔다. 그 뒤 쿠빌라이 카안은 거기서 와서 중두 시 부근에 있는 오르두에 도착하여 그곳에 하영하였다. 이 기간에 뭉케 카안은 앞서 말한 성채를 포위하는 데에 열중했다.

뭉케 카안이 병에 걸려 사망한 것과 영구가 오르두들에 도착하여 장례를 거행한 이야기

뭉케 카안이 앞서 말한 성채를 포위하고 있을 때, 여름이 찾아와 혹심한 더위가 닥치면서 그곳의 물과 공기로 인하여 몽골군 안에서 이질(ishâl-i damavî)[106]이 돌고 역병(vabâ)[107]이 발생해서 많은 사람들이 사망했다. 지상의 제왕은 역병을 막기 위해 포도주(sharâb)를 마셨고 그런 〔습관을〕 계속했다. 갑자기 병마가 그를 덮쳤고 병이 위독하게 되어, '모가이일' — 655년 무하람〔/1257년 1~2〕월에 시작 — 에 불길한 성채 아래에서 타계하였다. 그의 향년은 ……[108]이었고, 그해는 그가 군주의 보좌에 즉위한 지 8년째 되던 해였다.[109] 그가 사망하자 아수타이 오굴은 쿤두카이 노얀(qunduqâî Nôyân)에게 군대를 지휘하도록 남겨두고, 부친의 영구를 모시고 오르두들로 와서 네 오르두에서 장례를 치렀다. 첫날은 쿠툭타이 카툰(Qûtuqtâî[110] Khâtûn)의 오르두에서, 둘째 날은 쿠타이

---

106) 원문의 의미는 '피를 쏟는 설사'이다.

107) Steingass에서 vabâ는 "plague, pestilence ; cholera ; any epidemic disease"로 풀이되어 있다.

108) 原缺.

109) 그러나 『元史』「憲宗紀」에 따르면 그는 戊辰年 12월 3일(양력 1209년 1월 10일)에 출생하여 辛亥年 (1251)에 즉위하고 己未年(1259) 秋7월 癸亥(양력 8월 11일)에 사망했으며, 향년 52세 재위 9년이었다.

110) A · B: QR?QTAY.

카툰(Qûtâî Khâtûn)[111])의 오르두에서, 셋째 날은 차분 카툰(Châbûn Khâtûn) — 그 원정에서 폐하와 함께 있었다 — 의 오르두에서, 넷째 날은 키사 카툰(Kîsâ Khâtûn)의 오르두에서 [장례를 치렀다]. 매일 한 오르두 안에 그 영구를 보좌 위에 올려놓고 있는 힘껏 곡을 하였다. 그 뒤 그를 부르칸 칼둔(Bûrqân Qâldûn)[112])이라는 곳 — 그곳을 '예케 코룩' (Îke Qôrûq)[113])이라고도 부른다 — 에, 칭기스 칸과 톨루이 칸 옆에 묻었다. 지고한 창조주께서 자비와 관용으로 이슬람의 제왕에게 장수의 복을 주시고 왕국과 행운과 통치를 누리게 해주소서!

그 원정에서 쿠빌라이 카안의 정황에 관한 보충 및 뭉케 카안의 사망 소식이 그에게 도착한 것에 관한 이야기

그때 쿠빌라이 카안은 그쪽에서 출정하여 후이후르(Khûîkhûr,[114]) 淮河) 라고 불리는 낭기야스 지방의 큰 강에 도착했다. 뭉케 카안에 관한 나쁜 소식을 듣자 그는 무칼리 구양의 손자인 바하두르 노얀과 상의하며 "이 같은 헛소문(arâjîf)에 귀를 기울이지 말자!"고 말했다. 그는 바를루스 종족 출신인 불루간 칼자(Bûluqân Qaljâ)[115])의 아들 에르케 노얀(Erke Nôyân)을 선봉으로 보내고 [자신은] 뒤를 따라갔다. 그들은 낭기야스 군대의 초병들(qarâûlân)을 붙잡아 죽였는데, 그 이유는 [그들이 진격한다는] 소식이 밖으로 새어 나가지 않게 하기 위해서였다. 폭이 2파르상[=약 10km]인 켕 강을 배로 건너 아우주[116]) 시에 도착해서 포위 · 함

---

111) 「뭉케 카안 기」에 기록된 '쿠이테니'와 동일인인지도 모른다.

112) A: BWLQAQ QALDWN: BWLQAN QALDWN.

113) '大禁區'라는 뜻.

114) A · B: XWYXWR; Bl: XWYXW.

115) A · B: BWLQAN QLJQAY.

116) A · B: AWJW.

락시켰다. 뭉케 카안과 전투하다가 귀환한 군대가 그 도시[의 방어]를 돕기 위해서 왔는데, 그들의 아미르 이름은 갸이라(Gîâîrâ)[117]와 울루스 타이푸(Ulûs Ṭâîfû)였다.[118] 그들이 도착했을 때 쿠빌라이는 [이미] 도시를 정복한 상태였다. 그 즉시 차분 카툰과 그녀의 오르두에 속하는 아미르들, 즉 타이치우타이 노얀(Tâîchîûtâî Nôyân)과 예쿠 노얀(Yîkû Nôyân) 등으로부터 사신들이 도착했다. 그들의 이름은 토간(Tôgân)과 에부겐(Ebûgân)이었는데, 뭉케 카안의 사망 소식을 전해 주었다. 쿠빌라이 카안이 그 상황을 확실히 알게 되자 작전을 중단하고 추모제를 거행했다. 그는 낭기야스 지방에 있고 훌레구 칸은 서쪽 방면과 타직 지방에 있었기 때문에, 그들이 [있는 곳에서] 도읍지까지의 거리는 멀었다. 아릭 부케는 [195v]「164r」 형의 죽음을 접하자, 그의 눈길은 보좌와 군주의 자리에 머물렀다. 아미르들과 근신들도 그에게 쿠빌라이 카안과 대적(yâgî)하라고 부추겼다. 아릭 부케, 뭉케 카안의 아들 아수타이와 우룽타시 오굴 및 다른 아들들과 왕자들에 관한 역사와 일화들은 모두 쿠빌라이 카안 기에 나올 것이다. 지고한 알라께서 뜻하신다면!

뭉케 카안의 역사와 그의 통치 기간에 관한 정황과 일화들을 모두 마쳤으니, 이제는 그와 동시대, 즉 '카카이 일' 즉 돼지해 —648[/1250]년에 해당 — 의 처음부터 '모가이 일' —655년 무하람[/1257년 1~2]월에 시작 — 의 마지막에 이르기까지, 키타이와 마친의 군주들, 이란 땅·시리아·룸·이집트 및 서방의 아미르·칼리프·술탄·말릭·아타벡들의 역사에 대해서 간략하게 이야기해 보도록 하자.

---

117) A: KYAYRA; B: KBAYRA; Bl: KYAYDA.

118) 학자들은 이 두 사람을 남송의 재상 賈似道와 장군 呂文德으로 비정하고 있는데, 음성상으로는 유사성을 찾기 어렵다.

뭉케 카안과 동시대, 즉 '카카이 일' 즉 돼지해 — 648(/1250)년에 해당 — 의 처음부터 '모가이 일' — 655년 무하람(/1257년 1~2)월에 시작 — 의 마지막에 이르기까지[119] 키타이와 마친의 군주들, 이란 땅·시리아·룸·이집트 및 서방의 아미르·칼리프·술탄·말릭·아타벡들의 역사, 이 기간에 생긴 기이한 사건 등에 대한 간략한 서술

상술한 그 기간 동안의 키타이와 마친의 군주들의 역사

리준(Lîzûn):[120] [재위] 41년 가운데 7년과 5년은 우구데이 카안과 구육 카안의 치세와 공위기로 지나갔고, [뭉케 카안과 겹치는 기간은] 8년이며, 나머지는 17년.[121]

아미르·칼리프·술탄·말릭·아타벡들의 역사

아미르들의 역사__ 이란 땅의 왕국들 대부분의 총독이던 아미르 아르군은 649년 주마다 알 아히르(/1251년 8~9)월에 쿠릴타이에 참석하기 위해서 뭉케 카안의 어전으로 향했다. 그곳에 도착했을 때는 이미 쿠릴타이가 끝나고 왕자들과 아미르들은 해산한 뒤였다. 뭉케 카안은 국사를 처리하느라 바빴다. 도착한 다음날 그는 고두를 했는데, 650년 무하람 초하루(/1252년 3월 14일)였다. 그는 이란의 왕국들이 혼란스러워진 정황에 대해서 보고를 올렸고 특별한 은사를 입었다. 이 방면의 주민들이 내는 '칼란'(qalân)[122]은 부자에게는 매년 7디나르, 빈자에게는 1디나르

---

119) 이 부분은 A·B본에는 빠져 있어 BI본에서 보충했다.

120) A본에는 ?YZWN으로 되어 있으나 LYZWN으로 읽어야 옳을 것이다.

121) 理宗의 치세는 1224~1264년, 41년이었다. 여기서 언급된 "7년"과 "5년"은 각각 우구데이 치세의 후반(1235~1241)과 구육 칸 및 공위기(1242~1246)를 의미하는 것으로 보인다. 여기에 칭기스 칸과 겹치는 4년을 포함하면 모두 41년이 된다.

122) '칼란'은 몽골들이 정복민에게 부과한 세금의 일종인데 이에 대해서는 Smith, "Mongol and

로 정해졌는데, 〔뭉케 카안은〕 그 이외에 〔추가로〕 아무 것도 요구하지 말라고 명령했다. 그는 〔지금까지〕 했던 것과 동일한 지위를 위임 (tûsâmîshî)받고 귀환길에 올랐다. 바그다드의 사히비 디반인 알라 앗 딘('Ala ad-Dîn)의 부친 바하 앗 딘 주베이니(Bahâ ad-Dîn Juvaynî), 그리고 〔소르칵타니〕 베키의 어전에서 비틱치였던 시라즈 앗 딘(Sirâj ad-Dîn)에게 재무장관의 직책을 얻어 주고 그들의 이름으로 칙령과 패 자를 받았다. 그들은 651〔/1253~1254〕년에 출발했다. 아미르 아르군 이 후라산에 도착했을 때 그는 조서(詔書, aḥkâm)를 낭독하고 뭉케 카 안의 야사들을 전달했다. 사람들은 기뻐했고, 그는 어느 누구도 그것을 어기지 말고 백성들에게 억압을 가하지 말라고 명령했다. 그는 이란 왕 국의 사무를 올바로 정비했고 칙명에 따라 〔196r〕「164v」 나즘 앗 딘 길 라바디(Najm ad-Dîn Gîlâbâdî)와 동행하여 킵착 데르벤드(Derbend-i Qipchâq) 길을 거쳐서 카안의 어전(ḥaḍrat-i qân)으로 향했다. 이 왕국 들에 대한 호구 조사를 실시하고 정액의 세금을 확정하였다. 〔훌레구 칸 이〕 도착할 때까지 그는 최초의 관례에 따라 왕국의 사무를 관장하였다.

바그다드 칼리프들의 역사

칼리프는 알 무스타심 빌라였다. 독실하고 금욕적이었으며 정신을 혼미 하게 하는 것은 결코 입에 대지 않았고 불법적인 것에도 손을 대지 않았 다. 〔뭉케 카안이 통치하던〕 이 기간에 쿠르드인들의 대인(大人)이었던 후삼 앗 딘 할릴 이븐 바드르 이븐 후르시드 앗 살리바지(Ḥusâm ad-Dîn Khalîl b. Badr b. Khûrshîd as-Salîvâjî[123])는 칼리프에 대한 복속에 서 벗어나 몽골인들의 보호 아래 들어갔다. 그전에 그는 수피들의 무리

Nomadic Taxation" 참조.
123) Bl: al-Balûjî.

에 속해 있었고, 자신을 사이디 아흐마드(Sayyidî Aḥmad)[124]의 문도(門徒)들 중 한 명으로 여겼다. 그때 그는 한 무리의 몽골인들과 협의를 하여 나자프(Najaf) 근교에 있는 훌란잔(Khûlanjân)으로 가서, 술레이만 샤(Sulaymân Shâh)의 추종자들 가운데 한 무리를 공격하고 살육과 약탈을 행했다. 그는 거기서 술레이만 샤 지배 아래 있던 바하르(Vahâr) 성채로 가서 포위를 했다. 술레이만 샤는 소식을 듣고 칼리프에게 허락을 구한 뒤, 그를 막아내기 위해 그곳으로 향했다. 그가 훌완(Ḥulwân)에 도착하자 수많은 군대가 그에게 모였다. 할릴의 주위에도 역시 한 무리의 무슬림과 몽골인들이 모여들었다. 사흐르(Sahr)라고 불리는 곳에서 양측이 만났다. 술레이만 샤는 매복을 했지만 전투가 격렬해지자 도망쳤다. 후삼 앗 딘 할릴은 그를 뒤쫓아 갔고, 매복한 지점을 지나서 갔다가 돌아왔다. 병사들이 매복에서 튀어나와 그들을 포위했고 많은 수를 죽이고 할릴을 포로로 잡았다가 살해했다. 그의 형제는 어떤 산으로 은신했다가 〔신변의〕 안전을 바라고 내려왔다. 술레이만 샤는 그들의 지방에서 성채를 두 개 빼앗았는데, 하나는 난공불락의 시간(Shîgân) 성채였고, 또 하나는 샤푸르 호스트(Shâpûr Khwâst)[125] 도시 중앙에 위치한 디즈바즈(Dîzbaz) 성채였다.

이 기간에만 1만 5000명에 가까운 몽골 기병들이 하마단에서 바그다드 교외를 공격했는데, 〔그중〕 일부는 하나킨(Khânaqîn)을 공격하고 술레이만 샤 휘하의 한 무리를 공격했다. 〔몽골군의〕 또 한 무리는 샤흐라주르(Shahrazûr) 방면으로 갔다. 칼리프는 샤라프 앗 딘 이크발 샤라비(Sharaf ad-Dîn Iqbâl Sharâbî), 소(小)다바트다르(davâtdâr)[126]인 무자

---

124) 이라크에 살았던 수피 성자 Aḥmad al-Badawî(1276년 사망)을 가리키는 것으로 보인다 (*Successors*, p. 232).
125) A · B본에는 Khwâst라고만 되어 있다. 이 도시는 현재의 후람아바드(Khurramâbâd)에 해당한다.

히드 앗 딘 아이벡(Muzâhid ad-Dîn Aybeg), 대(大)다바트다르인 알라 앗 딘 알툰타시('Ala ad-Dîn Altûntâsh) 등에게 노예들과 아랍인들로 이루어진 대군을 이끌고 나가서 바그다드 성벽 위에 투척기들을 설치하라고 지시했다. 몽골인들이 성채로 왔다는 소식이 전해지자 술레이만 샤와 이들 누케르 집단은 전투 준비를 했다. 몽골인들은 자파리야(Ja'fariya) 부근까지 와서 밤중에 불을 지르고 돌아갔다. 몽골인들이 두자일(Dujayl)을 겁략한다는 소식이 갑자기 전해져서, 샤라비는 군대와 함께 그들을 막기 위해 갔고 몽골인들은 돌아갔다.

술탄들의 역사

룸에서는 이즈 앗 딘 카이카우스('Izz ad-Dîn Kaykâûs)가 술탄이었다. 그의 형제인 알라 앗 딘이 그와 적대하며 안구리야(Angûriya)[127]로 갔는데, 〔술탄은〕 거기서 그를 데리고 와 후시야르(Hushiyâr) 성채에 7년 동안 감금했다.

모술에서는 이 기간 동안 바드르 앗 딘 룰루가 군대를 정비하고 아르빌의 통치자인 타즈 앗 딘 무함마드 이븐 살라야에게 지원을 청했다. 그는 1000명을 보냈다. 바드르 앗 딘은 마르딘으로 향했고, 마르딘의 술탄도 군대를 끌고 왔는데 알레포에게 지원을 요청했다. 양측이 서로 마주쳤을 때 마르딘인들의 우익이 패배하여 모술의 군대가 그들을 추격하고 전리품을 취하였다. 알레포군의 지휘관이었던 카이마리의 아들이 모술군의 중군을 공격하여 격파하자, 술탄 바드르 앗 딘 룰루는 도망쳐 10명과 함께 모술로 왔다. 그의 재고는 약탈당하고, 군대는 도망쳐서 그의

---

126) '다바트다르'(davâtdâr)는 文書官을 가리킨다.
127) 현재의 앙카라.

뒤를 따라왔다.

　이집트에서는 〔196v〕「165r」 말릭 살리흐 나즘 앗 딘 아유브 이븐 알 카밀(Malik Ṣâliḥ Najm ad-Dîn Ayyûb b. al-Kâmil)이 술탄이었다. 그가 죽자 아미르들과 이집트 사람들은 그의 아들이자 히슨 카이파(Hiṣn Kayfâ)[128]의 총독이던 말릭 무아잠 투란샤(Malik Mu'aẓẓam Tûrânshâh)를 불렀다. 그가 다마스쿠스 시에 도착하자 그곳을 장악하고, 거기서 이집트로 갔다. 648〔/1250~1251〕년 그는 이집트의 술탄이 되었다. 그는 다미야트(Damiyât)[129]와 이집트 부근을 장악했던 프랑크군과 전투를 벌여 그들을 격파하고, 3만 명에 가까운 프랑크인들을 죽였다. 그들의 국왕들 중 한 사람인 아프리디스(Afrîdis)[130]는 수많은 무리와 함께 포로가 되었고 다미야트는 해방되었다. 그 뒤 바흐리(Baḥrî) 투르크인들이 술탄을 죽이기로 합의하고 함께 맹서했다. 아미르들의 수령인 아이벡 투르코마니(Aybeg Turkomânî)는 술탄의 어전에 식탁으로 나아가 보고를 올렸는데, 이야기를 하는 도중에 술탄이 그에게 심한 말을 하자 아이벡은 일어나 칼을 뽑아서 술탄을 쳤다. 그는 손으로 막으려고 했지만 심한 부상을 입고 나무로 지어진 집으로 도망쳤다. 투르크인들은 아이벡에게 "당신이 시작한 일이니 끝장을 내십시오!"라고 말했다. 나프타 투척병(投擲兵, naffât) 한 명을 데리고 와서 나프타 병을 그 집에 투척했다. 불이 붙자 술탄은 지붕으로 올라갔고, 아이벡은 활로 그를 쏘았다. 술탄이 강물로 뛰어들자 그들은 강가로 그를 추격하러 가서 붙잡았다. 그들은 발로 차서 그를 죽이고 강물에 던져 버렸다. 그 소식을 들은 프랑크인 포로들은 족쇄를 부수고 무슬림들을 살육하기 시작했

---

128) 현재 터키 남부의 Hasankeyf.
129) 이집트 북부의 도시.
130) 'Roi de France'(프랑스 국왕)라는 단어의 변형.

다. 투르코마니의 누케르들이 와서 그들을 포위하고 칼로 베었는데, 1만 3000명의 프랑크인들이 한순간에 죽임을 당했다. 아랍인들은 자기들 집으로 갔고 쿠르드인들은 카이로(Qâhira)로 돌아갔다. 투르크인들은 만수리야(Manṣûriya)에 남아서 다미야트를 완전히 프랑크인들의 손에서 해방시킨 뒤 장악했다. 아프리디스에게는 20만 디나르[의 몸값]을 정하였다. 그의 형제·아들·친족들은 담보(girau)로 풀어 주고, 〔각자〕 무슬림을 한 명씩 대동하고 가서 그에게 몸값을 지불하도록 하였다. 652〔/1254~1255〕년에 아이벡 투르코마니는 이집트를 장악하였다. 말릭 카밀의 후손들 중에는 아무도 남지 않게 되었다. 그는 아미르 아크타이 자마다르(Amîr Aqtâî Jâmadâr)[131]를 갑자기 성채 안에서 죽이고, 후트바(khuṭba)와 주전(鑄錢, sekke)을 자기 이름으로 하라고 명령한 뒤, 술탄의 관례에 따라 보좌에 앉았다.

키르만에서는 루큰 앗 딘이 술탄이었다. 650〔/1252~1253〕년에 쿠틉 앗 딘이 폐하의 어전에서 왔다. 루큰 앗 딘은 도망쳐 칼리프의 궁정에 보호를 청했다. 몽골을 두려워하여 그에게 길을 내주지 않았다. 그는 거기서 폐하에게로 갔으나, 쿠틉 앗 딘이 그의 뒤를 따라갔다. 그들은 야르구에 들어왔다. 루큰 앗 딘은 죄가 확정된 뒤 쿠틉 앗 딘에게 맡겨져 처형되었다. 키르만의 술탄위는 그에게 정해지게 되었다. 完!

말릭과 아타벡들의 역사

마잔다란에서는 ……

서방에서는 ……

디야르바크르에서는 ……

---

131) '자마다르'는 의복 담당관을 가리킨다.

파르스에서는 ……

시스탄에서는 ……

상술한 기간에 생겨난 기이한 사건들의 역사

…….132) 〔197r〕「165v」

---

132) 이상 ……는 모두 原缺.

【제3장】

칭송할 만한 그의 성격과 품성. 그의 치세 중에 생긴 일들 가운데 앞의 두 장에 들어가지는 않았으나
여러 책들과 사람들을 통해 알게 된 단편적인 사건 · 일화들 및
그가 말하거나 지시했던 예화와 성훈과 훌륭한 명령들.

. . . . . .133)

---

133) 原缺. BI본에는 여기에 추가된 부분이 있지만, 앞의 pp. 335-336에 있는 내용과 거의 동일하기 때문
에 여기서 별도로 보충할 필요는 없는 것으로 보인다.

쿠빌라이 카안 기
칭기스 칸의 아들
톨루이 칸의 아들
3장으로 구성

아릭 부케가 마음속으로 카안이 되기를 바라면서 뭉케 카안의 자식들인 아수타이와 우룽타시 및 그들의 자식들의 도움과 지원을 받아 자신의 형인 쿠빌라이 카안과 적대했으나, 결국 그것이 실현되지 못하고 그들은 쿠빌라이 카안에게 복속하게 되었다. 이런 연유로 그들에 관한 이야기는 이 본기 속에 서술될 것이다.

제1장 : 그의 계보에 대한 설명, 그의 카툰들과 오늘날까지 분파되어 온 그의 자식들의 지파들에 대한 상술, 그의 초상과 자식들의 지파도.
제2장 : 그가 즉위하기 이전〔의 사정〕, 그가 칸위에 오를 때 보좌와 카툰들과 왕자들과 아미르들의 모습. 그의 통치 기간에 일어난 일화와 역사, 아릭 부케 및 그와 함께 했던 왕자들과 그가 전투를 벌여 승리를 거둔 일에 관한 일화와 역사, 그의 아미르들에 관한 언급.
제3장 : 그의 훌륭한 성격과 품성, 그가 행하거나 말했던 좋은 덕담과 비유와 칙령들, 그의 치세에 일어난 사건과 일화들 가운데 앞의 두 장에 포함되지 않거나 여러 책들과 사람들을 통해 알게 되었기 때문에 흩어지고 정리되지 않은 것들.

【제1장】

그의 위대한 계보에 대한 설명

쿠빌라이 카안은 톨루이 칸의 넷째 아들이며 소르칵타니 베키에게서 출생했다. 그의 유모는 무게의 모친으로서 나이만 종족 출신이며 〔톨루이의〕 후비였다. 우연히 무게가 출생하기 두 달 전에 쿠빌라이 카안이 탄생했다. 칭기스 칸은 그를 가만히 보더니 "나의 자식들은 모두 불그레한 〔피부〕색을 가졌는데 이 녀석은 검은색이니 그의 〔어머니 쪽〕 삼촌들을 닮았구나"라고 말했다. 그러고는 소르칵타니에게 "그를 좋은 유모에게 주어서 키우게 하라!"고 했다. 그는 무게의 모친인 사룩(Sârûq)에게 주어졌고 그로부터 두 달 후에 무게가 태어났다. 그의 모친은 그를 탕쿠트 종족 출신의 유모에게 주어서 키우게 하고, 자신은 쿠빌라이 카안이 장성할 때까지 키웠다. 그를 마치 자기 자식처럼 생각하며 온갖 정성을 기울여 보살피고 보호했다. 카안은 그녀를 극진히 모셨고 그녀가 사망했을 때 줄곧 그녀를 회상하며 그녀〔의 혼백〕을 위해 헌물을 바쳤다. 完!

그의 카툰들과 자식들에 대한 설명

쿠빌라이 카안에게는 대단히 많은 카툰과 후비들이 있었다. 여럿 가운데 가장 큰 〔부인〕은 차분 카툰이었는데, 쿵크라트 수령들의 종족 출신인 알치 노얀의 딸이었다. 매우 순결하고 아름다워 그의 사랑을 받았다. 쿠빌라이 카안에 앞서서 '비친 일', 즉 원숭이해인 682〔/1284〕년에 사망했다. 쿠빌라이 카안은 〔모두〕 열두 명의 중요한 아들을 두었다.[1] 마치 칭기스 칸이 그의 큰부인인 부르테 푸진에게서 얻은 네 명〔의 아들들〕이 누구보다 더 존경받았던 것처럼, 이 열두 명 가운데 차분 카툰을 어머니로 하는 네 명이 누구보다 더 중요했다. 그 아들들의 이름은 아래에 서술한 바와 같다.

첫째 아들 도르지(Dôrjî)

차분 카툰에게서 출생했다. 아들이 하나 있었는데, 이름은 아난다(Ananda)였다.[2] 그는 아바카 칸보다 나이가 더 많았다. 항상 약하고 아팠으며, 고질병으로 사망했다. 完!

둘째 아들 짐김(Jîmgîm)[3]

원래 이름은 김짐(Gîmjîm)이었다. 타이후이(Tâîkhûi, 太后)라는 이름을 가진 대카툰에게서 출생했다. 어떤 사람들은 그 역시 차분 카툰의 소생이며, '타이후이'는 그녀의 호칭이었다고 말한다. 이 카툰은 쿵크라트 뼈 출신이며, '타이후이'는 카안의 어머니라는 뜻이다. 이 짐김은 젊어서 죽었고, 그에게서 세 명의 좋은 아들이 있었는데 다음과 같다.

☆ **첫째 아들 카말라**(Kamalâ).[4] 그에게는 세 아들이 있었다.

---

1) 『元史』 권107 「宗室世系表」 (p. 2724)에 따르면 쿠빌라이에게는 모두 열 명의 아들이 있었는데, 그 이름은 다음과 같다. 朶而只(Dorji), 眞金(Jingim), 忙哥剌(Manggala), 那木罕(Nomuqan), 忽哥赤(Hügechi), 愛牙赤(Ayachi), 奧魯赤(Oǧruqchi), 闊闊出(Kököchü), 脫歡(Toǧon), 忽都魯帖木兒(Qutluq Temür).

2) 「宗室世系表」에 따르면 朶而只에게는 후사가 없고, 安西王 阿難答은 忙哥剌의 아들로 되어 있다. 『集史』도 뒤에서는 아난다를 망칼란의 아들로 기록하고 있다. 아난다는 1280년 안서왕을 襲封했다. 부친 忙哥剌이 秦王이었기 때문에 秦王印까지 물려받았으나 후에 거두어졌다. 1307년 티무르 카안이 사망한 뒤 실권을 잡고 있던 卜魯罕(Buluǧan) 황후가 좌승상 阿忽台(Aqutai)와 宰執 伯顔(Bayan)과 八都馬辛(Batmashin) 등과 연합하여 아난다를 황제로 추대했으나, 우승상 哈剌哈孫 등의 반대에 부딪쳐 실패로 끝나고 賜死되었다.

3) 1262년 燕王에 봉해졌고 中書令에 임명되었다. 1273년에는 황태자에 봉해졌으며, 1279년에는 조정의 百事를 주관하여 먼저 황태자의 재가를 받은 뒤 황제에게 보고하도록 하였다. 1286년 병사했는데 후일 裕宗으로 추증되었다.

· 이순 티무르(Yîsûn Tîmûr)⁵⁾

· 중샤이(Jûngshâî)⁶⁾

· 델게르 부카(Delger Bûqâ)⁷⁾

☆ **둘째 아들 타르마발라**(Tarmabalâ).⁸⁾ 그에게도 세 아들이 있었다.

· 카이샹(Khâîshâng)⁹⁾

· 에무게(Emûge)¹⁰⁾ ·

· 바르마(Barma)¹¹⁾

---

4) 晉王 甘麻剌(廟號 顯宗). 至元 年間(1264∼1294) 北邊에 出鎭했다. 1290년에 梁王에 봉해져 雲南으로 출진했으며, 1292년에는 晉王으로 改封되어 다시 북변으로 가서 칭기스 칸의 四大斡耳朶(오르두)와 몽골 군마를 統領했다.

5) 후일 泰政帝(1323∼1328)로 등극한 인물. 1302년 晉王에 봉해져 漠北軍馬를 統領했다. 1323년 南坡之 變으로 英宗 시데발라가 피살되자 황제로 즉위하였다.

6) 『元史』에 梁王 松山으로 기록된 인물. 그에게는 梁王 王禪이라는 아들이 있었고, 왕선에게는 雲南王 帖 木兒不花(Temür Buqa)라는 아들이 있었다.

7) A · B: DLKN BWQA. 그러나 『五分枝』에는 DLKR BWQA로 표기되어 있고 "티무르 부카라고도 불 린다"는 추가 설명이 씌어져 있다. 『元史』 「宗室世系表」에는 湘寧王 迭里哥不花(Delge Buqa)라고 되 어 있고, 그에게는 湘寧王 八剌失里(Balashiri)라는 아들이 있었다.

8) 答剌麻八剌. 1264년 출생했고, 1285년 부친 眞金이 사망한 뒤 황손으로 각별한 사랑을 받았으나, 1292년 병으로 사망했다. 후일 아들인 武宗 海山(카이샨)이 즉위한 뒤 順宗이라는 廟號를 받았다.

9) 『五分枝』에는 "현재 카안의 자리에는 카이샹이 앉아 있으며, 그는 쿨룩 카안(AKLYK QAN)이라고도 불린다"는 첨문이 보인다. AKLYK QAN은 KLYK QAN의 誤寫이며, 이는 Külüg Qa'an(용맹한 카안) 을 옮긴 말이다. 또한 그에게는 코실라이(Qôshîlâî, 후일 明宗)와 툭 티무르(Tûq Tîmûr, 후일 文宗)라 는 두 아들이 있었던 것으로 기록되어 있다. 한문 사료에 그의 이름은 海山(Qaishan)으로 표기되며 曲 律皇帝로 불리었고 묘호는 武宗(1307∼1311)이다. 1299년 寧遠王 闊闊出(Kököchü)을 대신하여 北邊 을 總兵하여 카이두를 격파하고 1304년에는 寧遠王으로 봉해졌다. 1307년 티무르 카안이 사망한 후, 安西王 아난다 추대 기도가 실패로 돌아가고, 동생 아유르바르와다(仁宗)의 도움으로 즉위했다.

10) 『五分枝』에는 AMANKA로 표기되어 있고, "그를 아문가(Amûnga)라고도 부른다"는 문장이 첨가되 어 있다. 『元史』에는 魏王 阿木哥로 되어 있고, 타르마발라의 長子로 기록되어 있다. 그에게는 蠻子 (Manzi) 대왕, 西靖王 阿魯(Aruq), 魏王 孛羅帖木兒(Bolod Temür), 唐兀台(Tangutai) 왕, 答兒蠻失里 (Tarmashiri) 왕, 涿羅(Cholo) 대왕 등 여섯 명의 아들이 있었다.

11) 『五分枝』에는 그의 이름이 Qâchû Barma로 표기되어 있다. 그는 武宗 카이샨의 뒤를 이어 즉위한 仁 宗 愛育黎拔力八達(Ayurbarwada)과 동일인이다. 『元史』에 따르면 그에게는 큰아들인 碩德八剌 (Shidebala ; 英宗)와 작은아들인 安王 兀都思不花(Udus Buqa)가 있었다.

☆ **셋째 아들 티무르 카안**(Tîmûr Qân). 현재의 카안으로, 울제이투 카안(Ôljâîtû Qân)이라고도 부른다. 아들이 하나 있었는데 그의 이름은 티시 타이시(Tîshî Ṭâîshî)[12]이고, 또 다른 아들의 이름은 타가일란(Ṭâǧâîlân)[13]이다. 〔198r〕「166v」

셋째 아들 망칼란(Mângqalân)[14]

역시 차분 카툰에게서 출생했다. 대카툰을 하나 두었는데 그녀의 이름은 쿠투이(Qûtûî), 인도어로 '주군의 자식'(khudâvand-zâda)이라는 뜻이다. 그녀는 쿵크라트 종족 출신 알치 노얀의 손녀이다. 그에게서 다음과 같은 세 아들이 나왔다.[15]

☆ **첫째 아들 아르슬란 부카**(Arslân Bûqâ)

☆ **둘째 아들 알툰 부카**(Altûn Bûqâ)

☆ **셋째 아들 아난다**(Ananda). 한 종족이 반란을 일으킨 적이 있었는데 그들의 아미르 이름이 아난다여서 그 이름을 준 것이다. 그는 무슬림이었고 탕쿠트 지방이 그에게 위임되었다. 그에게는 우룩 티무르(Ôrüg Tîmûr)라는 아들이 하나 있었고, 딸도 하나 있었다.

---

12) 『五分枝』에는 쿵타이시(Qûngtâîshî, 황태자)로 표기되어 있고, 'Dîshî라고도 부른다"는 첨문이 있다. 『元史』에는 황태자 德壽로 기록되어 있는데 Tîshî 혹은 Dîshî는 덕수와 상통하는 것으로 보인다. 덕수는 1306년 음력 6월 황태자로 봉해졌으나 그해 12월 사망했고 후사가 없었다.

13) 『五分枝』: MQABYLAN. 이 인물에 대한 한문 기록은 찾아볼 수 없다.

14) A·B: MYNKLQN. 여기서는 『五分枝』의 표기를 따랐다. 그는 중국 사료에 忙哥剌(Mangǧala)로 알려진 인물이다. 1272년 安西王에 봉해져 河西·土番·四川 등지에 출진했다. 동영지는 京兆 즉 西安, 하영지는 六盤山이었다. 1273년에는 秦王에 봉해졌다.

15) 『元史』에는 망갈라에게 安西王 阿難答(Ananda)과 按壇不花(Altan Buqa)라는 두 아들이 있었고, 아난다의 아들로 月魯帖木兒(Örüg Temür)라는 인물이 기록되어 있다.

넷째 아들 노무간(Nômûğân)[16]

그 역시 차분 카툰에게서 출생했다. 그에 관한 이야기는 대단히 많은데, 그것들은 각각 적절한 곳에서 나올 것이다. 그에게는 두 딸이 있었으나 그들의 이름은 알려지지 않는다.

다섯째 아들 코리다이(Qôrîdâî)[17]

메르키트 뼈 출신의 코룩친 카툰(Qôrûqchîn Khâtûn)에게서 출생했다. 쿠빌라이 카안은 그녀를 다른 어느 카툰들보다 먼저 취했고, 나이도 다른 사람들보다 많았지만, 마지막에 가서 그녀의 지위는 낮아졌다. 그녀는 메르키트의 군주 톡타이 베키 — 칭기스 칸 시대에 반란을 일으켜 여러 차례 전투를 벌였고, 마침내 어찌할 방도가 없게 되자 복속했던 인물 — 의 형제인 쿠투의 딸이다.

여섯째 아들 후게치(Hûgâchî)

두르벤 종족 출신의 카툰에게서 출생했다. 카안은 카라장 지방을 그에게 위임하였다.[18] 하루는 어느 마을에서 물새들을 많이 잡았는데, 그 [이야기가] 카안의 귀에 들어갔다. [카안이] 그에게 곤장 70대를 치라고 명하여 그의 부드러운 살점이 떨어져 나갈 정도가 되었다. 그가 죽었을 때 아들이 하나 있었는데, 이름은 에센 티무르(Îsân Tîmûr)[19]이다. 카안

---

16) 한문 사료에는 那木罕, 南木合, 那木干(Nomuqan) 등으로 표기된다. 1268년 北平王에 봉해졌다. 후에 阿力麻里(Almaliq)로 출진했다가 1275년 兵變이 발생하여 카이두가 있는 곳으로 끌려가지만 1280년 송환되었다. 1282년 北安王으로 改封되었으나 1305년 사망했다.

17) 중국측 기록에는 그의 이름이 언급되어 있지 않다.

18) 『元史』에 따르면 쿠빌라이는 忽哥赤(Hügechi)을 1267년 8월 丁丑에 雲南王으로 봉하고, 大理 · 鄯闡 · 茶罕章 · 赤禿哥兒 · 金齒 등지를 鎭撫하러 보냈는데 1271년 독살되었다. 1280년 그의 아들 也先帖木兒(Esen Temür)가 습봉하였다.

은 그를 부친을 대신하여 카라장 — 인도어로는 '칸다르'라고 부르는데,
즉 '큰 지방'이라는 뜻이다 — 지방의 수령으로 임명하였다. 그에게는
세 아들이 있었는데 다음과 같다.

☆ **투시 부카**(Tûsh Bûqâ)

☆ **투글룩**(Tûklûq)

☆ **볼라드**(Bôlâd)

일곱째 아들 오그룩치(Oğrûqchî)

두르베진 카툰(Dôrbâjîn Khâtûn)의 소생이다. 카안은 티베트 지방을 그
에게 위임했다.[20] 그에게는 두 아들이 있는데 다음과 같다.

☆ **첫째 아들 티무르 부카**(Tîmûr Bûqâ).[21] 그에게 두 아들이 있었는데 〔한
명은〕 이름이 샤스카바(Shâskaba)이고 또 한 명은 주시박(Jûshbâk)이
다. 그가 사망하자 티베트 지방을 이 티무르 부카에게 주었다.[22]

☆ **둘째 아들 이질 부카**(Îjîl Bûqâ).[23]

여덟째 아들 아야치(Ayâchî)

그의 어머니는 후신 종족 출신 보로굴 노얀의 딸 후시진(Hûshîjîn)이었
다. 이 아들은 부인과 혼인한 뒤 한동안 같이 지냈으나 자식은 얻지 못
했다.[24][25] 〔198v〕「167r」

---

19) 1280년에 雲南王을 襲封했다가, 1307년에는 甇王으로 進封되었다. 오랫동안 운남에 출진하였다.

20) 그는 西平王으로 봉해졌다.

21) 鎭西武靖王 鐵木兒不花.

22) 『元史』에는 鐵木兒不花의 두 아들로 雲南王 老的罕와 武靖王 搠思班이 보인다.

23) 『元史』에는 奧魯赤의 또 다른 아들이 西平王 八的麻的加(*Badimadiğa)로 나와 있다. '이질 부카'가 그
   의 다른 이름인지는 불분명하다. 흥미롭게도 고려 忠宣王의 몽골식 이름 역시 Ijil Buqa(益智禮普化)
   였다. 몽골어에서 ijil은 '짝, 쌍'을, buqa는 '황소'를 의미한다.

아홉째 아들 쿠케추(Kôkechû)

이 아들 역시 아야치의 모친, 즉 후신 종족 출신의 후시진에게서 출생했다. 현재 또 그 이전에도 노무간과 함께 출정하여 데레수로 와서 카이두와 전투를 벌였다. 그는 노무간과 함께 붙잡혔는데, 얼마 후 카안의 어전으로 보내졌다.[26]

열 번째 아들 쿠틀룩 티무르(Qûtlûq[27] Tîmûr)

그의 어머니 이름은 알려져 있지 않으며, 아릭 부케가 카안과 대립하던 그해에 태어났다. 스무 살에 사망했다. 부인을 얻었지만 자식은 없었다.[28]

열한 번째 아들 토칸(Tôqân)

그는 바야우트 뼈 출신의 보락친(Bôrâqchîn)의 딸인 바야우진 카툰(Bâyâûjîn[29] Khâtûn)에게서 출생했다. 아들이 하나 있었는데, 그의 이름은 라우장(Lawjâng)[30]이었다.[31] 마친이라고도 불리는 만지 지방에 징주(Jîngjû)[32]라는 이름의 큰 도시가 있는데, 10투만에 가까운 〔인구를 가

---

24) 『元史』에는 그에게 阿木干(Emügen)과 孛顏帖木兒(Bayan Temür)라는 두 아들이 있었던 것으로 기록되어 있다.

25) ► ◄ 사이의 내용은 A본에는 빠져 있고 B본에는 옆의 공란에 추가로 보충되어 있다.

26) 寧王 闊闊出에게는 두 아들이 있었는데, 寧王 薛徹禿(Sechetü)과 寧王 阿都赤(Adu'uchi)이 그들이다.

27) A: QWTW QTYMWR.

28) 『元史』에는 그에게 阿八也不干(Aba Ebügen)이라는 아들이 있었던 것으로 기록되어 있다.

29) A: BAYA.

30) A·B: JANK. 그러나 뒤의 지파도에서 LWJANK이라고 된 것으로 보아, 여기서 본문은 nâm-i û Jâng이 아니라 nâm Lawjâng으로 읽는 쪽이 옳을 것이다.

31) 鎭南王 脫歡에게는 진남왕 老章(Lawjang), 文濟王 蠻子(Manzi), 宣德王 不答失里(Budashiri) 등 세 명의 아들이 있었다. 『元史』 권117 「寬徹普化傳」에는 寬徹普化(Könchek Buqa)가 鎭南王 脫歡의 아들로 되어 있는데, 권107 「宗室世系表」에는 老章의 아들로 되어 있다.

진〕 지방이다. 카안은 그곳을 모두 그에게 위임해 주었다.

열두 번째 아들 성명 미상

남부이 카툰(Nambûî Khâtûn)[33]에게서 출생했다. 〔차분〕 카툰이 사망한 뒤 1년이 지나서 〔카안은〕 그녀를 〔차분 카툰의〕 목지와 오르두로 데리고 왔다. 그녀가 차분 카툰의 조카였기 때문이다. 그녀는 나친 쿠레겐의 딸이다.

쿠빌라이 카안 자손들에 관한 설명은 이것으로 끝이다. 상술한 이 자손들의 지파도는 다음과 같다. 〔199r〕「167v」

---

32) Jîngjû가 어디를 가리키는지는 불분명하나, 라시드 앗 딘은 뒤에서 토칸이 주둔하고 있는 도시로 Yangjû(揚州)를 꼽은 것으로 보아 誤寫일 가능성도 배제할 수 없다.

33) 『元史』에 南必皇后는 納陳의 孫인 仙童의 딸로 기록되어 있다. 1283년 황후가 되었고 正宮을 繼守했다고 한다. 당시 쿠빌라이는 연로하고 통풍이 있어 신하들이 항상 그를 볼 수 없게 되자, 남필황후가 상당히 預政하였다. 그녀에게서 태어났다는 鐵蔑赤(Temechi)라는 아들이 『集史』에서 '성명 미상'으로 처리된 인물과 동일인일 가능성이 있다.

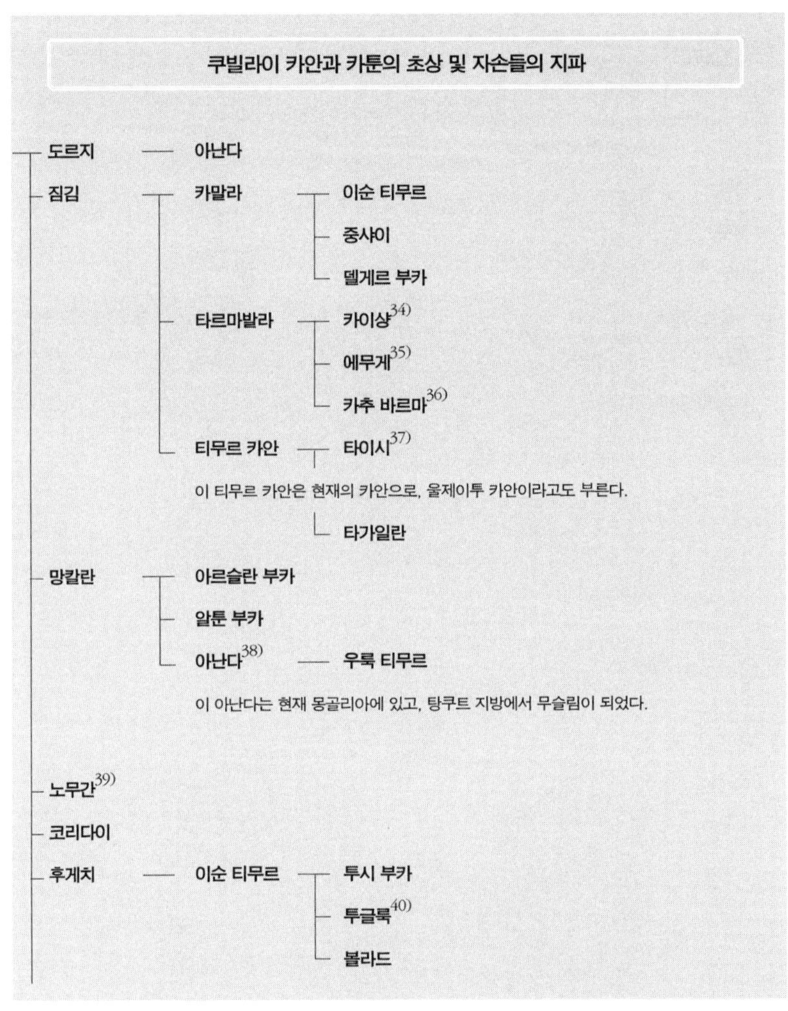

---

34) A · B: XYSNK.

35) A · B: AMNKH.

36) A · B: QAJW BRMH.

37) A: ṬAYSY.

38) A · B: AYN ANDH.

39) A: TWMWǦAN.

40) A · B: TWQLWQ.

┌─ 오그룩치[41] ┌─ 티무르 부카 ┌─ 샤스카바
│   │   └─ 주시박
│   └─ 이질 부카
├─ 아야치
├─ 쿠케추
├─ 미상
├─ 쿠틀룩 티무르
└─ 토칸   ─── 라우장

〔199v〕「168r」

---

41) A · B: AQRWQJY.

【제 2 장】

그가 즉위하기 이전〔의 사정〕, 그가 칸위에 오를 때 보좌와 카툰들과 왕자들과 아미르들의 모습.
〔그의 통치 기간에 일어난〕 일화와 역사, 아릭 부케 및 그와 함께 했던 왕자들과 그가 전투를 벌여 승리를
거둔 것에 관한 일화와 역사, 그가 여러 변경에 배치한 아미르들과 군대들에 대한 언급,
그를 모시고 있는 왕자들 및 그의 휘하에 있는 아미르들의 이름에 대한 언급.

그[42]가 칸위에 오르기 이전의 전사

정의로운 군주 뭉케 카안이 칸으로 즉위하여 — 그의 도읍은 카라코룸 지경 안에 있는 ……[43]이라는 곳이었다 — 나라의 사무를 정비한 뒤, 자기 동생인 쿠빌라이 카안을 동방과 키타이 왕국에 임명하고 작은 동생인 훌레구를 서방과 타직 지방으로 파견했다. 그의 본기에서 언급했던 것처럼 〔뭉케 카안은〕 몽골과 자우쿠트로 구성된 80투만의 군대 전부에게 그와 동행하여 키타이 방면으로 가서 그곳에 주둔하고 키타이와 연접한 낭기야스 지방을 정복하라고 명령했다. 쿠빌라이 카안은 출발하여 낭기야스의 길들을 우회했는데, 그것은 그곳의 군주들이 도중에 있던 지점들에서 식량을 모두 고갈시켜 버려 그쪽 방향으로 가는 것이 매우 힘들었기 때문이다. 그는 사신을 뭉케 카안의 어전으로 파견하여 상황을 보고하고, 군대의 식량을 확보할 수 있도록 먼저 카라장(Qarâjâng)과 차간장(Chağânjâng) 지방[44]을 정복하고 그 후에 낭기야스 방면으로

---

42) A본에는 "그의 아미르들"이라고 잘못 기재되어 있다.

43) A · B본에는 공백으로 되어 있으나, BI본에는 "오난 켈루렌"이라는 단어가 들어가 있다.

44) 한문으로는 合剌章과 察罕章으로 표기된다. '카라'와 '차간'은 몽골어로 각각 黑과 白을 뜻하고, '장' (Jang)은 토번인들이 자신들보다 남쪽에 위치한 南詔를 가리키던 명칭이었던 것으로 추정되는데, 후일 몽골인들이 이를 습용한 것으로 보인다. 카라장은 협의로 滇西 大理 지역 및 그 중심지인 大理城을 가리키나, 광의로는 元代의 雲南行省을 지칭한다. 차간장은 토번과 대리의 交界에 위치한 麗江 유역을 가리킨다. 『元朝史』(韓儒林 主編, 人民出版社, 1986), pp. 276~277 참조.

갈 수 있게 허락해 달라고 청했다. 그 두 지방은 키타이어로는 다이류(Dâîlîû, 大理)라고 부르는데, 이는 '커다란 왕국들'이라는 뜻이며, 인도어로는 칸다르(Kandar), 이 지역의 언어로는 칸다하르(Qandahâr)라고 불린다. 그 지방들의 변경은 티베트, 탕쿠트, 인도의 일부 지방들과 산지, 키타이와 자르단단(Zardandân)[45] 지방들과 연접해 있다. 결론적으로 말해 〔뭉케〕 카안은 '루 일' — 654년 무하람〔/1256년 1~2〕월에 시작 — 에 그 지방을 겁략하고 마하라즈(Mahârâz)[46] — '대술탄'이라는 뜻 — 라는 이름을 가진 그들의 군주를 붙잡아서 자신과 함께 데리고 옴으로써 원정을 끝냈다.

그 뒤 뭉케 카안이 낭기야스를 정복하려고 했을 때, "쿠빌라이는 통풍이 있고, 이전에 출정을 하여 반란을 일으킨 지방들을 복속시켰으니, 이제는 집에서 쉬게 하라!"고 명령했다. 지시를 따라서 그는 몽골리아 안에 카라운 지둔(Qarâûn Jîdûn)이라는 곳에 있는 자신의 오르두들에서 휴식을 취하였다.[47] 일 년이 지난 뒤, 낭기야스 방면으로 갔던 타가차르 노얀과 좌익의 왕자들이 아무런 성과를 거두지 못하고 돌아오자, 뭉케 카안은 그들을 질책하는 칙령을 보내어 질타(qâqmîshî)했다. 그리고 다음과 같은 내용의 칙령을 내렸다. 즉 쿠빌라이 카안이 "나의 다리는 좋아졌다. 뭉케 카안이 원정을 떠났는데 내가 어찌 집에 앉아 있을 수 있단 말인가?"라는 전갈을 보냈으니, 타가차르 노얀이 보유했던 그 군대들을 취하여 낭기야스 지방으로 향하라는 것이었다. 칙명을 따라 그는

---

45) zârdandân은 페르시아어로 '금이빨'을 뜻하며, 한문 사료에도 金齒國으로 기록되어 있다. 운남 지역에 거주하던 민족의 이름으로, 마르코 폴로에 따르면 이빨에 금박을 씌우던 풍습이 있었기 때문에 이러한 이름으로 불리었다.
46) '마하라자'(maharaja)를 가리키는데, 이는 물론 이름이 아니라 칭호이다.
47) 카라운 지둔은 興安嶺을 가리키는데, 여기서 쿠빌라이의 '오르두'는 흥안령 서남록에 있는 내몽골 金蓮川 幕府를 의미하는 것으로 보인다.

1투만의 직속군(lashkar-i khâṣṣa)과, 타가차르 노얀과 함께 있다가 그가 다시 취한 자우쿠트로 구성된 몇 개의 투만을 데리고 출발했다. 그는 낭기야스 변경에 도착하여 수많은 도시들과 지방들을 정복했다.

그때 뭉케 카안은 돌리샹(Dôlîshâng)⁴⁸⁾이라는 성채를 포위하느라 바빴는데, 나쁜 기후로 인해 역병⁴⁹⁾에 걸렸다. 뭉케 카안은 병에 걸려 죽고 말았다. 그의 사망 소식이 쿠이카 무렌(Qûîqa Mûrân, 淮河) 강가에 있던 쿠빌라이에게 전해지자, 〔200r〕「168v」 그는 잘라이르 뼈 출신으로 무칼리 구양의 손자이자 한툰 노얀의 아버지인 바하두르 노얀과 상의를 했는데, 그는 "우리는 개미와 메뚜기처럼 〔많은〕 군대를 데리고 이곳에 왔다. 헛소문 때문에 임무를 완수하지도 못하고 어떻게 돌아가겠습니까?"라고 하였다. 낭기야스 방면으로 출발하여 갑자기 그들의 군대를 공격해서 초병들을 붙잡았다. 자작나무(dirakht-i tûza)⁵⁰⁾ 껍질로 만든 부적(符籍, ṭilismî)으로 켕 강 — 바다처럼 흐르고 그 폭이 1파르상〔=약 5.6km〕이나 된다 — 을 건너 큰 도시인 아우주를 포위하였다.

이에 앞서 뭉케 카안은 낭기야스의 한 방면에서부터 군대를 파견했는데, 그들의 지휘관은 수베테이 바하두르의 아들인 우랑카다이였고 3투만〔의 병력〕이 있었다. 그리고 차가타이의 손자들 가운데 아비시카라는 인물과 좌익의 왕자들 50명을 그들과 함께 파견했다. 길이 험난하고 거점과 성채들이 견고하여 전투를 계속해서 벌였다. 그들로서는 진퇴양난이었다. 또한 열악한 기후로 인하여 그 군인들 가운데 많은 수가 죽어서, 그들 전체에서 5000명 이상도 남지 않았다. 그들은 쿠빌라이 카안이 도착했다는 소식을 듣고 그가 있는 쪽으로 향했다. 20일 뒤 그들은 갑자

---

48) 앞의 343쪽 주98) 참조.

49) A: HWAYAY ; B: HWA WBAY.

50) tûz는 '나무, 자작나무'의 뜻을 갖고 있다. 그러나 자작나무는 대체로 북방의 추운 지방에서 자란다.

기 그 [아우주] 시 부근에 도착하여 그와 합류했다. 도시민들은 궁지에 몰려 사신들을 보내어 복속하였다. 그런데 갑자기 뭉케 카안과 싸우러 갔던 그 도시의 군인들이 그의 사망으로 인해 기뻐하며 철군하여 돌아 왔다. 시민들[51]은 그들의 도착에 고무되었다.

그러는 사이에 차분 카툰과 그녀의 오르두에 속하는 아미르들인 타이치우타이와 예쿠의 사신들이 도착하여 "아릭 부케로부터 대아미르들인 도르지(Dôrjî)[52]와 알람다르('Alamdâr)가 와서 몽골과 자우쿠트에게서 투르칵(turqâq)[53]들을 징발하고 있습니다. 왜 그러는지 알 수가 없습니다. 그 병사들을 내어 줄까요 말까요?"라는 전갈을 보내왔다. 또한 마치 수수께끼처럼 "큰 고기의 머리와 작은 고기의 머리는 잘렸습니다. 당신과 아릭 부케를 제외하고 누가 남아 있습니까? 귀환하시는 것이 가능한가요 아닌가요?"라고 [전해 왔다]. 이틀 뒤 아릭 부케의 사신들이 마찬가지로 쿠빌라이 카안의 어전으로 와서 "[아릭 부케가 당신에게] 안부를 묻고 안부를 전하기 위해서 우리를 보냈습니다"라고 말했다. 그가 "너희들이 징발하는 투르칵들과 병사들을 어느 방면을 경유하여 파견하려는 것인가?"라고 그들에게 묻자, 사신들은 "우리 노복들은 모르는 일입니다. 필시 거짓말일 것입니다"라고 말했다. 그들이 [이처럼 사실을] 은폐했기 때문에 쿠빌라이는 의심을 하게 되었고 "만약 군대를 어떤 방

---

51) A · B본 모두 "왕자들"(shahzâdagân)이라고 되어 있지만 뜻이 통하지 않아서, BI본의 "시민들"(shahriyân)을 취하였다.

52) 『元史』에 脫里赤으로 기록된 인물.

53) 몽골어의 turqaq은 한자로는 覩魯花 · 禿魯花 등으로 옮겨지는데, 이는 원래 투르크어에서 'to stand'를 뜻하는 tur-라는 동사에서 파생된 단어이다(Hsiao Ch'i-ch'ing, *The Military Establishment of the Yuan Dynasty*, Cambridge, Mass.: Harvard University Press, 1978, p. 149). 護衛 · 侍衛를 뜻하며 『몽골 비사』에서는 散班이라는 단어로 옮겨졌다. 또한 turqaq은 '人質 · 質子'의 뜻으로도 사용되었다. 여기서 "투르칵들을 징발했다"는 기록은 특별히 호위병이나 인질병을 징발한 것이라기보다는 일반적인 병력의 징발을 의미하는 것으로 보인다.

면으로 파견하려는 것이라면 무엇 때문에 숨기는 것일까? 이러한 사태의 이면에는 속임수와 위계가 있을 것이다"라고 생각했다. 그는 은밀하게 바하두르 노얀과 우량카다이와 상의하며 "상황이 이러하다. 아릭 부케가 우리에게 무슨 생각을 갖고 있는지 알 수가 없다. 너희 두 사람은 약간의 군대를 데리고 이곳에 남으라! 내가 키타이 변경에 있는 카라무렌 강으로 돌아가서 사태의 진상을 확인하고 너희에게 소식을 전해 주겠다"고 말했다. 이 같은 결정에 따라서 그는 돌아갔고 타가차르, 카단, 이숭게 등 왕자들은 각자 나머지 군대를 이끌고 그와 함께 길을 나섰다. 그들은 〔귀환하면서〕 여러 지방과 촌락을 취하고 파괴하였다.

쿠빌라이가 카라무렌 강가에 있는 남긴(Namgîn,⁵⁴⁾ 南京) 시에 도착했을 때, 도르지와 알람다르가 군대를 소집하러 왔고 몽골과 자우쿠트에게 많은 억압을 가했다는 사실을 분명히 알게 되었다. 그는 사신을 아릭 부케에게 보내어 "몽골 가호(家戶)들과 자우쿠트 지방에서 징발한 투르칵들로부터는 〔아무 일도〕 안 될 것이다. 그들에게 〔지급해〕 주기 위해서 〔각〕 지방에서 징발한 재화와 가축들은⁵⁵⁾ 우리와 같이 있던 군대들, 즉 타가차르와 이숭게와 나린 카단(Nârîn Qâdân)과 좌익의 병사들에게 주고, 또 뭉케 카안과 함께 있다가 지금은 우익의 아미르들인 무게, 카단, 아수타이, 자우투 등과 함께 있는 우익의 병사들에게 주라. 그래서 우리가 필요한 마필과 사료와 장비를 확보하여 낭기야스 문제를 처리할 수 있도록 하라!"고 말했다. 그는 이런 내용으로 전갈을 보냈다.

그 당시 알람다르는 그곳을 〔이미〕 떠났고 도르지는 칸발릭(Khân-bâlîǧ)⁵⁶⁾이라 불리는 중두(Jûngdû, 中都) 시에 남아 있었다. 쿠빌라이

---

54) A: TMKYN. 현재의 개봉.
55) 이 부분은 A · B본과 BI본 사이에 약간 차이가 있는데, 여기서는 A · B본을 따랐다.
56) '칸의 도시'라는 투르크어로 金國의 수도인 中都, 즉 지금의 북경을 가리킨다.

카안은 그에게 "너도 사신들과 함께 누케르 한 명을 보내라!"는 [전갈을] 보냈다. 그는 은밀하게 자기 누케르의 입을 통해 아릭 부케에게 "쿠빌라이 카안이 당신의 의도를 알아챈 것 같습니다. 현재로서 최상의 방책은 만호[를 지휘하는] 대아미르들 가운데 한 사람을 사신들과 동행시켜 파견해서 송골매와 맹금을 보내어 쿠빌라이 카안을 안심시키고 눈치채지 못하게 하는 것입니다"라는 전갈을 보냈다. 아릭 부케는 이 말에 동의하며 아미르 투만(Amîr Tûmân)[57][200v]「169r」을 그 사신들과 동행케 하고 송골매 다섯 마리를 선물로 함께 보내면서, 안부를 물으러 오겠노라고 말했다. 또 그[=투만]에게는 "도르지 노얀과 함께 쿠빌라이 카안에게 달콤한 말들을 해서 그가 완전히 마음을 놓고 돌아갈 수 있도록 하라"고 말했다. 그들은 이런 방식으로 듣기 좋은 말들을 하였고, 아릭 부케의 사신들은 한 입으로 그의 어전에 "투르칵과 군대의 징발을 취소했습니다"라고 보고했다. 쿠빌라이는 "너희들이 이같이 괴상한 이야기들에 대해 해명을 해주니 마음이 놓인다"고 말하면서, 그들을 기분좋게 돌려보냈다.

그는 사신들을 바하두르와 우량카다이에게 보내어 "지금 당장 아우주시의 포위를 중지하고 돌아오라. 천체의 운행처럼 상황이 다시 바뀌었기 때문이다"라고 말했다. 사신들이 그곳에 도착했을 때 타가차르와 이숭게와 나린 카단은 [이미] 귀환한 상태였다. 바하두르와 우량카다이는 군대와 함께 철군하여 쿠빌라이의 어전으로 왔다. 도르지와 투만[58]은 아릭 부케에게로 와서 상황을 알려 주었다. 아릭 부케는 "쿠빌라이가 우리

---

57) 문자 그대로는 '만호장'이라는 뜻이지만 뒤에서 그의 이름이 '투만'으로만 기재된 것으로 보아 고유한 인명으로 판단된다. 사실 『元史』에는 아릭 부케가 투항할 때 같이 온 사람들 가운데 禿滿(Tümen)이라는 인물이 보이는데, 그와 동일한 인물로 추정된다. 『元史』 권5 「世祖 · 二」, p. 98 · 99.
58) B본에는 TWQAN으로 되어 있으나 TWMAN의 誤寫로 보아야 한다.

의 위계와 계략을 충분히 눈치챘으니 우리의 방책은 다음과 같다. 즉 각자 자기 목지와 집에 머물고 있는 왕자들과 아미르들을 소환하여, [이제까지] 소홀히 방치되고 있는 칸위 문제에 대해서 제대로 결정을 지어 주는 것이다"라고 말했다. 그는 상의를 한 뒤 사신들을 각 방면으로 파견했다. 나이마다이(Naimâdâî)[59]와 칭 티무르(Chîng Tîmûr)의 동생인 이수(Yîsû)[60] 두 사람은 그에게 왔지만, 다른 왕자들은 각자 구실을 대면서 지체했다.

많은 무리가 모이지 않자 아릭 부케는 다시 한 번 아미르들과 상의하여, "방책은 다음과 같다. 다시 한 번 사신들을 쿠빌라이에게 보내어 그를 거짓말로 유인하고 마음을 놓게 하자"고 하였다. 그리고는 도르지를 다른 두 사람의 아미르들과 사신들과 함께 파견하여, 뭉케 카안의 장례를 치르는 것이 좋으니 쿠빌라이와 모든 왕자들이 꼭 와야 한다는 전갈을 보냈다. 그들은 [왕자들이] 도착하면 모두 구금할 생각을 하였다. 사신들이 쿠빌라이 어전에 도착하자, 저쪽 방면에서는 타가차르와 이숭게와 나린 카단 및 다른 만호장들이 중두로 와서 그의 어전에 도착했다. [아릭 부케의] 사신들은 전갈을 전했다. 모두 다 한 입으로 말하기를 "이 말이 옳다. 가장 좋은 방책이다. 가는 것이 마땅하며 또 필요하다. 그러나 아직 원정에서 [완전히] 철군하지 않았기 때문에 먼저 각자의 집으로 가서, 거기서 모여 함께 오도록 하자"고 하였다. 도르지는 "이러한 말을 갖고 나의 누케르를 돌려보내겠다. 나는 여기 남아 있다가 당신들과 동행하여 가도록 하겠다"고 하고, 그 결정에 따라 누케르들을 보냈다. 그 뒤 쿠빌라이는 뭉케 카안과 함께 낭기야스 지방으로 갔던 군대에

---

59) B본에는 "타가차르의 아들 나이마다이"라고 되어 있다.

60) A: TYSW; B: YYSW.

사신을 보내고, 또 아수타이에게 전갈을 보내어 신속하게 오라고 하였
다. 무게는 그 원정에서 사망했었다.

도르지의 누케르들이 아릭 부케에게 도착하여 전갈을 전하자, 거기
있던 왕자들은 모두 다 "우리가 언제까지 그들을 기다릴 수 있겠는가?"
라고 말했다. 그곳에 있던 무리들은 단합하여 알타이의 하영지(yâîlâq-i
Altâî)[61]에서 아릭 부케를 카안의 자리에 앉혔다. 그 무리〔는 다음과 같
다〕. 카라 훌레구의 카툰인 오르가나 베리(Ôrğana Bîrî),[62] 뭉케 카안의
아들들인 아수타이와 우룽타시, 차가타이의 손자인 알구, 타가차르의
아들인 나이마다이, 칭 티무르의 동생인 이수, 카단의 아들들인 쿠룸시
(Qûrumshî)와 나친 (Nâchîn),[63] 오르다의 아들인 카라차르
(Qarâchâr),[64] 벨구테이 노얀의 아들 하나. 아수타이를 〔키타이 원정 중
인〕 군대에서 〔불러〕 오게 했기 때문에, 알람다르에게 아미르와 감군
(shahnagî, 監軍)의 직위를 주어 군대로 파견해 〔원정 군인들에게〕 신뢰
를 보임으로써 그들을 보호하고 흩어지지 않도록 하였다. 그 뒤 사신들
을 뭉케 카안의 오르두들 및 쿠텐과 칭 티무르의 자식들이 있는 방면으
로, 또 몽골·탕쿠트·자우쿠트의 지방과 속민(屬民, îl)들에게 보내어 칙
령들을 전달하고, "훌레구와 베르케와 왕자들이 일치해서 나를 카안으

<hr>

61) 구체적인 지점은 확인되지 않고 있지만, 『元史』에 아릭 부케가 즉위한 지점을 "和林(카라코룸)城의
　　서쪽 按坦河"라고 기록한 것으로 보아, 여기서 '알타이' 는 알타이 산맥이 아니라 카라코룸 부근의
　　Altan/Altai라는 이름의 강을 가리키며, '야일락 알타이' 는 그 부근에 위치한 하영지를 가리키는 것
　　으로 이해할 수 있다.
62) BI본에는 Ôrğana Qîzî라고 되어 있고, 보일은 Qîzî를 투르크어의 qiz('딸')로 이해했다. 그러나 A·
　　B본에는 BYRY라고 표기되어 있는데, 이는 이미 『부족지』(p. 182)에서도 설명했듯이 몽골어에서
　　'며느리' 를 뜻하는 beri를 옮긴 말이다.
63) 그러나 BI본에는 "카단의 아들 도르지, 오르다의 아들 쿠룸시"라고 되어 있다.
64) 그러나 카라차르는 주치의 열두 번째 아들 우두르의 아들이다. 「우구데이 카안 기」에 기록되었듯이
　　우구데이의 여섯째 아들 카단에게는 도르지와 쿠룸시라는 아들이 있었다. 그러나 주치의 첫째 아들
　　인 오르다에게도 쿠룸시라는 아들이 있었다. 여기서는 A·B본을 따랐다.

로 추대했다. 너희들도 쿠빌라이, 타가차르, 이숭게, 예케 카단(Îke Qadân), 나린 카단의 말에 귀를 기울이지 말고 그들의 명령을 들어서는 안 된다"고 선전했다.

그들은 이런 방식으로 날조된 말들을 지어내어 [편지를] 써서 보냈다. 칭 티무르와 키타이 [방면]의 아미르들은 그 사신들과 편지들을 빼앗아 쿠빌라이 카안의 어전으로 보냈다. 이렇게 되자 그는 아릭 부케가 반란을 일으켰다는 사실을 확실히 알게 되었다. 그 뒤 타가차르, 이숭게, 예케 카단, 나린 카단, 칭 티무르, 자우투 및 다른 왕자들, 쿠룸시,[65] 나친 [201r]「169v」 쿠레겐, 데레게이 쿠레겐과 같은 아미르들, 좌익의 아미르들 중에서는 수둔 노얀의 아들인 보르차(Bôrcha), 보르치 노얀[66]의 아들인 이질(Îjîl), 두 명의 타르칸(tarkhân) 및 우익의 모든 아미르들이 모두 모여서 다음과 같이 논의를 하였다. "훌레구 칸은 타직 지방으로 갔고 차가타이 일족은 멀리 있으며, 주치의 일족 역시 매우 멀리 있다. 아릭 부케와 함께 있는 그 무리는 멋모르고 행동하였다. 훌레구와 베르케가 오기도 전에 차가타이 [울루스] 방면에서 오르가나 베리가 아미르들의 말을 듣고 아릭 부케 쪽으로 갔다. 우리가 지금 한 사람을 카안으로 지명하지 않고 어떻게 [가만히] 있을 수 있겠는가?" 이런 방식으로 논의를 하고 모두 다 의견을 모았다. '비친 일' 즉 원숭이해 — 회력 658[/1260]년 — 여름 중순에 케이밍푸(Keymîngfû, 開平府)[67] 시에서 쿠빌라이 카안을 군주의 자리에 앉혔다. 그때 그의 나이는 마흔여섯 살

---

65) B본에는 쿠룸시의 이름 앞에 "무칼리 구양의 아들들"이라는 구절이 보인다.

66) A · B: TWRJY NWYAN. 이는 BWRJY NWYAN의 誤寫로 보이며, 『부족지』에서 보코르치 노얀으로 표기된 인물이다.

67) A · B: MYNKFW. 이는 KYMYNKFW의 誤寫임이 분명하다. 한자의 開平府를 옮긴 것이며, 『동방견문록』(pp. 86~87)의 '케메인푸'(Chemeinfu) 혹은 '샨두'(Ciandu), 즉 上都를 가리킨다.

이었다. 관례와 관습에 따라서 상술한 모든 왕자들과 아미르들은 서약 (môchelgâ)을 하고 무릎을 꿇고 그를 카안으로 추대했다. 지고한 알라의 도움과 좋으신 은총으로!

쿠빌라이 카안이 즉위한 뒤 왕자들이 사신을 아릭 부케에게 파견한 것, 그의 군대가 카안과 두세 차례 전투를 벌여서 마침내 그와 그의 군대가 패배한 이야기

그 뒤 왕자들을 대리할 사신을 100명 임명하여 아릭 부케에게 파견하며 "우리 왕자들과 아미르들이 함께 논의하여 쿠빌라이 카안을 카안의 자리에 앉혔다"는 전갈을 보냈다. 그날 그들은 연회를 즐겼는데, 밤이 되자 도르지는 〔201v〕「170r」 도망쳤다. 그들이 그것을 알아채고 뒤를 쫓아 사신을 보냈다. 역참지기(yâmchî)들이 그를 붙잡아 와서 윽박질러 심문하자 그는 자백했다. 그는 그들이 〔기도〕했던 반란과 음모에 관한 이야기를 처음부터 끝까지 모두 불었다. 그를 감금한 뒤 무에투켄의 아들인 부리의 아들 아비시카(Abîshqâ)를 자기 조부의 울루스 수령으로 임명하여 보내고, 〔그의〕 동생 나린 카단을 그와 동행시켜 파견했다. 탕쿠트 지방의 변경에서 아릭 부케의 사신들이 많은 무리를 이루어 그들과 조우했고 그들을 붙잡아 그에게 데리고 가서 감금하고 감시했다. 쿠빌라이 카안의 사신들은 되돌려보냈다.

그해 여름 많은 사신들을 서로 파견했지만 합의를 이루지는 못했다. 그 뒤 "훌레구와 베르케와 다른 왕자들이 도착해서 그들의 협의와 후원으로 아릭 부케가 카안이 되었다"는 소문을 퍼뜨렸다. 이러한 헛소문을 퍼뜨리며 그해 가을을 맞이했다. 아릭 부케는 훌레구의 큰아들인 줌쿠르(Jûmqûr)[68]와 오르다[69]의 아들 카라차르[70] 그리고 몇 명의 다른 왕자들에게 군대를 주어 쿠빌라이 카안과 전투를 벌이도록 보냈다. 카안 군

대의 선봉은 이숭게와 예케 카단이었다. 그들은 바스키(Bâskî)⁷¹⁾ 땅에
서 서로 마주쳐 전투를 했는데 아릭 부케의 군대가 패배했고, 줌쿠르와
카라차르는 소수의 사람들과 함께 도망쳐 빠져나갔다. 아릭 부케와 그
의 군대는 겁을 먹고 패배하여 흩어졌다. 그에 앞서 그들은 감금했던 왕
자 둘과 사신 100명을 죽이고 키르키즈 지방으로 갔다.

카라코룸 시의 식량과 음료는 키타이에서 수레로 운반해 오는 것이
관례였다. 쿠빌라이 카안이 이를 중지시키자, 그곳에서 물자 부족이 극
도로 심해졌다. 아릭 부케는 당황하여 이렇게 말했다. "차가타이의 아들
인 바이다르의 아들 알구, 즉 한동안 어전에서 봉사를 했고 각종 사무
〔를 처리하는〕 방도와 관례를 알고 있는 그를 보내서 자기 조부의 보좌
와 울루스를 그에게 주는 것이 〔현재로서는〕 최상의 방책이다. 그래서
우리에게 양식과 무기를 지원하여 보내고 아무다리야 변경을 방어하여,
〔강〕 저쪽에서 훌레구의 군대와 베르케의 군대가 쿠빌라이 카안을 도우
러 가지 못하도록 하는 것이다." 이런 생각으로 그를 위무하고 〔차가타
이 울루스로〕 돌려보냈다. 그는 시위를 떠난 화살처럼 튕겨 나가 독립의
길을 걸었다. 그가 카쉬가르 변경에 도착하자 15만 명에 가까운 용맹한
기병들이 그의 주위에 모여들었다. 그는 〔아릭 부케에 대한〕 반란과 대
적을 시작했다.

카안이 출정을 나서서 신속하게 캉키 다반(Qanqî Dabân)⁷²⁾이라는
지점에 도착했을 때, 아릭 부케가 아비시카 및 그와 함께 있던 다른 두

---

68) A: JWMǦN ; B: JWMǦR.

69) A · B: AWRDH.

70) 그러나 카라차르는 주치의 큰아들 오르다가 아니라 열두 번째 아들 우두르의 아들이다.

71) A: BASYKY ; B: BASYLY.

72) A · B: QNQY DYAN.

왕자와 100명의 사신들을 죽였다는 소식을 들었다. 그는 분노하여 감시하에 있던 도르지 노얀을 죽였다. 출정하기에 앞서 그는 예케 카단, 주치 카사르의 아들 카비추(Qâbîchû)[73] 등의 왕자들을 다른 몇몇 왕자들과 함께, 그리고 아미르들 중에서는 투리(Tûrî)[74]에게 대군을 주어서 탕쿠트 지방으로 파견했다. 왜냐하면 아릭 부케가 알람다르와 쿤두카이(Qûnduqay)[75]를, 뭉케 카안과 함께 낭기야스 방면에 있다가 그 뒤 아수타이가 차지하고 신속하게 〔아릭 부케에게로〕 왔던 군대의 지휘관으로 〔임명하고〕 또 아미르직과 감군직을 주어 파견했고, 〔그래서 당시〕 그들이 탕쿠트 지방에 있다는 소식을 들었기 때문이다. 예케 카단과 카비추[76]가 그들이 있는 곳에 도착하자 전투가 벌어졌다. 알람다르는 그 전투에서 사망했고 일부 군대는 죽임을 당했으며, 일부는 흩어졌고, 나머지는 키르키즈 지방으로 도망쳐 아릭 부케와 합류했다. 쿠빌라이 카안은 카라코룸 부근에 도착하여, 아릭 부케의 네 오르두와 쿨겐의 오르두들을 찾아내어 돌려보냈다. 그는 옹키 무렌(Ôngqî Mûrân)[77] 강가에서 동영했다.

아릭 부케는 혼비백산하여 가난하고 배고픈 군대와 함께 켐 켐치우트 변경의 유스(Yûs)[78] 강가에 있었다. 그는 카안이 올까 봐 겁이 나서 사

---

73) A: ?AYJW; B: TAYJW; Bl: QABYCW. 『元史』에는 쿠빌라이 군대를 이끌고 참전한 諸王 合必赤(Qabichi)이 이에 해당한다. 그러나 주치 카사르에게는 카비추(혹은 카비치)라는 이름의 아들이 없었다. 보일이 그의 이름을 '카랄주'로 표기한 것도 그 때문인 듯하지만, 사료상의 이름과는 차이가 있어 받아들이기 힘들다.

74) A · B: TWRY; Bl: BWRY.

75) 『元史』에 渾都海로 기록된 인물.

76) A · B: TAYJW.

77) 항가이 산맥 남쪽의 옹긴(Onggin) 강을 가리키며, 몽골 제국 초기 황제들의 동영지였다.

78) A · B: TRS; Bl: BRS. 보일은 Hambis의 의견을 좇아 예니세이 강의 지류인 Yus로 읽었고, 본 역자도 그의 추정에 동의하는 바이다.

신들을 보내어 사죄하며, "우리 아우(înî)들이 아무 것도 몰라서 죄를 지었습니다. 잘못했습니다. 나의 아카여! 당신께서 명령만 내리신다면 어디로든지 명령을 받들고, 형의 명령을 어기지 않겠습니다. 가축들을 살찌우고 배부르게 한 뒤 어전으로 데리고 가겠습니다. 또한 베르케와 훌레구와 알구도 오고 있으니, 그들의 도착을 기다리겠습니다"라고 하였다. 이런 방식으로 전갈을 보내왔다. 사신들이 카안이 있는 곳으로 와서 전갈을 전했다. 그는 "왕자들(pisarân)[79]이 길을 잃었다가 이제야 정신을 차렸도다. 이성과 분별을 차려서 자신의 죄를 〔202r〕「170v」 인정하였도다"라고 말하며, "훌레구와 베르케와 알구가 그곳에 도착하면 반드시 사신들을 보내도록 하라. 그들의 사신들이 도착하면 어디에서 모여야 할지 결정하도록 하자. 그리고 너희는 먼저 자신의 말을 지키도록 하라. 만약 그들이 도착하기 전에 〔너희들이〕 온다면 더 좋을 것이다"라고 대답하며 사신들을 돌려보냈다. 그 자신은 귀환하여 카라운 지둔이라는 곳에 있는 자신의 오르두들에 하영하였다. 군대 해산을 허락하여 자기들의 목지로 돌아갈 수 있도록 하였다. 그리고 아릭 부케와 쿨겐의 오르두들을 그들의 목지에 풀어놓아 주고 그곳에 체류하라고 명령하였다. 카안의 사촌인 이숭게에게 10투만의 군대를 주어 울루스 변경에 배치하고 "아릭 부케가 오면 그와 함께 올 수 있도록 그곳에 있으라!"고 명령했다.

그 당시 훌레구와 알구는 카안 쪽으로 기울고 있었고, 연속해서 사신들을 서로에게 보내고 있었다. 훌레구 칸은 사신들을 보내 질책하며 아

---

79) 『集史』에서는 칭기스 칸의 일족 즉 諸王을 가리키는 용어로 흔히 shahzâda (복수형은 shahzâdagân)라는 단어를 썼지만, 때로는 투르크·몽골식 용례에 따라 단순히 '아들'을 뜻하는 'pisar' 혹은 'oğûl'이라는 단어를 사용하기도 한다. 또한 몽골어의 '아들'(kö'ün)을 그대로 音寫하여 kûn으로 표기한 예도 보인다.

릭 부케를 제지했고, 카안의 어전으로도 〔사신들을〕 파견했다. 알구도 마찬가지로 사신을 보냈고, 카이두와 쿠투쿠(Qûtûqû)가 아릭 부케와 한편이라는 사실을 알고는 그들을 여러 차례 공격하여 쫓아냈다. 그때 카안은 훌레구 칸과 알구에게 전갈을 보내어 "지방들이 반란을 일으켰다. 우리 조상들의 명성과 선량함으로 쟁취(tamâchâmîshî)한 아무다리야 강변에서부터 이집트의 문(dar, 門)까지의 〔지역에 있는〕 몽골 군대와 타직 지방들을 너 훌레구가 관할하고 잘 지키라! 알타이 저쪽[80]에서부터 아무다리야까지의 속민과 울루스는 알구가 관할하고 보살피라! 알타이 이쪽에서 환해(環海)의 해변까지는 내가 보살피겠다"고 하였다. 베르케는 양쪽에 모두 사신을 보내어 양쪽을 화해시키려고 하였다.

아릭 부케는 말들이 살찌게 되자, 여름과 가을에 한 자신의 말을 지키지 않고 약속을 어기며 다시 한 번 카안과의 전투를 위해 출정했다. 그가 변경에 주둔하고 있던 이숭게 가까이 도착하자 "복속하겠습니다"라며 사신을 보내어 그를 안심시킨 뒤, 갑자기 공격하여 그와 군대를 모두 패배시키고 흩어 버렸다. 그리고 차가타이와 쿨겐의 오르두들과 자신의 오르두들을 모두 되찾았다. 그는 사막(chôl)을 건너서 카안이 있는 쪽으로 향했다. "적들이 온다"는 보고를 접한 카안은 사신을 타가차르에게 보내고 군대를 소집했다. 〔카안〕 자신, 타가차르, 일치다이의 아들인 훌라쿠르(Hûlâkûr),[81] 나린 카단 등이 보유하고 있던 군대를 데리고 앞장섰다. 훌라쿠르, 나친 쿠레겐, 이키레스 종족 출신의 데레게이 쿠레겐, 우루다이(Ûrûdâî), 카단[82] 등은 각자 자신의 투만 〔즉 만호군〕을 데리고 선봉에 서서 분투(kîchâmîshî)하며 열심히 전투를 벌였다. 이숭게는 그

---

80) 알타이 서쪽을 가리킨다.

81) A · B본의 HWLAKWW는 HWLAKWR의 誤寫이다.

82) A · B: QADAQ. QADAN의 誤寫으로 추정된다. 『元史』에도 諸王 合丹으로 나와 있다.

의 군대가 흩어졌기 때문에 그 전투에는 오지 못했다. 그 상황에서 카안은 상술한 군대와 함께 사막의 변경에서 아릭 부케와 대면하게 되었고, 아브지에 쿠테구르(Abjîe Kôtegûr)[83]라고 불리는 지점에 있는 쿠차 볼닥(Khûcha Bôldâq)[84]이라는 언덕 앞의 시물타이(Shimûltâî)라는 한 호숫가에서 전투를 벌였다. 아릭 부케의 군대를 격파하고 오이라트 종족에 속하는 많은 사람들을 죽였다. 아릭 부케가 군대와 함께 패주하자 카안은 "그들을 추격하지 말라! 멋모르는 아이들이니, 정신을 차리고 자기가 한 짓을 뉘우쳐야 할 것이다"라고 말했다.[85]

열흘 뒤 뭉케 카안의 아들인 아수타이가 아릭 부케의 후위(後衛, gejîge)에 있다가 타가차르의 군대와 카안의 다른 군대들이 돌아갔다는 소식을 들었다. 아릭 부케와 아수타이는 다시 한 번 상의를 하여 돌아왔다. 엘레트(Elet)라고 불리는 모래 벌판 가장자리에 있는 시르겐 타군(Shîrgân Tâgûn)이라는 지점과 실루겔릭(Shîlügelik) 언덕에서 오후에 전투를 벌였다. 카안은 아릭 부케의 우익군을 격파했지만, 그의 중군과 좌익은 저녁때까지 버텼고 밤이 되어서는 카안을 다시 뒤로 밀어냈다.[86] 양쪽 모두 군대를 이끌고 철수하여 자기들의 오르두로 갔다. 많은 수의

---

83) A: ABJYH KWTKW: B: AYJYH KWTKW. 앞에서는 '아브지에 쿠테게르'라고 표기되었다.

84) 몽골어에서 qucha는 '種羊', boldaq은 '언덕'을 의미한다.

85) 『元史』 권4 「世祖・一」(p. 76)에 따르면 "11월 壬戌에 大兵이 阿里不哥와 昔木土腦兒(Simultu Nor)라는 곳에서 만나, 王 合丹 등이 그 장군인 合丹火兒赤(Qadan Qorchi)과 그 병사 3000명을 죽였다. 塔察兒(Tachar)와 合必赤(Qabichi) 등이 다시 分兵하여 奮擊하니 그들을 대파하고 50여 리를 추격하였다. 황제께서는 친히 군대를 이끌고 그 뒤를 따라갔다. 그 部將 阿脫(*Ataq) 등이 투항하고 阿里不哥는 북쪽으로 도주했다."

86) 여기서 '엘레트'는 『集史』의 다른 곳에서 '칼랄진 엘레트'(Qalaljin Elet)라고도 표기되는 곳으로, 그 위치는 부유르 호로 유입되는 칼카(Qalqa) 강과 눔룩(Nömrög) 강의 합류점 아래에 있는 것으로 추정된다(小澤重男 譯, 「地・水名を探る」, 『元朝秘史全釋』, 下, p. 592). 또한 '시르겐 타군'은 『元史』의 失烈延塔兀(Shire'en Ta'u)과 동일 지명으로 보인다. 또한 『元史』 권1202 「怯台傳」에는 "石木溫都(Shimultu)라는 곳에서 전투가 벌어져, 諸王 哈丹, 駙馬朧眞(Nachin Küregen), 兀魯(Uru'ud; 『集史』

군인들이 먼 여정과 도보 [행군]으로 말미암아 사망했다. 겨울에는 양측 모두 자기들 집에 하영했고, 봄과 여름도 [그렇게] 다 보냈다. 아릭 부케는 여러 차례 알구에게 무기와 양식을 지원해 달라고 요청했으나 그는 응답하지 않았고, [이에 아릭 부케는] 군대를 정비하여 그를 공격하러 나섰다. 完! [202v]「171r」

알구와 아릭 부케의 대립과 그 이유, 아릭 부케의 군대와 전투를 벌여서 알구가 패배한 것, 그가 다시 힘을 회복하게 된 것, 아릭 부케의 처지가 취약해져서 그의 무리가 흩어지게 된 것에 관한 이야기

차가타이의 아들인 바이다르의 아들 알구는 아릭 부케가 차가타이 울루스의 수령으로 임명하여 그의 어전에서 떠나 보낸 인물이었는데, 그가 투르키스탄 지방에 도착했을 때 거의 15만 명에 가까운 기병들이 그의 주위에 모여들었다. [그렇게 되자] 차가타이 울루스의 여자 통치자였던 오르가나 카툰은 아릭 부케의 어전으로 향했다. 알구는 네구베이 오굴에게 5000명의 기병을 대동시켜 그의 아미르들의 무리 중에서는 우차차르(Ûchachâr),[87] 비틱치들 중에서는 하바시 아미드의 아들 술레이만 벡(Sulaymân Beg), 야르구치들 중에서는 아비시카(Abîshqâ) 등과 함께 사마르칸트와 부하라 및 마와라안나흐르 지방으로 파견해서, 그 방면의 변경들을 방어하고 알구의 명령을 집행하도록 하였다. 그들이 그 지방에 도착했을 때 베르케의 속료들과 누케르들을 모두 죽였고, 심지어 고

의 우루다이), 忙兀(Mangud)이 우익에 서고, 諸王 塔察兒와 太丑台(Taichiutai)가 좌익에 섰으며, 合必赤이 中軍을 지휘했다. 전투가 벌어져 그 장군 합단을 잡아 참수하고 外剌(Oirat)의 군대를 마침내 패배시켰다. 또한 失烈延塔兀이라는 곳에서 전투를 했는데, 바로 황제 앞에서 혼전이 벌어져 해가 질 무렵에 그들을 눌렀다"는 기록이 보인다.

87) A · B: AWCAR; Bl: AWCACAR. 그러나 A · B본도 뒤에서는 AWCACAR 혹은 AWCCAR로 표기하였다.

귀한 셰이흐인 세이프 앗 딘 바하르지(Sayf ad-Dîn Bâkharzî)의 아들이
자 이슬람 장로의 아들(Shaykhzâda-i Islâm)〔인 바하 앗 딘(Bahâ ad-
Dîn)〕[88)까지도 순교시켰다. 그 무리들이 갖고 있던 동산과 부동산 등 모
든 재산을 빼앗고, 보화의 일부는 네구베이 오굴에게 보냈다. 우차차르
는 호라즘으로 갔다.

그러는 사이에 아릭 부케의 사신들 — 그들의 수령은 부리타이 비틱
치(Bôrîtâî Bîtîkchî)와 요시무트 에르케군(Yoshmût Îrkâgûn)의 아들
샤디(Shâdî)였다 — 이 도착하여 재화와 마필과 무기를 징발하라는 칙
명을 전달했다. 짧은 기간에 많은 양의 재물을 징발하였다. 알구는 그
재화를 탐내어 구실들을 대면서 그들의 발길을 잡아 두었다. 하루는 그
들이 알구에게 "우리는 아릭 부케의 칙명에 따라 이 물자들을 징발한 것
인데, 알구가 무슨 상관이 있는가?"라고 하는 말을 전했다. 그는 머리끝
까지 분노가 치밀어 그들을 체포하고 그 물자들을 빼앗으라고 명령했
다. 그의 아미르들은 "당신이 이 같은 행동을 취했으니 아릭 부케 쪽에
서는 멀어져 버린 것이 분명합니다. 게다가 오르가나 카툰이 불만을 호
소하러 갔으니, 우리가 그의 질책과 분노를 견디어 내기는 어려울 것입
니다. 이제 그에게 반기를 들었으니 카안에게 봉사하는 것이 최상의 방
책입니다"라고 말했다. 그들은 이런 식으로 합의를 하고 그 사신들을 죽
이고 재물을 군인들에게 나누어 주었다.

아릭 부케는 그러한 사정을 듣고 대단히 경악하여 알구를 제거하기로
작정했다. 그는 "카라코룸의 주민들이 우리와 동행토록 하라!"고 명령
했다. 〔그러나 그곳의〕 이맘(imâm)·승려(bakhshî)·사제(tarsâî)의 무
리들은 "야삭이 〔너무〕 힘드니 우리가 어찌하면 좋겠습니까?"라고 탄원

---

88) 바하 앗 딘이라는 이름은 B본에 보인다.

하였다. 그는 "이들 세 집단이 어떤 [적의] 마음을 누르겠는가? 그들이 무슨 소용이 있겠는가? 이곳에 머무르면서 기도로써 우리를 도우라고 하라! 만약 카안이 도착하면 그의 어전으로 달려가라고 하라!"고 말했다. 그러고는 알구를 치기 위해 떠났다. 그가 출발한 뒤 카안이 대군을 이끌고 곧 카라코룸 시에 도착하여 도시 주위를 사냥대형으로 에워쌌다. 각 종족과 집단은 밖으로 나와 아릭 부케의 정황에 대해 보고를 올렸다. [카안은] 그들을 위무하고 칭기스 칸과 뭉케 카안의 칙명에 따라서 과거와 마찬가지로 타르칸(tarkhân)[89]으로 해주었다. 그리고 아릭 부케의 뒤를 추격하려고 하였다. [그런데] 사신들이 도착하여 키타이 지방에 카안의 부재로 인하여 광란과 혼란이 발생했다고 보고하자, 그는 키타이 왕국으로 향했다.

아릭 부케의 선봉대였던 카라 부카(Qarâ Bûqâ)는 수트 쿨(Sût Kôl)이라 불리는 지점에 있는 불라드(Bûlâd)[90] 시 부근에서 알구와 전투를 벌였는데, 알구가 이겨서 카라 부카를 죽였다.[91] 알구는 "내가 선봉대를

---

89) '타르칸'은 원래 아홉 번까지 잘못을 용서받는 면책 특권을 지닌 사람에게 주어진 호칭이었다. 몽골 제국 시기에 면세 특권을 누렸던 종교 지도자들도 이러한 칭호로 불리었음을 알 수 있다.

90) Bûlâd는 프란체스코파 수도사 루브룩이 1253~1255년 몽골리아를 방문했을 때 게르만 출신 포로들이 강제 노역을 하던 곳으로 지목한 Bolat와 동일한 곳으로 현재 신강성 서북쪽 보로탈라[博爾塔拉] 계곡에 위치했던 것으로 추정된다(P. Jackson tr., *The Mission of Friar William of Rubruck*, London: The Hakluyt Society, 1990, p. 226). 페르시아어·투르크어에서 pulad는 '鐵'을 의미하는데, 아마 부근에서 철이 많이 산출되었기 때문에 붙여진 이름일 것이다. 오늘날 新疆의 博爾塔拉蒙古自治州에 있는 博樂이라는 도시의 이름도 여기에서 나온 것이다. '수트 쿨' 즉 Süt Köl은 투르크어로 '젖의 호수'를 뜻하며 오늘날 알말릭 동북방 산정에 위치한 사이람(Sayram) 호를 가리킨다(E. Bretschneider, *Medieval Researches from Eastern Asiatic Sources*, vol. 1, 1888, repr. London: Routledge and Kegan Paul. 1967, p. 169). 長春眞人의 『西遊記』에 보이는 '天池'와 동일한 곳이다. Cf. 『蒙兀兒史記』, 권74 「阿里不哥傳」, p. 494.

91) 耶律楚材의 손자이자 耶律鑄의 아들인 耶律希亮의 傳記(『元史』 권180 「耶律希亮傳」, pp. 4160~4161)에서도 이와 유사한, 그러나 보다 상세한 기록을 찾아볼 수 있다. 즉 1262년 5월에는 아릭 부케의 군대가 이밀에 도달했고, 希亮은 알구·호쿠 등과 함께 서쪽으로 15리 떨어진 곳에 있는 李劣撒里로 간

패배시키고 카라 부카를 죽였다"면서 놀라고 또 자신만만해져서 경계심을 풀고 힐라(Hîla) 강[92]을 따라서 돌아가 자신의 오르두들에 하영하고 군대를 해산시켰다. 아릭 부케의 후위를 이루던 아수타이는 군대와 함께 도착하여, 그 지방에서는 티무르 카할카[93]라고 부르는 언덕들을 넘어서 힐라 무렌(Hîla Mûrân)과 알말릭(Almâlîq)을 공격하여 점령하고 [203r]「171v」알구 울루스를 빼앗았다. 알구는 자신의 군대가 해산한 상태였기 때문에 자기 카툰들과 우익군 — 아직 아수타이는 그들이 있는 곳에 도달하지 않았다 — 을 데리고 호탄과 카쉬가르 방면으로 도주했다. 그의 뒤를 추격하여 아릭 부케가 왔다. 〔아릭 부케는〕 그해 겨울 힐라 무렌과 알말릭에서 동영하며 줄곧 연회를 즐겼다. 카안의 군대와 울루스를 죽이고 약탈했다. 한 달 뒤 패주한 군대가 알구와 합류했고, 그는 유수진과 함께 이동을 하여 사마르칸트 방면으로 향했다. 훌레구의 아들 줌쿠르에게 갑작스럽게 병이 약간 생겨서, 병을 치료하기 위해 사마르칸트 방면으로 가고 싶다는 이유를 들면서 떠날 수 있게 허락해 달라고 청하였다. 그는 '쿨루카나 일' 즉 쥐해 — 662년 라비 알 아발 〔/1264년 1〕월에 시작 — 에 떠났다. 아릭 부케가 카안의 군대와 울루스를 무고하게 또 마음대로 죽이고 해를 가하자, 그의 아미르들은 혐오감

뒤, 6월에는 그보다 더 서쪽에 있는 換扎孫을 거쳐 不剌(Bulad/Pulad)城에 이르렀다. 알구는 거기서 서쪽으로 6리 떨어진 徹徹里澤剌라는 산으로 가서 그곳에 치중과 부녀자들을 안치한 뒤, 기병을 이끌고 2리 떨어진 出布兒城, 거기서 1리 떨어진 也里虔城에 도착했을 때, 마침내 그들을 추격해 온 카라 부카〔哈剌不花〕의 군대와 조우하게 되었다. 희량은 알구·호쿠 등과 함께 군대를 이동시켜 不剌城에서 전투를 벌였다. 그 결과 알구측이 승리를 거두고 그 무리를 殄戮한 뒤, 함 속에 수급을 넣어 사신과 함께 쿠빌라이에게 보내 승전보를 전했다고 한다. 이 기록에 언급된 여러 지명들은 그 정확한 음가와 위치를 고증하기 어렵지만, 아무튼 아릭 부케군의 선봉대가 알구에게 패배했다는 『集史』기록의 신빙성을 확인시켜 준다.

92) 천산 북방의 일리 강을 가리킨다.

93) '철문'이라는 뜻인데, 여기서는 카스피 해 서안의 데르벤드에 위치한 '철문'이 아니라, 천산 북방의 사이람 호에서 알말릭 방면으로 가기 위해 넘어가야 하는 험난한 협곡을 가리킨다.

을 느껴서 각자 구실을 대어 그에게서 떠나갔다. 그리고 "칭기스 칸이 모은 몽골 군인들을 이렇게 멋대로 죽이니 우리가 어찌 반란을 일으키지 않고 그에게서 떠나가지 않을 수 있겠는가?"라고 말했다. 그해 겨울 대부분이 떠나갔다. 봄이 오자 알말릭에는 〔물자의〕 부족과 결핍이 생겨났다. 군인들은 보리나 밀 대신 빵을 말에게 주었으나, 〔말들이〕 사료를 충분히 먹을 수 없게 되자 모두 폐사하였다. 많은 수의 알말릭 주민들이 기근으로 사망했고 생존자들은 군인들의 억압과 강포에서 〔벗어나기 위해〕 신의 어전으로 피신하여 탄원의 손을 올리며 기도를 드렸다.

하루는 아릭 부케가 잔치와 향락에 빠져 있을 때 갑자기 세찬 바람이 불어와 1000개의 말뚝이 있는 접견용 천막을 찢고 그 기둥을 부셔 버렸다. 그로 인해 많은 사람들이 상처를 입었다. 그의 휘하에 있던 아미르들과 대신들은 그 일을 그의 행운의 몰락을 알리는 조짐으로 알고 모두 다 그에게서 떠났고 무리들은 흩어져 버렸다. 아릭 부케와 아수타이는 소수의 군대와 함께 그곳에 남았지만, 그 같은 상황과 곤경이 〔카라코룸에서 벌어진〕 그 물자 부족으로 목숨을 잃은 빈궁한 사람들의 저주에 기인했다는 것을 분명히 알았다. 수많은 궁전들이 핍박받는 사람들의 〔원성의〕 영향을 받아 무너졌다는 데에 어떤 의심이 있을 수 있겠는가?

詩

이른 아침에 핍박받는 사람의 탄식은 분명코
화살이나 투창보다도 더 나쁘도다.

그때 뭉케 카안의 아들 우룽타시는 몽골리아 지방에서 알타이 사막지대(rîg-i Altâî) 전방 〔즉 남쪽〕에 자브칸 무렌(Jâbqân Mûrân)⁹⁴⁾이라 불리는 강가에 있었다. 천호장들이 그곳 부근에 도착했을 때 그에게 전갈을 보내어 "우리는 군대와 함께 카안의 어전으로 가려고 하는데, 이 문제에 관해 어떠한 의견을 갖고 계시는지요?"라고 하였다. 우릉타시는 기뻐하며 그들과 연합하여 아릭 부케에게 사신을 보내서, 그가 갖고 있는 대옥새(大玉璽, tamğâ-i yashb-i buzurg)를 달라고 했다. 〔아릭 부케는〕 그것을 그에게 보냈고, 그는 천호장들 및 군대와 함께 카안의 어전으로 갔다. 알구는 아릭 부케의 처지가 취약해졌다는 사실을 눈치채고 그를 공격하려고 했다. 아릭 부케는 그의 의도에 대한 소식을 듣고 또 그가 가까이 왔다는 사실을 알고는 오르가나 카툰을 마수드 벡과 동행시켜 알구에게로 돌려보냈는데, 이는 그의 분노를 가라앉히기 위해서였다. 알구는 그녀와 혼인하였다. 그리고 그녀의 마음을 달래기 위하여 마수드 벡을 후대하고 자기 왕국의 재무장관으로 임명한 뒤, 사마르칸트와 부하라로 파견하여 정치(整治)하도록 했다. 그는 그곳에 가서 백성들에게 계속해서 재물을 거두어 연이어 알구에게로 보냈다. 그런 연유로 알구의 처지는 안정되었고 흩어진 군대를 다시 모았다. 그는 한 차례 베르케의 군대와 전투를 벌여 그들을 패배시키고 오트라르를 약탈했다. 일년 뒤 그가 사망하자, 오르가나 카툰은 아미르·재상들과 연합하여 자기 아들 〔무바락 샤〕[95]를 알구의 자리에 앉혔는데, 이는 차가타이 〔칸〕기에서 설명한 대로이다.

아릭 부케가 궁지에 몰려 카안의 어전으로 향한 것, 그가 잘못을 자백한 것, 그리고 그의 최후에 대한 이야기 〔203v〕「172r」

아릭 부케는 아미르들과 군대가 그에게서 떠나가고 왕자들도 각자 자기

---

94) 항가이 산맥 남록에서 발원하여 서북쪽으로 흐르다가 하르가스 노르(Hargas Nor)로 유입되는 Zavhan Gol. 현재 몽골리아 서북쪽에 위치해 있다.

95) A · B본에는 공백으로 남겨져 있으나, BI본에는 무바락 샤의 이름이 기재되어 있다.

길을 걷게 되자 당황하였고, 궁지에 몰려서 카안의 어전으로 향했다. '쿨루카나 일' 즉 쥐해 — 662〔/1264〕년에 해당 — 에 그가 카안의 어전에 도착했을 때, 많은 수의 군대를 배치하라는 명령이 내려졌다. 또한 그로 하여금 고두(tikishmîshî)하라는 명령도 있었다. 관례에 따르면 그 같은 경우 고두를 할 때에는 〔모포로 된〕 천막문을 〔죄인의 어깨에〕 씌워 놓는데, 〔아릭 부케는〕 그런 식으로 뒤집어쓰고 고두를 했다. 그리고 한참 뒤 허락이 내려지자 〔천막 안으로〕 들어갔는데, 그는 비틱치가 있는 곳에 자리를 잡았다. 카안은 잠시 그를 바라보았다. 격렬한 감정과 형제에 대한 사랑이 그를 흔들었다. 아릭 부케는 울었고 카안의 눈에서도 눈물이 흘렀다. 그는 눈물을 닦으면서 "오, 사랑하는 형제여! 이 반란과 분란에서 우리가 옳았는가, 아니면 자네들이 옳았는가?"라고 물었다. 〔아릭 부케는〕 "그때는 우리〔가 옳았〕지만 오늘은 당신들입니다"라고 대답했다. 그때 훌레구 칸이 보낸 칭쿠르(Chingqûr)라는 사신이 그곳에 참석해 있었다. 그가 돌아가 그 상황의 모습을 그의 어전에 설명했다. 훌레구 칸은 카안의 어전으로 전갈을 보내어 "야사를 생각할 때 어떻게 우리 일족을 이런 식으로 고두시키게 허락을 내려서 형·아우들에게 모욕을 줄 수 있단 말입니까?"라고 했다. 카안은 그 말에 동의하고 "훌레구가 옳다. 내가 모르고 〔그런 행동을〕 하였다"는 답신을 보냈다. 그 뒤 아릭 부케를 일년 동안 자기 앞으로 불러들이지 않았다.

간단히 말해 그런 상황에서 아수타이의 손에 죽임을 당한 아비시카의 형제 아지키(Ajîqî)가 아수타이에게 말했다. "내 형제를 네가 죽였느냐?" 그는 "당시의 군주인 아릭 부케의 명령에 따라서 내가 죽였다. 뿐만 아니라 나는 우리 일족이 평민(qarâchû)의 손에 죽임을 당하는 것을 원치 않았다. 오늘은 지상의 군주가 쿠빌라이 카안이다. 만약 그가 명령만 내린다면 나는 너도 죽일 것이다"라고 대답했다. 카안은 아지키에게

"지금은 이런 말을 할 때가 아니다. 그들은 격렬한 적개심을 갖고 있다"고 말했다. 이러한 논쟁 중에서 타가차르 노얀이 일어나 "오늘은 지나간 일을 추궁하지 말고 연회와 잔치를 즐기라는 것이 카안의 칙명이다"라고 했고, 카안은 이를 흡족하게 생각했다. 그들은 술마시는 데에 열중했다. 타가차르가 "아릭 부케가 서 있습니다. 군주께서 그의 자리를 지정해 주어 앉게 해주시지요?"라고 말했고, 〔쿠빌라이는〕 그를 왕자들과 함께 앉도록 하라고 명령했다. 그날은 〔그렇게〕 연회와 잔치가 끝났다.

다음날 새벽에 대아미르들 및 옷치 노얀(Ôtchî[96] Nôyân)의 아들 타가차르, 주치 카사르의 아들 이숭게, 훌라쿠르(Hûlâqûr), 예케 카단,[97] 카단의 아들 칭 티무르, 〔싱코르의 아들인 시레문〕[98]의 아들 자우투, 아지키[99]와 같은 왕자들이 궁정에 모였다. 카안은 아릭 부케의 아미르들을 잡아서 포박하라고 명령하였다. 또한 왕자들 중에서는 시리기(Shîrigî)와 타가이(Tağâî)와 차라쿠(Charaqû)[100]와 바이 티무르(Bâî Timûr), 아미르들 중에서는 한툰[101] 노얀, 두르베이(Dôrbâî),[102] 볼라드 아카(Bôlâd Aqâ)에게 〔법정에〕 앉아서 아릭 부케의 아미르들을 심문하여 보고하라고 명령했다. 아릭 부케는 "〔이제까지〕 벌어진 일의 근원은 나였습니다. 그들에게는 아무런 죄도 없습니다"라고 말했다. 카안은 그의 말을 듣지 않고 죄를 지은 아미르들에게 다음과 같이 말하라고 했다.

---

96) A · B: AWTAJY; Bl: AWTJY. 옷치긴 노얀을 가리킨다.

97) A · B: QDAQ; Bl: QDAN.

98) A · B본에는 공백으로 남아 있어 Bl본에서 보충.

99) A · B: AJYQAY; Bl: AJYQY. Bl본에는 "차가타이의 손자 부리의 아들 아지키"라고 되어 있다.

100) A · B: JRQW; Bl: JRAQW. Blochet는 이 인물이 『元史』 권13 「世祖 · 九」에 나오는 札剌忽과 동일 인물로 보았다. 札剌忽은 北平王 노무간이 알말릭에 진주했을 때 쿠빌라이가 파견한 諸王의 한 사람이었다.

101) A: HYTWNK; B: HNTWNK.

102) A · B: DWRBAY; Bl: DWRBATAY.

"뭉케 카안의 시대에 당시의 아미르들은 그를 향해서 활 하나도 시위에 매기지 않았고, 분란도 많이 일어나지 않았다. 단지 조금이라도 마음속에 반감을 품을 경우 얼마나 강력한 처벌이 가해졌는지 세상 사람들이 다 아는 바이다. 그런데 이 모든 분란을 일으키고 이렇게 많은 혼란과 고통을 모두에게 가져다 주었으며, 그렇게 많은 왕자들과 아미르들과 군인들을 죽인 너희들을 어떻게 하면 좋겠는가?" 이에 모두 다 침묵을 지켰다.

그들 가운데 선임자이자 대족(大族, ustakhwân-i buzurg) 출신이었던 투만 노얀(Tûmân Nôyân)[103]이 말하기를 "오, 아미르들이여! 왜 대답을 못하는가? 너희들의 유창한 혀가 꼬부라졌는가? 아릭 부케를 보좌에 앉혔던 그날 우리는 '그의 보좌 앞에서 죽자!'고 서약하지 않았던가? 오늘이 그 죽을 날이니, 자신의 말을 지키자!"고 하였다. 카안은 "너의 서약과 약속에 영광이 있을지어다. 너는 네 말을 지키라"고 말한 뒤, 아릭 부케에게 "누가 너에게 반란과 분란을 부추겼는가?"라고 물었다. 그는 이렇게 말했다. "불가이(Bûlǧay)[104]와 알람다르가 내게 '쿠빌라이 카안과 훌레구 두 사람 모두 원정(shikâr) 중에 있습니다. 〔뭉케〕 카안께서는 대울루스(ûlûs-i buzurg)를 당신에게 위임했습니다. 어떻게 생각하십니까? 그들이 우리를 마치 양처럼 목을 따도록 내버려두시겠습니까?'라고 말했습니다. 그래서 나는 도르지와 상의해서 말하는 것이냐고 물었습니다. 그들은 '아직 〔상의〕하지 않았습니다'라고 했고, 나는 '투만과 토쿠즈(Tôqûz)[105]와 알리차르(Alîchâr)와 호자(Khwâja)와 상의하라!'고 했습니다.[106] 모두 논의한 내용에 합의했는데, 도르지가 병으로

---

103) 앞의 '아미르 투만'과 동일 인물.

104) A · B: BWLQY. 뒤에서는 BWLǦH로 표기되어 있다. 『元史』 권5 「世祖 · 二」에 나오는 不魯花와 동일 인물일 것이다.

참석하지 못했기 때문에 나는 '그를 불러와 이야기를 [204r]「172v」모두 끝내도록 하자!'고 말했습니다. 그도 참석하여 논의한 것에 합의했습니다. 이 일은 그 무리들이 합의하여 결정하고 끝낸 것입니다. 그들 가운데에서 투만은 내 말을 어기지 않고 [내가] 명령한 대로 수행했습니다. 해를 미친 것은 칭 티무르입니다. 즉 그는 카안에 대해 그의 처지에 맞지 않는 말을 했습니다." 그 아미르들은 모두 한 입으로 "상황은 아릭 부케가 말하는 것과 같이 그렇습니다. 그의 말이 모두 맞습니다"라고 말했다. 칭 티무르는 "아릭 부케 자신이 내게 그렇게 하라고 지시한 것인데, 어떻게 지금 와서 내게 [책임을] 전가한단 말입니까? 불가이¹⁰⁷⁾ 아카가 그 상황을 알고 있습니다"라고 말했다. 카안은 칭 티무르와 아릭 부케를 대면(tâpishmîshî)¹⁰⁸⁾시키라고 지시했다. 칭 티무르는 아릭 부케의 면전에서도 같은 말을 되풀이하였다. [아릭 부케는] 화가 나서 "[사실이] 그렇다면 너는 살아서 남아라. 내가 죽으리라!"고 말했다. 그 말을 보고했더니 카안은 칭 티무르의 말이 사실이라는 것을 알게 되어 그를 풀어 주었다. 그는 모든 왕자들, 즉 형·아우들과 상의하여 "불가이 비틱치는 우구데이 카안과 뭉케 카안의 말을 들었다. 그를 살려서 풀어 주자. 그래서 그가 훌레구 칸과 다른 왕자들에게 그들의 정황과 관련된 이 사안의 증인이 되도록 하자"고 말했다. 그는 모든 왕자들과 상의를 하여 그를 풀어 주었다.

---

105) A : TWQWR ; B : TWQWZ.

106) 『元史』권5 「世祖 · 二」에는 아릭 부케의 謀臣이었던 不魯花(Buluqa), 忽察(Huchar), 禿滿(Tümen), 阿里察(Alichar), 脫忽思(Toquz) 등의 이름이 보인다. 여기서 不魯花는 『집사』의 Bûlğay, 忽察은 Khwâja와 동일 인물로 추정된다.

107) A · B : BWLĞH.

108) Doerfer(vol. 2, p. 428)에 따르면 이 단어는 '조우하다, 만족하다'의 뜻을 갖고 있다고 한다(cf. 本田實信, 「モンゴル·トルコ語起源の術語」, pp. 417~418). 투르크어에서 '찾다'는 뜻을 가진 tap-라는 동사에서 유래한 것이다.

아수타이가 그의 석방에 대해서 알게 되자 "어떻게 불가이를 살려 둘 수 있단 말인가? 내가 그와 대면하여 그의 대죄를 밝히겠다"고 말했다. 그리고 그에게 "너는 몽골의 속담 하나를 이야기했는데, 그 의미인즉 '우리가 어떤 일을 결행했으니, 그것을 취소하거나 소홀히 해서는 안 될 것이다' 라는 것이었다. 네가 마땅히 죽어야 할 대죄는 바로 이것이다"라고 말했다. 불가이 노얀은 이를 부인하지 않았고 [맞다는 것을] 확인시켜 주었다. 그 이야기를 보고하니 카안은 "그러하다면 그를 야사에 처하라!"고 명령했다. 일치다이에 대해서는 다른 사람들보다 더 큰 죄가 인정되었는데, 그것은 그가 카닥[109]의 아들 쿠룸시를 비방하고 죽이려고 했기 때문이다. 그런 까닭에 그를 카닥에게 맡겨서 야사에 처하도록 했다. 토쿠즈[110]의 죄도 많았는데, 그것은 카안의 울루스(ulûs-i qân)에 속하는 많은 사람들을 죽이려고 했기 때문이었다. 상술한 이 아미르들은 모두 야사에 처해졌다. 구육 칸의 아들 호쿠, 나쿠의 아들 차바트, 카라차르의 아들 쿠툭(Qûtûq) 등을 다른 몇몇 왕자들과 함께 투르키스탄 지방으로 보냈다. 그 뒤 아릭 부케를 심문하려 했고, [그래서] 훌레구와 베르케와 알구의 도착을 기다렸다. 그들은 매우 먼 곳에 있고 시간이 걸렸기 때문에 그 지방의 왕자들, 즉 타가차르, 이숭게, 예케 카단, 나린 카단, 훌라쿠르, 칭 티무르, 자우투 및 다른 왕자들과 몽골·키타이의 아미르들이 모여서 아릭 부케와 아수타이를 심문하기 시작했다.

아릭 부케의 아미르들 가운데 열 명의 아미르를 처형시키자[111] 제왕의 칙령이 왕국의 사방으로 보내졌다. 아미르들은 "아릭 부케와 아수타이의 죄를 우리가 어떻게 보아야 하는가? 카안의 시혜로써 그들의 목숨을

---

109) Bl: QDAN.

110) A · B: DWQWZ.

111) Bl본에는 이 다음에 "그[=아릭 부케]를 심문했다"는 구절이 첨가되어 있다.

살려 주자!"고 말했다. 사신들을 훌레구와 베르케와 알구에게로 보내어 이렇게 말했다. "머나먼 여정과 수많은 사무·사건들로 인하여 당신들의 참석이 이루어지지 않고 있습니다. 또한 너무 오래 기다리다 보면 나라의 여러 방면의 사무들에 약점과 단절이 생겨나 〔결국〕 처리하기조차 어려워지게 될 가능성도 있습니다. 그런 까닭에 우리는 그들의 아미르들을 야사에 처하고, 그들 두 사람을 심문했습니다. 〔그래서 이제〕 당신들과 상의를 하건대, 우리 형·아우들은 아릭 부케의 목숨을 살려 주고 풀어 주기로[112] 의견을 같이했습니다. 당신들은 이 문제에 대해서 어떻게 생각합니까?" 사신들이 먼저 알구에게 도착하여 전갈을 전달하니, 그는 "나도 카안 및 훌레구 아카와 〔사전에〕 협의 없이 차가타이의 자리에 앉았다. 모든 형·아우들이 모여서 내게 옳고 그름을 따져 물을 때, 만약 나를 좋게 받아 준다면 그때 나도 〔아릭 부케의〕 옳고 그른 것을 이야기하겠다"고 대답했다. 그 뒤 사신들은 훌레구의 어전에 도착하여 상황을 보고했다. 그는 "모든 형·아우들이 논의를 하고 결론을 내리는 방식대로 그렇게 되어야 할 것이다. 베르케가 쿠릴타이에 참석하기 위해서 출발할 때 나도 신속하게 떠나겠다"고 말했다. 그리고 그는 〔카안의〕 어전의 쿠릴타이에 참석하러 가는 문제로 〔서로〕 약속을 정하기 위해서 〔카안이 보낸〕 그들과 자기 사신들을 함께 베르케에게 파견했다. 그들이 베르케에게 도착해서 상황을 보고하자, 그는 "카안과 훌레구와 모든 형·아우들이 협의한 것에 대해서는 모두 그대로 한다. 우리도 '후케르 일'〔/소해 즉 1265년〕에 출발하여 〔204v〕「173r」 '파르스 일'〔/범해 즉 1266년〕에 여행을 하고 '타울라이 일'〔/닭해 즉 1267년〕에 훌레구 칸과 동행하여 쿠릴타이에 〔맞추어〕 도착하겠다"고 말했다.

---

112) BI본에는 아수타이를 풀어 주기로 했다고 기록되어 있으나 A·B본에는 그런 내용이 안 보인다.

사신들이 카안의 어전에 도착하여 상황을 보고하자, 아릭 부케와 아수타이에게 알현(hûljâmîshî)[113]을 허락하고 오르두로 불러들였다. 그해 가을, 즉 범해 — 664[/1266]년에 해당 — 에 그는 병이 나서 사망했다. 훌레구와 베르케 사이에 반목이 생겨 전쟁이 벌어졌는데, 이는 그들의 본기에 기술되어 있다. 두 사람은 모두 얼마 지나지 않아 타계했다. 이슬람의 제왕께서는 만수무강하시기를! 또 인생과 행운을 즐기시기를! 그들의 사망 소식이 카안의 어전에 도달하자, [쿠빌라이는] 훌레구의 큰아들 아바카를 부친을 대신하여 이란 땅의 몽골·타직인들을 통할하도록 임명하고, 베르케 울루스는 뭉케 티무르에게 은사해 주었다. 알구 역시 숙환을 앓아서 쿠릴타이에 참석할 수 없었으며 그 역시 사망했다. 오르가나 카툰은 그녀의 아들인 무바락 샤를 자기 아미르들과 상의하여 알구의 자리에 앉혔다. 차가타이의 아들 무에투켄의 아들 이순 토아의 아들인 바락은 카안의 어전에 "무바락 샤가 나의 삼촌인 알구의 자리에 어찌 앉을 수 있겠습니까? 만약 저의 삼촌 자리를 제가 관할하도록 명령을 내리신다면 복속과 종속의 허리띠를 매겠습니다"라고 탄원했다. 카안은 그에게 칙령을 주어 무바락 샤가 장성할 때까지 바락으로 하여금 울루스를 관할토록 하였다. [그래서] 그가 와서 그의 자리를 빼앗았다. 알구의 아들들인 추베이와 카반, 그들의 형·아우들은 바락에게서 떨어져 나와, 군대와 함께 카안의 어전으로 갔다.

카안이 자기 아들들인 노무간과 쿠케추를 다른 왕자들과 함께 카이두와의 전쟁에 파견한 것과 왕자들이 그들 두 사람을 배신한 일에 관한 이야기

카안이 아릭 부케의 분란과 반란에서 마음을 놓았을 때 모든 왕자들은

---

113) ûljâmîshî와 같은 뜻으로, '군주에게 선물을 바치며 알현하는 행위'를 말한다.

그에게 복종의 허리띠를 졸라맸지만, 우구데이 카안의 아들 카신
(Qâshîn)[114]의 아들인 카이두와 차가타이의 일부 자손들은 예외였다.
[카안은] 사신을 보내어 회유하면서 "다른 왕자들은 모두 여기에 왔다.
너희는 무슨 이유로 지체하는가? 나의 희망은 서로 만나 봄으로써 눈을
밝게 하고, [너희들이 나와] 모든 문제에 관해 협의한 뒤 여러 가지 은사
를 받아 돌아가는 것이다"라고 말했다. 카이두는 순종하지 않은 채 "저
의 가축들은 쇠약하니 살찌게 되면 칙명에 따르겠습니다"라는 변명을
보내왔다. 이런 식으로 3년 동안 시간을 끌다가, 그 뒤 코니치 노얀
(Qônichî Nôyân)과 연합하여 우룽타시에게 소속되어 있었고 그들과
가까운 곳에 있던 나린(Nârîn)을 몰아냈다. 그리고 살육과 약탈을 자행
하고 분란과 반란을 시작하였다. 그런 까닭에 카안은 자기 아들인 노무
간, 우익과 좌익의 왕자들, 즉 뭉케 카안[115]의 아들 시리기, 아릭 부케의 자
식들인 유부쿠르[116]와 말릭 티무르, 카안의 조카들 가운데 수유게테이[117]
의 아들인 툭 티무르와 오르쿠닥,[118] 카안의 사촌들 가운데 차라쿠[119]와 오
킨(Ôkîn),[120] 그리고 아미르들과 무수히 많은 군대 ─ 아미르들의 선임자
는 한툰[121] 노얀이었다 ─ 를 카이두의 반란을 진압하러 보냈다.

　그들은 강가에서 여름을 보내고, 며칠간 사냥을 나서서 서로 헤어졌
다. 툭 티무르와 시리기는 사냥터에서 서로 만나 협의하기를 "함께 노무
간을 붙잡아서 적에게 넘겨주자"고 하였다. 툭 티무르는 시리기를 유혹

---

114) 앞에서는 '카시'라고 표기되었다.

115) A · B본에는 "우구데이 카안"으로 되어 있는데, 이는 분명히 잘못된 것이다. BI본에 따라 교정했다.

116) A · B: BWǦWR.

117) A · B: SWKTW.

118) A · B: AWǦDAY.

119) A · B: CRAQ.

120) BI본에는 Charâqû Ôtchîgîn으로 표기되어 있다.

121) A · B: ANTWN.

하여 말하기를 "군주의 지위는 당신에게 가야 하는데, 카안은 우리와 우리 형제들에게 많은 부당한 행동을 했다"고 하였다. 그들은 밤중에 그두 사람을 붙잡아 노무간과 그의 형제인 쿠케추는 뭉케 티무르에게 보내고, 한툰[122] 노얀은 카이두에게 보냈다. 〔그러면서〕 그들은 "우리는 당신에게 많은 은혜를 입었고 그것을 잊지 않았습니다. 당신을 치러 온 쿠빌라이 카안의 아들들과 그의 아미르들을 〔당신의〕 어전으로 보냅니다. 서로에 대해서 〔나쁘게〕 생각하지 말고 서로 연합하여 적을 물리칩시다"라고 말했다. 사신들이 돌아와 〔205r〕「173v」 "당신들에게 감사하게 생각합니다. 우리가 바라던 바입니다. 그 부근에는 물과 목초가 좋으니 그곳에 머무르시오"라는 답신을 전했다.

툭 티무르는 출정하여 우구데이와 차가타이의 오르두들 및 그 오르두들을 관할하고 있던 왕자들이 있는 곳에 도착하였다. 그는 사르반 (Sârbân)과 밍카 티무르(Mîngqâ Tîmûr)의 형제를 포섭하고, "바투의 아들들과 카이두와 〔다른〕 왕자들이 연합하여 뒤이어 도착한다"는 소문을 퍼뜨렸다. 그들 모두 이동을 하여 툭 티무르와 함께 출발했다. 갑자기 카안의 군대 — 그들의 지휘관은 벡클레미시(Bîklâmîsh)였다 — 가 도착하였고, 바투의 아들들과 카이두가 온다는 것이 거짓이라는 사실이 오르두들에 알려졌다. 툭 티무르와 사르반은 시리기와 합류하여 카안의 군대와 전투를 벌였다. 시리기와 툭 티무르와 사르반은 도망쳐서 에르디시 강가의 바아린 〔종족〕을 복속(îl)시킬 작정을 하고 각자 〔그〕 준비로 바빴다. 툭 티무르는 키르키즈 지방을 습격하기 위해 그곳에서 출정했는데, 카안의 군대가 도착하여 그의 유수진을 약탈했다. 그는 유수진을 되찾기 위해 돌아와 시리기에게 도움을 청했으나 응낙을 받지 못해

---

122) A: HYTWN ; B: HNTWN.

서 분노했다. 그는 돌아오는 도중에 문득 사르반을 만났는데, 시리기에 대한 반감에서 그에게도 군주의 자리를 약속하면서 유혹했다.

그 당시 그들과 시리기는 아주 멀리 떨어져 있었다. ……[123] 종족 출신의 이트 부카(Ît Bûqâ)가 〔거기〕 있었는데 그는 시리기에게 속한 사람이었다. 그는 서둘러 가서 그 상황을 그〔＝시리기〕와 말릭 티무르와 다른 왕자들에게 알렸다. 시리기와 말릭 티무르는 자기 군대를 모아서 춘겔레(Chûngele)[124] 벌판에 포진했다. 그리고 사신을 툭 티무르에게 보내어 "무엇 때문에 울루스의 분란과 혼란을 초래하느냐?"고 하였다. 그는 "시리기에게는 강고함과 담대함이 없다. 나는 〔그런 자질을 갖춘〕 사르반이 군주가 되기를 희망한다"고 대답했다. 시리기는 어찌할 방도를 찾지 못하고 사르반에게 "만약 네가 군주가 되기를 바란다면 내게 청하지 왜 툭 티무르에게 청하는가?"라고 하자, 툭 티무르는 그 말에 대한 대답으로 "우리가 왜 군주의 자리를 네게 청하고 네게 가겠는가? 너 자신이 우리에게 오라!"고 말했다.

시리기는 〔그들에게〕 대항할 수 없고 만약 전투를 벌일 경우 수많은 군대가 헛되이 죽으리라는 것을 알고 그들에게로 왔다. 그러는 동안 툭 티무르는 이트 부카를 소환했지만 그는 도망쳤다. 그들이 그의 뒤를 쫓아 그가 있는 곳에 이르자, 그는 칼로 자기를 베어서 죽었다. 그 뒤 그들은 사르반을 상좌에 앉히기로 서로 합의하고, 시리기에게 압력을 가해 "만약 네가 진정한 마음으로 왔다면, 지금 즉시 사신들을 바투의 아들들과 카이두에게 보내서 우리 스스로 사르반을 우리의 지휘자이자 선임자로 선택하였다고 알리라!"고 말했다. 그는 즉시 〔사신들을〕 파견했

---

123) 原缺.

124) A · B: CWNKLH. 확인되지 않는 지명이다.

다. 그 뒤 그들은 그에게 말했다. "[너는] 자신의 오르두로 돌아가라. 말릭 티무르는 유부쿠르가 올 때까지 이곳에 머무르도록 하라." 시리기가 유부쿠르에게 그것을 알렸으나 그는 이를 거부하고 사르반에게 가지 않았다.

툭 티무르는 그를 치기 위해 군대를 이끌었다. 그가 가까이에 와서 사신을 보내 "우리는 이렇게 합의했다. 만약 [네가] 동의한다면 [좋다]. 그렇지 않다면 전쟁할 준비를 하라"고 말했다. 유부쿠르는 "나는 전쟁하지 않을 것이다. 고두할 준비를 할 때까지 닷새 말미를 달라"는 대답을 보냈다. 그러고는 군사들을 정비하는 데에 몰두했다. 닷새째 되는 날 그는 군대를 이끌고 밖으로 나와 전투를 하기 위해 전열을 정비했다. [툭 티무르가 공격을 가했는데 그때]125) 툭 티무르의 군대가 한꺼번에 돌아서서 유부쿠르에게로 가버렸다. 그는 12명을 데리고 도망쳤고 사흘 뒤 검은 펠트로 덮인 몽골인들의 천막에 도착하여 물을 청했다. 그들은 그를 알아보고는 응유를 내어 왔다. 그때 즉시 한 무리가 그의 뒤를 추격해 왔는데, 그의 흔적을 알아보고는 뒤를 쫓아갔다. 갑자기 진흙탕 물이 있는 한 지류에 도착했다. [툭 티무르가] 누케르들에게 "싸우다가 떳떳이 죽는 것이 더 낫다"고 말하자, 그들은 "당신은 [그들과] 한 일족이니 해를 끼치지 않겠지만, 우리에게는 나쁜 [결과가] 미칠 것이다"라고 말했다. 그는 누케르들에게 절망하여 무기를 버리고 적의 손에 포로가 되어 시리기에게로 끌려갔다. [시리기는] 그를 [살려 달라고] 유부쿠르에게 청했지만, 유부쿠르는 "만약 네가 그를 보호하려고 한다면 너는 나의 큰 적이 될 것이다"라고 말했다. 시리기는 "그가 나쁜 일을 한 가지 했다면 좋은 일은 열 가지를 했다. 그런데도 아무 소용이 없구나"라고 하면서

---

125) [ ] 안의 부분은 A · B본에는 없어서 BI본에서 보충했다.

툭 티무르를 죽여 버렸다. 사르반이 시리기에게 와서 "툭 티무르가 나를 그 〔자리〕에 앉힌 것이다"라고 말했다. 시리기가 그에게서 군대를 빼앗아, 그는 두세 명의 누케르들과 전전했다.

얼마 후 〔사람들은〕 무리무리 이루어 도망쳐서 〔205v〕「174r」 카안의 어전으로 갔다. 시리기는 도망친 사람들의 뒤를 쫓아 되돌리려고 했으나 사르반이 반란을 일으킬까 겁을 냈다. 〔그래서〕 그를 누케르 50명과 함께 주치의 손자인 코니치에게로 보냈는데, 마침 그들의 경로가 잔드(Jand)와 우즈켄드(Ûzkend) 부근에 있는 사르반의 직속 천막군(天幕群, khayl-i khâna-i khâṣṣ)을 지나갔다. 그에게 속한 사람들이 모여들어 그 50명의 감시인들을 붙잡고 그를 풀어 주었다. 사르반은 다시 군대와 함께 출정하여 시리기의 유수진을 빼앗고, 〔그것을〕 카안이 있는 쪽으로 이동시키라고 명령했다. 그는 먼저 자신의 상황을 알리기 위해서 전령을 한 사람 보냈다. 시리기가 이를 알아차리고 와서 사르반과 전투를 벌였다. 〔그런데〕 그의 군대가 한꺼번에 사르반에게로 가버려 그 혼자 남게 되었다. 사르반은 500명의 기병으로 하여금 그를 감시하도록 했다. 유부쿠르가 이를 듣고 군대를 이끌고 와서 사르반과 전투를 했는데, 그의 군대 역시 사르반에게로 넘어갔다. 그도 붙잡혀 500명의 기병에게 맡겨졌다. 그들은 카안이 있는 쪽으로 향했다. 유부쿠르는 병을 칭하면서 2~3일의 말미를 요청했다. 그는 그 부근에 목지를 갖고 있던 칭기스 칸의 조카 오킨에게 많은 금은보화를 은밀히 보내고, 자신을 그 끔찍한 궁지에서 구해 주기를 요청했다. 오킨 왕자는 군대를 모아 갑자기 그들의 말을 몰아서 병사들을 눌러 버렸다. 사르반은 홀로 말을 타고 자기 카툰과 함께 도망쳤는데, 그 오킨에게 속한 용사 한 명이 카툰이 도망치는 것을 보고 그녀를 잡으려고 하였다. 그녀가 소리를 지르자 사르반은 되돌아와서 화살 한 개로 그를 쓰러뜨리고, 카툰과 함께 카안의 어전으로 달려갔다.

그가 도착하기 전에 시리기가 [먼저] 그곳에 도착했는데, 카안은 그[=시리기]에게 길을 내주지 않은 채 기후가 매우 나쁜 어떤 섬에 가서 살다가 거기서 생을 마치라고 명령했다. 결국 그는 [거기서] 죽었다. [쿠빌라이는] 사르반에게 은사를 내리고 지방과 군대를 주라고 지시했다. 그 역시 얼마 후에 죽었다. 유부쿠르는 시리기와 사르반의 오르두들을 차지하고 코니치의 집단 속으로 들어왔다. 말릭 티무르와 쿠르트카는 연합하여 카이두에게로 왔고, 시리기의 아들 울루스 부카(Ûlûs Bûqâ)는 코니치의 집단 속으로 와서 한동안 그곳에 머물렀다. 유부쿠르는 카이두를 모시는 것에 싫증이 나서 도망쳐 카안의 어전에 합류했다. 울루스 부카는 그의 어머니와 오르두들을 데리고 마찬가지로 [카안에게 갔다]. 주치의 손자인 뭉케 티무르가 사망하자 투데 뭉케를 그의 자리에 앉혔다. 노카이와 코니치는 투데 뭉케와 협의를 하여, 노무간을 카안에게 보내며 "[우리] 모두 복속하게 되었으니 쿠릴타이에 참석하겠습니다"라고 아뢰었다. 카이두도 마찬가지로 한툰 노얀을 돌려보냈으나 쿠릴타이에는 가지 않았다. 그들[=노카이와 코니치] 역시 [원래의] 의도를 취소했다. 노무간은 일년 뒤 사망했다.

카안이 군대를 낭기야스 지방으로 파견하여 그 왕국들을 정복한 이야기

카안은 몽골 군대에게 몇 년간 원정이 없이 휴식을 주었을 때, 키타이 왕국들은 완전히 정복되었기 때문에 낭기야스를 취해야 되겠다고 생각했다. 뭉케 카안 시대에 그곳의 군주는 뭉케 카안과 깊은 우호 관계를 맺고 있어 그들 사이에는 항상 사신들이 오갔었다. 그런 까닭에 낭기야스의 군주들은 고귀하고 존엄한 존재였으며, 오래전에는 키타이 왕국들도 그들이 차지했었다. [그러나] 주르체 종족 출신인 키타이의 알탄 칸이 발호하여 그 왕국을 빼앗자 과거의 군주들은 낭기야스로 갔는데, 그 같은 정황은 이 책의 속편(dhayl)에 씌어질 그들의 역사에서 나올 것이다. 그들은 키타이 군주들에 대해 적의를 갖고 있었기 때문에 칭기스 칸이 키타이 왕국들을 정복하는 일에 몰두하고 있을 때 도움을 주기도 했다. 특히 우구데이 카안의 치세 때 대군을 파견하여 도움을 주어서 키타이의 군주를 완전히 복속할 수 있도록 하였다. 이는 그들의 본기에서 설명한 대로이다.

처음에 뭉케 카안은 [211r][126][174v] 낭기야스를 정복하려 했고, 쿠빌라이 카안 역시 그런 의도를 가지고 있었다. 특히 그의 도읍이 키타이였고 그들의 왕국이 가까웠기 때문에 더욱 그러했다. 간단히 말해서 그는 매번 군대를 그들의 변경으로 파견했지만 일에 진척이 없었다. ……[127]년에 이르러 쿠빌라이 카안은 수둔 노얀의 아들 사르탁 노얀을 압둘 라흐만과 동행시켜 이란 땅에 사신으로 파견해서, 이란에서 아바카 칸을 모시던 바얀(Bâyân) — 그의 부친 쿠케추(Kôkechû)는 바아린 출신의 대아미르였고, 그의 조부인 알락 노얀은 죄를 지어 야사에 처해졌으며, [그 자신은] '분배된 몫'(qûbî wa naṣîb)으로 쿠빌라이에게 주어졌던 그 바얀이다 — 을 [보내 달라고] 요청했다. 소해[즉 1265년]에는 훌레구 칸이 타계했고, [아바카 칸은] 그를 사르탁 노얀과 동행시켜 카안의 어전으로 보냈다. 압둘 라흐만은 회계를 끝내기 위해서 이 고장에 남았다.[128] 그가 그곳에 도착하자 카안은 30투만의 몽골 군대와 80투만의 키타이 군대를 정비하고, 삼가 바하두르(Samga Bahâdur)[129] — 뭉케 카

---

126) A본은 206r부터 210v까지 페이지의 순서가 잘못되어 뒷부분의 내용이 들어가 있다.

127) 原缺.

128) 이와 비슷한 내용이 『부족지』, pp. 323~324에도 보인다.

129) 史天澤의 몽골식 이름. 三哥를 옮긴 말이다. 삼가는 형제들 중에서 '셋째' 라는 뜻이다. 사실 『元史』

안 시대에 복속하여 성심으로 봉사를 바치던 키타이의 아미르들 가운데 한 명으로 [차간] 발가순 시[130] 출신 — 를 키타이군의 수령으로 임명하였다. 그리고 상술한 바얀과 우량카트 종족 출신의 수베테이 바하두르의 손자인 아주(Âjû)[131]를 몽골군의 수령으로 임명하고, 전군의 지휘관은 삼가 바하두르가 되도록 명령했는데, 이는 그의 야삭이 엄격하고 일을 잘 수행했기 때문이었다. [쿠빌라이는] 그들을 낭기야스 왕국으로 파견했다. 삼가는 병에 걸려 도중에 되돌아왔고, 바얀과 아주가 두 군대의 지휘관이 되었다. 그것은 주둔하는 군대 즉 '탐마'(tammâ)였다.[132]

낭기야스 왕국의 면적은 대단히 넓었고 군대는 헤아릴 수도 없이 많았기 때문에, 그곳을 정복하는 데에는 오랜 시간이 걸렸다. 거의 4년 동안 진력을 다했는데도 일부를 정복했을 뿐이었다. 그 뒤 그들은 카안의 어전으로 사신을 보내어 군대가 충분하지 않다고 알렸다. 군대를 정비하는 것이 신속하게 이루어지지 않자 카안은 칙령을 내려 키타이 왕국의 모든 죄수들을 불러들이라고 했는데, 거의 2만 명에 가까웠다. 그는 "너희들은 모두 죽을 목숨이다. [나] 자신의 시혜로써 너희들에게 자유를 주겠다. 그리고 말과 무기와 의복을 주어 군대로 보내겠다. 만일 너희들이 노력을 다한다면 아미르나 중요 인물이 될 것이다"라고 말했다. 그들 가운데 유능한 자들을 천호·백호·십호의 아미르로 임명하여 보내

권147 「史天澤傳」에도 史天澤은 史秉直의 세 아들(天倪·天安·天澤) 가운데 셋째로 기록되어 있다.

130) Chağan Balğasun은 몽골어로 '흰색 도성'이라는 뜻이며 河北省 眞定을 가리킨다. 『동방견문록』(p. 297)에서는 투르크어로 같은 뜻인 '악크발룩크'(Achbaluch; Aq Baliq을 옮긴 말)라는 이름으로 불리었다.

131) 한문 자료의 阿朮(1234~1287). 우구데이의 치세에 부친 우량카다이를 따라 大理 원정에 동참했고, 쿠빌라이 즉위 후 1268년에는 군대를 이끌고 襄·樊을 포위 공격하여 4년 만인 1272년에는 함락시켰다. 伯顔, 阿里海牙(Ariqaya) 등과 함께 남송을 정벌하는 데 큰 공을 세웠다.

132) 탐마군에 대해서는 『부족지』, p. 143 참조.

서 대군과 합류하도록 하였다. 그 뒤 사신을 보내 바얀과 아주를 역참을 통해(bi-ûlâğ) 소환했다. 그들은 일곱 역참을 거쳐 도착했는데, 그는 그들에게 어떻게 전쟁을 해야 할지에 대해서 지침과 지시를 내려 주었다. 〔그러고 나서〕 그들은 되돌아갔다.

그 지방으로 향한 지 7년째 되던 해에 켕 무렌 강가에서 그들과 전투를 벌였다. 낭기야스의 군대 80투만을 격파하고 그 왕국을 정복했다. ……133)라는 이름을 지닌 그곳의 군주를 죽였다. 다른 지방들, 즉 이키부제(Îkîbûze),134) 모쿠만,135) 켈렝,136) 카프제구(Kafjegûh)137) 및 여타 지방을 정복했다. 뭉케 카안138) 시대에 복속했다가 다시 반란을 일으킨 솔랑카(Sôlângqa) 지방은 쿠빌라이 카안이 보좌에 앉자 다시 한 번 폐하의 어전으로 와서 복속했다. 인도 왕국들에 속하는 자바(Jâva) 지방에 대해서는 전투를 해서 정복하기 위해 군대를 파견했다. 인도의 많은 왕국들에 대해서는 그들이 복속하도록 선편으로 사신을 보냈다. 그들은 궁지에 몰려서 〔그것을〕 받아들였고, 지금도 복속의 표시로 사신들을 보내오고 있다.

〔쿠빌라이는〕 낭기야스 왕국들을 왕자들에게 분봉(分封, bakhsh)해 주고 그 각각의 왕국들에 정비된 군대를 배치했다. 그 지방의 사정을 꿰

---

133) 原缺. 남송의 마지막 황제 恭宗은 1276년 정월 臨安이 함락될 때 투항했고, 陳宜中 · 張世杰 등이 益王 昰과 廣王 昺을 이끌고 도주했다. 그러나 1278년에는 昰도 사망하고, 그 뒤를 이은 昺은 1279년 몽골군의 마지막 공격으로 厓山(현재 廣東 新會 남쪽)이 함락될 때 물에 몸을 던져 자결했다. 따라서 여기서 몽골군이 "죽였다"는 군주가 누구를 가리키는지는 분명치 않다.

134) 한문 사료에는 亦乞不薛 혹은 亦奚不薛이라고도 표기되며 貴州 지방을 기리키는 지명.

135) MQWMAN. 미확인 지명.

136) KLNK. 미확인 지명.

137) 『동방견문록』에서는 '카우지구'(Caugigu)라고 표기되어 있는데, 이는 交趾國을 나타낸 것으로 추정되고 있다.

138) 아마 '우구데이 카안'이 되어야 옳을 것이다. 「우구데이 카안 기」의 주석에서도 자세히 설명했듯이 몽골인들은 고려가 우구데이의 치세에 처음 복속해 왔던 것으로 생각하고 있었다.

뚫어 알고 있는 볼라드 아카가 말하는 바에 따르면, 종족의 수령이나 속민의 주인과 같은 중요 인물들만 수를 헤아리는 것이 낭기야스의 관례인데, [그런 식으로 헤아린다 해도] 그곳[에 사는 사람들]의 숫자가 99투만이었다고 한다. 그곳보다 더 넓은 왕국은 없다. 책에 기록된 바와 같이 [지상의] 다섯 기후대(panj iqlîm)[139]는 그곳에서부터 시작된다. 그렇지만 그곳의 건물들은 서로 연이어 있다. 지금까지 그 몽골·자우쿠트 군대는 그곳에 주둔하고 있고, 한 번도 밖으로 나오지 않았다. 각각의 만호장들은 군대와 함께 한 왕국에 배정되어 있고, 그곳의 총독직은 그에게 위임되어 있으며, 디반(dîvân)에서 파견된 네 명의 비틱치가 그들 각각을 모시고 있다. 각 지방에서 세금을 징수할 때에는 그 아미르에게 칙명을 보냈고, 그는 명령에 따라 거기에 속한 [211v]「175r」 모든 도시들로부터 [세금을] 걷어서 보냈다. 그들 가운데 그 누구도 다른 일에 종사하지 않는다. 그 죄수들의 무리는 모두 중요한 아미르가 되었고, [그들을 위한] 하영지와 동영지도 만들어졌다.

쿠빌라이 카안의 정황과 이야기를 그의 출생에서부터 시작해서 군주의 보좌에 앉아 키타이와 마친의 왕국들을 모두 정복할 때까지 설명했다. [이제] 그 밖의 다른 이야기들, 즉 그의 왕국들과 특별히 관련되는 것이나 그가 정했던 규범들, 그리고 그 지방의 각각의 왕국과 변경에 임명된 군대 등에 관한 이야기들을 설명해 보도록 하겠다. 지고한 알라께

---

139) 과거 무슬림 지리학자들은 지구를 횡축으로 나누어 모두 일곱 개의 기후대(iqlim; 영어로는 clime)로 이루어져 있다고 생각했다. 제1·제2기후대는 적도와 그 부근 지방으로 너무 더워서 사람들이 살기 힘든 지역이고, 온대 지방이 속하는 제3·제4기후대에서 가장 문명이 발달했으며, 제5기후대부터 극지방에 해당하는 제7기후대까지는 사람들이 살기는 하지만 환경의 제약 때문에 문명의 발달은 제한될 수밖에 없다고 보았다. 라시드 앗 딘이 여기서 "다섯 기후대" 운운한 것은 아마 인간의 거주가 가능한 다섯 기후대의 동쪽 끝이 모두 중국에서 시작된다고 보았기 때문일 것이다. 기후대에 관한 간략한 설명은 이븐 할둔의 『역사서설』(김호동 역, 까치, 2003), pp. 77~92 참조.

서 뜻하신다면!

카안이 키타이 지방에 짓도록 명령한 건물들, 그 지방에서 시행되는 규율과 관습과 통치와 제도

키타이 지방은 대단히 크고 넓은 곳이며 수많은 사람들이 살고 있다. 믿을 만한 사람이 전하는 바에 따르면 지상에서 그곳처럼 많은 사람들이 사는 데가 어디에도 없다고 한다. 커다란 바다로부터 그리 크지 않은 만(灣)[140] 하나가 만지와 카울리(Kawlî, 高麗) 사이에 있는 해안을 따라 동남쪽에서부터 뻗어 있고, 키타이 지방 안으로는 칸발릭에서 4파르상[=약 22.4km] 떨어진 곳까지 돌출해 있어 선박들이 그곳까지 들어온다. [그곳은] 바다와 가깝기 때문에 많은 비가 내린다고 한다. 그 지방에는 더운 곳도 있고 추운 곳도 있다. 칭기스 칸은 자신의 치세에 그 지방을 정복했고, 우구데이의 치세에는 그곳 전부가 정복되었다.

칭기스 칸과 그의 자식들은 키타이 지방에 도읍을 두지 않았는데, 이는 각각의 본기에 기록되어 있는 바와 같다. 그러나 뭉케 카안이 그 지방을 쿠빌라이 카안에게 주었고 [쿠빌라이 카안은] 그 지방이 매우 풍요하고 그 주변에 중요한 왕국과 지방이 수없이 많은 것을 보았기 때문에 [그곳을] 자신의 도읍으로 선택했다. 그는 그곳 군주들의 도읍들 가운데 하나였던 칸발릭 시 — 키타이 말로는 '중두'(Jûngdû, 中都)라고 불린다 — 를 동영지로 정했다. 그곳은 옛날에 점성가와 현자들의 의견을 따라서 지극히 상서로운 별점에 부응하여 건설되었는데, 온갖 축복과 행운을 지닌 곳으로 항상 여겨져 왔다. 칭기스 칸이 그곳을 [이미] 파괴해 버렸기 때문에 쿠빌라이 카안은 [다시] 건설하고자 했는데, 자신의 명성을

---

140) 발해만을 가리킨다.

위해서 그 근처에 다른 도시를 서로 맞닿게 세우고 그 이름을 '다이두' (Dâîdû, 大都)라고 하였다.

그 성벽에는 망루가 17개 두어졌는데, 한 망루에서 다음 망루까지는 1파르상의 거리이다. 얼마나 주민이 많은지 〔성벽의〕 바깥에도 수없이 많은 건물들이 세워졌다. 여러 지방에서 각종 유실수들을 옮겨와 그곳의 과수원과 정원에 심었는데, 그 대부분은 잘 자라고 있다. 그 도시의 중앙에는 자신의 오르두를 세워 매우 크고 장려한 궁전으로 삼고 그 이름을 '카르시'(Qarshî)[141]라고 하였다. 기둥과 보도는 모두 석고와 대리석[142]으로 되어 있는데 매우 아름답고 깨끗하다. 그 둘레에 네 〔겹의〕 벽을 세웠는데, 벽에서 벽까지의 거리는 화살이 도달할 정도로 두었다.[143] 〔가장〕 바깥은 말을 묶어 두는 곳(kirîâs)[144]으로, 그 안쪽은 매일 새벽 모이는 아미르들이 앉는 곳으로, 세 번째 〔벽〕은 친위병(kezîktân)들을 위해, 네 번째 〔벽〕은 귀족들(khawâṣ)을 위해서 사용된다. 카안은 겨울에 그 궁전에서 머문다.

칸발릭과 다이두에는 북쪽의 참치말(Chamchmâl)[145] 부근에서부터 흘러내려오는 커다란 강이 있는데, 이는 하영지로 가는 길이기도 하다.

---

141) 투르크어에서 '궁전'을 뜻하는 말이다. Cf. Doerfer, III, pp. 442~443.

142) rukhâm va marmar. rukhâm은 '석고, 대리석'을 가리키며, marmar 역시 '대리석'을 뜻한다.

143) 여기에 언급된 네 겹의 벽은 ① 황성의 성벽, ② 궁성의 성벽, ③ 大明殿의 외벽, ④ 대명전의 내벽을 가리키는 것으로 보인다. 大都의 성곽 구조에 대해서는 蘇天爵의 『輟耕錄』 권21에 수록된 「宮闕制度」에 상세한 설명이 보인다. 그 밖에 陳高華의 『元の大都』(東京: 中央公論社, 1984), pp. 82~93 등을 참조.

144) 몽골어의 kirü'e의 복수형인 kirü'es를 나타낸 말이다. 『몽골 비사』 131절에서 이 단어는 '下馬處'라는 傍譯이 달려 있다. 즉 '말을 내려서 묶어 두는 곳'이란 뜻이다. 한문 자료에도 대도의 황성 성벽 아래에 말을 매어 두는 곳을 攔馬場이라고 불렀다.

145) 『秘史』 247절에 Čabčiyal로 표기되어 있으며 현재 大都 북방 長城 지대를 통과하는 요충인 居庸關을 가리킨다. 『集事』에는 일관되게 JMJMAL로 표기되어 있으나 JMJYAL의 誤記일 가능성도 있다(『칭기스 칸 기』, p. 280, 주 43).

〔그 밖에〕 다른 강들도 있다. 도시 외곽에는 마치 조그만 바다처럼 아주 큰 호수를 하나 만들었다. 그 안에 배를 띄우고 유람할 수 있도록 하기 위해 그 〔호수〕 위에 둑을 하나 쌓았다. 과거에 그 강물은 다른 곳으로 흘러서 그 주위를 둘러싼 바다에서 칸발릭까지 뻗어 있는 만으로 유입되었는데, 그 부근의 만은 협소하여 배들이 올 수 없었기 때문에 짐을 가축에 싣고 칸발릭까지 운반해 왔었다. 키타이의 기술자와 학자들은 〔그런 상황을〕 자세히 조사한 뒤 〔207r〕「175v」 "키타이 대부분의 지방과 만지 왕국의 도읍인 킹사이(Khîngsâî)[146]와 자이툰(Zaytûn)[147] 및 다른 곳에서 〔출발한〕 선박이 칸발릭까지 도달하는 것이 가능하다"고 말했다. 카안은 거대한 운하를 굴착해서 앞서 말한 강의 물과, 카라무렌 및 다른 강에서 나와 여러 도시와 지방 사이를 굽이굽이(ûlâm ûlâm)[148] 흐르는 다른 몇몇 강들의 물을 그 운하로 유입시키라고 지시했다. 인도〔에서 오는 선박이 도달하는〕 항구이자 마친 왕국의 도읍인 킹사이와 자이툰에서부터 칸발릭까지는 배로 항해하여 40일이 걸린다. 여러 지방에 〔필요한〕 물을 〔공급하기〕 위해 이 강에는 수많은 제방이 만들어졌는데, 배가 그 제방이 있는 곳에 도달하면 그 배가 아무리 크고 무거운 것이라 할지라도 〔사람들은〕 권양기(捲揚機)[149]를 이용하여 그것을 적재 화물과 함께 부양(浮揚)시킨 뒤 제방 건너편의 물 위로 띄워서 운항하도록 한다. 그 운하의 폭은 30가즈(gaz)[150]가 넘는다.

---

146) A · B본 원문 모두 HYNGSAY로 되어 있으나, XYNGSAY로 읽어야 옳을 것이다. 行在(임금이 잠시 머무는 곳)를 옮긴 말이며 남송의 수도였던 臨安(즉 杭州)의 별칭이었다. 『동방견문록』의 '킨사이' (Quinsai)가 이에 해당한다.

147) 刺桐을 옮긴 말이며 泉州를 가리킨다. 마르코 폴로의 글에는 '차이톤' (Çaiton)으로 표기되어 있다.

148) Doerfer는 ulam이 투르크어이며, 뜻은 'rundherum, ohne Unterbrechung' 으로 보았다. 그리고 이 단어는 대체로 ulam ulam이라는 반복형으로 사용된다고 하였다(II, pp. 107~108).

149) charkh-i jarr al-thaqîl.

카안은 그 운하의 방벽을 돌로 막아서 흙이 그 안으로 허물어지지 않도록 하라고 지시했다. 그 운하를 따라 커다란 도로가 만들어졌는데, 마친까지는 40일이 걸린다. 큰비가 와도 가축들이 진흙탕 속에 빠지지 않도록 하기 위해 그 도로 전체를 돌로 만들었다. 대로 양쪽으로는 버드나무와 다른 나무들을 심어서 대로 처음부터 끝까지 그늘에 가려질 수 있도록 했다. 군인이건 다른 사람이건 어느 누구도 감히 그 나뭇가지 하나를 꺾거나 잎사귀 하나를 가축에게 주지 못한다. 〔그 길〕 양편으로 얼마나 많은 마을과 불사(佛寺)와 상점들이 들어섰는지 40일 여정 내내 주민들로 가득 차 있을 정도이다.

다이두 시의 성벽은 흙으로 축조된 것이다. 그 지방의 〔건축〕 관습에 따르면 판자 두 개를 세우고 축축한 흙을 그 사이에 부어 넣어서 〔그 흙이〕 단단해질 때까지 커다란 나무로 두드린 뒤 판자를 다시 떼어내어 벽을 만든다. 그 지방에는 비가 한꺼번에 많이 쏟아지고 흙은 힘이 약하기 때문에, 벽은 이렇게 더 굳게 된다.[151] 말년에 가서 카안은 돌을 옮겨와 그 벽의 외부를 돌로 붙이라고 지시했지만, 〔실행에 옮겨지기 전에〕 그는 사망하고 말았다. 신께서 뜻하신다면 티무르 카안에게 큰 은총을 내리셔서 〔그 일을 끝낼 수 있도록 할 것이다〕.

---

150) 1가즈는 손바닥을 펴서 그 폭만큼의 6배 길이, 혹은 손가락 끝에서 팔꿈치까지의 길이, 즉 대체로 45인치에 해당한다.

151) 이 부분의 내용은 사실과 다르며, 아마 필사자의 잘못으로 문장의 뜻이 전혀 반대로 바뀌어 버린 것 같다. Blochet는 여기에 묘사된 것처럼 板築 방식으로 세워진 벽은 많은 비에도 잘 견디기 때문에 이렇게 쓴 것이라고 이해했지만(p. 461의 주석) 상식적으로 이해되지 않는 해석이다. 사실상 쿠빌라이는 폭우로 인한 대도 성벽의 침식을 우려하여 여러 차례에 걸쳐 복구를 지시했고, 라시드 앗 딘이 기록했듯이 석재를 이용하여 외벽을 보강하려는 시도도 있었다. 이에 관해서는 陳高華, 『元の大都』, pp. 72~77 참조. 이렇게 볼 때 "Because there is so much rain there and the earth is not strong, even such strong walls get damp"라고 한 색스턴의 번역은 자연스러워 보이나, 원문에는 muḥkamtar mî-bâshad라고 되어 있어 'get damp'라는 번역은 도저히 불가능하다.

카안은 다이두에서 50파르상〔=약 270km〕 떨어진 곳에 있는 하영지 카이민푸(Kaymînfû, 開平府)[152] 시에 마찬가지로 〔궁전〕 건물을 지으라 고 명령했다. 동영지 〔다이두〕에서 그곳까지는[153] 길이 세 갈래 있다.[154] 하나는 〔카안의〕 사냥을 위해서 금구(禁區)로 설정된 것으로, 긴급한 사 신[155]을 제외하고는 어느 누구도 다닐 수 없는 길이다.[156] 다른 또 하나 의 길은 푸주(Fûjû, 撫州)[157] 방향으로 가는 것인데, 상긴(Sangîn, 桑 干)[158] 강가를 따라 내려가는 것으로 거기에는 포도와 과일들이 매우 많 다. 그 도시 근처에는 시말리(Sîmâlî, 蕁麻林)[159]라고 불리는 또 다른 도

---

152) 開平府를 옮긴 말로서 쿠빌라이의 夏宮이 있는 上都를 가리킨다. 『동방견문록』의 '카이밍푸' (Kaymingfu).

153) A · B본 원문에는 TA BXANH라고 되어 있으나 TANJA(tâ anjâ)의 誤記로 보인다.

154) 이와 관련된 문제에 대해서는 졸고, 「몽골 帝國 君主들의 兩都巡幸과 遊牧的 習俗」, 『중앙아시아연 구』 제7호(2002), pp. 1~23 참조. 그 밖의 上都에 관해서는 최근 史衛民의 『都市中的游牧民』(長沙: 湖南出版社, 1996)과 葉新民의 『元上都硏究』(呼和浩特: 內蒙古大學出版社, 1998)가 출간되었고, 그동 안 중국에서 발표된 논문들을 모은 『元上都硏究文集』(葉新民 等編, 北京: 中央民族大學出版社, 2003) 과 『元上都硏究資料選編』(葉新民 等編, 北京: 中央民族大學出版社, 2003)이 나왔다.

155) A · B본 원문은 yârâlîq로 보이나 露譯本은 yârâltû로 읽었다. 그러나 의미는 마찬가지로, Rawshan(III, pp. 2222~2223)이 이미 지적했듯이 모두 몽골어에서 '서두르다'는 뜻의 동사인 ya' ara-의 명사형 ya'aral에 접미사 -[l]iq/tu가 붙은 형태이다. Blochet는 toro-liq로 읽고 'princier' (왕 족의)로 이해했으나 수긍할 수 없는 해석이다. 이 부분을 보일은 'courier'로, 색스턴은 'official envoys'로 번역했으나 정확하다고 하기는 어렵다.

156) 大都에서 順州 · 檀州를 거쳐 古北口를 지난 뒤 上都로 연결되는 길이다. 元末의 문인 周伯琦가 언급 한 소위 네 가지 루트 가운데 '東路'가 이에 해당한다.

157) A · B본은 여기서 모두 JWJW로 표기하고 있으나 뒤에서는 XWJW로 기록했다. 이는 아마 펠리오 의 추정대로 FWJW(撫州)의 誤記일 것이다. 무주는 金代에 현재 내몽골 張北이 있는 지점에 두어진 것으로, 元代에는 興和路에 속했다. Cf. 『元史』 권58 「地理 一」, p. 1352. 부근에 蕁麻林이 있다는 라 시드 앗 딘의 언급도 무주일 가능성을 높인다.

158) 大都 서북방에서 흘러내려오는 桑乾水 혹은 桑干水를 가리키며, 『동방견문록』(p. 295)에는 '풀리상 긴'(Pulisanghin)이라고 표기되었다.

159) 『元史』 권122 「哈散納傳」에는 그가 "阿兒渾軍을 管領하여 太祖를 따라 西城에 가서 薛迷則干 (Semizkent) · 不花剌(Bukhara) 等城을 함락시켰다. 태종 때에 이르러 여전히 그로 하여금 阿兒渾軍 을 통령하도록 명령하고, 回回人匠 3000호를 병합하여 蕁麻林에 주둔하라고 하였다"는 기사가 보인

시가 있는데, 그곳 주민들 대부분은 사마르칸트 사람들로 많은 수의 정원들을 사마르칸트 방식으로 꾸몄다.[160] 또 하나의 길은 식링(Sîglîng)[161]이라 불리는 낮은 언덕을 넘어가는 길이다.[162] 그 언덕을 지나면 카이민푸 시에 이를 때까지 전부가 초원과 목장이며 하영지이다. 전에는 상술한 푸주[163] 시 부근에 하영지를 세웠는데,[164] 그 뒤에 〔카안은〕 카이민푸 시 부근에 〔하영지를〕 정하라고 명령했다. 〔카안은〕 그 동쪽에 자신을 위해서 궁전을 하나 세우라고 했는데, 그것은 랑텐(Langten, 涼亭)이라고 불리었다.[165] 그는 어느 날 밤 꿈을 꾼 뒤 그곳을 버리게 되었는데, 또 다른 궁전을 어디에 지을지에 대해서 학자들 및 기술자들과 상의했다. 모두 카이민푸 시 근처에 있는 초원 가운데에 위치한 호수가 조건상으로 최적의 장소라고 생각하고는 그 〔호수의 물〕을 없애기로 했다. 그 지방에는 땔감나무 대신 사용하는 돌이 있는데 그것을 다량 수집하였고 숯도 많이 모았다. 또한 사기 그릇과 석고를 잘게 부수어 그 호수와 〔호수의〕 원천을 채운 뒤, 거기에 주석과 납을 녹여 부어서 굳게 했다. 사람

다. 이곳에는 사마르칸트 등의 중앙아시아 도시에서 끌려온 職人들이 집단 거주하며 직물을 생산하던 작업장이 있었던 것으로 추정된다. P. Pelliot, "Une villemusulmane dans la Chine du Nord sous les Mongols," *Journal Asiatique* 211(1927), pp. 261~279; T. A. Allsen, *Commodity and Exchange in the Mongol Empire: A Cultural History of Islamic Textiles*(Cambridge: Cambridge University Press, 1997), pp. 41~44.

160) 앞에 나오는 周伯琦의 4개 루트 가운데 '西路'에 해당한다.

161) A · B본 모두 SYGLYNG으로 표기되어 있다. Blochet와 Rawshan은 이를 SYNGLYNG로 읽었다. 마지막의 LYNG이 嶺을 나타내는 것으로 추정될 뿐, 정확히 지명을 고증하기는 힘들다.

162) 周伯琦의 四路 가운데 카안이 즐겨 이용하던 輦路를 가리키는 것으로 보인다. '식링'에 정확하게 부합되는 지명을 찾기는 어려우나, 혹시 沙嶺을 옮긴 것이 아닐까 추정해 본다.

163) A B: XWJW.

164) 앞의 『元史』 권58 「地理 · 一」(p. 1352)에도 쿠빌라이가 中統 원년(1260)에 무주 지역에 '행궁'을 건설하라고 지시했다는 기사가 보인다.

165) 上都 동쪽 50리 되는 지점에 위치한 현재 내몽골 多倫縣 북방의 白城子古城에 해당한다. 원대에는 Jig ači Balaǧasun '어부의 성'이라 불리었다고 한다. 葉新民, 『元上都硏究』, pp. 165~168 참조.

의 키만큼 쌓아 올린 뒤 그 위에 기단을 세웠다. 물이 땅의 구멍에 갇혀 버리자 그 주변의 다른 방향으로 흐르게 되었고 그것은 다른 곳의 초원으로 솟아나와 여러 개의 샘물을 이루었다. 그리고 그 기단 위에 키타이 식으로[166] 궁전을 짓고 그 초원 주변을 벽으로 둘러쳤다. 그 벽과 궁전 사이에는 목책[167]을 세워 어느 누구도 초원 가운데로 다닐 수 없게 하였다. 또한 각종 사냥감들을 그 초원 안에 풀어놓았는데, 번식해서 그 숫자가 〔더욱〕 많아졌다. 그 도시 안에는 〔상술한〕 것보다 더 작은 궁전을 하나 건설하고, 그 궁전 외부에서 내부로 이어지는 소로를 하나 만들어 그 특별한 소로를 통해서 궁전 안으로 들어갈 수 있도록 했다. 말을 매어 두는 곳을 설치하기 위해서 그 궁전 둘레에 화살이 닿을 정도의 거리를 두고 벽을 세웠다. 〔카안은〕 대부분의 시간을 도시 바깥에 있는 그 궁전에서 〔207v〕「176r」 보낸다.

그 나라에는 커다란 도시들이 수없이 많은데, 그 각각에 어원상 특별한 의미를 지니는 이름을 붙였다. 〔그 도시들의〕 장관 등급(marâtib)은 그 도시들의 칭호에 의해 분명해지기 때문에, 어떤 도시의 장관이 더 높은지를 놓고 논란을 벌이거나 〔그 장관의 등급을〕 칙령에서 기록할 필요가 없다. 또한 회합에서 그들의 좌석을 두고 〔누가 어디에 앉을지〕 왈가왈부할 필요도 없으며, 어느 장관이 다른 〔장관을〕 만날 때 누가 영접을 나가서 무릎을 조아릴지도 각자의 품급에 따라 정해져 있다. 칭호와 품급은 다음과 같은 순서로 되어 있다.

---

166) bi-yang-i Khitay. Blochet는 yang을 한자어의 '樣'으로 해석했는데, 그 후의 주석가들도 모두 이를 따르고 있다.

167) 원문은 DABRZYN이며 Blochet는 이를 "grand mur de planches"(大板墻)의 뜻으로 이해했다. Steingass의 사전에는 'A screen or lattice-work in front of a door; a thing on which one leans'라는 뜻을 지닌 DAR-BZYN이라는 단어가 등록되어 있다. Rawshan은 이를 DARABZYN으로 읽었다.

1급 : 깅(gîng, 京)

2급 : 두(dû, 都)

3급 : 푸(fû, 府)

4급 : 주(jû, 州)

5급 : ……[168]

6급 : 군(gûn, 軍)

7급 : 힌(hîn, 縣)

8급 : 진(jîn, 鎭)

9급 : 슌(shûn, 村)

1급은 룸, 파르스, 바그다드와 같이 커다란 지방을 가리키고, 2급은 도읍(takht)이 있는 지방을 가리킨다. 이런 식으로 차례로 내려가서 7급은 조그만 도시를 가리키며, 8급은 촌락을, 9급은 마을이나 농촌을 가리킨다. 또한 농장이나 마을은 '림'(rîm)[169]이라고 부르고, 해안의 항구를 '마투'(mâtû, 馬頭)라고 부른다. 이 같은 순차와 제도는 다른 지방에서는 찾아볼 수 없는 것으로, 나라의 사무들은 대부분 이러한 방식으로 처리된다.

키타이 지방의 아미르들, 재상들, 비틱치들에 대한 설명, 그들의 등급에 대한 설명, 그들에게 적용되는 법령과 규정들, 그 종족이 〔사용하는〕 명칭들

재상과 수령의 직책을 수행하는 대아미르들은 칭상(chîngsâng, 丞相)이

---

168) 原缺.

169) B!본에는 mazîm으로 되어 있어 이를 '阡陌'으로 해석하고 있으나, A · B본에는 RYM으로 표기되어 있어 rîm 혹은 jîm으로 읽어야 하겠지만, 이에 상응하는 한자어가 무엇인지는 불분명하다. 혹시 RY(rî: 里)의 誤寫가 아닐까 하는 생각도 든다.

라고 불린다. 군대의 아미르를 타이푸(tâîfû, 大夫)라 부르고, 만호장을 왕샤이(wangshay, 元帥)라 하며, 디반의 아미르 재상 수령들로서 타직·키타이·위구르인들이 담당하는 〔직책을〕 핀잔(finjân, 平章)이라고 부른다. 관례에 따르면 대(大)디반에는 대아미르들 출신의 칭상이 네 명 있고, 타직·위구르·키타이·에르케운(erkâûn, 也里可溫)[170] 등 여러 종족 출신의 대아미르들 중에 핀잔이 네 명 있다. 디반 안에는 그들의 대리인들이 두어져 있다. 그곳의 아미르 장관들의 직책은 등급에 따라 서열지어져 있는데, 그들의 등급은 다음과 같다.

1급 : 칭상(chîngsâng, 丞相)

2급 : 타이푸(tâîfû,[171] 大夫)

3급 : 핀잔(finjân, 平章)

4급 : 유칭(yûchîng, 右丞)

5급 : 조칭(zhôchîng, 左丞)

6급 : 삼징(samjîng, 參政)

7급 : 사미(samî, 參議)

8급 : 란준(lanjûn,[172] 郎中)

9급 : ……[173]

쿠빌라이 카안 시대에 칭상이었던 아미르로는 한툰 노얀(Hantûn Nôyân),[174] 우차차르(Ûchâchâr),[175] 울제이 타르칸(Ôljâî Tarkhân),[176]

---

170) 이것은 기독교도를 가리키는 시리아어 erke'ün을 옮긴 말이다.

171) A · B: TAYFW.

172) A: KNJWN. 이는 LNJWN의 誤記임이 분명하다.

173) 原缺.

다시만(Dâshman)[177] 등이 있었다. 현재 한툰은 타계했지만 다른 사람들은 [티무르] 카안의 칭상으로 서로 직분을 지키고 있다. 핀잔의 직책

---

174) 한문 자료에는 安童(1245~1293)으로 표기되는 인물이며, 中統 초에 宿衛의 長이 되었고 1265년에는 中書右丞相에 제수되었다. 1275년 行中書省·樞密院事로서 北平王 노무간을 따라 알말릭에 출진했다가, 1276년 시리기 등 반란을 일으킨 왕들에 의해 구금되었지만 1284년 放還되었다. 보다 자세한 경력은 *In the Service of the Khan*(ed. Igor de Rachewiltz et al., Wiesbaden: Harrassowitz, 1993), pp. 9~11을 참조.

175) 『集史』에서 그가 쿠빌라이 시대에 이어 테무르 카안의 치세에도 '칭상' 자리에 있었던 사실 이외에 별다른 내용을 발견할 수 없다. 다만 「쿠빌라이 카안 기」에서 그의 이름은 모두 세 차례 언급되는데, 두 번째 모음이 2회는 장모음(â)이고 1회는 장모음이 아니어서 Üchichar로 읽을 수도 있다. 따라서 그 音價로 미루어 볼 때에는 『元史』 권119에 나오는 月卽察兒(*Yöchichär)와 동일 인물이 아닐까 하는 추측도 가능하다. 보로굴[博爾忽]의 증손자인 月卽察兒는 쿠빌라이 시대에 四케식의 하나를 지휘하는 長이었고, 1289년 쿠빌라이가 카이두를 맞아 親征을 했을 때 용맹을 떨쳤으며, 1290년에는 셍게[桑哥]를 탄핵하여 誅殺케 한 인물이다. 테무르 카안 시대에도 알타이 방면을 침입한 카이두와 두와와의 전투에서 공을 세웠다. 그러나 그가 '승상'을 지냈다는 기록은 찾아볼 수 없어, 과연 우차차르와 月卽察兒가 동일인인가 하는 점에 대해 의심을 품게 한다. 뿐만 아니라 『元史』에는 그가 보로굴의 후손으로 나오지만, 라시드 웃 딘이 『부족지』에서 보로굴의 일족에 관한 이야기를 하면서 '우차차르'라는 인물에 대해 전혀 언급하지 않았다는 점도 이러한 의심을 더욱 짙게 해준다.

176) 『元史』 권130에는 完澤(Öljey, 1246~1303)의 간략한 列傳이 보이는데, 이에 따르면 그는 투베겐[土別燕] 씨족 출신으로 그의 조부 土薛(Tüshiye)은 칭기스 칸과 우구데이에 봉사하며 伐金戰에 공을 세워 식읍 600호를 받았으며, 부친 線眞은 宿衛를 서며 御饍을 담당하다가, 中統 初年에 쿠빌라이를 따라 北征에 참여했고, 1263년에는 중서성 우승상에 제수되었다. 1245년에 출생한 울제이는 황태자 眞金의 막료로 들어가 그의 총애를 받다가 진금 사후 황손 테무르의 휘하가 되어 그를 호종하여 막북 원정에 참가했다. 1291년 셍게가 주살된 뒤 우승상으로 발탁되었고, 테무르 카안 즉위 후에도 지위를 유지하며 세칭 '賢相'이라 불릴 정도였다. 그는 大德 7년(1303) 58세의 나이로 사망했다. 『集史』에 따르면 그는 '諸王' 톡타(Tôqtâ Kûn, 즉 Toqta Kö'ün)의 장인(dâmâd)이기도 했는데, 톡타는 바로 나얀의 아들이므로 나얀과 울제이는 사돈 관계인 셈이다. 이 혼인이 나얀의 반란 이전인지 아니면 이후인지 확인할 길은 없으나, 울제이는 나얀의 반란과 관계없이 1291년 우승상이 되었고, 그의 사위인 톡타는 "나얀을 대신하여 타가차르의 일족(ûrûq)을 관할"했으니, 동방 세 왕가 가운데 최대 세력의 수장을 사위로 두고 1291년부터 사망하던 1303년까지 우승상을 연임하면서, 특수한 면책권을 부여받은 사람들에게만 주어지는 '타르칸'(tarkhan)이라는 칭호까지 취했던 울제이의 지위를 능히 추찰할 만하다.

177) 『元史』에는 '荅失蠻'으로 표기되었다. 이 字面은 보통 원대 중국 사료에 이슬람 宗務者를 가리키는 '다니시만드'(dânishmand)를 표기할 때 사용되며, 僧·道·也里可溫 등과 병칭되기도 하였다. 『集史』에서 그의 이름은 Dâshmân Âqâ('長者 다시만')라고 표기되기도 하는데, '다니시만드'라는 뜻과 음을 아는 라시드 앗 딘이 그의 이름을 Dâshman으로 표기한 것을 보면, 당시 몽골인들이

은 과거에 키타이인들에게 주어졌는데, 현재는 몽골·타직·위구르인
들에게도 주어진다. 〔그들의〕 선임자를 수핀잔(sûfinjân, 首平章)[178]이라
고 부르는데, 이는 핀잔들의 '정화(精華)'라는 뜻이다. 테무르 카안의 치
세인 오늘날 모든 사람들의 지도자는 바얀 〔208r〕「176v」핀잔(Bâyân
Finjân, 伯顔平章)이다.[179] 그는 사이드 나시르 앗 딘(Sayyid Nâṣir ad-

---

dânishmand를 dâshman으로 발음했음을 알 수 있다. 『元史』에서 그는 '승상 答失蠻'(권130, p.
3178)이라고도 일컬어지는데, 成宗 때 平章軍國政事와 宣政院使를 역임했고(권18, p. 397·403), 武
宗때는 江浙行省의 '승상' 혹은 '좌승상'이었기 때문인 것으로 보인다(권23, p. 526·530). 권134
「也先不花傳」에 따르면 케레이트부 출신인 그의 조부 昔刺斡忽勒(시라 오굴, Shira Oğul)은 형제 4
인과 함께 일찍부터 칭기스 칸에게 귀부하여 '必闍赤(비체치)의 長'으로 임명되었고, 시라 오굴의
아들 보로굴〔孛魯歡〕은 어려서부터 톨루이를 섬기다가, 뭉케 즉위 후 맹게세르〔蒙哥撒兒〕와 함께 그
를 보좌하여 中書右丞相의 지위에까지 올랐지만 아릭 부케에 가담하여 처형된 인물이었으며, 答失蠻
은 그의 셋째 아들로 銀青榮祿大夫에 제수되었다. 『集史』에 따르면 그는 보석 사건에 연루되어 한때
처형될 뻔했으나 사면되었고, 원 제국의 중앙 관서에 있는 여섯 개의 '디반' 가운데 여섯 번째 '디
반'으로 사신·상인·여행자 등을 취급하는 senvîsha가 라시드 앗 딘의 집필 당시 '전적으로 다시만
의 감독 하에' 있었고 '칙령'·'패자'·'오르탁들'을 관할했다는 기록은 『五分枝』와 일치한다. 학계에
서는 일반적으로 sanvîsha가 宣慰司를 나타낸 것으로 보고 있지만, 필자는 최근 일본의 片山功夫가
지적했듯이 泉府司를 표기한 것으로 보는 것이 더 옳다고 생각한다. Cf.「元朝闍里必赤雜考」,『モンゴル
研究』 제17호(1986), p. 53. 그 이유는 그가 선위사를 관할했다는 기사는 찾아볼 수 없는 반면, 쿠
빌라이는 至元 22년(1285) 천부사를 復置하면서 이를 答失蠻에게 위임했는데 이 천부사는 바로 해
안 지역에 두어진 여러 市舶司들을 통합적으로 관리하기 위해 설치되었으며, 『五分枝』에 언급된 다
시만의 업무나 『集史』에 소개된 제6디반의 업무는 바로 이 泉府司의 그것과 일치하기 때문이다. 또
한 『元史』 권134 「也先不花傳」에는 答失蠻에게 에센 부카〔也先不花〕와 무바락〔木八刺〕이라는 형과 부
카 테무르〔不花帖木兒〕라는 동생이 있었던 것으로 기록되어 있다. 『集史』에도 그의 형제들에 관한
기사가 보이는데, 하나는 푸주〔福州〕 시에 두어진 제7省(shîng)의 총독(hâkim)이고, 또 하나는 四川
지방에 두어진 제11省의 장관이었다. 그러나 현재의 사본들로는 그 이름을 파악하기 어려운 상태이
나, 전자는 雲南·湖廣·河南 등의 行省에서 平章政事를 지낸 에센 부카, 후자는 四川行省의 평장정
사였던 부카 테무르가 아닐까 하는 추정도 가능하다.
178) A·B본에는 앞에 Finjân 앞에 sû가 빠져 있으나, Blochet에 따르면 shû 혹은 sû라는 표기가 보이
는 사본들이 있고, A·B본도 뒤에서는 sûfinjân이라고 기록하고 있다. Blochet는 이를 肅平章 혹은
主平章으로 이해했으나 타당한 견해가 아니다. 이는 『元史』 권205 「搠思監傳」(p. 4586)에도 보이듯
이 首平章을 옮긴 말로 보아야 하며, 이는 平章들 가운데 '精華'(zubda)라고 한 라시드 앗 딘의 설명
과도 부합한다. 首平章은 때로 頭平章(『元史』 권92 「百官志 八」, p. 2333)으로 불리기도 했다.
179) 본명은 Abû Bakr(?~1307)였지만 쿠빌라이가 그에게 '伯顔平章'이라는 칭호를 하사해 주어 '바

Dîn, 納速剌丁)의 아들이며, 사이드 아잘(Sayyid Ajjal, 賽典赤瞻思丁)[180]
의 손자인데, 그 역시 현재 '사이드 아잘'이라고 불린다. 두 번째 〔지도
자〕는 우마르 핀잔('Umar Finjân, 烏馬兒平章)이며 몽골 출신이다. 세
번째는 테케 핀잔(Teke Finjân, 鐵哥平章)[181]이며 위구르 출신인데, 이
전에는 아미르 순착(Amîr Sûnchâq)의 조카인 라친 핀잔(Lâchîn
Finjân, 剌眞平章)[182]이었다. 현재 케르마네(Kermâne)라는 이름의 아들
이 있다. 네 번째는 티무르 핀잔(Tîmûr Finjân)의 뒤를 이은 이그미시
핀잔(Yĭgmîshi Finjân, 亦黑迷失平章)[183]인데, 그 역시 위구르 출신이다.

얀 이라는 이름으로 알려지게 되었다. 쿠빌라이는 그의 재정적 능력을 인정하여 1293년 그를 中書
平章政事로 기용하고, 다른 평장들보다 더 높여 '答剌罕' (tarkhan)이라는 칭호도 주었다. 티무르 카
안이 즉위한 뒤에도 평장정사직을 계속했다. 티무르 카안이 사망한 뒤 그는 아난다를 황제로 추대
하려다가 실패하여 피살되었다.

180) 사이드 아잘(1121~1279)의 경력과 활동에 대해서는 *In the Service of the Khan*, pp. 466~479 참조.

181) 그는 라친 핀잔의 자리를 계승하여 라시드 앗 딘 집필 당시에도 그 자리에 있는 것으로 되어 있고,
여러 '디반' (官衙)과 '얌' (站)을 관할했던 것으로 알려져 있다. 그러나 『元史』 「宰相年表」에는 帖哥와
剌眞이 1292년 동시에 中書平章政事에 임명된 것으로 되어 있어 라시드의 주장과 상치된다. 다만 剌
眞은 成宗 3년을 마지막으로 더 이상 보이지 않으나, 帖哥는 거의 성종 말년까지 이 직책을 수행한
것으로 나타나 있다. 더구나 권1252 「鐵哥傳」의 주인공 역시 帖哥와 동일 인물로 볼 수밖에 없지만,
鐵哥는 카쉬미르인이고 부친의 이름은 斡脫赤(오르탁치, Ortaqchi)로 되어 있어 『集史』의 기록과 서
로 어긋나는 점이 있다.

182) 『元史』에는 剌眞 혹은 臘眞으로 표기되며 역시 '평장'의 직함을 지니고 있었음을 알 수 있다. 1292년
쿠빌라이는 자진을 중서성 평장정사로 임명했고, 성종 즉위 직후(元貞 원년)에도 '平章剌眞' 이라는
표현이 보인다(p. 361 · 2398). 권112 「宰相年表」에 따르면 그는 지원 29년부터 원정 2년
(1292~1296)까지 중서성 평장정사직을 역임한 것으로 나타나 있다.

183) 『元史』에는 그의 이름이 亦黑迷失 · 也黑迷失 · 亦里迷失 등으로 표기되며 권131에 立傳되어 있다. 이
에 따르면 그는 위구르인 출신으로 1265년 쿠빌라이의 숙위로 들어간 뒤 여러 차례 南洋과 인도양
지역에 파견되어 사신의 임무를 수행했고, 占城이나 爪哇(자바) 등지에 군사적 원정을 지휘하기도
했다. 그의 지위는 兵部侍郎, 江淮行尚書省左丞, 行泉府太卿 등까지 올랐으며, 仁宗代에까지 생존하여
吳國公에 봉해지기도 했다. 『集史』 역시 그가 위구르인이었음을 확인시켜 주고 있다. 그는 티무르
카안(成宗)을 가까이서 모시며 카안의 말을 기록하는 업무를 수행했는데, 그에게는 투르미쉬라는
이름의 형제가 있었다. 또한 쿠빌라이 카안 치세 말기에 "사얀푸 아래의 해안 지방에 있는 루킨
(Lûkîn)이라는 지방에서 일어난 반란" 을 진압하기 위해 파견되어 "반란을 진압하고 약탈" 한 뒤 돌

카안은 대부분의 시간을 다이두 시에서 보내기 때문에, 〔그곳에〕 싱 (shîng, 省)이라고 불리는 대디반을 위해서 디반〔의 직무〕를 처리하는 곳을 한 군데 설치했다. 관례에 따르면 성문을 관할하는 수령이 한 명 있는데, 〔사람들이〕 유실물(遺失物, bulârğûî)을 취하면 그 수령에게로 갖고 간다. 그는 그 〔유실물〕에 관하여 심문하는데, 그 디반의 명칭은 '라이스'(lays)[184]이다. 심문을 마치면 그 상황을 기록하여 그 유실물과 함께 그보다 상위 기관인 '루사'(lûsa)[185]라는 디반으로 보낸다. 거기서 할리완(khalîwan, 翰林院)[186]이라 불리는 세 번째 디반으로 보내고, 그 후 다시 툰진완(tûnjinwan, 通政院)이라는 네 번째 디반으로 보낸다. 역 참과 전령에 관한 사무가 그 디반에 속해 있으며, 상술한 세 디반을 지 시하는 것도 바로 그 디반이다. 그 후 주시타이(zhûshitâî, 御史臺)라고 불리는 다섯 번째 디반으로 송치되는데 그곳은 군대 업무를 관장한다. 그러고 나서 여섯 번째 디반인 센비샤(senvîsha, 泉府司)[187]로 가져가는 데, 그곳에는 사신·상인·여행자들이 있고 칙령과 패자(pâîza)〔의 사 무〕가 그곳에 속해 있다. 오늘날 그 직무는 특히 아미르 다시만에게 위

아왔다고 한다. 이 부분에 관한 『集史』의 기록에는 원정에 참여한 사람들의 이름이 열거되어 있는 데, 일단 A본의 표기에 근거할 때 "몽골인 아미르들 가운데에는 이그미시 타르칸(Yiğmîsh Tarkhân), 한인 아미르들 가운데에는 수징(Sûjîng), 타직 아미르들 가운데에는 굴람 삼징(Ğulâm Samjîng)과 사이드 아잘의 형제인 우마르 유징('Umar Yûjîng)"이 있었다고 한다. 『集史』는 이그미 시가 후일 보석 사건에 연루되었다가 처형될 뻔했던 일화도 소개하였다. 그러나 『集史』에 언급된 '루킨' 원정이 무엇을 가리키는지는 분명치 않다. 이에 관해서는 뒤의 주250)을 참조하시오.

184) A·B본 원문은 LYS. 원래 한자가 무엇인지 분명치 않으나 吏司일 가능성도 있다.

185) A·B본 원문은 LWSH. 留守司를 옮긴 것인가?

186) Blochet본에는 ČBYWN으로 되어 있어 학자들은 Blochet의 견해를 따라 이를 chubivan(樞密院)으 로 읽고 있다. 그러나 본 역자는 A·B본 원문에 보이는 XLYWN라는 표기에 충실한다면 차라리 khalîwan(翰林院)으로 읽어야 하지 않을까 생각한다. 元代의 중앙 행정기구 가운데 蒙古翰林院은 황 제의 御印이 찍힌 문서나 그 밖의 중요한 문서들을 몽골어로 번역하는 사무를 담당했다.

187) 대부분의 학자들은 이를 宣慰司로 이해해 왔으나, 衙門이 수행하는 사무나 아미르 다시만의 관할 아 래 있다는 기록 등으로 미루어 볼 때 앞서 지적한 대로 泉府司로 보는 것이 옳을 듯하다.

임되어 있다. 이 여섯 디반을 거치고 난 뒤 싱(省)이라고 불리는 대디반
으로 송치하여 심사한다. 그들은 진술을 하는 사람들의 지문(khaṭṭ-i
angusht)을 채록한다. 지문(band)이라는 것이 뜻하는 바는 다음과 같
다. 즉 사람의 지문이 [각자] 특이하다는 사실은 경험을 통해 알려졌고
사실로 확인된 바인데, 누군가에게서 증서를 받을 때마다 그 문건을 그
의 손가락 사이에 놓고 그 문건 뒷면에 그 사람의 지문[을 찍어서 그것]
에 따라서 무늬가 그어지도록 한다. 그래서 만약 그가 [자신이 증언한
사실을] 부인하면 그의 지문 무늬와 대조하고, 만약 일치한다면 부인할
수 없도록 하기 해서이다. 이런 방식으로 모든 디반들이 [사무를] 세심
하게 처리한 뒤 [카안에게] 상주하고, 칙령에 따라 그 사안을 처리한다.

　관례에 따르면 전술한 아미르들은 매일 싱으로 출근하여 사람들을 심
문하고 나라의 중요한 사무를 처리한다. 이 네 명의 칭상들이 착석하면
상술한 다른 관리들과 비틱치들도 관직에 따라 순서대로 좌정한다. 각
자의 앞에는 마치 상(床)처럼 생긴 탁자(shîra)[188]가 놓여지고 그 위에는
먹통(墨甁)이 두어져 있다. 그들은 항상 그곳에 앉아 있다. 각 아미르들
에게는 특정한 인장(印章, tamğa)과 문장(紋章, nishân)이 있고 몇 명의
비틱치들이 배정되어 있다. 이들 [비틱치]의 임무는 디반에 매일 출근하
는 사람들의 이름을 기록하는 것이다. [관리들이] 며칠간 출근하지 않으
면 [그만큼 그의] 봉급은 깎인다. 그리고 만일 누군가 합당한 이유도 없
이 디반에 잘 나오지 않으면 해고시켜 버린다. 카안의 어전에 상주를 올
리는 것은 이 네 명의 칭상들이다.

　칸발릭 싱은 대단히 크고 수천 년에 걸친 디반의 문서들이 그곳에 잘
보관되어 있다. 그들은 문건들을 잘 간수하고 있다. 이 [칸발릭] 싱에 고

---

188) 이 단어에 대해서 Steingass(p. 774)는 "a tray with a leg to stand upon"이라고 설명하였다.

용되어 있는 [208v]「177r」 사람은 2000명에 가깝다. 모든 도시에 싱이
설치된 것은 아니며, 시라즈나 바그다드 혹은 룸 [지방]의 코냐처럼 여
러 지방과 도시들을 거느린 도읍에만 두어진다. 카안의 나라(mamâlik-i
qâân)에는 싱이 12개 있으며, 칸발릭 싱을 제외하고는 칭상이 두어지지
않는다. 〔각 성에는〕 민정(民政, shaḥnagî)과 군정(軍政, amîrî)의 직무
를 수행하는 아미르가 한 명씩 있고, 네 명의 핀잔과 다른 디반들과 관
리들이 정해져 있다. 12개의 싱이 위치한 지점과 그 등급은 다음과 같은
순서대로이다.[189]

첫째__ 칸발릭과 다이두의 싱.

둘째__ 주르체(Jûrche)와 솔랑카(Sôlângqa) 지방의 싱. 솔랑기의 도
시들 가운데에서 가장 큰 준주(Jûnjû, 淨州?) 시에 그 디반을 두었다.
알말릭 출신의 후삼 앗 딘 삼징(Ḥusâm ad-Dîn Samjîng)의 아들인 알
라 앗 딘 핀잔('Ala ad-Dîn Finjân)과 하산 조칭(Ḥasan Zhôchîng)이
이곳에 있다.

셋째__ 독자적인 지방(mulkî)인 카울리(Kawlî, 高麗)[190]와 ……[191]의

---

189) 한문 자료에서는 흔히 省의 명칭이 河南行省·廣東行省·雲南行省 등 廣域名으로 표현된 것에 비해,
『集史』에서는 '남킹 市의 싱', '양주 市의 싱' 등 省都의 所在地로 명칭이 부여되고 있다. 行省의 숫
자와 관할 범위 및 소재지는 여러 차례 바뀌었기 때문에, 『集史』에서 제시한 12개의 '싱'들이 한문
사료에 기록된 어떤 行省들과 일치하느냐를 논의하는 것은 간단한 문제가 아니다. 일단 元代 行省
제도에 관한 가장 포괄적인 연구로는 李治安의 『行省制度研究』(天津: 南開大學出版社, 2000)를 참조
할 만하다.
190) A·B본 원문에는 모두 KWKY로 되어 있으나 KWLY의 誤記임이 분명하며 Kawlî로 읽어야 할 것
이다.
191) A·B본은 모두 ?AYKWLY로 표기되어 있으나 이에 상응하는 적절한 음가를 찾기 어렵다. Blochet
는 AWLWLY, ?AYKRY, ?AYKWN 등으로 표기된 사본들이 있고 이것이 KAWKWLY(高句麗)를
잘못 옮긴 것으로 보았다. 그러나 현재로서는 그의 추정이 맞다 맞지 않다를 말하기는 매우 어렵다.

싱. 그곳의 군주를 '왕'(wâng)이라고 부른다. 쿠빌라이 카안은 자기 딸을 그에게 주었다. 그의 아들은 카안의 측근(mû'ânis)[192]인데 그곳의 '왕'은 아니다.

넷째__ 남깅(Namgîng, 南京) 시의 싱. 그 도시는 크고 키타이 왕국에 속하며 카라무렌 강가에 위치해 있다. 그곳은 키타이의 오랜 도읍들 가운데 하나이다.

다섯째__ 양주(Yangjû, 揚州)[193] 시의 싱. 이 도시는 키타이 변경에 위치하며 ……의 아들인 토칸(Tôqân)이 그곳에 있다.

여섯째__ 만지의 수도였던 킹사이(Khîngsâî, 行在) 시의 싱. 사이프 앗딘 타가차르 노얀(Sayf ad-Dîn Taǧachâr Nôyân)의 아들인 알라 앗딘 핀잔('Ala ad-Dîn Finjân)이 키타이 수징(Khiṭây Sûjîng)이라는 이름의 누케르 한 명, 그리고 우마르 핀잔 만지타이('Umar Finjân Manzîtâî), 벡 호자 투시 핀잔(Bîg Khwâjâ Ṭûsî Finjân) 등과 함께 그곳에 있다.

일곱째__ 만지의 도시들 가운데 하나인 푸주(Fûjû, 福州) 시의 싱. 과거에 이 싱은 그곳에 두어졌다가 자이툰으로 옮겨진 바 있는데, 현재 [다시] 그곳에 두어져 있다. 그곳의 장관은 한때 아미르 다시만의 형제 가운데 한 사람[194]이었는데, [지금은] 바얀 핀잔의 형제인 아미르 우마르(Amîr 'Umar)이다. 선박들이 머무는 항구는 자이툰이며, 그곳의 총독은 바하 앗 딘 쿤두지(Bahâ ad-Dîn Qunduzî)이다.

---

192) 이 부분에서 A · B본의 표기(?NWA NYŠ)는 불분명하여 BI본을 따랐다.

193) A본은 缺落. BI본에는 ŠKČW, 다른 사본들에는 SLJW, TNKJW, ??KJW 등으로 표기되어 있으나, 모두 YNKJW의 誤寫인 것으로 추정된다.

194) 보일을 비롯한 역주자들은 Blochet에 의거하여 "아미르 다시만의 형제인 젠(Zhen)"이라고 옮겼으나 옳지 않은 것으로 보인다. 원문은 "ḥakim-i ân shahr bi-waqtî az barâdar-i Amîr Dâshman ast"로 읽어야 할 것이다. 인명으로서도 Zhen이라는 발음은 매우 어색하다.

여덟째__ 루킨푸(Lûkînfû, 龍興府) 시의 싱. 만지 지방에 속한 도시로 서, 그 지방의 한쪽은 탕쿠트와 [연접해] 있다. 바얀 핀잔의 형제인 하 산 핀잔(Ḥasan Finjân), 라친 핀잔의 형제로 역시 하산(Ḥasan)이라는 이름을 가진 사람이 그곳의 총독이다.

아홉째__ 쿠일리키(Kûîlîkî)[195]의 싱. 타직인들은 이곳을 친칼란 (Chînkalân)이라고도 부르며, 자이툰 아래쪽 해안에 위치한 대단히 큰 도시이다. 커다란 항구이며 노카이(Nôqâî)라는 사람과 루큰 앗 딘 앗 투스타리 핀잔(Rukn ad-Dîn at-Tustarî Finjân)이 그곳의 총 독이다.

열 번째__ 카라장(Qarâjâng)[196]의 싱. 그곳은 독자적인 지방이다. 그 곳에는 야치(Yâchî)라는 이름을 가진 매우 큰 도시가 있다. 싱은 그 도시 안에 위치해 있으며, 그곳 주민들은 모두 무슬림이다. 그곳의 총 독은 토간 테긴(Toğân Tîgîn)[197]과 얄라바치(Yalavâch)의 후손인 알 리 벡('Alî Bîg)의 아들 야쿱(Ya'qûb)이다.

열한 번째__ 킨잔푸(Kînjânfû, 京兆府)의 싱. 탕쿠트 지방의 도시들 가 운데 하나이며, 노무간[198]의 아들인 아난다(Ananda)가 이 지방에 있 다. 그곳의 장관은 다시만의 형제[인 ……]이며, 그의 [휘하에 있는] 핀잔은 우마르 키타이('Umar Khitây)이다. 아난다의 목지는 차간 나 우르(Chağân Nâğûr)라 불리는 곳에 있으며 [거기에] 궁전을 지었다.

---

195) KWLYKY?. 뒤에서는 KWYLYKY로 표기. 보일은 이를 Kongi로 읽으면서, Kongi는 Konfu 혹은 Kongfu의 왜곡된 표기이고 이는 '廣府' 즉 廣州를 나타내는 것이라고 추정한 펠리오의 설명을 소개 하였다. *Successors*, p. 283 참조.

196) 앞에서도 설명했듯이 雲南을 가리킨다.

197) 다른 주석가들은 Blochet를 따라 Yaghan Tegin으로 읽었다.

198) 그러나 이는 분명 라시드 앗 딘의 오류이다. 왜냐하면 아난다는 노무간의 아들이 아니라 망칼란 (Manqalan)의 아들이기 때문이다.

열두 번째__ 탕쿠트 지방의 〔캄주(Qamjû, 甘州)〕의 싱. 매우 큰 지방이며 헤아릴 수 없이 많은 속주(屬州)를 두었다. 아지키(Ajîqî)가 그곳에 주둔하고 있으며, 아미르 호자(Amîr Khwâja)라는 사람이 감관(shaḥnagî)이자 총독의 자격으로 그곳에 있다.

이들 지방은 서로 멀리 떨어져 있기 때문에 왕자들이나 중요한 아미르들이 군대와 함께 주둔하고 있다. 그 지방의 주민들이나 그곳의 사무를 처리하는 직무는 그에게 속해 있으며, 그는 그 지방의 통치와 방위를 담당한다. 각 지방의 싱은 그 지방의 도시들 가운데에서 가장 큰 도시에 두어진다. 각각의 싱은 하나의 촌락과 비슷한 규모인데, 그 까닭은 필요한 시설들이 갖추어진 수많은 가옥과 방들이 두어지고 많은 수의 노비와 일꾼들이 있기 때문이다. 그곳 디반들의 체제와 배치는 세밀한 부분까지 매우 정교하고 훌륭하다. 범법자와 죄인들 가운데 일부는 처형하고, 또 다른 일부는 가족과 재산을 몰수한 뒤 수레를 끌거나 진흙을 파거나 돌을 운반하는 등의 일을 시킨다. 그래서 그에게 속하는 것은 아무것도 남지 않게 만든다. 〔이렇게 하는 까닭은〕 사람들이 〔209r〕「177v」그 같은 처지에 빠진 아미르들이나 고관들의 모습을 보고 교훈을 얻게하려 함이다. 그들이 시행하는 법령(yâsâq)과 제도(tartîb)는 매우 다양하고, 그 지방에 관한 일화들은 정말로 끝이 없다. 그러나 그 지방의 역사는 〔이 책의〕 다른 곳에서 서술될 것이기 때문에 이 정도로 줄이고자한다.

카안의 왕국들[199]의 변경들, 군대와 함께 왕국을 방어하기 위하여 변경에 주둔하고 있는 왕자들과 아미르들에 관한 이야기

카안에게는 동남쪽 방면으로 어떠한 적도 없는데, 그것은 환해에 이르기까지 그쪽에 있는 모든 지방들이 그의 왕국들 안에 편입되어 있기 때문이다. 다만 주르체와 카울리의 바다 가까운 곳과 환해 가운데에 지밍구(Jimingû, 日本國)[200]라는 큰 섬이 있을 뿐이다. 그 주위는 거의 400파르상이고 수많은 도시·촌락들이 그곳에 있고 독립적인 군주를 갖고 있으며, 전부터 줄곧 불복(yâġî)하고 있다. 그 섬의 사람들은 키가 작고 목이 짧으며 배가 크다. 그곳에는 수많은 광물이 있다. 동쪽에서 시작하여 그대로 환해의 해변과 키르키즈 지방의 변경에 이르기까지 불복민은 존재하지 않는다.

만지 지방에서 서남쪽으로 쿠일리키(Kûîlîkî)[201]와 자이툰 지방 사이에는 해변을 따라 험하고 광대한 밀림이 있다. 만지 군주의 아들 가운데 한 명이 그곳으로 도망쳤는데, 비록 세력도 용기도 없지만 도둑질과 악행으로 세월을 보내고 있다.

서쪽 방면으로는 카프제구라고 불리는 지방이 하나 있는데, 그곳에는 험한 지점들과 삼림이 있으며, 카라장 지방과 일부 인도 지방과 해안에 접해 있다. 거기에는 로착(Lôchak)[202]과 하이남(Khaynâm)[203]이라는 두 도시가 있고, 독립적인 군주가 있으며 카안에게 불복하고 있다. 만지 지방에 속하는 루킨푸에 군대와 함께 주둔하고 있는 〔카안의〕 아들인 토간이 만지 지방을 방어하고 있으며, 그 불복자들에 대해서도 경계를 하고 있다. 한번은 그가 군대와 함께 해안에 있는 도시들로 가서 그곳을 점령하고 일주일간 그곳의 보좌에 앉은 적이 있었다. 그들의 군대가 바

---

199) mamâlik-i qân.
200) 『동방견문록』에는 치펑구(çipingu)라고 되어 있다.
201) A · B · Bl: KWYLKY.
202) A · B: AWJK; Bl: LWJK.
203) A · B: ḤY?M; Bl: XYNAM.

다와 삼림과 산지에 매복하고 있다가 갑자기 나와서, 약탈하느라 정신이 없던 토간의 군대를 공격했다. 토간은 무사히 빠져나왔는데, 〔지금도〕 여전히 루킨푸 지방에 있다.

서북쪽 방면으로는 티베트와 자르단단 지방의 변경인데 불복자가 없고, 다만 한쪽으로는 쿠틀룩 호자[204]의 군대와 접하고 있다. 그러나 중간에 험한 산지가 있어서 불복자들은 침범할 수 없다. 그럼에도 불구하고 그 방면을 방어하기 위해 약간의 군대를 배치했다.

동북쪽 방면으로는 카이두 및 두아의 방면과 맞닿아 있다. 그들의 경계에서 카안의 왕국(mulk-i qân)까지는 40일 거리의 황야가 있고, 양측 군대와 초병들이 변경을 따라 배치되어 방어를 담당하며 경계하고 있는데, 가끔씩 전투가 벌어지기도 한다. 카안의 왕국 변경은 상술한 방면에서 동쪽으로 한 달 거리의 너비이며, 그곳 대부분의 지점에는 군대와 초병이 꼭 필요하다. 동쪽에서부터 시작해서 왕자들과 아미르들이 군대와 함께 배치되어 있다. 동쪽의 처음에는 카안의 친형제인 캄발라(Kambala)[205]가 군대와 함께 주둔했고, 그 다음에는 카안의 사위인 쿠르구즈 쿠레겐(Kôrgûz Kûregân),[206] 그 다음에는 쿠빌라이 카안의 대아미르들 가운데 한 명이었던 투크탁(Tûqtâq)의 아들 중쿠르(Jûngqûr),[207] 그 다음에는 역시 대아미르였던 바얀 구육치(Bâyân

---

204) 두아의 아들로서 아프간 방면에 주둔하고 있었다.

205) A · B: KMYLH. KMBLH의 誤寫일 것이다. barâdar-i mâdar-pidârî는 색스턴처럼 '부모를 같이하는 형제' 즉 '친형제'라는 뜻으로 해석해야 옳을 것이다. 여기서 "카안의 친형제"라고 했을 때 '카안'은 캄발라(혹은 캄말라)의 형제인 성종 티무르 카안을 가리키는 것으로 볼 수 있다. 그러나 보일은 이 부분을 "카안의 큰 삼촌"으로, 노역본은 "카안의 祖母의 한 형제"로 번역했다.

206) 한문 자료의 闊里吉思. 웅구트족의 왕자로서 기독교도였다. 『元史』 권118 「闊里吉思傳」 참조.

207) 한문 사료에 土土哈의 아들 牀兀兒로 기록되어 있다. 이들 부자에 대해서는 『元史』 권128에 나오는 列傳 참조.

Gûyûkchî)²⁰⁸⁾의 아들 낭키아다이(Nangiyâdâî), 그 다음에는 티무르 카안의 숙부였던 쿠케추(Kôkechû)가 〔주둔했다〕. 그 뒤에 탕쿠트 지방에 망칼란²⁰⁹⁾의 아들 아난다 왕자가 군대와 함께 도착하여 차간 나우르(Chaǧân Nâûûr) 부근에 주둔했다.

그 다음에는 카라호초(Qarâkhôchô)²¹⁰⁾ 변경인데 위구르인들의 도시이다. 그곳에는 좋은 포도주가 있고 카안과 카이두의 경계 사이에 위치해 있어, 양측과 모두 관계를 갖고 양측을 모두 모시고 있다. 그 다음에는 차가타이의 손자인 아지키 왕자와 알구의 아들 추베이가 주둔하고 있다. 그 다음에는 티베트의 험한 산지가 있는데 〔이미〕 설명한 바이다. 상술한 도로들과 지방들은 물이 없기 때문에 여름에는 지나갈 수가 없고, 겨울에는 눈 녹은 물(âb-i barf)을 마셔야만 지나갈 수 있다. 〔209v〕 「178r」

카안을 모셨고 또 그에게 소속되어 있던 왕자들과 대아미르들에 관한 이야기

왕자들 중에서는 아미르 울제이 칭상(Ôljâî Chîngsâng)의 사위인 톡타 쿠운(Tôqtâ Kûn)²¹¹⁾이 나야(Nâyâ)²¹²⁾를 대신하여 타가차르의 일족(ûrûǧ)을 관할했다. 나야가 처형되었을 때, 붙잡힌 그들의 노예와 포로

---

208) '구육치'는 몽골어 güyükchi를 옮긴 말로서 '走者'를 뜻한다. 한자로는 貴赤 · 貴由赤 등으로 표기되며, 『동방견문록』(pp. 260~261)에서는 '쿠육치' (cuiucci)라고 표기되었다. 마르코 폴로는 쿠빌라이의 휘하에 바얀(Baian)과 밍간(Mingan)이라는 두 형제가 '쿠육치'의 직무를 수행하고 있다고 하였다.

209) A · B: MYNKQAN. 그러나 MNKQALH의 誤寫로 보아야 할 것이다.

210) 火州 혹은 高昌이 이에 해당하며, 현재 신강의 투르판(Turfan)이다.

211) 여기서 kûn은 몽골어의 kö'ün('아들')을 音寫한 것으로 '왕자'를 의미한다.

212) 한문 사료에 那顔 · 乃顔으로 나오는 인물. 칭기스 칸의 末弟 테무게 옷치긴의 후예이고 타가차르의 손자. 1274년 4월 쿠빌라이에 도전하여 반란을 일으켰지만, 쿠빌라이의 親征으로 같은 해 6월 진압되고 붙잡혀 처형당했다.

들을 모두 되돌려보내라는 칙령이 내려졌다. 〔그들 모두〕 그의 주위에 모였다. 또 하나는 ……213)의 카툰들 가운데 한 명인 토쿠즈 카툰(Tôkûz Khâtûn)의 아들이 있는데, 그는 오난-켈루렌의 목지들에 배치되어 있다. 아수타이의 카툰 — 미모가 뛰어났고 카안이 그녀를 취했다 — 인 타이키(Tâîkî)214)의 아들로서 카이샹(Khayshang)215)이라는 이름을 가진 왕자가 있다. 투라 오굴(Tûra Ôğûl)과 바사르(Bâsâr)216) 두 사람은 형제였다. 우구데이 카안의 일족인 쿠추의 아들 수세(Sûse)는 큰 왕자이다. 차가타이 일족 중에서는 무에투켄의 아들 부리의 아들 아지키가 모든 왕자들 중에서 나이가 가장 많고, 현재 매우 지위가 높고 중요하다. 카안의 사위들로는 다음과 같은 사람들이 알려져 있다. 한 명은 솔랑카 지방 군주의 아들이다. 또 한 명은 쿵크라트 종족 출신의 만지타이 (Manzîtâî)217)로서 엥진(Engîn)이라는 이름의 딸을 두었다. 또 한 명은 만지 군주의 아들로서 과거에는 그들의 군주였지만 지금은 강등되어 카안의 어전에서 사위이자 아미르로서 지내고 있다. 完!

카안의 재상 〔즉〕 사이드 아잘 부하리(Sayyid Ajjal Bukhârî)의 아들, 그리고 그의 손자인 바얀 핀잔(Bâyân Finjân)

사이드 아잘 부하리의 손자218)는 얄라바치가 사망한 뒤 쿠빌라이 카안의 어전에서 재상을 지냈는데, 카안은 그에게 카라장 지방을 위임했다.219)

---

213) 原缺.

214) 한문 사료에는 答己 혹은 答吉로 표기. 眞金의 아들인 다르마발라의 부인으로 카이샨〔海山〕과 아유르바르와다〔愛育黎拔力八達〕의 모친.

215) A: JYŠYNK; B: ḤYŠYNK; Bl: CYŠNK. Bl본에 따른다.

216) A · B: BASAR; Bl: YASAR. 보일은 이를 Yasa'ur로 읽었다.

217) A · B: MNZYTA.

218) 바로 앞에서는 '아들'이라고 했다.

쿠빌라이 카안이 뭉케 카안의 명령에 따라 그 지방으로 출정했다가 그의 군대가 굶주리고 헐벗게 되었을 때, 그는 〔쿠빌라이에게〕 와서 응당의 예우를 갖추어 그를 모셨다.[220] 쿠빌라이 카안은 뭉케 카안의 어전에서 그를 밀어 주기로 동의했고 〔실제로〕 그렇게 하였다. 뭉케 카안은 그를 위무하고 많은 은사를 내려 주었다. 군주의 순차가 쿠빌라이 카안에게 이르자, 〔카안은〕 그에게 은사를 내리고 재상의 지위를 하사해 주었다. 그의 아들 나스르 앗 딘(Naṣr ad-Dîn)을 그 대신에 카라장 지방의 총독으로 보냈다. 그는 25년간 재상직을 역임했는데 한 번도 그를 〔비난하는〕 고발인이 나오지 않았고 한 번도 역경에 빠지지 않은 채 천수를 다하고 사망했다. 나스르 앗 딘은 줄곧 카라장의 총독을 지냈고, 카안에게 고두의 예를 취하기 위해 왔다가 최근 5~6년 사이에 사망했다. 그는 칸발릭 시 안에 있는 그의 정원에 매장되었다. 이에 앞서 나스르 앗 딘의 아들 아부 바크르(Abû Bakr) ─ 현재 그를 바얀 핀잔이라고 부른다 ─ 를 자이툰 시에 총독으로 파견했다.

사이드 아잘이 사망했을 때 아미르 아흐마드 파나카티(Amîr Aḥmad Fanâkatî)[221]가 카안의 재상이 되었고, 국사의 모든 처리는 그의 수중에

---

219) 여기서 말하는 '손자'는 『元史』 권125에 立傳된 賽典赤瞻思丁(Sayyid Ajjal Shams ad-Dîn)이고 일명 烏馬兒('Umar)라고도 불리었다. 쿠빌라이는 그를 운남(카라장) 총독으로 임명했다. 그에게는 納速剌丁(Naṣr ad-Dîn), 哈散(Ḥasan), 忽辛(Hushin), 苫速丁兀默里(Shams ad-Dîn 'Umarî), 馬速忽(Mas'ûd) 등 다섯 명의 아들이 있었다. 장자 나스르 앗 딘의 아들이 中書平章政事를 역임한 伯顔(Bayan)이었다.

220) 『元史』에 그의 列傳에도 "황제께서 伐蜀할 때 賽典赤이 물자를 主辦하여 供億함에 부족함이 없었다"는 기사가 보인다.

221) 한문 사료에 阿合馬·阿黑馬로 표기되는 인물이며, 『동방견문록』에서는 "Acmat the Bailo"라고 불리었다. 쿠빌라이 시대에 그의 신임을 받아 국가의 재정을 총괄했다. 1282년 益都의 천호 王著 등이 쿠빌라이와 眞金이 上都에 있는 틈을 타서, 진금이 돌아왔다는 거짓말로 그를 유인하여 살해했다. 그의 자세한 경력은 *In the Service of the Khan*, pp. 539~557 참조.

들어갔다. 차분 카툰이 아직 〔그녀의〕 아버지 집에 있을 때 아미르 아흐마드는 그들과 친근한 관계에 있었기 때문에, 그녀가 카안의 카툰이 되자 그녀의 오르두의 근신이 되었고, 신임을 얻어서 아미르들 무리 중에서도 지위가 높아져 나라의 통치가 그의 수중에 떨어지게 된 것이다. 키타이 〔출신의〕 아미르들은 질투로 인하여 그와 관계가 나빴고, 짐김도 그를 얼마나 싫어했는지 하루는 활로 그의 머리를 향해 쏘아 그의 얼굴을 찢어 놓았을 정도였다. 그가 카안의 어전에 왔을 때 〔카안이〕 "네 얼굴이 왜 그렇게 되었는가?"라고 묻자, 그는 "말이 찼습니다"라고 대답했다. 짐김이 거기 있다가 화가 나서 "짐김이 쳤다고 말하기가 부끄러운 거냐?"고 말했다. 또 한번은 카안의 면전에서 〔짐김이〕 그를 주먹으로 여러 번 때리기도 했다. 아흐마드는 항상 그를 두려워했다. 그해 여름 카안이 다이두 시를 떠나 하영지로 갈 때, 그는 아흐마드와 킵착 종족 출신의 테르캔(Terkân)이라는 한 아미르에게 디반(dîvân)과 재고들(khazânahâ)을 맡겨서 궁성(qarshî)을 방어하도록 하였다. 그곳에서 일하고 있던 키타이 아미르들은 오랜 질투와 분노로 그를 죽이려고 열을 올렸다. 完! 〔210r〕「178v」

카안의 재상이었던 아미르 아흐마드 파나카티가 가우 핀잔(Gâû Finjân, 高平章)²²²⁾에게 피살된 것과 만지가 정복된 것에 관한 이야기

쿠빌라이 카안 시대에 아미르 아흐마드 파나카티가 핀잔이자 재상이었

---

222)『元史』에 高和尙이라는 이름으로 등장하며 "祕術을 갖고 능히 귀신들을 병사로 부리고 멀리서도 적을 제압할 수 있는" 능력이 있다고 칭했던 인물. 그는 樞密副使 張易의 추천에 따라 쿠빌라이는 그를 和禮霍孫(하르가순)과 함께 北邊에 파병했으나 (p.222), 1282년 張易, 益都 千戶 王著와 함께 모의하여 아흐마드를 살해한 죄로 처형되었다(p.241). 라시드 앗 딘은 그를 '핀잔'이라고 부르고 있으나, 한문 자료에는 오로지 '和尙'·'妖僧' 등의 표현만 보이는 것으로 보아, 그는 漢人 佛僧이었던 것으로 추측된다(권169「高觿傳」·「張九思傳」, 권205「姦臣傳·阿黑馬」참조).

을 당시 가우 핀잔이라는 이름을 가진 키타이 사람도 재상이었다. 아미르 아흐마드가 가장 중요했기 때문에 ‘수핀잔’이라고 불리었으니, 즉 ‘주임(主任) 재상’(vazîr-i bîdâr)〔이라는 뜻〕이다. ‘수’는 대핀잔의 칭호이다. 가우 핀잔[223]은 추종자들을 매우 많이 갖고 있었는데 아미르 아흐마드를 크게 질투했다. 상술한 해 여름에 카안이 그에게 칸발릭과 다이두의 궁성과 디반을 맡아 보라고 남겨두었을 때, 가우 핀잔은 한 무리의 키타이인들과 함께 그를 죽이려는 계획을 세웠다. 아흐마드의 고삐잡이(rikâbdâr)들 가운데 한 노비가 그 일을 알아채서 그에게 소식을 전하였다. 아미르 아흐마드는 밤중에 보리밭에 매어 두었던 카안 직속의 종마들 중에서 40필의 말을 골라서 도망쳤다. 키타이인들은 이를 알아차렸다. 낮이 되었을 때 그는 5파르상 떨어진 곳에 있는 샨자이(Shanzâî)[224]라고 불리는 마을 — 타직인들은 촐라 촌(村)(Dih-i Chôla) 혹은 사이드 아잘의 역참(yâm)이라고 부른다 — 에 도착했다. 키타이인들은 그전에 그 길을 여행한 적이 있었기 때문에 그가 〔그곳에 있는〕 다리를 지나지 못하도록 하였다. 그는 강으로 뛰어들어 건너려고 했지만, 키타이인들이 길목을 막고 그렇게 하지 못하게 하였다. 그렇게 언쟁을 벌이고 있는 사이에 가우 핀잔이 뒤쫓아와 아미르 아흐마드의 〔말〕고삐를 잡고, “카안께서 나를 이곳에 남겨두어 디반의 중요 사무를 처리하도록 하였는데, 너는 우리와 상의〔도 없이〕[225] 가는 것이냐?”고 말했다. 그는 “카안께서 나를 찾으셨다”고 말했다. 그렇게 말하는 사이에 사신 네 명이 중요한 용무로 카안의 어전에서 칸발릭으로 오고 있었다. 아미르 아흐마

---

223) A: KAR FNJAN; B: KAW FNJAN.

224) 미확인 지명.

225) A · B본에는 dar kengâch-i mâ mî-ravî라고 되어 있으나, BI본처럼 bî-kengâch-i mâ mî-ravî가 되어야 옳을 것이다.

드가 그들을 보자 "카안께 가려고 하는데 나를 가지 못하게 한다!"고 소리를 질렀다. 사신들이 "카안께서 아미르 아흐마드를 부르기 위해 우리를 보내셨다"고 하자, 가우 핀잔은 "[카안께서는] 디반을 관할하라고 나를 남겨두셨는데, 그에게 용무가 있다"고 말했다. 사신들이 극력 주장을 해서 그를 풀어 주어, 그는 하영지에서 카안의 어전에 합류했다.

그는 검은 접시 하나를 내놓고 각종 진주들을 그 안에 부어 넣은 뒤 그 뒤에 단도(短刀) 하나를 놓고 붉은 토르구(torǧû)[226]로 그것을 덮어서 카안의 어전으로 갖고 갔다. [카안은] "이것이 무엇이냐? 무슨 뜻인가?"라고 물었다. 그는 이렇게 아뢰었다. "과거에 이 종(banda)이 어전에 왔을 때 그의 수염은 이 접시처럼 검었지만, [그 뒤] 노고를 바치느라 진주처럼 희어졌습니다. 가우 핀잔은 단도로 제 수염을 이 붉은 토르구처럼 만들려고 합니다." 그가 벌어졌던 일을 그런 식으로 아뢰었고, [사건을] 목격한 사신들도 그의 진실을 입증해 주었다. 카안은 가서 그를 체포하라고 명령했다. 가우 핀잔은 그 이야기[의 진실]이 상주되기에 이르렀다는 사실을 알고, 카라무렌 강가의 만지 변경에 위치한 사얀푸(Sâyânfû, 襄陽府)[227]로 도망쳤다. [그 도시의] 반은 [강] 이쪽에, 또 반은 저쪽에 있어 과거에는 반쪽에서 나오는 세금은 키타이 군주들에게 주고 또 다른 반쪽에서 나오는 것은 만지 군주에게 주었다. 그들은 이런 방식으로 협정을 맺었었다. 키타이가 몽골 수중에 들어가게 되었을 때, 만지의 군주가 그 도시 전부를 장악하였다. 강력한 성채와 견고한 성벽과 깊은 해자가 강 이쪽에 있어 몽골군이 아무리 [정복하러] 가도 그것을 빼앗을

---

226) 투르크어에서 '비단'을 뜻한다. Cf. Doerfer, II, pp. 478~480.

227) A · B: SABANFW. SAYANFW의 誤寫이다. 『集史』에서 서술된 것처럼 襄陽(현재의 襄樊市)은 漢水를 사이에 두고 左岸에 樊城, 右岸에 襄陽 두 개의 쌍둥이 도시로 이루어져 있었다. 그런데 이 도시가 금과의 국경 지역 가까이에 위치했던 것은 사실이지만, 금과 남송 양측이 분할 지배했던 일은 없었다.

수 없었다. 가우 핀잔이 그곳에 갔을 때, 그는 중요하고 유명한 아미르였기 때문에 그들은 그의 도착을 반기며 그를 신뢰하였다. 그는 그곳에서도 중요한 아미르가 되었다.

카안은 바얀에게 군대를 이끌고 그를 추격하라고 명령했다. 그전에는 키타이에 커다란 프랑크 투척기가 없었는데, 이 지방에서 투척기〔제작자인〕 탈리브(Tâlib)가 바알벡과 다마스쿠스에서 그곳으로 갔다. 그의 자식들인 아부 바크르(Abû Bakr), 이브라힘(Ibrâhîm), 무함마드(Muḥammad) 및 그의 부하들이 커다란 투척기를 일곱 개 만들어서, 그 도시를 점령하기 위해〔그곳으로〕보냈다.[228] 가우 핀잔은 군대의 아미르들에게 밀정을 보내어 "저는 죄를 짓지 않았습니다. 저와 아미르 아흐마드 사이에는 반목이 있어 서로가 서로를 해치려고 했습니다. 지금은 겁이 나서 이곳으로 도망친 것입니다. 만약 카안께서 제 목숨을 살려 주신다면 도시를〔빼앗아〕바치겠습니다.〔210v〕「179r」만지 왕국의 기초는 이 도시 위에 있으니, 만약〔이곳을〕빼앗으면 왕국 전체가 정복될 것입니다"라고 하였다. 가우 핀잔의 사신을 카안의 어전으로 보내서 상황을 보고했다. 카안은 그에게 은사를 내리고 안전증(安全證, amân-nâma)과

---

228)『元史』권203「方技傳」(p. 4544)에는 "阿老瓦丁('Ala ad-Dîn)은 回回氏로서 西域의 木發里 사람이었다. 至元 8년〔즉 1271년〕에 世祖가 사신을 보내 宗王 阿不哥(Abaqa)에게 砲匠을 징발하니, 왕은 阿老瓦丁과 亦思馬因(Ismâ'îl)으로써 그 명령에 부응했다. 두 사람은 가속을 데리고 역참을 달려 京師에 이르니,〔나라에서〕관사를 주었다. 먼저 대포를 제작하여 午門 앞에 세우니, 황제께서 시험해 보라고 명령했다"는 기사가 보인다. 또한 이스마일에 대해서도 "10년〔즉 1273년〕國兵을 따라 양양을 공격했는데 함락되지 않으니, 亦思馬因이 지세를 살피어 포를 성의 동남쪽 구석에 설치했는데, 그 무게가 150근이었다. 기계가 발사되니 소리가 천지를 진동시켰고 그것에 맞아서 부서지지 않는 것이 없었고 땅은 7척이나 파였다. 송의 按撫인 呂文煥이 두려워하여 성을 들어서 항복했다"고 되어 있다. 알라 앗 딘에게는 馬哈馬沙(Maḥmûd Shâh)라는 아들이 있었고, 이스마일에게는 哈散(Ḥasan)이라는 아들이 하나 있었던 것으로 기록되어 있다. 주지하듯이 마르코 폴로는『동방견문록』(pp. 362~366)에서 자신이 투척기 제작을 주도하여 '사얀푸'(Saianfu) 함락에 결정적 기여를 한 것으로 기록했는데, 이는 물론 사실과 다르며 양양은 그가 도착하기 전에 이미 함락된 상태였다.

칼을 보내 주었다. 이로 인해 그는 마음을 놓았다. 병사들은 투척기를 성채에 배치하고 망루를 파괴하였다. 가우 핀잔은 안에서부터 구멍을 하나 파서 밖으로 나갔다. 만지 군주는 망루가 파괴되고 가우 핀잔이 배신한 것을 알게 되자 성채를 버려 두고 수많은 사람들과 함께 강 건너쪽으로 가버렸다. 바얀이 성채의 저쪽 편을 장악하고 살육과 약탈을 행하자, 그는 건너편에서 군대를 데리고 다시 도망쳤다. 그는 카안의 군대에 대항하기 알맞은 어떠한 지점에도 머무를 수 없는 처지가 되었다. 만지의 모든 지방들이 복속하고 정복되었다. 가우 핀잔은 카안의 군대에 합류했고, 그가 어전에 도착하자 온갖 은사로 후대를 받았다. 그리고 전처럼 핀잔이라는 직책에 임명되었고 아미르 아흐마드와 동료가 되었다.

아미르 아흐마드는 25년 가까이 위엄을 유지하며 재상직을 수행했다. 그 사건이 있은 뒤 9년 동안 가우 핀잔은 그와 함께 동료로서 일을 했는데 여전히 증오와 질투를 품고 있었다. 9년 뒤 그는 다시 한 번 아미르 아흐마드를 죽이려고 하였는데 그 사정은 다음과 같다. 키타이 사람 한 명이 [자신의] 신령과 금욕을 주장해서, 오르두들 안에서는 경건과 절제로 유명해졌다. 하루는 그가 병에 걸렸다면서 제자 몇 명을 아미르들에게 보내어, "내가 죽었다가 40일 뒤에 다시 살아날 것이다"라고 하였다. 그들이 와서 [그렇게] 이야기를 했다. [아미르들은] 진상을 알아보기 위해 사람들을 보냈는데, 그는 집 안에서 죽은 사람처럼 누워 있었고 그의 자식들은 통곡을 하면서 울고 있었다. 그들은 '그가 정말로 죽었구나' 라고 생각했다. 그런데 그가 40일 뒤 밖으로 나와서 "나는 살아났다!"는 소문을 퍼뜨렸다. 키타이인들이 그의 주위에 모여들었고 그의 일은 아주 번창하게 되었다.

가우 핀잔과 다이두의 디반에 있던 관리들은 아흐마드를 처리하기 위해 그와 상의를 했다. [아흐마드는] 매우 조심스럽고 꼼꼼해서 항상 호위들이 그의 주위에 있었고, 침소도 〔한 곳에〕 정해 놓지 않았다. 〔그래서〕 그들은 2000명을 참치말이라는 이름으로 유명한 협곡 — 다이두에서 4파르상 떨어진 곳에 있었다 — 으로 보내어 그곳을 경비케 하고, 1000명은 〔아흐마드가 있는 곳으로〕 가서 짐김이 도착했다는 소문을 퍼뜨려 그를 영접 나오게 한 뒤에 죽이자고 결정했다. 가우 핀잔은 가마에 앉아 있었는데, 그곳의 군주들은 흔히 가마에 앉는 관습이 있었고 대체로 밤에는 그렇게 이동하곤 했다. 그 협곡에서 계속해서 야르구치들과 사신들을 파견하여 짐김이 도착한다는 소식을 알려 왔다. 아흐마드는 그를 두려워했다. 그들은 〔아흐마드가〕 마중을 위해 먼저 보낸 사람들을 모두 죽여 버렸다. 밤중에 그들은 횃불과 촛불을 들고 왔는데, 군주들 〔이 올〕 경우 그런 식으로 했다. 그들이 궁정 가까이에 왔을 때 아미르 아흐마드가 잔을 바치기 위해 밖으로 나오자, 그를 붙잡아 죽여 버렸다. 그의 누케르였던 아미르 테르켄은 경계를 늦추지 않았는데 무엇인가 잘 못되었다는 것을 눈치챘다. 그는 멀리 떨어져서 누케르들과 함께 화살을 뽑아서 가마 안에 있던 가우 핀잔을 향해 쏘았다. 그는 죽었고 키타이인들은 도망쳤다. 테르켄은 궁정에 자리를 잡았다. 그날 밤 많은 살육과 혼란이 벌어졌고, 키타이인들은 밖으로 나가서 구석으로 숨었다.

그 이야기가 카안의 어전에 보고되자 그는 아미르 볼라드 아카와 한 툰 노얀을 보내어 분란을 일으킨 키타이 병사들을 모두 죽이라고 명령했다. 또한 아미르 아흐마드를 매장하는 데 필요한 경비 4000발리시를 주고, 대인들과 아미르들을 보내어 최대한 예우를 갖추어 그를 매장하라고 지시했다. 그로부터 40일이 지난 뒤 카안은 왕관에 끼워 넣을 커다란 보석을 찾아오라고 했는데, 사람들은 그것을 찾지 못했다. 그곳에 상인이 둘 있었는데 "전에 저희가 카안을 위해 이 커다란 보석을 가져와서 아미르 아흐마드에게 주었습니다"라고 아뢰었다. 카안은 "그는 내게 가져오지 않았다"고 말하면서 그의 집에서 그것을 찾아보라고 〔사람을〕 보냈다. 그들은 그것을 〔아흐마드의〕 부인인 인주 카툰(Înjû Khâtûn)[229) 에게서 찾아내어 카안에게로 갖고 왔다. 카안은 극도로 분노하며 그 상인들에게 물었다. "이런 배신 행위를 한 종에게 어떤 벌을 내려야 하겠느냐?" 그들은 "만약 살아 있다면 죽여야 할 것이고, 만약 죽었다면 무덤에서 〔시신을〕 꺼내 모욕을 주어서 다른 사람들에게 교훈이 되도록 해야 합니다"라고 말했다. 키타이인들도 짐김에게 "그는 당신의 적이고, 그래서 우리가 그를 죽였습니다"라고 말했다. 〔짐김은〕 그의 패악함을 카안의 마음에 심어 주었다. 그런 까닭으로 〔카안은〕 그를 무덤에서 꺼내어 밧줄로 발을 묶고 시장 네거리로 〔206r〕「179v」 끌고 가서 그의 머리 위로 수레들을 달리게 하라고 명령했다. 그의 카툰 인주도 마찬가지로 죽이고 그 밖에 다른 카툰 40명과 첩 400명을 〔사람들에게〕 나누어주었다. 그의 재화와 물자들은 재고로 몰수하였다. 그의 아들들인 아미르 하산(Amîr Ḥasan)〔과 아미르 후세인(Amîr Ḥusayn)〕[230)은 산 채로껍질을 벗겨 〔죽이고〕, 그 밖에 다른 어린애와 자식들은 나누어 주었다. 그가 죽은 뒤 재상직은 셍게(Senge)라는 이름의 위구르인에게 주었고, 5~6년 동안 국사의 처리는 그의 수중에 있었다.

아미르 아흐마드 사후에 카안의 재상이 된 위구르인 셍게[231)와 그의 최후에 관한 이야기

셍게가 재상을 하던 시기에 한 무리의 무슬림 상인들이 코리(Qôrî)와

---

229) 『元史』「阿合馬傳」에는 引住라는 첩이 언급되어 있다.

230) A · B본에는 없어 BI본에서 보충했다.

231) 한문 사료에 桑哥로 표기되는 인물. 그의 자세한 경력에 대해서는 *In the Service of the Khan*, pp. 558~583 참조.

바르쿠(Barqû)와 키르키즈 지방에서 카안의 어전으로 와서, 흰 발에 붉은 부리를 지닌 송골매와 흰색 독수리 한 마리를 헌물로 바쳤다. 카안은 그들에게 은사를 내리고 자신의 식탁에서 음식을 주었는데 그들은 먹지 않았다. 그가 "왜 먹지 않는가?"라고 물었더니, "이 음식은 저희에게는 오염된 것(murdâr)입니다"라고 말했다. 카안은 분노하여 "금후로 무슬림들과 경전(經典)의 백성(ahl-i kitâb)232)은 양을 [무슬림 방식으로] 도살해서는 안 되며 몽골 관습대로 [동물의] 가슴을 절개하도록 하라! 누구라도 양을 도살하는 자가 있다면 그를 마찬가지 방식으로 죽일 것이며, 그의 처자식과 가산(家産)은 고발자에게 줄 것이다"라고 명령했다. 이사 타르사 켈레메치(Îsa Tarsâ Kelemechî),233) 이븐 마알리(Ibn Ma'âlî), 바이닥(Baydâq) — 당대의 악당이며 불한당이고 패역자들 — 은 그 명령을 근거로 "집에서 양을 도살하는 사람은 누구나 야사에 처해질 것이다"는 칙령을 받아냈다. 그들은 그것을 빌미로 사람들에게서 많은 재산을 갈취했고, "주인(khwâja)을 고발하면 너희를 자유롭게 풀어 주겠다"면서 무슬림의 노비들을 유인했다. 그들은 자신의 해방을 위해서 주인들을 비방하고 죄를 씌웠다. 이사 켈레메치와 그의 저주받을 부하들 때문에 무슬림들은 4년 동안 자기 자식들에게 할례(sunnat)를 해주지 못할 지경에 이르렀다. 마울라나 부르한 앗 딘 부하리(Maulânâ Burhân ad-Dîn Bukhârî)는 성스러운 '이슬람의 장로'(Shaykh al-Islâm) 세이프 앗 딘 바하르지 — 알라의 자비가 그에게 있기를! — 의 제자로 칸발릭에서 설교를 했는데, 그도 고발을 받아 만지로 보내져 거

---

232) 이슬람권에서 '경전의 백성'은 일반적으로 종교적인 聖典을 소유한 집단을 가리키며, 기독교도·유대교도까지 포괄하였다. 그들은 비록 무슬림 군주의 지배를 받아도 인두세만 낸다면 자신들의 고유한 종교를 유지할 수 있도록 허용되었다.

233) 『元史』에서 愛薛로 표기되는 인물이며 권134에 실려 있다.

기서 사망했다. 대부분의 무슬림들이 키타이 지방을 떠날 정도로 상황이 악화되었다. 그 뒤 그 지방의 대다수 무슬림 대인들, 즉 바하 앗 딘 쿤두지(Bahâ ad-Dîn Qunduzî), 샤디 조창(Shâdî Zôchâng),[234] 우마르 키르키지(Ûmar Qîrqîzî), 나시르 앗 딘 말릭 카쉬가리(Nâṣir ad-Dîn Malik Kâshğarî), 힌두 조창(Hindû Zôchâng) 및 다른 중요 인사들은 재상 셍게에게 선물을 바치고 [카안에게] 다음과 같이 아뢰도록 하였다. "모든 무슬림 상인들이 이곳을 떠났고, 무슬림들의 지방에서는 상인들이 오지 않습니다. 상세(tamğâ)가 감소하고 진품(珍品, tansûq)들이 들어오지 않습니다. 7년 동안 양을 도살하지 못하도록 했기 때문입니다. [이제는] 도살하도록 명령을 내리신다면 상인들이 와서 [장사를] 하고 상세도 모두 걷힐 것입니다." [이렇게 해서] 그것을 허락하는 칙령이 내려졌다.[235]

카안의 치세에 기독교도들은 또 한 번 무슬림에 대해서 큰 반감을 품고 그들을 해치기 위해서 "코란에 '다신교도(mushrîk)들을 모두 죽여라!' 는 시구가 있습니다"라는 보고를 [카안에게] 올렸다. 카안은 이에 화가 나서 "너희는 어디서 [듣고] 말하는 것이냐?"라고 물으니, "이에 관해서 아바카 칸으로부터 편지가 하나 왔습니다"라고 말했다. 카안은 그 편지를 갖고 오라 하고 [무슬림] 지식인(dânishmand)들을 불렀다. 그들의 우두머리인 바하 앗 딘 바하이(Bahâ ad-Dîn Bahâî)에게 "이 시구가 너희들의 코란에 정말 있느냐?"고 물으니, 그는 "그렇습니다. 있습니다"라

---

234) A · B본 모두 ZWJANK이라고 되어 있으나 ZWJYNK 즉 zôchîng(左丞)이 되어야 옳을 듯하다. 그러나 뒤에도 계속 ZWJANK으로 표기되어 있기 때문에 바꾸지 않고 그대로 남겨두었다.

235) 쿠빌라이 치세에 무슬림의 고유한 도살 방식을 허용하지 않았던 이 조치에 대해서는 유사한 기록이 한문 자료에도 보이고 있다. 양측 자료들을 비교 · 검토한 연구로 P. Ratchnevsky의 "Rasîd ad-Dîn über die Mohammedaner-Verfolgungen in China unter Qubilai," *Central Asiatic Journal*, 14/1-3(1970), pp. 163~180 참조.

고 말했다. 그는 "이교도들을 죽이라고 신이 명령했는데 왜 너희는 죽이지 않는 것이냐?"라고 묻자, 그는 "아직 때가 오지 않아서 우리는 〔그렇게 할〕 힘이 없습니다"라고 대답했다. 카안은 분노가 치밀어 "내게는 그럴 힘이 있다"면서 그를 야사에 처하라고 명령했다. 〔그러나〕 재상 아미르 아흐마드, 역시 재상의 지위에 있던 카디 바하 앗 딘(Qâḍî Bahâ ad-Dîn), 아미르 다시만(Amîr Dâshman)은 "다른 사람에게도 물어 봅시다!"라는 구실을 대어 〔그의 처형을〕 만류했다. 그들은 판관(qâḍî)이었던 마울라나 하미드 앗 딘 사비크 사마르칸디(Maulânâ Ḥamid ad-Dîn Sâbiq Samarqandî)를 불러서 그에게 같은 질문을 던졌다. 그는 "이런 시구가 있습니다"라고 말했다. 카안이 "왜 죽이지 않는 것이냐?"고 묻자, 그는 "지고한 신께서 다신교도들을 죽이라고 명령하셨습니다. 그런데 카안께서 지시하신다면, 저희는 다신교도가 누구인지 말씀드리겠습니다"라고 하였다. 그가 "말하라!"고 하자, "당신은 칙령의 머리를 신의 이름으로 쓰기 때문에 다신교도가 아닙니다. 다신교도란 신을 알지 못하고 그와 동급자를 말하며 지고한 신을 부인하는 사람입니다"라고 대답했다. 카안은 매우 기분이 좋아졌고, 그 말이 그의 마음에 자리잡았다. 마울라나 하미드 앗 딘을 정중히 대접하고 위무했다. 그리고 다른 사람들은 〔206v〕「180r」그의 말에 따라 풀려났다.

간단히 말해서 셍게 재상은 7년간 재상직에 있었다. 어느 날 우연히 카안은 그에게 진주를 몇 개 달라고 했는데, 그는 "없습니다"라고 말했다. 담간(Damğân) 출신으로 무바락 샤(Mubârak Shâh)라는 이름을 가진 사람이 카안의 어전에 있으면서 〔그의〕 총애를 받고 있었는데 셍게를 제거할 기회를 찾고 있었다. 그때 그는 "셍게는 노새에 실을 정도로 〔많은〕 진주와 보석을 집에 두고 있는 것을 제가 보았습니다. 카안께서 그에게 바쁘게 일을 시키신다면 제가 그의 집에 가서 〔그 보물들을〕 갖고 오겠습니다"라고 보고했다. 카안은 그를 옆에서 바쁘게 일을 시켰고, 무바락 샤는 그의 집에서 상자 한 쌍을 갖고 왔다. 그것을 열어 보니 그 안에는 진귀한 진주와 형용하기 어려운 보석들이 있었다. 〔카안은〕 그에게 보이며 "어찌해서 이렇게 많은 진주가 있는데, 내가 너에게 두세 개를 달라고 했는데 주지 않은 것이냐?"고 말했다. 셍게는 수치심에 사로잡혀 "권세 있는 타직 대인들이 제게 준 것입니다. 그들은 모두 각 지방의 총독들로 임명된 사람들입니다"라고 말했다. 〔카안은〕 "그러면 내게는 왜 진주와 보석을 갖고 오지 않은 것이냐? 나쁜 옷감으로 된 옷은 내게 갖다 주고, 비할 데 없이 좋은 현금과 목걸이는 너 자신이 취하는 것이냐?"고 말했다. 셍게는 "그들이 준 것입니다. 카안께서 칙령을 내리신다면 돌려주겠습니다"라고 하였다. 그의 말이 건방지고 오만했기 때문에 〔카안은〕 그의 입에 오물을 넣고 체포하라고 명령했다. 그리고 거기 있던 타직인 아미르 중 한 사람인 힌두(Hindû)와 함께 야사에 처하라고 하고, 만지 지방에 있던 다른 사람들도 모두 체포하라고 지시했다.

바하 앗 딘 쿤두지, 말릭 나시르 앗 딘 카쉬가리, 우마르 키르키지, 샤디 조창 등이 불려 올라오자, 그는 그들도 처형하라고 명령했다. 그 뒤 그는 "바하 앗 딘 쿤두지는 그의 아버지에게 달라고 〔해서 얻은〕 사람이다"라고 하면서, 그에게 소리 지르며 손으로 그의 얼굴을 때리고 목쇄(dû-shâkha)에 채워서 감옥(andarûnî)에 던져 버렸다. 그는 나시르 앗 딘에게도 "내가 카쉬가르에서 그를 불렀다. 그의 재산을 돌려주라!"고 명령했다. 그가 은사를 입었을 때, 그는 관대한 사람이었기 때문에 친구가 많았다. 그래서 그가 말을 타고 나서자마자 수많은 사람들이 그와 함께 말을 탔다. 도중에 아미르 케레이 바우르치(Amîr Kerâî Bâûrchî)를 만났는데, 그는 연로하여 수레 위에 앉아서 가고 있었다. 말릭 나시르 앗 딘은 너무 많은 사람들로 인하여 그를 보지 못해서 인사를 하지 않았다. 그는 화가 났는데, 마침 그곳에 왔던 바닥샨의 말릭인 파흘라반(Pahlavân)이 이렇게 말했다. "이 말릭 나시르 앗 딘은 바로 처형당할 뻔했던 인물이다. 그가 풀려나자마자 건방지고 거만해져서 이렇게 많은 기병을 데리고 가고 있다. 그는 매년 1천 텡게(tenge)[236] 이상을 카이두에게 보내고 있다." 케레이는 그에게 화가 나서 카안의 어전에 갔을 때 그를 비방했다. 그를 다시 불러들여서 야사에 처하라는 칙령이 내려졌다. 우마르 키르키지와 샤디 조창을 위해 아지키 왕자가 중재에 나섰기 때문에, 그들의 목숨은 살려 주었다. [카안은] 바하 앗 딘 쿤두지도 풀어주고, 셍게의 자리에 울제이 칭상을 앉혔다.

카안의 대아미르들과 그들 가운데 중요 인물들의 이름 및 그 각각의 직위

카안의 대아미르들 가운데 한 사람은 바얀 노얀이었다. 바아린 종족 출신으로서 이곳에서 데리고 갔다. 카안의 뒤를 따라 8개월 만에 사망했다. 그에게는 아들들과 딸들이 있었다. 또 한 사람은 한툰 노얀 칭상이었다. 그는 노무간과 함께 붙잡혔는데 카안보다 일년 먼저 사망했다. 또 한 사람은 우차차르 노얀인데, 그는 지금도 여전히 티무르 카안[237]의 어전에서 직책을 맡고 있다. 울제이 칭상도 마찬가지이다. 다시만도 여전히 중요한 인물이며 칙령, 패자, 오르탁, [사람들의] 출입에 관한 사무를 관할하고 있다. 타르칸 칭상(Tarkhân Chîngsâng)은 현재 과거보다 더 중요하게 되었으며 디반에 있다. 날리쿠(Nâlîqû),[238] 지르칼란(Jîrqalân),[239] 지르트쿠(Jîrtqû) 세 사람은 형제이며 매잡이(qûshchî)들

———
236) 銀貨의 명칭.

237) A · B본에는 Tîmûr Bûqâ라고 되어 있는데, BI본처럼 Tîmûr Qân이 되어야 옳을 것이다.

238) A: NALYQW; B: TALYQW.

239) 『元史』에는 只兒哈郞裵 · 只而合郞 · 只兒合郞 등으로 표기된다. 그는 元貞 원년(1295) 太僕卿의 지위에서 御史大夫로 임명되었으며(p. 390), 1309년에는 尙服院使大都 겸 知樞密院事가 되었고(p. 518),

의 수령이다. 그들은 투트카울(tûtqâûl)[240]과 게투순(getûsûn)[241]의 디
반들을 책임지고 있어서, 알고 있는 모든 것을 보고하고 체포한다. 날리
쿠는 카안이 사망하던 해에 죽었다. 바담 노얀(Bâdâm Nôyân)은 대
(大)쿠슈치였고, 비틱치였던 순착 아카(Sûnchâq Âqâ)의 형제였는데,
그가 죽자 그의 아들인 라친 핀잔(Lâchîn Finjân)[242]이 비틱치의 대아미
르가 되었다. 그 역시 죽었고 현재는 그의 아들인 [212r]「180v」[243] 예케
핀잔(Yeke[244] Finjân)이 그의 자리에 앉아 디반과 많은 역참들을 관할하
고 있다. 케레이 바우르치는 카안보다 늦게 사망했다. 군대의 대아미르
들 중에는 암바이(Ambâî)[245]가 전군의 지휘관이었는데, 지금도 같은 직
책에 임명되어 있다. 무크빌 핀잔(Muqbil Finjân)은 군대의 부케울
(bôkâûl)[246]이었고 지금도 그러하다. 호쿠타이(Hoqûtâî)는 사(四)케식
의 아미르였고 지금도 그러하다. 슈쿠르치(shûkûrchî)의 아미르들은 이

<hr>

그 다음 해에는 陝西行尙書省平章政事가 되었다(p. 523). 英宗의 치세에는 다시 중서성 參知政事, 右
丞, 平章政事를 거쳐 御史大夫와 知樞密院事에 올랐다.

240) 역참을 통해 왕래하는 사람들을 조사 · 取締하는 업무를 담당하는 관리이며, 한자로는 脫脫禾孫
(todqosun)으로 표기되기도 하였다. A. Mostaert & F. W. Cleaves, "Trois documents Mongols
des Archieves Secrètes Vaticanes," *Harvard Journal of Asiatic Studies*, 15-3/4(1952), pp.
436~437 참조.

241) '밀정, 경찰'을 뜻하는 몽골어. Doerfer, I, pp. 488~489 참조.

242) 앞에서 라친 핀잔은 아미르 순착의 아들이고, 케르마네는 라친의 아들이라고 하였다. 『元史』에는 剌
眞 혹은 臘眞으로 표기되며 역시 '平章'의 직함을 지니고 있었음을 알 수 있다. 1292년 쿠빌라이는
剌眞을 중서성 평장정사로 임명했고, 티무르 카안 즉위 직후(元貞 원년)에도 '平章剌眞'이라는 표현
이 보인다(p. 361 · 2398). 권112「宰相年表」에 따르면 그는 至元 29년부터 元貞 2년(1292~1296)까
지 중서성 평장정사의 직책을 역임한 것으로 나타나 있다.

243) B본은 여기서 후대인이 필사 · 보충한 葉이 삽입되어 있다.

244) A · B · Bl: YKH. 보일은 Teke로 읽었다.

245) 라시드 앗 딘은 뒤에서 그를 탕구트 출신이라고 했는데(A: 216r), 이는 『元史』 권133「暗伯傳」에서
도 확인된다. 그는 한때 차가타이가의 알구[阿魯忽]에 의해 호탄[于闐]에 연금된 적도 있으며, 쿠빌
라이를 따라 나얀[乃顔]의 반란을 진압하기도 했다. 『集史』에서 전군의 지휘관이었다고 한 것은 그
가 추밀원의 장관을 역임했기 때문인 것으로 보인다.

246) '음식을 미리 맛보는 사람'을 뜻하는 투르크어. Doerfer, II, pp. 301~307 참조.

스마일(Isma'îl), 무함마드 샤(Muḥammad Shâh), 아크타치(Aqtâchî), 무바라키(Mubârakî), 투르미시(Turmish), 그의 형제인 이그미시(Yîğmîsh)이다. 이 이그미시는 티무르 카안이 키웠고, 관례가 그러하듯이 그는 카안의 말을 기록한다.

카안이 타가차르 노얀의 일족에 속하는 나야 노얀 및 그와 연합했던 왕자들과 전투를 벌인 것, 짐김을 후계자로 지명한 것에 관한 이야기

전하는 바에 따르면 '카카이 일' — 즉 688[/1289]년[247]에 해당 — 에 옷치 노얀의 손자인 타가차르의 일족 나야 노얀이 이숭게 아카의 몇몇 자식들 및 다른 왕자들과 연합하여 카안을 배신하고 카이두와 두아 쪽으로 가려 했다고 한다. 카안의 군대가 추격하여 전투를 벌였는데, 그들이 [카안의] 군대를 압도했다. 소식이 카안의 어전에 전해지자 비록 그가 관절염을 앓았고 또 늙고 병약해지긴 했지만 코끼리 등에 얹은 가마를 타고 출정했다. 카안의 군대가 거의 패배하기에 이르렀을 때, 코끼리를 가마와 함께 언덕으로 달리게 하고 쇠북(köhûrgä)[248]을 두드렸다. 나야 노얀과 왕자들은 군대를 이끌고 도망쳤고, 카안의 군대는 그들의 뒤를 추격하였다. 같은 편의 군대가 그들을 붙잡아서 카안의 어전으로 데리고 와서, 모두를 야사에 처하고 군대는 분배하여 흩어 버렸다. 그 뒤 카안은 통풍으로 인하여 많이 이동할 수 없었고, 군대는 카이두와 두아의 변경에 머물러 있었다.

　카안은 노무간이 카이두군에게 끌려가기 전 몇 년 동안 후계자 문제와 관련하여 그가 운위되었고, 그[=카안]도 그러한 생각을 갖고 있었

---

247) 그러나 이는 분명히 오류이다. 왜냐하면 나얀의 반란은 '카카이 일' 즉 돼지해인 1287년에 일어났고, 회력으로는 686년에 해당하기 때문이다.

248) körgä 혹은 köhürgä는 몽골어로 '커다란 쇠북'을 뜻한다. Cf. Doerfer, I, pp. 473~475.

다. 그 뒤 짐김이 매우 총명하고 유능하다는 것을 알게 되면서 그를 무척 좋아하게 되었다. 투데 뭉케가 노무간을 돌려보냈을 때 그는 짐김에게 카안의 자리에 앉으라고 명령했다. 노무간은 불만을 품고 "만약 그가 카안이 된다면, [사람들이] 당신을 무엇이라고 부르겠습니까?"라고 말했다. 카안은 화가 나서 그를 힐책(qâqmîshî)하고 자기 앞에서 떠나라고 하면서, "다시는 내 앞에 오지 말라!"고 명령했다. 그는 그 뒤 며칠 안 가서 죽었다. 카안은 짐김을 군주의 자리에 앉혔는데, [짐김은] 3년 동안[249) 군주로 있었지만 그 역시 사망했고, 그의 보좌는 봉인되었다(muhr kardand). 그의 카툰인 쿠케진은 매우 현명해서 카안은 그녀를 아꼈으며, 그녀가 하는 말은 다 들어주었다.

카안 치세 말기에 만지 지방에서 사얀푸 지방 아래, 해변가에 루킨(Lûkîn)[250)이라고 불리는 곳이 있었는데 그곳에서 반란이 일어났다. 그것을 처리하기 위해 몽골 아미르들 중에서는 이그미시 타르칸(Yiğmîsh Tarkhân), 한인 아미르들 가운데에서는 수징(Sûjîng), 타직 아미르들 가운데에서는 굴람 삼징(Ghulâm Samjîng)[251)과 사이드 아잘의 형제인 우마르 유징(Umar Yûjîng)을 군대와 함께 파견했다. [그 아미르들은] 그들을 공격하고 약탈하였다.

---

249) 보일의 번역본에서 "사흘 동안"이라고 한 것은 오류이다.

250) 보일은 이를 1292년에 단행된 자바 원정을 가리키는 것으로 추정하고 있다. 그러나 지리적으로 사얀푸〔襄陽府〕 아래의 해안 지방이 자바를 가리키는 것으로 보기도 어려울 뿐 아니라, 음성상으로 '루킨'과 '자바'와의 연결성을 찾기도 힘들다. 이그미시가 참여한 대외 원정 가운데 현재 확인할 수 있는 것으로는 漢人 史弼・高興 등과 함께 지휘한 1292년의 자바 원정이 있는데, 이는 실패로 끝나 세 사람 모두 杖刑과 재산의 1/3이 몰수되는 처벌을 받았다(『元史』 권17, pp.364~365, 375). 더구나 우마르〔烏馬兒〕는 安南・交趾 등지에 대한 원정을 주도했던 인물로 알려져 있고, 자바 원정에는 참여하지 않았다. 따라서 필자는 『集史』의 기사가 이그미시가 참가한 자바 원정과 우마르가 참가한 안남 원정을 혼동하여 마치 하나의 원정으로 오해한 결과 생겨난 것이 아닐까 추측한다.

251) A본의 YMJYNG은 SMJYNG의 誤寫이다.

카이두와 두아 방면에서는 항상 초병들이 서로 맞닿았지만 전쟁은 없었다. 카안의 치세 마지막에 두아는 한 번 출정하여 그 변경이 있는 방면과 요충(sûbîe)으로 왔는데, 추베이가 그곳에 있으면서 1만~1만 2000명의 병사들과 함께 그 변경을 지키고 있었다. 두아는 그를 습격하기를 원했으나, 〔추베이는〕 이를 알아차리고 밤중에 두아의 군대 선봉을 공격하여 3000~4000명을 죽였다. 두아 역시 그날 밤 소식을 듣고 전군을 이끌고 출정했다. 아침에 양측은 서로 만나서 무수히 죽였다. 추베이는 아지키와 아난다에게 알리지도 않고 서둘러 출정했기 때문에 견디지 못하고 도주할 수밖에 없었다. 아지키가 그 소식을 듣고 출정하기 위해 아난다에게 소식을 전하였다. 그들이 모여서 출정하기 전에 두아는 돌아갔고 〔카안의〕 군대는 그를 따라잡지 못하였다. 이것이 두아가 카안의 군대에 대해서 득의만만한 이유의 한 가지였다. 카안이 〔이 소식을〕 듣자 아지키에게 죄를 묻고 곤장을 아홉 대 쳤다. 〔그러나〕 다시 그에게 은사를 내리고 전처럼 군대를 지휘케 하여 파견했다. 그는 지금까지 〔212v〕 그곳에 있으며 그 변경을 관할하고 있다. 추베이의 형인 카반(Qabân)은 이 전투가 있기 얼마 전에 사망했다.

잘 알려져 있듯이 처음에는 알구가 투르키스탄 왕국을 파괴했는데, 그 다음에는 카반, 추베이, 바락, 나야, 세이흐 등의 왕자들이 그러했다. 카반과 추베이는 처음에 카이두의 어전에 있었지만 뒤에 카안에게 복속했다. 完!

바얀 핀잔이라는 칭호를 받은 카안의 재상 사이드 아잘에 관한 이야기
고(故) 사이드 아잘의 손자는 아부 바크르라는 이름을 가졌다. 〔카안은〕 그에게 '바얀 핀잔'이라는 칭호를 주고, 울제이와 함께 그를 누케르로 삼았다. 그리고 그에게 '핀잔의 직책' 즉 디반의 장관직을 내려주었다.

쿠빌라이 카안 시대에 그는 2년간 재상으로 있었다. 그 시기에 카안의 디반들에서 그를 고발하는 사람들이 생겨났는데, 그가 600만 발리시를 낭비했다고 주장했다. 카안은 그에게 물어내라고 명령했는데 그는 이렇게 대답했다. "저는 이 돈을 백성들에게 맡겨 놓았습니다. 왜냐하면 「181r」 3년 동안의 재해로 인해 수확이 없어지고 백성들은 가난해졌기 때문입니다. 지금 카안께서 명령하신다면 제가 그들의 처자식을 팔아서 돈을 재고에 넣도록 하겠습니다. 그렇지만 〔그러면〕 나라가 망가질 것입니다." 카안은 그가 백성들을 불쌍히 여기는 것을 기뻐하며 "모든 근신들과 아미르들은 자기에 대해서 근심만 할 뿐인데 바얀 핀잔은 나라와 백성을 근심했다"고 말하며, 그에게 큰 은사를 내리고 보석으로 장식된 의복들을 입혀 주었다. 그리고 모든 사무를 그에게 위임했다.

바로 그날 티무르 카안의 모친인 쿠케진 카툰이 그를 불러서 이렇게 말했다. "당신은 이렇게 은사를 받았고 카안은 당신에게 나라의 사무를 맡겼으니, 〔그에게〕 가서 '짐김의 보좌를 봉인한 것이 〔벌써〕 9년입니다. 그것에 대해 어떤 명령을 내리시렵니까?' 라고 물어 보라!" 그 당시 티무르 카안은 카이두와 두아에 대해서 원정 중이었다. 바얀 핀잔이 그 말을 상주하였더니 카안은 매우 기뻐하며 병상에서 일어나 아미르들을 불러서 이렇게 말했다. "너희들은 이 사르타울(sartâûl)²⁵²⁾이 나쁜 사람이라고 말하곤 했다. 〔그러나〕 백성들에 관한 이야기는 측은지심에서 그가 보고한 것이고, 보좌와 권좌에 관한 이야기는 내가 죽은 뒤 나의 자식들 사이에 대립과 반목이 일어나지 않도록 그들을 걱정했기 때문에 한 것이다." 그는 다시 한 번 바얀 핀잔에게 은사를 주고 그의 위대한 조

---

252) A: SRBAWL; B: SRTAWL. 몽골 제국 시대에 '사르타울'은 광의로는 중앙아시아 · 서아시아 주민을 가리키고, 협의로는 호라즘 주민을 가리키는 명칭이었다. I. de Rachewiltz tr., *The Secret History of the Mongols*(Leiden: Brill, 2004), vol. 1, p. 562 참조.

부의 이름을 따서 '사이드 아잘'이라고 불렀다. 그를 비롯해서 거기 있던 그의 일곱 형제에게 예복과 칙령을 주고 "지금 즉시 출발하라. 나의 손자 티무르가 출정을 하여 카이두가 있는 방면으로 가고 있다. 그러니 그를 도중에서 되돌려 그의 아버지의 보좌 즉 카안의 자리에 앉히고 사흘간 연회를 하여 군주의 자리를 그에게 확정짓고, 그래서 사흘 뒤에 다시 출정할 수 있도록 하라!"고 명령했다. 사이드 아잘은 명령에 따라 출발하여 티무르 카안을 도중에서 되돌려 카이민푸 시에서 짐김의 보좌에 앉혔다. 그는 사흘 뒤에 출정했고, 사이드 아잘은 카안의 어전으로 왔다.

티무르 카안은 술마시는 것을 대단히 좋아했다. 카안이 그에게 충고를 하고 야단치기도 했지만 소용이 없었다. [쿠빌라이는] 지금까지 세 번이나 그를 막대기로 때렸고, 호위를 그에게 몇 명 붙여서 술을 마시지 못하도록 하기도 했다. 부하라 출신으로 라디(Raḍî)라는 별칭을 갖고 있는 한 식자(識者, dânishmand)가 그를 모셨다. 그는 연금술과 마법과 부적술을 알고 있다고 주장하면서, 자신의 요술(妖術)과 사술(邪術)로 [티무르 카안의] 마음을 빼앗았다. 그는 항상 티무르 카안과 은밀히 술을 마셨고, 그런 까닭에 [쿠빌라이] 카안은 그에게 분노했다. 아무리 그를 티무르 카안의 어전에서 멀리 떼어놓으려 해도 되지가 않았는데, 그것은 그[티무르 카안]가 사교와 대화를 좋아하는 사람이기 때문이었다. 감시인과 호위인들이 그가 술마시는 것을 말리면 라디는 그에게 욕탕(ḥamâm)으로 가자고 하고는, 욕탕지기에게 말해서 물 대신 술을 몰래 도랑으로 흘려보내 [술이] 관을 통해 욕조로 들어가면 그것을 마실 수 있도록 하자고 교사하였다. 케식들이 그 같은 정황을 알아채고 카안의 어전에 보고했다. 카안은 라디를 강제로 그에게서 떼어놓고 어떤 구실을 대어 시키(Sîkî) 시로 보내되 도중에 몰래 죽이라고 명령했다. 이제 그는 카안이 되었기 때문에 자신의 선택으로 〔음주 습관을〕 버렸고 마셔도 드물게 조금씩만 마신다. 지고한 주님께서는 그가 왕국의 주인이 되자 그의 마음에서 술에 대한 사랑을 〔213r〕「181v」 밖으로 빼낸 것인데, 이는 쿠빌라이 카안이 달래거나 윽박질러도 할 수 없었던 일이었다. 그는 25세의 젊은 나이지만 항상 그의 축복받은 발은 고통을 받고 있어 코끼리 위의 가마에 앉아서 〔다니곤〕 한다. 〔그러나〕 지금은 의심과 소문 때문에 타는 경우가 적다.

카안을 모시던 박시들과 그들의 위세에 관한 이야기

카안의 치세 말기에 티베트인 박시가 두 명 있었는데, 한 사람은 이름이 탄바(Tanba)이고 다른 한 사람은 칸바(Kanba)였다. 탄바 박시는 앞니 두 개가 매우 길어서 두 입술이 서로 닫혀지지 않을 정도였다. 그들은 카안에게 직속된 불사(佛寺) — 낭기야스에서는 〔다이먀우(dâîmîâû)라고)[253] 부른다 — 에 머물러 있다. 두 사람은 서로 친족이었는데, 카안으로부터 매우 큰 신뢰를 받았다. 그들은 박시들 가운데 우두머리로 그들의 계보는 티베트의 군주들에게서 시작된다. 비록 키타이나 힌두나 그 밖의 다른 〔지방〕 박시들이 많지만 티베트인들을 가장 중요하게 여긴다. 다른 박시로는 카란타스 박시(Qarântâs Bakhshî)라고 불리는 카시미르 출신이 있는데, 그 역시 중요하다. 티무르 카안은 여전히 그들을 신뢰하고 있다. 그 두 티베트 박시들은 권력과 권세를 누리며, 의술을 아는 자기 누케르들로 하여금 카안을 모시게 하면서 카안이 음식이나 음료수를 많이 먹지 못하도록 한다. 만약 그를 만류할 수 없게 될 때에는 서로 묶

---

253) A · B본에는 없고 BI본에 있는데, '다이먀우'는 太廟를 옮긴 말로 보이나, 태묘는 佛寺가 아니라 황실 조상들의 위패가 모셔진 곳이다.

인 나무를 두 개 갖고 있다가 그것을 자신을 향해 쳐서, 그 나무의 소리가 카안으로 하여금 경계심을 갖도록 해서 음식과 음료를 줄이도록 한다. 그들의 말은 대단히 큰 위세를 지닌다. 탄바 박시의 위세와 그에 관한 많은 이야기 가운데 하나가 티무르 카안 기에 나올 것이다.[254]

쿠빌라이 카안의 사망에 관한 이야기

쿠빌라이 카안은 35년간 통치를 한 뒤 그의 나이 83세에 이르렀을 때인 '모린 일' 즉 말해 ─ 693〔/1294〕년에 해당 ─ 에 타계하고, 덧없는 세상을 당대의 카안이며 유명한 군주인 자기 손자 티무르 카안에게 영원히 넘겨주었다. 지고한 창조주께서는 위대한 일족, 특히 이슬람의 제왕이며 위대한 술탄인 기야쓰 앗 두냐 와 앗 딘 울제이투 술탄(Ğiyâth ad-Dunyâ wa ad-Dîn Ôljâîtû Sulṭân)에게 오랜 세월 동안 권세와 행복을 누릴 수 있도록 해주시기를!

'비친 일' 즉 원숭이해 ─ 658〔/1260〕년에 해당 ─ 의 처음부터 '모린 일' 즉 말해 ─ 693〔/1294〕년에 해당 ─ 의 마지막에 이르기까지, 카안과 동시대에 활동했던 마친의 군주들, 이란 땅과 시리아와 이집트와 마그리브 및 그 밖의 지역의 술탄들과 말릭들과 아타벡들의 간략한 역사. 또한 상술한 이 기간 동안 발생한 기이한 사건들에 관한 설명

---

254) 탄바 박시는 한문 문헌에 膽巴로 기록되어 있는데, 『佛祖歷代通載』와 『元史』에 그의 전기가 수록되어 있다. 이에 관해서는 H. Franke의 "Tan-pa, A Tibetan Lama at the Court of the Great Khans," (*China under Mongol Rule*, Aldershot: Variorum, 1994에 再收; 原載 *Orientalia Venetiana*, Volume in onore di Lionello Lanciotti, ed. Mario Sabattini, Firenze: Leo S. Olschki Editore, 1984) 참조.

상술한 이 기간 동안 마친 군주들의 역사

리준 : 〔재위〕 41년 가운데 26년은 〔이 기간〕 이전이고, 〔겹치는 기간은〕 15년.

투준(Tûzûn) :[255] 10년. 〔213v〕「182r」

상술한 투준 뒤로는 슈주(Shûjû)라는 인물이 그 왕국의 군주가 되었다. 통치한 지 2년이 지났을 때, 쿠빌라이 군대가 그 왕국을 완전히 정복하였고 그는 복속하였다.

술탄 · 말릭 · 아타벡들의 역사

술탄들의 역사

룸__ 술탄은 이즈 앗 딘 카이카우스였다. 그는 술탄 기야쓰 앗 딘 카이 후스로우의 아들로서, 바이주 노얀이 지휘했던 몽골군에 의해 쾨세닥(Kôsedâğ)에서 패배했다.[256] 그는 자기 형제인 술탄 루큰 앗 딘과 함께 술탄의 지위를 공유했다. 무인 앗 딘 파르바나(Mu'în ad-Dîn Parvâna)가 루큰 앗 딘 왕국의 관리자였을 때 그를 양육했다. 그들 사이에 반목이 생겨 술탄 이즈 앗 딘은 〔왕국을〕 형제에게 넘겨주고 라다키야(Lâdaqîya)[257]로 갔다가 거기서 이스탄불의 군주(takfûr)[258]에게로 갔다. 베르케의 군대가 이스탄불에 이르렀을 때 그를 베르케에게 데리고

---

255) 度宗(1264~1274).

256) 쾨세 닥(Köse Dağ)에서의 전투는 뭉케 카안의 치세인 1243년 7월 1일에 벌어졌다. 라시드 앗 딘은 이 전투와 1256년 10월 14일에 벌어진 악사라이(Aksaray) 전투를 혼동하고 있는데, 악사라이 전투 역시 쿠빌라이 치세가 아니라 뭉케의 치세에 벌어진 것이다. *Successors*, p. 304 참조.

257) BI본에는 "Niqîya 지방"으로 되어 있는데, 니카야는 현재의 Iznik에 해당한다. 라다키야는 시리아 서부의 지중해 연안에 위치한 도시였다.

258) takfûr는 아르메니아어에서 '왕' 을 뜻하는 t'agawor를 옮긴 말로서, 아르메니아인들이 비잔틴 황제를 가리키는 용어였다. *Succesors*, p. 304 참조.

가서 크림 시의 술탄국을 그에게 주었다. 그는 거기서 사망했다. 그의 형제인 루큰 앗 딘은 664[/1265~1266]년에 이교도의 손에 순교를 당했다. 그의 아들 기야쓰 앗 딘 카이 후스로우 이븐 킬리치 아르슬란(Ǧiyâth ad-Dîn Kay Khusraw b. Qilîch Arslân)이 술탄의 자리에 앉았는데, 그는 아르진잔에서 순교했다. 그의 뒤에 술탄의 자리는 기야쓰 앗 딘 마수드 이븐 카이카우스(Ǧiyâth ad-Dîn Mas'ûd b. Kaykâûs)에게 넘어갔고 지금까지 그가 술탄이다.

디야르바크르와 모술__ 술탄은 바드르 앗 딘 룰루였다.

시리아와 이집트__ 〔아이벡〕 투르코마니가 이집트를 장악했다. 그와 알레포·다마스쿠스의 영주 사이에 여러 차례 반목이 있었지만 마침내 화평을 맺었다. 쿠두즈 이븐 투르코마니(Qûdûz b. Turkomânî)가 등장하여 그를 죽이고 이집트와 시리아를 장악했다. 훌레구 칸이 알레포와 다마스쿠스를 정복하고 돌아간 뒤, 쿠두즈는 시리아·이집트의 아미르들 및 술탄 잘랄 앗 딘의 잔군들, 즉 호라즘의 칸들과 연합하여 키트 부카 노얀(Kît Bûqâ Nôyân)과 전투를 벌였다. 시리아의 영주였던 말릭 나시르 앗 딘 유수프(Nâṣir ad-Dîn Yûsuf)가 훌레구 칸의 어전으로 왔는데, 무시(Mûsh) 초원에서 야사에 처해졌다. 쿠두즈가 키트 부카 노얀과의 전투에서 돌아오자 분둑다르(Bunduqdâr)는 그를 죽이고 군주 자리를 거머쥐었다. 분둑다르는 룸에서 토구(Ṭôġû)·토단(Tôdân)과 전투를 한 뒤에 돌아와서 사망했다. 알피(Alfî)가 군주가 되었고, 알피 다음에는 그의 아들 아쉬라프(Ashrâf)가 부친의 자리에 앉았다.

키르만__ 술탄은 쿠틉 앗 딘이었다. 그가 죽었을 때 두 아들이 있었는데, 무자파르 앗 딘 하자즈(Muẓaffar ad-Dîn Hajjâz)와 잘랄 앗 딘 소유르가트미시(Jalâl ad-Dîn Soyûrgatmîsh)였다. 술탄의 명칭은 술탄 하자즈에게 주어졌고 통치의 전권은 테르켄 카툰(Terkân Khâtûn)이 행사했다.

테르켄의 딸인 파디샤 카툰(Pâdishâh Khâtûn)을 아바카 칸이 부인으로
맞았기 때문에 그녀는 2~3년에 한 번씩 폐하의 어전으로 왔으며 극진
한 대우를 받고 돌아갔다. 한번은 이곳에 왔다가 돌아갔을 때 술탄 하자
즈가 마중 나왔는데, 만나기도 전에 겁을 먹고 키르만으로 갔다가 인도
방면으로 향하여 술탄 샴스 앗 딘 델리(Sultân Shams ad-Dîn Dehlî)에
게 보호를 청했다. 약 15년간 그곳에 머물다가 마침내 사망했다. 테르켄
카툰은 매우 공정해서 키르만 왕국의 사무는 그녀의 정의와 공평함으로
인해 정비되었다. 술탄 아흐마드의 치세에 그녀는 오르두로 왔다가 타
브리즈 부근에서 사망했다. 그녀[의 시신]을 키르만으로 운구했고, 술탄
의 지위는 잘랄 앗 딘 소유르가트미시에게 넘겨졌다. 그가 매우 현명하
고 완벽한 군주였다는 것은 사실이다. [게이하투 칸의]²⁵⁹⁾ 치세에 그의
카툰이었던 파디샤 카툰이 키르만으로 가서 자기 형제인 소유르가트미
시를 붙잡아 성채에 감금했다. 그는 성채에서 탈출하여 몰래 게이하투
칸의 어전으로 와 망명을 청했으나, 게이하투 칸은 그를 파디샤 카툰에
게 보냈다. 그녀는 며칠 동안 그를 감시하다가 그 뒤에 죽어 버렸다. 바
이두가 등장하고 소유르가트미시의 딸인 샤 알람(Shâh 'Alam)이 그의
부인이었기 때문에, 사신이 파견되어 [214r]「182v」 왕자 뭉케 티무르의
딸이자 소유르가트미시의 부인이었던 쿠르두진(Kûrdûjîn)이 파디샤 카
툰을 붙잡아 오르두로 끌고 왔다. 시라즈와 이스파한 부근에서 보복으
로 그녀를 처형시켰다.

말릭들과 아타벡들의 역사

마잔다란__ ……²⁶⁰⁾

---

259) A · B본에는 없고 B1본에 보인다.

마그리브__ ······²⁶¹⁾

파르스__ 아타벡은 무자파르 앗 딘 아부 바크르(Muẓaffar ad-Dîn Abû Bakr)였다. 그가 사망할 당시 그의 아들 아타벡 사아드(Atâbeg Sa'd)는 폐하의 어전으로 왔다가 병에 걸려 돌아가는 중이었다. 파라한 (Parâhân)의 속령(屬領)인 투라투(Tûrâtû)²⁶²⁾라는 곳에서 부친의 사망 소식이 그에게 전해졌다. 그 역시 12일 뒤에 사망했다. 이 소식이 시라 즈에 전해지자 열두 살이었던 그의 아들 아타벡 무함마드(Atâbeg Muḥammad)를 권좌에 앉히고 술탄 아두드 앗 딘(Sulṭân 'Aḍûd ad-Dîn)이라는 〔칭호로〕 불렀다. 그의 어머니 테르켄 카툰 — 야즈드 출신 아타벡 쿠틉 앗 딘 마흐무드 샤(Quṭb ad-Dîn Maḥmûd Shâh)의 딸 — 이 국사를 처리했다. 그 아들 역시 곧 사망했고 그의 어머니가 통치자가 되었다. 아타벡 아부 바크르의 조카인 무함마드 샤(Muḥammad Shâh) 는 그녀의 딸인 살쿰(Salqûm)을 부인으로 맞았는데, 장모와 분쟁이 벌 어져 결국 죽임을 당했다. 그녀는 막내딸 아비시 카툰(Abish Khâtûn)을 왕자 뭉케 티무르에게 〔부인으로〕 정해 주었다. 결국 테르켄 카툰은 살 주크 샤(Saljûq Shâh)의 부인이 되었지만, 얼마 후 살주크 샤는 그녀를 죽이고 그녀의 두 딸을 칼라이 사피드(Qa'la-i Sapîd)²⁶³⁾에 감금해 버렸 다. 이 소식이 폐하의 어전에 보고되자, 그는 아미르 알타추(Amîr Altâchû)에게 군대를 주어 파견해서 야즈드의 루큰 앗 딘 아타벡 알라 앗 다울라(Rukn ad-Dîn Atâbeg 'Ala ad-Daulâ) — 테르켄 카툰의 형제 — 와 샤반카라(Shabânkâra)²⁶⁴⁾의 말릭들 및 그 지방의 타직 군인들과

―――

260) 原缺.

261) 原缺.

262) Bl: TWRAQW.

263) '백색의 성채'라는 뜻.

264) 이란 중부인 파르스 지방의 가장 동쪽에 위치한 지역.

연합하여 진군해서 살주크 샤를 체포하라고 했다. 군대가 아바르쿠흐 (Abarqûh)에 이르렀을 때 기병이 6000명 나타났는데, 아타벡 알라 앗 다울라는 500명의 기병으로 그들을 공격하여 시라즈 성문까지 몰아냈다. 살주크 샤는 카자룬(Kâzarûn)에 은신했다. 군대는 그곳으로 가서 전투를 벌이고 도시를 빼앗은 뒤 살육과 약탈을 행했다. 살주크 샤를 밖으로 끌어내어 죽이고 그의 머리를 시라즈로 보냈다. 아타벡 알라 앗 다울라는 그곳에서 상처를 입어 며칠 뒤 사망했다. [감금된 두] 딸을 그 성채 밖으로 데리고 나와, 그들의 조모인 야쿠트 테르켄(Yâqût Terkân) ― 키르만의 쿠틀룩 술탄 바락 하집(Qutluǧ Sulṭân Barâq Ḥâjib)의 딸 ― 이 폐하의 어전으로 데리고 왔다. 아비시 카툰을 뭉케 티무르에게 주었다. 시라즈의 아타벡 직무는 아비시 카툰의 이름으로 [행해졌다]. 그녀의 또 다른 자매인 비비 살쿰(Bîbî Salqum)은 그녀의 사촌인 야즈드의 아타벡 유수프 샤에게 주어졌다. 아비시 카툰은 아르군 칸의 치세에 사망했는데, 그녀[의 시신]을 시라즈로 옮겨와 그녀의 어머니가 상술한 아두드 앗 딘 아타벡 무함마드의 이름으로 건축한 아두디야 신학교 (Madrasa-i ‘Adudiya)에 매장했다. 왕녀 쿠르두진이 그녀의 상속자가 되었다. 비록 수년 전부터 시라즈의 말릭직이 오르탁들과 상인들에 의해 수행되고 있기는 하지만, 여전히 쇠북은 아타벡의 궁전 문 앞에서 두드리고 대디반도 그곳에서 열린다.

시스탄__구르인(人) 말릭 샴스 앗 딘 무함마드 카르트가 시스탄의 말릭 [샴스 앗 딘][265]을 칙령에 따라 죽이고 총독이 되었다. 그 뒤 그 처형된 말릭의 조카 말릭 나스르 앗 딘(Malik Naṣr ad-Dîn)이 훌레구 칸의 어전에서 사신을 데리고 와서, 시스탄을 샴스 앗 딘 카르트에게서 다시 빼

---

265) A · B본에는 없어 Bl본에서 보충.

앗았다. 그는 그 왕국을 장악했고 지금까지도 여전히 총독으로 있다.

상술한 기간 동안 생긴 기이한 사건들의 역사

▶ ※ 659〔/1260~1261〕년 바드르 앗 딘 룰루가 모술에서 사망했다.

※ 664년 라잡월 17일〔/1266년 4월 24일〕에 탁월한 수학자이자 박식한 철학자인 무아이드 앗 다울라 우르디(Mû'ayid ad-Daula ʻUrḍî)가 사망했다.

※ 669년 사파르월 19일〔/1270년 10월 7일〕 새벽녘에 니샤푸르에서 지진이 일어났는데, 산에서는 돌 위에 〔다른〕 돌이 남아 있다거나 벌판에서는 토괴(土塊)가 공중으로 흩어져 버리지 않았으리라고는 도저히 생각할 수 없을 정도로 〔강력한 것이었다〕. 보름 동안 밤낮으로 매시간 땅이 흔들렸다.

※ 671년 겨울 중순경〔/1272~1273년 겨울〕에 타브리즈에서 거대한 지진이 일어나 4개월 동안 때때로 흔들렸다.

※ 672년 둘 히자월 17일 월요일〔/1273년 6월 24일〕 호자 나시르(Khwâja Naṣîr)가 바그다드에서 해질녘에 사망했다. 호자는 자신의 매장지를 무사(Mûsa)와 자바드(Javâd)의 묘역에 두라고 유언을 했었다. 무사의 무덤 아래쪽에 빈 곳을 찾아서 팠더니, 〔이미〕 채색 타일로 장식되어 완성된 무덤 하나가 나타났다. 조사해 보니 그것은 칼리프 안 나시르 리딘 알라가 자신의 안식처로 팠던 것인데, 그의 아들인 자히르(Zâhir)가 그의 유언을 어기고 루사파(Ruṣâfa) 지구에 조상들 사이에 묻은 것이었다. 경이롭고 신기한 사실은 이 지하 묘지가 완성되던 바로 그날, 즉 597년 주마다 알 아발 제11일〔/1201년 2월 17일〕에 호자 나시르가 태어났다는 것이

다. 그의 수명은 75년 7개월 7일이었다.

※ 673년 둘 히자월 제25일[/1275년 6월 21일]에 아르군 아카가 투스
의 라다칸(Râdakân) 평원에서 사망했다.◀266) [214v]「183r」

266) ▶◀ 사이의 내용은 A · B본에는 보이지 않아 BI본에서 보충했다.

【제3장】

그의 훌륭한 성격과 품성, 그가 행하거나 말했던 좋은 덕담과 비유와 칙령들,
그의 치세에 일어난 사건과 일화들 가운데 앞의 두 장에 포함되지 않거나 여러 책들과 사람들을 통해서
알게 되었기 때문에 흩어지고 정리되지 않은 것들.

......[267]

아릭 부케가 사망한 뒤 카툰 · 자식들의 정황에 관한 이야기, 카안이 그〔＝아릭 부케〕의 오르두들을 그의 자식들에게 분배한 일 및 그의 자식들과 아미르들에 관한 설명

반란의 불길이 꺼진 뒤 아릭 부케가 자기 형 쿠빌라이 카안의 어전으로 가서 사죄와 변명의 발걸음으로 멈추어 섰을 때, 자신의 카툰들을 모두 함께 데리고 갔지만 네 명의 아들 즉 유부쿠르, 말릭 티무르, 나이라우[268] 부카, 타마치는 자신의 목지에 남겨두었다. 그의 하영지는 알타이[269]에 있었고 동영지는 테케(Teke)[270]와 키르키즈에 있었는데, 이 두 지역 사이는 사흘 거리 정도였다. 소르칵타니 베키가 그곳에 있었다. 아릭 부케는 카안의 어전에 한 달 엿새 동안 있다가 그 후에 사망했다. 그를 셀렝게 강 근처 칭기스 칸의 대금구가 있는 부라 운두르(Bûra Ûndûr)로 운구하였는데, 소르칵타니 베키와 다른 왕자들도 모두 그곳에 묻혀 있다. 쿠빌라이 카안만은 예외이다.

아릭 부케의 카툰들 가운데 한 명은 오이라트 종족 출신의 일치키미

---

267) 原缺.

268) A · B: NAYRA.

269) 앞에서도 언급했듯이 이것은 알타이 산맥이 아니라 카라코룸 부근의 지명일 것이다.

270) A · B: TKH; Bl: AWRYANKQT. 보일은 이를 Ürünge로 읽고 우룽구 강으로 비정했다.

시(Îlchîqimîsh)였다.

또 한 명은 나이만에 속하는 집단인 쿠추쿠르(Kûchûkûr) 종족 출신인 쿠투쿠나 카툰(Qûtuqûna Khâtûn)이었는데, 그녀에게서 두 딸을 두었다. 큰딸은 할루칸 아카(Khâlûqân Aqâ)[271]인데 그녀를 바야우트 출신의 타타카나 쿠레겐(Tâtâqana[272] Kûregân)에게 주었다. 할루칸의 딸은 말릭 티무르가 취했는데, 그녀의 이름은 네구데르(Negûder)였고 소르칵타니 베키의 목지와 거처에 머물렀다. 그녀에게서 다른 딸 하나를 두었는데, 이름은 캄타이(Qâmtay)였고 아직 혼인하지 않았다. 〔쿠투쿠나 카툰의〕 또 다른 딸의 이름은 노무간(Nômûğân)인데, 그녀를 오이라트 종족 출신의 추반 쿠레겐(Chûbân Kûregân)에게 주었다.

세 번째 카툰은 쿵크라트 종족 출신의 쿠틀루 카툰(Qûtlû Khâtûn)이었다. 역시 소르칵타니 베키의 목지에 살고 있으며 자식은 없다.

〔아릭 부케는〕 후비를 하나 두었는데, 그녀의 이름은 이라구이(Îrâğûî)이고 바룰라스 종족 출신이었다. 이곳에 사신으로 왔던 카단(Qadân)의 자매였다. 이 후비에게서 아들을 하나 두었는데, 이름은 나이라우[273] 부카였다.

또 다른 후비를 두었는데 아직 살아 있고 이름은 아시타이(Âshîtay)이다. 그녀는 쿵크라트 종족 출신이고 쿠투쿠나 카툰의 오르두에 있었다. 그녀에게는 아들이 하나 있었는데 이름은 타마치였다. 아릭 부케가 사망했을 때 그의 카툰들은 자기 목지로 갔다.

3년이 지난 뒤 카안은 아릭 부케의 자식들에게 와서 알현하라고 명령했다. 그들이 폐하의 어전에 도착하자 그는 "이수데르 카툰(Yîsûder

---

271) A · B: XALWQAN AQA ; Bl: CALWQAN AQA.

272) A: ?A?QNH ; B: TATAQNH ; Bl: NAYANQA.

273) A · B: NAYRAWQW.

Khâtûn)이 머물고 있는 대목지(yûrt-i buzurg)를 유부쿠르가 관할하고 유부쿠르는 이수데르와 혼인하라!"고 명령했다. 그들은 3년 동안 함께 있었다. 카툰이 아이를 낳지 못하고 사망하자 그녀 대신 후신[274] 종족 출신의 아르타흐마 카툰(Artakhma Khâtûn)과 혼인했고, 그녀에게서 훌라추(Hûlâchû)와 울제이 티무르(Ôljâî Tîmûr) 두 아들을 얻었다. 훌라추는 아버지를 모시며 바스키(Bâskî) 〔지역〕에 속해 있는 아리칸 칸단(Arîqân Khândân)[275]이라는 곳에 있다. 울제이 티무르는 티무르 카안을 모시고 있다. 그는 또 다른 아들을 하나 두었는데 이 둘보다 나이가 더 많고, 그의 이름은 일(Îl)[276]이다. 그는 쿵크라트와 코룰라스의 한 지파인 카라누트(Qarânût) 종족 출신의 찰룬 카툰(Châlûn Khâtûn)에게서 출생했다. 그는 또 다른 아들을 두었는데 이름은 우를레(Ôrle)[277]이며, 나이만 종족 출신으로 쿠쉴룩 칸의 질녀인 오굴 티긴(Ôğûl Tigîn)에게서 출생했다.

〔아릭 부케는〕 톨루이 칸에게 속했던 한 카툰을 취했는데, 그녀의 이름은 쿵크라트 종족 출신의 바얀 카툰(Bâyân Khâtûn)이었다. 소르칵타니 베키는 그 목지를 아릭 부케에게 위임했다. 쿠투이 카툰(Qûtuy Khâtûn)[278]이 〔이곳으로〕 올 때 줌쿠르와 타라카이 등의 왕자들을 그 오르두에 남겨두었는데, 훌레구 칸에게 속한 사람들이 그곳에 한 명도 없었기 때문에 〔사람들은〕 "이런 오르두를 어떻게 비워 둘 수 있겠는가?"라고 하면서 오굴 티긴 카툰을 거기에 두었던 것이다. 현재 그 오르두는

---

274) A · B: AWŠYN.

275) A: AR?QANḤANDAN; B: AR?QAN ḤABDAN.

276) Bl: AYL BWQA.

277) A: RLH; B: AWRLH; Bl: AWDKA.

278) 훌레구의 부인.

우를레에게 소속되어 있다. 〔215r〕「183v」 그는 지금 열여덟 살이고 말릭
티무르를 모시고 있는데, 술두스 종족 출신 차부 노얀(Châbû[279]
Nôyân)의 딸이자 수둔 노얀의 손녀인 바이카(Bâîqâ)라는 이름의 카툰
을 하나 두었다.

〔카안은〕 아릭 부케의 둘째 아들인 말릭 티무르에게 링쿤 카툰
(Lingqûn Khâtûn)의 오르두를 관할하라고 명령했다. 그녀는 쿠쉴룩 칸
의 딸로서 매우 현명하고 유능했으며 〔왕자 쿠툭투(Qûtûqtû)의 모친이
었다.〕 쿠툭투는 아들을 하나 두었는데 〔이름은 투켈 부카(Tûkâl Bûqâ)
이고 킵착 종족 출신의 부타 에게치(Bûta Îgâchî)라는 후비에게서 출생
했다. 이 투켈 부카는 커서 사망했다. 그는 두 딸을 두었는데〕[280] 큰딸은
쿵크라트 종족 출신의 살지다이[281] 쿠레겐에게 준 켈미시 아카였다. 작
은딸 시린 아카는 바야우트 종족 출신인 쿤두즈 에게치(Qunduz
Îgâchî)에게서 출생했다. 그녀를 후신[282] 종족 출신의 툭치 쿠레겐
(Tûqchî Kûregân)[283]에게 주었다. 링쿤 카툰이 사망했을 때 그녀에게
딸이 하나 있었는데, 이름은 일 티무르(Îl Tîmûr)였다. 그녀를 바르스 부
카 쿠레겐(Bârs Bûqâ Kûregân)에게 주었다. 말릭 티무르는 그녀〔=링
쿤 카툰〕 대신 타란 노얀(Ṭarân Nôyân)의 딸, 즉 잘라이르 출신의 울두
쿠르 노얀(Ûldûqûr[284] Nôyân)의 손녀를 취하였다. 그녀의 이름은 겔테
카툰(Gelte Khâtûn)이고 이 대목지 안에 두었다. 그 목지는 훌레구 칸

---

279) A: ?ABW; B: JABW; Bl: CATW. 그러나 『부족지』 (p. 294)에는 수둔 노얀의 아들로서 쿠빌라이
　　시대에 활동했던 카추(Qâchû)라는 인물이 보인다. 따라서 그의 이름이 여기서도 QACW가 되어야
　　옳을지도 모른다.

280) 〔 〕안의 부분은 A · B본에 없어서 Bl본에서 보충했다.

281) A · B: SALJYWTAY.

282) A · B: AWŠYN.

283) 앞에서는 '코니치 쿠레겐'이라고 기록되었다.

284) A: AWLDRQWR; B: AWLDWQWR.

에게 분배되었는데 거리가 멀고 그의 일족이 없기 때문에 말릭 티무르가 그것을 장악하고 있다. 이 겔테 카툰에게는 자식이 없었다.

말릭 티무르에게는 또 다른 카툰이 있는데 이름은 부라(Bûra)[285]이다. 그녀는 두르벤 종족 출신으로 자사울(jâsâûl)[286]의 대아미르들 중 한 명인 시리기(Shîrigî)의 딸이다. 그녀에게서 두 아들이 나왔는데, 한 명의 이름은 오이라타이(Ôîrâtâî)이고 아버지를 모시고 있다. 또 한 명은 이름이 마흐무드(Maḥmûd)이고 역시 그곳에 있다. 또한 그녀에게서 두 딸을 두었는데, 한 명은 이름이 에메겐(Emegân)이고 오이라트 출신으로 투랄치[287] 쿠레겐의 손자인 바르스 부카의 손자 툭 티무르 쿠레겐(Tûq Tîmûr Kûregân)에게 주었다. 또 다른 딸은 이름이 일 쿠틀룩(Îl Qutluǧ)이고 술두스 종족 출신의 쿠펙(Kôpek) — 두아 휘하의 아미르들 가운데 선임자이며 아무다리야 이쪽 편에 〔주둔하고〕 있다 — 에게 주었다. 〔말릭 티무르는〕 후비를 하나 두었는데 투클룩 울제이(Tûqlûq Ôljâî)라는 이름을 갖고 있고 아나클릭(Anâqlîq) 출신으로 백호장이었던 바이가라(Bayǧara)의 딸이다. 말릭 티무르는 아들을 넷 두었는데 다음과 같다. 밍칸(Mîngqân), 아지키(Ajîqî), 이순 토아(Yîsûn Tôâ), 바리타이(Bârîtâî). 이들은 오이라트 종족 출신인 바르스 부카의 딸 에메겐 카툰에게서 출생했다.

마찬가지로 쿠빌라이 카안은 아릭 부케의 대카툰인 일치키미시의 오르두를 그녀의 아들인 나이라우[288] 부카에게 주었다. 그는 아릭 부케가 죽을 때 스스로 목숨을 끊으려고 했으나 이루지 못하자 그 슬픔으로 사

---

285) A · B: BWRH ; Bl : TWRH.
286) jasaq(‘법령’)을 담당하는 관리.
287) A · B: BWRALJY.
288) A · B: NAYRAQW.

망했다. 〔그의〕목지에는 딸이 하나 있는데, 그녀의 이름은 아식타이 (Âshîqtay)이다. 그가 카안의 어전으로 간 뒤 그 목지는 말릭 티무르에 게 넘겨졌는데, 현재는 말릭 티무르의 아들인 아지키가 갖고 있다. 타마 치에게는 쿠투쿠나 카툰의 목지를 주었는데, 서로 만나지 않은 채 쿠투 쿠나가 사망했다. 그는 그녀 대신 나이만 출신 소르쿠두 바우르치 (Sôrqûdû Bâurchî) — 이곳에 있는 사르탁(Sartâq)과 바란둑 (Barândûq)의 조카 — 의 딸 에르 티긴(Îr Tigîn)과 혼인하였다. 그가 그 카툰을 데리고 카안의 어전으로 갔기 때문에 그 목지는 빈 채로 남게 되었다. 나이라우 부카에게는 다섯 명의 아들이 있는데 다음과 같다. 야 이치(Yâîchî), 미시카(Mîshka), 바얀(Bâyân), 에부겐(Ebûgân), 아라 티무르(Arâ Tîmûr).[289] 아라 티무르의 모친은 올쿠누트 종족 출신의 에 르진 에게치(Erjîn[290] Îgâchî)이고, 다른 네 명의 모친은 쿵크라트 종족 출신으로 〔쿠빌라이 카안의〕 대카툰인 차분 카툰의 질녀 아식타이 카툰 (Ashîqtay Khâtûn)이다. 타마치에게는 아들이 둘 있었는데, 한 명은 바 얀(Bâyân)이고 다른 한 명은 〔두르벤(Dôrbân)〕[291]이다.

아릭 부케의 아들인 왕자 말릭 티무르 휘하의 대아미르들은 현재 카 이두의 아들과 함께 있다.

먼저 아미르 자우투(Amîr Jâûtû)이다. 그는 술두스 종족 출신으로 수 둔 노얀의 손자이자 순착 노얀의 아들이며 좌익 만호장이다. 카단 (Qadân)이라는 이름의 아들이 하나 있다. 그는 하나의 케식(kezik)과 무기(silâḥ)를 관할한다. 말릭 티무르의 딸과 혼인했다.

또 한 명은 킵착(Qipchâq)이다. 그는 콩코탄 종족 출신 뭉릭 에치게

---

289) 그러나 BI본에는 Qûrbaqa, Bâchîn, Sâmskâr, Bâyân Ebûgân, Arâ Tîmûr라고 되어 있다.

290) A · B: ARJYN; BI: AWCYN.

291) A · B본에는 없고 BI본에 보인다.

의 손자이다. 그의 부친은 만호장 쿠케추(Kôkechû)였고, 우익에 속하는 차쿠르치(châqûrchî)²⁹²⁾이며, 하나의 케식과 무기를 관할한다.

또 한 명은 알라카(Alâqâ)이다. 그는 캉키얀(Qanqiyân) 〔종족〕의 천호장이며, 이곳에 왔던 칠게르 바하두르(Chîlger Bahâdur)의 아들이다.

또 한 명은 장키 쿠레겐(Jângqî Kûregân)이다. 그는 잘라이르 출신이며 천호장이다. 이 천호는 과거에는 우카이(Ûqay)라는 사람이 〔천호〕장을 했었다. 그는 오이라트 천호를 하나 데리고 칙명에 따라 대금구인 부라 운두르와 그곳에 두어진 왕자들의 뼈를 보살피고 있다. 노무간과 동행했던 왕자들이 반목하여 군대들이 서로 맞부딪쳤을 때, 이 천호의 대부분은 카이두의 군대와 합류하고 일부만 그곳에 남아 있다. 현재 그 천호는 우카이의 자식들이 관할하고 있다.

또 한 명은 쿠이다이(Kûîdâî)이다. 그는 술두스 종족 출신으로 비틱치들의 우두머리이다.

또 한 명은 케흐티(Kehtî)이다. 그는 말릭 티무르의 쿠켈타시(kôkeltâsh)²⁹³⁾이며, 오르두의 사무 및 다른 일들을 관할한다. 그 역시 술두스 종족 출신이다.

또 한 명은 〔215v〕「184r」카다카(Qadaqa)이다. 메르키트 종족 출신이며 대아미르이고 부케울들의 우두머리이다. 군대에 관한 사무는 그의 수중에 있다.

또 한 명은 사크미(Saqmî)²⁹⁴⁾이다. 콩코탄 종족 출신이고 케식의 아미르이다.

———

292) 노역본은, "매꾼"으로, 보일은 ǧajarchi("길안내자")의 오사로 보았으나, chagur는 몽골어에서 '공격·약탈'을 의미하므로 chagurchi는 '공격자·약탈자'를 뜻한다. 아마 그가 우익의 선봉에 선 타격대의 일원이었기 때문에 이런 호칭이 붙여진 것이 아닐까 추정된다.

293) 젖을 같이 먹은 벗을 뜻한다.

294) A · B: SAQMY; Bl: SAQTY.

또 한 명은 수케(Sûke)이다. 콩코탄 종족 출신이며 하나의 케식을 관할한다.

또 한 명은 바투카(Bâtûqa)이다. 쿠투쿠 노얀의 아들이며 천호장이다.

또 한 명은 에센 티무르 바우르치(Îsân Tîmûr Bâûrchî)이다. 노얀 바우르치(Nôyân Bâûrchî)의 아들이다.

또 한 명은 베수테이 노얀(Bîsûtâî Nôyân)이다. 오르두의 아미르이다.

또 한 명은 아릭 부케 노얀(Arîğ Bôkâ Nôyân)이다. 나이만 출신이다.

또 한 명은 차울다르(Châûldâr)이다. 아룰라트 종족 출신 보르구치 야르구치 노얀(Bôrğûchî Yârğûchî Nôyân)의 아들이다.

또 한 명은 에부겐(Ebügân)이다. 잘라이르 출신 부그라 야르구치(Bûğra Yârğûchî)의 아들이다.

또 한 명은 토칸 아크타치(Tôqân Âqtâchî)이다. 제베 노얀의 일족이며 베수트 종족 출신이다.

또 한 명은 토그릴(Ṭoğril)이다. 술두스 출신 투르탁(Tûrtâq)[295]의 아들이다.

또 한 명은 쿤두카타이 하자나치(Qunduqatâî Khazanachi)이다. 카라키타이 출신 아타카이(Atâqay)의 아들이다.

또 한 명은 아비시카 슈쿠르치(Abîshqâ Shükûrchî)이다. 코를라트(Qôrlât) 출신이다.

또 한 명은 말리키 에르케치(Malikî Îrkechî)이다. 타직 출신이다. 完!

---

295) A · B: TWRYAQ.

【紀　九】

티무르 카안 기
칭기스 칸의 아들
톨루이 칸의 아들
쿠빌라이 카안의 아들
짐김의 아들

이 본기는 3장으로 구성되어 있다

제1장 : 그의 위대한 계보에 대한 설명. 그의 카툰들 및 현재까지 분파되어 온 그의 자손들에 관한 언급. 그와 그의 카툰의 초상화와 그의 자식들의 지파도.

제2장 : 그가 즉위하기 전의 전사. 그가 카안위에 오를 때 보좌와 카툰들과 왕자들과 아미르들의 모습. 그의 치세 ― 보우하소서! ― 의 시작부터 지금까지 일어난 몇 가지 이야기. 그가 치렀던 몇몇 전투와 승리들 가운데 알려진 것.

제3장 : 칭송할 만한 그의 성격과 품성. 그의 치세 중에 생긴 일들 가운데 앞의 두 장에 들어가지는 않았으나 여러 책들과 사람들을 통해 알게 된 단편적인 사건·일화들 및 그가 말하거나 지시했던 예화와 성훈과 훌륭한 명령들.

【제1장】

그의 위대한 계보에 대한 설명. 그의 카툰들 및 현재까지 분파되어 온 그의 자손들에 관한 상세한 설명.
그와 그의 카툰의 초상화와 그의 자식들의 지파도.

울제이투 카안이라고도 불리는 티무르 카안 — 그의 정의로움과 공평함
의 그림자가 모든 피조물의 머리 위에 오랜 세월 동안 드리워지기를! —
은 칭기스 칸의 아들 톨루이 칸의 아들 쿠빌라이 카안의 아들 짐김의 아
들이다. 그는 그의 대카툰인 쿠케진 카툰에게서 '…… 일'[1]에 출생했다.
그는 많은 카툰·후비들을 두었지만 거리가 멀고 길들이 소통이 안 되
기 때문에 현재까지 그들의 이름은 알려지지 않는다. 가장 큰 카툰은 불
루간 카툰(Bûlûğân Khâtûn)이라고 불리며 〔바야우트〕[2] 뼈 출신이다.
그녀에게서 아들을 하나 두었는데 이름은 타이시 타이시(Tâîsî Ṭâîshî)[3]
이다. 〔티무르 카안은〕 무카빌란(Mûqâbîlân)[4]이라는 이름을 가진 또 다
른 아들을 두었다. 그의 자식·손자들의 지파도는 다음과 같다. 〔216r〕
「184v」[5]

---

1) 原缺. BI본에는 "후케르 일 즉 663〔/1265〕년에 해당"이라는 기록이 보이며, 중국측 기록에도 成宗 티
   무르는 丁丑年(至元 2년＝1265) 9월, 즉 '소의 해'에 태어난 것으로 되어 있다.
2) BI본에서 보충.
3) 德壽太子를 옮긴 말로서, 앞에서는 티시 타이시로 표기되었다.
4) 앞의 계보에서는 타가일란(Tâğâîlân)이라는 이름으로 기재되었다.
5) B본은 다시 여기서 한 엽이 후대인의 필사로 보충되어 있다.

……6)

---

6) 原缺.

【제2장】

그가 즉위하기 전의 전사. 그가 카안위에 오를 때 보좌와 카툰들과 왕자들과 아미르들의 모습.
그의 치세 — 보우하소서! — 의 시작부터 지금까지 일어난 몇 가지 이야기.
그가 치렀던 몇몇 전투와 승리들 가운데 알려진 것.

그의 축복받은 즉위 이전의 전사

쿠빌라이 카안이 '모린 일' 즉 말해 — 693〔/1294〕년에 해당 — 에 타계했을 때 그의 아들인 짐김의 대카툰 — 티무르 카안의 어머니 — 은 즉시 대아미르들과 합의하여 바얀(Bâyân)을 티무르 카안에게 급파하여, 그에게 카안의 소식을 알리고 군주 자리에 앉을 수 있도록 돌아오게 하였다. 티무르 카안이 그곳에 올 때까지 일년 동안 쿠케진 카툰은 나라의 중요한 사무를 처리했다. 그가 상서로움으로 도착하자 대쿠릴타이가 열렸다. 그의 삼촌들 중에서는 쿠케추와 토간, 그의 형제들인 카말라와 이순 티무르,[7] 사촌들인 노무간[8]의 아들 아난다 오굴, 오그룩치의 아들들인 티무르 부카와 이질 부카, 대아미르들 중에서는 바얀 칭상, 우차차르 노얀, 투크탁[9], 우를룩(Ôrlûk),[10] 울제이 칭상, 알툰 칭상(Altûn Chîngsâng), 다니시만드 아카(Dânishmand Aqâ), 지르칼란, 날리쿠, 탕쿠트 출신의 암바이, 〔216v〕「185r」 에시게(Eshige)의 일족인 바우르카(Bâûrqa),[11] 타타르 종족 출신의 쿠투쿠 칭상(Qûtûqû Chîngsâng), 바다이의 일족인 아르카순 타르칸 칭상(Arqasûn Tarkhân Chîngsâng),

---

7) 그러나 이순 티무르는 카말라의 아들이다.

8) A · B본에는 '노무간'으로 되어 있으나 Bl본처럼 '망칼란'이 되어야 옳을 것이다.

9) A · B: TWTQAQ.

10) A: AWRWK; B: AWRLWK.

11) A: BAWRQH; B: BADWQH; Bl: BABWǦH.

카툰들로는 남부이 카툰과 그녀의 딸 테게진 카툰(Tegejîn Khâtûn), 만지타이, 쿠케진 카툰, 불루간 카툰을 비롯하여 헤아릴 수도 없이 많은 왕자들과 아미르들과 카툰들이 모두 참석했다.

티무르 카안과 그보다 한 살이 더 많은 형 카말라 사이에 보좌와 황위를 둘러싸고 이견과 언쟁이 벌어졌다. 매우 현명하고 유능한 쿠케진 카툰은 그들에게 이렇게 말했다. "세첸 카안, 즉 쿠빌라이 카안께서는 이렇게 말씀하셨다. '누구라도 칭기스 칸의 성훈을 더 잘 알고 있는 사람을 보좌에 앉혀라!' 이제 너희는 각자 그분의 성훈을 말해 보라. 그래서 여기에 참석한 대인들이 누가 더 잘 알고 있는지를 알도록 하라!" 티무르 카안은 매우 유창하고 달변이어서 좋은 성훈들을 깨끗한 발음(ayâlǧû)으로 말했지만, 카말라는 말을 약간 더듬거렸고 그 방면에서는 좋은 소질이 없었기 때문에 말하는 데에서는 그보다 처졌다. 모두 다 한 입으로 "티무르 카안이 더 잘 알고 더 잘 말한다. 그가 왕관과 보좌에 적합하다"고 하였다. 케이밍푸 시에서 '…… 일' — ……년에 해당[12] — 상서로운 시점에 맞추어 그를 카안의 보좌에 앉혔는데, 이럴 경우 행해 왔던 관례와 관습에 따라서 시행했다.

카안이 국사의 정비를 지시하고 왕자들과 아미르들을 각 지방으로 파견한 일에 관한 이야기

[217r]「185v」 잔치와 연회를 모두 끝내고 인사의 절차를 마친 뒤, 카안은 성총을 군대와 왕국의 정비[에 관한 사무]로 돌려서 왕자들과 아미르들을 각 지방과 각 방면으로 지정하고, 각 디반의 재상과 장관들을 임명하였다. 자신의 형인 카말라에게는 부친이 유산으로 남긴 재산에서 충

---

12) 原缺.

분한 몫을 주고, 칭기스 칸의 목지들과 오르두들이 있는 카라코룸 방면으로 〔파견했다〕. 그 지방의 군대들을 그의 지휘 아래 두고 카라코룸, 치나스(Chînâs), 시바우치(Shîbâûchî), 오난-켈루렌, 켐 켐치우트, 셀렝게, 바얄릭(Bâyâlîq)13)에서부터 키르키즈와 칭기스 칸의 대금구 — 부르칸 칼둔이라고 불린다 — 에 이르기까지 모두 그로 하여금 관할하도록 하였다. 칭기스 칸의 대오르두들은 여전히 그곳에 있어서 그가 그것을 보호하고 있다. 네 개의 대오르두와 다른 다섯 개〔의 오르두〕, 모두 아홉 개가 그곳에 있다. 아무도 그곳에 갈 수 없는데 그 까닭은 금구와 가깝기 때문이다. 그들의 초상을 그려서 항상 향을 피우고 있다. 카말라는 또 그곳에 자신을 위하여 절을 건설했다.

아난다 왕자는 그의 울루스와 군대를 지휘하도록 탕쿠트 지방으로 보냈다. 쿠케추(Kôkechû)와 카안의 사위인 쿠르구즈(Kôrgûz)14)를 카이두와 두아의 변경 지방으로 파견했다. 토간을 군대와 함께 만지로 임명하여 보내며 그 지방을 방어하라고 했다. 아미르 아지키(Amîr Ajîqî)에게는 군대와 함께 카라호자 변경으로 보냈다. 사히비 디반의 직책은 전처럼 바얀 핀잔에게 정해졌다. '사이드 아잘'이라는 칭호가 타직인들 자신에게는 매우 존귀하게 여겨졌고, 몽골인들도 대재상을 그 같은 칭호로 부르는 것을 보았기 때문에 그 칭호는 여러 칭호와 이름들 가운데에서도 가장 존귀한 것으로 받아들여졌다. 따라서 바얀 핀잔을 존귀하게 여기고 높여 주기 위해 그를 '사이드 아잘'이라고 불렀다. 현재 그는 매우 높고 중요한 재상이다. 그는 울제이 타르칸, 테케 핀잔,15) 토이나(Tôîna), 압둘라 핀잔('Abd Allâh Finjân), 아미르 호자 사미(Amîr

---

13) Bl: QAYALYQ.

14) A · B: KWKWZ; Bl: KWRKWZ.

15) A · B: TKH FNJANK.

Khwâja Samî), 쿠틉 앗 딘 삼징(Quṭb ad-Dîn Samjîng), 마수드 란준 (Mas'ûd Lanjûn) 등과 함께 디반의 사무들을 처리하고 왕국의 사무를 함께 수행한다. 完!

탕쿠트 지방의 통치자로, 쿠빌라이 카안의 아들 망칼란의 아들 아난다 왕자가 무슬림이 된 이야기. 그 지방의 약간의 정황과 그의 왕국 정황에 대한 설명

아난다 왕자는 망칼란의 아들이다. 망칼란은 쿠빌라이 카안의 셋째 아들이다. ▶그는 카이두를 막기 위해 왕자들이 동행했다가 분란을 일으켜 구금되어 주치의 일족에게 보내졌던 노무간의 형이다. 투데 뭉케가 그 울루스의 군주가 되어 사죄를 하면서 그를 쿠빌라이 카안에게 보냈는데, 그는 바로 그 직후에 사망했다.◀[16] 쿠빌라이 카안이 사망한 뒤 티무르 카안은 쿠빌라이 카안이 망칼란에게 주었던 군대와 그에게 귀속시켰던 탕쿠트 지방을 아난다에게 하사했다. 탕쿠트 지방은 폭과 길이가 대단히 큰 왕국이며, 키타이어로는 그곳을 '호시'(khwâsî)라고 부르는데 서쪽의 큰 강이라는 뜻이다.[17] 그 지방이 키타이 서쪽에 위치해 있기 때문에 그들은 이러한 이름을 붙인 것이다. 그들의 군주들의 도읍인 그곳의 큰 도시들은 다음과 같다. 킨잔푸(Kînjânfû, 京兆府),[18] 캄주 (Qamjîû, 甘州), 이르카이(Irqay, 寧夏),[19] 칼라잔(Khalajân, 賀蘭山),[20]

---

16) ▶ ◀ 사이의 내용은 A · B본에는 보이지 않아 BI본에서 보충했다.

17) '호시'는 河西를 가리키며 '황하의 서쪽'을 뜻한다.

18) 『동방견문록』의 Quengianfu이며, 현재 陝西省 西安에 해당.

19) A · B: ARZWY; BI: AZRDY. 보일의 추정처럼 ARQY 혹은 ARQWY의 오사로 보는 것이 옳을 것이다. Irqai는 『동방견문록』에 Egrigaia라는 이름으로 나오기도 하는데, 寧夏를 가리키며 오늘날 寧夏回族自治區의 수도인 銀川이 이에 해당한다. 펠리오는 『集史』와 『秘史』(365절)에는 Îrqayâ와 Eriqaya로 각각 표기되어 있고, 『元史』에는 也里合牙(Eriqaya), 也吉里合牙(Egriqaya) 등으로 나오는 예들을 지적하며, 폴로식으로 표기하면 Egricaya가 정확할 것이라고 지적했다. Palladius는 알라샨 지역의 몽골인들은 아직도 그곳을 Yargai라고 부른다고 했다.

악크발리크(Aqbâlîq, 漢中).[21] 그 왕국 안에는 큰 도시들이 24개 있는데, 그곳 주민들은 대부분 무슬림이지만 농민들이나 촌락민들은 우상숭배자들이다. 그들의 외모는 키타이인들과 비슷하며, 전에는 세금을 키타이 군주들에게 바쳤다. 그들의 도시들에 키타이식 명칭이 부여되었고, 그들의 풍속과 관례와 야삭과 관습은 서로 비슷하다.

아난다의 아버지 망칼란에게는 생존한 자식이 적었기 때문에, 그는 아난다를 투르키스탄 출신 무슬림인 미흐타르 하산 아크타치(Mihtar Ḥasan Aqtâchî)라는 사람에게 맡겨서 양육시켰다. 줄레이하(Zulaykhâ)라는 이름을 갖고 있는 그 사람의 부인이 그에게 젖을 먹였고, 그런 까닭에 그의 마음속에는 이슬람이 굳게 자리잡았다. 〔217v〕 「186r」 그는 코란을 배우고 타직 문자를 아주 잘 썼다. 항상 시간을 경배와 예배하는 데에 보냈고, 그에게 속해 있던 15만 명 가량의 몽골군이 거의 다 무슬림이 되었다. 그의 아미르들 중에서 사르탁(Sartâq)이라는 사람이 이슬람을 거부하고 카안의 어전으로 달려가, 아난다가 항상 모스크에 있으면서 기도(namâz)를 올리고 코란을 읽으며 시간을 보내고 많은 몽골 아이들에게 할례를 시키고 대부분의 군인들을 이슬람으로 개종시켰다고 불평했다. 카안은 그 이야기를 듣고 매우 화가 나서 지르칼란[22]과 지르트쿠 — 매잡이들의 수령이며 서로 형제간이다 — 를 보내서, 그에게 경배와 예배를 금하고 그와 같이 있던 무슬림들을 멀리하며

---

20) 『동방견문록』에 Calacian이라고 기록되는 곳으로 『秘史』의 Alashai, 『集史』의 Alashâî, 한문 서적의 賀蘭山에 해당한다.

21) 『동방견문록』에 Acbalec Mangi('만지 지방의 악크발렉크')라고 표기된 곳이다. 페르시아 · 투르크식 표현인 Aq Baliq-i Manzi를 옮긴 것이며, 漢水 유역에 있는 興元(오늘날의 漢中)을 가리킨다. 元代에는 興元路 總管府가 두어졌다. 흥원은 만지의 영역에 속하는 것은 아니지만, 카타이 지방의 악크발리크인 眞定府와 구별하기 위해 악크발렉크 만지라는 표현을 쓴 것이며, 폴로가 "만지 변경의 하얀 도시"라는 설명을 붙인 것도 그 때문인 듯하다.

22) A · B: JYRQLNK.

불사에서 부처를 모시고 분향을 하도록 종용하였다. 아난다는 이를 듣지 않고 거부하면서 이렇게 말했다. "〔부처는〕 사람이 만든 것인데 어떻게 그를 경배할 수 있단 말인가? 위대한 주님의 피조물인 태양은 물리적 세상의 정신과 같은 것이어서, 동물과 식물의 생명과 성장의 원인이다. 〔그럼에도 불구하고〕 그것을 경배하는 것은 온당치 아니한데, 하물며 어떻게 인간이 만든 물리적 형상을 경배할 수 있단 말인가? 나는 나와 카안을 창조하신 그분을 경배할 뿐이다." 카안은 그 말에 분노하여 그를 감금시키라고 명령했다. 그는 여전히 이슬람과 신앙을 확고하게 지키며 "우리의 조상들은 모두 유일신도들이었고 주님을 유일한 존재로 알았다. 따라서 그러한 좋은 믿음에 대한 축복으로 오래된 주님(khudâ-i qadîm)은 지상의 모든 것을 그들에게 은사로 내려 주시고, 그들을 사람들의 군주이자 우두머리로 만드심으로써 머리를 높이고 목을 세우며 항상 부처에게 경배하지 않도록 한 것이다"라고 말하였다.

카안은 그를 불러들여 물었다. "네가 만약 꿈을 꾸었거나 어떤 징조가 나타났거나 아니면 어떤 사람이 너를 이슬람으로 인도했다면 내게 말해서 나도 인도하도록 하라!" 아난다가 "위대한 주님께서 저를 인도하셔서 그분을 알 수 있도록 한 것입니다"라고 말하자, 카안은 "너를 그 길로 인도한 것은 악마이다"라고 말했다. 그는 "만약 나를 인도한 것이 악마라면, 나의 아카인 가잔을 인도한 것은 누구입니까?"라고 말했다. 이에 카안은 입을 다물고 생각에 잠겼다. 쿠케진 카툰이 그에게 충고하면서 이렇게 말했다. "당신이 보좌에 앉은 지 2~3년이 지나서 아직 왕국은 정비되지 않았다. 아난다는 수많은 군대를 갖고 있고, 그 군대와 탕쿠트 지방의 주민들은 모두 무슬림이어서 이런 상황을 거부하고 있다. 또한 그들은 반도들의 지방과 가까우니 〔그들이〕 변심하지 않도록 해야 한다. 그를 압박하는 것은 좋은 방책이 아니다. 자신의 신앙과 종교에 대해서

는 그가 알 것이다." 카안은 그 충고가 〔자신을〕 걱정해서 한 것임을 알
았다. 〔카안은〕 그를 〔감옥에서〕 풀어 주었다. 그리고 그를 위무하고 영
예를 베풀어 준 뒤 탕쿠트 왕국과 군대를 지휘하도록 돌려보냈다.

아난다는 비록 어렸을 때부터 마음속에 이슬람을 받아들이고 실행했
지만, 이슬람의 군주인 가잔 칸 ─ 그의 왕국을 영원케 하소서! ─ 이 무
슬림과 유일신도가 되고 확실히 순수한 종교를 받아들였으며 이란 땅의
모든 몽골인들을 무슬림으로 개종시키고 우상을 부수고 불사들을 파괴
했다는 소식을 듣고는 그런 것들을 더욱더 강조하였다. 그리고 그 자신
도 그를 본받아 이슬람을 강화시키기 위해 노력하였다. 아난다와 휘하
군대의 정황을 볼 때, 그 지방에서 이슬람의 처지가 짧은 시간 안에 완
벽한 단계에 이르렀던 사실을 유추할 수 있는데, "무리지어 알라의 종교
로 들어온다"²³⁾는 구절처럼 사람들이 무리를 이루어 들어와서 무슬림이
되고 신도와 유일신자와 순수한 종교의 신봉자가 되었던 것이다.

상술한 미흐타르 하산의 아들·손자들, 즉 힌두(Hindû), 다울라트 샤
(Dawlat Shâh), 하미드(Ḥamîd), 자말 아카(Jamâl Aqâ), 무함마드 아크
타치(Muḥammad Aqtâchî) 등은 모두 중요하고 강대했으며, 그들 중 일
부는 티무르 카안의 모친과 가까워서 이슬람의 강화를 위하여 노력했
다. 이런 일이 있은 지 몇 년 뒤 아난다는 쿠릴타이의 명목으로 카안의
어전으로 갔는데, 〔카안은〕 그를 후대하였다. 그는 이슬람을 완전히 드
러내어 표현하였다. 카안은 이슬람 군주인 가잔 칸 ─ 그의 왕국을 영원
케 하소서! ─ 이 이슬람으로 개종했다는 것을 듣고 기뻐하면서, "이슬
람에서 아난다는 가잔의 추종자가 되었다. 그도 마찬가지로 마음에서
원하는 바에 따라 이슬람을 믿도록 하라. 왜냐하면 나는 이슬람이 좋은

---

23) 『코란』 1 : 2.

길이자 종교라고 생각하기 때문이다"라고 말했다. 그런 까닭에 아난다 는 이슬람에 더욱 힘쓰게 되었고, 다시 한 번 탕쿠트 왕국과 군대를 통 치하러 와서 그것을 모두 관할하고 있다. 비록 카안의 대신들과 비틱치 들이 그곳의 상세(商稅, tamğâ)를 장악하고 있지만, 대부분의 세금은 그 의 휘하에 있는 군대의 경비로 지출되고 디반으로 가는 액수는 그다지 많지 않다. 이슬람을 부정하고 아난다 고발자였던 사르탁 역시 현재 무 슬림이 되었다. 그의 대아미르들 가운데 한 사람이 바로 그이고, 또 다 른 한 사람은 멩글리(Menglî)라는 이름을 갖고 있는데 〔218r〕「186v」 그 역시 무슬림이다. 아난다는 현재 필시 서른 살이고 〔얼굴은〕 갈색에 검 은 수염을 갖고 있으며 키는 크고 살이 쪘다. 그에게는 아들이 하나 있 는데, 이름은 우룩 티무르(Ôrûk Tîmûr)이다. 〔아난다는〕 자신의 울루 스에서 군주의 자리에 확고하게 앉아 있다. 그의 오르두들에 모스크를 짓고 항상 코란을 낭송하며 예배를 올리고 있다.

축복받은 티무르 카안이 즉위한 지 4년 뒤 바락의 아들 두아는 군대와 함께 카안의 왕국 변경을 관할하고 있는 상술한 왕자·아미르들을 공격 하기 위해서 출정했다. 군대의 관례에 따라 모든 요충(sûbîe)에 초병들 을 주둔시켰다. 서쪽 변경 끝에 있는 아지키와 추베이의 요충에서부터 동방에 있는 무칼리의 요충에 이르기까지 역참들을 세우고 전령들을 두 었다. 그때 군대가 나타났다는 소식을 서로에게 전했다. 마침 쿠케추, 중쿠르(Jûngqûr), 낭기야다이(Nangiyâdâî) 등의 왕자들이 모여서 연회 를 벌이며 쾌락과 음주를 즐기고 있는데 밤중에 소식이 전달되었다. 그 들은 술에 취해 정신이 없었기 때문에 출정할 수 없었다. 티무르 카안의 사위인 쿠르구즈 쿠레겐(Kôrgûz Kûregân)은 자기 군대를 이끌고 출정 했는데 곧바로 적군이 도착했다. 그들은 주의를 기울이지 않고 있었는 데다 우익과 좌익의 일부 군대는 소식을 알지 못했고 또 거리도 멀었기 때문에 서로 합류하지 못했다. 두아는 자기 군대를 이끌고 쿠르구즈를 공격했는데, 그와 함께 있던 군대는 6000명도 채 못 되었다. 그는 두아에 대항할 수 없어 패배하고 어떤 산으로 갔다. 적군은 그를 추격하여 붙잡아서는 죽이려고 하였다. 그는 "나는 카안의 사위이자 군사령관인 쿠르구즈이다"라고 말했다. 두아는 그를 죽이지 말라고 명령했고, 군인들 가운데 패주한 사람들은 카안에게로 갔다. 주의를 기울이지 않아서 출정하지 못했던 카안의 삼촌 쿠케추는 외진 곳에 숨어 버렸다. 〔카안이〕 그를 여러 번 불렀으나 오지 않았다. 마침내 카안은 아지키 왕자를 보내 그를 달래서 오도록 했다. 군대가 도망쳐 카안에게 왔을 때, 〔카안은〕 도망친 아미르들 가운데 중쿠르와 낭기야다이를 붙잡아 포박시켰다. 그리고 "너희들이 어떻게 방심할 수 있었는가?"라고 말했다.

도망친 군대와 두아가 그 부근에 있었을 바로 그때 유부쿠르, 울루스 부카, 아미르 두르다카(Amîr Dûrdaqa) — 쿠빌라이 카안 시대에 도망쳐 카이두에게 갔었는데, 카이두가 두아에게 보냈던 사람들 — 가 협의를 하여 두아에게 등을 돌리고 1만 2000명의 군대²⁴⁾와 함께 티무르 카안이 있는 쪽으로 왔다. 카안은 그들이 온다는 소식을 들었지만 믿지 않았다. 왜냐하면 두르다카는 쿠빌라이 카안의 치세에 한번 돌아왔다가 앞서 말한 왕자들을 데리고 갔기 때문이었다. 그런 까닭에 지르트쿠와 무바락 샤 담가니(Mubârak Shâh Damğânî)와 사윤(Sâyûn)²⁵⁾을 아지키와 함께 파견하여 그들을 데리고 오게 하였다. 유부쿠르와 두르다카 두 사람은 도착했고, 울루스 부카는 천막들과 함께 카라코룸 지방에 남겨 두어 천천히 뒤쫓아 오도록 하였다. 〔그런데〕 그〔=울루스 부카〕는 카라

---

24) A · B본에는 "12"라고만 되어 있으나, Bl본에는 "1만 2000명의 군대"라고 되어 있다.
25) Bl: SATWQ.

코룸을 겁략하고 시장과 창고들을 약탈했다. 그가 카안의 어전에 도착하자 [카안은] "칭기스 칸 묘소의 머리맡에서 어떻게 그런 짓을 할 수 있단 말인가?"라고 하면서 그의 죄를 묻고 묶어서 감금시켰다. 그는 "도망쳐서 그곳에 갔는데 두아의 군대가 뒤쫓아 왔습니다. 그들이 우리와 뒤섞여서 약탈을 했습니다"라고 변명을 했으나, 변명은 받아들여지지 않았다. 아수타이의 카툰인 타이키(Tāikī)과 그녀의 아들 카이샹 — 카안은 그들을 무척 아꼈다 — 은 아수타이의 형제인 울루스 부카를 위해 중재에 나서 울루스 부카를 풀어 주게 하였다. 그러나 [카안은] 그를 신임하지 않았고 어떤 전쟁에도 보내지 않았으며 보좌를 모시도록 하라고 명령했다. 그리고 유부쿠르를 위무하면서 "그에게는 죄가 없다"고 말했다. 아미르 두르다카에 대해서는 분노하여 "그는 두 차례나 도망쳤기 때문에 야사에 처하라!"고 명령했다. 그는 울면서 이렇게 말했다. "나는 쿠빌라이 카안이 무서워서 도망쳤습니다. [그러나] 그곳에 있는 동안 전쟁에 한 번도 나가지 않았고 카안의 군대를 해치지 않았습니다. 티무르가 카안이 된 지금이 좋은 기회이기 때문에 왕자들과 협의를 하여 온 것이고, 제가 끌고 간 군대보다 더 많은 숫자를 데리고 왔는데, 힘을 다 바치겠다는 의도에서입니다. 만약 저에게 은사를 내려 주신다면, 제가 데리고 온 바로 그 군대와 지시해 주시는 다른 군대를 데리고 두아를 추격해서, 과거에 행한 일에 대해서 보상을 하겠습니다. 또한 쿠르구즈를 다시 찾아올 수 있을지도 모릅니다." 아미르들은 그 말을 보고하면서 중재에 나섰다. 카안도 [218v]「187r」그의 죄를 용서해 주고 가라고 지시했다. 정비된 군대와 함께 그를 보냈는데 유부쿠르에게는 가지 말라고 명령했다. 그 역시 나서서 "우리는 힘을 다 바치기 위해서 왔습니다. 저의 모든 부하들을 이곳에 머물게 하고 저를 가게 하십시오. 왜냐하면 [그] 왕국과 군대의 정황을 우리는 잘 알고 있기 때문입니다. 카안의 축복에

힘입어 그 문제를 해결할 것입니다"라고 말했다. 〔카안은〕 유부쿠르에
게도 연민을 베풀어 위무하였다. 그들은 모두 함께 출발했다.

두아는 한 번 승리를 거둔 것에 힘입어 완전히 마음을 놓고 자기 오르
두들로 가서 아난다와 아지키와 추베이가 있는 요새들과 변경, 즉 카라
호자 지방으로 군대를 파견해서 그들을 공격하여 혼내 주고 쫓아내리라
는 생각을 하면서 천천히 이동하고 있었다. 군대가 커다란 강가를 따라
분리되어 건너려고 하는 바로 그 순간에 유부쿠르와 울루스 부카와 두
르다카가 갑자기 와서 두아와 그의 군대를 공격하여 많은 사람들을 죽
이고, 또 많은 사람들을 물에 빠져 죽게 하였다. 아무리 애를 써도 쿠르
구즈를 손에 넣을 수 없었으나, 두아의 사위인 ……26)를 붙잡았다. 그리
고 승승장구하며 귀환하였다. 카안은 그들을 위무하고 은사를 내려 주
었다. 그 뒤 아미르들은 그의 사위를 풀어 주어 카안의 사위도 돌려보낼
수 있도록 하자고 생각했다. 그러는 며칠 사이에 두아에게서 사신들이
와서 "우리는 일을 저질렀고 그 벌을 받았다. 지금 쿠르구즈는 내게 있
고 내 사위는 당신에게 있다"면서 전갈을 보내왔다. 쿠르구즈 역시 누케
르 한 사람을 그들에게 보내어 "나는 평안하지만 누케르도 없고 여력도
먹을 것도 없다. 두세 명의 누케르와 무엇인가를 내게 보내 달라"는 전
갈을 보냈다. 그에게 속한 아미르 네 명과 충분한 물자와 음식을 보내
주었으며, 두아의 사위도 함께 보냈다. 〔그러나〕 그들이 그곳에 도착하
기 전에 이미 〔두아는〕 쿠르구즈를 죽였다. 그러고는 "우리는 그를 카이
두에게 보냈는데 그가 가는 도중에 죽었다"는 변명을 보내왔다. 完!

———
26) 原缺.

**카안의 군대가 카이두 및 두아의 군대와 두 차례 전투를 벌인 것과 카이두가
부상을 입어 그로 인해 사망하게 된 이야기**

그 뒤 오르다의 일족이자 코니치의 아들인 〔바얀〕[27]이 현재 〔그〕 울루스
의 군주였는데, 그의 사촌들 가운데 한 명인 쿠일룩이 반란을 일으켜서
카이두와 두아에게로 망명했다. 그들 사이에 몇 차례 전쟁이 벌어졌는
데, 이는 주치 칸 기에서 설명한 바이다. 그는 카안의 어전으로 사신을
보내어 〔이렇게 말했다.〕 "당신의 군대가 그곳에서 즉시 출정하고, 동쪽
에서는 항상 그들에게 고통을 받고 있는 바닥샨의 군주(shâh)가 〔출정
하고〕, 서쪽에서는 이슬람의 군주 — 그의 왕국이 영원하기를! — 가 분
명히 지원하여, 사방에서 두아와 카이두를 포위하여 붙잡고 한번에 이
문제를 처리하도록 합시다." 그 같은 협의가 은밀하게 진행될 때 카안의
어머니인 쿠케진 카툰이 "키타이와 낭기야스 왕국들에는 우리의 울루스
가 대단히 많다. 카이두와 두아의 지방은 〔멀다〕. 만약 네가 출정한다면
그 문제를 해결할 때까지 1∼2년은 걸릴 것이다. 혹시 그 사이에 혼란이
일어나 오랜 기간이 걸려도 그것을 처리하지 못하는 사태가 벌어지지
않기를! 〔그러니〕 지금 우리는 참아야 한다. 그리고 '우리는 이 같은 이
야기에 동의하지만, 알려 줄 때까지 기다리시오!' 라는 회답을 보내라"고
말했다. 이로 인해 〔출정은〕 지연되었다.

　　그 뒤 2∼3년이 지난 ……[28]년에 카안의 군대는 그 같은 목적으로 카
이두와 두아에게로 향했다. 그들은 카이두가 있는 곳 가까운 방면으로
가서 격렬한 전투를 벌였다. 카이두에게 부상을 입히고 그의 군대를 패
주시켰다. 두아는 더 먼 곳에 있었기 때문에 며칠 뒤에야 와서 다시 한

---

27) A · B본에 없어 B1본에서 보충.

28) 原缺.

번 전투를 벌였다. 격렬한 전투였지만 두아 역시 부상을 당했다. 카이두
는 그때 입은 상처로 인해 사망했다. 完!

**카안의 아미르들과 재상들이 상인들에게서 구입한 보석 및 장식과 관련하여
사기를 범한 것과 탄바 박시가 중재에 나서 그들을 풀어 주게 한 일에 관한 이
야기**

〔219r〕「187v」 쿠빌라이 카안 기에서 설명한 바 있는 탄바 박시는 티무르
카안의 어전에서도 여전히 큰 신뢰를 받았다. 그의 위세에 관한 여러 이
야기들 가운데 하나는 다음과 같다. 언젠가 상인들이 보석을 대단히 많
이 갖고 와서 카안에게 팔려고 했다. 아미르들과 재상들과 거간들이 거
기 있었는데, 그들은 60투만 발리시의 가격을 매겼다. 대금은 국고에서
지불되었는데, 상인들은 그 중에서 거의 15투만을 아미르들과 재상들에
게 지출했다. 〔그 당시〕 무크빌 핀잔(Muqbil Finjân)이라는 아미르가 있
었는데, 그전에 다른 아미르들의 보고로 인해 그는 강등된 적이 있었다.
카안은 그를 토트가울(tôtǧâûl)의 직책 — 키타이어로는 링키시
(lingqîsh)라고 부른다²⁹⁾ — 에 임명했었다. 다른 거간들이 거래에 끼여
주지 않았던 거간이 둘 있었는데, 그 두 거간이 그 아미르에게 "그 보석
들은 기껏해야 30투만을 넘지 않는다"고 말해 주었다. 무크빌은 그 말을
보고했고, 〔카안은〕 다시 한 번 가격을 매기라고 지시했다. 시합 앗 딘
쿤두지(Shihâb ad-Dîn Qunduzî) — 킹사이(Khînsâî) 시의 칭상이었는
데 강등되었다 — 를 불러오게 했는데, 그는 30투만의 가격을 산정했다.
카안은 상인들과 거간들을 체포하라고 명령했다. 그들은 각각의 아미르

---

29) 몽골어로 totga-라는 동사는 '멈추게 하다, 정지시키다' 는 뜻을 갖고 있으며, totga'ul은 '순찰, 경찰'
　　을 의미한다. 한문 자료에 보이는 脫脫禾孫(totgosun)도 이와 동일한 의미이다. cf. Doerfer, I, pp.
　　251〜253. linggîsh가 어떤 한자어를 나타낸 것인지는 분명치 않다.

에게 얼마를 주었는지를 물었다. 그로 인해 아미르들과 재상들도 체포되었는데 〔다음〕 12명이었다. 다니시만드 칭상, 토이나, 사르반 (Sârbân), 이그미시, 테케 핀잔, 이사 핀잔 켈레메치, 바얀 핀잔의 형제인 바얀차르(Bâyanchâr), 샴스 앗 딘 쿤두지(Shams ad-Dîn Qunduzî) 및 네 명의 다른 핀잔들. 그들 모두 싱(shîng)에 속한 디반 건물 안의 감옥에 넣고 처형하라는 명령이 내려졌다.

그들의 부인들과 부하들은 중재를 부탁하기 위해 쿠케진 카툰에게 달려갔다. 그녀는 그들을 풀어 주기 위해서 노력했지만 성공하지 못했다. 그 뒤 탄바 박시에게 청원을 했다. 마침 그 며칠 사이에 혜성이 출현했다. 그런 까닭에 탄바 박시는 카안에게 〔전갈을〕 보냈고, 카안은 그 혜성에게 기도(yâlbârmîshî)를 올리기 위해 그곳에 갔다. 박시는 "40명의 죄수를 풀어 주어야 합니다"고 말하고는, "100명의 또 다른 죄수들을 용서해 주어야 합니다"고 말했다. 그런 연유로 그들은 풀려날 수 있었다. 그 뒤 그는 군주의 칙령을 각지로 선포해 보내라고 아뢰었다. 카안은 일주일 동안 불사에서 기도를 올렸다. 그 뒤에 나와서 그 무리들을 자신들의 직무와 직책으로 돌려보냈고, 그들의 속료와 추종자들은 모두 기뻐했다. 그러나 보석 가격보다 더 지불한 30투만은 물어냈다. 完!

【제3장】

칭송할 만한 그의 성격과 품성. 그의 치세 중에 생긴 일들 가운데
앞의 두 장에 들어가지는 않았으나 여러 책들과 사람들을 통해 알게 된 단편적인 사건·일화들 및
그가 말하거나 지시했던 예화와 성훈과 훌륭한 명령들.

. . . . . .30)

---

30) 原缺.

부 록

【몽골의 킵착·러시아 원정】

발트 해
리투아니아
프로이센
오데르 강
술레지엔
러시아 공국
카마 강
우랄 산맥
코스트로마
토르조크
수즈달
블라디미르
모스크바
콜롬나
코젤스크
라잔
카잔
불가리
리그니차
브로추아프
비수아 강
크미엘닉
루블린
보헤미아
크라쿠프
갈리시아
프셰미실
체르니고프
오스트리아
빈
비너노이슈타트
에스테르곰
모히
르보프
베네치아
우디네
크로아티아
부다 페스트
자그레브
헝가리
카르파티아 산맥
키예프
페레이슬라브
몰다비아
돈 강
볼가 강
달마티아
아드리아 해
스필리트
도나우 강
두브로브니크
트랜실바니아
왈라키아
알바니아
불가리아
흑해
아조프(타나)
사라이
아스트라한
카스피 해
지 중 해
카프카스 산맥
그루지야
범례
몽골군 진군로
몽골군 귀환로

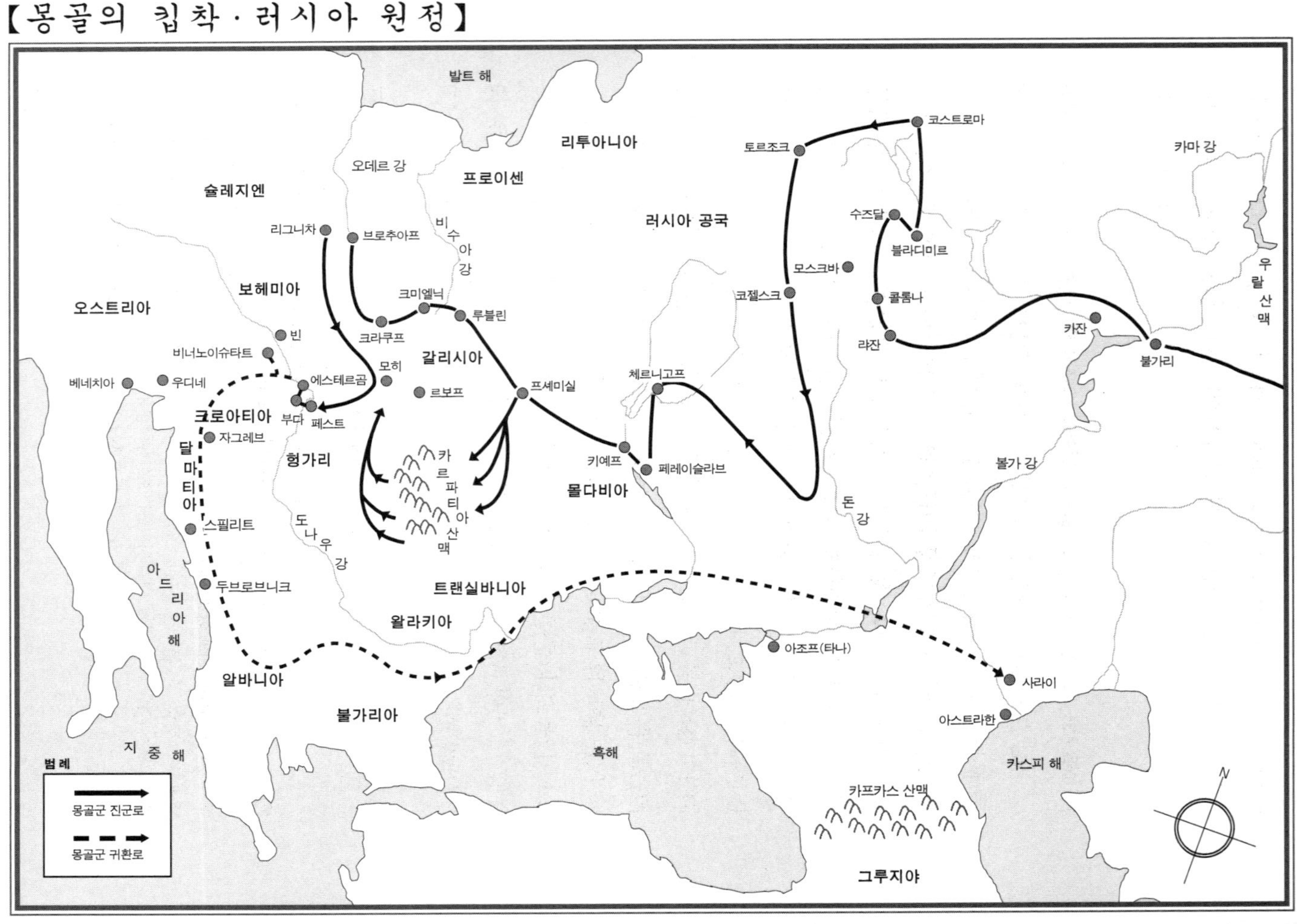

주치 울루스
흑해
카프카즈 산맥
룸
지중해
그루지야
아제르바이잔
카스피 해
아랄 해
키질쿰 사막
시르다리야
아무다리야
부하라
사마르칸트
알레포
다마스쿠스
아코
타브리즈
카이로
예루살렘
아인 잘루트
마라게
시리아
알라무트
게르드쿠흐
바그다드
엘부르즈 산맥
티그리스 강
홍해
발흐
헤라트
N

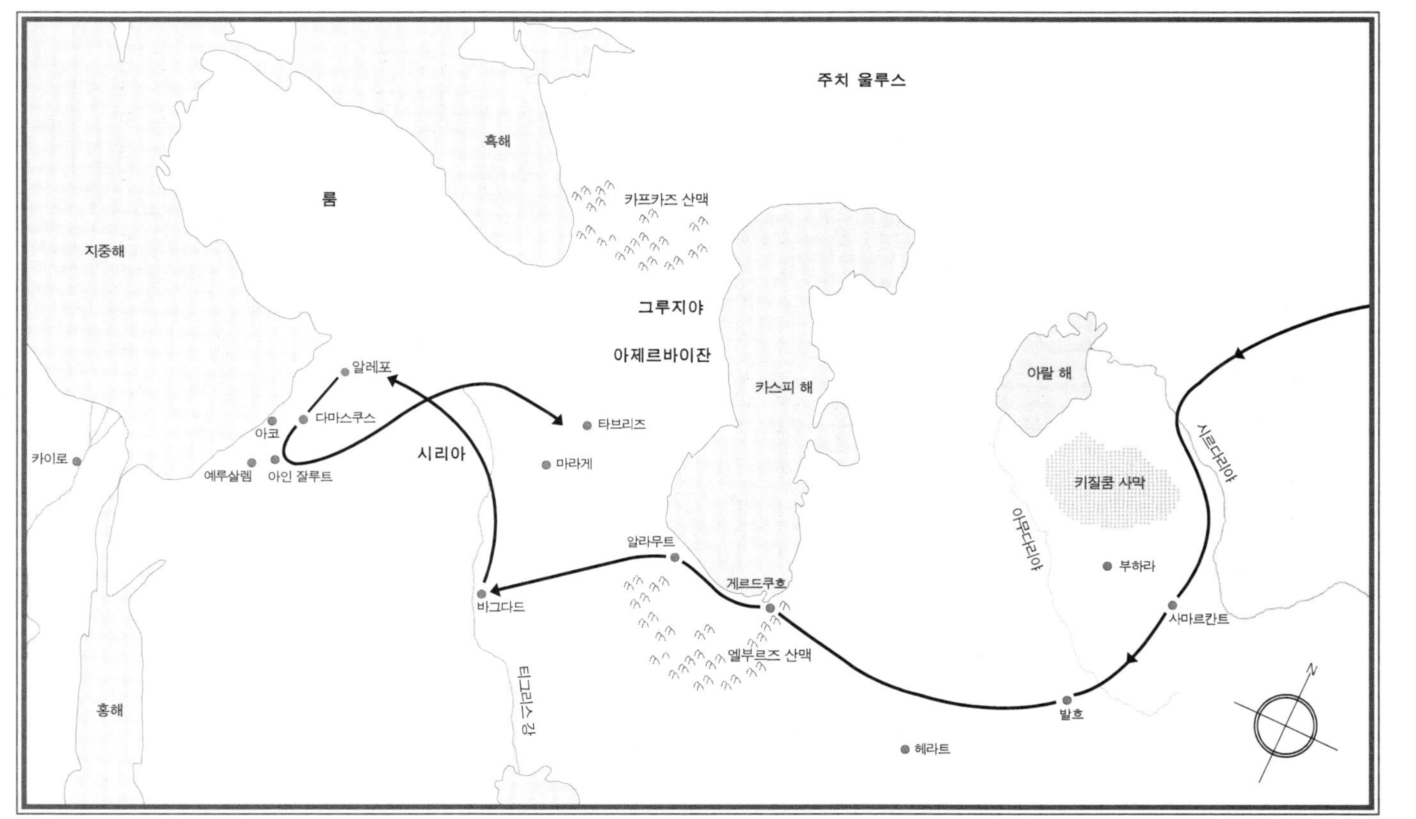

【 훌레구의 서아시아 원정 】

【뭉케 카안의 남송 원정】

카라코룸
뭉케 본대
개평 開平
쿠빌라이 군
북경 北京
형주 邢州
복주 復州
토가차르 군
육반산 六盤山
황 하
여남 汝南
회 하
양 자 강
양양 襄陽
대승관 大勝關
합주 合州
중경 重慶
악주 鄂州
항주 杭州 (임안)
담주 潭州
융흥 隆興
복주 福州
상수
천주 泉州
정강 靜江
조주 潮州
우량카다이 군
광주 廣州
횡산채 橫山寨
N
교지 交趾
범례
몽골군의 진격로

【쿠빌라이 카안의 남송 경략】

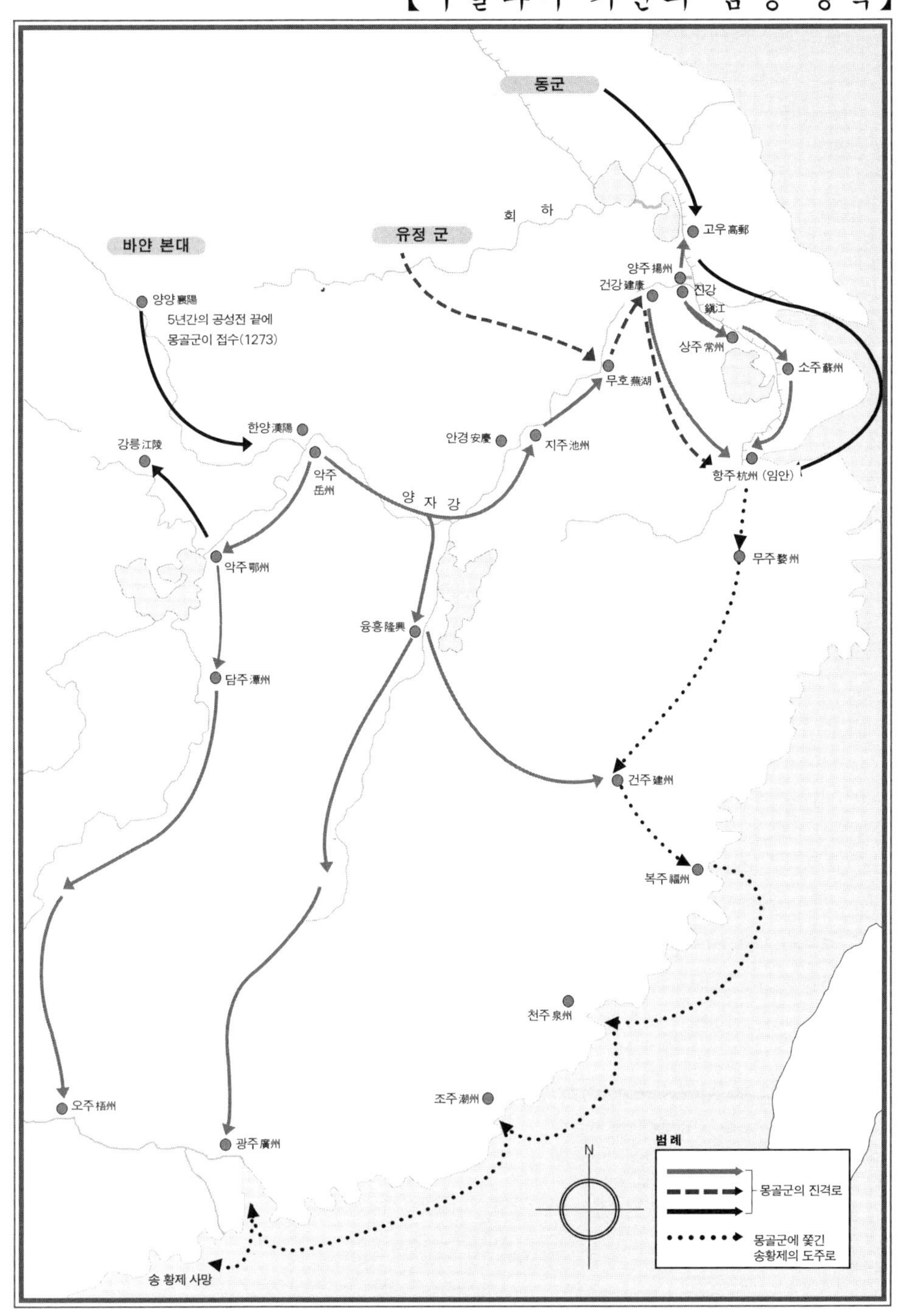
동군
유정군
회 하
바얀 본대
고우 高郵
양주 揚州
건강 建康
진강 鎭江
양양 襄陽
5년간의 공성전 끝에
몽골군이 접수(1273)
상주 常州
소주 蘇州
한양 漢陽
안경 安慶
지주 池州
무호 蕪湖
강릉 江陵
악주 岳州
양 자 강
항주 杭州 (임안)
무주 婺州
악주 鄂州
융흥 隆興
담주 潭州
건주 建州
복주 福州
오주 梧州
천주 泉州
조주 潮州
광주 廣州
송 황제 사망
N
범례
몽골군의 진격로
몽골군에 쫓긴
송황제의 도주로

참고문헌[1]

Afshar, I. "The Autograph Copy of Rashîd-al-Dîn's Vaqfnâmeh," *Central Asiatic Journal*, no. 14(1970)

Allsen, T. T. *Mongol Imperialism: The Politics of the Grand Qan Möngke in China, Russia and the Islamic Lands, 1251-1259* (Berkeley & Los Angeles: University of California Press, 1987)

Allsen, T. T. "Mongols and North Caucasia," *Archivum Eurasie Medii Aevi* 7(1991)

Allsen, T. T. "Biography of a Cultural Broker. Bolad Ch'eng-Hsiang in China and Iran," *Oxford Studies in Islamic Art*, vol. 12(1996)

Allsen, T. T. *Commodity and Exchange in the Mongol Empire: A Cultural History of Islamic Textiles* (Cambridge: Cambridge University Press, 1997)

Arat, A. A. *Vekayi: Babur'un Hâtirati*, vol. 2 (Ankara, Türk Tarih Basimevi, 1946)

Arends, A. K. "The Study of Rashîd ad-dîn's Jâmi'u't-Tawârîkh in the Soviet Union," *Central Asiatic Journal*, vol. 14(1970)

Ateş, Ahmad. *Câmi 'al-Tavârîh* (Ankara: Türk Tarih Kurumu, 1957, 1999 repr.)

Aubin, J. "L'ethongénèse des Qaraunas," *Turcica*, 1 (1969)

Ayalon, D. "The Great Yâsa of Chingiz Khan. A Re-examination," *Studia Islamica*, 33(1971)

Bacon, E. *Obok: A Study of Social Structure in Eurasia* (New York: Wenner-Gren Foundation, 1958)

Barthold, W. *Turkestan down to the Mongol Invasion* (Philadelphia: E. J. Gibb Memorial Trust, 4th ed., 1977)

---

[1] 여기에 제시된 목록은 『집사』 한역본 1-3권의 주석에서 인용된 문헌들로만 한정했음을 밝혀둔다.

Bartol' d, V. V. "Derbent," *Sochinenie*, vol. 3 (Moskva: Izd. "Nauka," 1965)

Bartol' d, V. V. "Tadzhiki: Istoricheskii ocherk," *Sochinenie*, vol. 2, part 1(Moscow: Izd. "Nauka," 1971)

Bartol' d, V. V. "Istoriko-geograficheskii obzor," *Sochineniia*, vol. 7 (Moscow: Izd. "Nauka," 1971)

Bazin, L. *Les systèmes chronologiques dans le monde turc ancien* (Budapest: Akadémiai Kiadó, 1991)

Berezin, I. N. *Sbornik letopisei: Istoriia Mongolov, Sochinenie Rashid-Eddina. Trudy Vostochnogo otdeleniia Russkogo arkheologicheskogo obshchestva*, tom 5(1858), 7(1861), 13(1868), 15(1888).

Berthels, E. "Rashîd al-Dîn Ṭabîb," *The Encyclopaedia of Islâm*, vol. 3 (Leiden: E. J. Brill, 1936)

Biran, M. *Qaidu and the Rise of the Independent Mongol State in Central Asia* (Richmond Surrey: Curzon, 1997)

Blair, S. S. *A Compendium of Chronicles. Rashid al-Din' s Illustrated History of the World* (Oxford: Oxford University Press, 1995)

Blochet, E. *Introduction a l' Histoire des Mongols de Fadl Allah Rashid ed-Din* (Leyden: E. J. Brill, 1910)

Blochet, E. *Djami et-tévarikh. Histoire générale du monde par Fadl Allah Rashid ed-Din. Tarikh-i Moubarek-i Ghazani. Histoire des Mongols*, tom 2 (London, 1911; Gibb Memorial Series, XVIII, 2)

Boyle J. A., tr. *The Successors of Genghis Khan* (New York: Columbia University Press, 1971)

Boyle, J. A., tr. *Genghis Khan. The History of the World-Conqueror* (new edition, Manchester: Manchester University Press, 1997)

Boyle, J. A. "Juvaynî and Rashîd al-Dîn as Sources on the History of the Mongols," *Historians of the Middle East* (London, 1962; *The Mongol World Empire* 再收).

Boyle, J. A. "Rashîd al-Dîn and the Franks," *Central Asiatic Journal*, vol. 14(1970) (*The Mongol World Empire* 再收).

Boyle, J. A. "Rashîd al-Dîn: The First World Historian," *Iran*, vol. 9(1972) (*The Mongol World Empire 1206-1370*, London: Variorum Reprints, 1977 再收)

Bretschneider, E. *Mediaeval Researches from Eastern Asiatic Sources*, 2 vols. (1888;

repr., London: Routledge & Kegan Paul, 1967).

Browne, E. G. *A History of Persian Literature under Tartar Dominion (A.D. 1265–1502)* (Cambridge: Cambridge University Press, 1920)

Budagov, L. *Sravnitel'nyi slovar' turetsko–tatarskikh narechii*, 2 vols. (St. Peterburg: Tipografiia imperatorskoi AN, 1869–1871)

Budge, E. A. W., tr. *The Monks of Kûblâi Khân* (London: Religious Tract Society, 1928)

Budge, E. A. W., tr. *The Chronography of Gregory of Abû'l Faraj* (Oxford: Oxford University Press, 1932)

Cambridge History of Iran, vol. 5: The Saljuq and Mongol Periods (ed. by J. A. Boyle, Cambridge: Cambridge University Press, 1968)

Chan, Hok-lam, tr. *The Fall of the Jurchen Chin: Wang E's Memoir on Ts'ai–chou under the Mongol Siege(1233–1234)* (Stuttgart: Franz Steiner Verlag, 1993)

Clauson, G. *An Etymological Dictionary of Pre–Thirteenth Century Turkish* (Oxford: Oxford University Press, 1972)

Cleaves, F. W. "The Historicity of the Baljuna Covenant," *Harvard Journal of Asiatic Studies*, vol. 18, no.3–4(1955)

Cleaves, F. W. "An Early Mongolian Version of the Alexander Romance," *Harvard Journal of Asiatic Studies*, vol.22 (1959)

Cleaves, F. W. *The Secret History of the Mongols* (Cambridge, Mass., Harvard University Press, 1982)

Cordier, H. *Situation de Ho–lin en Tartarie* (Leide: Brill, 1893)

d'Ohsson. 『モンゴル帝國史』, 권5(佐口透譯, 東京: 平凡社, 1976)

Davidovich, E. A. *Denezhnoe khoziaistvo Srednei Azii posle Mongol'skogo zavoevaniia i reforma Mas'ud–Beka (XIII v.)* (Moskva: Izd–vo Nauka, 1972)

Dawson, C. *Mission to Asia* (1955; Toronto: University of Toronto Press, 1980)

Doerfer, G. *Türkische und mongolische Elemente im Neupersischen*, 4 vols. (Wiesbaden: F. Steiner, 1963–75).

Falina, A. I. *Perepiska: Rashîd ad-Dîn* (Moscow: Izd–vo "Nauka," 1971)

Franke, H. "Tan–pa, A Tibetan Lama at the Court of the Great Khans," *Orientalia Venetiana* (Volume in onore di Lionello Lanciotti, ed. Mario Sabattini. Firenze: Leo S. Olschki Editore, 1984) (*China under Mongol Rule*, Aldershot: Variorum, 1994에 再收)

Gabain, A. von. *Das Leben im uigurischen Königreich von Qočo (850–1250)*, vol.1 (Wiesbaden: Otto Harrassowitz, 1973)

Golden, P. B. *An Introduction to the History of the Turkic Peoples* (Wiesbaden: Otto Harrassowitz, 1992)

Hambis, L. *Le chapitre CVII du Yuan Che* (Leiden: Brill, 1945)

Hambis, L. *Le chapitre CVIII du Yuan Che* (Leiden: Brill, 1954)

Hamilton, J. R. *Les Ouïghours a l' époque des Cinq Dynasties* (Paris: Impr. nationale, 1955)

Heissig, W. *The Religion of Mongolia* (tr. by G. Samuel, Berkeley : University of California Press, 1980)

Hoffmann, Birgitt. "The Gates of Piety and Charity: Rašîd al-Dîn Fadl Allâh as Founder of Pious Endowments," *L'Iran face à la domination Mongole* (ed. D. Aigle, Teheran: Institut Français de Recherche en Iran, 1997)

Hsiao, Ch'i-ch'ing. *The Military Establishment of the Yuan Dynasty* (Cambridge, Mass.: Harvard University Press, 1978)

İslam Ansiklopedisi. Istanbul: Millî Etim Basimevi, 1950–1988.

Jackson, P., tr. *The Mission of Friar William of Rubruck* (London: Hakluyt Society, 1990)

Jahn, K. *Geschichte Ġâzân-Ḫâns* (London: Luzac, 1940)

Jahn, K. *Histoire des Francs* (Leiden: E. J. Brill, 1951)

Jahn, K. *Geschichte der Ilhâne Abâgâ bis Gaihâtû, 1265–1295* ('s-Gravenhage: Mouton, 1957)

Jahn, K. *Rashîd al-Dîn's History of India* (The Hague: Mouton, 1965)

Jahn, K. *Die Geschichte der Oguzen des Rašid ad-Dîn* (Wien: Verlag der Osterreichischen Akademie der Wissenschaften, 1969)

Jahn, K. "Some Ideas of Rashîd ad-Dîn on Chinese Culture," *Central Asiatic Journal*, vol. 9(1970)

Jahn, K. *Chinageschichte des Rašid ad-Dîn* (Wien: Köln, Graz, Bohlau in Komm., 1971)

Jahn, K. *Die Geschichte der Kinder Israels des Rašid ad-Dîn* (Wien: Verlag der Österrei chischen Akademie die Wissenschaftem, 1973)

Jahn, K. *Die Frankengeschichte des Rašîd ad-Dîn* (Wien: Verlag der Österrei chischen, Akademie die Wissenschaftem, 1977)

Jahn, K. *Die Indiengeschichte des Rašîd ad-Dîn* (Wien: Verlag der Österrei chischen, Akademie die Wissenschaftem, 1980).

Juvayni, Ata Malik. *Genghis Khan. The History of the World-Conqueror*, J. A. Boyle tr., new edition, (Manchester: Manchester University Press, 1997)

Juzjani, Minhaj ad-Din. *Tabaqât-i Nâṣirî*, H. G. Raverty tr. (New Delhi: Oriental Books Reprint Corp., 1970)

Karimi, B., ed. *Jâmi'at-tavârîkh* (Tehran: Iqbāl, 1959)

Kiselev, S. V., et al. *Drevnemongol'skie goroda* (Moskva: Izd. "Nauka," 1965)

Kowalevskii, J. É., comp. *Dictionnaire mongol-russe-francais* (Kasan: Impr. de l'Université, 1844-1849)

Le Coq, A. von. *Buried Treasures of Chinese Turkestan* (1928, New York: Oxford University Press, 1985 repr.)

Le Strange, G. tr. *The Geographical Part of the Nuzhat-al-Qulub* (Leiden: E. J. Brill, 1919)

Ledyard, G. "The Mongol Campaigns in Korea and the Dating of The Secret History of the Mongols," *Central Asiatic Journal*, vol. 9, no. 1 (1964)

Lessing, F. D. *Mongolian-English Dictionary* (1960; corrected re-printing, Bloomington, Indiana: the Mongolia Society, 1982).

Lewicki, M. *La Langue mongole des transcriptions chinoises du XIVe siècle* (Wroclaw, 1949)

Lewis, B. *The Assassins* (London: Weidenfeld and Nicolson, 1967)

Ligeti, L. *Histoire secrete des Mongols* (Budapest: Akadémiai Kiado, 1971)

Mahmud Kashghari. *Compendium of the Turkic Dialects*, 3 vols., R. Dankoff ed. & tr. in collaboration with J. Kelly (Harvard University, 1982-1985)

Malov, S. E. *Eniseiskaia pis'mennost' Tiurkov* (Moskva: Izd. AN SSSR, 1952)

Marquart, J. *Osteuropäische und ostasiatische Streifzüge* (Leipzig: Dieterichsche Verlagsbuchhandlung, 1903)

Menges, K. "Der Titel Tûr Khân der Qara-Qytaj," *Ural-Altaische Jahrbücher*, Band 24, Heft 3-4, (1952)

Minorsky, V. *Ḥudûd al-'Âlam: The Regions of the World* (London: Luzac, 1937)

Minorsky, V. "Caucasia III: The Alan Capital of Magas and the Mongol Campaign," *Bulletin of the School of Oriental and African Studies* 14(1952)

Morgan, D. *The Mongols* (London: Basil, 1986)

Morgan, D. "The 'Great Yâsâ of Chingiz Khân' and Mongol Law in the Îlkhânate," *Bulletin of the School of Oriental and African Studies* 49(1986)

Morgan, D. "Rašîd al-dîn and Ġazân Khan," *L' Iran face à la domination mongole* (ed. D. Aigle, Teheran: Institut Français de recherche en Iran, 1997)

Morgan, D. "The 'Great Yasa of Chinggis Khan' Revisited," *Mongols, Turks, and Others* (R. Amitai & M. Biran ed., Leiden: Brill, 2004)

Morton, A. H. "The Letters of Rashîd al-Dîn: Îlkhânid Fact or Timurid Fiction?" *The Mongol Empire and Its Legacy* (ed. R. Amitai-Preiss & D. O. Morgan, Leiden: Brill, 1999)

Mostaert, A. & F. W. Cleaves. "Trois documents mongols des Archives Secrètes Vaticanes," *Harvard Journal of Asiatic Studies*, vol. 15, no. 3-4(1952)

Moule, A. C. & P. Pelliot, tr. *Marco Polo: The Description of the World* (London: Routledge, 1938)

Muhammad Shafi', ed. *Mukâtibât-i rashîdî*, (Lahore: Pub. for the Univ. of the Panjab, 1947)

Nizam ad-Din Shami. *Ẓafarnâma*, F. Tauer ed., vol. 2 (Baku : Elm, 1992)

Olbricht, P. & E. Pinks, tr. *Meng-ta pei-lu und Hei-ta Shih-lüeh* (Wiesbaden: Otto Harrassowitz, 1980)

Pelliot, P. "L' origine du nom de 'Chine'," *Toung-pao*, no.13, (1912)

Pelliot, P. "Á Propos des Comans," *Journal Asatique*, tom 15 (1920)

Pelliot, P. "Une ville musulmane dans la Chine du Nord sous les Mongols," *Journal Asiatique* 211 (1927)

Pelliot, P. "Notes sur le Turkestan," *Toung-pao*, 27-1 (1930)

Pelliot, P. *Notes sur l' histoire de la Horde d' Or* (Paris: Adrien-Maisonneuve, 1949)

Pelliot, P. *Histoire des Campagnes de Gengis Khan: Cheng-wou Ts' in-tseng lou* (Leiden: Brill, 1951)

Pelliot, P. *Notes critiques d' histoire kalmouke* (Paris: Librairie d' Amerique et d' Orient, 1960)

Pelliot, P. *Notes on Marco Polo*. 3 vols. (Paris: Imprimerie nationale, 1959-1963)

Pelliot, P. *Recherches sur les Chrétiens* (Paris: Imprimerie nationale, 1973)

Perlee, Kh. 「元朝秘史に現われる地 水名を探る」, 小澤重男 譯. 『元朝秘史全釋』下卷 (東京: 風間書房, 1986)

Petrushevskii, I. P. "Rashid=ad-Din i ego istoricheskii trud," *Sbornik letopisei*, tom 1, kniga 1, (Moscow: Izd. AN SSSR, 1952)

Petrushevsky, I. P. "The Socio-economic condition of Iran under the Îl-Khâns,"

Cambridge History of Iran, vol. 5: The Saljuq and Mongol Periods (Cambridge: Cambridge University Press, 1968)

Poppe, N. *Grammar of the Written Mongolian* (Wiesbaden: Harrassowitz, 1954)

Pritsak, O. "The Decline of the Empire of the Oghuz Yabghu," (1952: *Studies in Medieval Eurasian History*, London: Variorum Reprint, 1981에 再收)

Pritsak, O. "Von den Karluk zu den Karachaniden," *Zeitschrift der Deutschen Morgenländischen Gesellschaft*, no. 101 (1951) (*Studies in Medieval Eurasian History* 再收).

Pritsak, O. "Qara. Studie zur türkischen Rechtssymbolik," *Zeki Velidi Togan'a Armağan*. Istanbul (1955) (*Studies in Medieval Eurasian History* 再收)

Pritsak, O. "From the Säbirs to the Hungarians" *Hungaro-Turcica : Studies in Honour of Julius Németh* (Budapest: Loránd Eötvös University, 1976) (*Studies in Medieval Eurasian History* 再收)

Pulleyblank, E. G. "Some Remarks on the Tuquzoghuz Problem," *Ural-Altaische Jahrbücher*, vol. 28 (1956)

Quatretmère, M. E. *Historie des Mongols de la Perse, écrite en persan par Raschid-eldin, publiée, traduite en francais, accompagnée de notes et d'un mémoire sur la vie et les ouvrages de l'auteur*, tom 1 (Paris, 1836; Amsterdam, 1966 repr.)

Rachewiltz, I. de. *Papal Envoys to the Great Khans* (Stanford: Stanford University Press, 1971)

Rachewiltz, I. de. "Qan, Qa'an and the Seal of Güyüg", *Documenta Barbarorum: Festschrift für Walther Heissig zum 70. Geburstag* (Wiesbaden: Otto Harrassowitz, 1983)

Rachewiltz, I. de. "Some Reflections on Činggis Qan's Jasa," *East Asian History* 6(1993)

Rachewiltz, I. de., et al., ed. *In the Service of the Khan: Eminent Personalities of the Early Mongol-Yuan period (1200-1300)* (Wiesbaden : Harrassowitz, 1993)

Rachewiltz, I. de. "Was Töregene Qatun Ögödei's 'Sixth Empress'?" *East Asian History*, 17-18 (1999)

Ramstedt, G. J. "Zwei uigurische Runeninschriften in der Nord-Mongolei," *Journal de la Société Finno-Ougrienne*, vol. 30 (1913)

Rashid ad-Din Fadl Allah. *Sbornik letopisei (perevod s persidskogo)*. Moskva, tom 3(1936); tom 1-kniga 1(1952); tom 1-kniga 2(1952); tom 2(1960)

Rashid ad–Din Fadl Allah. *Dzhâmi at–tavârîkh (kriticheskii tekst)*. Tom 3 (Baku, 1957);
tom 1–chast' 1 (Moskva, 1965); tom 2–chast' 2 (Moskva, 1980)

Rashid ad–Din Fadl Allah. *Jâmi'al-tavârîkh*. B. Karimi ed. (Tehran: Iqbal, 1959)

Rashid ad–Din Fadl Allah. *Câmi'al-tavârîh* (Metin; II. Cild, 5. Cüz: Selçuklular Tarihi).
Ahmed Ateş ed. (Ankara: Türk Tarih Kurumu Basımevi, 1960).

Rashid ad–Din Fadl Allah. *Jâmi'al-tavârîkh*. 4 vols., Muḥammad Rawshan & Mustafa
Mûsavî ed. (Tehran: Katîbe, 1994).

Rashid ad–Din Fadl Allah. W. M. Thackston tr., *Rashiduddin Fazlullah's Jami'u' t-
tawarikh: Compendium of chronicles* (3 vols., Cambridge, Mass.: Harvard
University, Dept. of Near Eastern Languages and Civilizations, 1998–99)

Ratchnevsky, P. "Rasid ad–Dîn über die Mohammedaner–Verfolgungen in China unter
Qubilai," *Central Asiatic Journal*, 14/1–3(1970)

Rawshan, Muḥammad & Mustafa Mûsavî, *Jâmi'al–tavârîkh*, 4 vols (Tehran: Katîbe, 1994)

Redhouse, J., comp. *Redhouse Yeni Türkçe-İngilizce Sözlük* (Istanbul: Redhouse
Yayinevi, 1968)

Ross, E. D., tr., *A History of the Moghuls of Central Asia* (London: Curzon Press, 1895)

Slane de. *Catalogue des manuscrits arabes* (Paris: Impr. nationale, 1883–1895)

Smith, J. M. "Mongol and Nomadic Taxation," *Haravard Journal of Asiatic Studies*, 30
(1970)

Spuler, B. *İran Moğolları* (C. Köprülü tr., Ankara: Türk Tarih Kurumu Basımevi, 1957)

Steingass, *A Comprehensive Persian–English Dictionary*(1892; New York: Routledge,
1988)

Storey, C. A. *Persidskaia Literatura: Bio–bobliograficheskii Obzor*, vol. 1 (tr. & revised
by Iu. E. Bregel', Moscow: Izdatel'stvo "Nauka," 1972)

Thackston, W. M. *Rashiduddin Fazlullah's Jami'u t–tawarikh: Compendium of
Chronicles*. 3 vols. (Cambridge, Mass.: Harvard University, Dept. of Near
Eastern Languages and Civilizations, 1998–99)

Thompson, E. A. *A History of Attila and the Huns* (Oxford: Clarendon Press, 1948)

Togan, Z. V. "The Composition of the History of the Mongols by Rashîd al–Dîn," *Central
Asiatic Journal*, vol. 8, no. 1(1962),

Togan, Z. V. *Oğuz Destani* (Istanbul: Ahmet Sait Matbaası, 1972)

Umari, ibn Fadl Allah al–. *Das mongolische Weltreich*. K. Lech tr. (Wiesbaden: Otto

Harrassowitz, 1968)

Vernadsky, G. *The Mongols and Russia* (New Haven: Yale University Press, 1953)

Vladimirtsov, B. Ia. *Obshchestvennyi stroi Mongolov: mongol' skii kochevoi feodalizm*
    (Leningrad: Izd. AN SSSR, 1934)

Waṣṣâf. *Taḥrîr-i târîkh-i Waṣṣâf.* ʿAbd al-Mu ammad Âyatî ed. (Tehran: Bunyad-i
    Farhang-i Iran, 1967)

Wittfogel, K. A. & Feng Chia-sheng, *History of Chinese society: Liao, 907-1125*
    (Philadelphia: American Philosophical Society, 1949)

Zenker, J. Th. *Türkisch-Arabisch-Persisches Handwörterbuch* (1866; Hildesheim: G.
    Olms, 1967)

賈敬顔.「從金朝的北征 界壕 榷場和宴賜看蒙古的興起」,『元史及北方民族史研究集刊』, 9期 (1985)

江上波夫.「匈奴の住居」,『ユウラシア古代北方文化』, (東京: 山川出版社, 1948)

岡田英弘.「ドルベンオイラトの起源」,『史學雜誌』, 83-6

岡田英弘.『世界史の誕生』(東京: 筑摩, 1992)

『高麗史』(韓國學文獻研究所編, 서울亞細亞文化社刊).

『舊唐書』(中華書局, 標點校勘本)

『金史』(中華書局, 標點校勘本)

吉田順一.「テムジンとオンカンの前期の關係」,『內陸亞洲歷史文化研究: 韓儒林先生紀念文集』
    (南京; 南京大學出版社, 1996)

金浩東,『부족지』(사계절출판사, 2002)

金浩東,『칭기스 칸 기』(사계절출판사, 2003)

金浩東.「구육(定宗)과 그의 時代」,『近世 東아시아의 國家와 社會』(지식산업사, 1998)

金浩東.「몽골帝國 君主들의 兩都巡幸과 遊牧的 習俗」,『중앙아시아연구』 7 (2002)

金浩東.「칭기스 칸의 子弟分封에 대한 再檢討」,『중앙아시아연구』 9 (2004)

那珂通世.『成吉思汗實錄』(東京: 大日本圖書株式會社, 1907)

那珂通世.『成吉思汗實錄續編』(『那珂通世遺書』所收, 東京, 1915)

那珂通世.『校正增注元親征錄』(『那珂通世遺書』所收, 東京, 1915)

那木吉拉.『中國元代習俗史』(北京: 人民出版社, 1994)

譚其驤 編.『中國歷史地圖集』, 第7冊(譚其驤 主編, 上海: 地圖出版社, 1982)

屠寄,『蒙兀兒史記』(臺北: 世界書局, 1962 印行)

陶宗儀,『輟耕錄』(臺北: 世界書局, 1987 印行)

라츠네프스키.『칭기스한』(金浩東 譯, 지식산업사, 1992)

마르코 폴로.『마르코 폴로의 동방견문록』(金浩東 譯, 사계절출판사, 2000)

孟珙.『蒙韃備錄』,『蒙古史料四種』(王國維 編著, 臺北: 正中書局, 1975) 所收

白濱.『黨項史研究』(吉林省: 吉林敎育出版社, 1989)

白石典之.『チンギス＝カンの考古學』(東京: 同成社, 2001)

白翠琴.『瓦剌史』(吉林省: 吉林敎育出版社, 1991)

白翠琴.『衛拉特蒙古簡史』上冊 (新疆人民出版社, 1992)

本田實信.「ガザンハンの稅制改革」,『モンゴル時代史研究』(東京: 東京大學出版會, 1991) 所收.

本田實信.「タムガ(ТАМГА)稅に就いて」,『モンゴル時代史研究』所收.

本田實信.「チンギス・ハンの十三翼」,『モンゴル時代史研究』所收.

本田實信.「モンゴル トルコ語起源の術語」,『モンゴル時代史研究』所收.

本田實信.「モンゴルの誓詞」,『モンゴル時代史研究』所收.

本田實信.「ラシード・ウッディーンの『中國史』」,『モンゴル時代史研究』所收.

本田實信.『モンゴル時代史研究』(東京: 東京大學出版會, 1991)

『北史』(中華書局, 標點校勘本)

『佛祖歷代通載』(臺灣: 臺灣商務印書館, 1983)

濱田正美.「鹽の義務と聖戰の間て」,『東洋史研究』, 52-2(1993)

史衛民.『都市中的游牧民』(長沙: 湖南出版社, 1996)

杉山正明 (스기야마 마사아키).『몽골세계제국』(임대희 · 김장구 · 양영우 옮김, 신서원, 1999)

杉山正明.『モンゴル帝國と大元ウルス』(京都: 京都大學出版會, 2004)

森安孝夫.「〈シルクロード〉のウイグル商人」『岩波講座 世界歷史』卷11: 中央ユーラシアの統合
        (東京: 岩波, 1997)

『聖武親征錄』,『蒙古史料四種』(王國維 編著, 臺北: 正中書局, 1975) 所收

蕭啓慶.「元代四大蒙古家族」,『元代史新探』(臺北: 新文豐出版公司, 1983)

小林高四郎.『モンゴル史論考』(東京: 雄山閣, 1982)

蘇天爵.『國朝文類』(四部叢刊初編集部, 上海: 商務印書館 縮印元刊本).

小澤重男.『元朝秘史全釋』3권 (東京: 風間書房, 1984-86)

小澤重男.『元朝秘史全釋續攷』3권 (東京: 風間書房, 1987-89)

『隋書』(北京: 中華書局, 標點校勘本)

岩村忍.『モンゴル社會經濟史の研究』(京都: 京都大學人文科學研究所, 1968)

楊志玖 等編.『元史學槪說』(天津: 敎育出版社, 1989)

余大鈞 · 周建奇譯.『史集』第1卷 第1分冊(北京: 商務印書館, 1983), 第2分冊(北京: 商務印書館,

1983), 第2卷 (北京: 商務印書館, 1985)

亦隣眞. 「關于十一一十三世紀的字斡勒」, 『元史論叢』 제3집, 北京 (1986)

亦隣眞. 「起輦谷與古連勒古」 (小澤重男 譯), 『內陸アジア史研究』 제5호(1989)

葉新民 等編. 『元上都研究文集』 (北京: 中央民族大學出版社, 2003),

葉新民 等編. 『元上都研究資料選編』 (北京: 中央民族大學出版社, 2003)

葉新民. 『元上都研究』 (呼和浩特: 內蒙古大學出版社, 1998)

王國維. 「金界壕考」, 『觀堂集林』 (臺北: 河洛圖書, 1975 影印)

王國維. 「韃靼考」, 『觀堂集林』 (臺北: 河洛圖書, 1975 影印)

王國維. 『聖武親征錄校注』 (『蒙古史料四種』 所收, 1936; 臺北: 正中書局, 1966)

王鶚, 『汝南遺事』 (四庫全書本)

外山軍治. 『金朝史研究』 (京都: 東洋史研究會, 1979)

姚景安. 『元史人名索引』 (北京: 中華書局, 1982)

『遼史』 (北京: 中華書局, 標點校勘本)

『元朝名臣史略』, 蘇天爵 撰 (姚景安 點校; 北京 中華書局, 1996)

羽田明. 「ジャダの呪術について」, 『中央アジア史研究』 (京都: 臨川書店, 1982)

羽田亨. 「九姓回鶻とToquz Oγuzとの關係を論ず」 『東洋學報』 9卷 1號 (1919) (『羽田博士史學論
文集』, 上卷, 京都: 東洋史研究會, 1957, 再收)

『元史』 (北京: 中華書局, 標點校勘本)

『元典章』 (臺北: 國立故宮博物館印行, 1976)

劉迎勝. 「中國北方民族與蒙古族族源」, 『內蒙古大學學報』 1979年 3-4期 (呼和浩特市: 內蒙古大學,
1983)

劉迎勝. 『西北民族史與察合台汗國史研究』 (南京: 南京大學出版社, 1994)

유원수 역. 『몽골비사』 (사계절, 2004)

李幹. 『元代社會經濟史稿』 (荊州: 湖北人民出版社, 1985)

李玠奭. 「14世紀初 漠北遊牧經濟의 不安定과 部民生活」, 『東洋史學研究』, 제46집 (1994)

李玠奭. 「元代의 카라코룸, 그 興起와 盛衰」 (『몽골학』, 한국몽골학회, 1996)

李志常, 『長春眞人西遊記』, 『蒙古史料四種』 (王國維 編著, 臺北: 正中書局, 1975) 所收

李治安. 『行省制度研究』 (天津: 南開大學出版社, 2000)

卡哈爾·巴拉提·送迎勝, 「亦都護高昌王世勛碑回鶻文碑文之校勘與研究」 『元史及北方民族史研究
集刊』, 8期 (1984)

箭內亘. 「元朝牌符考」, 『蒙古史研究』 (東京: 刀江書院, 1930)

前田直典. 「元代의 貨幣單位」, 『元朝史の研究』 (東京: 東京大學出版會, 1973)

前田直典.「元朝時代に於ける紙幣の價値變動」,『元朝史の研究』(東京 : 東京大學出版會, 1973)

佐口透 譯,『モンゴル帝國史』6권 (d' Dhosson 著, 東京: 平凡社, 1968-79)

佐口透,「モンゴル帝國と西洋」(『東西文明の交流』제4권, 東京; 平凡社, 1970)

佐伯好郎.『景教の研究』(東京: 東京文化學院東京研究所, 1925)

佐伯好郎.『支那基督教の研究 2』(東京: 春秋社, 1943)

朱謙之.『中國景教』(北京: 人民出版社, 1993)

주채혁 역.『몽골사회제도사』(대한교과서주식회사, 1990)

志茂碩敏.「『Târîkh-i Ghâzânî』と『集史』「モンゴル史」」,『ペルシア語古寫本史料精査によるモン
        ゴル帝國の諸王家に關する總合的研究』(平成7年度科學研究費補助金研究成果報告書,
        1996)

志茂碩敏.『モンゴル帝國史研究序說』(東京: 東京大學出版會, 1995)

陳高華.『元の大都』(東京: 中央公論社, 1984)

陳得芝.「十三世紀以前的克烈王國」,『元史論叢』, 제3집 (1986)

陳得芝.「元嶺北行省建置考」(上 中 下),『元史及北方民族史研究集刊』(9「1985」, 11「1987」, 12-13
        期「1989」)

蔡美彪.「脫列哥那后史事考辦」,『蒙古史研究』3 (1997, 呼和浩特)

村上正二.「元朝兵制史上における奧魯の制度」,『モンゴル帝國史研究』(東京: 東京大學出版會,
        1993)

村上正二.「元朝秘史に現はれたるemchüについて」,『和田博士還曆記念東洋史論叢』(東京,
        1951),『モンゴル帝國史研究』再收

村上正二.「モンゴル部族の族祖傳承・二」,『史學雜誌』73-8 (1964),『モンゴル帝國史研究』再收

村上正二.「モンゴル部族の族祖傳承・一」,『史學雜誌』73-7 (1964),『モンゴル帝國史研究』再收

村上正二.「モンゴル朝治下の封邑制の起源」,『モンゴル帝國史研究』再收

村上正二.『モンゴル秘史』(東京: 岩波, 1970-1976)

최형원.「튀르크어와 몽골어에 있어서의 色彩의 상징적 의미」,『알타이학보』제9호(1999)

巴特岬察.『蒙古族古代戰例史』(北京: 金城出版社, 1992),

巴哈提 依加漢.「讀〈史集 部族志〉"乃蠻"條札記」,『元史及北方民族史研究集刊』, 12 13期 (1989)

巴哈提 依加漢.「十三世紀前乃蠻統治制度二題」,『內陸亞洲歷史文化研究: 韓儒林先生紀念文集』
        (南京: 1996)

彭大雅,『黑韃事略』,『蒙古史料四種』(王國維 編著, 臺北: 正中書局, 1975) 所收

片山功夫.「元朝の王典赤,八剌哈赤について」,『モンゴル研究』18 (1988)

片山章雄.「Toquz Oɣuzと'九姓'の諸問題について」,『史學雜誌』90-12 (1981)

『通典』(北京: 中華書局 標點校勘本)

『通制條格校注』, 方齡貴 校注 (北京: 中華書局, 2001).

馮家昇 等 編著. 『維吾爾族史料簡編』 上冊 (北京, 民族出版社, 1958)

皮路思(劉迎勝). 「〈史集 部族志 札剌亦兒傳〉研究」, 『蒙古史研究』 제4집 (臺灣, 內蒙古人民出版社)

韓儒林 主編. 『元朝史』 (北京: 人民出版社, 1986)

韓儒林. 「突厥官號」, 『穹廬集』 (上海: 人民出版社, 1982)

惠谷俊之. 「荅剌罕考」, 『東洋史研究』, 22-2 (1963)

護雅夫. 「元朝秘史におけるOboqの語義について」 『ユーラシア學會研究報告』 3 (1955)

護雅夫. 「鐵勒諸部における eltäbär, irkin號の研究」, 『古代トルコ民族史研究 I』

　　　　(東京: 山川出版社, 1967)

黃時鑒. 「元代乃蠻是蒙古而非色目人」, 『中國蒙古史學會論文選集』 (呼和浩特 : 內蒙古人民出版社 ,

　　　　1980)

오굴카이미시(Oğûlqaimish) 279, 292, 293, 309, 315, 328, 329
오굴투트미시(Ôğûltûtmîsh) 306
오그룩치(Opğurûqchî) 364, 368, 469
오난 311
오난 켈루렌(Ônan Kelûrân) 193, 428, 471
오르가나 베리(Ôrğana Bîrî) 376, 377
오르가나 부케(Orğâna Bôkâ) 139
오르가나 카툰 282, 384, 385, 389
오르다 울루스 160
오르다 테긴(Ôrda Tîgîn) 163
오르다 30, 48, 89, 93, 107, 153, 154, 179, 194, 287, 312, 313, 378, 480
오르두 400, 430, 457, 459, 461, 463, 464, 476
오르만(Ormân) 94
오르카나 카툰(Ôrqana Khâtûn) 215, 220, 224, 239, 241
오르칸(Ôrkhân) 75
오르콘(Ôrqôn) 97
오르쿠닥 397
오르타이(Ôrtâî) 283
오르탁(ortâq) 121, 122, 132, 135, 270, 334, 441, 454
오이라다이(Ôîradâî) 32, 257
오이라타이(Ôîrâtâî) 461
오이라트 306, 457, 458, 461, 463
오키 푸진 카툰(Ôkî Fûjîn Khâtûn) 165
오킨(Ôkîn) 397, 401
오트(ôt) 263
오트라르(Otrâr) 188, 235, 249, 266, 328
올제이(Ôljâî) 61

올쿠누트 462
올쿠투(Ôlqûtû) 164, 180, 230
옷치 노얀(Ôtchî Nôyân) 316, 341, 391, 443
옷치긴 263, 329
옷치긴 노얀 283
옹 칸 151, 253
옹수(Ông Sû) 65
옹키(Ongqî) 99, 339
옹키 무렌(Ôngqî Mûrân) 380
옹쿠트(ôngqût) 152
왕(wâng) 422
왕부(王傅, atâbeg) 291
왕샤이(wangshay, 元帥) 415
요시무트 에르케군(Yoshmût Îrkâgûn) 385
요시무트(Yôshmût) 22, 41
요충(sûbîe) 30, 445, 476
욕탕(ḥamâm) 447
욜 부카(Yôl Bûqâ) 214, 228
욜 쿠틀룩(Yôl Qutluğ) 229, 231
우게 칸(Ûgâ Khân) 155
우게치(Ûgâchî) 167, 169, 182
우구데이 15, 17, 49, 50, 152, 189, 233, 235, 236, 268, 295
우누이(Ûnûî, 雲內) 233
우두르(Ûdûr) 154, 176, 186
우라 티무르(Ûrâ Tîmûr) 258
우라다이(Ûrâdâî) 14, 227
우량카다이(Ûryangqadâî) 344, 371, 373, 374
우루다이(Ûrûdâî) 382
우루삭(Ûrûsâq) 175, 186
우루스 부카 228

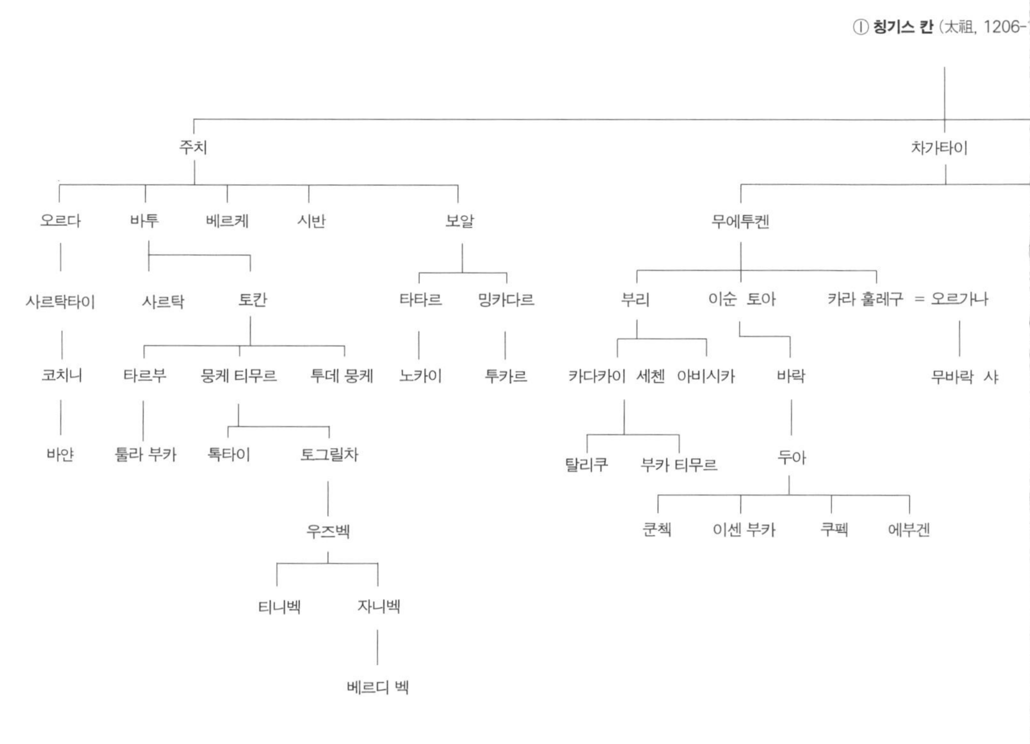

【 칭기스 일족의 주요 인물들과 대칸의 계승도 】

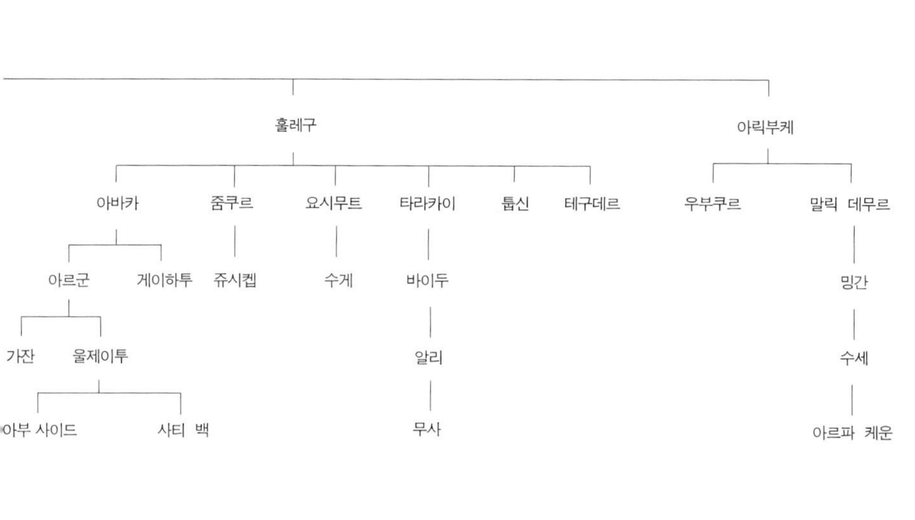

훌레구
아릭부케
아바카
줌쿠르
요시무트
타라카이
툽신
테구데르
우부쿠르
말릭 데무르
아르군
게이하투
쥬시켑
수게
바이두
밍간
가잔
울제이투
알리
수세
아부 사이드
사티 백
무사
아르파 케운

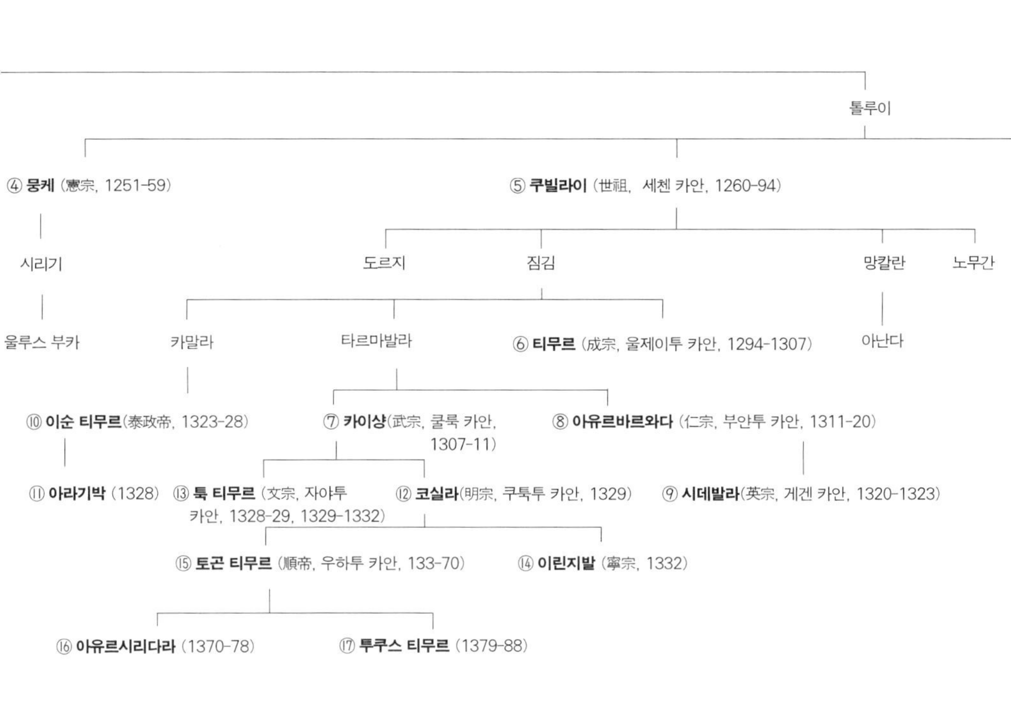

톨루이
④ 뭉케 (憲宗, 1251-59)
⑤ 쿠빌라이 (世祖, 세첸 카안, 1260-94)
시리기
도르지
짐김
망칼란
노무간
울루스 부카
카말라
타르마발라
⑥ 티무르 (成宗, 울제이투 카안, 1294-1307)
아난다
⑩ 이순 티무르(泰政帝, 1323-28)
⑦ 카이샹(武宗, 쿨룩 카안, 1307-11)
⑧ 아유르바르와다 (仁宗, 부안투 카안, 1311-20)
⑪ 아라기박 (1328)
⑬ 툭 티무르 (文宗, 자야투 카안, 1328-29, 1329-1332)
⑫ 코실라(明宗, 쿠툭투 카안, 1329)
⑨ 시데발라(英宗, 게겐 카안, 1320-1323)
⑮ 토곤 티무르 (順帝, 우하투 카안, 133-70)
⑭ 이린지발 (寧宗, 1332)
⑯ 아유르시리다라 (1370-78)
⑰ 투쿠스 티무르 (1379-88)

227)

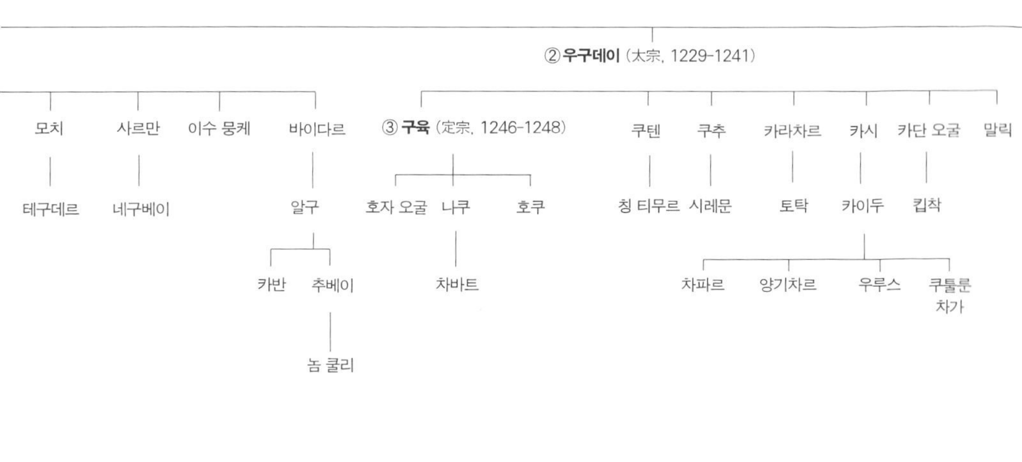
② 우구데이 (太宗, 1229-1241)

모치　사르만　이수 뭉케　바이다르　③ 구육 (定宗, 1246-1248)　쿠텐　쿠추　카라차르　카시　카단 오굴　말릭

테구데르　네구베이　　알구　호자 오굴　나쿠　호쿠　칭 티무르　시레문　토탁　카이두　킵착

카반　추베이　차바트

놈 쿨리

차파르　양기차르　우루스　쿠툴룬 차가